"十二五"职业教育国家规划立项教材

# 汽车机械制图

主　编　曹　静　李亚平
副主编　李思静　王远明　代应福　王　兰
参　编　顾玲芙　蔡立新　代凯飞　范晓严
　　　　蔺红宝　王　鑫　赵永鹏　强一郎
　　　　王　晶　潘小莉

本书是根据教育部最新公布的职业院校汽车类专业教学标准编写的。依据最新的《技术制图》与《机械制图》等国家标准，"以教师好教、学生乐学、通俗易懂"为出发点，强化"以图阐理、识图为主、读画结合"的编写思路。采用项目、任务的课程结构，共分十个项目：绘制与识读平面图形、绘制与识读立体的三视图、绘制轴测图、绘制与识读组合体的三视图、选择与识读机件的基本表达方法、认知常用机件的特殊表达方法、绘制与识读零件图、识读装配图、绘制与识读电路图、计算机绘图基础。每个项目包含若干任务，每个任务安排有"任务描述""任务分析""相关知识""任务实施"等环节。

本书可供职业院校、技工院校汽车类专业学生使用，也可作为职工培训教材以及汽车行业专业技术人员和绘图人员的参考工具书。

与本书配套的《汽车机械制图习题集》已同步出版发行。另外，为便于教学，本书配套有电子课件、习题答案等教学资源，选择本书作为教材的教师可来电（010-88379375）索取，或登录 www.cmpedu.com 网站，注册、免费下载。

## 图书在版编目（CIP）数据

汽车机械制图/曹静，李亚平主编. —北京：机械工业出版社，2016.3（2025.6 重印）

"十二五"职业教育国家规划立项教材

ISBN 978-7-111-52957-6

Ⅰ.①汽⋯ Ⅱ.①曹⋯ ②李⋯ Ⅲ.①汽车 - 机械制图 - 中等专业学校 - 教材 Ⅳ.①U462

中国版本图书馆 CIP 数据核字（2016）第 027557 号

机械工业出版社（北京市百万庄大街 22 号　邮政编码 100037）
策划编辑：曹新宇　　责任编辑：曹新宇　张丹丹
版式设计：霍永明　　责任校对：陈　越
封面设计：张　静　　责任印制：常天培
河北虎彩印刷有限公司印刷
2025 年 6 月第 1 版第 13 次印刷
184mm×260mm・24.75 印张・615 千字
标准书号：ISBN 978-7-111-52957-6
定价：49.80 元

凡购本书，如有缺页、倒页、脱页，由本社发行部调换

| 电话服务 | 网络服务 |
| --- | --- |
| 服务咨询热线：010-88379833 | 机 工 官 网：www.cmpbook.com |
| 读者购书热线：010-68326294 | 机 工 官 博：weibo.com/cmp1952 |
| | 教育服务网：www.cmpedu.com |
| 封面无防伪标均为盗版 | 金　书　网：www.golden-book.com |

# 前　言

本书是根据教育部《关于职业教育专业技能课教材选题立项的函》（教职成司［2012］95号），由全国机械职业教育教学指导委员会和机械工业出版社联合组织编写的"十二五"职业教育国家规划立项教材，是根据教育部最新公布的职业学校汽车类专业教学标准编写的。

本书在编写过程中，力求知识系统，循序渐进，强化应用，文字简练，通俗易懂。在内容上，既注重知识的实用性又体现汽车专业的特殊性，以"教师好教、学生乐学、通俗易懂"为出发点，强化"以图阐理、识图为主、读画结合"的编写思路。本书主要有如下的特点：

（1）编写结构新颖活泼　课程结构按最新的项目教学模式编写，为便于教师组织教学和学生自学，每个项目开头都有项目说明及"知识目标"和"技能目标"，使教学目标明确化。项目末有"项目小结"，利于对所学的知识加以巩固。每一项目的内容分为几个具体的任务，每个任务安排有"任务描述""任务分析""相关知识"和"任务实施"等环节，其中还穿插有"提示""知识巩固"等栏目。

（2）采用国家最新标准　本书中的内容都是参照最新颁布的《技术制图》和《机械制图》国家标准编写的。其中表面结构表示法采用 GB/T 131—2006；尺寸标注部分引入国家标准 GB/T 16675.2—2012 中的有关内容；几何公差的标注按照 GB/T 1182—2008 的最新标准编写；极限与配合部分按照 GB/T 1800.1～1800.2—2009 编写。

（3）通过图例阐明概念　将基础知识和理论融入各例题中。投影基础部分侧重于从"体"入手，投影作图部分加大了"形体分析"的力度；对一些绘图时易犯的错误，给出了正误对比图例；对复杂的投影作图例题采用了分解图示，一目了然；对难看懂的图形附加了轴测图，利于图物对照，帮助读者加深理解；对重要的知识点，编写了小口诀，以增强学生的记忆，充分体现"知识系统化、内容实用化、记忆口诀化、教学方便化"的职业教育特色，特别适合于各类职业院校、技工院校学生的学习。

（4）引用大量汽车图例　几乎在每一项目中都引用了一定的汽车零、部件的图例作为讲解内容，并侧重于"读图"训练，以增强学生的学习兴趣，使学生在学习过程中能够接触到本专业的实际图例，为后续专业课的学习奠定良好的基础。

（5）知识系统，配套资源丰富　本书的知识内容包括了机械制图部分的主要内容。全书共分十个项目，包括绘制与识读平面图形、绘制与识读立体的三视图、绘制轴测图、绘制与识读组合体的三视图、绘制与识读机件的基本表达方法、认知常用机件的特殊表达方法、绘制与识读零件图、识读装配图、绘制与识读电路图、计算机绘图基础。本书配套有电子课件，包括按任务划分的 PowerPoint（PPT）、主要知识点的 Flash 动画。教师借助于配套资源，可以节约备课时间和板书的工作量，并且通过动画可以生动地演示绘图过程，达到事半功倍

汽车机械制图

的效果。

与本书配套的《汽车机械制图习题集》将同时出版发行。习题集的编排结构与本书完全一致，在选题内容、顺序、难度和类型等方面力求结合职业院校学生的特点，以读为主，读画结合，反复训练，循序渐进，并改变了传统的单一绘图作业模式，增加了大量的选择和判断类的题型。

本书由曹静、李亚平任主编，李思静、王远明、代应福、王兰任副主编，其他参与编写的还有顾玲芙、蔡立新、代凯飞、范晓严、蔺红宝、王鑫、赵永鹏、强一郎、王晶、潘小莉。

由于编者水平有限，书中疏漏在所难免，敬请专家及读者提出宝贵意见（可发电子邮件至 caojingxy@163.com），以便进一步修改。

编　者

# 目　录

前言

**项目一　绘制与识读平面图形** ... 1
　　任务一　认知图样中国家标准有关规定 ... 1
　　任务二　绘制简单的平面图形 ... 15
　　任务三　绘制与识读复杂的平面图形 ... 25

**项目二　绘制与识读立体的三视图** ... 30
　　任务一　认知投影法及三视图 ... 30
　　任务二　认知物体上点、线、面的投影 ... 38
　　任务三　绘制与识读基本体的三视图 ... 50
　　任务四　绘制与识读平面切割体的三视图 ... 65
　　任务五　绘制与识读曲面切割体的三视图 ... 71
　　任务六　绘制与识读相贯体的三视图 ... 83

**项目三　绘制轴测图** ... 91
　　任务一　绘制平面立体的正等轴测图 ... 92
　　任务二　绘制曲面立体的正等轴测图 ... 98
　　任务三　绘制斜二轴测图 ... 102

**项目四　绘制与识读组合体的三视图** ... 107
　　任务一　绘制组合体的三视图 ... 107
　　任务二　标注与识读组合体的尺寸 ... 116
　　任务三　识读组合体的视图 ... 123

**项目五　选择与识读机件的基本表达方法** ... 137
　　任务一　选择与识读机件的视图表达方法 ... 137
　　任务二　绘制与识读机件的剖视图 ... 145
　　任务三　识读机件的其他表达方法 ... 163

**项目六　认知常用机件的特殊表达方法** ... 179
　　任务一　认知螺纹及其螺纹紧固件 ... 180
　　任务二　认知齿轮及其传动 ... 195

| 任务三 | 认知其他常用件和标准件 | 202 |

## 项目七　绘制与识读零件图　213
| 任务一 | 选择零件图的表达方案 | 213 |
| 任务二 | 标注与识读零件图的尺寸 | 221 |
| 任务三 | 认知零件的典型结构 | 230 |
| 任务四 | 认知零件图的技术要求 | 234 |
| 任务五 | 识读零件图 | 252 |
| 任务六 | 测绘零件并绘制零件图 | 254 |

## 项目八　识读装配图　261
| 任务一 | 选择装配图的表达方法 | 261 |
| 任务二 | 认知装配图中的其他内容 | 268 |
| 任务三 | 识读装配图 | 273 |
| 任务四 | 由装配图拆画零件图 | 279 |

## 项目九　绘制与识读电路图　285
| 任务一 | 电路图的表达方法 | 285 |
| 任务二 | 认识电路图常用电气符号 | 292 |
| 任务三 | 电路图识读方法与技巧 | 299 |

## 项目十　计算机绘图基础　306
| 任务一 | 绘制钩头楔键 | 306 |
| 任务二 | 绘制六角螺母的端面视图 | 326 |
| 任务三 | 绘制平面图形 | 334 |
| 任务四 | 绘制三视图 | 344 |
| 任务五 | 绘制剖视图 | 346 |
| 任务六 | 绘制零件图 | 351 |

## 附录　369
| 附录A | 螺纹 | 369 |
| 附录B | 螺纹紧固件 | 373 |
| 附录C | 普通平键 | 378 |
| 附录D | 销 | 380 |
| 附录E | 滚动轴承 | 381 |
| 附录F | 极限与配合 | 382 |
| 附录G | 常用材料及热处理 | 386 |

## 参考文献　390

# 项目一

# 绘制与识读平面图形

> 平面图形就是一个零件的外形轮廓图形。本项目重点介绍国家标准《技术制图》和《机械制图》的有关规定，绘图工具的正确使用方法及平面图形的绘图方法，使学生掌握制图的基本知识与技能，初步培养学生绘图与识图的能力。

## 知识目标

1. 掌握国家标准中图幅、图线、比例、字体等制图有关规定和尺寸注法的基本规定。
2. 掌握作图的基本方法与技巧。
3. 养成严格遵守国家标准的习惯、认真负责的工作态度和严谨细致的工作作风。

## 技能目标

1. 能正确使用常用绘图工具和仪器。
2. 会正确书写文字、字母和数字。
3. 会分析平面图形的尺寸和线段。
4. 能按照所给定的平面图形，准确地将图形绘制出来。
5. 会徒手画出简单的图形。

## 任务一　认知图样中国家标准有关规定

### 任务描述

图 1-1 所示为汽车齿轮泵左端盖的零件图。图中除了包含由不同线型组成的一组图形和尺寸等图内的内容以外，还有图框、标题栏、文字说明等内容。本任务主要介绍机械图样中国家标准关于图纸幅面和格式、比例、字体、图线、尺寸标注等制图的基本规定。

# 汽车机械制图

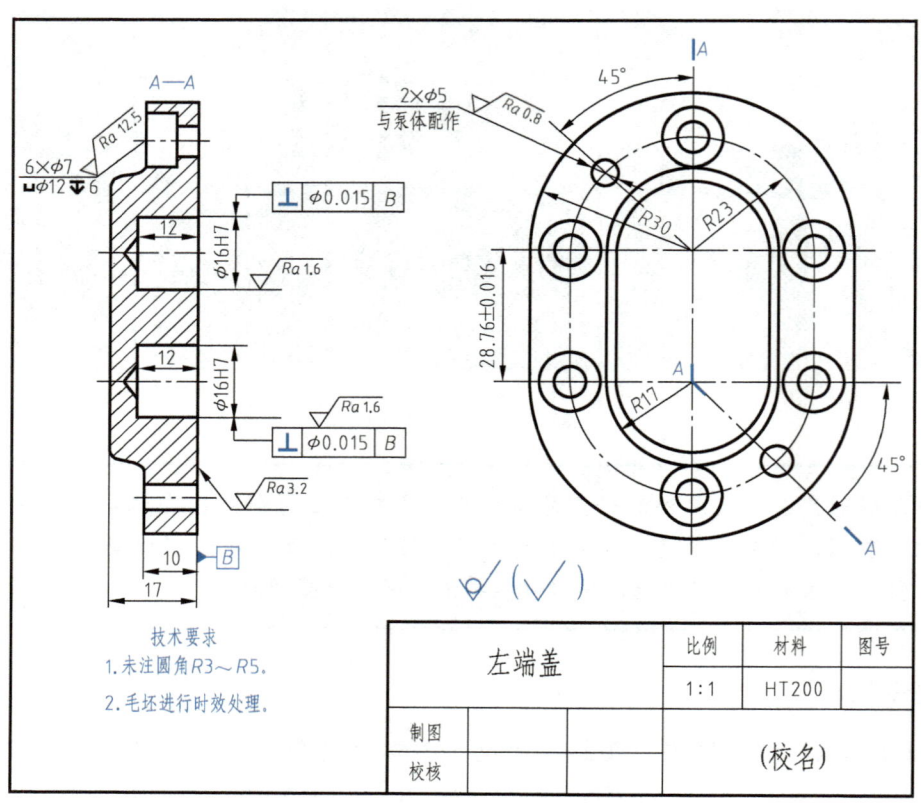

图1-1 汽车齿轮泵左端盖的零件图

## 任务分析

汽车机械图样是按照国家标准《技术制图》和《机械制图》的基本规定绘制的。国家标准《技术制图》和《机械制图》是重要的技术基础标准，是绘制和阅读汽车机械图样的准则和依据。它不仅是中国工程界的技术语言，也是国际通用的工程技术语言，不同国家、不同语种的工程技术人员及技术工人都能看懂。工程图样之所以具有这样的性质，是因为它是按国际上共同遵守的若干规则绘制的。因此，作为从事汽车制造与维修的技术人员，必须掌握这些标准的基本规定。

## 相关知识

我国国家标准（简称"国标"）的代号由"GB"（"GB/T"为"推荐性标准"，无"T"为"强制性标准"）及标准编号和标准名称两部分组成。其中"GB"表示"国标"两个字汉语拼音的第一个字母。例如 GB/T 4458.1—2002《机械制图 图样画法 视图》即表示机械制图标准中图样画法的视图部分，发布顺序编号为4458.1，发布的年号是2002年。

### 一、图样的基本知识

图样是现代工业生产中的重要技术文件，是人们表达设计思想、进行技术交流、组织生产的重要依据,是国际上通用的工程语言。不同的行业使用不同的图样,如"机械图样""电气图样""建筑图样""化工图样"等。本课程"汽车机械图样"也属于"机械图样"的范畴。

机械制图是研究机械图样的一门学科。在汽车产品的设计、备料、零部件加工、部件装配、整车装配、售后维修等各个环节中,都离不开图样。图样可以用平面(二维)图形和轴测(三维)图形表示。

一辆汽车是由多个零件和部件组成的,而一个部件又是由多个零件组成的,如图1-2所示。

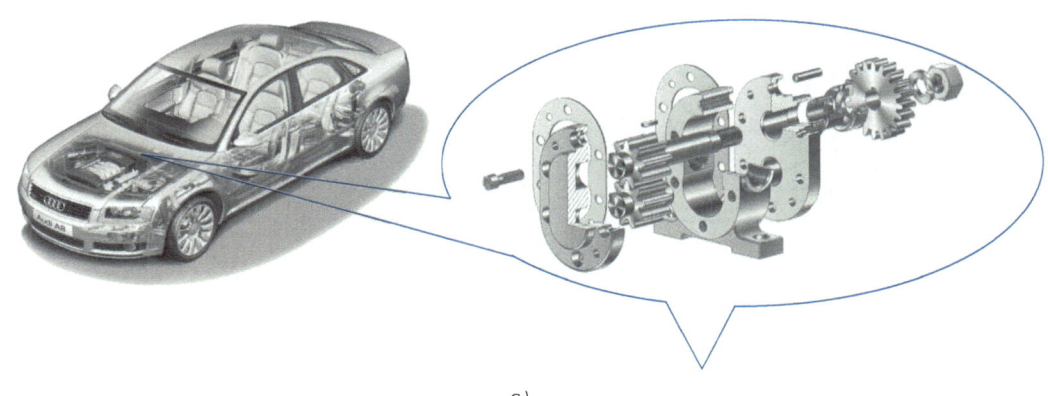

a)

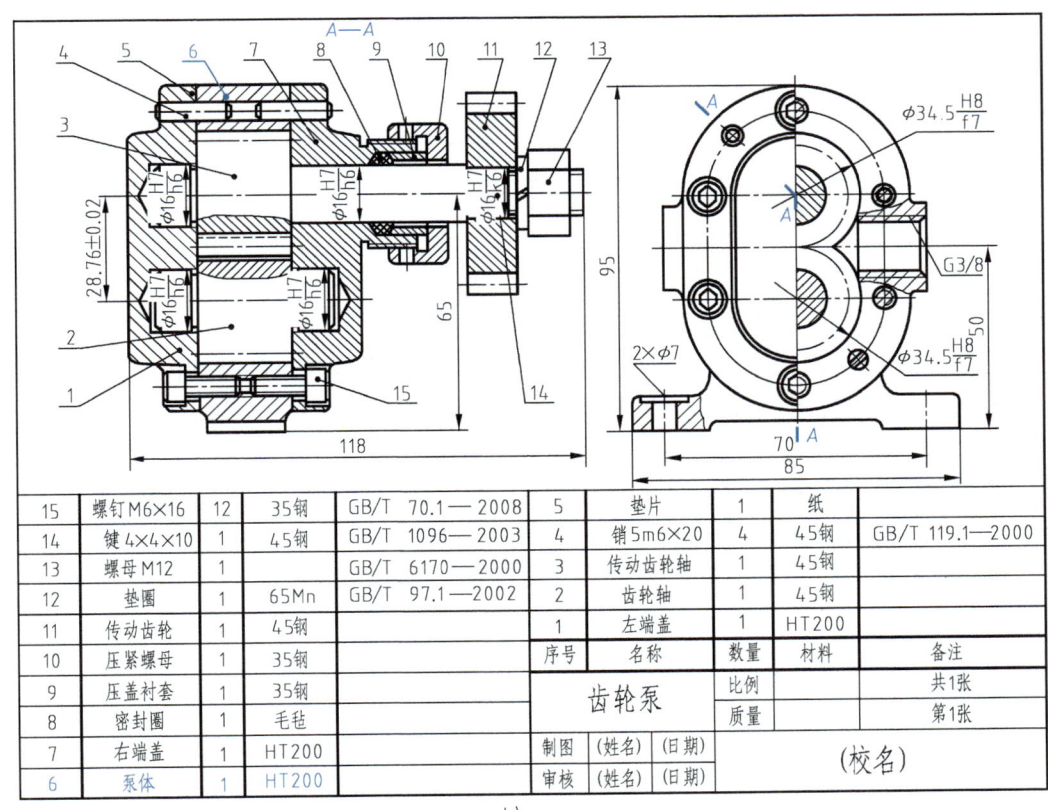

b)

图1-2 常用的图样

a) 汽车及齿轮泵的轴测图  b) 齿轮泵的装配图

汽车机械制图

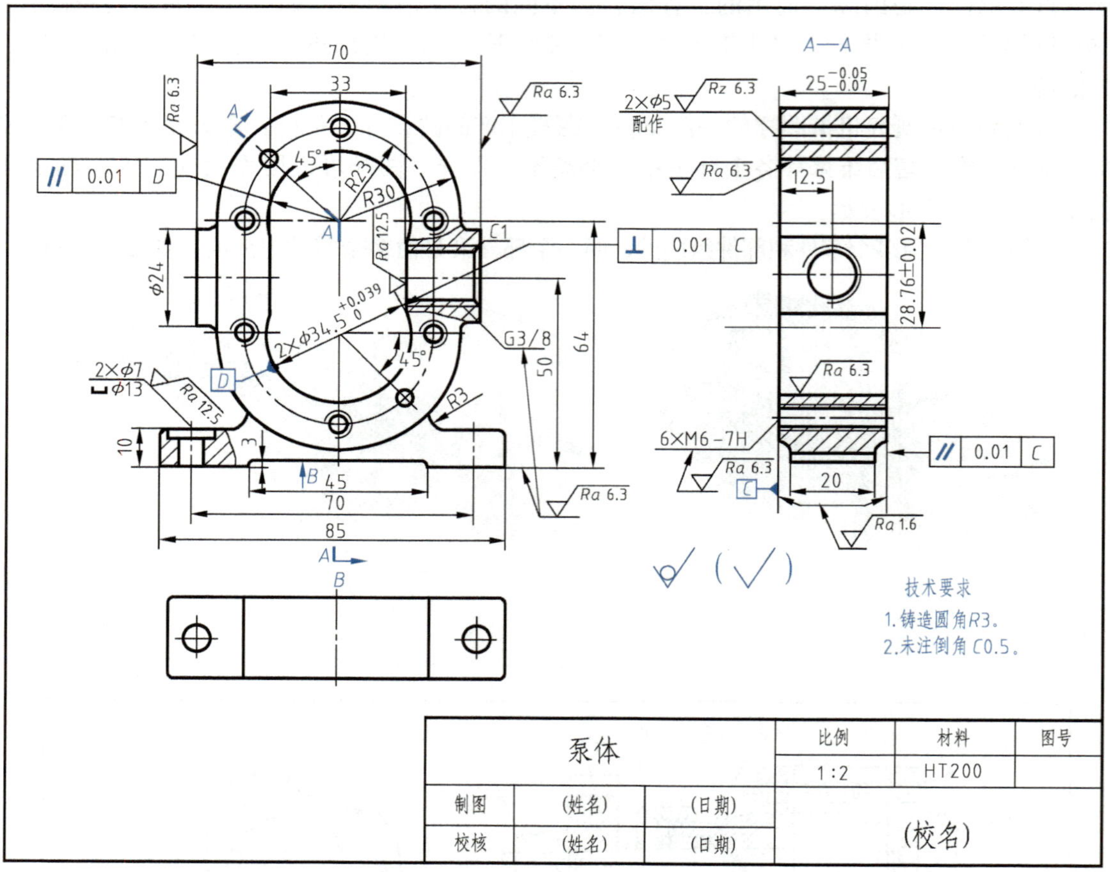

c)

**图1-2 常用的图样（续）**
c）齿轮泵中泵体的零件图

图1-2a所示是汽车及齿轮泵的轴测图，图1-2b所示是齿轮泵的装配图，图1-2c所示是齿轮泵中泵体的零件图。由于轴测图不易绘制，且难以将零件的内部结构和每个细节都表达清楚，更不便于尺寸标注和注写技术要求，因此，生产中采用了一种使用正投影方法绘制的平面图形，如图1-2中的装配图和零件图。这种图形不但可以清楚地表达零件的内外结构，便于标注尺寸和注写技术要求，并且图样绘制简便；缺点是缺乏立体感。只要经过本门课程的系统学习，就能看懂它，从而进行汽车零部件的制造、加工、检验、装配和维修等工作。

## 二、图纸幅面和格式（GB/T 14689—2008）

### 1. 图纸幅面

绘制汽车机械图样时，首先要根据汽车零部件的大小，选择合适的图纸幅面。

由图纸长度与宽度组成的图面称为图纸幅面。为了使图纸幅面统一，便于装订和管理，并符合缩微复制原件的要求，绘制技术图样时应按下列规定选取图纸幅面。

（1）优先选用基本幅面　基本幅面共有 5 种，其尺寸关系如图 1-3 所示。幅面的代号分别为 A0、A1、A2、A3、A4。其中 A0 幅面最大，A4 幅面最小。幅面代号实际上就是表示对 0 号幅面的裁切次数，即相邻幅面的尺寸为对折关系。

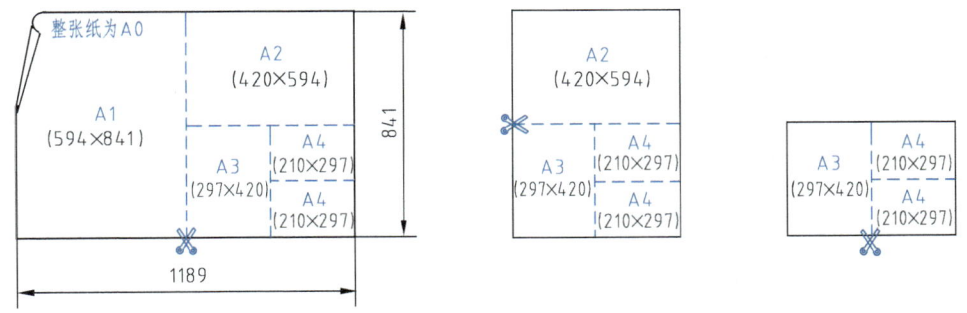

图 1-3　图纸的基本幅面

基本幅面的尺寸见表 1-1，表中的符号 $B$、$L$、$e$、$c$、$a$ 如图 1-4 所示。

表 1-1　基本幅面尺寸　　　　　　　　　　　　　　　　　　（单位：mm）

| 幅面代号 | A0 | A1 | A2 | A3 | A4 |
|---|---|---|---|---|---|
| $B \times L$ | 841×1189 | 594×841 | 420×594 | 297×420 | 210×297 |
| $e$ | 20 | 20 | 20 | 10 | 10 |
| $c$ | 10 | 10 | 10 | 5 | 5 |
| $a$ | 25 | 25 | 25 | 25 | 25 |

（2）必要时允许选用加长幅面　但加长幅面的尺寸必须是由基本幅面的短边成整数倍增加以后得出。

**2. 图框格式**

图纸上限定绘图区域的线框称为图框。

1）在图纸上必须用粗实线画出图框，其格式有两种，分别是留装订边和不留装订边，如图 1-4 所示。

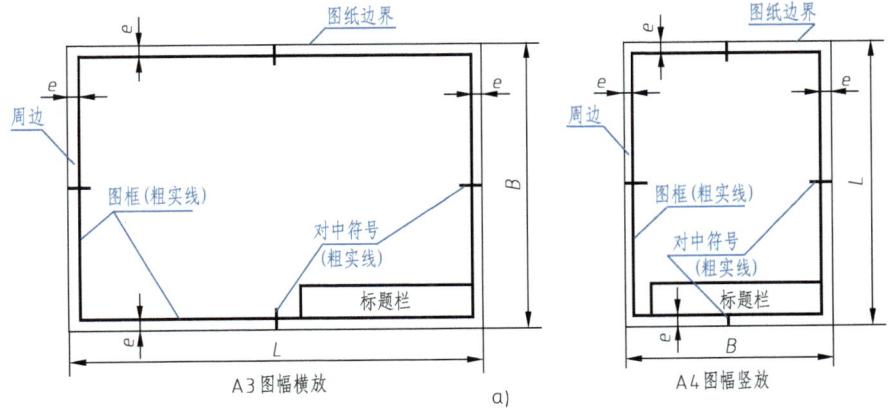

图 1-4　图框格式
a）不留装订边

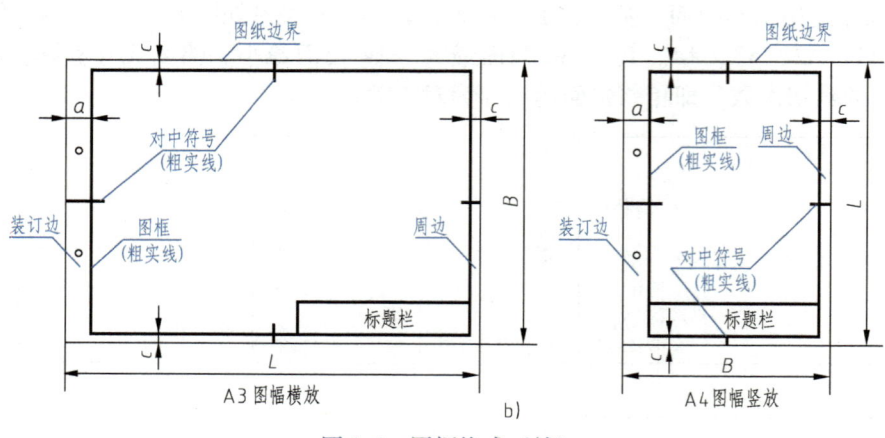

图 1-4　图框格式（续）
b）留装订边

2）同一产品的图样，只能采用一种格式。
3）为了复制和缩微摄影时的定位方便，应在图纸各边长的中点处绘制对中符号（粗实线）。

**3. 标题栏**

每张图纸都必须画出标题栏，其位置位于图纸的右下角。标题栏的内容、格式及尺寸，国家标准（GB/T 10609.1—2008）均做了规定，如图 1-5a 所示。学生作业中的标题栏，建议采用图 1-5b 的形式。

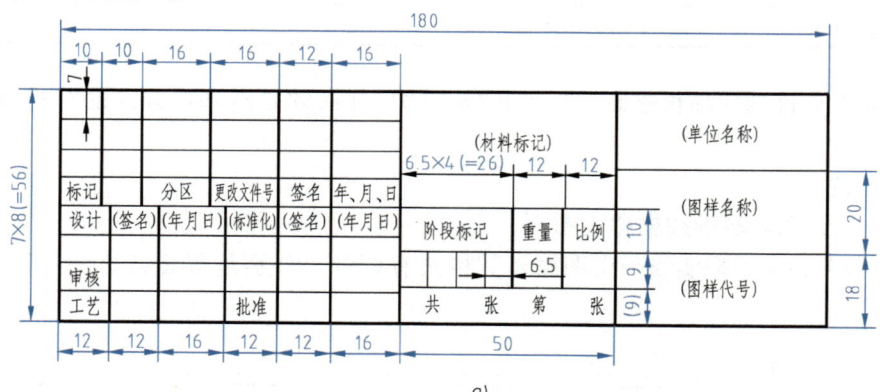

a）

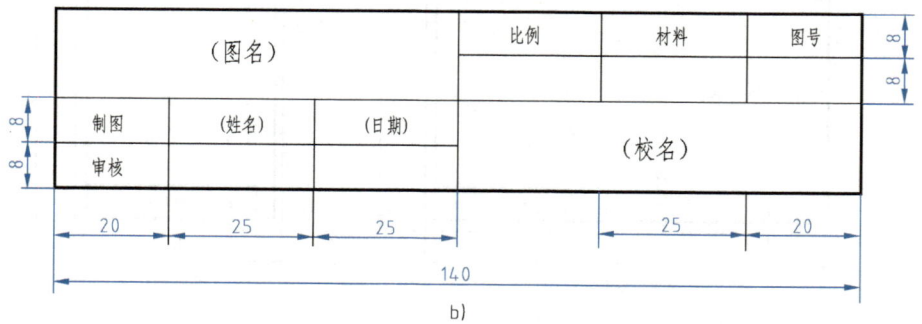

b）

图 1-5　标题栏
a）国家标准规定的标题栏　b）学生作业中使用的标题栏

## 三、比例 (GB/T 14690—1993)

比例是指图样中图形与其实物相应要素的线性尺寸之比。当需要按比例绘制图形时,从表 1-2 规定的系列中选取。为看图方便,建议尽可能采用原值比例画图;如机件太大或太小,则采用缩小或放大的比例画出。但无论采用何种比例,图形中所标注的尺寸数值必须是实物(机件)的实际尺寸,与图形所采用的比例无关,如图 1-6 所示。

表 1-2 常用的比例 (摘自 GB/T 14690—1993)

| 种 类 | 比 例 |
|---|---|
| 原值比例 | 1:1 |
| 放大比例 | 2:1　2.5:1　4:1　5:1　10:1 |
| 缩小比例 | 1:1.5　1:2　1:2.5　1:3　1:4　1:5 |

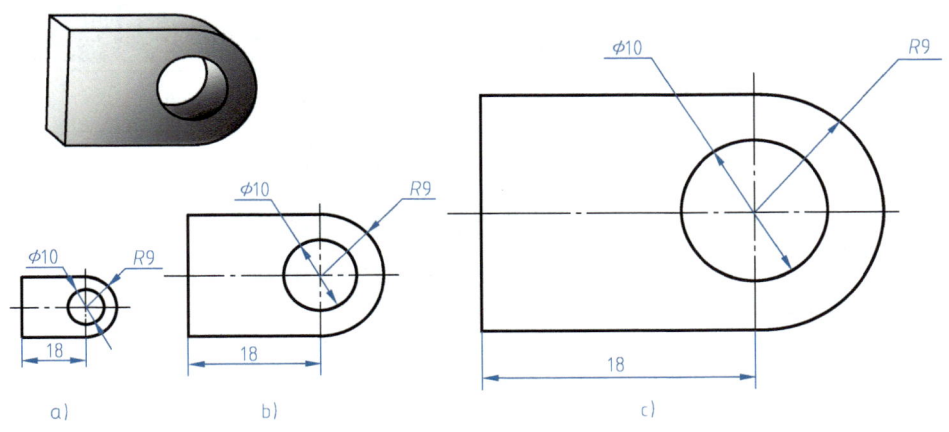

图 1-6　不同比例画出的图形及尺寸数值的注写
a) 1:2　b) 1:1　c) 2:1

## 四、字体 (GB/T 14691—1993)

**1. 基本要求**

标准规定了汉字、字母和数字的结构形式。书写字体的基本要求是:
1) 字体工整、笔画清楚、间隔均匀、排列整齐。
2) 汉字应写成长仿宋字,并按国家规定的简化字书写。
3) 字母和数字可写成斜体(字头向右倾斜,与水平基准线成 75°)或直体。但同一张图样上,只允许选用一种形式的字体。

**2. 字体号数**

字体号数即字体的高度 $h$,单位是 mm。字体号数分别为 20,14,10,7,5,3.5,2.5,1.8。汉字的高度不应小于 3.5mm,字宽一般为 $h/\sqrt{2}$,可近似看成宽/高 =2/3。

**3. 书写示例**

各种字体的书写示例见表 1-3。

表1-3 常用的字体

| 字体 | | 示例 |
|---|---|---|
| 长仿宋体汉字 | 10号 | 字体工整、笔画清楚、间隔均匀、排列整齐 |
| | 7号 | 横平竖直 注意起落 结构均匀 填满方格 |
| | 5号 | 技术制图石油化工机械电子汽车航空船舶土木建筑矿山井坑港口纺织焊接设备工艺 |
| | 3.5号 | 螺纹齿轮端子接线飞行指导驾驶舱位挖填施工引水通风闸阀坝棉麻化纤 |
| 拉丁字母 | 大写斜体 | ABCDEFGHIJKLMNOPQRSTUVWXYZ |
| | 小写斜体 | abcdefghijklmnopqrstuvwxyz |
| 阿拉伯数字 | 斜体 | 0123456789 |
| | 正体 | 0123456789 |
| 罗马数字 | 斜体 | ⅠⅡⅢⅣⅤⅥⅦⅧⅨⅩ |
| | 正体 | ⅠⅡⅢⅣⅤⅥⅦⅧⅨⅩ |

## 五、图线

**1. 基本线型**

图样是由多种不同的图线构成的。国家标准《技术制图 图线》（GB/T 17450—1998）规定绘制各种图样的15种基本线型，根据基本线型及其变形，机械制图（GB/T 4457.4—2002）中规定了9种图线，其名称、线型、应用等见表1-4。

表1-4 图线的型式及应用（根据 GB/T 4457.4—2002）

| 名称 | 线型 | 线宽 d/mm | | 主要用途及线素长度 |
|---|---|---|---|---|
| 粗实线 | —————— | 0.7 | 0.5 | 可见棱边线，可见轮廓线 |
| 细实线 | —————— | 0.35 | 0.25 | 尺寸线，尺寸界线，剖面线，引出线，重合断面的轮廓线，过渡线 |
| 波浪线 | ∼∼∼∼ | 0.35 | 0.25 | 断裂处的边界线，视图与剖视图的分界线 |
| 双折线 | —⋏—⋏— | 0.35 | 0.25 | 断裂处的边界线，视图与剖视图的分界线 |
| 细虚线 | - - - - - - | 0.35 | 0.25 | 不可见棱边线，不可见轮廓线 画长12d，短间隔长3d |
| 粗虚线 | - - - - - - | 0.7 | 0.5 | 允许表面处理的表示线 |

（续）

| 名　　称 | 线　　型 | 线宽 d/mm | | 主要用途及线素长度 |
|---|---|---|---|---|
| 细点画线 | | 0.35 | 0.25 | 轴线，对称中心线，分度圆（线），孔系分布的中心线，剖切线 |
| 细双点画线 | | | | 相邻辅助零件的轮廓线，可动零件的极限位置轮廓线及移动轨迹线，中断线 |
| 粗点画线 | | 0.7 | 0.5 | 限定范围表示线 |

右侧合并单元格：长画长 24$d$，短间隔长 3$d$，点长 ≤0.5$d$

**2. 图线的宽度**

图线的宽度应根据图形的大小和复杂程度，在下列数系中选取：0.13，0.18，0.25，0.35，0.5，0.7，1，1.4，2（单位为 mm），该数系的公比为 $1:\sqrt{2}$。

机械图样中的图线一般采用两种宽度，分别称为粗线和细线，其宽度之比为 2:1。通常情况下，粗线采用 0.5~0.7mm，细线采用 0.25~0.35mm。

**3. 图线的画法要点**

图线的画法要点如图 1-7 所示。

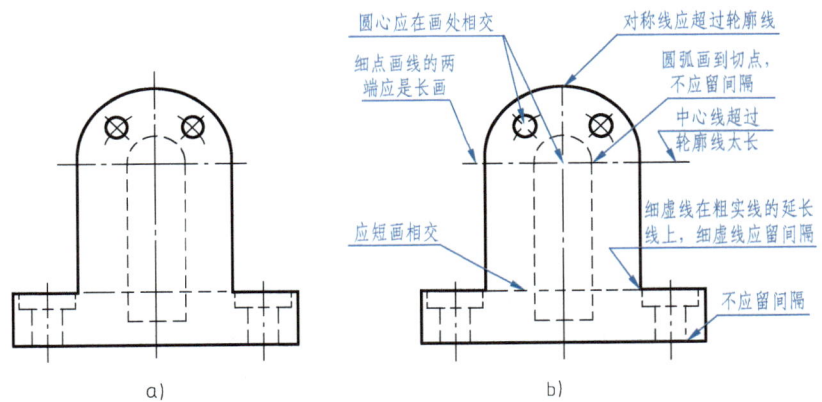

图 1-7　图线的画法要点
a）正确　b）错误

1）同一图样中同类图线的宽度应基本一致。虚线、点画线及双点画线的线段长度和间隔应各自大致相等。

2）虚线、点画线、双点画线相交时，应该是线段相交。当细虚线是粗实线的延长线时，在连接处应断开。

3）绘制圆的对称中心线时，圆心应为线段的交点。细点画线和双点画线的首末两端应是线段而不是点，且应超出图形外 3~5mm。在较小的图形上绘制细点画线或细双点画线有困难时，可用细实线代替。

4）当各种线型重合时，应按粗实线、细虚线、细点画线的优先顺序画出。

**4. 图线的应用**

图线的应用示例如图 1-8 所示。

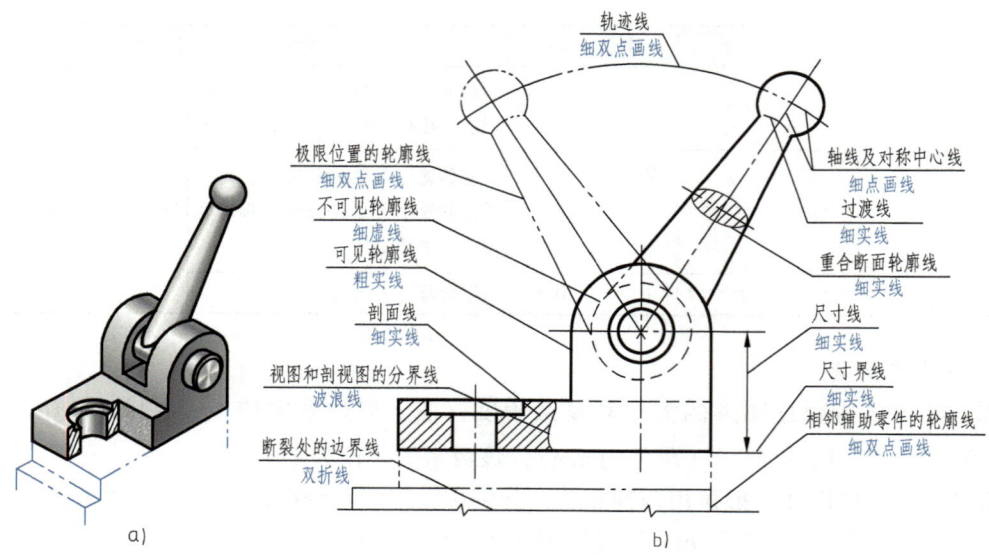

图 1-8 图线的应用示例

## 六、图样中的尺寸标注

图样中尺寸标注的依据是 GB/T 4458.4—2003、GB/T 19096—2003，国家标准中规定了标注尺寸的规则和方法。

**1. 标注尺寸的基本规则**

1）机件的真实大小应以图样上所注的尺寸数值为依据，与图形的大小及绘图的准确度无关。

2）图样中（包括技术要求和其他说明）的尺寸以毫米为单位时，不需要标注计量单位的代号和名称；如采用其他单位，则必须注明相应计量单位的代号或名称，如45度30分应写成45°30′。

3）图样中所标注的尺寸为该图样所示机件的最后完工尺寸，否则应另加说明。

4）机件的每一尺寸，一般只标注一次，并应标注在反映该结构和形状最清楚的图形上。

**2. 尺寸的组成**

一个完整的尺寸包括尺寸界线、尺寸线、箭头和尺寸数字四个组成部分，如图 1-9 所示。

（1）尺寸界线　表示尺寸的度量范围，用细实线绘制。

（2）尺寸线　表示尺寸的度量方向，用细实线绘制。

（3）箭头　表示尺寸线的终端。

（4）尺寸数字　表示机件的实际大小。

**3. 常见的符号及缩写词**

国家标准《技术制图　简化表示法　第 2 部分：尺寸注法》（GB/T 16675.2—2012）要求标注尺寸时，应尽可能使用符号和缩写词，常用的符号及缩写词见表 1-5。

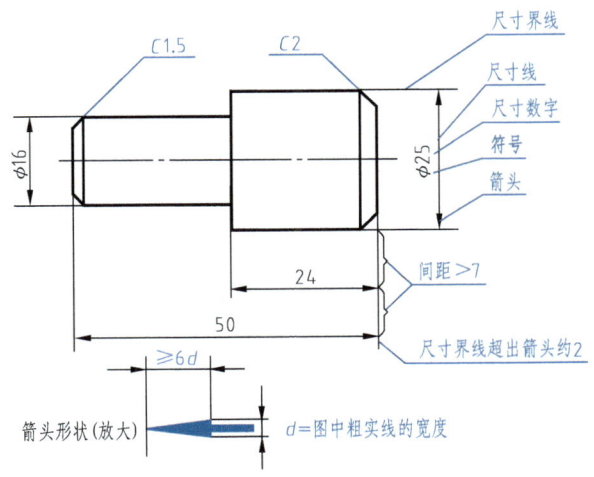

图1-9 尺寸的组成

表1-5 常用的符号及缩写词

| 名　称 | 符号或缩写词 | 名　称 | 符号或缩写词 |
|---|---|---|---|
| 直径 | $\phi$ | 正方形 | □ |
| 半径 | $R$ | 45°倒角 | $C$ |
| 圆球直径 | $S\phi$ | 孔深 | ↧ |
| 圆球半径 | $SR$ | 沉孔或锪平 | ⊔ |
| 厚度 | $t$ | 埋头孔 | ⋁ |
| 均布 | $EQS$ | 弧长 | ⌒ |

## 4. 尺寸各要素的注写方式

尺寸各要素的注写方式见表1-6。

表1-6 尺寸各要素的注写方式

| 要素 | 说　明 | 图　例 |
|---|---|---|
| 尺寸界线 | 1）尺寸界线用细实线绘制<br>2）尺寸界线应由图形的轮廓线、轴线或对称中心线引出，也可利用轮廓线、轴线或对称中心线作为尺寸界线，如图a、b所示<br>3）尺寸界线一般应与尺寸线垂直<br>4）当尺寸界线过于靠近轮廓线时，允许倾斜画出，如图c、d所示<br>5）在光滑过渡处标注尺寸时，必须用细实线将轮廓线延长，从它们的交点处引出尺寸界线，如图c中的空心箭头所指处 | |

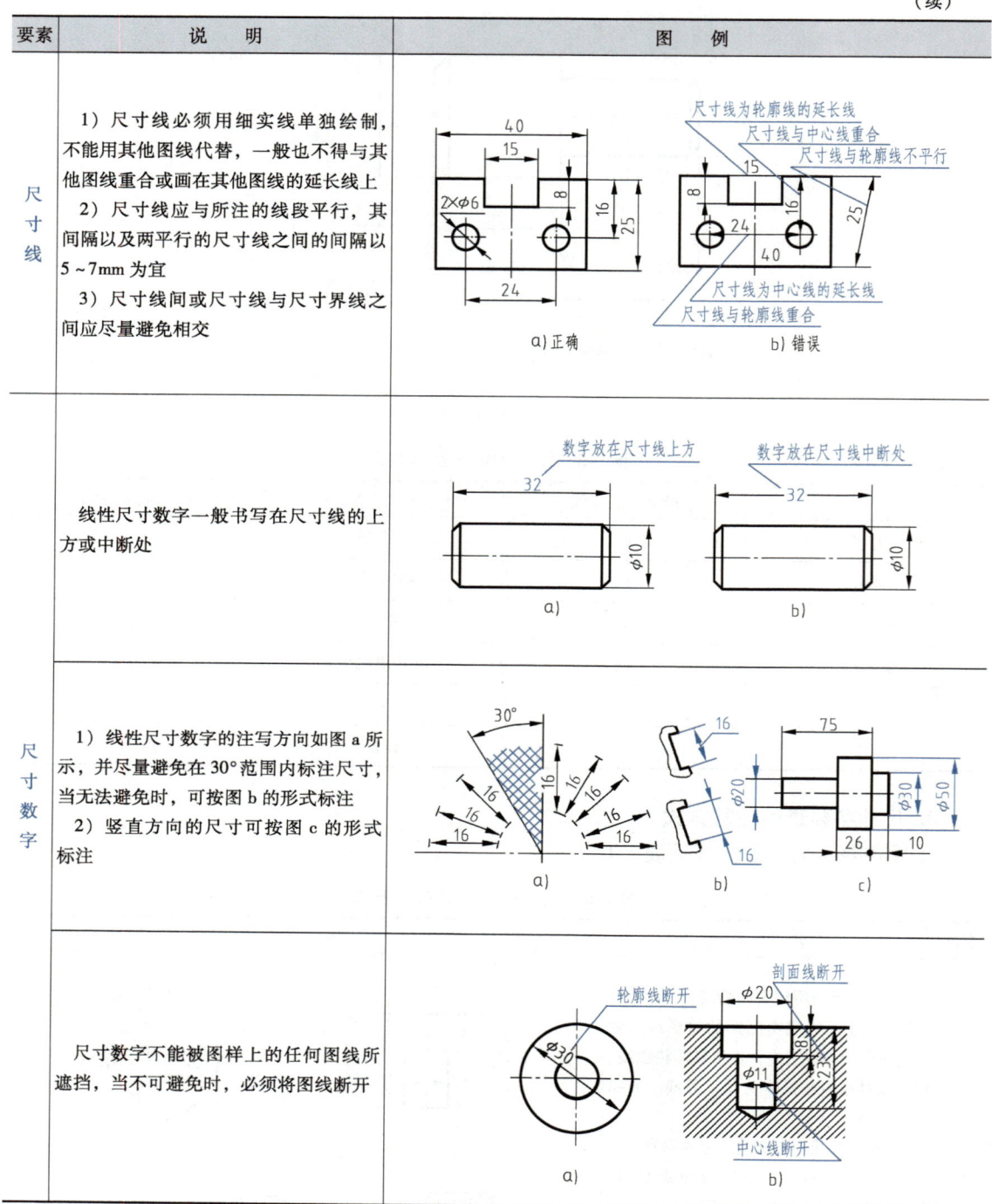

**5. 常见的尺寸标注示例**

常见的尺寸标注示例见表1-7。

表 1-7 常见的尺寸标注示例

| 项目 | 说　　明 | 图　　例 |
|---|---|---|
| 圆和圆弧 | 1）标注圆的直径时，在尺寸数字前加符号"φ"，其尺寸线应通过圆心，尺寸线的终端应画成箭头，但不能与对称中心线重合，如图 a、c 所示<br>2）标注圆弧的尺寸时，必须在尺寸数字前加注符号"R"，半径尺寸必须标注在反映为圆弧的图形上，如图 a、b 所示<br>3）当尺寸线的一端无法画出箭头时，尺寸线一定要超过圆心，如图 d 所示<br>4）大于半圆的圆弧都必须标注直径，小于半圆的圆弧都必须标注半径<br>5）半径过大，圆心不在图形内时，尺寸线可画成折线，如图 e 所示；若不需注出圆心位置时，尺寸线可以中断，如图 f 所示 | 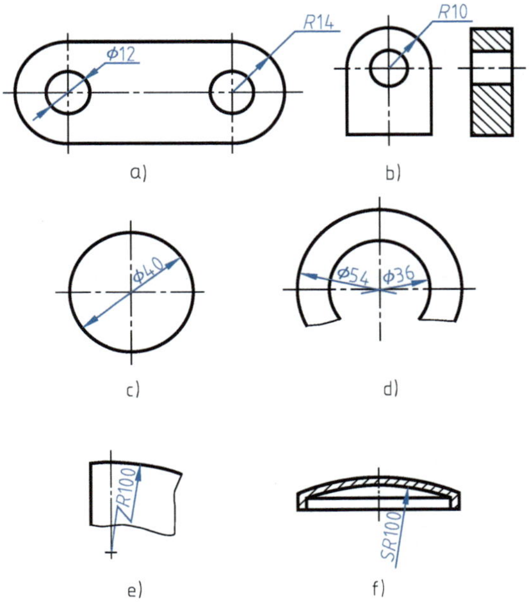 |
| 球面 | 标注球面的直径或半径时，要在"φ"或"R"前再加注"S" |  |
| 小尺寸 | 1）无足够位置标注尺寸时，箭头可移至图外或用小圆点代替<br>2）尺寸数字也可写在尺寸界线外或引出标注 | 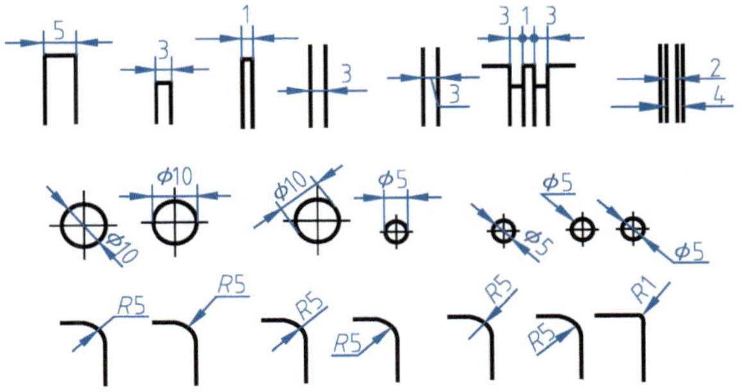 |

（续）

| 项目 | 说 明 | 图 例 |
|---|---|---|
| 对称图形 | 1）对称图形画一半时，尺寸线的一端无法注全，其尺寸线要超过对称线一段距离，如图 a 中的 84 和 64<br>2）图中 4×φ6 表示有 4 个直径为 φ6 的孔<br>3）分布在对称线两侧的相同结构，可仅标注其中一侧的结构尺寸 | 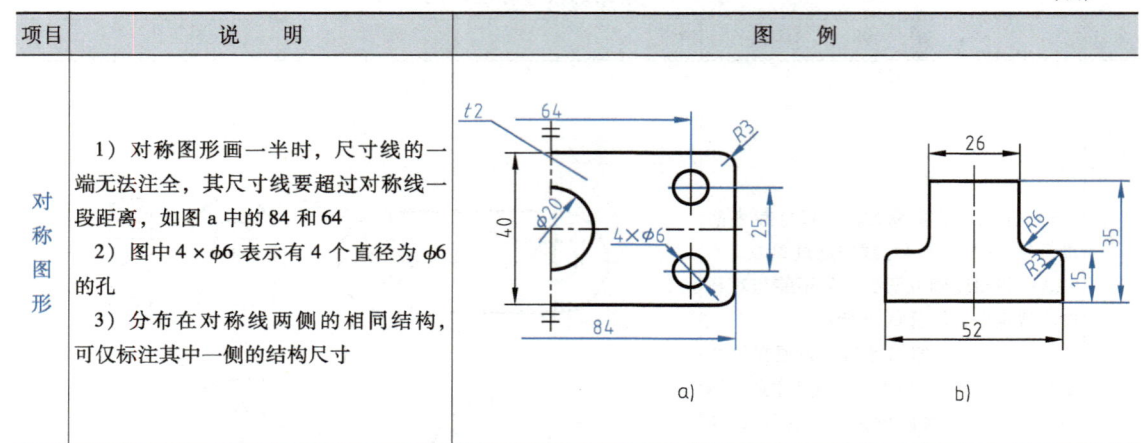 |

 任务实施

全班分成若干小组进行讨论，分析并指出图 1-1 中的图形所包含的内容，指出图中使用了哪些线型。老师巡回指导，根据各小组做出的答案再进行点评，最后统一正确答案。

 课后测评

1. 分析图 1-10 中的各种图线，并在横线上写出图线的名称及应用场合。

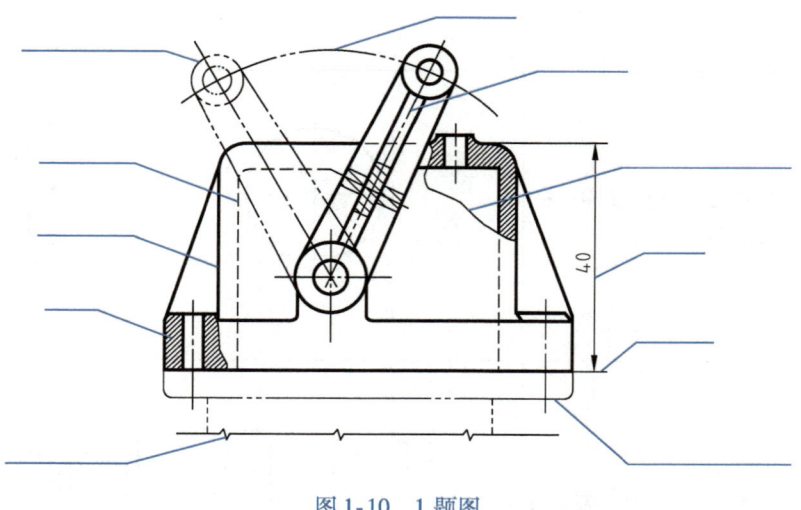

图 1-10　1 题图

2. 在图 1-11 中的横线上写出尺寸各组成部分的名称。

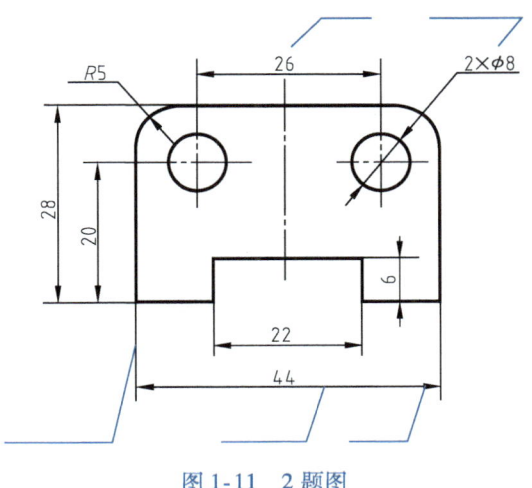

图 1-11 2 题图

## 任务二　绘制简单的平面图形

### 任务描述

平面图形即二维图形，是零件图某一方向的轮廓。本任务主要介绍绘图工具和仪器的正确使用方法，线段和圆周的等分，斜度和锥度的画法，椭圆的画法以及圆弧连接等简单的平面图形的作图方法；绘制图 1-12 给出的简单平面图形。

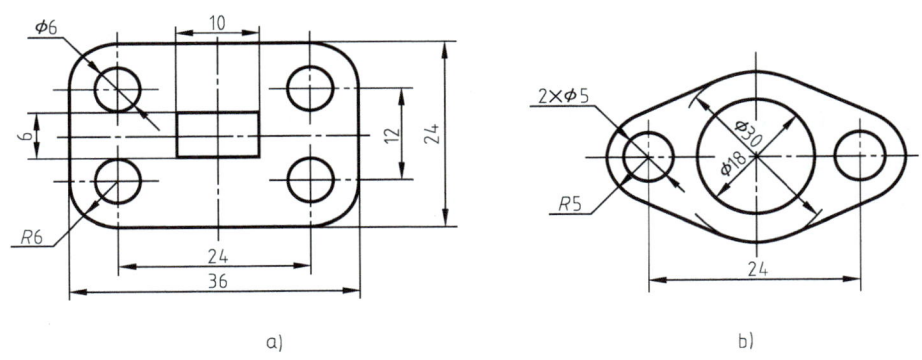

图 1-12　简单的平面图形

### 任务分析

图 1-12 所示为两个简单的平面图形。图中包含有直线、矩形、圆和圆弧等基本几何要素，这些不同的基本几何要素是采用不同的绘图工具绘制出来的。通过绘制简单的平面图形，学会绘图工具和仪器的正确使用方法，了解各种图线在图样中的具体运用，从而初步具备使用绘图工具绘图的能力。

汽车机械制图

## 相关知识

### 一、常用绘图工具及其使用方法

正确、熟练地使用和维护绘图工具，是保证绘图质量和提高绘图速度的重要条件。因此，必须养成正确使用和维护绘图工具和仪器的良好习惯。

**1. 绘图板**

绘图板是绘图时用来固定图纸的矩形木板，板面及导边应平整光滑。绘图前应先用胶带纸将图纸固定在绘图板上，如图 1-13a 所示。

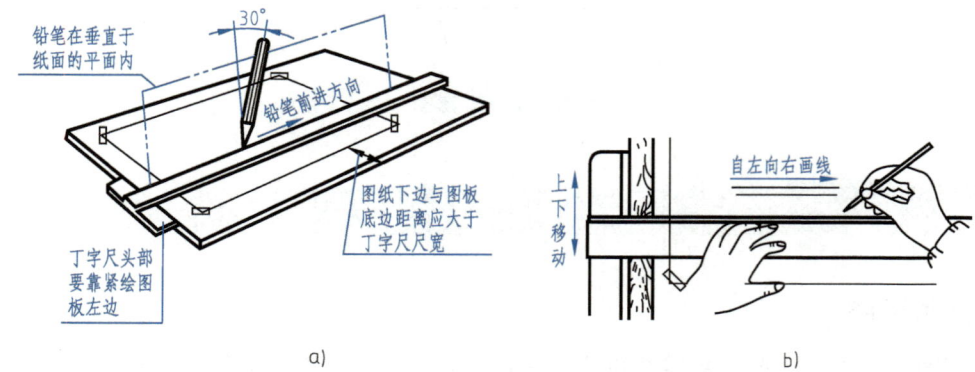

图 1-13 绘图板和丁字尺

**2. 丁字尺**

丁字尺是用于画水平线的，它由尺头和尺身组成。使用时，左手扶住丁字尺的尺头，使内侧边紧靠绘图板左导边。将丁字尺沿绘图板导边上下滑动，移到所需位置后，左手移到尺身的适当部位压住尺身，以防画线时尺身倾斜；右手执笔，笔杆略向右倾斜，笔尖紧靠尺身并沿尺身工作边自左向右画水平线，如图 1-13b 所示。

**3. 三角板**

一副三角板由 45°和 30°（60°）各一块组成。与丁字尺配合使用，可画竖直线，如图 1-14a 所示；还可画与水平方向成 15°、30°、45°、60°、75°的倾斜线，如图 1-14b 所示；用两块三角板配合使用，可画已知直线的垂直线和平行线，如图 1-15 所示。

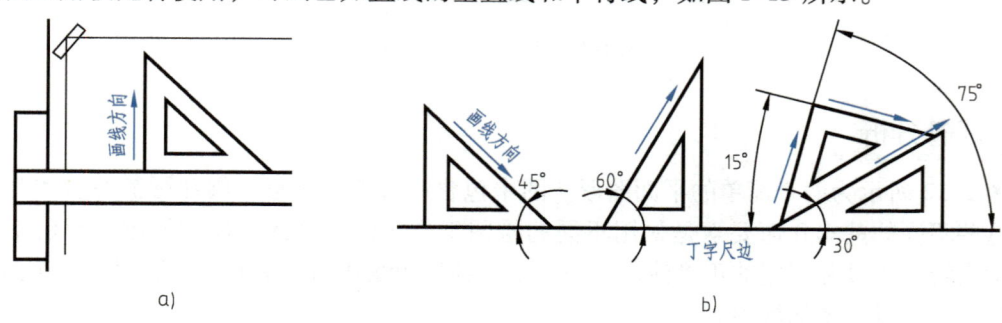

图 1-14 丁字尺与三角板配合使用

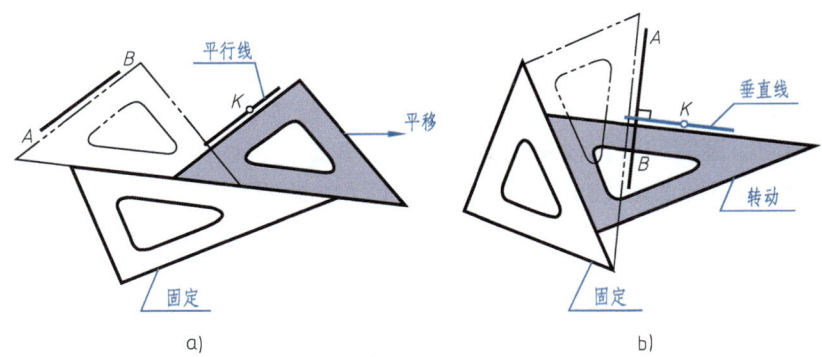

图 1-15 两块三角板配合使用
a）画平行线　b）画垂直线

### 4. 圆规

圆规主要是用来画圆和圆弧的。画圆时选用的铅芯应比画直线的铅芯软一号。钢针应使用有台阶的一端（支承尖），以免使图纸上的针眼过大。画图前应调整圆规，使插针、铅芯与纸面保持垂直，如图 1-16 所示。

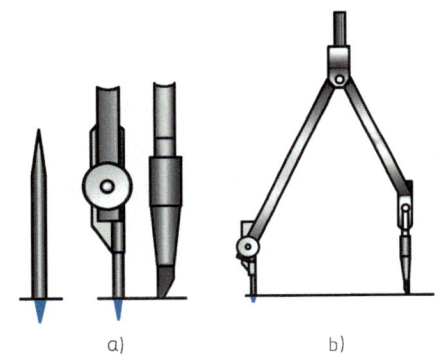

图 1-16　圆规及其使用
a）带有台阶的钢针　b）使插针、铅芯与纸面保持垂直

### 5. 分规

分规主要用于量取和等分直线或圆弧（常用试分法），分规的两个针尖并拢时应对齐，如图 1-17 所示。

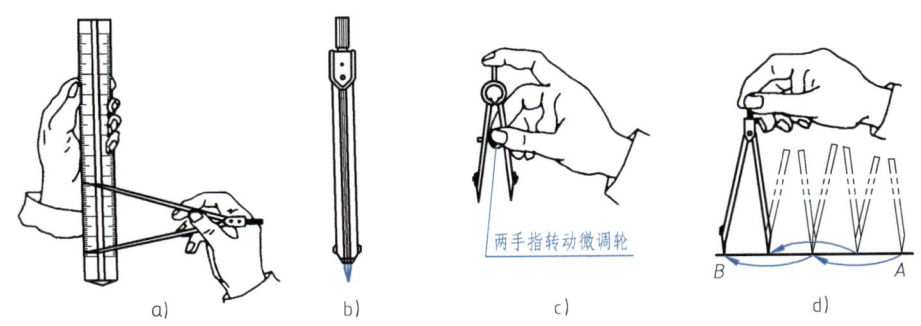

图 1-17　分规及其使用
a）量取长度　b）两针尖对齐　c）用弹簧分规量精确距离　d）分割线段时分规摆动的方法

### 6. 铅笔

画图时应使用绘图铅笔。绘图铅笔用"B"和"H"代表铅芯的软硬程度，如"2B""3B""2H""3H"等。"B"前面的数字越大，表示铅芯越软（黑）；"H"前面的数字越大，表示铅芯越硬。画粗线时建议采用B、HB或2B铅笔；画细线时用H、2H铅笔；写字可用H和HB铅笔。用于画粗线的铅芯应削磨成断面为矩形的棱柱，其余可削磨成锥形，如图1-18所示。

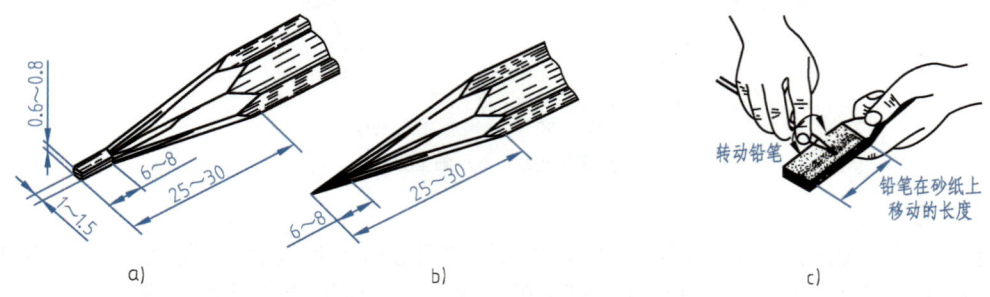

图1-18 铅笔的削磨方法
a) 磨成矩形 b) 磨成锥形 c) 铅笔的磨法

### 7. 曲线板

曲线板用于绘制不规则的非圆曲线。使用时，应先徒手将曲线上各点轻轻地依次连成光滑的曲线，然后在曲线上找出足够的点，如图1-19所示，至少可使其画线边通过1、2、3点，画出1、2、3点后，再移动曲线板，使其重新与点相吻合，并画出3到4乃至5点间的曲线，以此类推，完成非圆曲线的作图。

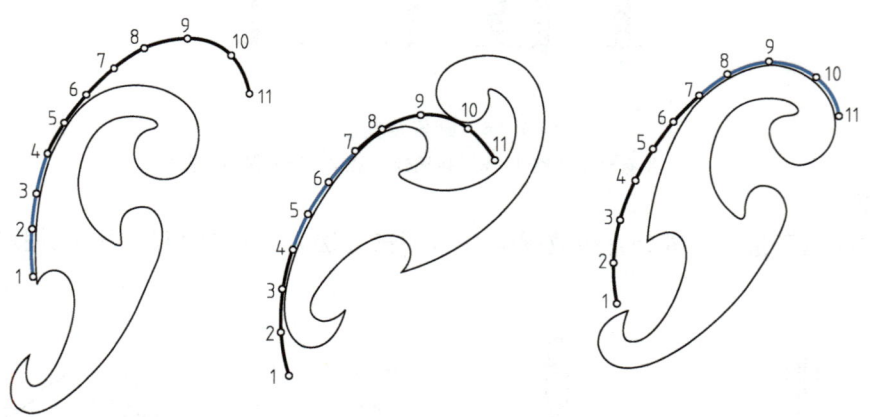

图1-19 曲线板及其使用

除上述工具外，绘图时还要备有削铅笔的小刀、磨铅笔的砂纸、固定图纸的胶带纸、擦图的橡皮等用品。

## 二、基本作图方法

常用基本作图方法有圆周的等分、斜度和锥度的画法、椭圆的画法等，其画图方法与步

项目一 绘制与识读平面图形

骤见表1-8。

表1-8 常用基本作图方法

| 类别 | 图 例 | 作 图 步 骤 |
|---|---|---|
| 等分直线 | 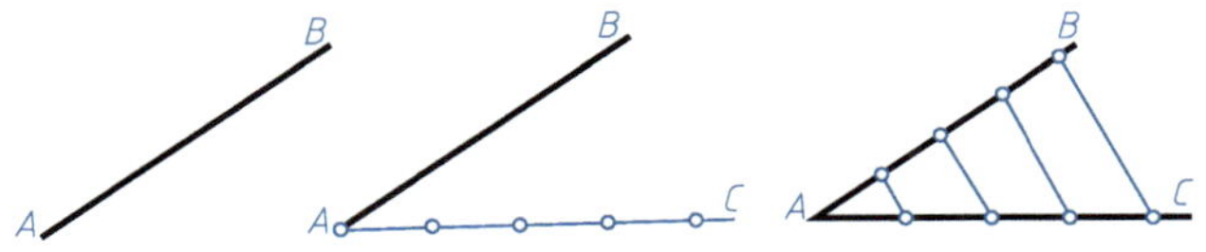 1) 2) 3) | 1）已知直线<br>2）过A作任意射线AC并进行四等分<br>3）将最后的等分点C与B相连，再过各等分点作BC线的平行线与AB相交，其交点便是等分点 |
| 画正六边形 |  1) 2) 3) | 图示为用三种方法作正六边形<br>1）用圆规等分圆周及作圆的内接正六边形<br>2）用丁字尺和三角板配合作圆的内接正六边形<br>3）用丁字尺和三角板配合作圆的外切正六边形 |
| 画正五边形 | 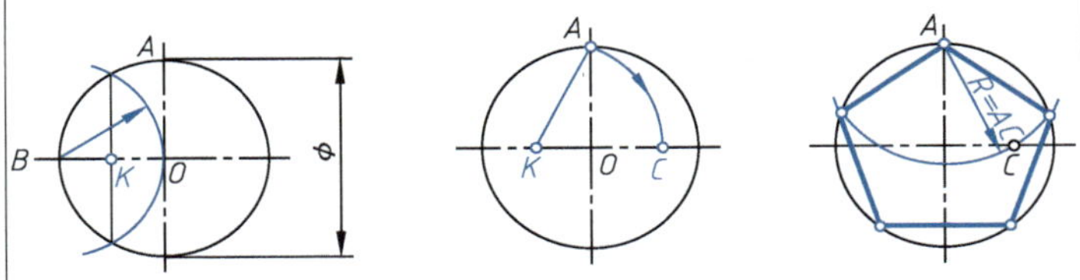 1) 2) 3) | 1）作半径OB的中点K<br>2）以K为圆心，KA为半径画弧交水平中心线得点C，AC即为五边形的边长<br>3）以AC为边长，等分圆周得五个顶点，将各顶点顺次相连便得正五边形 |
| 画斜度 | 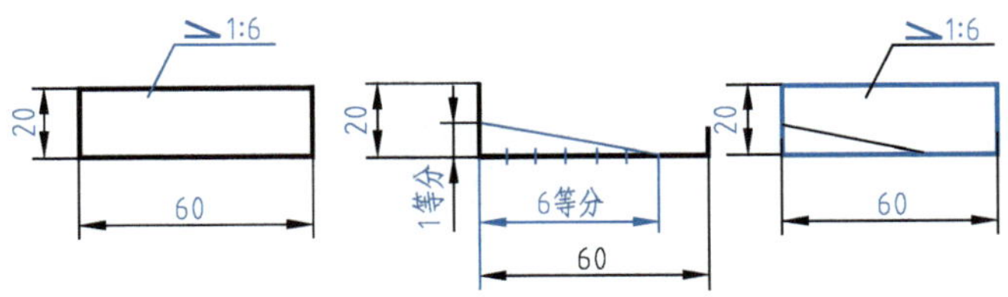 1) 2) 3) | 1）已知图形<br>2）作斜度1:6的辅助线<br>3）过已知点作辅助线的平行线，完成作图并标注尺寸及斜度符号<br>斜度符号的倾斜角度为30°，高度为字高<br>标注斜度符号时，其符号斜边的倾斜方向应与斜度的方向一致 |
| 画锥度 | 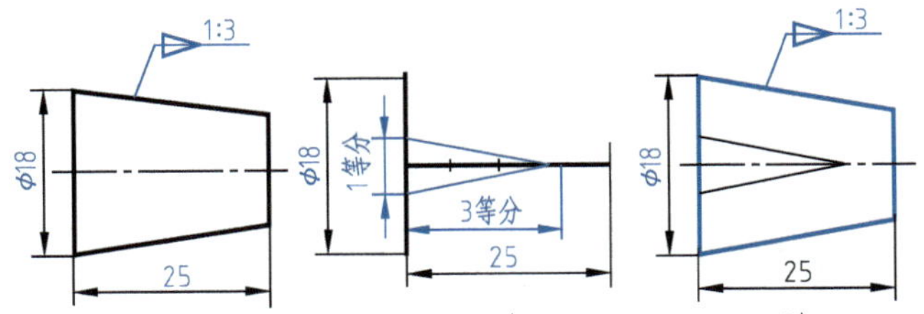 1) 2) 3) | 1）已知图形<br>2）作锥度1:3的辅助线<br>3）过已知点作辅助线的平行线，完成作图并标注尺寸及锥度符号<br>锥度符号的圆锥角为30°，高度为图中的字高的1.4倍<br>标注锥度符号时，其符号斜边的倾斜方向应与锥度的方向一致 |

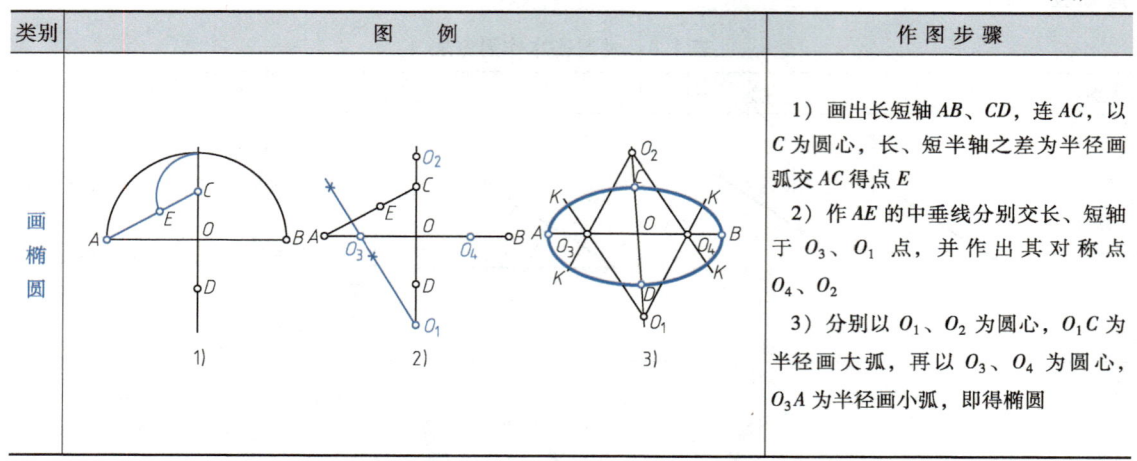

(续)

| 类别 | 图 例 | 作 图 步 骤 |
|---|---|---|
| 画椭圆 |  | 1）画出长短轴 $AB$、$CD$，连 $AC$，以 $C$ 为圆心，长、短半轴之差为半径画弧交 $AC$ 得点 $E$<br>2）作 $AE$ 的中垂线分别交长、短轴于 $O_3$、$O_1$ 点，并作出其对称点 $O_4$、$O_2$<br>3）分别以 $O_1$、$O_2$ 为圆心，$O_1C$ 为半径画大弧，再以 $O_3$、$O_4$ 为圆心，$O_3A$ 为半径画小弧，即得椭圆 |

### 三、圆弧连接

圆弧连接指用一段圆弧光滑地连接相邻两已知线段（直线或圆弧）的作图方法。例如在图 1-20 中，用圆弧 $R16$ 连接两直线，用圆弧 $R12$ 连接一直线和一圆弧，用圆弧 $R35$ 连接两圆弧等。要保证圆弧连接光滑，作图时必须先求作连接圆弧的圆心以及连接圆弧与已知线段的连接点，以保证连接圆弧与已知线段在连接处相切。

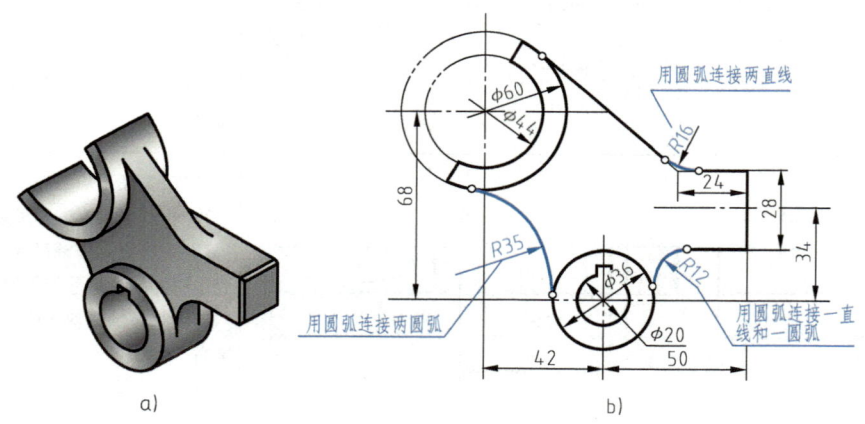

图 1-20 常见的圆弧连接形式

**1. 圆弧连接的作图步骤**

任何形式的圆弧连接，其作图过程都分为以下三步：先求连接弧的圆心，再求连接点（已知圆弧与连接线段的分界点），最后画连接弧（在两连接点之间画弧）。

**2. 圆弧连接的作图方法**

（1）两直线间的圆弧连接　两直线间的圆弧连接的作图方法见表 1-9。

（2）两圆弧间的圆弧连接　两圆弧间的圆弧连接的作图方法见表 1-10。

表 1-9 两直线间的圆弧连接

| 类别 | 图 例 | 作图方法与步骤 |
|---|---|---|
| 用圆弧连接钝角的两边 | a) b) c) | 1）作与已知角两边分别相距为 $R$ 的平行线，两平行线相交于点 $O$，点 $O$ 即为连接弧圆心<br>2）自 $O$ 向两个夹角边引垂线，其垂足 $M$、$N$ 即为连接点<br>3）以 $O$ 为圆心，$R$ 为半径，在 $M$ 至 $N$ 之间画弧，即完成作图 |
| 用圆弧连接锐角的两边 | a) b) c) | 1）作与已知角两边分别相距为 $R$ 的平行线，两线相交于点 $O$，点 $O$ 即为连接弧的圆心<br>2）自 $O$ 向两个夹角边引垂线，其垂足 $M$、$N$ 即为连接点<br>3）以 $O$ 为圆心，$R$ 为半径，在 $M$ 至 $N$ 之间画弧，即完成作图 |
| 用圆弧连接直角的两边 | a) b) c) | 1）以直角顶点为圆心，$R$ 为半径画弧，交两直角边于 $M$、$N$，$M$、$N$ 即为连接点<br>2）分别以 $M$、$N$ 为圆心，$R$ 为半径画弧，两弧交于点 $O$，点 $O$ 即为连接弧圆心<br>3）以 $O$ 为圆心，$R$ 为半径，在 $M$ 至 $N$ 之间画弧，即完成作图 |

表 1-10 两圆弧间的圆弧连接

| 类别 | 图 例 | 作图方法与步骤 |
|---|---|---|
| 用圆弧外连接两已知圆弧 | a) b) c) | 1）分别以 $O_1$、$O_2$ 为圆心，$R_1+R$、$R_2+R$ 之长为半径画弧，两弧相交于点 $O$，点 $O$ 即为连接弧的圆心<br>2）连接 $OO_1$ 和 $OO_2$，分别交两已知圆弧于 $M$、$N$，$M$、$N$ 即为连接点<br>3）以 $O$ 为圆心，$R$ 为半径，在 $M$ 至 $N$ 之间画弧，即完成作图 |

| 类别 | 图 例 | 作图方法与步骤 |
|---|---|---|
| 用圆弧内连接两已知圆弧 | 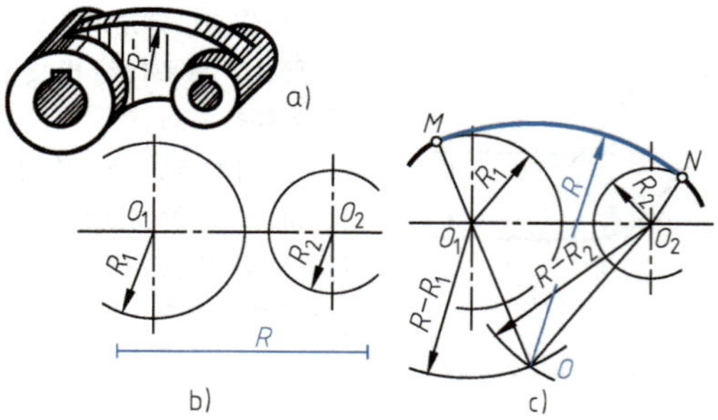  | 1）分别以 $O_1$、$O_2$ 为圆心，$R-R_1$、$R-R_2$ 之长为半径画弧，两弧相交于点 $O$，点 $O$ 即为连接弧的圆心<br>2）连接 $OO_1$ 和 $OO_2$ 并延长，分别交两已知圆弧于 $M$、$N$，$M$、$N$ 即为连接点<br>3）以 $O$ 为圆心，$R$ 为半径，在 $M$ 至 $N$ 之间画弧，即完成作图 |
| 用圆弧分别内外连接两已知圆弧 | 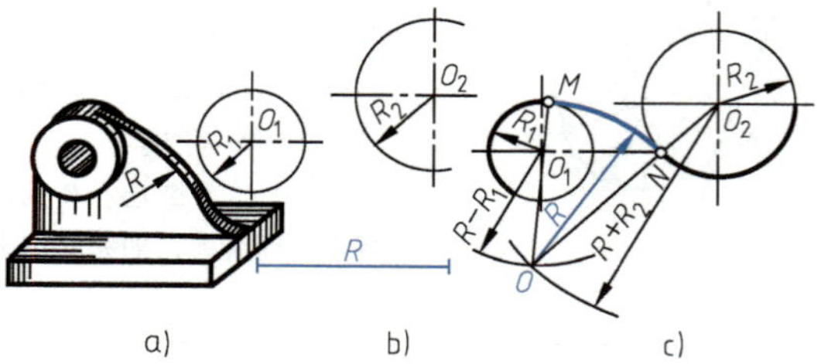 | 1）分别以 $O_1$、$O_2$ 为圆心，$R-R_1$、$R+R_2$ 之长为半径画弧，两弧相交于点 $O$，点 $O$ 即为连接弧的圆心<br>2）连接 $OO_1$ 并延长，交已知圆弧 $R_1$ 于 $M$，连接 $OO_2$ 交已知圆弧 $R_2$ 于 $N$，$M$ 与 $N$ 即为连接点<br>3）以 $O$ 为圆心，$R$ 为半径，在 $M$ 至 $N$ 之间画弧，即完成作图 |

## 四、徒手绘图的方法

徒手图也叫草图，即不用绘图仪器和工具，通过目测图形中各部分的比例和尺寸，按一定画法要求画出的图形。徒手绘图具有灵活快捷的特点。徒手图是创意构思、进行技术交流常用的绘图方法，有很大的实用价值。草图虽然是徒手绘制，但绝不是潦草的图，画图时应做到：

> **小口诀**
>
> 绘制图线要稳，线型粗细分明
> 目测尺寸要准，图形比例匀称
> 标注尺寸无误，字体书写工整
> 绘图速度要快，保持图面整洁

### 1. 握笔的方法

手握笔的位置要比用仪器绘图时高一些，以利于运笔和观察目标。笔杆与纸面成 45°~60°角；执笔稳而有力。

### 2. 直线的画法

画直线时，图纸可放得斜一些。手腕靠着纸面，沿着画线方向移动，保证直线画直；眼睛不要只盯着笔尖，而要目视笔尖运行的方向和运行的终点，匀速运笔，一次画成，切忌一小段一小段画出。

各种直线的画法和运笔方向如图 1-21 所示。

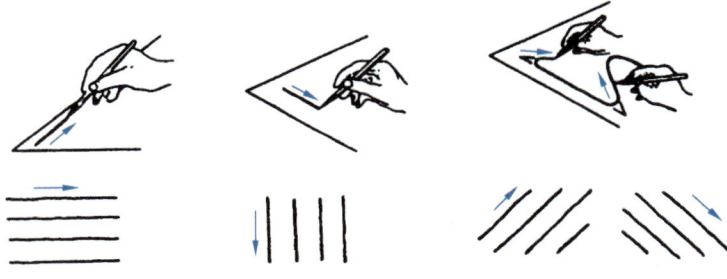

图 1-21　直线的画法

### 3. 常用角度的画法

画 30°、45°、60° 等常用角度时，可根据两直角边的比例关系，在两直角边上定出几点，然后连线而成，如图 1-22 所示。

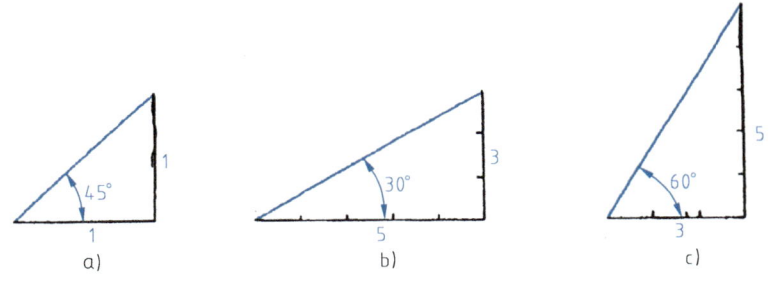

图 1-22　常用角度的画法

### 4. 圆的画法

画较小的圆时，在画出的中心线上按半径目测定出四点，徒手画出圆；也可先画出正方形，再作出正方形的内切圆，如图 1-23a 所示。画较大的圆时，可增加两条 45° 斜线，在斜线上再根据半径的大小定出四点，然后分段画出，如图 1-23b 所示。

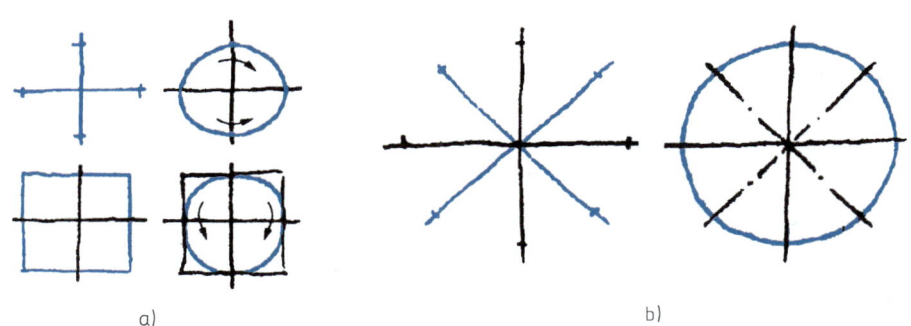

图 1-23　圆的画法

### 5. 圆弧的画法

画圆弧时，根据圆弧的大小，先画出相交的两条直线和角的平分线，然后目测，在角平分线上定出圆心的位置，使它与角两边的距离等于圆角半径的大小，过圆心向两边引垂线，定出圆弧的起点和终点，并在角平分线上也定出一半径点，然后用圆弧将三点相连，如图 1-24 所示。

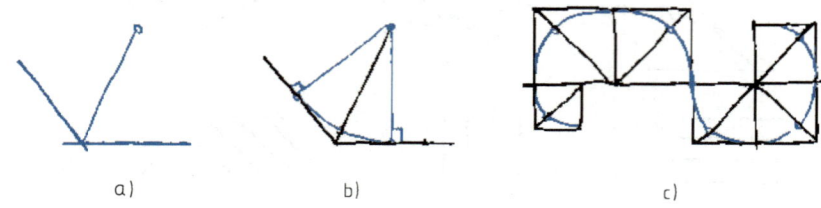

图 1-24　圆弧的画法

**6. 椭圆的画法**

画椭圆时，先目测定出其长、短轴上的四个点，然后分段画出四段圆弧。画图时应注意图形的对称性，如图 1-25a 所示；也可利用外切菱形法作出，如图 1-25b 所示。

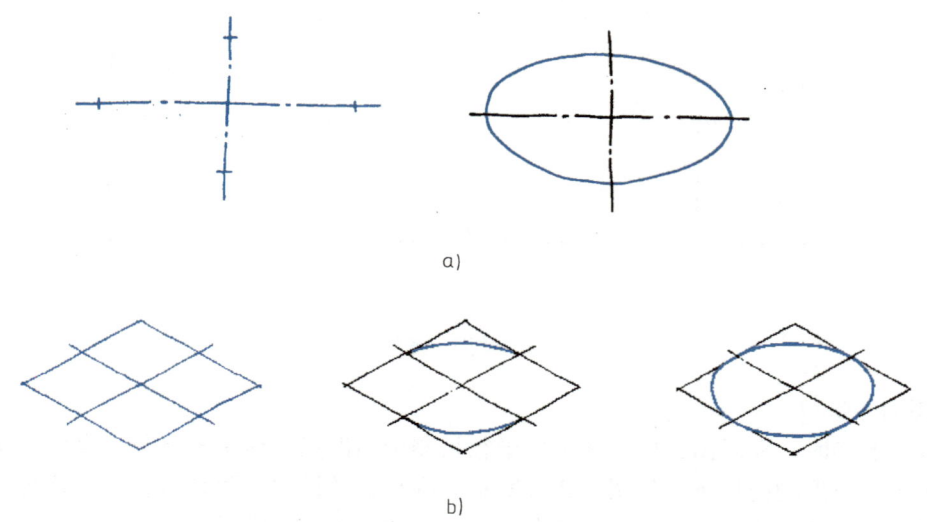

图 1-25　椭圆的画法

## 任务实施

### 一、绘制图 1-12a 所示的平面图形

分析：图 1-12a 所示平面图形的外形是由四段直线和四段圆弧组成的。里面包含有四个小圆和一个矩形；图中包含的线型有粗实线和细点画线；绘图时需要使用的绘图工具有铅笔、三角板、圆规、分规等。

作图步骤：如图 1-26 所示，先画出水平和垂直的两条中心线，再按给出的尺寸画出大小两个矩形，然后定出四角和小圆的圆心，最后画出小圆和圆弧。

### 二、绘制图 1-12b 所示的平面图形

分析：图 1-12b 所示的平面图形是由三个圆、四条直线和四段圆弧组成的，其中四条直

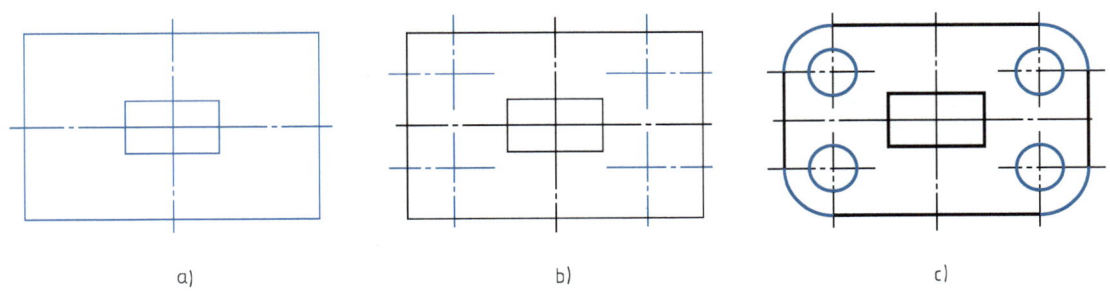

图 1-26 作图步骤
a) 画中心线及两个矩形　b) 定出四角和小圆的圆心　c) 画出小圆和圆弧

线和四段圆弧相切。图中包含的线型有粗实线和细点画线；绘图时需要使用的绘图工具有铅笔、三角板、圆规、分规等。

作图步骤：如图 1-27 所示，先画出水平和垂直的两条中心线，定出两边小圆的位置，并画出中间的大圆和两边的小圆；再根据 $\phi 30$mm 和 $R5$mm 画出外形的各段圆弧；最后作外形各段圆弧的公切线。

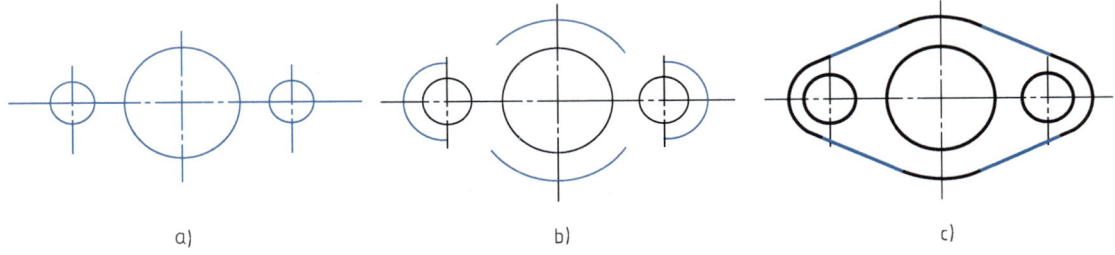

图 1-27 作图步骤
a) 画中心线及三个小圆　b) 画出外形的各段圆弧　c) 作外形各段圆弧的公切线

## 任务三　绘制与识读复杂的平面图形

### 任务描述

生产实际中使用的汽车机械零件，其图形轮廓都比较复杂，如图 1-28 所示的汽车前拖钩及手柄。本任务通过绘制与识读平面图形，学会分析平面图形中的尺寸和线段的方法，掌握正确的绘图与识读复杂平面图形的方法与步骤。

### 任务分析

图 1-28 所示的平面图形比较复杂，这些图形是由若干直线和曲线连接而成的，各线段之间有一定的相对位置和连接关系。其中各线段之间的相对位置是由给定的尺寸来确定的。因此，绘制平面图形时，必须通过分析尺寸的性质，才能明确图中各线段的类型，从而确定画不同类型线段的顺序及平面图形的作图步骤。

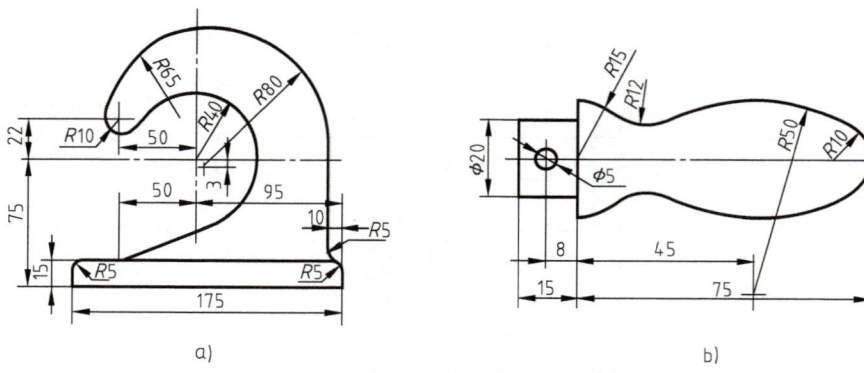

图 1-28　复杂的平面图形
a) 汽车前拖钩　b) 手柄

## 相关知识

因平面图形一般都比较复杂，在绘图以前，首先要对其进行分析。平面图形的分析包括尺寸分析和线段分析。下面以图 1-28b 所示手柄的平面图形为例进行分析。

### 一、平面图形的尺寸分析

#### 1. 尺寸基准

尺寸基准就是标注尺寸的起点。对平面图形来说，尺寸基准指图形中的点和线，其长度（左右）方向和高度（上下）方向各有一个尺寸基准。定位尺寸需从尺寸基准出发进行标注。图 1-29（参考图 1-30 所示的轴测图）中的 A 作为长度方向的尺寸基准，B 作为高度方向的尺寸基准。

标注尺寸时，应首先确定图形长度方向和高度方向的基准，再依次标注出各线段的定位尺寸和定形尺寸。

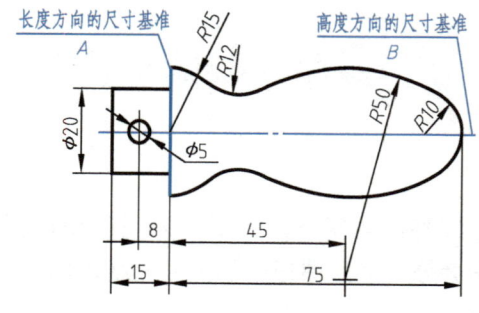

图 1-29　手柄的尺寸分析

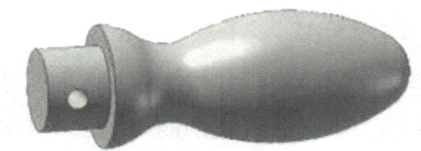

图 1-30　手柄的轴测图

#### 2. 定形尺寸

用于确定线段的长度、圆弧的半径、圆的直径和角度大小等尺寸，称为定形尺寸。如图 1-29 中的 $\phi 5$mm、$\phi 20$mm、R10mm、R12mm、R15mm、15mm 等。

#### 3. 定位尺寸

用于确定线段在平面图形中所处位置的尺寸，称为定位尺寸。如图 1-29 中的尺寸 8mm，

确定了 $\phi$5mm 圆心在长度方向的位置；尺寸 75mm，间接地确定了 R10mm 圆心在长度方向的位置；尺寸 45mm，确定了 R50mm 圆心在长度方向的位置。

## 二、平面图形的线段分析

平面图形中的线段，根据其定位尺寸是否完整，可分为以下三类：

**1. 已知线段**

具有两个方向定位尺寸的线段称为已知线段，如图 1-29 中的 R15mm、R10mm 圆弧，$\phi$5mm 圆，$\phi$20mm 和尺寸 15mm 组成的矩形线框等。

**2. 中间线段**

具有一个方向定位尺寸的线段称为中间线段，如图 1-29 中的 R50mm，只有长度方向的定位尺寸 45mm。

**3. 连接线段**

没有定位尺寸的线段，如图 1-29 中的 R12mm。

作图时，由于已知线段有两个定位尺寸，故可直接画出；而中间线段虽然缺少一个定位尺寸，但它总是和一个已知线段相连接，利用相切的条件便可画出；连接线段由于没有定位尺寸，只有借助于它与已经画出的两条相邻线段相切的连接条件才能画出来。

由此可知，平面图形中各种线段的画图顺序是：先画已知线段，再画中间线段，最后画连接线段。

## 任务实施

### 一、绘制图 1-28b 所示手柄的平面图形

**1. 准备工作**

1）分析图形的尺寸及其线段。
2）确定比例，尽量选用 1:1 比例，根据图形大小选用合适的图幅，固定图纸。
3）拟定具体的作图顺序。

**2. 绘制底图**

绘图步骤如图 1-31a～d 所示。

**3. 加深底图**

加深底图时可按以下步骤进行：

（1）先粗后细　一般应先加深全部粗实线，再依次加深全部细虚线、细点画线及细实线等，这样既可提高绘图效率，又可保证同一线型在全图中粗细一致，不同线型之间的粗细也符合比例关系。

（2）先曲后直　在加深同一种线型时，应先加深圆弧和圆，再加深直线，以保证连接光滑。

（3）先水平、后垂斜　先用丁字尺自上而下画出全部相同线型的水平线，再用三角板自左向右画出全部相同线型的垂直线，最后画出倾斜的直线。

加深底图时应注意以下几点：

1）在用铅笔加深以前，必须全面检查底图，修正错误，把画错的线条及作图辅助线用软橡皮轻轻擦净。

2）用不同铅笔加深各种图线时，用力要均匀一致，以免线条浓淡不匀。

3）为避免弄脏图面，要保持双手和三角板及丁字尺的清洁。加深过程中应经常用毛刷将图纸上的铅芯浮沫扫净，并应尽量减少三角板在已加深的图线上反复推摩。

4）加深后的图线很难擦净，故要尽量避免画错。需要擦掉时，可用软橡皮顺着图线的方向擦拭。

加深后的图形如图 1-31e 所示。

**4. 标注尺寸**

按尺寸标注的基本要求，进行尺寸标注。

完成的图形如图 1-31f 所示。

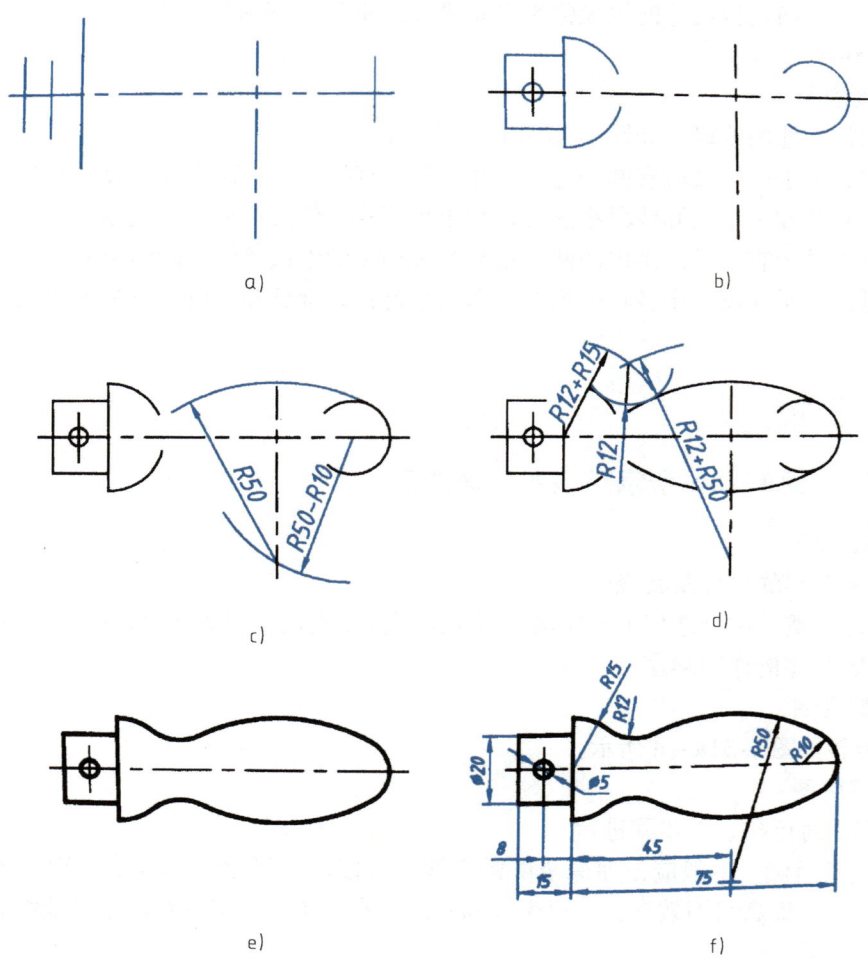

图 1-31 绘制手柄的方法和步骤

a）布图，画基准线　b）画已知线段　c）画中间线段　d）画连接线段　e）检查，加深　f）标注尺寸

## 二、识读图 1-32 所示汽车前拖钩的平面图形

汽车前拖钩的平面图形，分为下部带圆角的矩形和上部由圆弧和直线共同组成的钩形两部分。

**1. 尺寸分析**

（1）尺寸基准分析  图 1-32 中矩形的底边为高度方向的尺寸基准，矩形的右边为长度方向的尺寸基准。

（2）定形尺寸分析  图 1-32 中的定形尺寸有：下部矩形的定形尺寸是长 175mm 和高 15mm，左右两个圆角的圆弧半径是 $R5$mm；上部圆弧的定形尺寸有半径 $R10$mm、$R40$mm、$R80$mm、$R65$mm 等。

（3）定位尺寸分析  如图 1-32 中的尺寸 75mm 和 95mm，确定了 $R40$mm 圆心在高度和长度方向的位置；尺寸 50mm 和 22mm，确定了 $R10$mm 圆心在高度和长度方向的位置；尺寸 3mm，确定了 $R80$mm 圆心在高度方向的位置等。

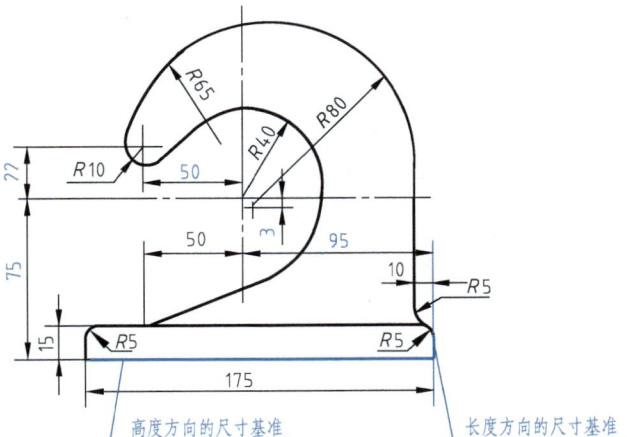

图 1-32  汽车前拖钩图形分析

**2. 线段分析**

（1）已知线段  图 1-32 中的 $R10$mm、$R40$mm 圆弧，尺寸 75mm 和尺寸 15mm 组成的矩形线框等定位尺寸齐全，是已知线段。

（2）中间线段  图 1-32 中的 $R80$mm，只有高度方向的定位尺寸 3mm，没有长度方向的定位尺寸，所以是中间线段。

（3）连接线段  图 1-32 中的 $R5$mm、$R65$mm，因为没有定位尺寸，所以是连接线段。

## 项目小结

本项目的内容是绘制与识读汽车机械图样的基础，通过学习，明确了国家标准中有关规定的具体运用、绘图工具的正确使用方法；同时掌握了绘制几何图形的基本方法，平面图形的尺寸分析、线段分析及平面图形的绘制方法。

平面图形的绘制要点是：在分析清楚尺寸和线段的基础上，先绘制定位基准线，再按已知线段、中间线段、连接线段的顺序完成全图；尽量选用 1:1 的作图比例，根据图样大小选用合适的图幅并合理布图；绘图时应做到：图形正确、图线清晰、字体端正、笔画清楚、尺寸标注完整。

# 项目二

## 绘制与识读立体的三视图

在实际生产中，不同行业的图样是采用不同的投影方法绘制的，机械图样是采用正投影法绘制的。本项目重点介绍正投影法的基础知识及简单物体三视图的绘制与识读方法。

### 知识目标

1. 掌握正投影的基本原理与特性。
2. 理解三视图的形成过程。
3. 明确三视图之间的投影对应关系和方位对应关系。
4. 掌握点、线、面的投影规律。
5. 培养学生的空间想象能力及平面与立体之间的转换能力。

### 技能目标

1. 能根据基本体的轴测图绘制三视图。
2. 能根据切割体与相贯体的轴测图绘制三视图。
3. 根据已知的视图能想象出物体的形状，并补画出视图中所缺的图线。
4. 根据已知的两面视图能想象出物体的形状，并补画出第三视图。

## 任务一　认知投影法及三视图

### 任务描述

本任务主要介绍正投影的有关知识、三视图的形成及投影规律；根据图 2-1a 所示的轴测图，绘制图 2-1b 所示的三视图。

### 任务分析

根据轴测图绘制三视图时，首先要掌握正投影的基本概念及基本特性、三视图的形成过程及投影规律，才能正确地绘制出三视图。

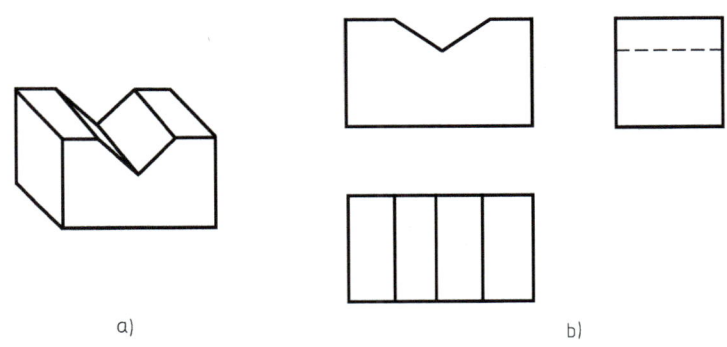

图 2-1　V 形块及三视图
a）V 形块的轴测图　b）V 形块的三视图

## 相关知识

### 一、投影法的基础知识

在日常生活中，投影现象随处可见，如图 2-2 所示，人在太阳光光线的照射下，就会在地面上产生人的影子，影子和人的外形特别相似。人们根据这种自然现象加以科学地抽象研究，总结其中规律，提出投影法。其中，光源（太阳）称为投射中心，光线（太阳光线）称为投射线，人称为投影体，地面称为投影面，影子称为投影。

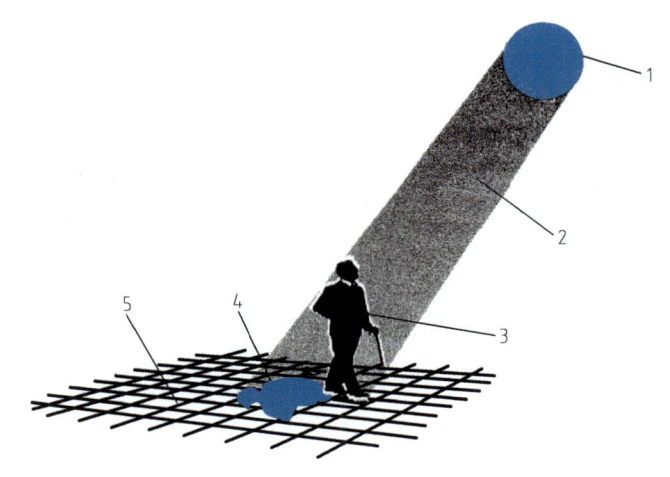

图 2-2　人在太阳光下的影子
1—太阳　2—太阳光线　3—人　4—人影　5—地面

**1. 投影法的分类**

投影法分为中心投影法和平行投影法两大类。

（1）中心投影法　如图 2-3 所示，投射线自投射中心发出，通过三角板投射到投影面 $H$ 上，得到的图形就是三角板在 $H$ 面上的投影。由于投射线均从投射中心发出，所以这种投影法称为中心投影法。如日常生活中的照相、放映电影及人眼看东西得到的影像，均为中心投影法的应用实例。

用中心投影法绘制的图形具有立体感，但不能真实地反映物体的形状和大小，不适用于绘制汽车机械图样。

（2）平行投影法　假设将图2-3中的投射中心S移到距离投影面无穷远处，则所有的投射线都相互平行。这种投影法称为平行投影法，如图2-4所示。

根据投射线与投影面是否垂直，平行投影法又分为两种：

1）斜投影法。斜投影法是指投射线与投影面倾斜的平行投影法，如图2-4a所示。

2）正投影法。正投影法是指投射线与投影面垂直的平行投影法，如图2-4b所示。

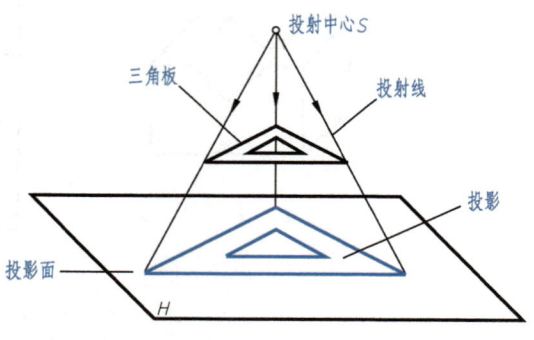

图2-3　中心投影法

用正投影法绘制的图形能够准确地表达物体的真实形状和大小，度量性好，作图简便。汽车机械行业中所使用的图样大都是采用正投影法绘制的。

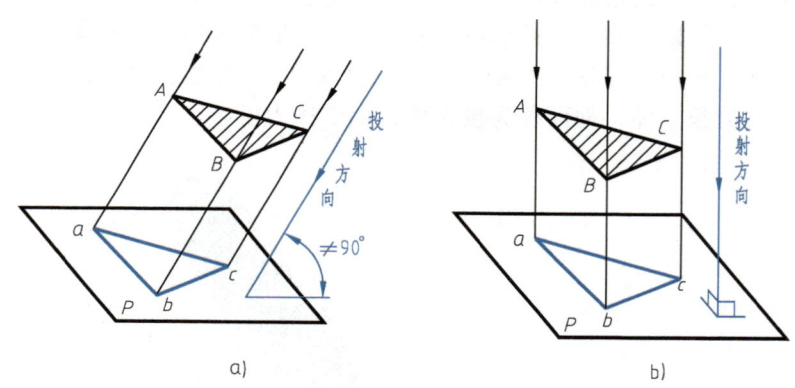

图2-4　平行投影法及分类

a）斜投影法　b）正投影法

**2. 正投影法的基本性质**

（1）真实性　如图2-5a所示，当直线AB或平面P与投影面平行时，直线的投影反映空间直线的实际长度，平面的投影反映空间平面的实形，这种特性称为真实性。

（2）积聚性　如图2-5b所示，当直线CD或平面Q与投影面垂直时，直线的投影积聚为一点，平面的投影积聚为一条直线，这种特性称为积聚性。

（3）类似性　如图2-5c所示，当直线EF或平面R与投影面倾斜时，直线的投影为小于空间直线实长的直线段，平面的投影为小于空间平面实形的类似形，这种特性称为类似性。

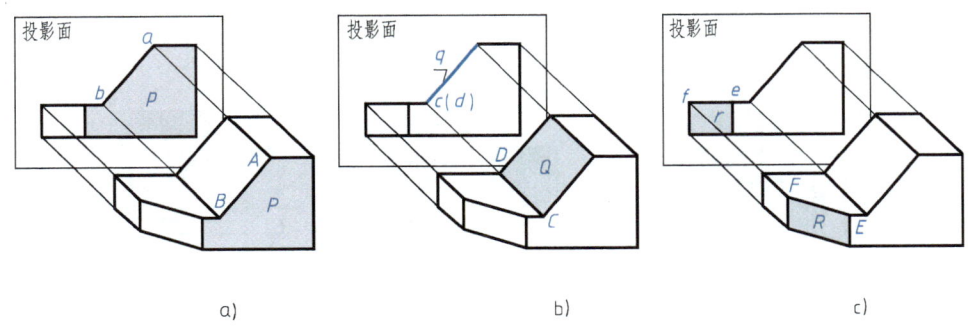

图 2-5 正投影法的基本特性
a）真实性 b）积聚性 c）类似性

## 二、三视图的形成及对应关系

### 1. 三视图及必要性

如图 2-6 所示，有一个直立的投影面 $P$，在投影面和观察者之间放置一个物体（V 形块），并使 V 形块的前面与投影面平行，将观察者的视线视为一组相互平行且与投影面垂直的投射线，用正投影的方法在投影面上得到的正投影图就是 V 形块的一面视图（投射方向代表观察者观察物体的方向）。

一般情况下，物体的形状不能由一面视图确定。如图 2-7 所示，三个不同的物体，在同一个投影面（正投影面）上的投影完全相同，说明一面视图不能完整地反映物体的形状和大小；如果再增加一个水平投影面，

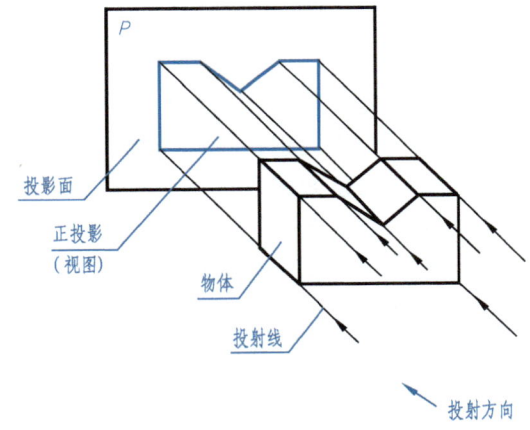

图 2-6 视图的形成

可以发现三个不同的物体，在水平投影面上的投影也完全相同，如图 2-8 所示，说明两面视图仍不能完整地反映物体的形状和大小。因此，工程上通常采用三面视图。

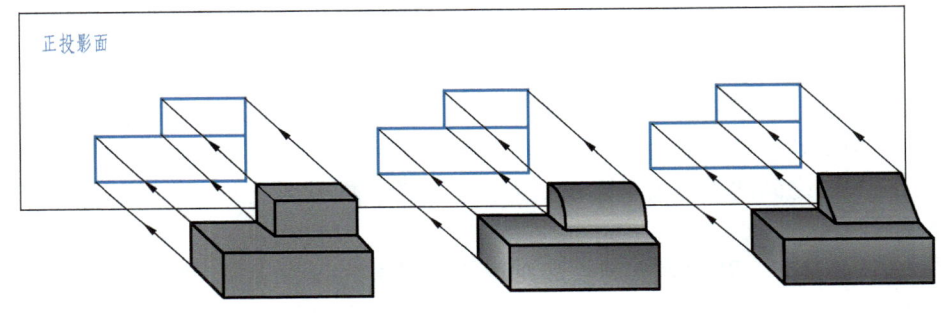

图 2-7 三个不同物体的一面视图

设立三个互相垂直的投影面，建立三投影面体系，如图 2-9 所示。三个投影面分别称为

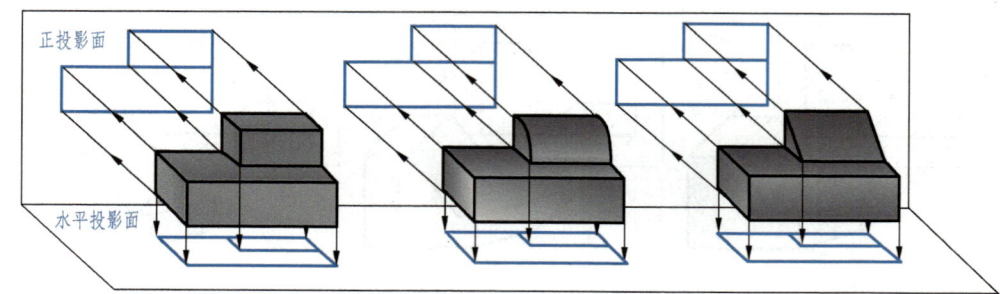

图 2-8 三个不同物体的两面视图

正立投影面、水平投影面、侧立投影面，简称正面、水平面、侧面，又叫 V 面、H 面和 W 面。三个投影面两两垂直相交，其交线 OX、OY、OZ 称为投影轴，三根投影轴的交点 O 称为原点。

**2. 三视图的形成过程**

如图 2-10 所示，将物体放在互相垂直的三投影面体系中，使其处于观察者与投影面之间，用正投影法分别向三个投影面投射，得到正面投影、水平投影和侧面投影。三投影面体系中用正投影方法得到的三面投影图，又称为三视图。

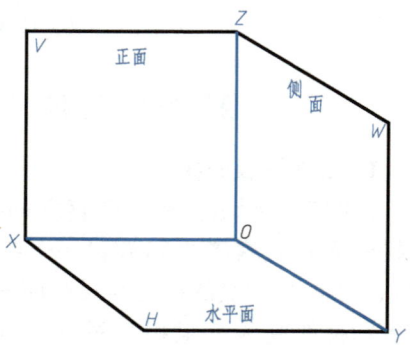

图 2-9 三投影面体系

**3. 三视图之间的对应关系**

（1）三视图的位置对应关系　三投影面体系展开后，三视图间的位置关系自然形成：俯视图在主视图的正下方，左视图在主视图的正右方，如图 2-10c 所示。展开后所形成的三视图，不需标注其名称。

（2）三视图的投影对应关系　物体有长、宽、高三个方向的尺寸，如图 2-10d 所示。物体左右之间的距离为长（X 方向），前后之间的距离为宽（Y 方向），上下之间的距离为高（Z 方向）。

一个视图只能反映物体两个方向的尺寸。主视图反映物体的长和高；俯视图反映物体的长和宽；左视图反映物体的宽和高。从三视图的位置关系和尺寸关系可归纳出三视图之间的投影对应关系：

主、俯视图反映了物体左右方向的同样长度，其投影在长度方向上等长，且对正。
主、左视图反映了物体上下方向的同样高度，其投影在高度方向上等高，且平齐。
俯、左视图反映了物体前后方向的同样宽度，其投影在宽度方向上等宽，且相等。

因此，三视图之间的投影关系可概括为：主、俯视图长对正；主、左视图高平齐；俯、左视图宽相等。

"长对正，高平齐，宽相等"的投影对应关系又称为投影规律，它不仅适合整体图形，也适合局部图形。投影规律是三视图的重要特性，也是看图和画图的依据。

项目二 绘制与识读立体的三视图

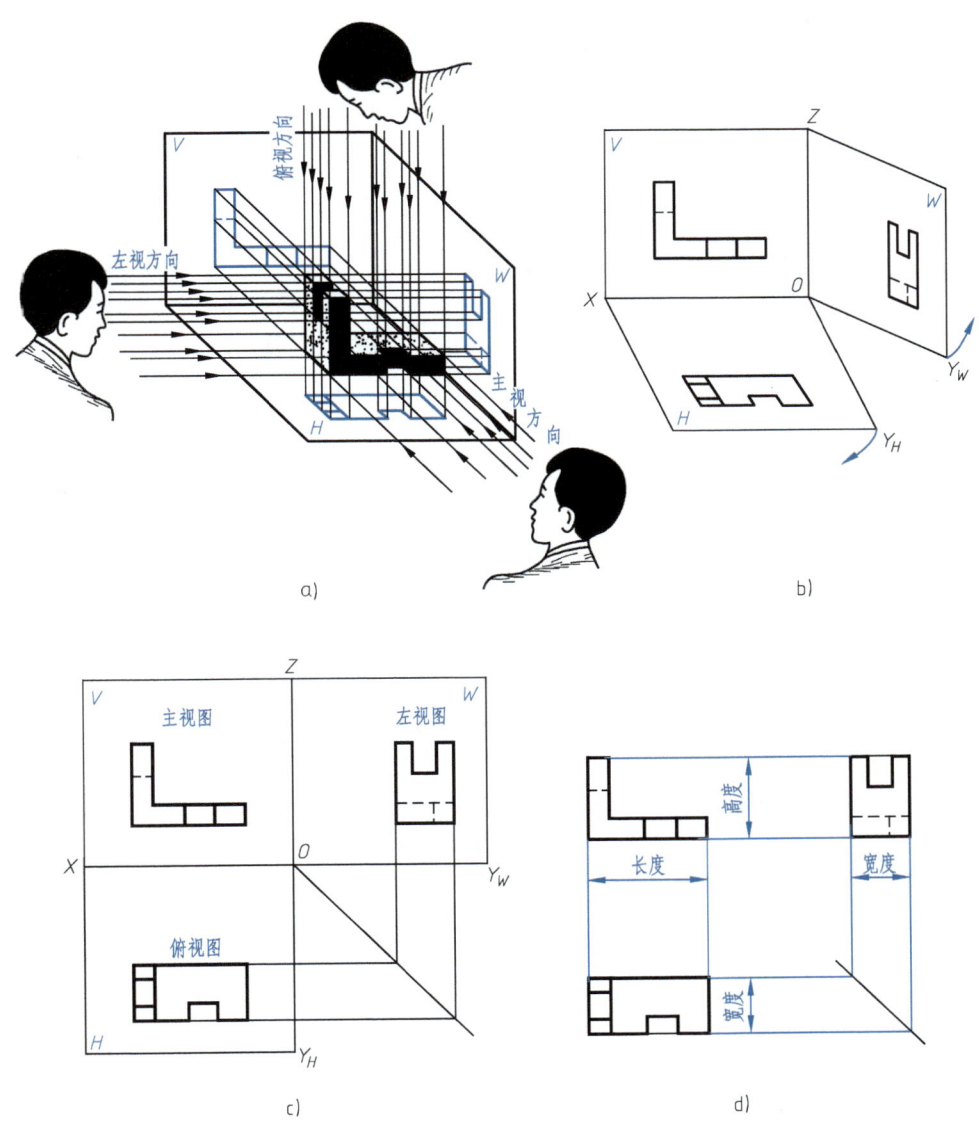

图 2-10 三视图的形成过程

（3）三视图的方位对应关系　物体有上、下、左、右、前、后六个方位，一个视图只能反映物体的四个方位，如图 2-11 所示。

主视图反映了物体的上、下、左、右四个方位的相对位置关系。
俯视图反映了物体的前、后、左、右四个方位的相对位置关系。
左视图反映了物体的上、下、前、后四个方位的相对位置关系。

35

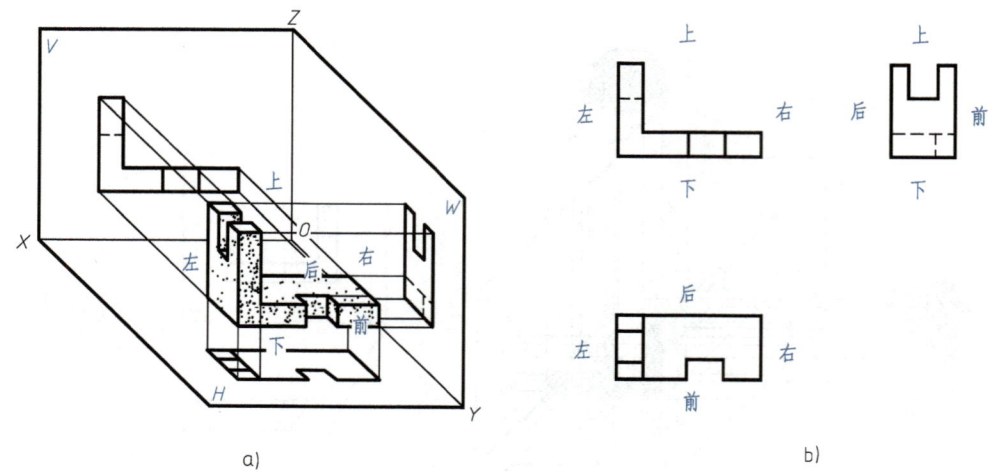

a)                                              b)

图 2-11 三视图的方位关系

## 任务实施

根据图 2-1a 所示的 V 形块轴测图，画出三视图。

分析：根据物体（或轴测图）绘制三视图时，首先应分析物体的形状特征，摆正物体（使其主要表面与投影面平行），选好主视图的投射方向，再确定绘图比例和图纸幅面。

作图时，应先画出主视图，再根据"长对正、高平齐、宽相等"的投影规律，依次画出其他视图。

作图步骤：作图步骤如图 2-12 所示。

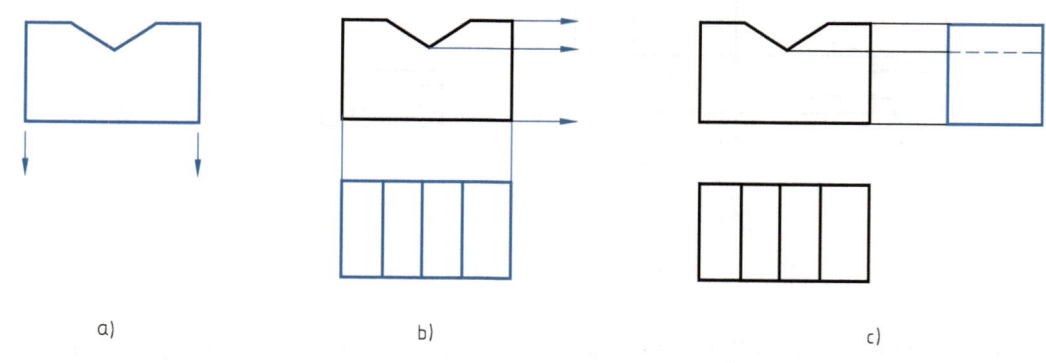

a)                b)                c)

图 2-12 绘制 V 形块三视图的步骤
a）画主视图  b）画俯视图  c）画左视图

## 课后测评

全班分成若干小组进行讨论，并按要求完成下列各题目，老师巡回指导，根据各小组做出的答案再进行点评，最后统一正确答案。

1. 识读图 2-13 所示物体的三视图，在括号内填写各视图的名称和长、宽、高的字样。

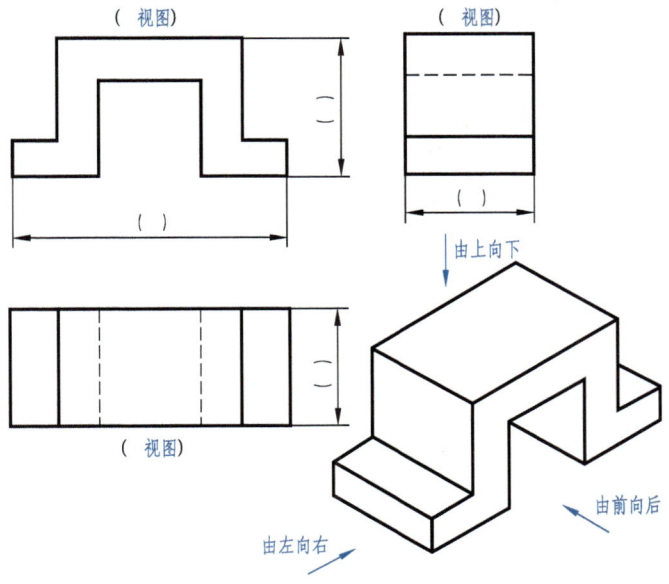

图 2-13 认知三视图的名称和尺寸

2. 识读图 2-14 所示物体的三视图，在图中的括号内填写物体的上、下、左、右、前、后六个方位。

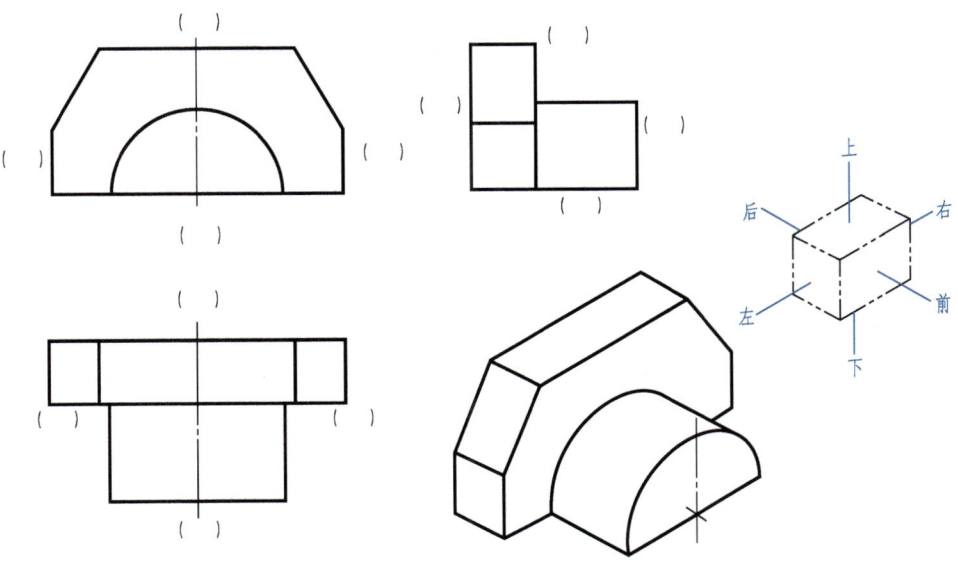

图 2-14 认知物体的方位

## 任务二　认知物体上点、线、面的投影

**任务描述**

本任务主要介绍点、直线、平面的投影规律，分析与识读图 2-15 所示的三棱锥上各直线和平面的投影，并判断各直线和平面的空间位置。

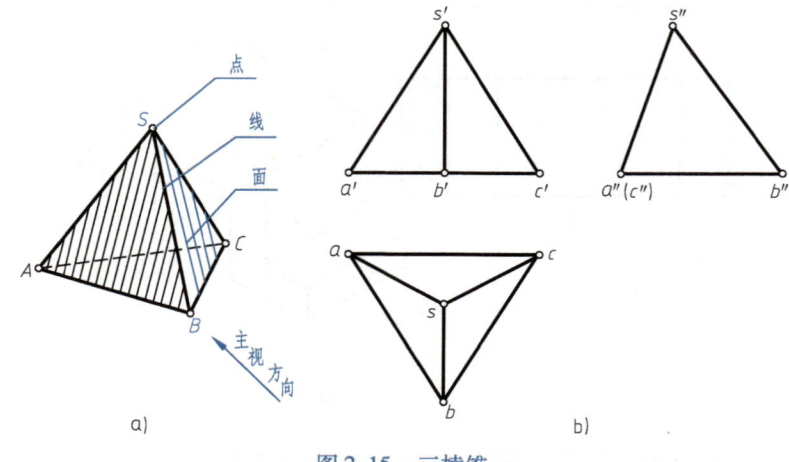

图 2-15　三棱锥
a）轴测图　b）三视图

**任务分析**

任何复杂的物体都可以看成是由点、线、面等基本几何元素构成的，点可连成线，线可组成面，面可构成体。如图 2-15a 所示的三棱锥，就是由四个点、六条线和四个面组成的。从图 2-15b 三棱锥的三视图可以看出，三棱锥的三视图实际上就是构成三棱锥的点、线、面的投影集合在一起所形成的图形。因此，要正确、迅速地绘制物体的三视图，就必须掌握这些几何元素的投影。

**相关知识**

### 一、点的投影

点是组成物体的最基本、也是最简单的几何元素。

**1. 点的三面投影**

如图 2-16a 所示，将三棱锥上的顶点 $S$ 放在三投影面体系中，由点 $S$ 分别向三投影面作垂线，其垂足 $s'$、$s$、$s''$ 即为点 $S$ 在 $V$ 面、$H$ 面、$W$ 面的投影。为了统一起见，规定空间的点用 $A$、$B$、$C$ 等大写字母表示；水平投影用相应的小写字母，如 $a$、$b$、$c$ 等表示；正面投影用相应的小写字母在右上角加一撇，如 $a'$、$b'$、$c'$ 等表示；侧面投影以小写字母在右上角加两撇，如 $a''$、$b''$、$c''$ 等表示。

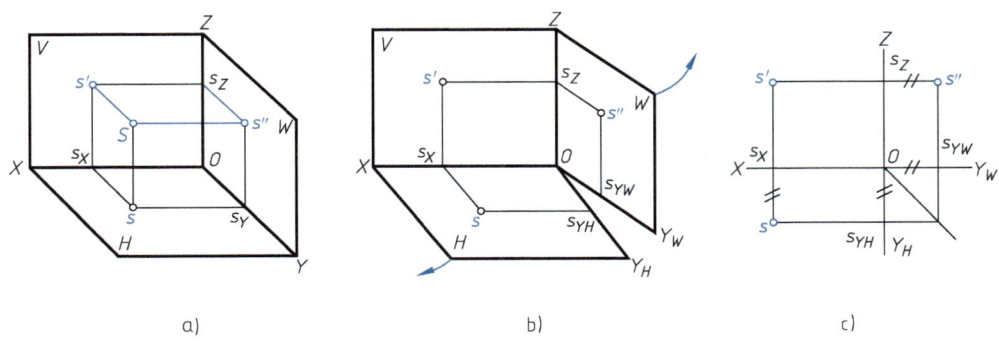

图 2-16 点的三面投影

用图 2-16b 所示的展开方法，将投影面按箭头所指方向平摊在一个平面上，便得到点 $S$ 的三面投影，如图 2-16c 所示。图中 $s_X$、$s_{YH}$、$s_{YW}$、$s_Z$ 分别为点的投影连线（为了便于进行投影分析，将点相邻的两面投影用细实线连接起来，称为投影连线）与投影轴 $OX$、$OY$、$OZ$ 的交点。

**2. 点的投影与直角坐标系的关系**

如果把三投影面体系看作为空间直角坐标系，则 $H$、$V$、$W$ 面即为坐标面，$OX$、$OY$、$OZ$ 轴即为坐标轴，$O$ 点即为坐标原点。由图 2-17a 可知，点 $S$ 的三个直角坐标 $x_S$、$y_S$、$z_S$ 即为点 $S$ 到三个坐标面的距离，即

点 $S$ 到 $W$ 面的距离等于点的 $X$ 坐标 $x_S$。

点 $S$ 到 $V$ 面的距离等于点的 $Y$ 坐标 $y_S$。

点 $S$ 到 $H$ 面的距离等于点的 $Z$ 坐标 $z_S$。

由图 2-17b 可以看出，点 $S$ 的正面投影 $S'$ 由点 $S$ 的 $x_S$、$z_S$ 两坐标确定；点 $S$ 的水平投影 $s$ 由点 $S$ 的 $x_S$、$y_S$ 两坐标确定；点 $S$ 的侧面投影 $s''$ 由点 $S$ 的 $y_S$、$z_S$ 两坐标确定。所以，一空间点 $S$（$x_S$、$y_S$、$z_S$）在三投影体系中有唯一的一组投影（$s'$、$s$、$s''$）；反之，如已知一点的一组投影（$s'$、$s$、$s''$），即可确定该点在空间的坐标值。

**3. 三投影面体系中点的投影规律**

通过点的三面投影的形成过程，可总结出点的投影规律，如图 2-17 所示。

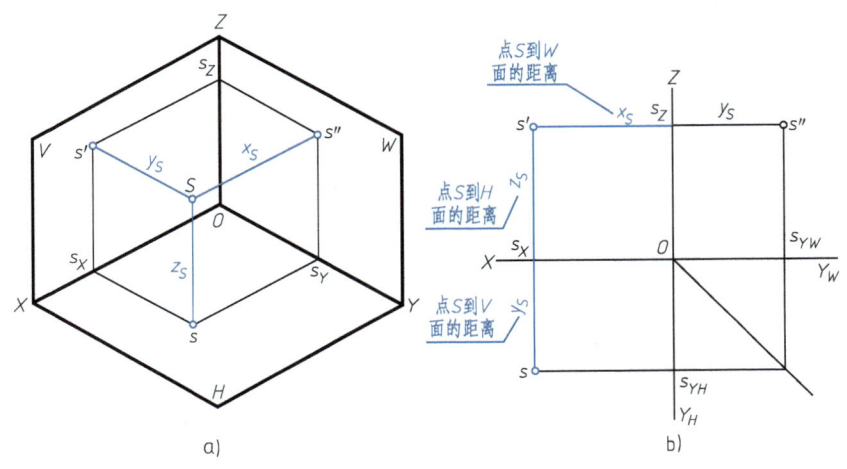

图 2-17 点的投影与坐标的关系及投影规律

1）点的两面投影的连线，必定垂直于相应的投影轴。

2）点的投影到投影轴的距离，等于空间点到相应投影面的距离。

点的水平投影到 $OX$ 轴的距离等于点的侧面投影到 $OZ$ 轴的距离，即 $ss_X = s''s_Z$，在图中用45°角平分线来表明了这样的关系。

根据点的三面投影规律，可由点的三个坐标值画出其三面投影，也可根据点的两面投影作出第三投影。

**4. 两点的相对位置**

两点的相对位置是指空间两点的上下、左右、前后的关系。在投影图中，观察分析两点的各同面投影之间的坐标关系，就可以判断两点的相对位置，如图2-18所示。

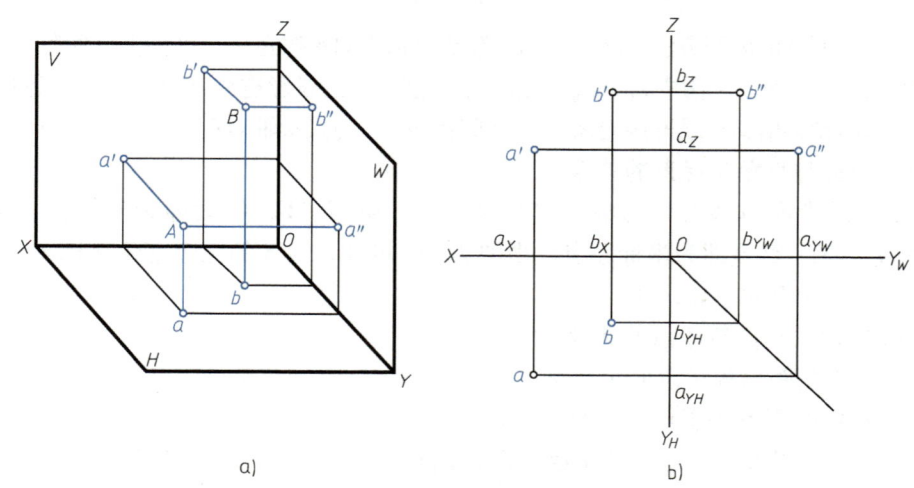

图 2-18　两点的相对位置

两点的左右位置由坐标 $X$ 确定：$X$ 坐标值大者（距 $W$ 面远）点在左，图示的 $A$ 在 $B$ 的左方。

两点的前后位置由坐标 $Y$ 确定：$Y$ 坐标值大者（距 $V$ 面远）点在前，图示的 $A$ 在 $B$ 的前方。

两点的上下位置由坐标 $Z$ 确定：$Z$ 坐标值大者（距 $H$ 面远）点在上，图示的 $A$ 在 $B$ 的下方。总体来说，就是 $A$ 点在 $B$ 点的左、前、下方。

**5. 重影点及可见性**

当空间两点的某两个坐标相同时，该两点处于对某一投影面的同一条投射线上，则两点在该投影面上的投影重合，这两点称为对该投影面的重影点，如图2-19a所示。

当两点的投影重合时，需要判别其可见性，即哪一点可见，哪一点不可见。根据正投影的特性可知：可见性的区分应是前遮后、上遮下、左遮右。图中 $B$、$A$ 的重影点是上下遮挡关系，即 $B$ 遮挡 $A$，则水平投影中的 $b$ 可见，$a$ 不可见。规定对不可见点的投影加圆括号表示，如图2-19b所示。

## 二、直线的投影

空间直线的投影，可由直线上的两点（一般取线段的两个端点）的投影来确定，所以在绘制直线的投影时，只要作出直线上两端点的投影，再连接这两点的同面投影，便得直线

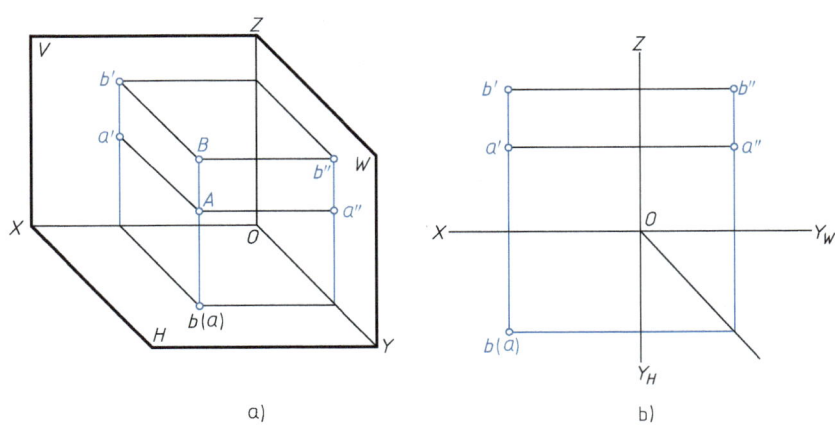

图 2-19 重影点的投影

的三面投影图。如图 2-20a 所示的直线 AB，绘制它的三面投影时，可分别作出 A、B 两端点的投影 a、a'、a" 及 b、b'、b"，如图 2-20b 所示，再将其同面投影相连，即得直线 AB 的三面投影 ab、a'b'、a"b"，如图 2-20c 所示。

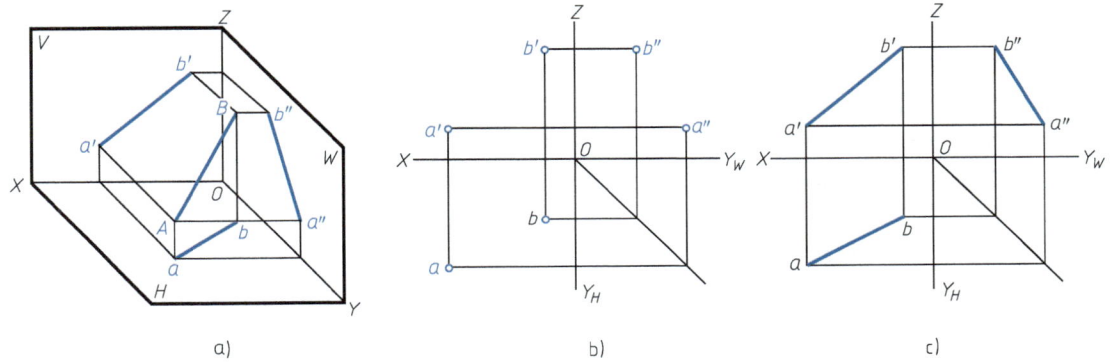

图 2-20 直线的投影

## 1. 直线对于一个投影面的投影特性

空间直线相对于一个投影面的位置有平行、垂直、倾斜三种，根据正投影的基本性质可知，三种位置的直线具有如下的投影特性（见图 2-21）：

（1）积聚性　当直线垂直于投影面时，投影积聚为一点，如图 2-21a 所示。
（2）真实性　当直线平行于投影面时，投影为实长，如图 2-21b 所示。
（3）类似性　当直线倾斜于投影面时，投影小于直线的实长，如图 2-21c 所示。

直线的投影特性可总结为如下小口诀：

> **小口诀**
>
> 　　　　直线平行投影面，投影实长现
> 　　　　直线垂直投影面，投影聚一点
> 　　　　直线倾斜投影面，投影往短变

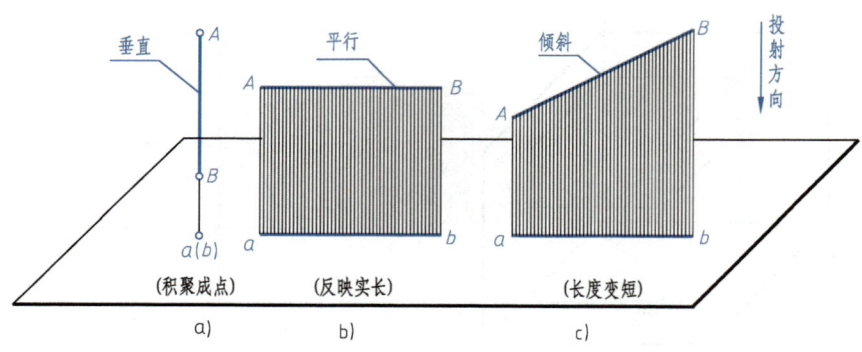

图 2-21 直线对一个投影面的投影

**2. 各种位置直线的投影特性**

直线在三投影面体系中的投影特性取决于直线与三个投影面的相对位置。根据直线与三个投影面的相对位置不同，把直线分为三大类：即投影面垂直线、投影面平行线和一般位置直线。投影面平行线和投影面垂直线又称为特殊位置直线。

（1）投影面垂直线　垂直于一个投影面，平行于另外两个投影面的直线称为投影面垂直线。投影面垂直线可分为三种，如图 2-22a 所示。

正垂线：垂直于 $V$ 面并同时平行于 $H$、$W$ 面的直线。

铅垂线：垂直于 $H$ 面并同时平行于 $V$、$W$ 面的直线。

侧垂线：垂直于 $W$ 面并同时平行于 $V$、$H$ 面的直线。

图 2-22b 所示为正垂线的三面投影。

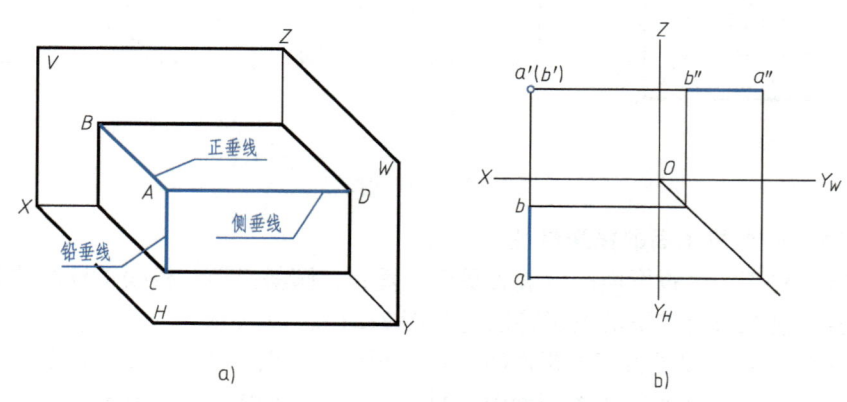

图 2-22 投影面垂直线
a）三种投影面垂直线　b）正垂线

投影面垂直线及投影特性见表 2-1。

从表 2-1 中可归纳出投影面垂直线的投影特性如下：

1）直线在所垂直的投影面上的投影积聚为一点，具有积聚性。

2）直线在其他两个投影面上的投影分别垂直于相应的投影轴，且反映该线段的实长，具有真实性。

对投影面垂直线的投影可概括为"一点两直线"。

表 2-1 投影面垂直线及投影特性

| 名 称 | 铅 垂 线 | 正 垂 线 | 侧 垂 线 |
|---|---|---|---|
| 空间直线 | | | |
| 三视图 | | | |
| 投影图 | | | |

画图时，应先画积聚为点的那个投影，如图 2-22b 所示的正垂线，应先画出正面投影。

读图时，如果直线的三面投影中只要有一个投影积聚为一点，则该直线一定是投影面垂直线，且一定垂直于投影积聚为一点的那个投影面，即"点在哪面垂哪面"。如图 2-22b 所示，点在正面，则直线垂直于正面，即正垂线。

（2）投影面平行线　平行于一个投影面，倾斜于另外两个投影面的直线称为投影面平行线。投影面平行线可分为三种，如图 2-23a 所示。

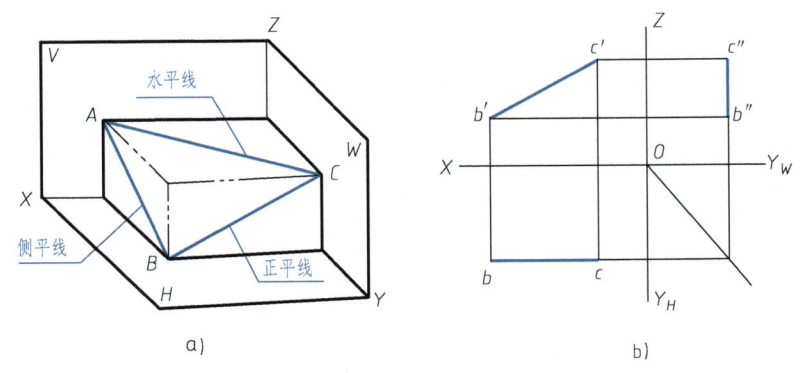

图 2-23 投影面平行线
a) 三种投影面平行线　b) 正平线

正平线：平行于 $V$ 面并倾斜于 $H$、$W$ 面的直线。

水平线：平行于 $H$ 面并倾斜于 $V$、$W$ 面的直线。

侧平线：平行于 $W$ 面并倾斜于 $V$、$H$ 面的直线。

图 2-23b 所示为正平线的三面投影。

投影面平行线及投影特性见表 2-2。

表 2-2 投影面平行线及投影特性

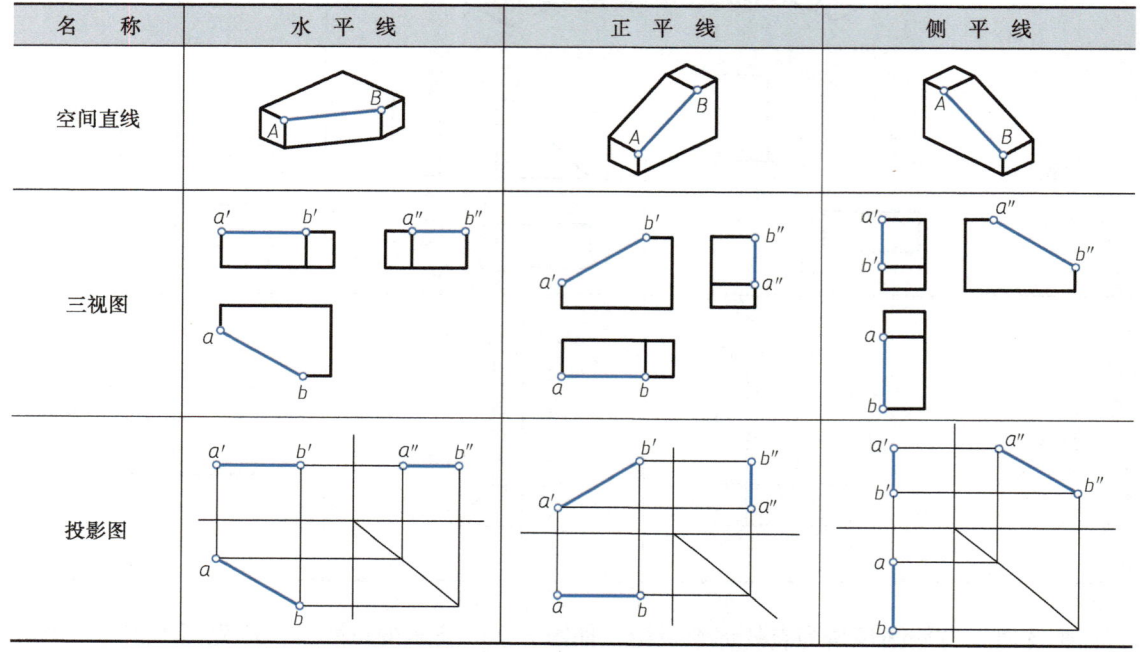

从表 2-2 中可归纳出投影面平行线的投影特性如下：

1）直线在所平行的投影面上的投影为倾斜于投影轴的直线（斜线），反映该线段的实长，具有真实性。

2）直线在其他两个投影面上的投影分别平行于相应的投影轴（直线），且比线段的实长短，具有类似性。

对投影面平行线的投影可概括为"一斜两直线"。

画图时，先画反映实长的那个投影。如图 2-23b 所示的正平线，应先画出正面投影。读图时，当直线的三个投影中，只有一个投影是与投影轴倾斜的直线，则该直线一定是投影面平行线，且一定平行于投影为倾斜线的那个投影面，即"斜在哪面平哪面"。如图 2-23b 所示，斜在正面，则直线平行于正面，即正平线。

（3）一般位置直线　与三个投影面都处于倾斜位置的直线称为一般位置直线。

如图 2-24a 所示，直线 $AS$ 与 $H$、$V$、$W$ 面都处于倾斜位置，其投影如图 2-24b、c 所示。

一般位置直线的投影特征可归纳为：

1）一般位置直线的三面投影都是倾斜于投影轴的直线（三斜）。

2）一般位置直线的三面投影长度都小于实长（三短）。

对一般位置直线的投影可概括为"三斜三短线"。

读图时，如果直线的三面投影都倾斜于投影轴，则可判定该直线为一般位置直线。

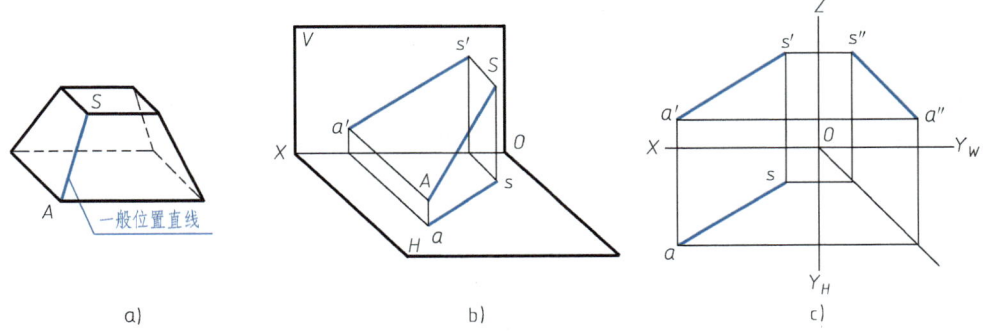

图 2-24 一般位置直线

通过对各种位置直线的投影分析,为了便于大家记忆,将直线的投影特征及空间位置的判断概括为如下小口诀:

> **小口诀**
>
> 一点两直垂直线,点在哪面垂哪面
> 一斜两直平行线,斜在哪面平哪面
> 三斜三短一般线,直线倾斜三个面
>
> 说明:"直"指的是直线的投影垂直或平行于投影轴;"斜"指的是直线的投影倾斜于投影轴;"垂"指"垂直","平"指"平行"。

## 三、平面的投影

平面图形具有一定的形状、大小和位置,常见的有三角形、矩形、正多边形等由直线轮廓组成的平面图形,还有一些由直线或曲线组成的平面图形。求作平面投影的实质,就是求平面图形轮廓上一系列点的投影,再将各点的同面投影依次连线便得平面的投影,如图 2-25 所示。

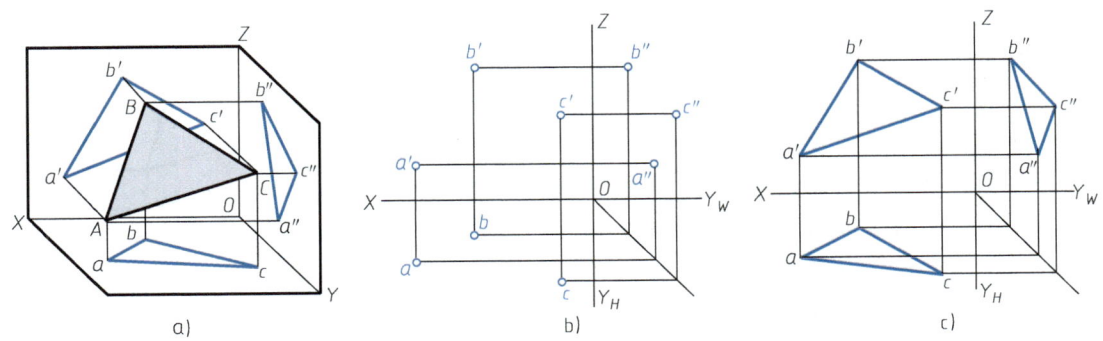

图 2-25 平面图形的投影

**1. 平面对一个投影面的投影特性**

平面相对于一个投影面的位置有平行、垂直、倾斜三种,根据正投影的基本性质可知,三种位置的平面具有如下的投影特性：

（1）真实性　当平面与投影面平行时，平面的投影为实形，如图 2-26a 所示。

（2）积聚性　当平面与投影面垂直时，平面的投影积聚成一条直线，如图 2-26b 所示。

（3）类似性　当平面与投影面倾斜时，平面的投影是变小的原图形的类似形，如图 2-26c 所示。

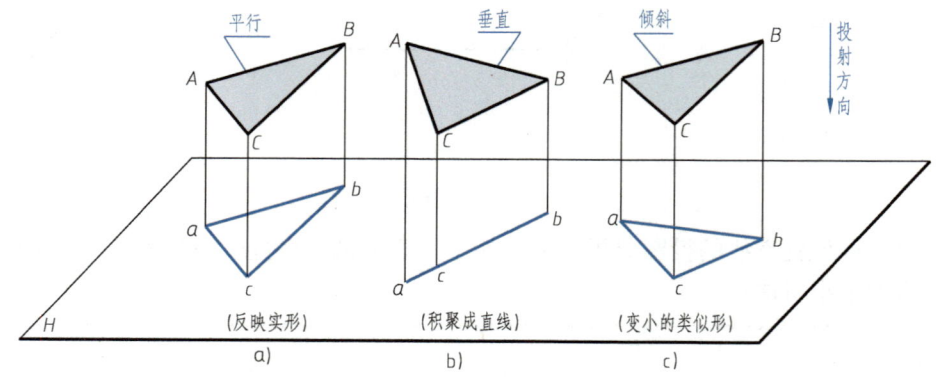

图 2-26　平面的投影特性

平面对一个投影面的投影特性可概括如下小口诀：

> 小口诀
>
> 平面平行投影面，投影实形现
> 平面垂直投影面，投影聚一线
> 平面倾斜投影面，投影往小变

**2. 各种位置平面的投影特性**

根据平面相对于三个投影面的位置不同，将平面分为三大类：投影面平行面、投影面垂直面、一般位置平面。前两类位置的平面，也称为特殊位置平面。

（1）投影面平行面　平行于一个投影面，垂直于另外两个投影面的平面称为投影面平行面，如图 2-27 所示。

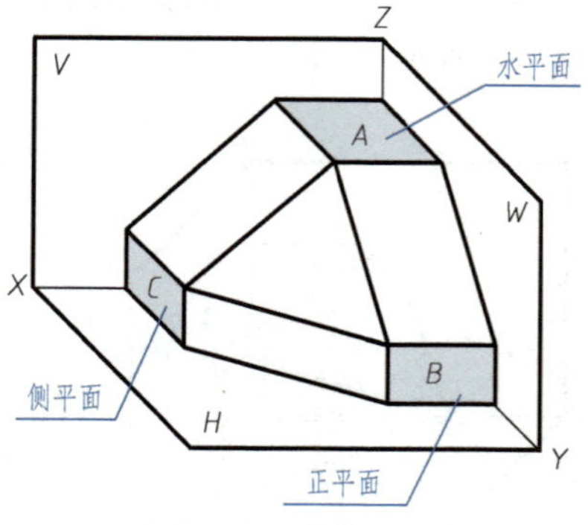

投影面平行面又分为三种：

正平面：平行于 V 面，并与 H、W 面垂直的平面。
水平面：平行于 H 面，并与 V、W 面垂直的平面。
侧平面：平行于 W 面，并与 V、H 面垂直的平面。
投影面平行面及投影特性见表 2-3。

图 2-27　投影面平行面

分析表 2-3，可总结出投影面平行面的投影特性如下：

1）平面在所平行的投影面上的投影反映实形（线框），具有真实性。

2）平面在另外两个投影面上的投影积聚为平行于相应投影轴的直线，具有积聚性。

投影面平行面的投影特性可概括为"一框两直线"。

表 2-3　投影面平行面及投影特性

| 名　称 | 水　平　面 | 正　平　面 | 侧　平　面 |
|---|---|---|---|
| 空间平面 |  | 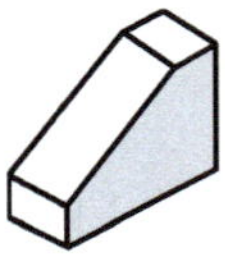 | 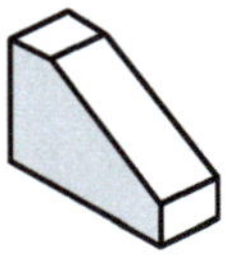 |
| 三视图 | 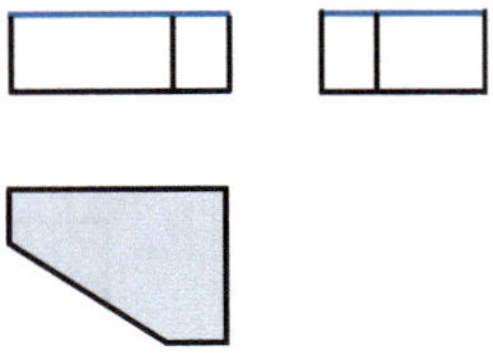 | 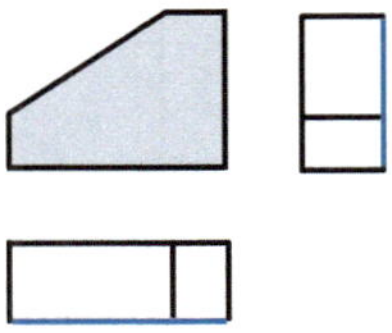 | 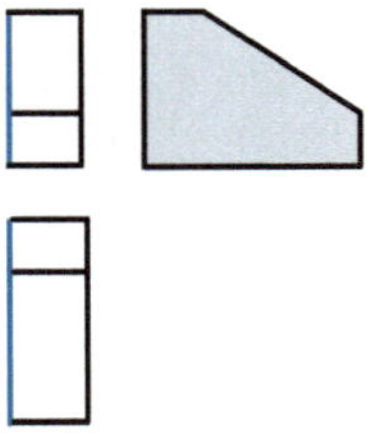 |
| 投影图 | 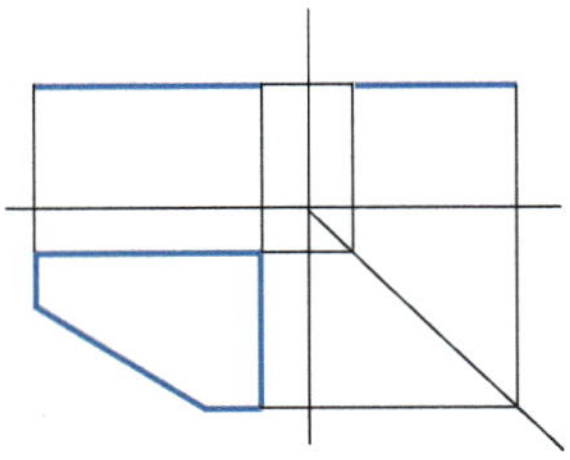 | 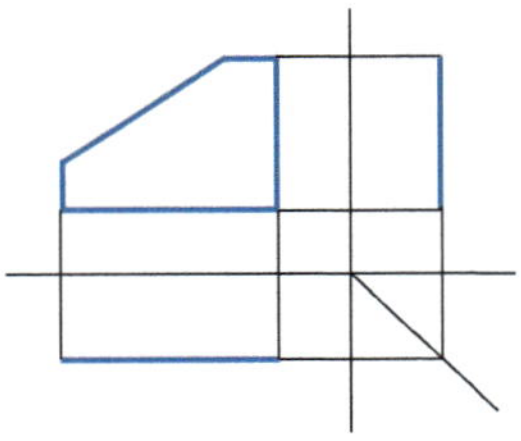 | 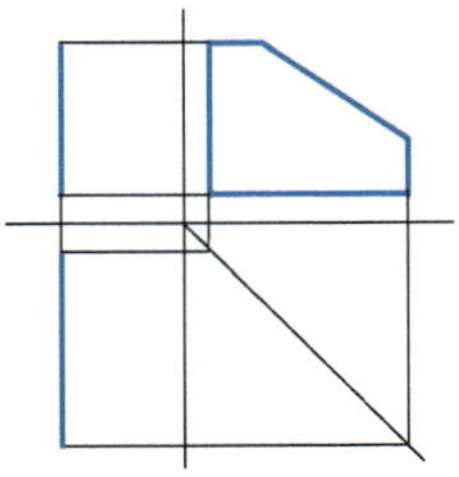 |

对于投影面平行面，画图时，先画出反映实形的那个投影（线框）。读图时，如果平面的三个投影中，只有一个投影是线框，则该平面一定平行于这个投影面，即"框在哪面平哪面"。

（2）投影面垂直面　垂直于一个投影面，并同时倾斜于另外两个投影面的平面称为投影面垂直面，如图 2-28 所示。

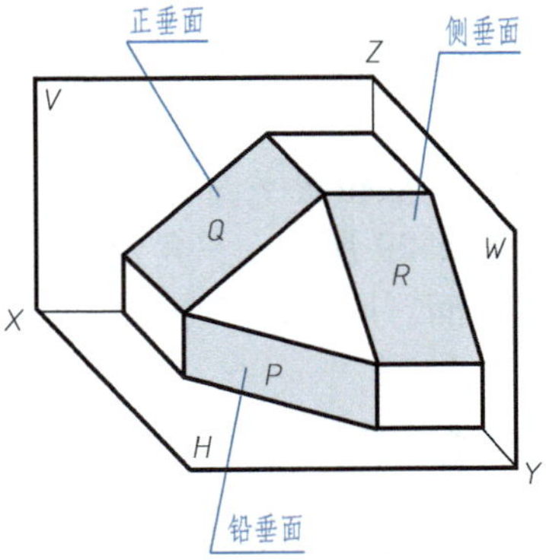

投影面垂直面又可分为三种：
正垂面：垂直于 V 面，并与 W、H 面倾斜的平面。
铅垂面：垂直于 H 面，并与 V、W 面倾斜的平面。
侧垂面：垂直于 W 面，并与 V、H 面倾斜的平面。
投影面垂直面及投影特性见表 2-4。

图 2-28　投影面垂直面

分析表 2-4，可总结出投影面垂直面的投影特性如下：

1）平面在所垂直的投影面上的投影积聚为与投影轴倾斜的直线（斜线），具有积聚性。

2）平面在另外两个投影面上的投影均为小于原形的类似形（线框），具有类似性。

投影面垂直面的投影特性可概括为"两框一斜线"。

表 2-4 投影面垂直面及投影特性

| 名　称 | 铅垂面 | 正垂面 | 侧垂面 |
|---|---|---|---|
| 空间平面 | | | |
| 三视图 | | | |
| 投影图 | | | |

对于投影面垂直面，画图时，先画有积聚性的那个投影（斜线）。读图时，如果平面的三个投影中，只有一个投影是斜线，则该平面一定垂直于这个投影面。即"线在哪面垂哪面"。

（3）一般位置平面　与三个投影面都倾斜的平面称为一般位置平面。

如图 2-29 所示，三角形平面 $M$ 与三个投影面 $H$、$V$、$W$ 既不平行，也不垂直，即为一般位置平面。所以，三个投影面的投影均为缩小的三角形（$M$ 面的类似形）。

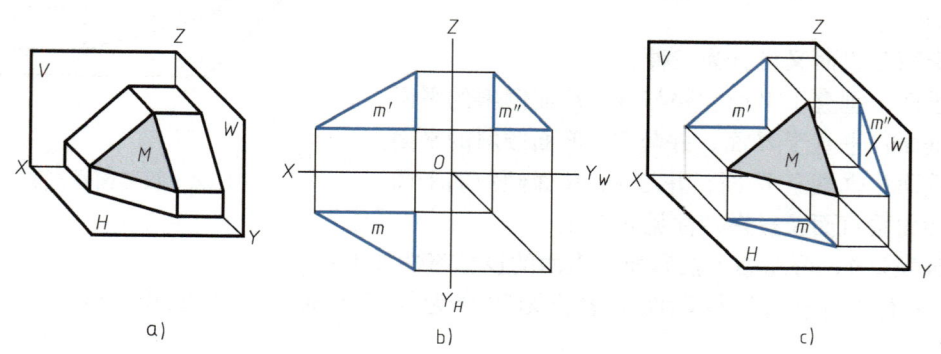

图 2-29　一般位置平面

一般位置平面的投影特性：三面投影都是小于原图形的类似形。

一般位置平面的投影特性可概括为"三框三小"。

读图时，如果平面的三个投影均为类似的线框，则该平面一定为一般位置平面，即"三框三小一般面"。

经过对各种位置平面的投影分析，可将平面的投影特征、空间位置的判断方法概括为如下小口诀：

> **小口诀**
>
> 一框两线平行面，框在哪面平哪面
> 一线两框垂直面，线在哪面垂哪面
> 三框三小一般面，平面倾斜三个面
>
> 说明："框"指的是平面的投影为封闭的线框；"平"指的是平行，"垂"指的是垂直。

## 任务实施

识读图 2-30 所示三棱锥上各直线和各平面的投影图，判断各直线和各平面的空间位置。

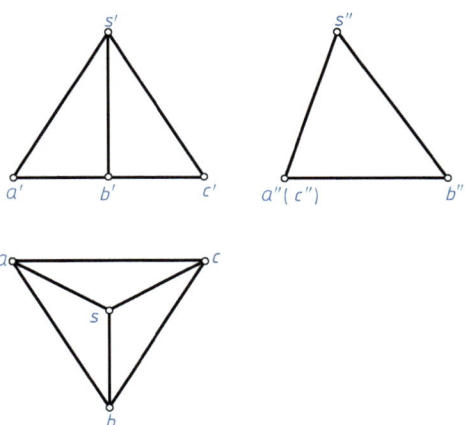

图 2-30　识读三棱锥上各直线和各平面的投影

分析：图示三棱锥是由不同位置的六条直线和四个平面所组成的。各直线的三面投影、直线的类型及空间位置的判断见表 2-5；各平面三面投影、平面的类型及空间位置的判断见表 2-6。

表 2-5　三棱锥上各棱线的投影分析

| 直线名称 | 三面投影 | 直线的类型 | 特征投影 | 空间位置 |
| --- | --- | --- | --- | --- |
| AB | 一斜两直 | 平行线 | 斜在 H 面 | 水平线 |
| BC | 一斜两直 | 平行线 | 斜在 H 面 | 水平线 |
| AC | 一点两直 | 垂直线 | 点在 W 面 | 侧垂线 |
| SA | 三斜三短 | 一般线 | 无 | 一般线 |
| SB | 一斜两直 | 平行线 | 斜在 W 面 | 侧平线 |
| SC | 三斜三短 | 一般线 | 无 | 一般线 |

表 2-6　三棱锥上各表面的投影分析

| 平面名称 | 三 面 投 影 | 平面的类型 | 特 征 投 影 | 空间位置 |
|---|---|---|---|---|
| 平面 ABC | 一框两线 | 平行面 | 框在 H 面 | 水平面 |
| 平面 SAB | 三框三小 | 一般面 | 无 | 一般面 |
| 平面 SBC | 三框三小 | 一般面 | 无 | 一般面 |
| 平面 SAC | 一线两框 | 垂直面 | 线在 W 面 | 侧垂面 |

## 知识巩固

全班分成若干小组，分析并讨论图 2-31 所示物体上给定直线和平面的位置，老师巡回指导，根据各小组做出的答案再进行点评，将正确答案填写在横线上。

1. 直线 AB 是_____直线，直线 AC 是_____直线，直线 AD 是_____直线。

2. 平面 E 是_____平面，平面 F 是_____平面，平面 P 是_____平面，平面 Q 是_____平面。

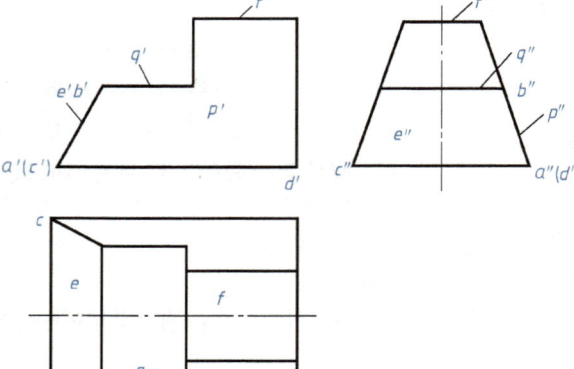

图 2-31　识读物体上给定直线和平面的投影

## 任务三　绘制与识读基本体的三视图

### 任务描述

实际生产中使用的汽车零件，不管其形状多么复杂，都可以看作是由一些基本体组成的，如图 2-32 所示。本任务主要介绍基本体的三视图特征、画法及识读方法。

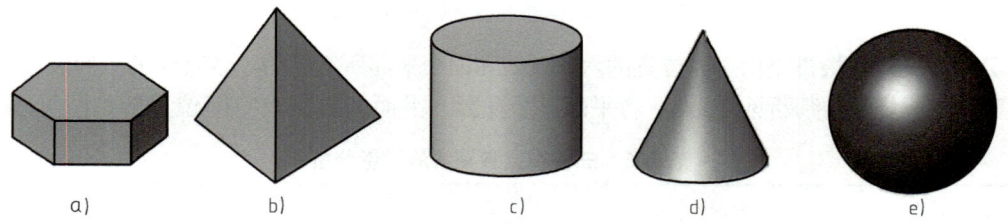

图 2-32　常见的基本体

a）棱柱　b）棱锥　c）圆柱　d）圆锥　e）圆球

### 任务分析

基本体分为平面体和曲面体两类。平面体的表面都是平面，如棱柱和棱锥等；曲面体的表面至少有一个是曲面，如圆柱、圆锥、圆球、圆环等。本任务通过绘制与识读这些基本体

项目二 绘制与识读立体的三视图

的视图,初步建立起"三维-二维"即"实物-平面"之间的思维转换,培养学生的空间想象与思维能力。

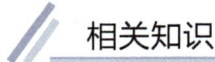相关知识

### 一、棱柱体

**1. 棱柱体的形体特征**

图 2-33 为正六棱柱的轴测图。棱柱体是由两个全等的多边形端面和矩形(直棱柱)或平行四边形(斜棱柱)的棱面组成的,棱线互相平行。棱线与两端面垂直的棱柱称为直棱柱。当棱柱的两端面为正多边形时,称为正棱柱。常见的棱柱有三棱柱、四棱柱、五棱柱和六棱柱等。下面仅讨论直棱柱的投影。

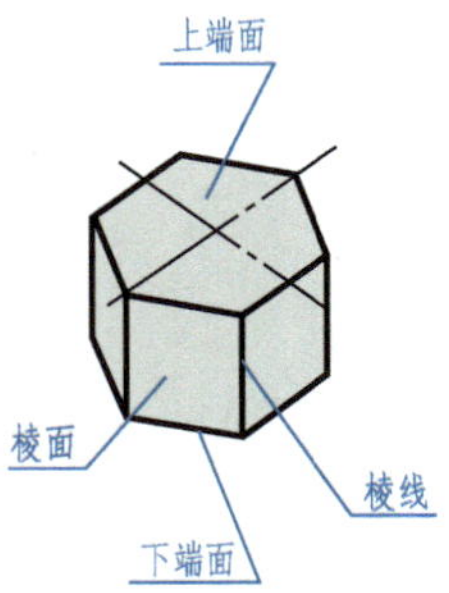

**2. 棱柱体的三视图**

(1) 投影分析 图 2-34a 为正六棱柱的轴测图及三视图的投射情况,将棱线垂直于水平面放置。

正六棱柱的两端面为正六边形的水平面,这两个面反映了棱柱的形状特征,称为形状特征面,其水平投影反映实形,正面投影及侧面投影积聚成直线;前、后两个面为正平面,正面投影反映实形,水平投影及侧面投影积聚为直线;其他四个棱面均为铅垂面,水平投影均积聚为倾斜的直线,正面投影和侧面投影均为类似形(矩形)。各棱线均为铅垂线,水平投影积聚为一点,正面投影和侧面投影均反映实长。

图 2-33 正六棱柱

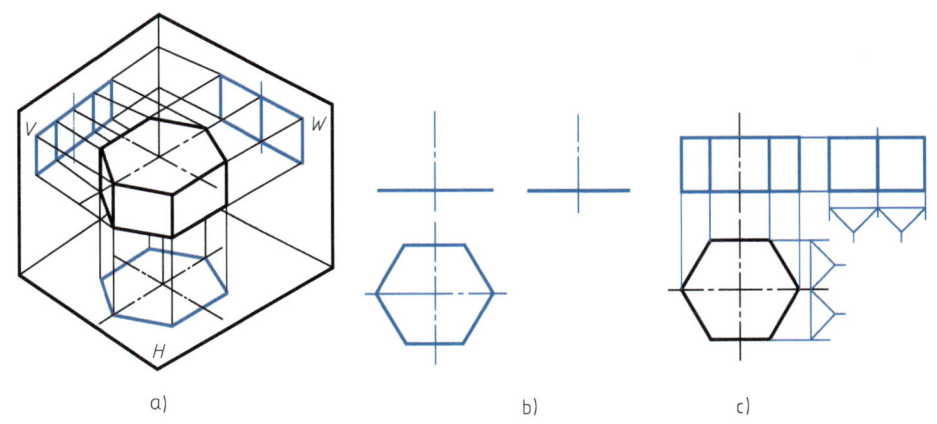

图 2-34 正六棱柱投影的作图步骤

(2) 作图步骤

1)作正六边形的对称中心线及端面的基准线,画出正六边形(形状特征面)实形的水平投影,如图 2-34b 所示。

2)按长对正的关系,并量取正六棱柱的高度画出正面投影,最后按高平齐、宽相等的关系画出侧面投影并按规定的线型描深全图,如图 2-34c 所示。

### 3. 棱柱体的视图特征

当棱柱体的棱线垂直于一个投影面放置时，在与棱线垂直的投影面上的视图为多边形（反映棱柱两端面的实形）；另外两个视图为一个或多个大小不等的矩形线框（棱面的实形或类似形）所组成的图形。图 2-35 所示为典型的直棱柱及三视图。

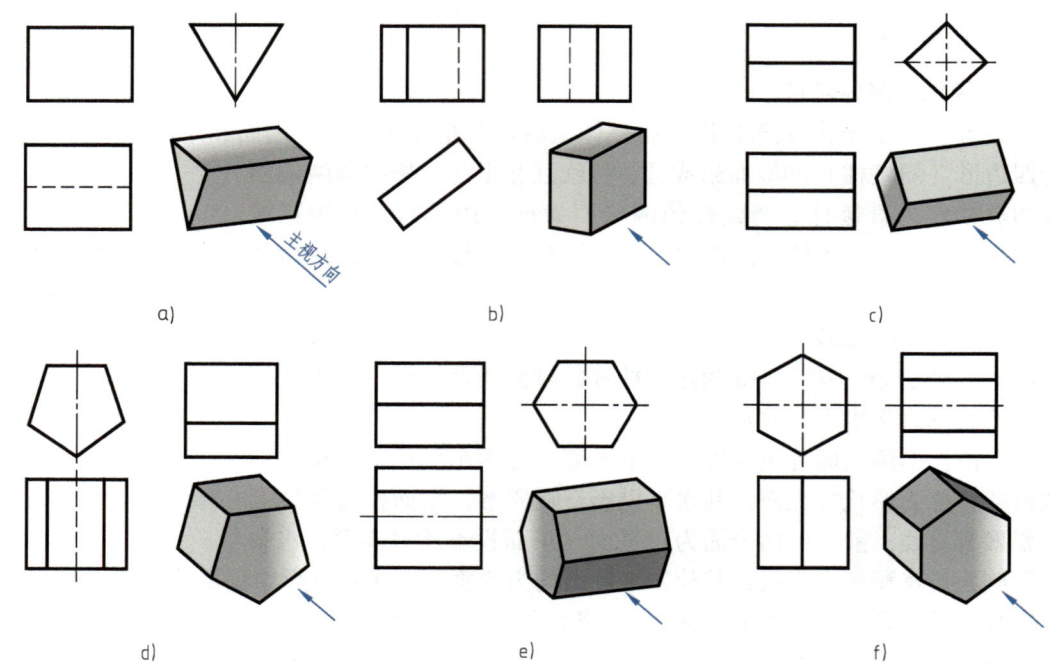

图 2-35　典型直棱柱及三视图

a）正三棱柱　b）直四棱柱　c）正四棱柱　d）正五棱柱　e）、f）正六棱柱

### 4. 棱柱体表面上点的投影

在平面立体表面上取点，实际上就是在平面上取点。首先应确定点位于立体的哪个平面上，并分析该平面的投影特性，再根据点的投影规律作出点的投影。

分析：因为棱柱的各个表面均具有积聚性，其表面上点的投影可利用平面投影的积聚性直接求出。

点的可见性判断：若点所在平面的投影可见，则点的投影可见；若平面的投影积聚成直线，则点的投影也可见，否则为不可见。

如图 2-36a 所示，已知六棱柱表面上点 $M$ 的正面投影 $m'$，求作点 $M$ 的其他两面投影 $m$ 及 $m''$。

作图步骤：

1）因为 $m'$ 可见，所以点 $M$ 必在 ABCD 棱面上。此棱面是铅垂面，其水平投影积聚成一条倾斜的直线，则点 $M$ 的水平投影 $m$ 必在此直线上，可按投影规律直接作出 $m$（不加括号）。

2）由 $m'$ 及 $m$ 按高平齐和宽相等的关系求出 $m''$。由于 ABCD 的侧面投影可见，故 $m''$ 也可见。

如图 2-36b 所示，已知六棱柱表面上点 $N$ 的水平投影 $n$，求作点 $N$ 的其他两面投影 $n'$ 及 $n''$。

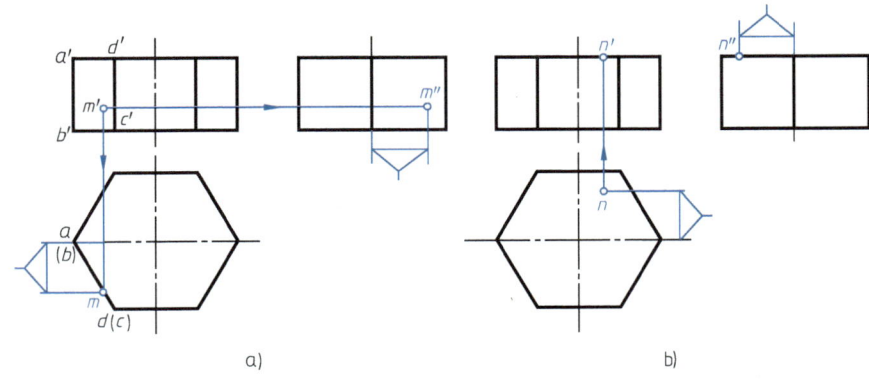

图 2-36 正六棱柱表面上点的投影

由于点 N 在六边形内，且可见，则点 N 在顶面上，顶面的正面投影和侧面投影均有积聚性，可利用积聚性直接求出 $n'$ 及 $n''$。

### 二、棱锥体

**1. 棱锥体的形体特征**

图 2-37 所示为四棱锥的轴测图。棱锥体由底面及棱面所组成。各条棱线汇交于一点，棱面为若干个具有公共顶点的三角形，底面为多边形，从顶点到底面的距离称为锥高。当棱锥的底面为正多边形、各棱面均为全等的等腰三角形时称为正棱锥。常见的棱锥体有三棱锥、四棱锥、五棱锥和六棱锥等。

**2. 棱锥体的三视图**

（1）投影分析　图 2-38a 为四棱锥三视图的投射情况。四棱锥的表面由一个底面（矩形）和四个棱面（等腰三角形）组成，将其放置成底面与水平投影面平行的位置。

四棱锥前后、左右对称，底面平行于水平面，其水平投影反映实形；左、右两个棱面垂直于正面，其正面投影积聚成倾斜的直线；前、后两个棱面垂直于侧面，其侧面投影积聚成倾斜的直线；与锥顶相交的四条棱线不平行于任一投影面（为一般位置直线），它们在三个投影面上的投影都是倾斜的直线，且不反映实长，其中正面和侧面投影与相应的棱面重合。

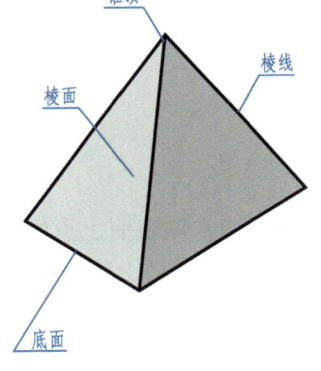

图 2-37 四棱锥的轴测图

（2）作图步骤

1）作四棱锥的对称中心线和底面的基准线，再画出底面的俯视图——反映实形的矩形，如图 2-38b 所示。

2）根据四棱锥的高度在主左视图的对称线上定出锥顶 S 的投影位置，在三个视图上分别用直线连接锥顶与底面四个顶点的投影，即得四棱锥的三视图，如图 2-38c 所示。

**3. 棱锥体的视图特征**

当棱锥体的底面平行于某一个投影面放置时，则棱锥体在该投影面上视图的外轮廓为与

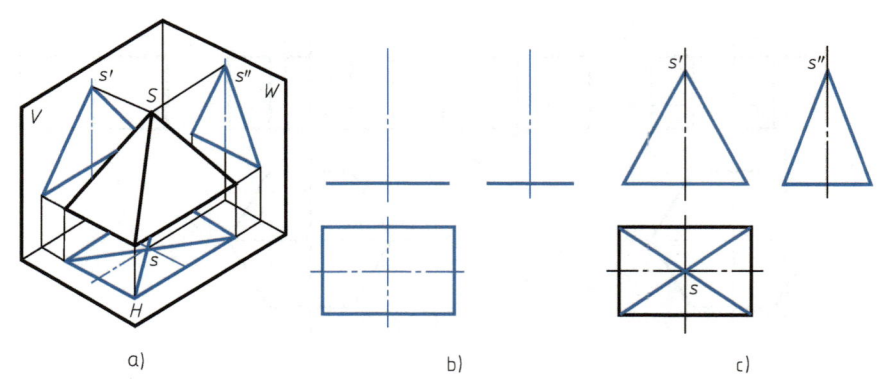

图 2-38　四棱锥三视图的作图步骤

其底面全等的多边形，里边还有多个三角形；另外两个视图则由若干个相邻的三角形线框所组成。图 2-39 所示为常见棱锥体及三视图。

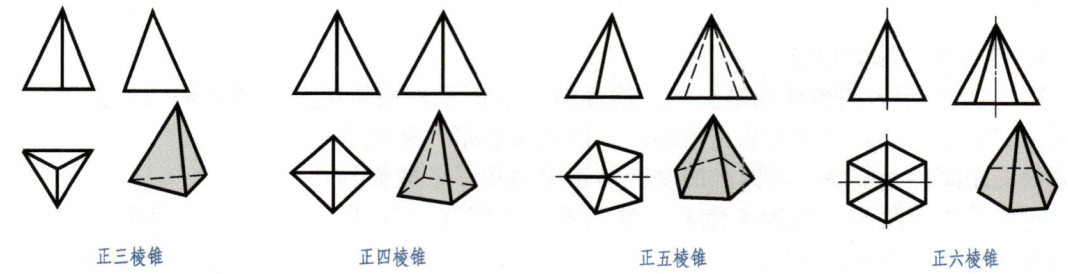

正三棱锥　　　　　正四棱锥　　　　　正五棱锥　　　　　正六棱锥

图 2-39　常见棱锥体及三视图

**4. 棱锥体表面上点的投影**

因为棱锥体上的表面可能处于特殊位置，其投影具有积聚性；也可能处于一般位置，则投影没有积聚性。所以，求作棱锥表面上点的投影的方法有两种：

1）利用点所在面的积聚性直接求出。用于求作特殊位置表面上点的投影。

2）利用辅助线（过锥顶或平行于已知直线的辅助线）法求出。用于求作一般位置表面上点的投影。

如图 2-40 所示，已知三棱锥棱面 SAB 上点 M 的正面投影 $m'$，求作水平投影 $m$ 和侧面投影 $m''$。

作法一：利用通过锥顶的辅助线作图（主要用于完整的棱锥）。

分析：如图 2-40a 所示，在 SAB 棱面上，由锥顶 S 过点 M 作辅助线 SD，因为点 M 在直线 SD 上，则点 M 的各面投影必在直线 SD 的各同面投影上。所以只要作出辅助线 SD 的水平投影 $sd$，即可作出点 M 的水平投影 $m$，由正面投影 $m'$ 及水平投影 $m$ 即可求出侧面投影 $m''$。

作图步骤：

1）在主视图上由 $s'$ 过 $m'$ 作直线交 $a'b'$ 于 $d'$，再由 $s'd'$ 作出 $sd$。

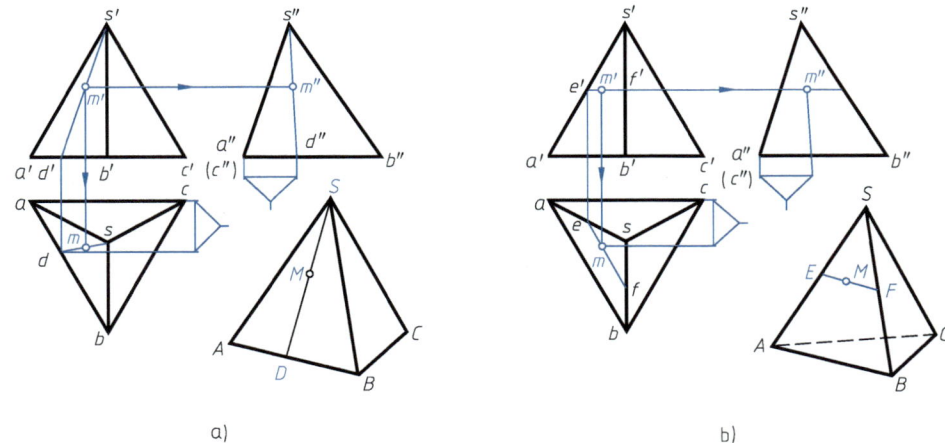

图 2-40 三棱锥表面上点的投影作图步骤

2）按点在直线上及长对正的关系在 sd 上作出 m。

3）由 m′ 及 m 按高平齐和宽相等的关系求出 m″。由于棱面 SAB 的水平投影及侧面投影可见，所以，m 及 m″ 都可见。

作法二：利用平行于已知直线的辅助线作图（主要用于不完整的棱锥）。

分析：如图 2-40b 所示，过平面上点 M 作该平面上任一直线的平行线（如 EF∥AB），则点 M 的投影必在该平行线 EF 的各同面投影上，所以，只要作出辅助线 EF 的投影，就可求出点 M 的投影。

作图步骤：

1）过 m′ 作辅助线 EF 的正面投影 e′f′∥a′b′，再作出辅助线的水平投影 ef∥ab。

2）按点在直线上及长对正的关系在 ef 上作出 m。

3）由 m′ 及 m 按高平齐和宽相等的关系求出 m″，可见性同上。

### 三、圆柱体

**1. 圆柱体的形体特征**

圆柱体的表面由圆柱面和两端面所组成，如图 2-41a 所示。圆柱面可看作一条直母线绕着与它平行的轴线旋转而成。直母线在圆柱面上的任意位置时称为圆柱面的素线。两底面垂直于轴线的圆柱称为正圆柱。圆柱的轴线相对投影面处于不同位置时，其三视图的特点及形状不同。下面只介绍轴线垂直于某一投影面时的情况。

**2. 圆柱体的三视图**

（1）投影分析　圆柱体三视图的投射情况如图 2-41b 所示，得到的三视图如图 2-41c 所示。该圆柱轴线垂直于水平面，上、下端面的水平投影反映实形，正面和侧面投影积聚成直线，直线的长度等于端面圆的直径；圆柱面的水平投影积聚为一圆周，与两端面的水平投影重合（用细点画线表示中心线）；正面投影为一矩形，是前、后两半圆柱面的重合投影，矩形的两条竖线分别是圆柱面最左素线和最右素线的投影，也是圆柱面前、后分界的转向轮廓线，矩形的上下两条水平线分别是上、下端面的积聚投影；圆柱面在侧面的投影也是一矩形，是左、右两半圆柱面的重合投影，矩形的两条竖线分别是圆柱面最前素线和最后素线的投影，也是圆柱面左、右分界的转向轮廓线，矩形上下的两条水平线分别是上、下端面的积聚投影。

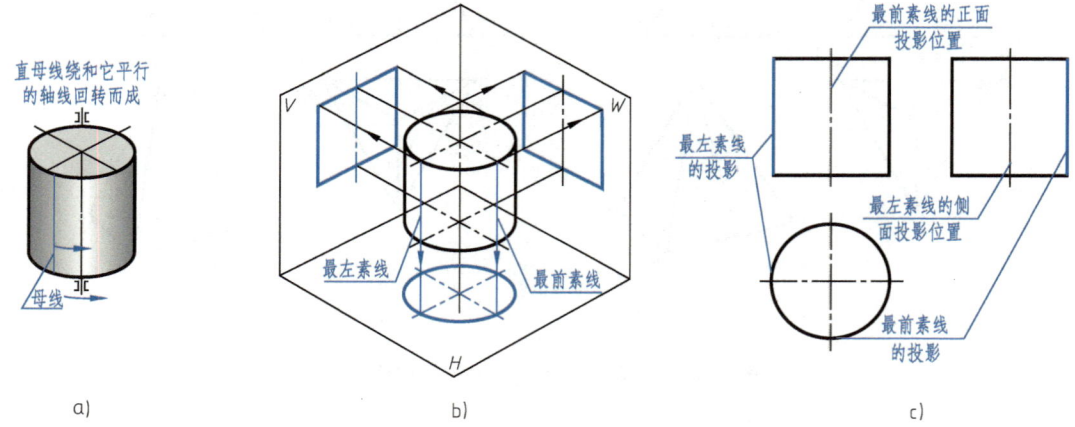

图 2-41 圆柱体的投影分析

（2）作图方法 画圆柱体的三视图时，先画出各面投影的对称中心线及轴线，再画圆柱面投影具有积聚性圆的视图，最后根据圆柱体的高度画出另外两个视图，如图 2-42 所示。

（3）作图步骤

1）画出各面投影基准线（对称中心线、轴线、底面的位置线），如图 2-42a 所示。
2）画圆柱面投影具有积聚性圆的视图，如图 2-42b 所示。
3）根据圆柱体的高度画出另外两个视图，即得圆柱体的三视图，如图 2-42c 所示。

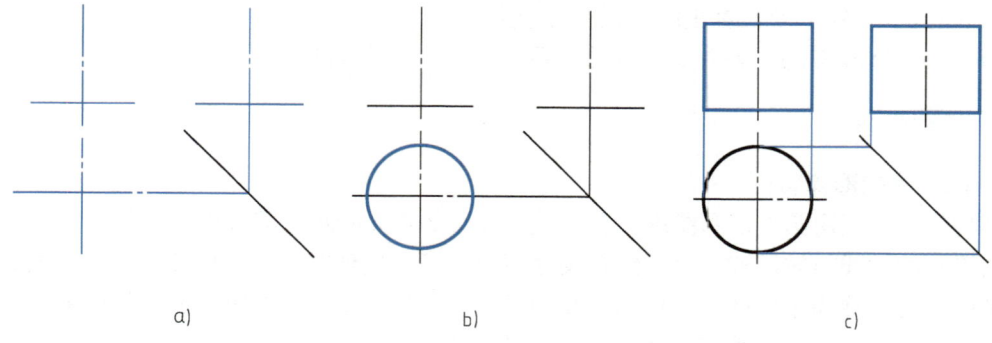

图 2-42 圆柱体三视图的画法

**3. 圆柱体的视图特征**

当圆柱体的轴线垂直于一个投影面放置时，圆柱体的一个视图为圆形（两端面圆的实形），另外两个视图为全等的矩形。不同位置的圆柱体及三视图如图 2-43 所示。

**4. 圆柱体表面上点的投影**

因为圆柱体上各表面的投影均有积聚性，所以表面上点的投影的作图方法可利用积聚性直接求出。

项目二 绘制与识读立体的三视图

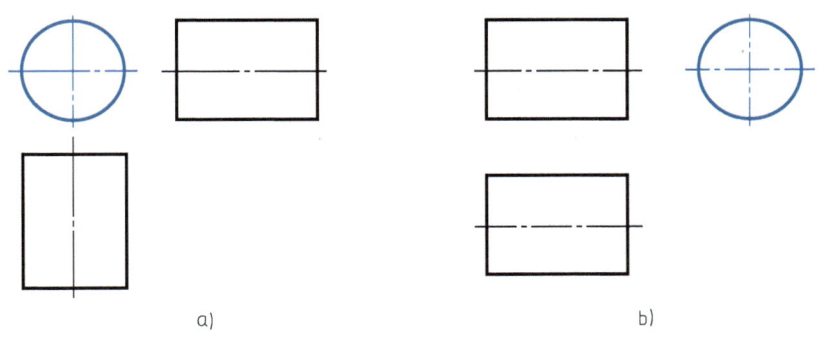

图 2-43 不同位置的圆柱体及三视图

如图 2-44 所示,已知圆柱面上点 $M$ 的正面投影 $m'$,求作水平投影 $m$ 和侧面投影 $m''$。

作图步骤:

1)根据圆柱面水平投影的积聚性作出 $m$,由于 $m'$ 是可见的,则点 $M$ 在前半圆柱面上,$m$ 必在水平投影圆的前半圆周上。

2)由 $m'$ 及 $m$ 按高平齐和宽相等的关系求出 $m''$。由于点 $M$ 在右半圆柱面上,所以($m''$)不可见。

思考:若已知圆柱面上点 $N$ 的正面投影($n'$),怎样求出 $n$ 和 $n''$?如何判断可见性?点 $N$ 在前半圆柱面还是后半圆柱面?

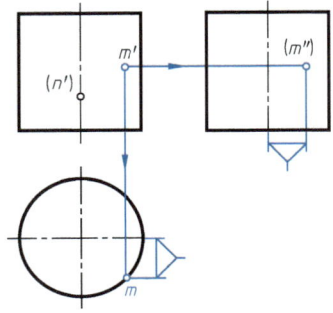

图 2-44 圆柱体表面上点的投影

## 四、圆锥体

### 1. 圆锥体的形体特征

圆锥体的表面由圆锥面和底面所组成。如图 2-45 所示,圆锥面可看作是一条直母线 $SA$ 绕着与其相交的轴线旋转而形成。直母线在圆锥面的任意位置称为圆锥面的素线。圆锥的轴线相对投影面处于不同位置时,其三视图的特点及形状不同。本任务只介绍轴线垂直于某一投影面时的情况。

### 2. 圆锥体的三视图

(1)投影分析 图 2-45b 所示为轴线垂直于水平面的正圆锥三视图的投射情况,箭头所指为主视图的投射方向,图 2-45c 所示为正圆锥的三视图。圆锥底面平行于水平面,水平投影反映实形,正面和侧面投影积聚成直线,直线的长度等于底面圆的直径;圆锥面的三个投影都没有积聚性,其水平投影与底面的水平投影重合,全部可见;正面投影为等腰三角形,是前、后两个半圆锥面的重合投影,三角形的两腰分别是圆锥面最左素线和最右素线的投影(反映实长),也是圆锥面前、后分界的转向轮廓素线,同时也是圆锥面前后可见与不可见的分界线,三角形底边的直线为圆锥底面的积聚投影;侧面投影也是等腰三角形,是左、右两半圆锥面的重合投影,三角形的两腰分别是圆锥最前素线和最后素线的投影(反映实长),也是圆锥面左、右分界的转向轮廓素线,同时也是圆锥面的左右可见与不可见的分界线，三角形底边的直线是底面圆的积聚投影。

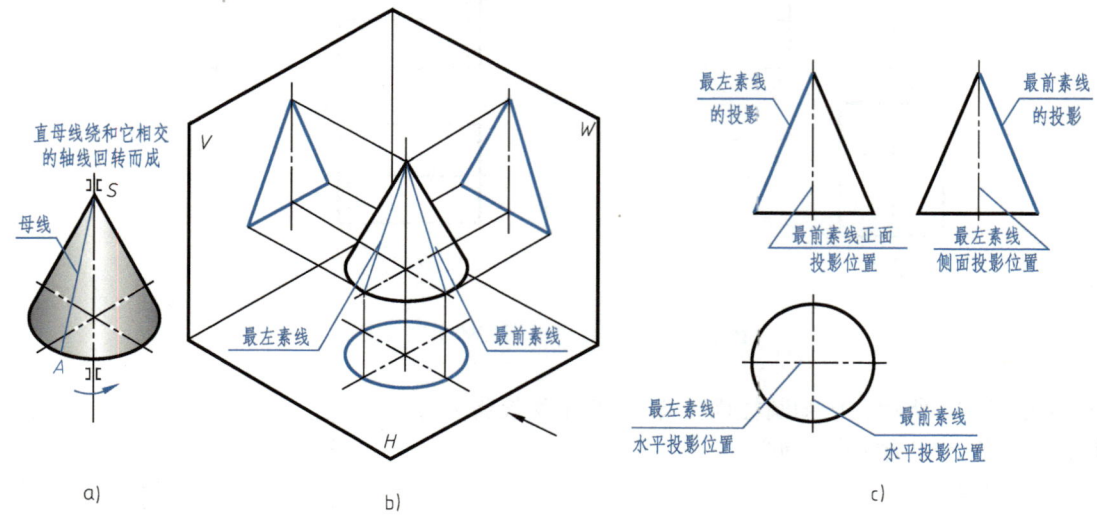

图 2-45 圆锥体的投影分析

（2）作图方法　画圆锥的三视图时，先画各投影的中心线及轴线，再画底面圆的各投影，最后画出锥顶的投影和锥面的投影（等腰三角形），便完成圆锥的三视图，如图 2-46 所示。

（3）作图步骤

1）画出各面投影的基准线，如图 2-46a 所示。

2）画底面圆实形投影的俯视图，如图 2-46b 所示。

3）根据圆锥体的高度画出另外两个视图，即得圆锥体三视图，如图 2-46c 所示。

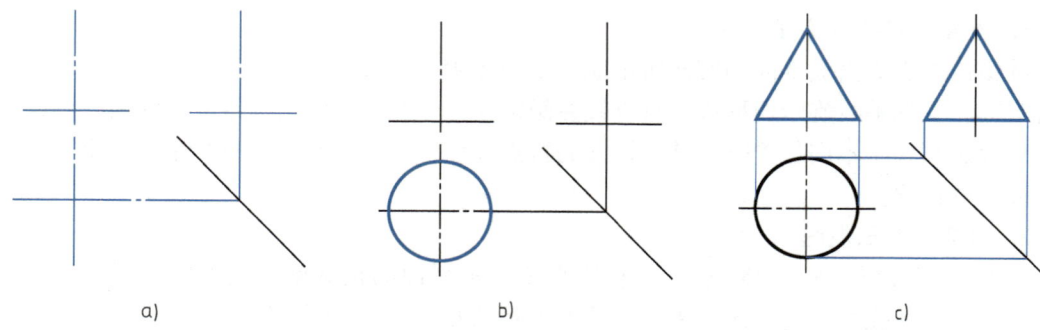

图 2-46 圆锥体三视图的画法

**3. 圆锥体的视图特征**

当圆锥体的轴线垂直于一个投影面放置时，圆锥体一个视图为圆（底面圆的实形），另外两个视图为全等的等腰三角形。不同位置圆锥体及三视图如图 2-47 所示。

**4. 圆锥体表面上点的投影**

因圆锥表面没有积聚性，处于圆锥表面上的点必须借助于辅助线法求出，辅助线法包括

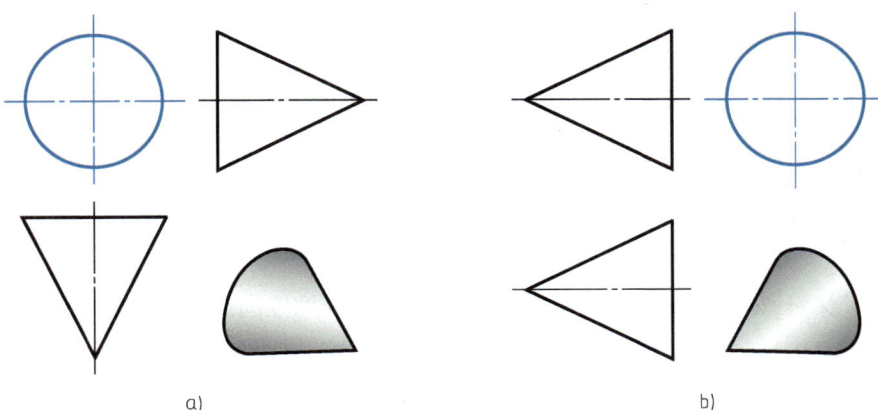

图 2-47 不同位置圆锥体及三视图

辅助素线法和辅助纬圆法,如图 2-48 所示。已知圆锥表面上点 M 的正面投影 m′,求作水平投影 m 和侧面投影 m″。根据点 M 的位置和可见性,可确定点 M 在前、左圆锥面上,点 M 的三面投影均为可见。

(1) 辅助素线法  如图 2-48 和图 2-49a 所示,过锥顶 S 和点 M 作辅助素线 SA,则点 M 的各面投影必在辅助素线 SA 的各同面投影上。所以只要作出辅助素线 SA 的水平投影 sa,即可作出 M 点的水平投影 m,再由正面投影 m′ 及水平投影 m 可求出侧面投影 m″。

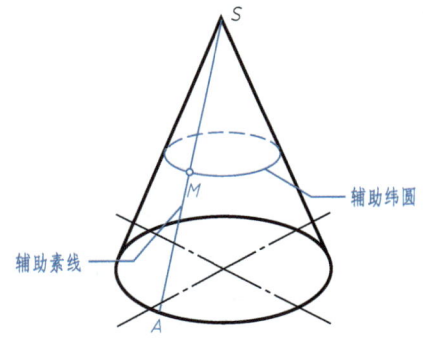

图 2-48 圆锥表面的辅助线

作图步骤:

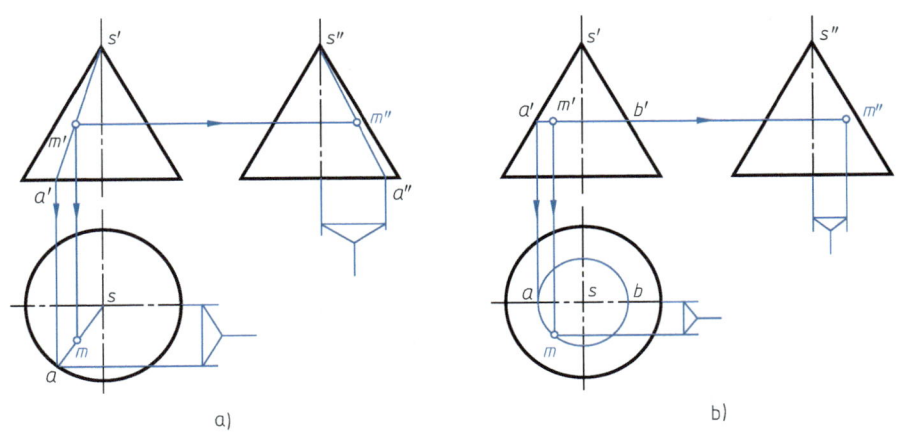

图 2-49 圆锥表面上点的投影

1) 在正面投影中作连线 s′m′,并延长到与圆锥底面的正面投影相交得 a′,由 s′a′ 作出 sa,由 sa 作出 s″a″,即得辅助素线 SA 的三面投影。

2) 按点在直线上的投影关系由 m′ 作出 m 和 m″。

（2）辅助纬圆法  如图 2-48 和图 2-49b 所示，过点 M 在圆锥面上作垂直于圆锥轴线的水平辅助纬圆，点 M 的各面投影必在该圆的同面投影上。

作图步骤：

1）在投影图中过 $m'$ 作圆锥轴线的垂直线，交圆锥左、右轮廓素线于 $a'$、$b'$，$a'b'$ 即为辅助纬圆的正面投影。

2）以 s 为圆心，$a'b'$ 为直径，作辅助纬圆的水平投影，根据长对正的投影关系由 $m'$ 求得 m。

3）由 $m'$ 及 m 按高平齐和宽相等的关系求出 $m''$，可见性同上。

### 五、圆球体

**1. 圆球体的形体特征**

圆球体的表面是球面，如图 2-50a 所示，球面可看作是一条圆母线绕着通过其圆心的轴线（直径）回转而成。

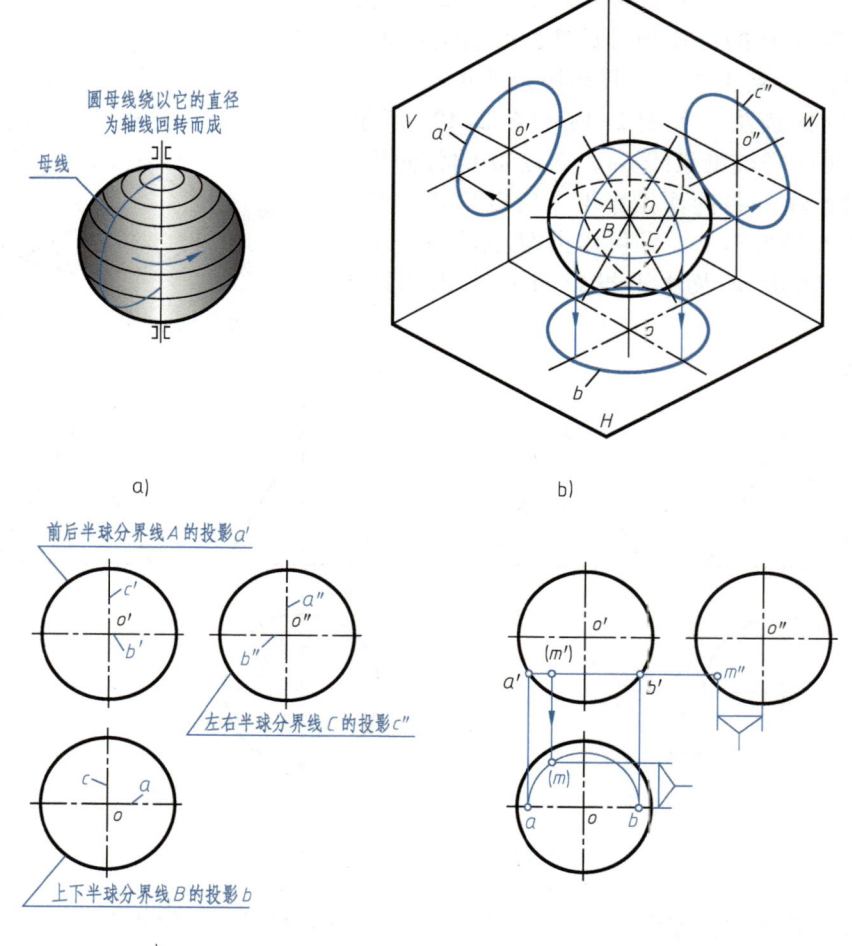

图 2-50  圆球体的投影分析及表面上点的投影

## 2. 圆球体的视图

图 2-50b 所示为圆球的轴测图及三视图的投射情况，图 2-50c 所示为圆球的三视图。圆球在三个投影面上的视图都是直径相等的圆，但这三个圆分别表示三个不同方向的圆球面轮廓素线的投影。正面投影的圆是平行于正面的圆素线 $A$ 的投影，它是前面可见半球与后面不可见半球的分界线；与此类似，侧面投影的圆是平行于侧面的圆素线 $C$ 的投影，它是左面可见半球与右面不可见半球的分界线；水平投影的圆是平行于水平面的圆素线 $B$ 的投影，它是上面可见半球与下面不可见半球的分界线。这三条圆素线的其他两面投影，都与相应圆的中心线重合，不应画出。

## 3. 圆球体表面上点的投影

圆球面的投影没有积聚性，求作其表面上点的投影必须采用辅助圆法，即过该点在球面上作一个平行于任一投影面的辅助圆，则点的各面投影必在辅助圆的各同面投影上。判别可见性时，应以圆球表面的分界线作为区分的依据。

如图 2-50d 所示，已知球面上点 $M$ 的正面投影 $(m')$，求作其余两面投影。

作图步骤：

1) 过点 $M$ 作一平行于水平面的辅助圆，它的正面投影为直线 $a'b'$，水平投影为直径等于 $ab$ 长度的圆（以 $o$ 为圆心，$a'b'$ 为直径画圆弧），即得辅助圆的水平投影。

2) 由 $(m')$ 根据长对正的投影关系在辅助圆的水平投影上求得 $m$；由于 $(m')$ 不可见，并根据其位置，可判断点 $M$ 在左、下、后球面上，所以点 $M$ 的水平投影不可见，需加括号 $(m)$ 表示。

3) 根据 $(m')$ 和 $(m)$ 按高平齐和宽相等的关系求出 $m''$。因点 $M$ 在左半圆球面上，所以点的侧面投影 $m''$ 可见。

### 一、根据图 2-51 所示凸块的轴测图，绘制三视图

分析：根据已知视图可知，图示凸块由两个不同大小的四棱柱组合而成，大四棱柱在下，小四棱柱在大四棱柱的上方，左右居中，与大四棱柱的后表面靠齐。

作图步骤：作图步骤如图 2-52a、b、c 所示。

1) 绘制大四棱柱的三视图，如图 2-52a 所示。

图 2-51 轴测图

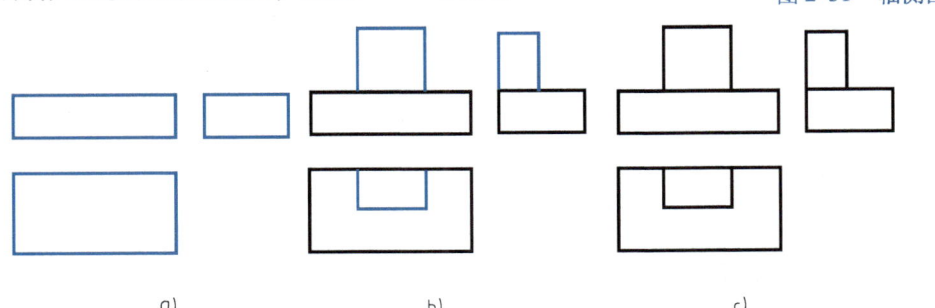

图 2-52 绘制三视图

2）根据小四棱柱与大四棱柱的位置，绘制小四棱柱的三视图，如图 2-52b 所示。

3）按规定的线型加深全图，如图 2-52c 所示。

## 二、根据图 2-53a 所示台阶轴的轴测图和主、左视图，补画俯视图

分析：根据已知视图可知，图示的台阶轴由两个不同直径的圆柱体组成，小直径的圆柱体在左，大直径的圆柱体在右。

作图步骤：

1）补画大圆柱体的俯视图，如图 2-53b 所示。

2）补画小圆柱体的俯视图，如图 2-53c 所示。

3）按规定的线型加深全图，如图 2-53d 所示。

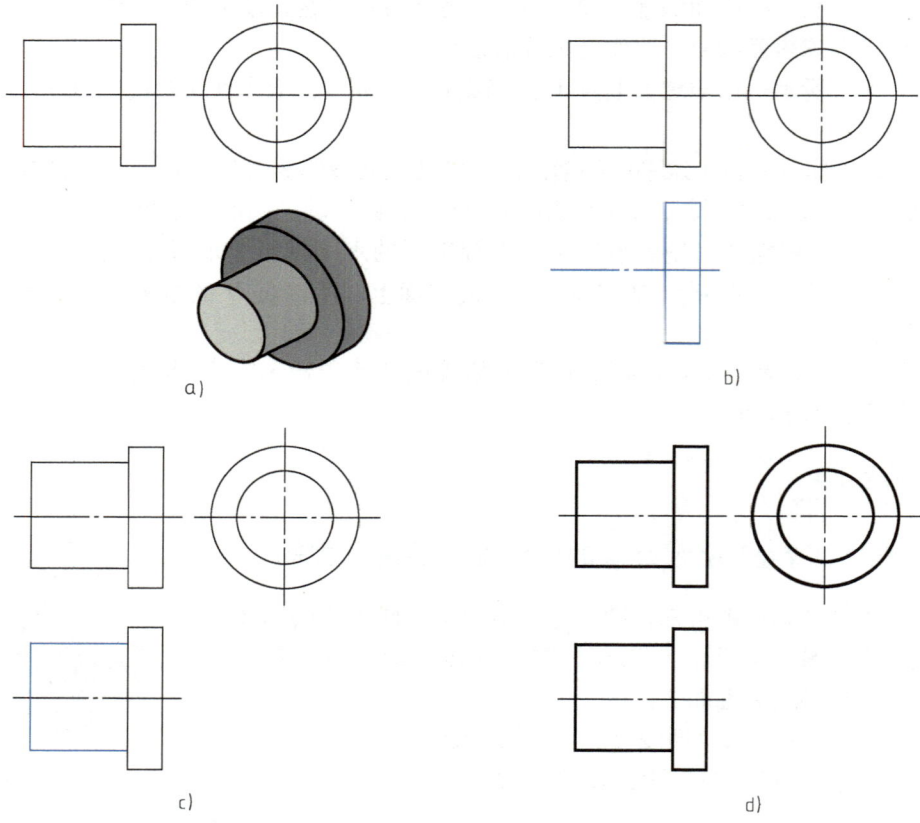

图 2-53　补画俯视图

## 课后测评

全班分成若干小组进行讨论并按要求完成下列各题目，老师巡回指导，根据各小组做出的答案再进行点评，最后统一正确答案。

1. 图 2-54 所示的两组物体都是由两个_____（平、曲）面体所组成的。

图 a 是由　　　　　和　　　　　所组成的，　　　　　在上，　　　　　在下。
图 b 是由　　　　　和　　　　　所组成的，　　　　　在前，　　　　　在后。

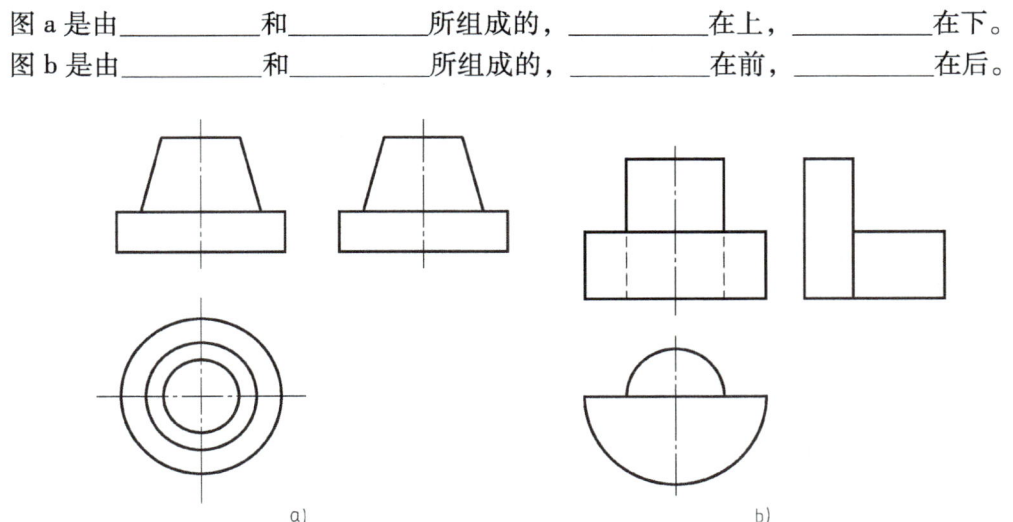

图 2-54　简单物体的三视图（一）

2. 图 2-55 所示的两组物体都是由　　　　　和　　　　　（平、曲）面体所组成的。
图 a 是由　　　　　和　　　　　所组成的，　　　　　在上，　　　　　在下。
图 b 是由　　　　　和　　　　　所组成的，　　　　　在上，　　　　　在下。

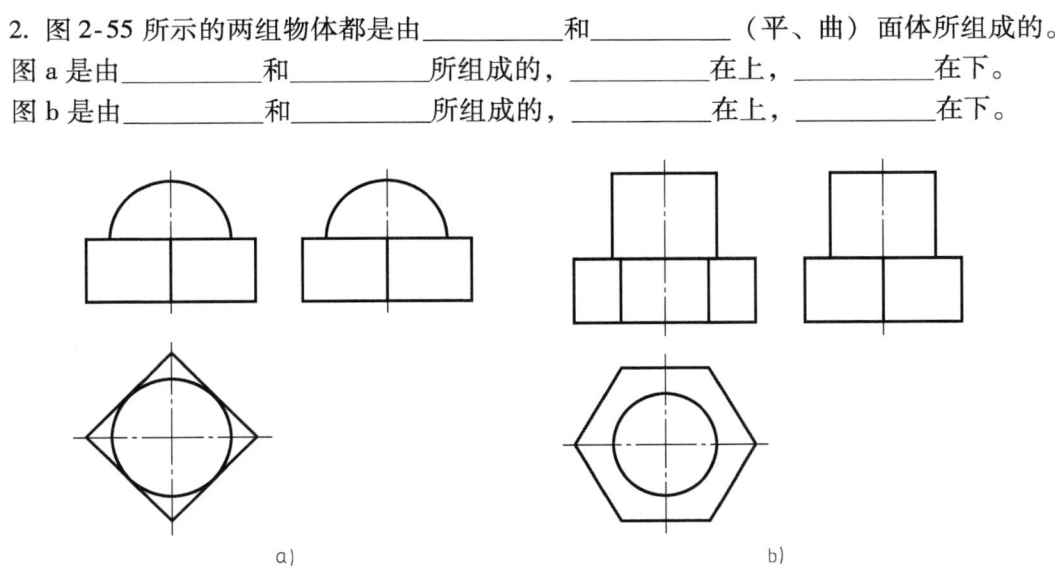

图 2-55　简单物体的三视图（二）

## 知识巩固

多看和多画一些完整的和不完整、方位多变的基本体的三视图，有意识地存储形象，对提高看图能力非常有益。为此，在表 2-7 中给出了多种这样的形体及其三视图。阅读时，应先看具有特征形状的视图，然后再看其他两面视图，最后对照轴测图进行检验。

表 2-7 不完整的基本体

| 名称 | 图 例 |
|---|---|
| 棱台 | 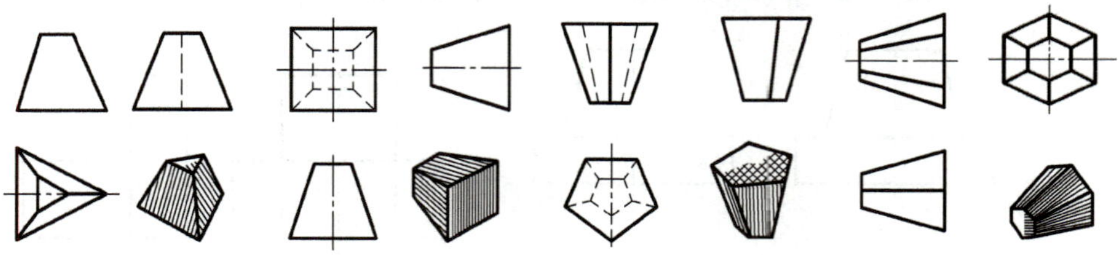 a)  b)  c)  d) |
| 二分之一棱台 | 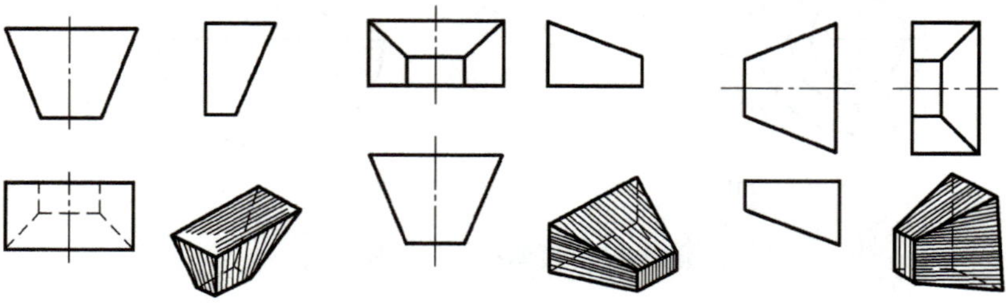 a)  b)  c) |
| 半圆柱 | 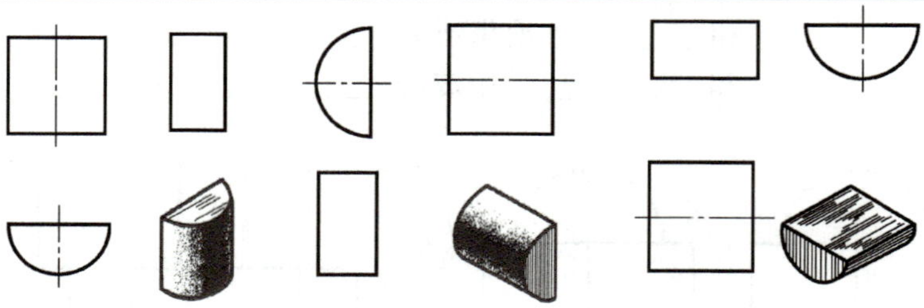 a)  b)  c) |
| 圆台 | 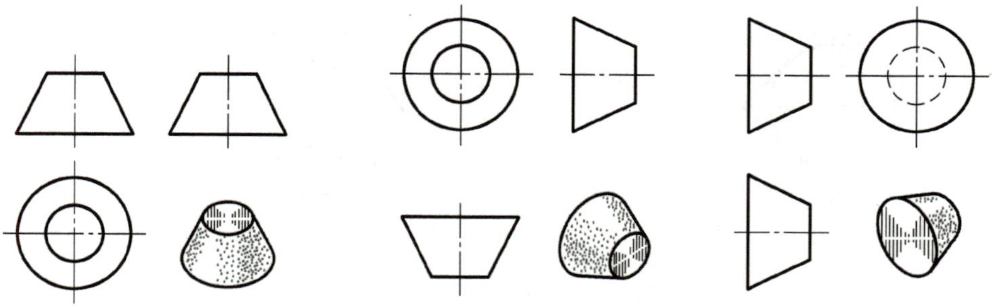 a)  b)  c) |
| 二分之一圆台 | 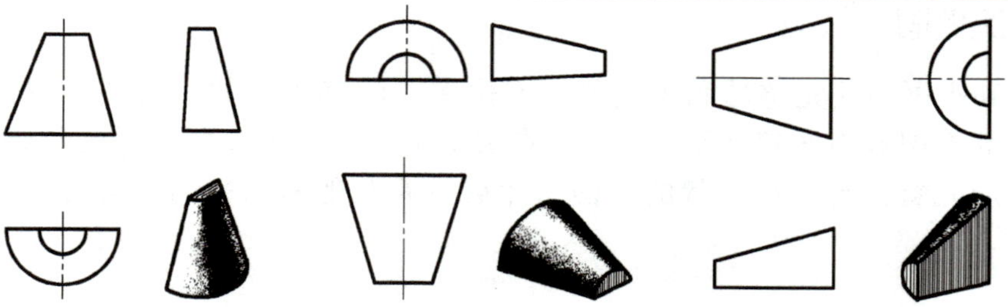 a)  b)  c) |

（续）

| 名称 | 图　例 |
|---|---|
| 四分之一圆台 | 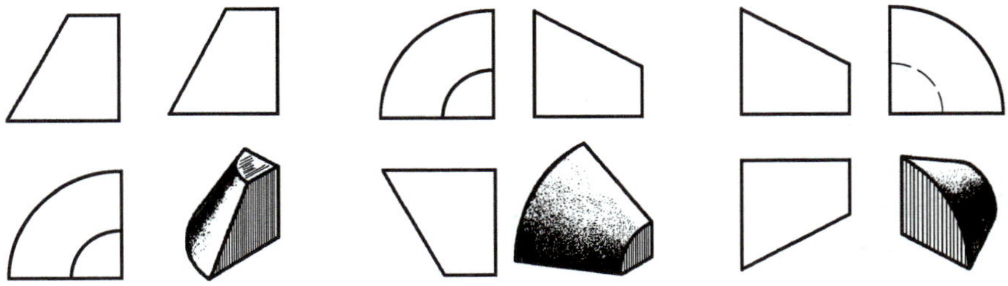 a)　b)　c) |
| 二分之一圆球 | 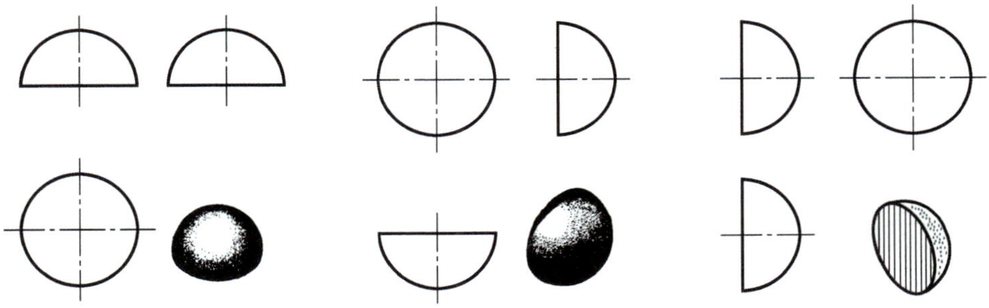 a)　b)　c) |
| 四分之一圆球 | 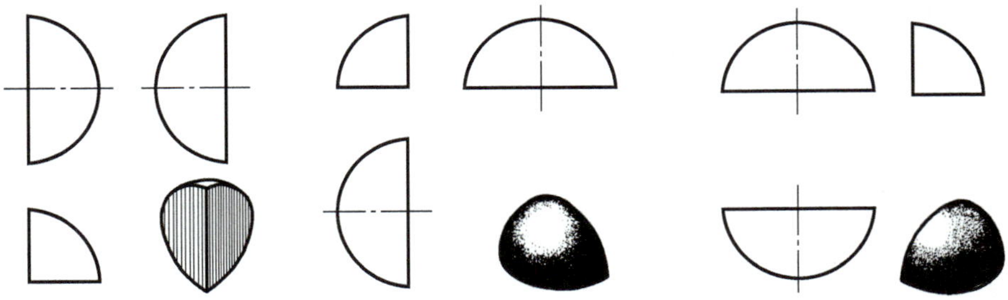 a)　b)　c) |

# 任务四　绘制与识读平面切割体的三视图

## 任务描述

切割体是指基本体被平面截切后的剩余部分。本任务主要介绍平面切割体的三视图特征、画法及识读方法。学会绘制图 2-56 所示的切割四棱柱和图 2-57 所示的切割三棱锥的三视图；根据图 2-58 所示的已知视图，想象出立体形状，并补画漏线和画出左视图。

汽车机械制图

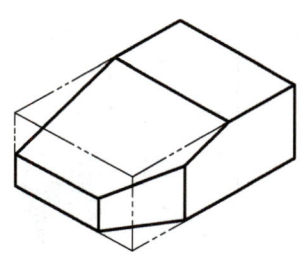

图 2-56 切割四棱柱

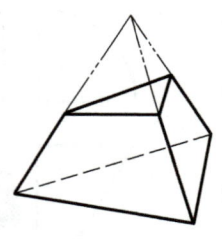

图 2-57 切割三棱锥

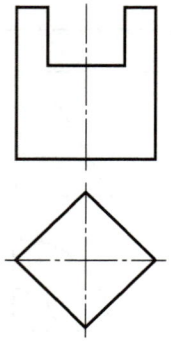

图 2-58 四棱柱切槽

 任务分析

绘制切割体的关键，是要画出切割体表面交线（截交线）的投影；识读切割体的关键，是要在切割体的已知视图中找出截交线，并分析其形状和位置，以想象出切割体的形状。

 相关知识

## 一、认知切割体

常见的切割体如图 2-59 所示。其中立体被截切后的断面图形称为截断面，截切立体的平面称为截平面，截平面与立体表面的交线称为截交线。故绘制切割体的关键，就是绘制截交线的投影。图 2-60 所示为典型的切割体零件。

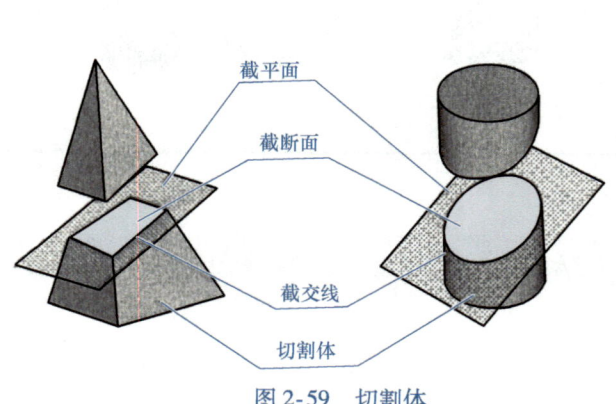

图 2-59 切割体

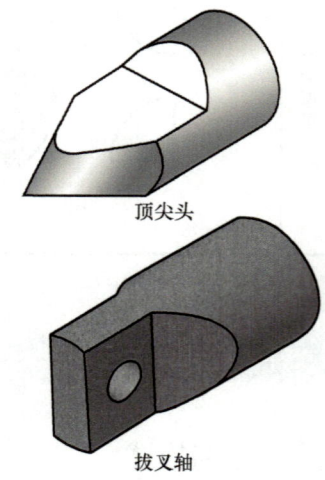

图 2-60 典型零件

## 二、截交线的基本特性

由于立体表面的性质及截平面的位置不同，截交线的形状也不相同，但均具有以下两个基本特性：

项目二　绘制与识读立体的三视图

1) 截交线都是一个封闭的平面图形（平面折线、平面曲线或两者间的组合）。
2) 截交线是截平面与立体表面的共有线，既在截平面上，又在立体表面上；其上的点均为截平面与立体表面的共有点。

### 三、平面立体截交线的形状

因平面立体的各表面都是平面图形，因此截交线为封闭的平面多边形。多边形的各个顶点是截平面与立体的棱线或底边的交点，多边形的各条边是截平面与立体表面的交线。

求作截交线就是求出截平面与立体表面一系列共有点，再将各点的同面投影顺次相连即可。

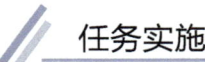

#### 一、完成切割四棱柱的三视图

分析：如图 2-61 所示，该切割体可看成四棱柱用正垂面 P 在左上角切去一个三棱柱，又用铅垂面 Q 在左前方切去一角而形成。正垂面 P 与四棱柱表面的截交线为矩形，正面投影积聚成斜线，水平和侧面投影仍为矩形，但不反映实形（类似形）；铅垂面 Q 与四棱柱表面的截交线为四边形，水平投影积聚成斜线，正面和侧面投影仍为四边形，但不反映实形（类似形）；而正垂面 P 与铅垂面 Q 产生的交线为一般位置直线，该线也是作图的难点。

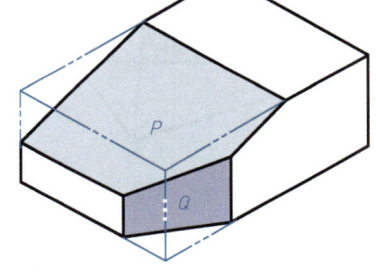

图 2-61　切割四棱柱

作图步骤：
1) 作出四棱柱被正垂面 P 切割后的投影，如图 2-62a 所示。
2) 作出铅垂面 Q 的投影，即表面交线 AB、CD 的投影，如图 2-62b 所示。铅垂面 Q 产生的截交线为梯形 ABCD。先画出有积聚性的水平投影（倾斜的直线），再作出铅垂线 AB、CD 的正面投影 a'b'、c'd'，最后作出侧面投影 a″b″、c″d″，连接端点 a″、d″，即为一般位置直线 AD 的侧面投影 a″d″。

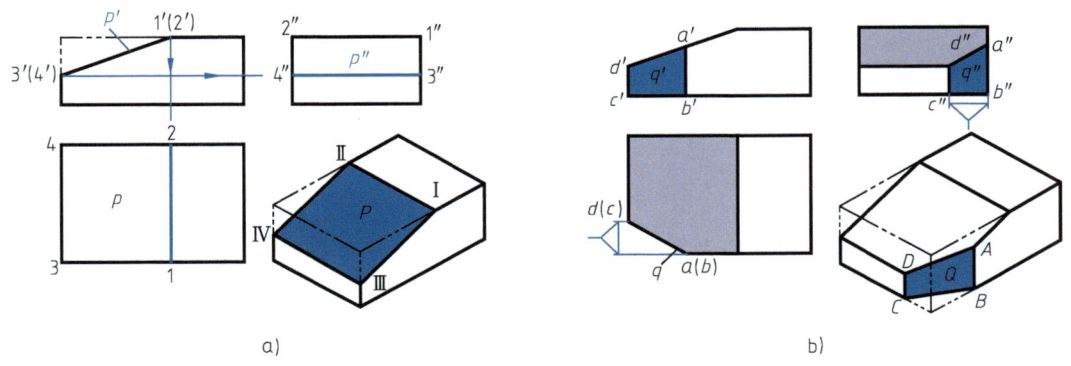

图 2-62　切割四棱柱的作图步骤

3) 检查。正垂面 P 切割四棱柱产生截交线的水平投影和侧面投影是类似的五边形；铅垂面 Q 切割四棱柱产生截交线的正面和侧面投影是类似的四边形。所以，可以利用"类似形"检查截交线的正确与否。

4）检查后擦去作图线，加深全图，即完成四棱柱被切割后的三视图，如图 2-62b 所示。

## 二、完成三棱锥被平面切割后的三视图

分析：如图 2-63a 所示，平面 P 为正垂面，与三棱锥的三条棱线都相交，所以截交线为三角形，其顶点 D、E、F 是三棱锥的各棱线与截平面 P 的交点。由于这些交点的正面投影与平面 P 的正面投影重合，可利用直线上点的投影特性，由截交线的正面投影作出水平投影和侧面投影。

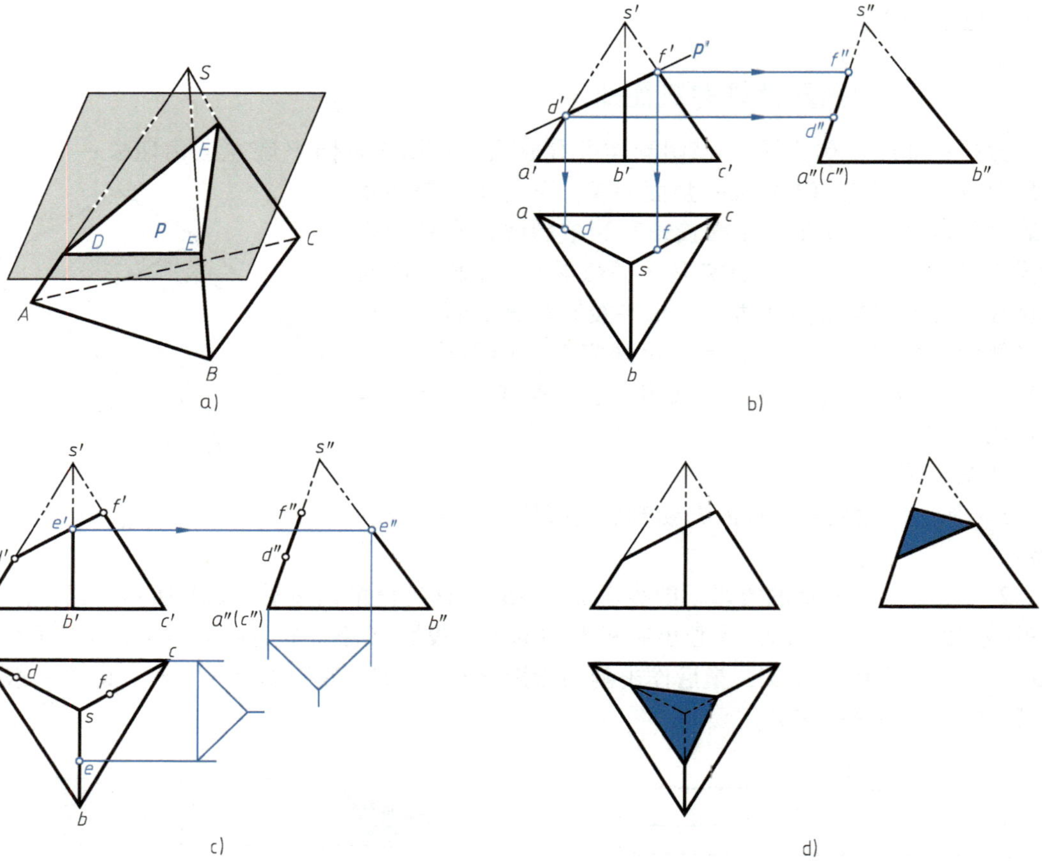

图 2-63 切割三棱锥的作图步骤

作图步骤：

1）作出三棱锥的三视图以及截平面 P 的正面投影 p'，s'a' 和 s'c' 与 p' 的交点分别为 d' 和 f'，分别在 sa、sc 和 s"a"、s"c" 上直接作出 d、f 和 d"、f"，如图 2-63b 所示。

2）由于 SB 平行于侧面，可由 s'b' 与 p' 的交点 e' 先在 s"b" 上作出 e"，再根据宽相等的投影关系在 sb 上作出 e，如图 2-63c 所示。

3）连接各交点的同面投影，即得截交线的三面投影，并擦去作图线，加深全图，完成切割三棱锥的三视图，如图 2-63d 所示。

## 三、识读已知视图,补全三视图

**分析**:图2-64a 所示是已知的两面视图。从图中可以看出,已知两面视图的外形均为四边形,可以想象出基本体是四棱柱体;主视图上方中间被切掉而形成的矩形槽,是由三个特殊位置平面切割四棱柱而形成的。两侧壁是侧平面,它们的正面投影和水平投影积聚成直线,而侧面投影反映侧壁的实形,并重合在一起。槽底是水平面,其正面投影和侧面投影均积聚成直线,水平投影反映实形,可利用积聚性作出通槽的水平投影和侧面投影。通过分析已知视图,可以想象出立体形状,如图2-64b 所示。

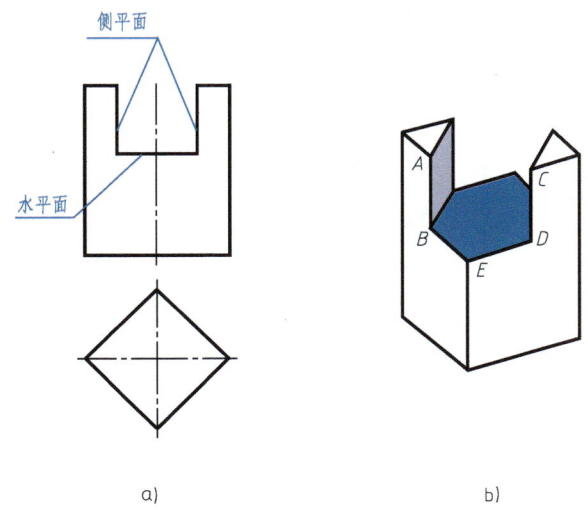

图 2-64 分析已知视图并想象形状
a)已知视图 b)想象出的立体形状

**作图步骤**:

1)根据已知通槽的主视图,在俯视图上作出两侧壁的积聚性投影,也是侧平面与水平面交线(正垂线)的水平投影。槽底是水平面,其水平投影反映实形,如图2-65a 所示。参照轴测图在俯视图上注写相应的字母(因为图形前后左右对称,所以只标注可见部分),并画出左视图的外形图。

2)按高平齐、宽相等的投影关系,作出通槽的侧面投影,如图2-65b 所示。

3)擦去多余作图线,校核切割后的图形轮廓,左视图中的一段细虚线不要漏画,如图2-65c 所示。

从作图过程可看出,四棱柱由于被切割出通槽,使侧棱的外轮廓在槽口部分发生变形,左视图中槽口部分的轮廓线向中心"收缩",从而使两边出现缺口,如图2-65c 所示。

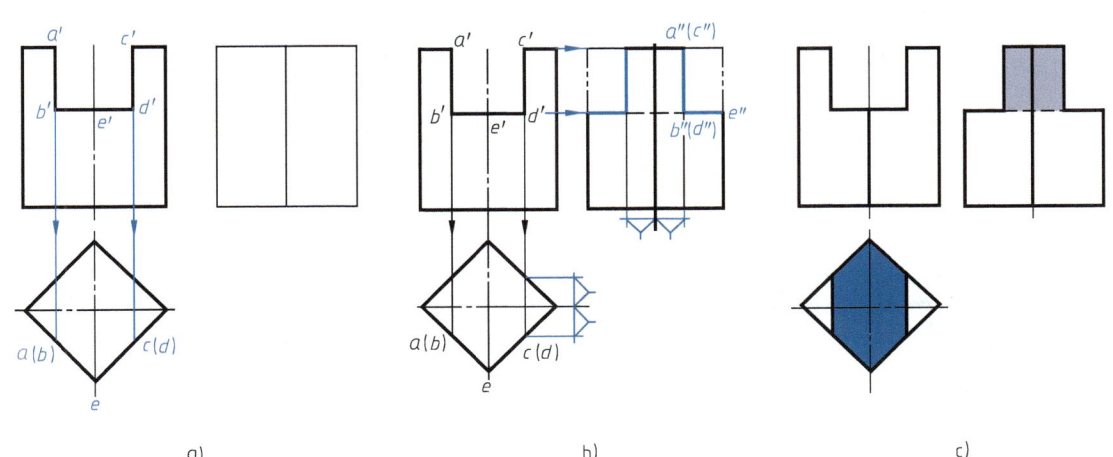

图 2-65 四棱柱切槽的截交线的作图步骤

汽车机械制图

 知识巩固

表 2-8 给出了常见的平面切割体及穿孔图例，教师指导学生用橡皮泥切割模型，并将切割后的模型与图中的三视图进行比较，加强与巩固课堂上学到的知识。

表 2-8 常见的平面切割体及穿孔图例

| 名称 | 图 例 |
|---|---|
| 切割棱柱体 | 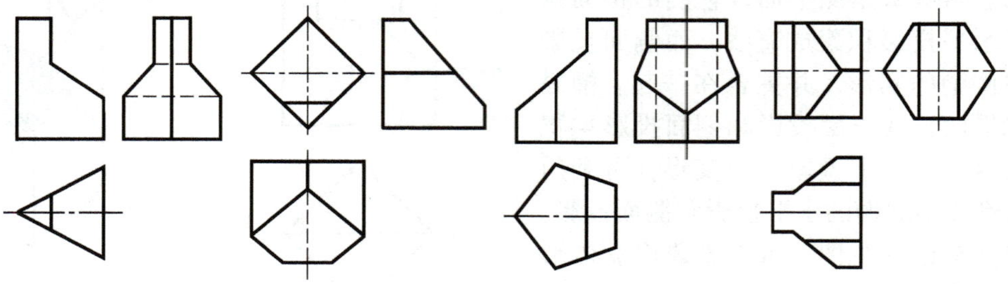 a) b) c) d) |
| 棱柱体切槽或穿孔 | 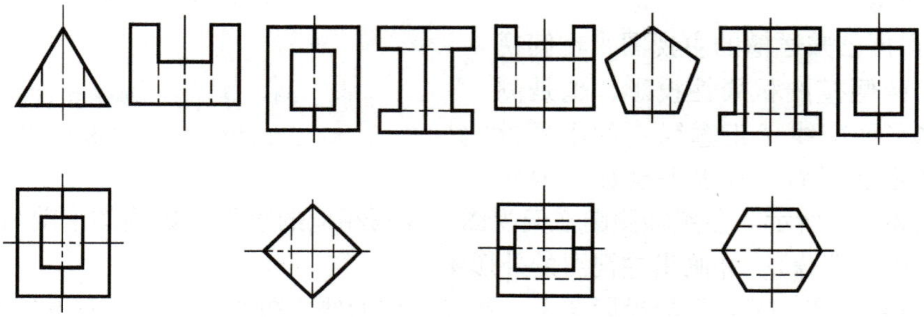 a) b) c) d) |
| 切割棱锥体 | 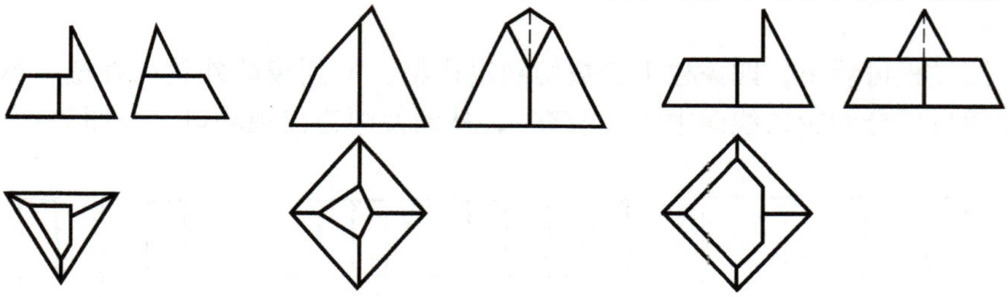 a) b) c) |
| 棱锥切槽或穿孔 | 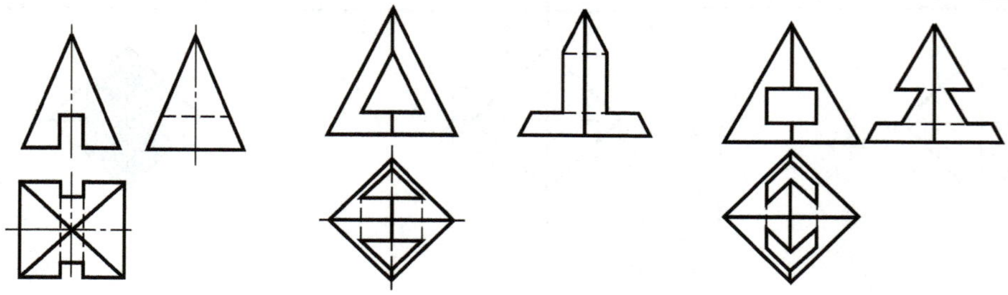 a) b) c) |

项目二 绘制与识读立体的三视图

## 任务五　绘制与识读曲面切割体的三视图

### 任务描述

因曲面体的表面都含有曲面，所以平面切割曲面体时，截交线一般都含有曲线。本任务主要介绍曲面切割体的三视图特征、画法及识读方法。学会绘制图 2-66 所示顶尖头的三视图；根据图 2-67 所示接头的已知两视图，想象出立体形状，并画全三视图。

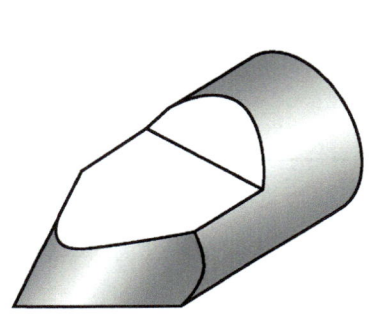

图 2-66　顶尖头

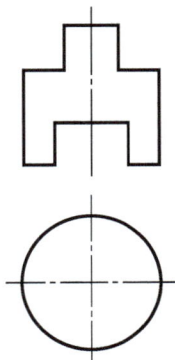

图 2-67　接头的两视图

### 任务分析

平面切割曲面体所产生的截交线通常是一条封闭的平面曲线，也可能是由截平面上的曲线和直线所围成的平面图形或多边形。截交线的形状与曲面体的几何性质及截平面的相对位置有关。当截平面与曲面体的轴线垂直时，任何曲面体的截交线都是圆。

为了准确地作出截交线，必须先求出其上的某些特殊点，以确定出截交线的形状和范围。特殊点包括曲面体转向轮廓线上的点（可见与不可见的分界点）和极限位置的点（最高、最低、最左、最右、最前、最后），再按需要求作若干中间点，最后依次光滑连接各点的同面投影，并判别可见性，便得截交线的投影；识读曲面切割体的关键，是要在切割体的已知视图中找出截交线，分析其形状和位置，以便想象出切割体的形状。

### 相关知识

#### 一、切割圆柱体

根据截平面与圆柱轴线的位置不同，平面切割圆柱体产生的截交线有三种情况，见表 2-9。

**1. 识读圆柱切割体的主、俯视图，并补画左视图**

分析：如图 2-68a 所示，圆柱左上角的切口是由互相垂直的两个平面 $Q$ 和 $P$ 切割而形成的。水平面 $P$ 与圆柱的轴线垂直，所产生截交线是一段圆弧，正面投影与 $P$ 面的正面投影 $p'$ 重合，水平投影反映实形，并与圆柱的水平投影重合。侧平面 $Q$ 与圆柱的轴线平行，所产生截交线是矩形，其正面投影积聚在 $q'$ 上，水平投影积聚为一条直线，与 $Q$ 面的水平投影重合。

表 2-9 圆柱的截交线

| 截平面位置 | 垂直于轴线 | 倾斜于轴线 | 平行于轴线 |
|---|---|---|---|
| 轴测图 | | | |
| 投影图 | | | |

作图步骤：

1）画出左视图的外形图，由 $p'$ 向右引投影连线，再从俯视图上量取宽度定出 $b''$、$d''$，如图 2-68b 所示。

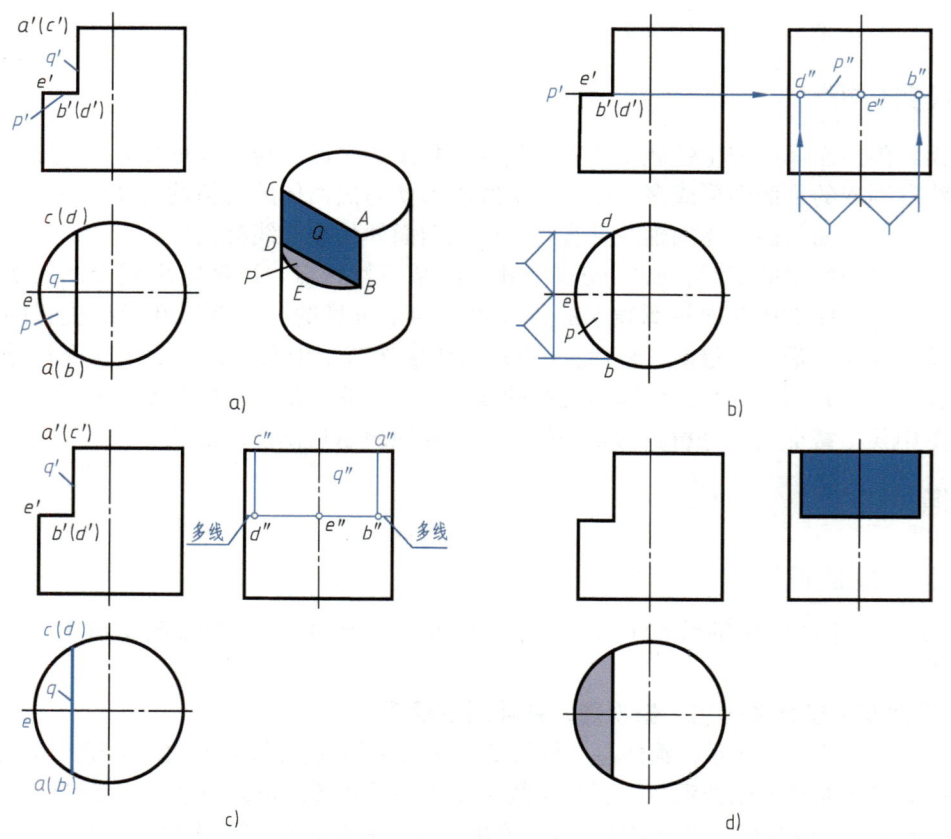

图 2-68 补画带切口圆柱的侧面投影

2）由 $b''$、$d''$ 分别向上作竖线，与顶面交于 $a''$、$c''$，即得由截平面 $Q$ 所产生的截交线 ABDC 的侧面投影 $a''d''d''c''$，如图 2-68c 所示。

3）检查后加深，作图结果如图 2-68d 所示。

> **提示** 因为平面 $Q$ 没有切到圆柱轴线的位置，所以，左视图上 $b''$、$d''$ 之外无横线。

**2. 识读斜切圆柱体的已知视图，并完成左视图**

分析：如图 2-69a 所示，截平面 $P$ 与圆柱的轴线倾斜，为正垂面，故截交线为椭圆。该椭圆的正面投影积聚为一倾斜的直线，水平投影与圆柱面的水平投影重合。椭圆的侧面投影是它的类似形，仍为椭圆。可根据投影规律由正面投影和水平投影求出侧面投影。

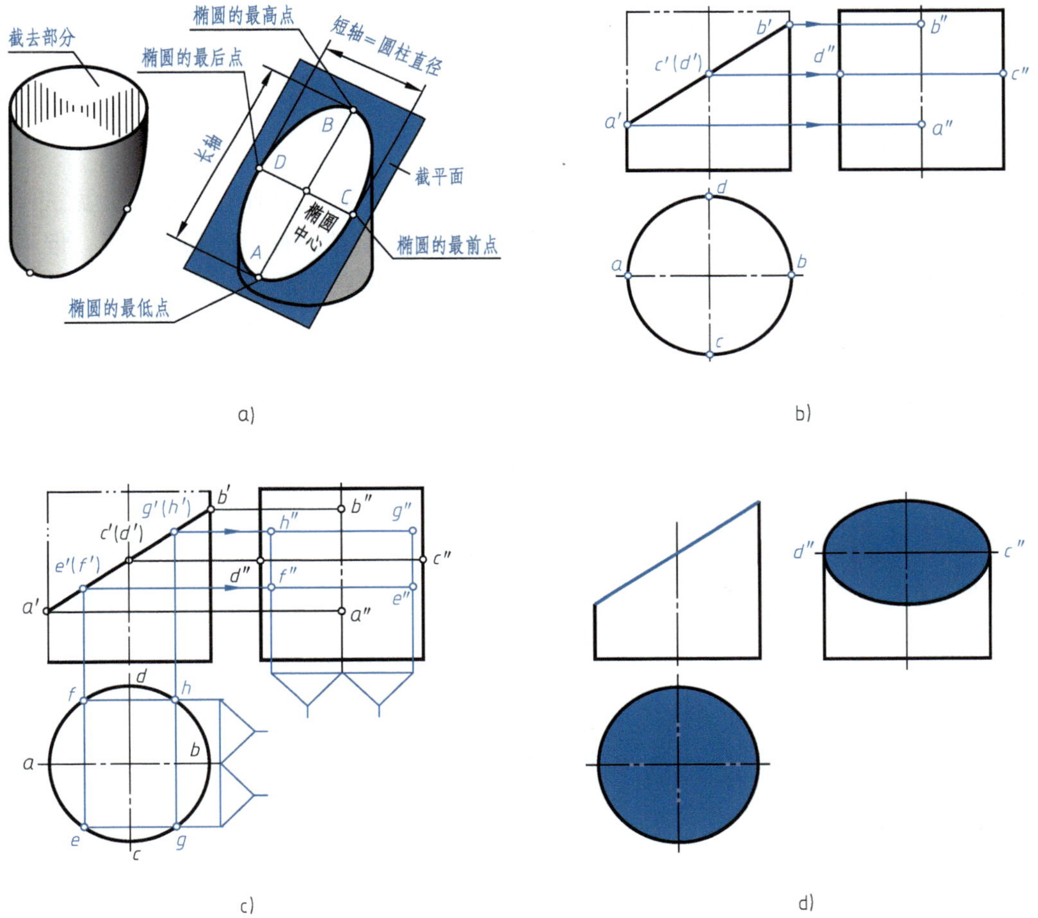

图 2-69 平面斜切圆柱的作图步骤

作图步骤：

1）求特殊点。椭圆上的特殊点指转向轮廓线上的点，极限位置的点及椭圆长、短轴的端点。由图 2-69a 可知，椭圆上的最高点 $B$、最低点 $A$ 是椭圆长轴的两端点，也是位于圆柱最左、最右素线上的点；椭圆上的最前点 $C$、最后点 $D$ 是椭圆短轴的两端点，也是位于圆柱面最前、最后素线上的点；点 $A$、$B$、$C$、$D$ 的正面投影和水平投影可利用积聚性直接作出，再根据正面投影 $a'$、$b'$、$c'$、$d'$ 和水平投影 $a$、$b$、$c$、$d$ 按高平齐和宽相等的规律作出侧面投影 $a''$、$b''$、$c''$、$d''$，如图 2-69b 所示。

2）求中间点。在特殊点之间作出适当数量的中间点，如 $E$、$F$、$G$、$H$ 各点。可先利用积聚性作出它们的水平投影 $e$、$f$、$g$、$h$ 和正面投影 $e'$、$f'$、$g'$、$h'$，再作出侧面投影 $e''$、$f''$、$g''$、$h''$，如图 2-69c 所示。

3）判别可见性。因截平面在左方，所以，截交线上各点的侧面投影均为可见。再依次光滑连接 $a''$、$e''$、$c''$、$g''$、$b''$、$h''$、$d''$、$f''$、$a''$，即为所求截交线（椭圆）的侧面投影。

4）检查后加深。如图 2-69d 所示。

> **提示**　左视图中圆柱的最前、最后轮廓素线在 $c''$、$d''$ 处与椭圆相切，两切点之上的素线被切掉，不能画出。

### 二、切割圆锥体

根据截平面相对于圆锥要素的位置不同，圆锥表面的截交线有五种情况，见表 2-10，除了过锥顶的截平面与圆锥面的截交线是相交两直线外，其他四种情况都是曲线，但不论何种曲线（圆除外），其作图步骤都是先作出截交线上的特殊点，再作出若干中间点，最后连成光滑的曲线。

表 2-10　平面与圆锥面的截交线

| 截平面位置 | 垂直于轴线 | 过圆锥顶点 | 平行于任一素线 | 倾斜于轴线（不平行于任一素线） | 平行于轴线 |
|---|---|---|---|---|---|
| 轴测图 | 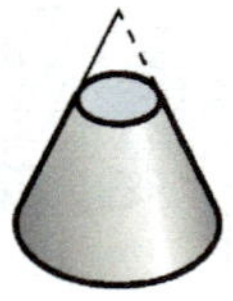 | 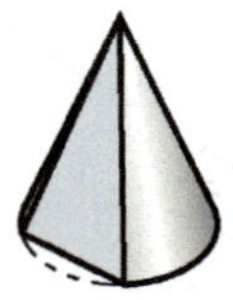 |  | 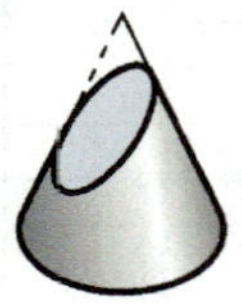 | 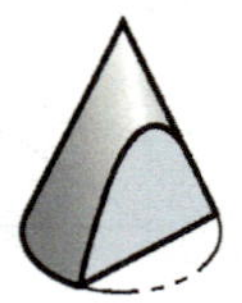 |
| 投影图 | 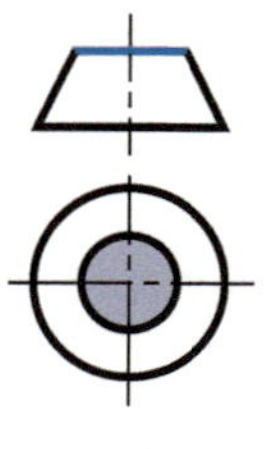 | 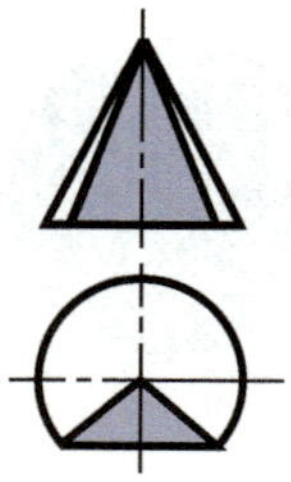 | 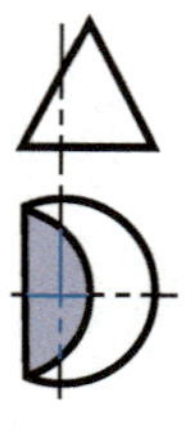 | 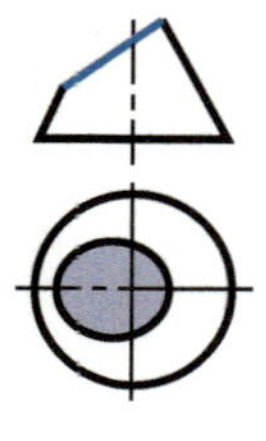 | 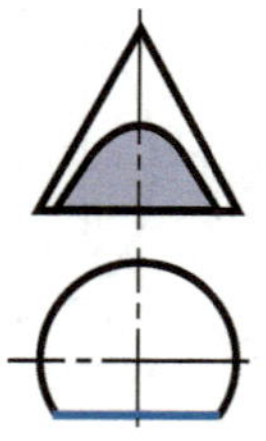 |
| 截交线的形状 | 圆 | 两相交直线 | 抛物线 | 椭圆 | 双曲线 |

**1. 识读缺口圆锥的主视图，并补画俯视图和左视图**

分析：如图 2-70a 所示，缺口圆锥被水平面 $Q$ 和正垂面 $P$ 所截切。水平面 $Q$ 与圆锥轴

项目二 绘制与识读立体的三视图

线垂直，与圆锥面截交线为圆的一部分，水平投影为实形，正面和侧面投影积聚为直线；过锥顶的正垂面 P 与圆锥面截交线为相交两直线，其正面投影的两条直线重合，水平和侧面投影均为相交的直线。

作图步骤：

1）作出圆锥的水平投影和侧面投影，如图 2-70b 所示。

2）根据正面投影提供的圆的半径 R，在水平投影上画圆。按投影规律作出两个截平面交线的水平投影 12 和侧面投影 1″2″，连 s1、s2 及 s″1″、s″2″，如图 2-70b 所示。

3）整理轮廓线，判别可见性，检查加深，即得缺口圆锥的三面投影，如图 2-70c 所示。

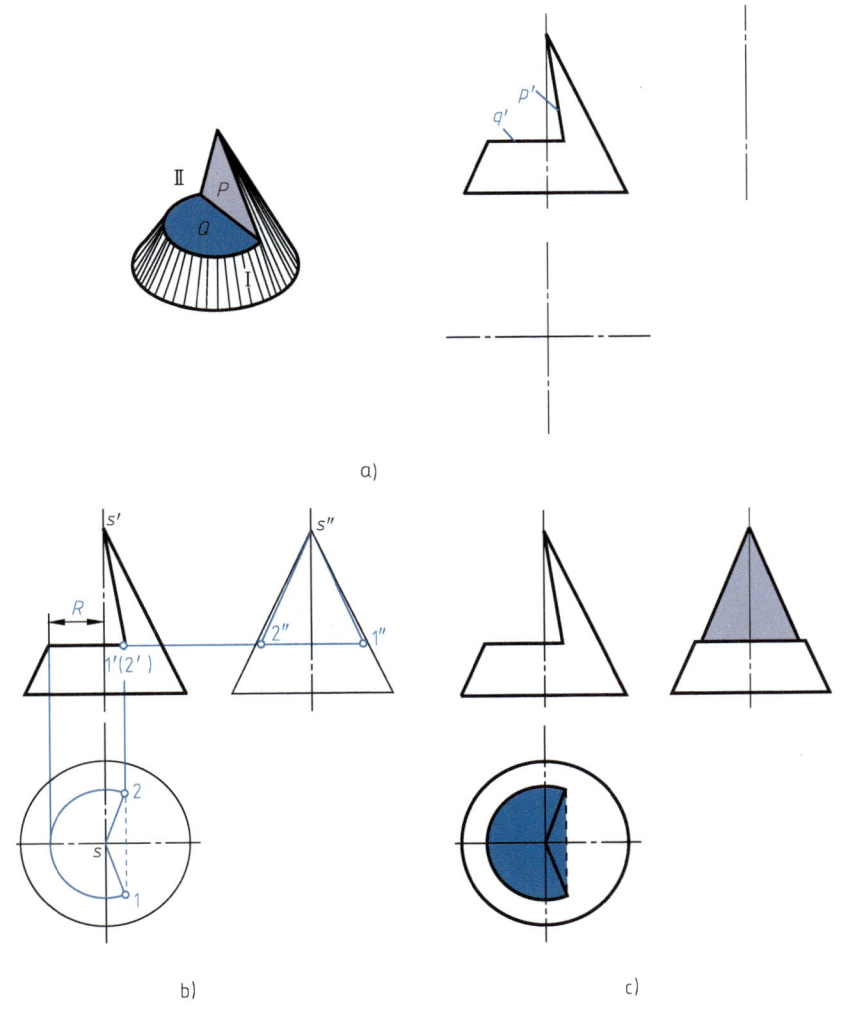

图 2-70 缺口圆锥的作图步骤

**2. 识读圆锥被切割的俯、左视图，并补画主视图**

分析：如图 2-71a 所示，平面 P 与圆锥轴线平行，为正平面，与圆锥面的截交线为双曲线，其正面投影反映实形，水平和侧面投影均积聚为直线，可利用辅助纬圆法（即垂直于圆锥轴线的平面）求作双曲线的正面投影。

作图步骤：

1）画出主视图的外形图，并求特殊点。如图 2-71b 所示，最高点 $C$ 是圆锥最前素线与 $P$ 面的交点，利用积聚性直接作出侧面投影 $c''$ 和水平投影 $c$，再由 $c''$ 和 $c$ 作出正面投影 $c'$；最低点 $A$、$B$ 是圆锥底面圆与 $P$ 面的交点，直接作出 $a$、$b$ 和 $a''$、$b''$，再作出 $a'$、$b'$。

2）求中间点。如图 2-71c 所示，在特殊点之间的适当位置作垂直于圆锥轴线的水平辅助圆，该圆的水平投影与 $P$ 面水平投影的交点 $d$、$e$ 即为截交线上两点的水平投影，再作出正面投影 $d'$、$e'$ 和侧面投影 $d''$、$e''$。

3）依次光滑连接 $a'$、$d'$、$c'$、$e'$、$b'$，即得截交线的正面投影，如图 2-71d 所示。

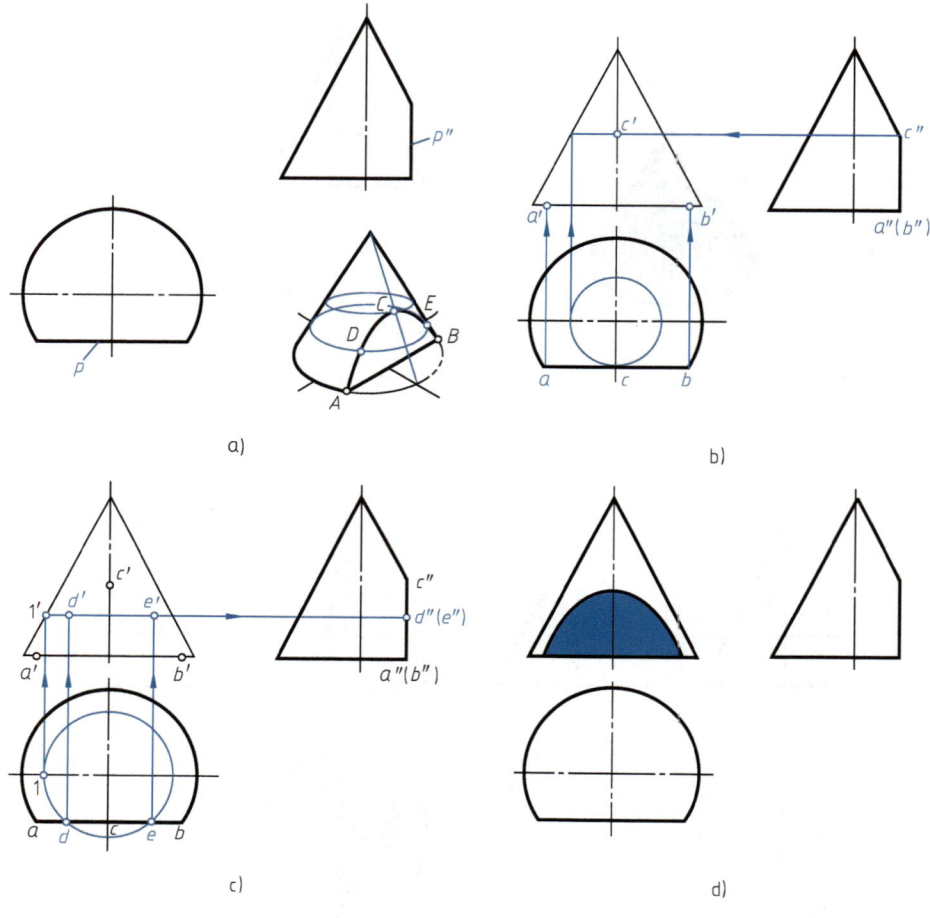

图 2-71　圆锥被正平面截切的作图步骤

## 三、切割圆球体

平面在任何位置截切圆球时，截交线都是圆。当截平面平行于某一投影面时，截交线在该投影面上的投影为圆的实形，在其他两投影面上的投影都积聚为直线；当截平面垂直于某一投影面时，截交线在该投影面上的投影为斜线，在其他两投影面上的投影为椭圆，具体情况见表 2-11。

表 2-11 平面与圆球的截交线

| 截平面的位置 | 与 V 面平行 | 与 H 面平行 | 与 V 面垂直 |
|---|---|---|---|
| 轴测图 | | | |
| 投影图 | | | |

## 1. 截交线直径的大小

如图 2-72 所示，截平面平行于水平投影面，在水平投影面上截交线圆的投影反映实形，圆的大小取决于平面与球心的距离 A。在另外两个投影面上的投影积聚成直线，该直线的长度等于截交线圆的直径。

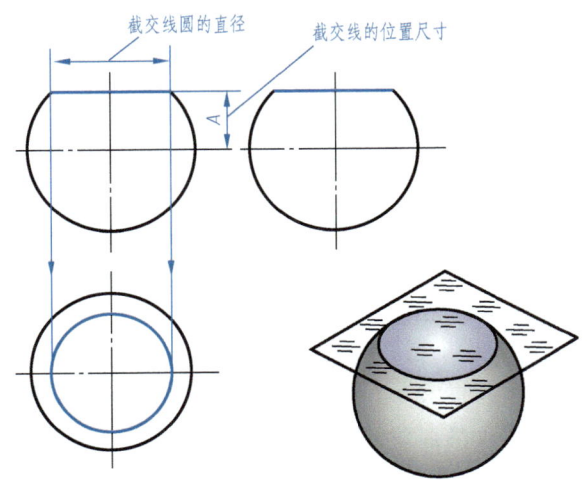

图 2-72 圆球被平面截切的三视图画法

## 2. 识读缺口半圆球的已知视图，完成三视图

分析：图 2-73a 所示的半圆球左上角被 P、Q 两个平面所截。因为截平面 Q 平行于侧面，所以截交线侧面投影是圆的一部分，正面和水平投影为直线；截平面 P 平行于水平面，则截交线的水平投影是圆的一部分，其正面和水平投影为直线。

作图步骤：

汽车机械制图

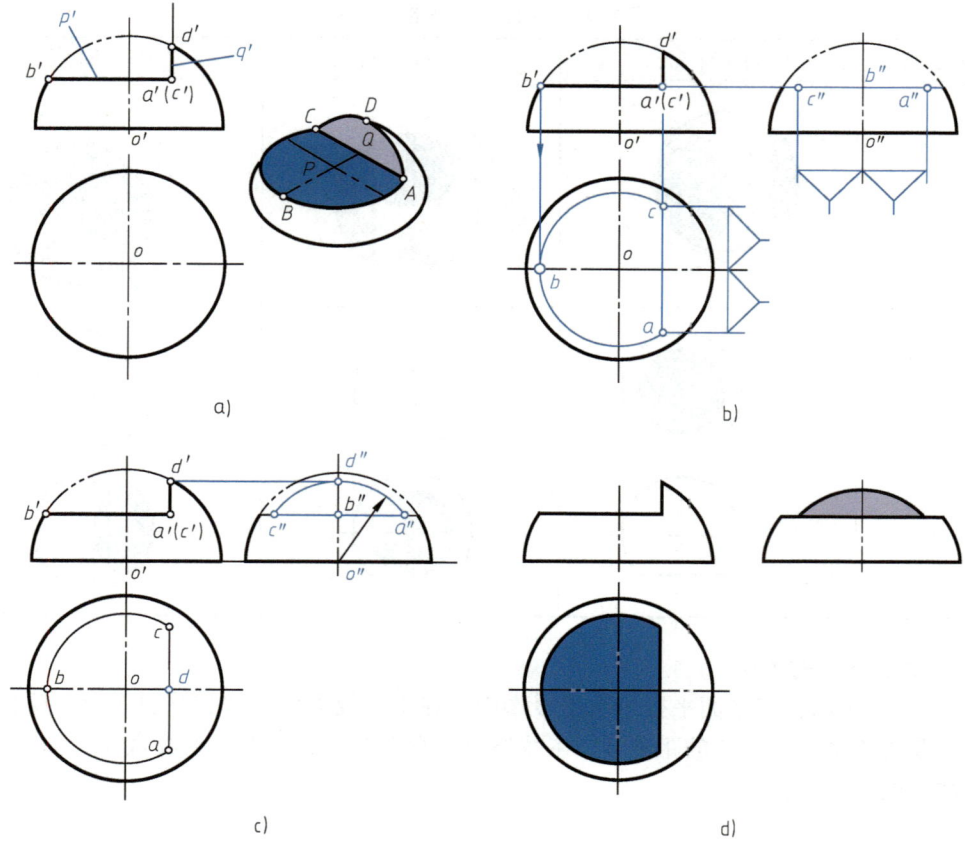

图 2-73 切槽半圆球的截交线的作图步骤

1) 先画出左视图的外形图，作出平面 P 与半圆球截交线的投影。以球心 o 为圆心，ob 为半径画圆弧，再按长度尺寸定出水平投影的范围，根据正面和水平投影作出侧面投影，如图 2-73b 所示。

2) 作出平面 Q 的投影。先根据 D 点的正面投影 d′ 按高平齐求出 D 的侧面投影 d″，以 o″ 为圆心，o″d″ 为半径画圆弧，并根据 c″、a″ 定出侧面投影的范围，如图 2-73c 所示。

3) 检查以后加深。作图结果如图 2-73d 所示。

> **提示** 从主视图可以看出，p′q′ 之间被切掉，所以在左视图中，P 面以上的轮廓素线不能再画出。

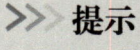 任务实施

### 一、绘制图 2-74 所示顶尖头的三视图

分析：如图 2-74 所示，顶尖头由同轴的圆锥与圆柱组合而成，在其左上角被两个相交的水平面 P 和正垂面 Q 切去一部分。

水平面 P 与顶尖头的轴线平行，分别切到了圆柱面和圆锥面。与圆锥面截交线为双曲

线，与圆柱面截交线为矩形，因为两部分截交线是被同一个平面切割的，中间没有交线。正垂面 $Q$ 与顶尖头的轴线倾斜，只切到圆柱面，与圆柱面截交线为椭圆弧。

作图步骤：

1）先画出完整顶尖头的外形图（俯视图中圆锥与圆柱的交线暂不画出），再作出 $P$、$Q$ 平面的正面投影和侧面投影，如图 2-75a 所示。

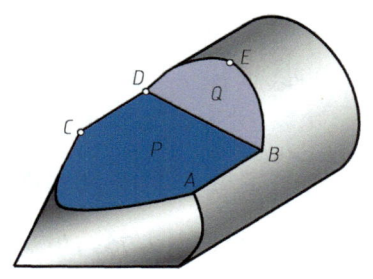

图 2-74 顶尖头的轴测图

2）参照图 2-71 的作图方法作出 $P$ 平面与圆锥面截交线（双曲线）。再按投影关系作出 $P$ 平面与圆柱面的交线 $AB$、$CD$ 的水平投影 $ab$、$cd$，以及 $P$、$Q$ 两平面交线 $BD$ 的水平投影 $bd$，如图 2-75b 所示。

3）平面 $Q$ 与圆柱面截交线（椭圆弧）的正面投影积聚为斜线，侧面投影积聚为圆弧。由 $e'$ 作出 $e$ 和 $e''$，在椭圆弧正面投影的适当位置定出中间点 $f'$、$g'$，直接作出侧面投影 $f''$、$g''$，再由 $f'$、$g'$ 和 $f''$、$g''$ 作出 $f$、$g$。依次连接 $b$、$f$、$e$、$g$、$d$，即为 $Q$ 平面与圆柱面交线的水平投影，如图 2-75c 所示。

4）检查后擦去多余的图线并加深，作图结果如图 2-75d 所示。

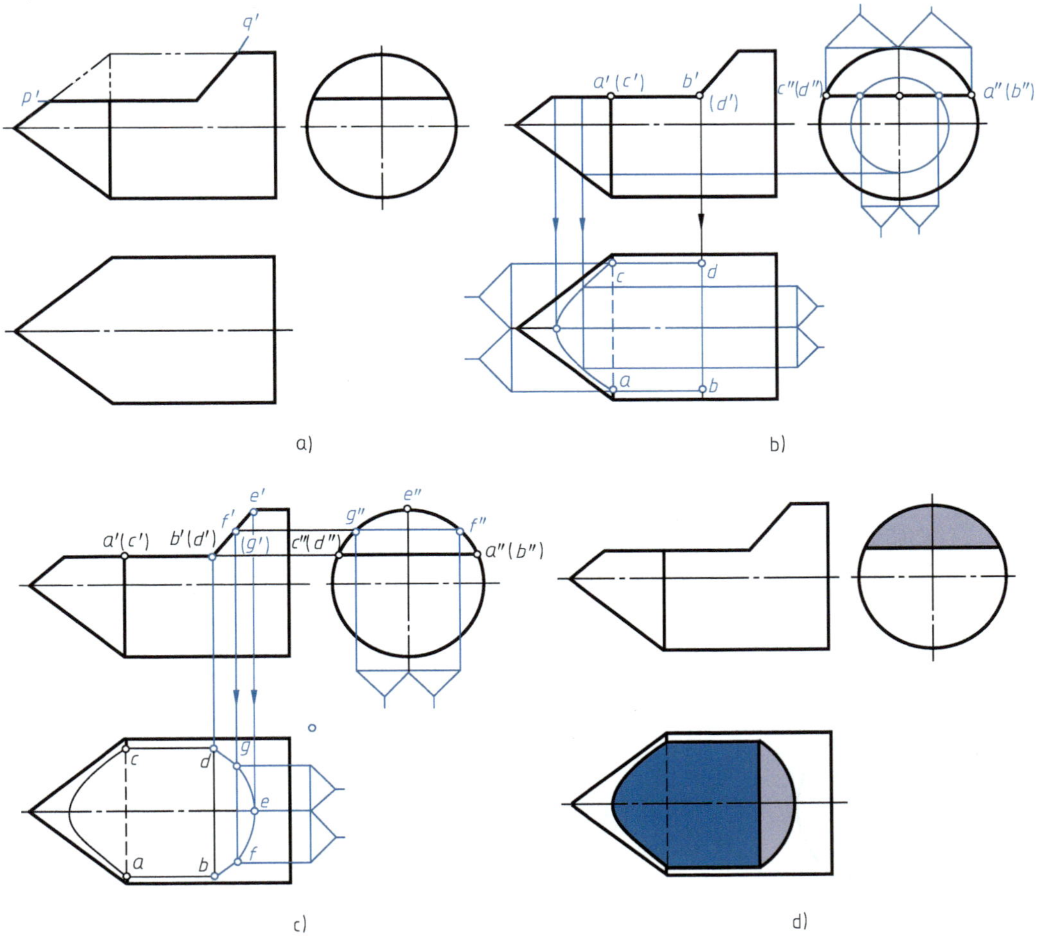

图 2-75 补画顶尖头的截交线

## 汽车机械制图

> **提示** 俯视图中圆锥与圆柱交接处的一段细虚线不要遗漏。

### 二、识读接头的已知视图，完成接头的三视图

分析：根据图 2-76a 的已知条件可知，接头是在圆柱体上端左右切肩、下端中间的部位开直槽以后形成的。圆柱上部的切肩部分是由左、右两个平行于圆柱轴线的对称的平面 N 以及两个垂直于圆柱轴线的平面 M 切割而成的；圆柱下端中间部位的直槽是由左、右两个平行于圆柱轴线的对称平面以及一个垂直于圆柱轴线的平面切割而成的。平面 N 与圆柱表面截交线是直线，平面 M 与圆柱表面截交线是圆弧（下端开直槽的各平面位置与上部切肩的相应平面位置相同）。因此，圆柱上部切肩和下部开槽部分截交线都可利用积聚性的投影求出。

作图步骤：

1）画外形及上部切肩。先画出左视图的外形，再画出切肩部分的水平投影，最后根据切肩正面投影中的高度和水平投影中的宽度画出切肩的侧面投影，如图 2-76b 所示。

2）画下部开槽。先按长对正的投影关系画出槽口的水平投影，再根据水平投影中槽口的宽度和正面投影中槽口的高度，按投影关系画出槽口的侧面投影，如图 2-76c

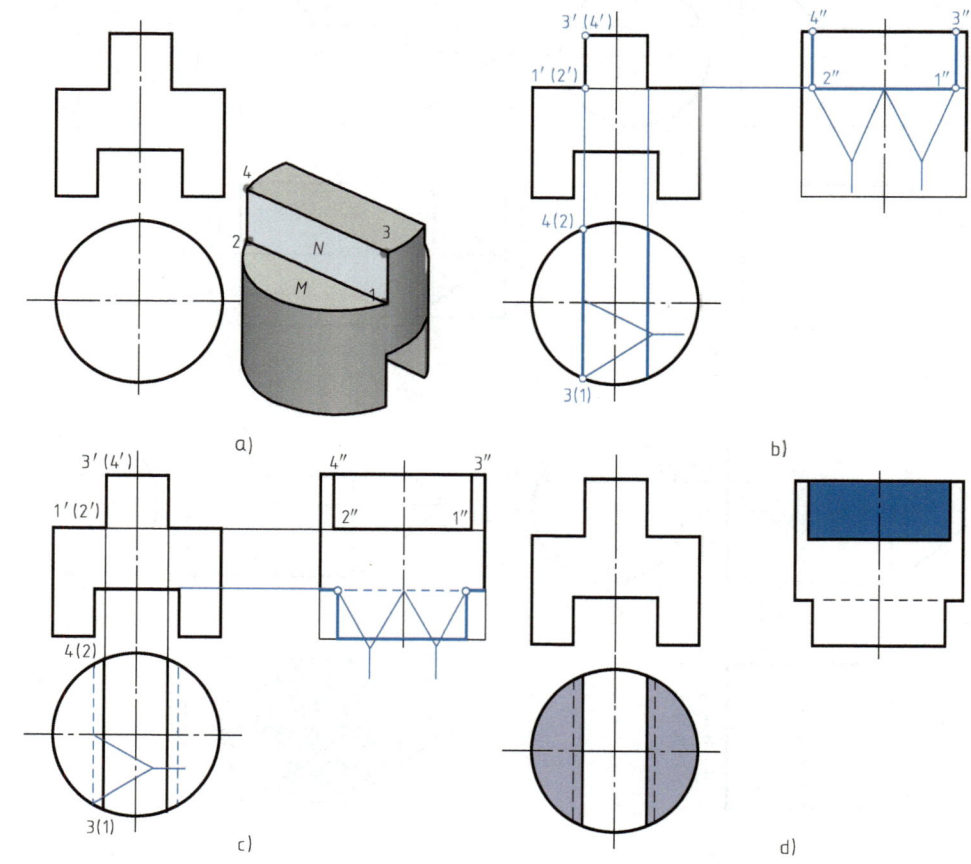

图 2-76 完成接头视图的作图步骤

项目二 绘制与识读立体的三视图

所示。

3）加深三视图，如图2-76d所示。

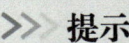 圆柱下部最前、最后素线由于开槽被切去一段，所以左视图的外形轮廓线在开槽部位向内"收缩"，其收缩的程度与槽宽有关。而上端的平面没有截到圆柱的最前、最后素线，故在侧面投影中，线段两端与转向轮廓线之间是有间隙的，并且侧面投影的转向轮廓线是完整的，如图2-76d所示。

 知识巩固

表2-12给出了常见曲面切割体及穿孔等图例，教师指导学生用橡皮泥切割模型，并将切割后的模型与图中的三视图进行比较，加强与巩固课堂上学到的知识。

表2-12 常见曲面切割体及穿孔等图例

| 名称 | 图 例 |
|---|---|
| 切割圆柱体 | 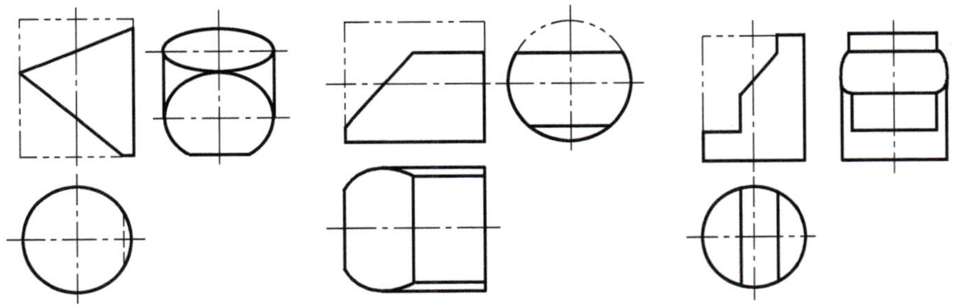 a) b) c) |
| 圆柱切槽或穿孔 | 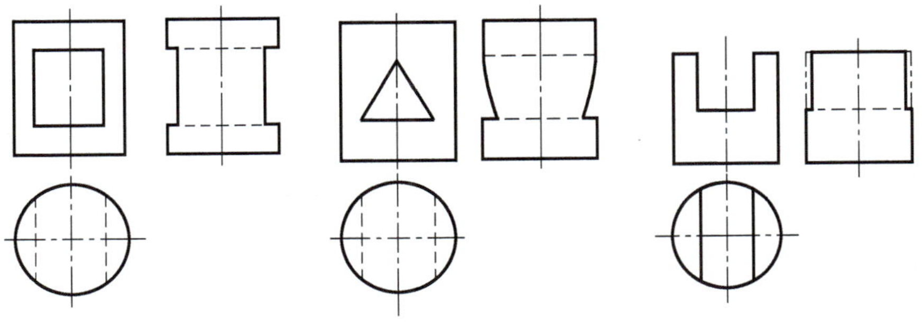 a) b) c) |

81

（续）

| 名称 | 图 例 |
|---|---|
| 切割圆锥体 | 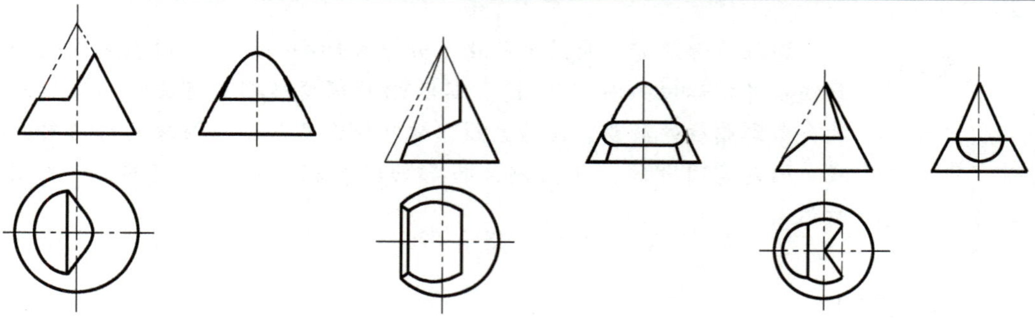 a) b) c) |
| 圆锥切槽或穿孔 | 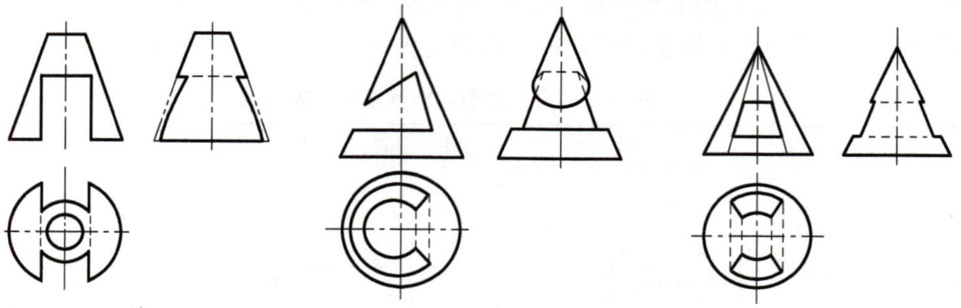 a) b) c) |
| 切割圆球体 | 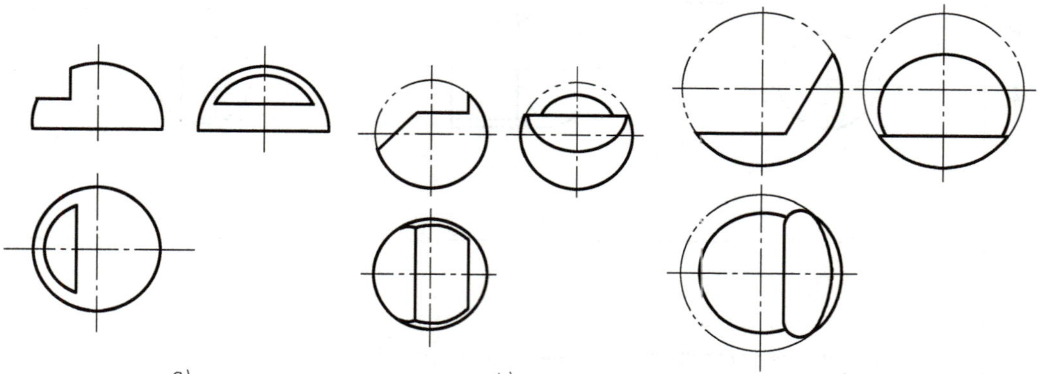 a) b) c) |
| 圆球切槽或穿孔 | 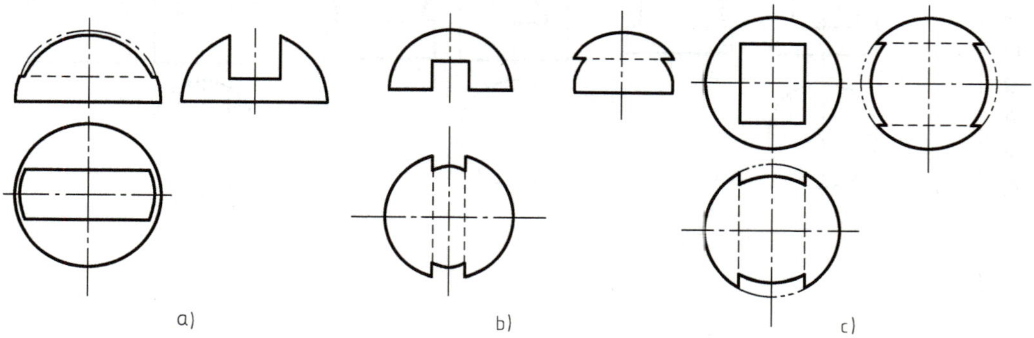 a) b) c) |

项目二　绘制与识读立体的三视图

## 任务六　绘制与识读相贯体的三视图

 任务描述

相贯体是指两相交的立体。本任务主要介绍曲面相贯体的三视图特征、相贯线的画法及识读方法；根据图 2-77 所示的已知视图，补画主视图；根据图 2-78 所示的三视图，分析图中的各相贯线，并想象出该相贯体的形状。

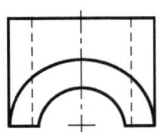
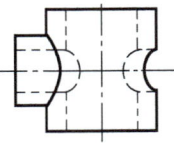
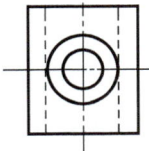
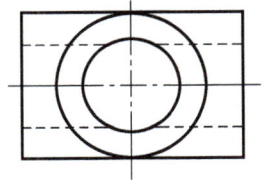
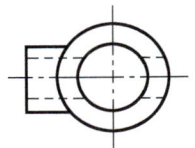

图 2-77　相贯体的左、俯视图　　　　　图 2-78　相贯体的三视图

 任务分析

绘制相贯体的关键，是要根据相贯体的特点及相贯体的位置，分析相贯线的形状，画出已知相贯体表面交线（即相贯线）的投影；识读相贯体的关键，是要分析已知视图，在相贯体的已知视图中找出相贯线，分析其形状和位置，以想象出相贯体的形状。

 相关知识

### 一、认知相贯体及相贯线

**1. 认知相贯体**

图 2-79 所示为常见的相贯体，其表面的交线称为相贯线。相贯线的形状和数量与相贯两立体的形状、大小和相对位置有关。本任务主要介绍曲面立体正交的相贯线的作图及识读方法。

**2. 相贯线的特性**

1) 相贯线是两个立体表面的共有线，也是两个立体表面的分界线。相贯线上的点是两个立体表面的共有点。

2) 相贯线一般为封闭的空间曲线，特殊情况下可能是平面曲线或直线。

根据相贯线的特性可以看出，求相贯线的作图方法，同样可归结为求两回转体表面共有点的问题。

# 汽车机械制图

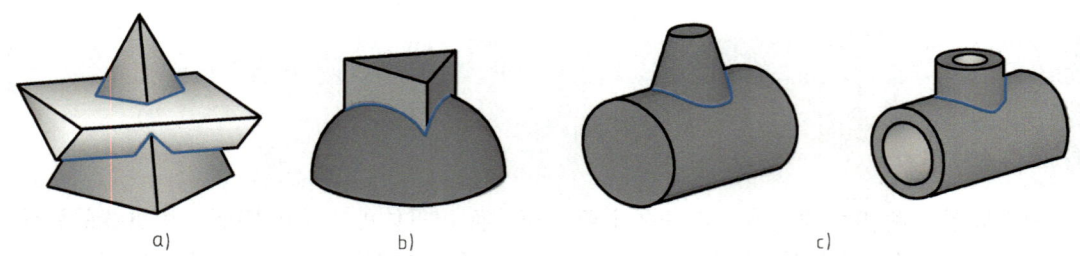

图 2-79 常见的相贯体

a) 平面体与平面体相贯　b) 平面体与曲面体相贯　c) 曲面体与曲面体相贯

## 二、两圆柱体正交的相贯线

两圆柱体的轴线垂直相交称为正交。当相贯的两个圆柱体的轴线垂直于某一个投影面时，圆柱在该投影面上的投影具有积聚性，则相贯线的投影也积聚在圆柱的这个积聚投影上。

### 1. 两不等径圆柱体正交相贯线的画法

图 2-80a 所示为两圆柱体的轴线正交，其中直立小圆柱的轴线垂直于水平面，水平大圆

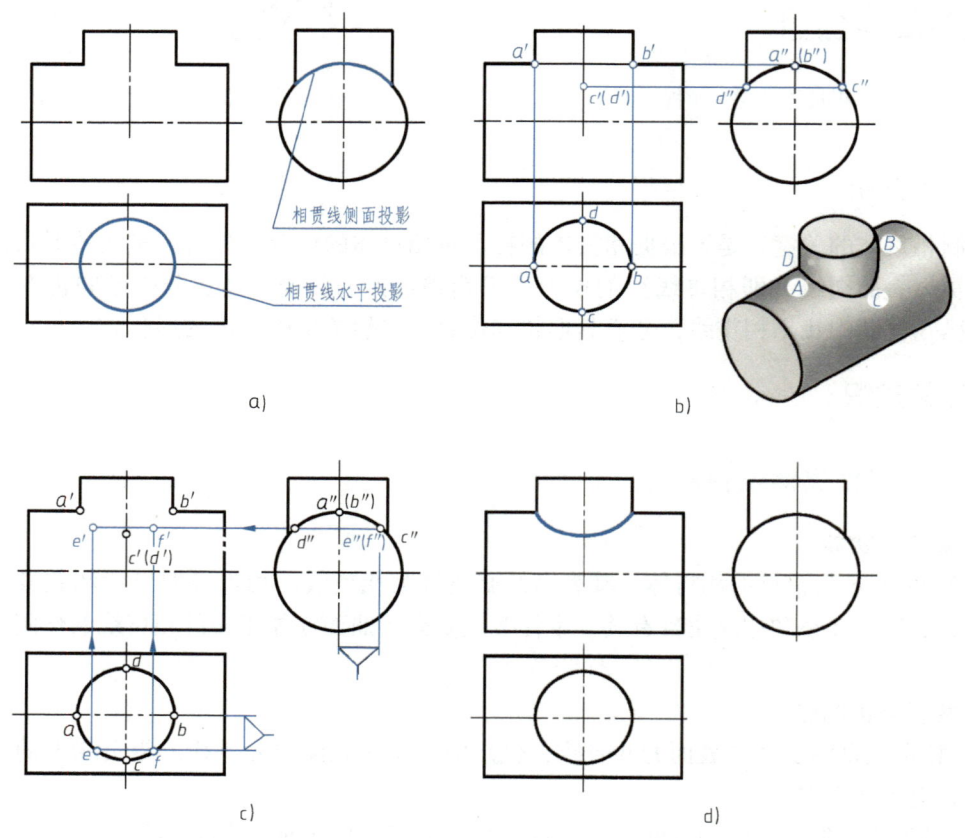

图 2-80　圆柱正交的相贯线及作图步骤

柱的轴线垂直于侧面,直立小圆柱面的水平投影和水平大圆柱面的侧面投影都具有积聚性,相贯线的水平投影和侧面投影分别积聚在它们的圆周上。所以本题可归结为已知相贯线的水平投影和侧面投影,求作正面投影。

作图步骤:

1)求特殊点。水平大圆柱的最高素线与直立小圆柱最左、最右素线的交点 $A$、$B$,是相贯线上的最高点,也是最左、最右点。$a$、$b$、$a'$、$b'$ 和 $a''$、$b''$ 均可直接作出。点 $C$、$D$ 是相贯线上最低点,也是最前、最后点,$c''$、$d''$ 和 $c$、$d$ 可直接作出,再由 $c''$、$d''$ 和 $c$、$d$ 按投影规律求出 $c'$、$d'$,如图 2-80b 所示。

2)求中间点。利用圆柱面的积聚性,在水平投影和侧面投影上定出 $e$、$f$ 和 $e''$、$f''$,再按投影规律作出 $e'$ 和 $f'$,用同样的方法可以再作出一系列中间点的投影(因相贯线前后对称,所以只需求出前半部即可),如图 2-80c 所示。

3)检查后光滑连接 $a'$、$e'$、$c'$、$f'$、$b'$,即得相贯线的正面投影,作图结果如图 2-80d 所示。

**2. 相贯线的简化画法**

在工程图样中,经常用到两圆柱正交的情况。为了简化作图,国家标准规定,允许采用简化画法作出相贯线的投影,即用圆弧代替非圆曲线。

当两圆柱的直径不相等时,用大圆柱的半径作圆弧来代替相贯线的投影,圆弧的圆心在小圆柱的轴线上,相贯线向着大圆柱的轴线方向弯曲,如图 2-81 所示。

作图步骤:

1)找圆心。以两圆柱转向轮廓线的交点 $a'$(或 $b'$)为圆心,大圆柱的半径 $\phi/2$ 为半径画弧,与小圆柱轴线的交点 $O$ 便是圆心,如图 2-81a 所示。

2)画圆弧。以 $O$ 为圆心,$\phi/2$ 为半径画圆弧,便得简化的相贯线,如图 2-81b 所示。

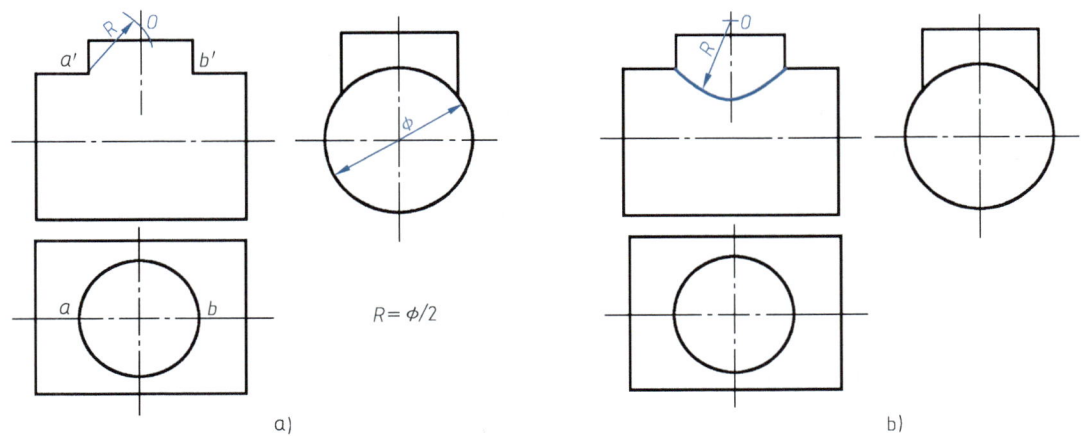

图 2-81 相贯线的近似画法

**3. 两圆柱正交的类型**

两圆柱正交有三种情况:即两外圆柱面相交、外圆柱面与内圆柱面相交、两内圆柱面相交。这三种情况的相交形式虽然不同,但相贯线的性质和形状一样,求法也是相同的,只不过两内圆柱面相交的相贯线为不可见的细虚线,如图 2-82 所示。

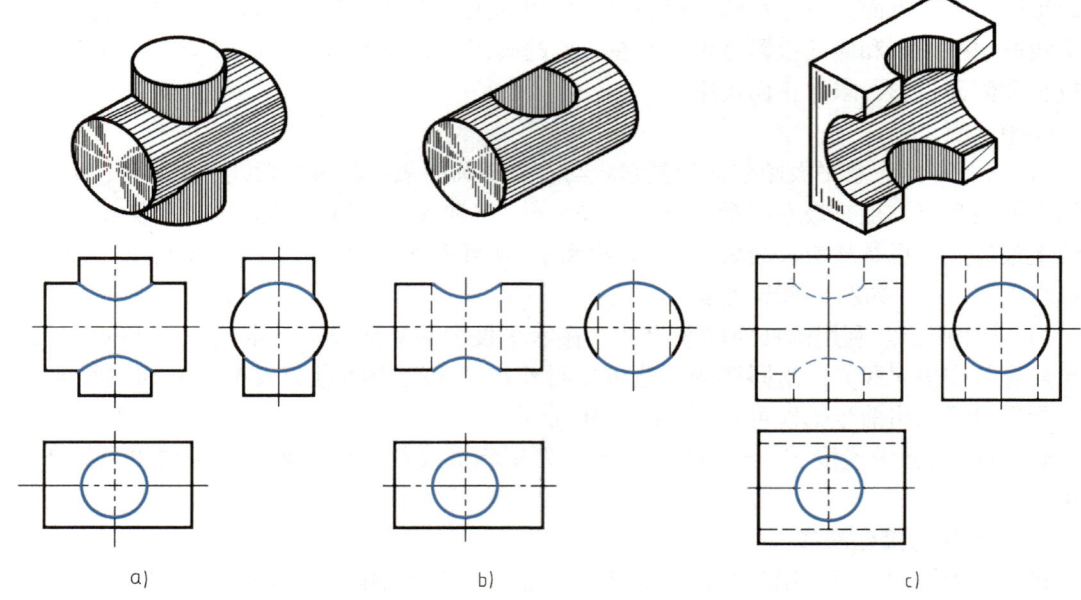

图 2-82　两圆柱正交的类型

**4. 直径大小对相贯线的影响**

当正交两圆柱的相对位置不变，而相对大小发生变化时，相贯线的形状和位置也将随之改变。

如图 2-83a 所示，当水平圆柱的直径 $\phi_1$ 大于垂直圆柱的直径 $\phi$ 时，相贯线的正面投影为上下对称的曲线，向着水平圆柱的轴线方向弯曲。

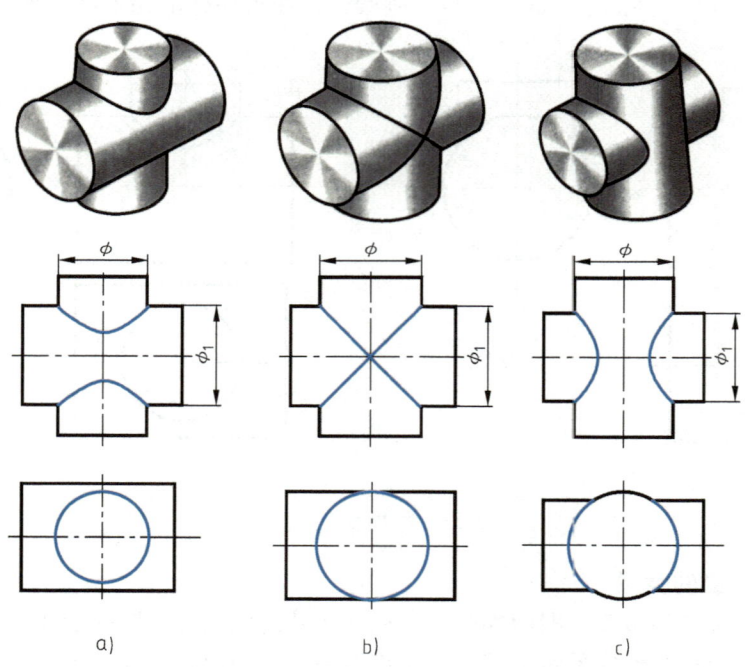

图 2-83　直径大小对相贯线的影响

如图 2-83b 所示，当两圆柱的直径相等时，相贯线在空间为两个相交的椭圆，正面投影为两条相交的直线。

如图 2-83c 所示，当垂直圆柱的直径 $\phi$ 大于水平圆柱的直径 $\phi_1$ 时，相贯线的正面投影为左右对称的曲线，向着垂直圆柱的轴线方向弯曲。

由此可知，正交两圆柱体的相贯线，在两圆柱非积聚性的投影图上，其弯曲方向总是朝向较大圆柱的轴线方向。

### 三、相贯线的特殊情况

1) 两个回转体具有公共轴线时，相贯线一定是与轴线垂直的圆，圆在轴线所平行的投影面上为垂直于轴线的直线，如图 2-84 所示。

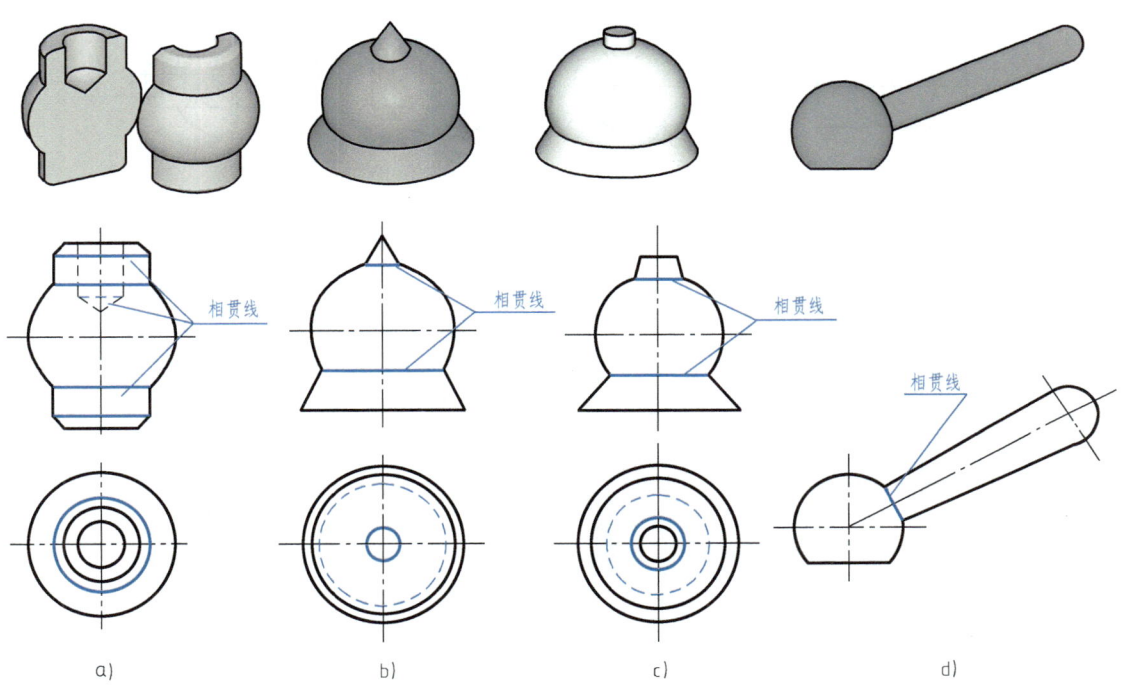

图 2-84 相贯线为圆

2) 两回转体轴线相交且具有公共内切球时，其相贯线为椭圆，在同时反映两轴线的视图上为直线，如图 2-85 所示。

3) 当两圆柱体的轴线平行，或圆锥体共锥顶时，相贯线为直线，如图 2-86 所示。

## 任务实施

### 一、识读图 2-87a 所示相贯体的俯、左视图，补画主视图

分析：由图 2-87a 所示的轴测图可看出，该相贯体由一直立空心圆柱与一水平空心半圆柱正交，内、外表面都有相贯线。外表面为两个等径圆柱面相交，相贯线为平面曲线（椭

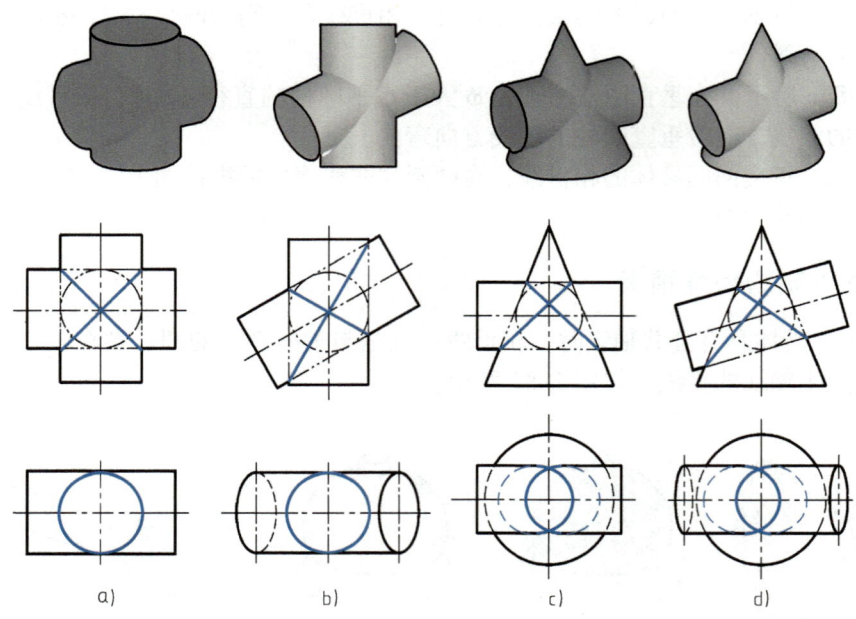

图 2-85 相贯线为椭圆

a) 两等径圆柱相交　b) 两等径圆柱斜交　c) 圆柱和圆锥正交　d) 圆柱和圆锥斜交

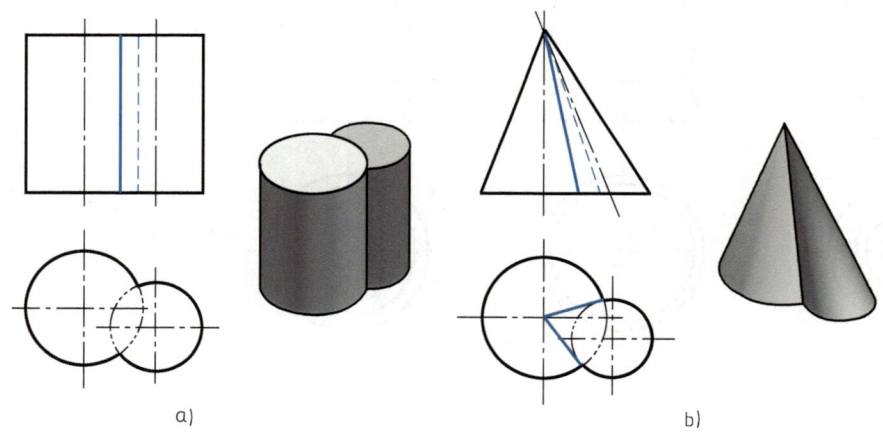

图 2-86 相贯线为直线

a) 两圆柱体的轴线平行　b) 两圆锥体共锥顶

圆），其水平投影和侧面投影都积聚在它们所在的圆柱面有积聚性的投影上，正面投影为两段直线。因内表面的两个直径不相等，其相贯线为两段空间曲线，水平投影和侧面投影也都积聚在圆柱孔有积聚性的投影上，正面投影为两段曲线。

作图步骤：

1）作出相贯体的主视图，如图 2-87b 所示。

2）作两等径圆柱外表面相贯线的正面投影，即两段对称的45°斜线，如图 2-87c 所示。

3）作圆孔内表面相贯线的正面投影。可以采用表面取点法，也可以采用简化画法作两段圆弧，即完成作图，如图 2-87d 所示。

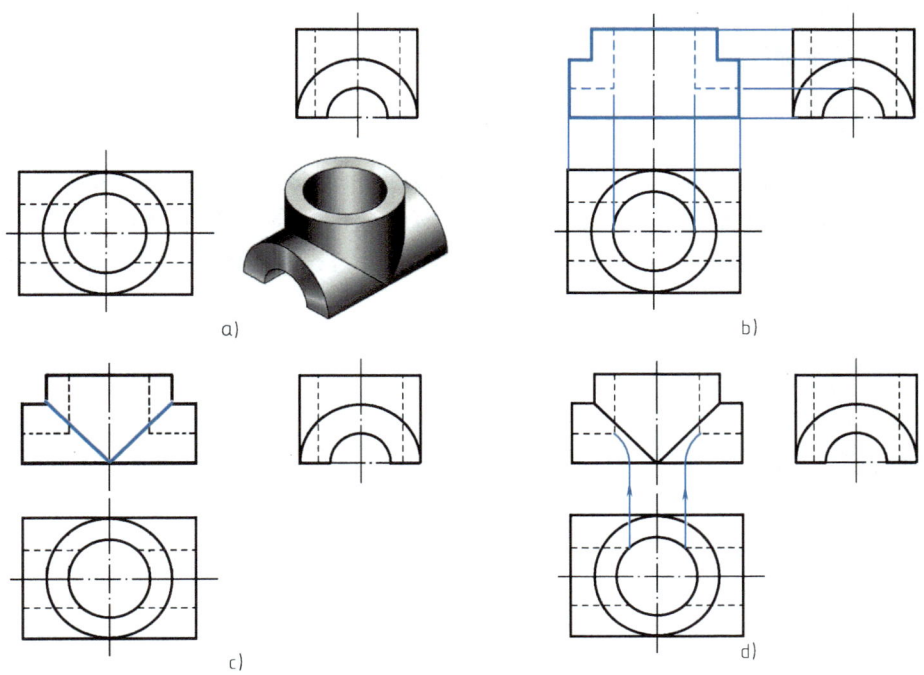

图 2-87 根据已知的俯视图和左视图，补画主视图

## 二、识读图 2-88 所示相贯体的三视图，想象相贯体的形状

图 2-88 所示为内外相贯线的综合示例，表达了互相垂直的两个圆筒相贯，并且在直立圆筒上钻有水平方向的小孔。当在直立圆筒上钻有圆孔时，右侧小孔与直立圆筒外表面及内表面均有相贯线，而左侧小孔只与内表面有相贯线。内相贯线与外相贯线的画法相同。在图

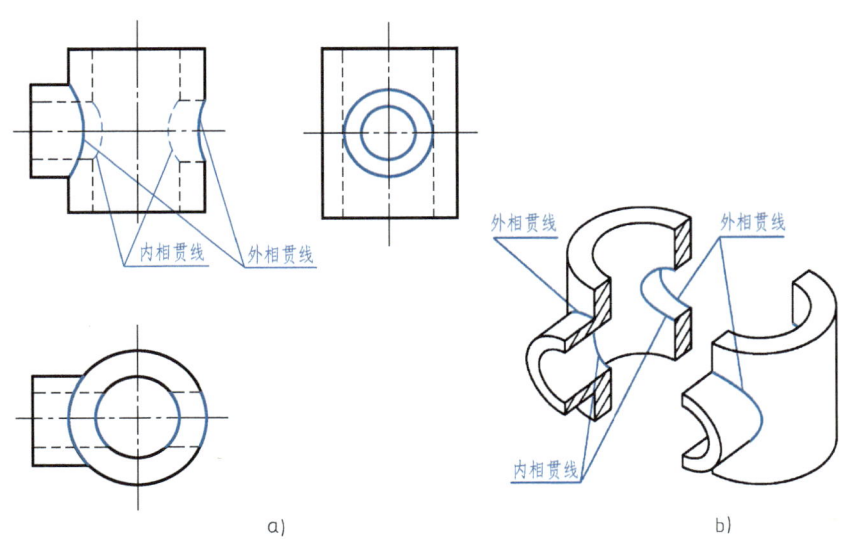

图 2-88 识读相贯体

示情况下，内相贯线的投影是以直立圆筒内孔的半径为半径画弧而得的，且因该相贯线的投影不可见而画成细虚线。想象出的相贯体如图 2-88b 所示。

## 项目小结

通常把棱柱、棱锥、圆柱、圆锥、圆球等组成机件的基本几何体，称为基本体。基本体分为平面立体和曲面立体两类。表面全部由平面组成的立体称为平面体（如棱柱、棱锥等）；表面全部由曲面组成（如圆球）或由平面和曲面组成的立体（如圆柱、圆锥等）称为曲面体。

许多机械零件可以看成是由若干基本体的组合或基本体被平面切割而形成的，即相贯体和切割体。绘制相贯体和切割体的视图，关键是要正确地绘制出相贯线及截交线的投影。

画立体的视图时，一定要先用细点画线画出三线（对称线、中心线、轴线）；当同一立体的空间位置变动时，它的三个视图也随之变化。要多看、多画不同位置、不同立体的三视图，有利于后面组合体的学习。

# 项目三

# 绘制轴测图

正投影图能够准确、完整地表达物体的形状和大小，具有度量性好、作图简便等优点，是汽车机械上广泛应用的图样。但正投影图缺乏立体感，直观性差，看图时需要对照几个视图，才能想象出物体的结构形状，如图 3-1a 所示。为了弥补不足，工程上常采用如图 3-1b 所示的轴测图作为辅助图样，用以说明产品的结构和使用方法等。

在汽车机械制图课的教学过程中，学习和掌握绘制轴测图的基本方法，可以帮助我们想象出物体的结构形状，发展空间思维能力。

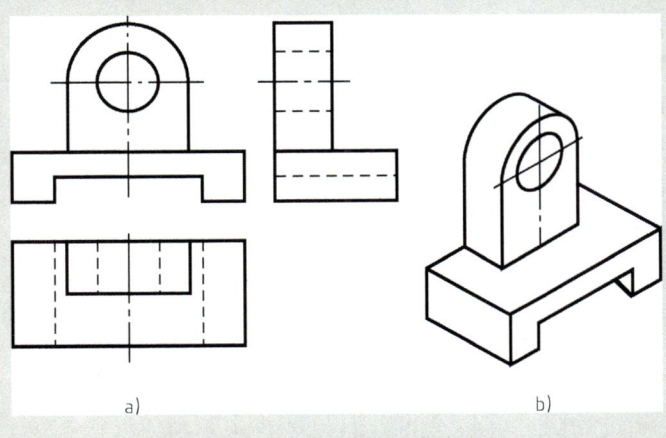

图 3-1 物体的三视图和轴测图
a) 三视图  b) 轴测图

## 知识目标

1. 理解轴测图的形成及特点。
2. 明确常用的正等轴测图及斜二轴测图的基本参数。

## 技能目标

1. 会画正等轴测图和斜二轴测图。

2. 根据已知的视图，能正确绘制物体的轴测图。

## 任务一　绘制平面立体的正等轴测图

### 任务描述

轴测图是一种单面投影，即在一个投影面上得到的可以同时反映物体的长、宽、高三个方向尺寸的图形。它比三视图形象、生动，富有立体感，本任务主要介绍轴测图的基本知识，绘制六棱柱、带矩形槽四棱柱和楔块的正等轴测图。

### 任务分析

绘制轴测图时，首先必须明确轴测图的轴间角、轴向伸缩系数等基本参数；其次要看懂已知的视图，并在已知视图上确定坐标原点和各轴测轴的方向。再根据已知图形的特点选择不同的作图方法，按一定的作图顺序进行绘制。

### 相关知识

#### 一、轴测图的基础知识

**1. 轴测图的形成**

图 3-2 为一个简单物体的正投影图和轴测投影图的形成方法比较。为了便于分析，假想将物体放在一个空间的直角坐标体系中，使坐标轴 $X$、$Y$、$Z$ 和物体上三条互相垂直的棱线重合，$O$ 为原点。图 3-2a 是用正投影法形成的视图，此时坐标面 $XOZ$ 平行于投影面 $P$，$Y$ 轴垂直于 $P$ 面，投射方向 $S$ 平行于 $Y$ 轴，即垂直于 $P$ 面，因此在投影面 $P$ 上的视图不能反映 $Y$ 方向的坐标，这样的图形没有立体感。

如图 3-2b 所示，使直角坐标系的三根轴都倾斜于 $P$ 面，则物体在 $P$ 面上的投影就可以反映三个坐标，因而使图形具有立体感。通过这个图形就可以看出物体的形状，而不再需要

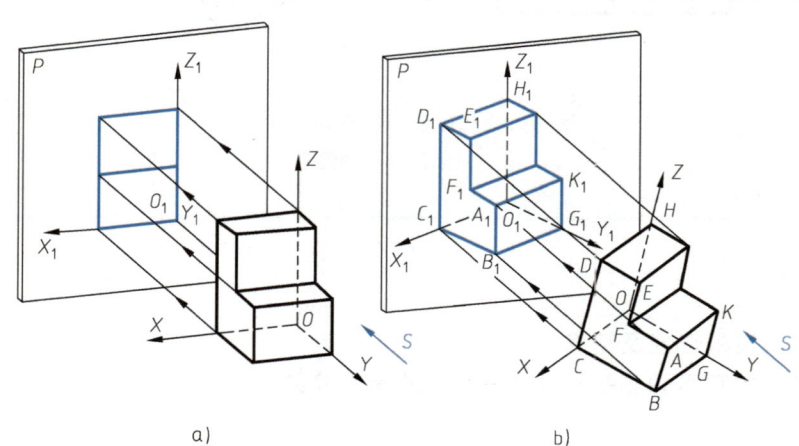

图 3-2　轴测投影的形成

其他投影了。

**2. 轴测图的基本概念**

如图 3-2b 所示,投影面 $P$ 与投射方向 $S$ 垂直,将物体放斜,使投影面与物体上任何一个坐标面都不平行,即与三个坐标轴都倾斜,这样所得的轴测投影图称为正轴测投影图。

(1) 轴测投影面　轴测投影中选定的投影面 $P$ 称为轴测投影面。

(2) 轴测轴　空间直角坐标轴 $OX$、$OY$、$OZ$ 在轴测投影面上的投影 $O_1X_1$、$O_1Y_1$、$O_1Z_1$ 称为轴测轴。

(3) 原点　三根轴测轴的交点 $O_1$ 称为原点。

(4) 轴间角　任意两根轴测轴之间的夹角 $\angle X_1O_1Y_1$、$\angle Y_1O_1Z_1$、$\angle X_1O_1Z_1$ 称为轴间角。

(5) 轴向伸缩系数　轴测轴上的单位长度与相应直角坐标轴上单位长度的比值称为轴向伸缩系数。$O_1X_1$、$O_1Y_1$、$O_1Z_1$ 轴上的轴向伸缩系数分别用 $p_1$、$q_1$、$r_1$ 表示。

轴间角与轴向伸缩系数是绘制轴测图的两个主要参数。

**3. 轴测图的种类及主要参数**

在 GB/T 4458.3—2013 和 GB/T 14692—2008 中均推荐了三种轴测图,即正等测、正二测和斜二测,如图 3-3 所示。由于正二测轴测图作图比较烦琐,本项目仅介绍最常用的正等测轴测图和斜二测轴测图的画法。

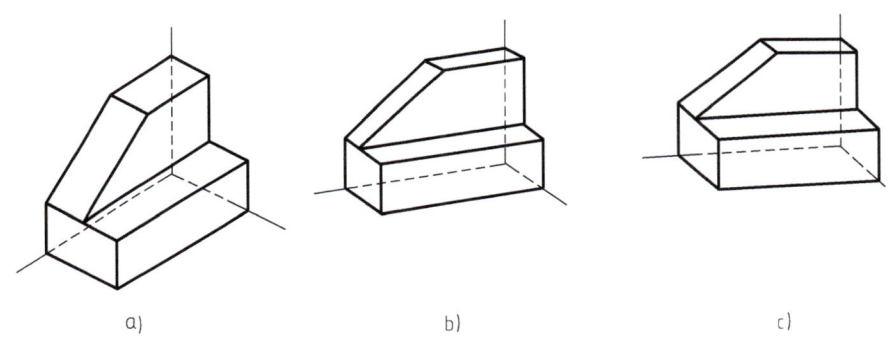

图 3-3　常用的轴测图

a) 正等测　b) 正二测　c) 斜二测

**4. 轴测图的基本特性**

由于轴测图是用平行投影法绘制的,所以具有平行投影法的特性。

1) 物体上互相平行的线段,在轴测图中仍然互相平行。

2) 物体上平行于坐标轴的线段,在轴测图中仍然平行于相应的轴测轴,且同一轴向所有线段的伸缩系数相同。

3) 物体上不平行于轴测投影面的平面图形,在轴测图中变成原形的类似形。如长方形的轴测投影为平行四边形,圆形的轴测投影为椭圆等。

**5. 轴测轴的设置**

根据轴测图的画图方法绘制物体的轴测图时,首先要确定轴测轴 $O_1X_1$、$O_1Y_1$、$O_1Z_1$,再以这些轴测轴作为基准来画轴测图。

轴测轴一般常设置在物体本身以内,并选择在最有利于画图的位置上。一般与主要棱线、对称中心线或轴线重合,如图 3-4 所示。

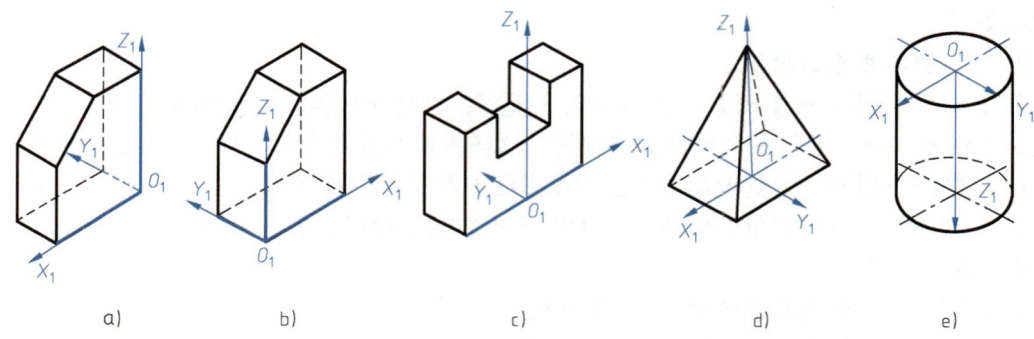

图 3-4 轴测轴的设置

#### 6. 正等轴测图的参数

正等轴测图的参数如图 3-5 所示。

(1) 轴间角　三个轴间角均为 120°。即 $\angle X_1O_1Y_1 = \angle Y_1O_1Z_1 = \angle X_1O_1Z_1 = 120°$。

(2) 轴向伸缩系数　三个轴向伸缩系数均相等。经计算可知：$p_1 = q_1 = r_1 = 0.82$，如图 3-5a 所示。

为了作图简便，实际画正等轴测图时采用 $p = q = r = 1$ 的简化伸缩系数，即沿各轴向的所有尺寸都按物体的实际尺寸量取。这样画出的轴测图比实际物体放大了约 1.22 倍，但形状没有改变，如图 3-5b 所示。

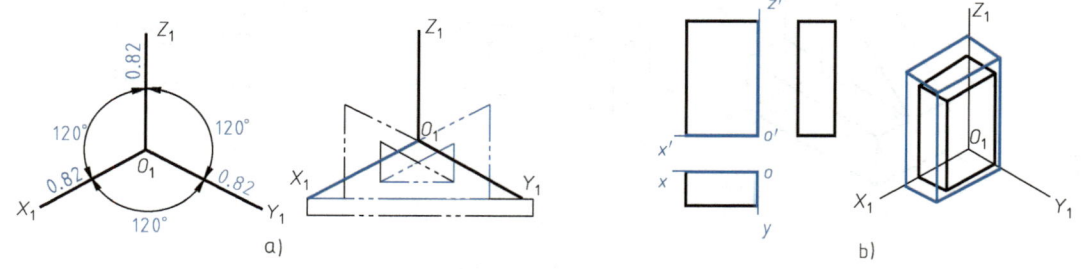

图 3-5　正等轴测图的参数及轴测轴的画法

作正等轴测轴时，一般将 $O_1Z_1$ 轴画成垂直位置，将 $O_1X_1$ 和 $O_1Y_1$ 轴画成与水平线成 30°方向。

### 二、绘制平面体正等轴测图的方法

绘制平面体正等轴测图的主要方法有坐标法和切割法，其中坐标法是最基本的方法。

#### 1. 坐标法

坐标法是沿坐标轴测量画出各顶点的坐标，作出各顶点的轴测投影，再将各顶点的轴测投影相连，便得到物体的轴测图。使用坐标法时，先在视图上选定一个合适的直角坐标系（原点）作为起画点，然后根据平面立体上各顶点的坐标，分别画出它们的轴测投影，最后依次连接成物体表面的轮廓线。如图 3-6 所示的四棱柱，原点常选在物体的一个顶点上，从顶点画起，每点三线，每角三面，面面相连成柱体。

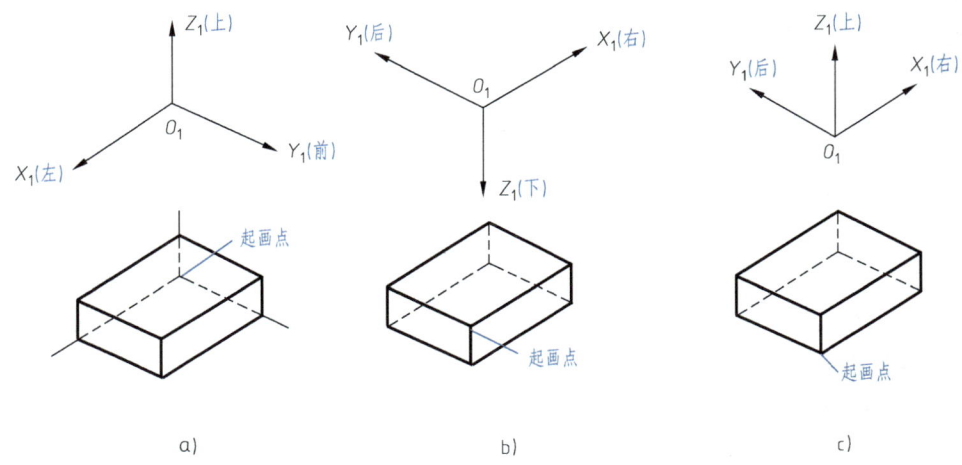

图 3-6　正等轴测轴的方向及原点的选择

**2. 切割法**

切割法适用于绘制由完整的基本体被切割以后而形成物体的轴测图。它是以坐标法为基础，先用坐标法画出完整的基本体，再按形体分析的方法逐块切去多余部分。

## 任务实施

### 一、绘制正六棱柱的正等轴测图

分析：图 3-7a 是正六棱柱已知的主视图和俯视图。因正六棱柱的前后、左右对称，故

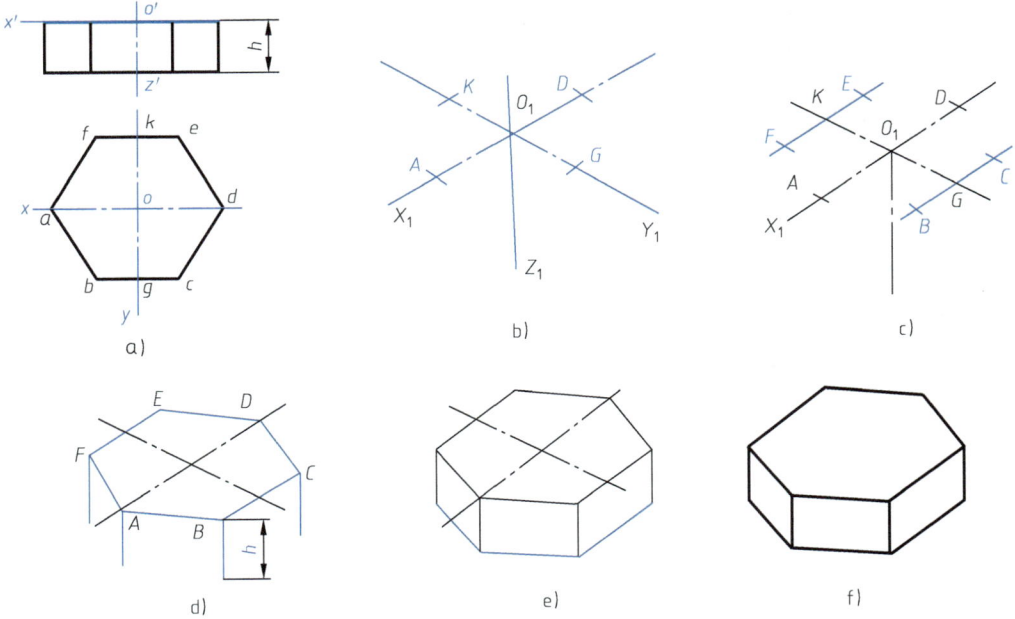

图 3-7　正六棱柱的正等轴测图的作图步骤

设空间直角坐标系的坐标原点为顶面正六边形的中心，空间直角坐标系的建立如图 3-7a 所示，用坐标法绘制比较方便。

作图步骤：

1）在已知视图上标出原点及坐标轴，在俯视图上标出各点的位置。

2）画出轴测轴。由于 $a$、$d$ 和 $g$、$k$ 分别在 $X$、$Y$ 轴上，可以直接量取。在轴测轴 $O_1X_1$、$O_1Y_1$ 上直接作出 $A$、$D$ 和 $G$、$K$ 各点，如图 3-7b 所示。

3）过 $G$、$K$ 点作 $O_1X_1$ 轴的平行线，量得 $B$、$C$ 和 $E$、$F$ 点，如图 3-7c 所示。

4）连接 $A$、$B$、$C$、$D$、$E$、$F$、$A$ 点，得顶面正六边形的正等轴测图；过 $F$、$A$、$B$、$C$ 点作 $O_1Z_1$ 的平行线，再沿 $O_1Z_1$ 轴向下量取高度 $h$，得底面各可见点，如图 3-7d 所示。

5）连接底面各可见点，如图 3-7e 所示。

6）擦去多余图线，按线型加深各图线，即完成正六棱柱的正等轴测图，如图 3-7f 所示。

### 二、绘制楔块的正等轴测图

分析：图 3-8a 是楔块的主视图和俯视图。从图中可以看出，该楔块是由一个长方体切去左上角的三棱柱后形成的。坐标原点选在长方体的右、后、下角，用切割法绘制比较方便。绘图时先用坐标法画出完整的长方体，再切去左上角的三棱柱。作斜面时，应先在轴向定出两个端点，再连线。作图关键在于画出切平面与被切面之间的交线，还应注意某些交线与交线的平行关系。

作图步骤：

1）在已知视图上标出原点及坐标轴。

2）画出轴测轴，并按尺寸 $a$、$b$ 和 $h$ 画出完整长方体的轴测图，如图 3-8b 所示。

3）按尺寸 $d$ 和 $c$ 画出切去左上角的三棱柱以后的轴测图，如图 3-8c 所示。

4）去掉多余的作图线，加深，作图结果如图 3-8d 所示。

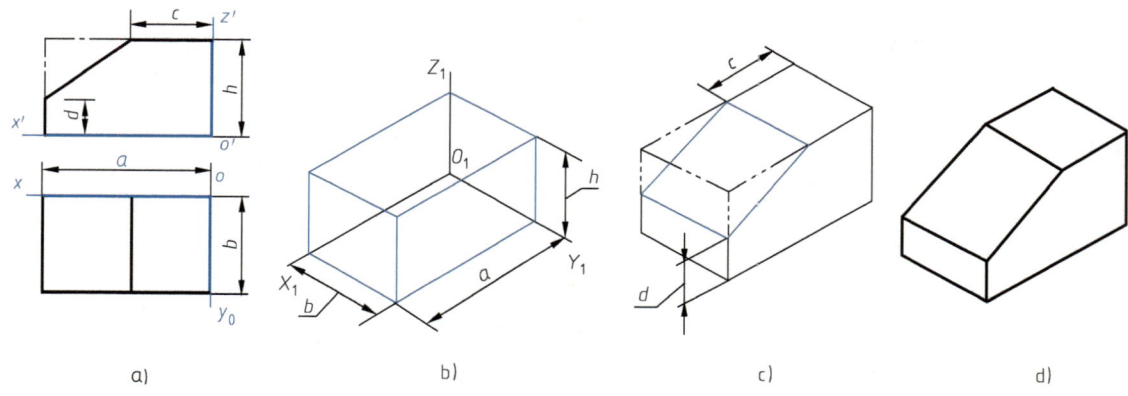

图 3-8　楔块正等轴测图的作图步骤

### 三、绘制带矩形槽四棱柱的正等轴测图

分析：图 3-9 是带矩形槽四棱柱的已知三视图。从图中可知，该物体是由一个长方体在

偏前中间的位置切出一个矩形槽而形成的。坐标原点选在长方体的左、前、下角，绘图时先用坐标法画出完整的长方体，然后再切去矩形槽。

作图步骤：

1）在已知视图上标出原点及坐标轴。

2）画出轴测轴。在 $O_1X_1$ 轴上截取 40，在 $O_1Y_1$ 轴上截取 27，在 $O_1Z_1$ 轴上截取 14，作出长方体的正等轴测图，如图 3-10a 所示。

3）根据槽口尺寸 20，在长方体上求得 $A$、$B$ 两点。过 $A$、$B$ 两点作 $O_1Z_1$ 轴和 $O_1Y_1$ 轴的平行线，并按尺寸 8、17 画出槽口的外部可见轮廓线，如图 3-10b 所示。

4）按槽口外部轮廓线的各交点，作 $O_1X_1$ 轴、$O_1Y_1$ 轴、$O_1Z_1$ 轴的平行线至交点，即完成槽口的作图，如图 3-10c 所示。

5）检查、擦去不必要的线条，加深轮廓线，完成全图，如图 3-10d 所示。

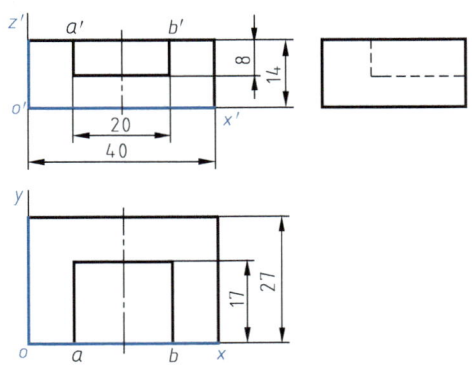

图 3-9　已知三视图

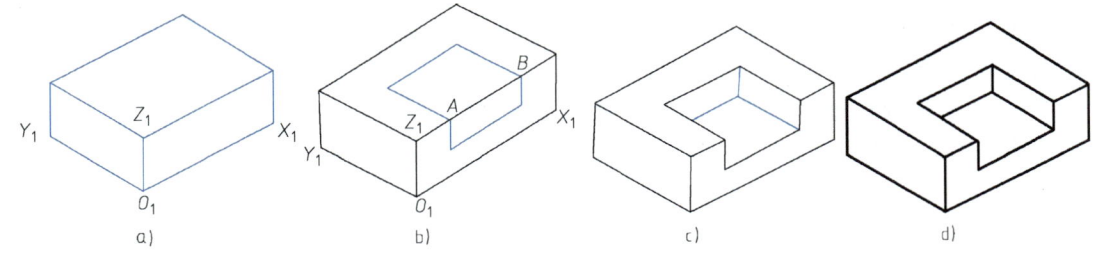

图 3-10　带矩形槽四棱柱的正等测作图步骤

## 知识拓展

### 一、用"特征面加厚法"画轴测图

对于形状复杂的柱状物体，当其正放时，有一个视图反映该物体的形状特征，其他视图的里外均为"厚度"相等的矩形框所围成的图形，可用"特征面加厚法"画出其轴测图，即以形状特征面为基础，先作出物体上特征面的轴测图，再按厚度（长度、宽度、高度）画出其他可见轮廓线。

如图 3-11a 所示的物体，主视图反映形体特征，先在 $X_1O_1Z_1$ 坐标面上作出特征面的轴测图，再沿 $O_1Y_1$ 轴量取厚度（宽度），作出后端面的可见轮廓线。

图 3-11b 所示的物体，俯视图反映形体特征，先在 $X_1O_1Y_1$ 坐标面上作出特征面轴测图后，再沿 $O_1Z_1$ 轴量取厚度（高度）画出轴测图。

图 3-11c 所示的六棱柱，左视图反映形体特征，先在 $Y_1O_1Z_1$ 坐标面上作出特征面轴测图后，再沿 $O_1X_1$ 轴量取厚度（长度）画出轴测图。

原点 $O$ 及轴测轴 $O_1X_1$、$O_1Y_1$、$O_1Z_1$ 位置根据需要选定。

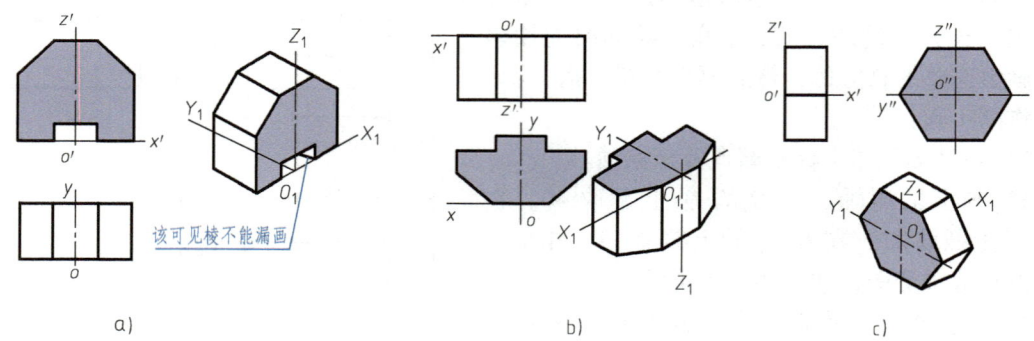

图 3-11 特征面加厚法画轴测图

## 二、徒手画轴测图

前面已经介绍了徒手绘制平面草图的方法。徒手绘图具有灵活快捷的特点,徒手图是创意构思、进行技术交流常用的绘图方法,特别是随着计算机绘图的普及,徒手绘制轴测草图,具有很大的实用价值,如图 3-12 所示,是徒手绘制的汽车外观图。

图 3-13 所示为根据简单形体的两面视图,徒手绘制正等轴测图的方法与步骤。

图 3-12 汽车外观的徒手草图

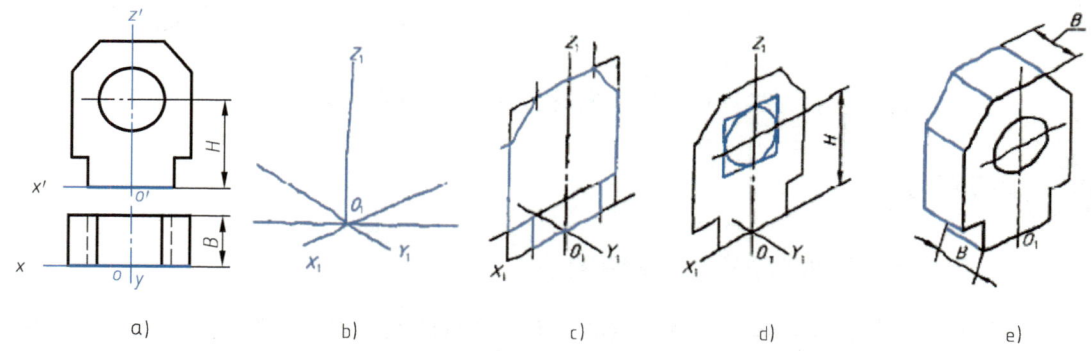

图 3-13 徒手草图的绘图步骤
a) 在已知视图上设置轴测轴　b) 画轴测轴　c) 画正面轮廓外形(前面)
d) 画辅助菱形,再画椭圆　e) 画其他可见轮廓线,并描深图线

## 任务二　绘制曲面立体的正等轴测图

### 任务描述

曲面立体主要有圆柱体、圆锥体和圆球体等。本任务主要介绍圆柱体、带孔 U 形柱体及带圆角的底板轴测图的绘制方法。

## 任务分析

不管什么类型的曲面立体,其上都含有圆,而圆在正等轴测图中的图形为椭圆,所以绘制曲面立体轴测图的关键是画好不同方向的椭圆,而不同方向的椭圆,除了长、短轴的方向不同外,画法都是相同的。

## 相关知识

### 一、曲面立体正等轴测图上椭圆长轴的方向

画圆的正等轴测图时,必须弄清椭圆的长、短轴方向。如图 3-14 所示(图中的菱形为与圆外切的正方形的轴测投影),椭圆长轴的方向与菱形的长对角线重合,短轴的方向垂直于椭圆的长轴,即与菱形的短对角线重合。

通过分析,可以看出,椭圆的长、短轴和轴测轴有关,即圆所在的平面平行于 $XOY$ 面(水平面)时,椭圆的长轴垂直于 $O_1Z_1$ 轴,短轴平行于 $O_1Z_1$ 轴;圆所在的平面平行于 $XOZ$ 面(正面)时,椭圆的长轴垂直于 $O_1Y_1$ 轴,短轴平行于 $O_1Y_1$ 轴;圆所在平面平行于 $ZOY$ 面(侧面)时,椭圆的长轴垂直于 $O_1X_1$ 轴,短轴平行于 $O_1X_1$ 轴。

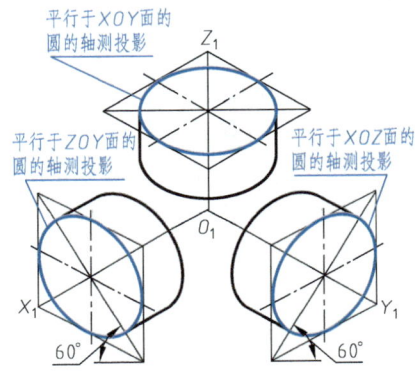

图 3-14　三种不同位置圆柱的正等轴测图

### 二、圆的正等轴测图的画法

为简化作图,圆的正等轴测图的画法——椭圆通常采用四段圆弧连接成近似椭圆的方法(四心圆弧法)作出椭圆。$XOY$ 坐标面(水平面)上用四心圆弧法画椭圆正等轴测图的方法与步骤见表 3-1。

表 3-1　圆的正等轴测图的画法

| 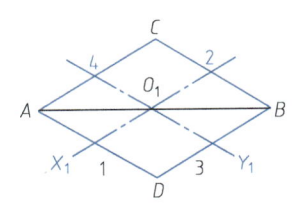 | 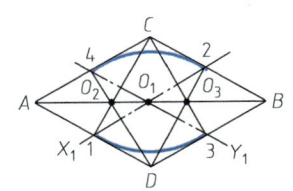 | 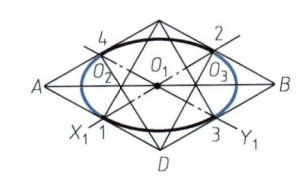 |
|---|---|---|
| 画出 $O_1X_1$、$O_1Y_1$ 和圆的外切正方形的轴测图,定出它们的交点 1、2、3、4 及 A、B、C、D,画出椭圆的长轴 AB | 连接 C1、C3、D2、D4,它们分别交于 AB 上的 $O_2$、$O_3$;再分别以 C、D 为圆心,以 C1 为半径画圆弧 $\widehat{13}$、$\widehat{24}$ | 分别以 $O_2$、$O_3$ 为圆心,以 $O_2$1 为半径,画圆弧 $\widehat{14}$、$\widehat{23}$ |

## 任务实施

### 一、绘制直立圆柱体的正等轴测图

分析：图 3-15a 所示是圆柱的已知主视图和俯视图。圆柱的轴线垂直于水平面，顶面和底面均为水平面同心圆，在轴测图中均为椭圆。坐标原点选在顶面的圆心处。作图时，先作出圆柱顶面和底面圆的正等轴测图——椭圆，再作出左、右两边的竖直公切线即可。

作图步骤：

1）在已知视图上标出原点及坐标轴，在俯视图上标出坐标轴与圆周的交点 $a$、$b$、$c$、$d$，如图 3-15a 所示。

2）画出轴测轴，根据四个交点 $A$、$B$、$C$、$D$ 的位置画出顶面的菱形；再根据高度尺寸 $h$ 画出底面的菱形，如图 3-15b 所示。

3）按椭圆的画法画出顶面的椭圆，再将圆心下移高度 $h$，作出底面的椭圆（不可见部分不必画出），如图 3-15c 所示。

4）作出与上、下椭圆相切的公切线，如图 3-15d 所示。

5）检查后擦去多余的图线，加深全图，即完成直立圆柱体的正等轴测图，如图 3-15e 所示。

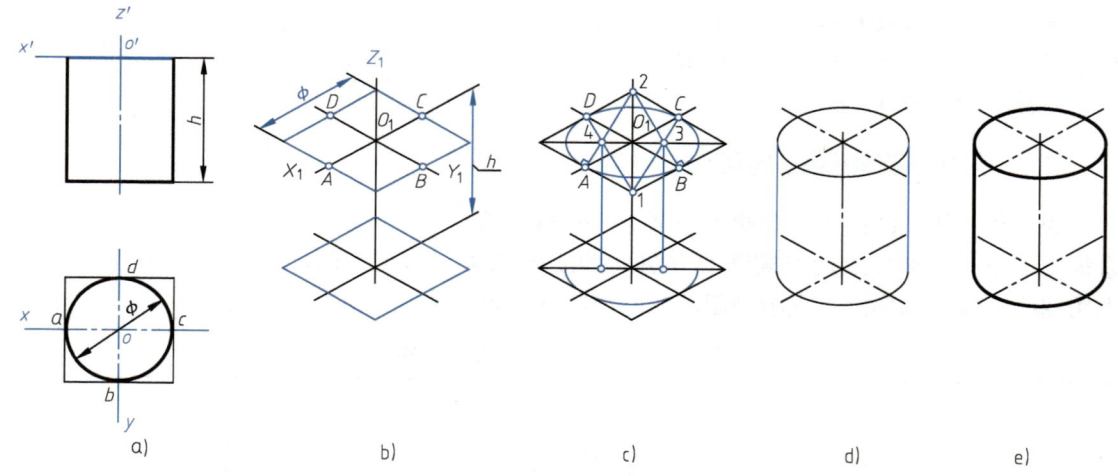

图 3-15　直立圆柱体正等轴测图的画法

当圆柱轴线垂直于正面或侧面时，轴测图的画法与上述相同，只是圆平面内所含的轴测轴应分别为 $O_1X_1$、$O_1Z_1$ 和 $O_1Y_1$、$O_1Z_1$，如图 3-16 所示。

### 二、绘制带孔 U 形柱体的正等轴测图

分析：图 3-17a 所示是 U 形柱体的已知主视图和俯视图。U 形柱体的上半部是半圆柱体，下半部是四棱柱，其中半圆柱体的直径与四棱柱的长度尺寸相同，中间还有一个小孔，与半圆柱体同心。半圆柱的轴线垂直于正面，半圆柱与圆孔在轴测图中均为椭圆。坐标原点选在半圆柱与圆孔的圆心处。作图时，先作出 U 形柱体的正等轴测图，再作出半圆柱与圆孔的轴测图即可。

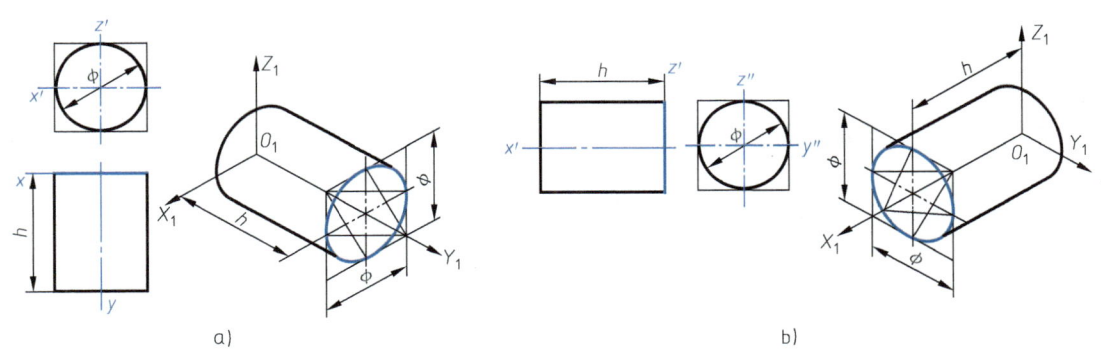

图 3-16　不同位置圆柱体的正等轴测图

作图步骤：

1）在已知视图上标出原点及坐标轴，如图 3-17a 所示。

2）画出四棱柱的正等轴测图，如图 3-17b 所示。

3）按椭圆的画法画出半圆柱体前面的椭圆，如图 3-17c 所示。

4）将圆心 $O_3$、$O_2$ 后移宽度 $t$，作出后面的椭圆及切线，如图 3-17d 所示。

5）作出圆孔的轴测图，如图 3-17e 所示。

6）检查后擦去多余的图线，加深全图，即完成带孔 U 形柱体的正等轴测图，如图 3-17f 所示。

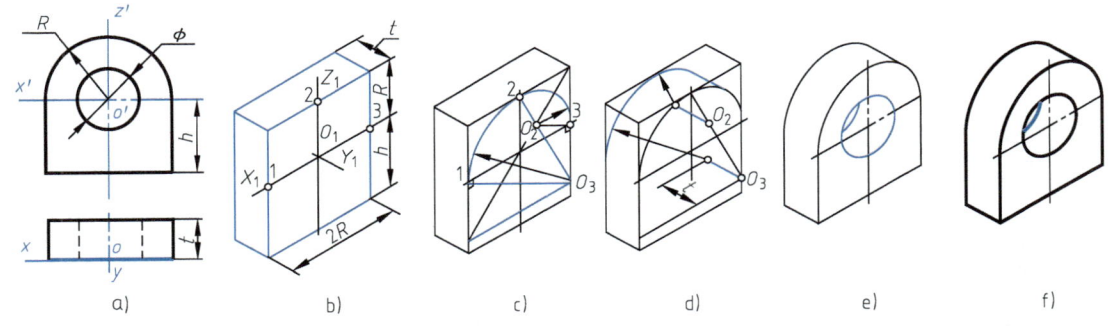

图 3-17　带孔 U 形柱体的正等轴测图

## 三、绘制带圆角底板的正等轴测图

分析：如图 3-18a 所示，底板前面的角上都有圆角，圆角可以看作是四分之一圆弧。可用椭圆的近似画法画出它的正等轴测图。

作图步骤：

1）作出底板的轴测图，并根据圆角半径 $R$，在底板顶面相应的棱线上作出切点 1、2、3、4，如图 3-18b 所示。

2）过切点 1、2 作相应棱线的垂线，得交点 $O_1$；过切点 3、4 作相应棱线的垂线，得交点 $O_2$，如图 3-18c 所示。

3）以 $O_1$ 为圆心，$O_1 1$ 为半径，在两切点 1、2 之间画大圆弧；以 $O_2$ 为圆心，$O_2 3$ 为半径，在两切点 3、4 之间画小圆弧，即得底板顶面的正等轴测图，如图 3-18d 所示。

4）将圆弧的圆心向下平移底板的厚度 $h$，再用与顶面相同的圆弧半径分别作出下表面上两个圆角，并在底板右侧作上、下表面小圆弧的公切线，便得底板的正等轴测图，如图 3-18e 所示。

5）检查后加深可见部分的轮廓线，即完成作图，其结果如图 3-18f 所示。

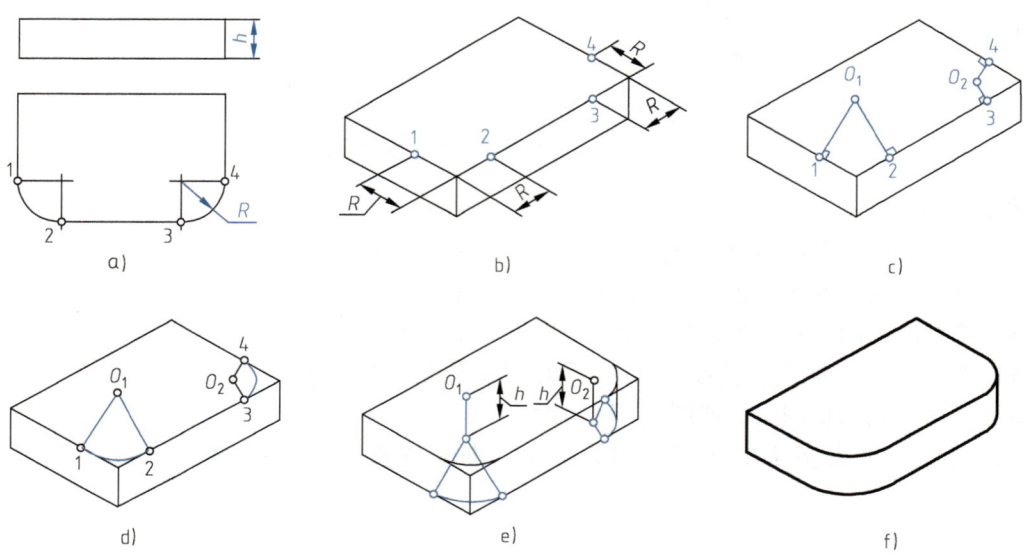

图 3-18  带圆角底板的正等轴测图的画法

## 任务三　绘制斜二轴测图

### 任务描述

轴测图除了正等轴测图以外，常用的还有斜二轴测图（简称斜二测）。图 3-19 所示分别是 U 形柱体的正等轴测图和斜二轴测图。本任务主要介绍斜二轴测图的基本参数及带孔凸块、带孔六棱柱和圆台等斜二轴测图的画法。

### 任务分析

通过对正等轴测图和斜二轴测图的比较可以发现：由于在斜二轴测图中，圆和圆弧的图形与正投影图中完全相同，所以绘制极为方便。因此，斜二轴测图特别适用于一个方向的圆和圆弧较多，或者形状比较复杂的物体轴测图的绘制。

绘制斜二轴测图时，首先必须明确轴测图的

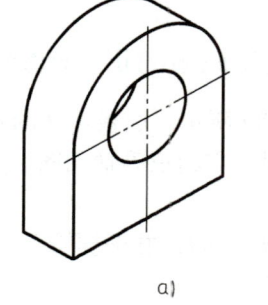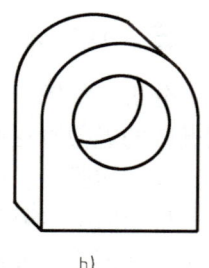

图 3-19  正等轴测图与斜二轴测图的比较
a）正等轴测图　b）斜二轴测图

轴间角、轴向伸缩系数等基本参数；其次要看懂已知的视图，并在已知视图上确定坐标原点和各轴测轴的方向。

## 相关知识

### 一、斜二轴测图的形成及参数

**1. 斜二轴测图的形成**

如图 3-20a 所示，轴测投影面 $P$ 与投射方向 $S$ 倾斜，为了便于作图，一般选取轴测投影面平行于某一坐标面，图中轴测投影面 $P$ 与 $XOZ$ 坐标面平行，这样得到的轴测投影图称为斜二轴测图。

**2. 斜二轴测图的参数**

如图 3-20b 所示，在斜二轴测图中，由于 $XOZ$ 坐标面平行于轴测投影面 $P$，所以轴测轴 $O_1X_1$、$O_1Z_1$ 仍分别为水平方向和铅垂方向。轴间角及轴向伸缩系数分别为：

（1）轴间角　$\angle X_1O_1Y_1 = \angle Y_1O_1Z_1 = 135°$；$\angle X_1O_1Z_1 = 90°$。

（2）轴向伸缩系数　三个轴向伸缩系数分别为 $p_1 = r_1 = 1$，$q_1 = 0.5$。

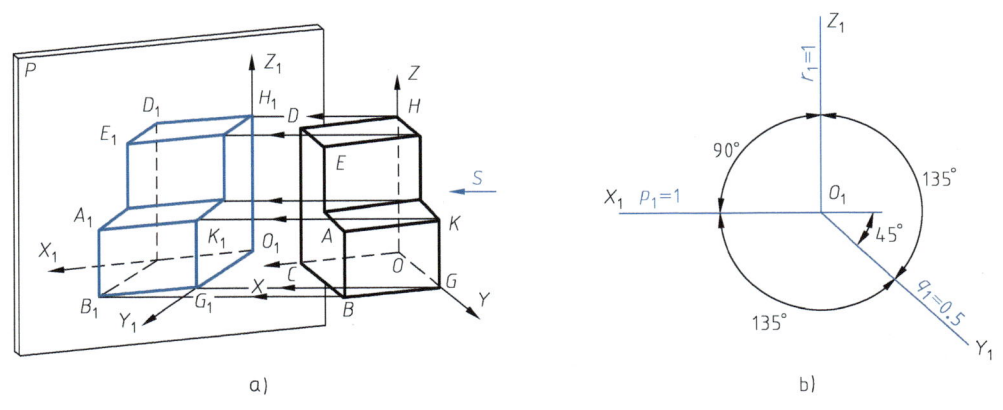

图 3-20　斜二轴测图的形成及参数

### 二、斜二轴测图的画法

斜二轴测图的画法与正等轴测图的画法基本相似，区别在于轴间角不同以及斜二轴测图沿 $O_1Y_1$ 轴的尺寸只取投影图上的一半。在斜二轴测图中，物体上平行于 $XOZ$ 坐标面的直线和平面图形均反映实长和实形。

## 任务实施

### 一、绘制带孔六棱柱的斜二轴测图

分析：如图 3-21a 所示，带圆孔六棱柱的前（后）端面均平行于正面，反映其形状特征，在轴测投影面上形状不变。确定直角坐标系时，可使坐标轴 $O_1Y$ 与圆孔轴线重合，坐

标面 $XO_1Z$ 与前端面重合，原点选在圆心处，则物体上的正六边形和圆的轴测投影均为实形。

作图步骤：

1）在已知视图上标出原点及坐标轴，如图 3-21a 所示。

2）画出轴测轴，如图 3-21b 所示。

3）画出前端面的正六边形，由六边形相关顶点沿 $O_1Y_1$ 轴向后移 $h/2$，画出棱线及后端面六边形的可见轮廓，如图 3-21c 所示。

4）根据圆孔直径 $\phi$ 在前端面上画圆，再将前面的圆心 $O_1$ 沿 $O_1Y_1$ 轴向后移 $h/2$ 得 $O_2$，作出后端面圆的可见部分，如图 3-21d 所示。

5）检查并加深，完成作图，其结果如图 3-21e 所示。

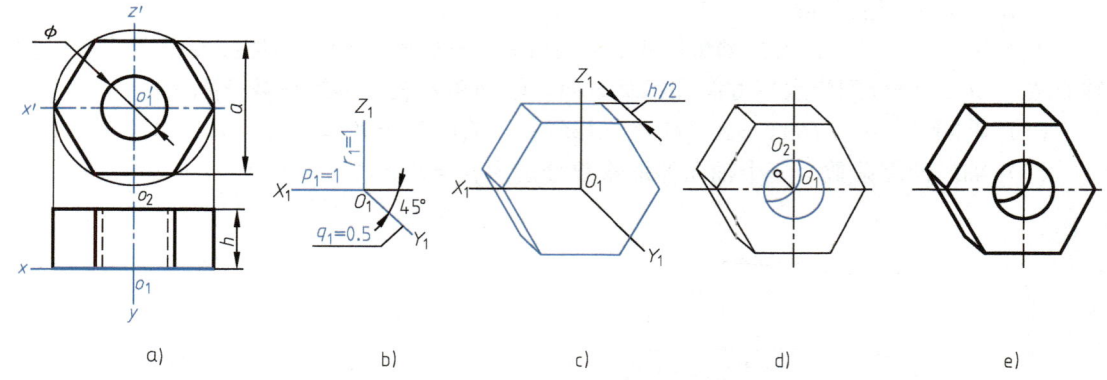

图 3-21 带孔六棱柱的斜二轴测图的画法

## 二、绘制带孔凸块的斜二轴测图

分析：如图 3-22a 所示，带孔凸块的正面比较复杂，且反映形状特征，将其平行于轴测投影面放置，则正面形状不变。选取坐标面 $XOZ$ 与前端面重合，原点选在右、下、前角，如图 3-22a 所示。

作图步骤：

1）在已知视图上标出原点及坐标轴，如图 3-22a 所示。

2）画出轴测轴，如图 3-22b 所示。

3）按主视图的尺寸作出与主视图完全相同的前端面的图形，如图 3-22c 所示。

4）过前端面相关顶点作 $O_1Y_1$ 轴的平行线，如图 3-22d 所示。

5）在平行线上截取宽度尺寸的一半，定出后端面的位置并画出后端面的可见轮廓，如图 3-22e 所示。

6）检查后加深，其作图结果如图 3-22f 所示。

## 三、绘制带孔圆台的斜二轴测图

分析：图 3-23a 所示是一个具有同轴圆柱孔的圆台，圆台的前、后端面及孔口都是圆。因此，将前、后端面平行于正面放置，坐标面 $XOZ$ 与后端面重合，原点选在后端面的圆心

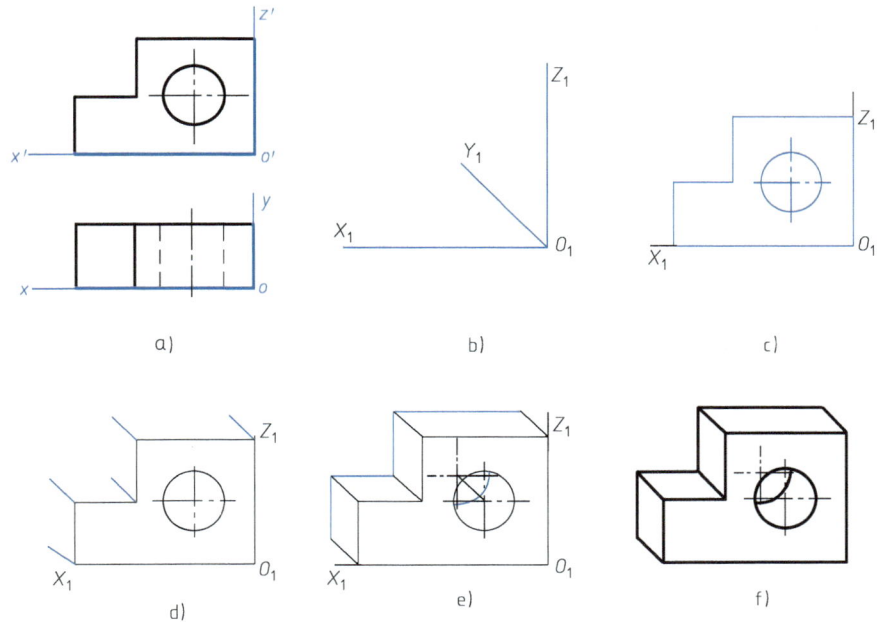

图 3-22 带孔凸块的斜二轴测图的画法

处,并使 OY 轴与圆孔的轴线重合。

作图步骤:

1) 在已知视图上标出原点及坐标轴,如图 3-23a 所示。

2) 作出轴测轴,在 $O_1Y_1$ 轴上由 $O_1$ 向前量取 $L/2$,定出前端面的圆心 $A$,如图 3-23b 所示。

3) 画出前后端面各圆的可见部分,并作前后端面圆的公切线,如图 3-23c 所示。

4) 画出后端孔口可见部分,如图 3-23d 所示。

5) 检查、擦去多余作图线并加深,即完成作图,结果如图 3-23e 所示。

### 四、绘制支座的斜二轴测图

分析:如图 3-24a 所示,支座由竖板和底板两部分组成,竖板和底板前面比较复杂,且反映支座的形状特征。将竖板的前、后端面平行于正面放置,并将竖板前端面作为坐标面 $XOZ$,原点选在竖板和底板相交的对称中心线上。

作图步骤:

1) 在已知视图上标出原点及坐标轴,如图 3-24a 所示。

2) 画出轴测轴,并画出竖板外形的斜二轴测图,如图 3-24b 所示。

3) 由 $O_1$ 沿 $O_1Y_1$ 轴向前移底板宽度的一半尺寸,画出底板外形的斜二轴测图,如图 3-24c 所示。

4) 画出底板上的矩形槽及竖板上的圆孔,如图 3-24d 所示。

5) 检查后加深,完成作图,其结果如图 3-24e 所示。

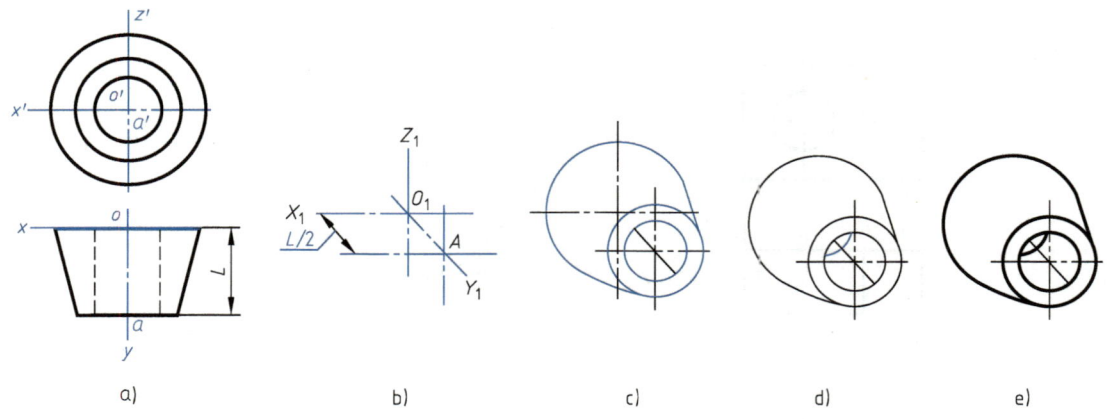

图 3-23　带孔圆台的斜二轴测图的画法

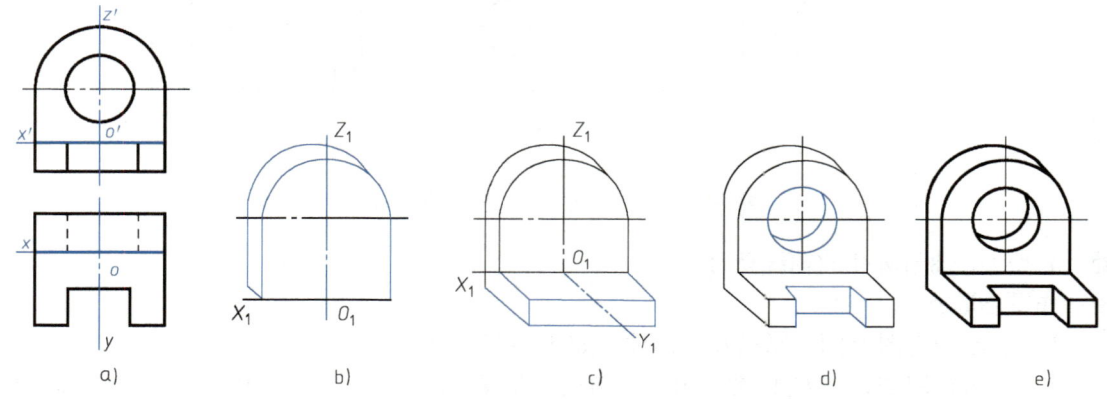

图 3-24　支座的斜二轴测图的画法

## 项目小结

用正投影法绘制的三视图，能准确地表达物体的形状，但缺乏立体感。而轴测图是一种直观性强、极富立体感的图形。生产中常用轴测图来说明机械产品零部件的外观、内部结构或工作原理。掌握轴测图的绘制方法，可以帮助大家想象物体的形状，培养和提高空间形体的想象能力和构思能力。

轴测图的尺寸是沿轴量取的。正等轴测图的三个轴间角均为 120°，三个轴向伸缩系数均为 1；而斜二轴测图的两个轴间角均为 135°，第三个为 90°，$X$ 轴和 $Z$ 轴的伸缩系数为 1，而 $Y$ 轴伸缩系数为 0.5，画图时一定要有所区分。

轴测图的绘制方法主要有坐标法和切割法。当物体为较复杂的柱体时，用"特征面加厚法"绘制比较简单，当物体的一个面的形状比较复杂，或者圆和圆弧比较多时，选用斜二轴测图绘制比较方便。

# 项目四

## 绘制与识读组合体的三视图

> 由两个及两个以上的基本体组合而成的整体，称为组合体。本项目将主要介绍组合体的组合形式、绘制与识读组合体视图的方法及标注组合体尺寸的方法。

 **知识目标**

1. 会分析组合体形体表面间的连接关系。
2. 会用形体分析法分解组合体。
3. 会分析组合体的尺寸。
4. 明确组合体的视图中每条线和每个图框的含义。

 **技能目标**

1. 能根据组合体表面间的连接关系正确画出组合体各表面的交线。
2. 能正确运用形体分析法绘制组合体三视图。
3. 会正确、齐全、清晰地标注组合体的尺寸。
4. 会运用形体分析法和线面分析法识读组合体视图。
5. 能根据已知的视图补画缺线，或者根据已知的两面视图补画第三视图。

## 任务一　　绘制组合体的三视图

### 任务描述

根据图 4-1 所示的叠加类和切割类组合体的轴测图，通过分解形体、选择主视图，正确绘制其三视图。

### 任务分析

绘制组合体的三视图时，首先应运用形体分析法，将组合体分解为若干个组成部分，逐步分析各组成部分间的相对位置和表面间的连接关系，再逐个画出各组成部分的三视图，便

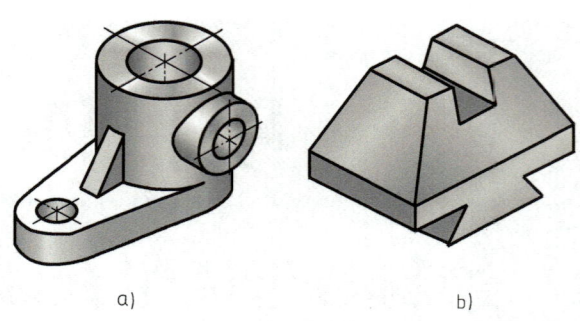

图 4-1 组合体

可得到组合体的三视图。

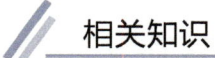

## 一、组合体的组合形式及表面间的连接关系和画法

### 1. 组合体的组合形式

组合体按其构成和组合方式不同，可分为叠加型、切割型和综合型三类。

（1）叠加型组合体 如图 4-2a 所示，叠加型组合体是由若干基本体叠加而成的，是实形体与实形体进行的组合。图示的组合体是由底板、立板和肋板三部分组合而成的。

（2）切割型组合体 如图 4-2b 所示，切割型组合体则可看成由基本体经过切割、穿孔、切槽以后形成的，是从实形体中挖去一个实形体，被挖去的部分就形成空形体（孔洞）；或者是在实形体上切掉一部分，使被切的实形体成为不完整的基本形体。图示的组合体是四棱柱体经过三次切割以后形成的。

（3）综合型组合体 如图 4-2c 所示，综合型组合体既有叠加又有切割，是叠加和切割的综合类型。图示的组合体是由两个圆柱体叠加以后，又在大直径的圆柱体上切割两次而形成的。

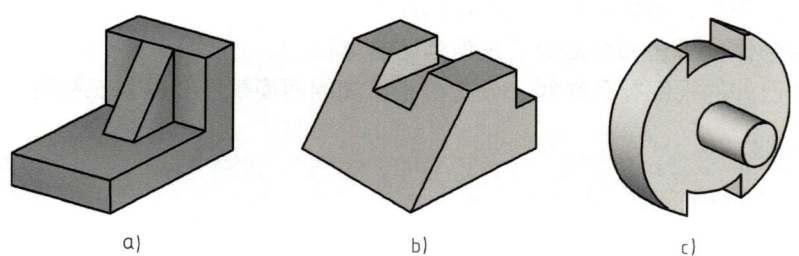

图 4-2 组合体的组合形式

### 2. 组合体上相邻表面的连接关系及画法

组合体中的基本形体经过叠加、切割或穿孔以后，各形体相邻表面之间的连接关系可分为共面、不共面、相切和相交四种类型，如图 4-3 所示。

（1）共面 共面指相邻两表面相互平齐而连接成为同一表面。当两表面共面时，结合处不画分界线。如图 4-4b 所示的组合体，上、下两表面共面，在主视图上不应画分界线。

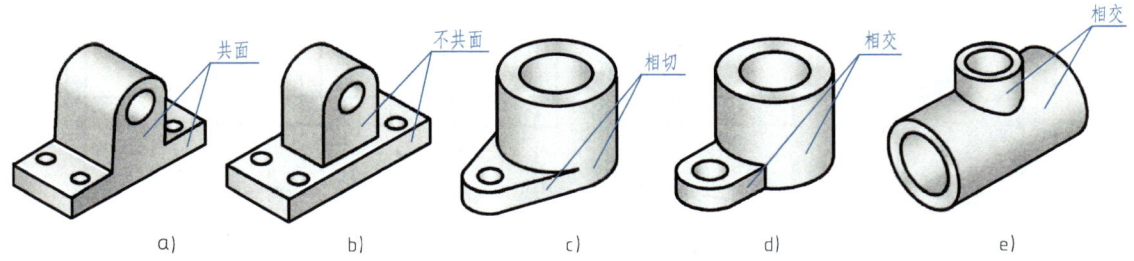

图 4-3 两表面的连接关系

（2）不共面　不共面指的是相邻两表面在某方向错开而处在不同位置的平面上。当两表面不共面时，结合处必须画出分界线。如图 4-5b 所示的组合体，上、下两表面不共面，前后错开，在主视图上应画出分界线。

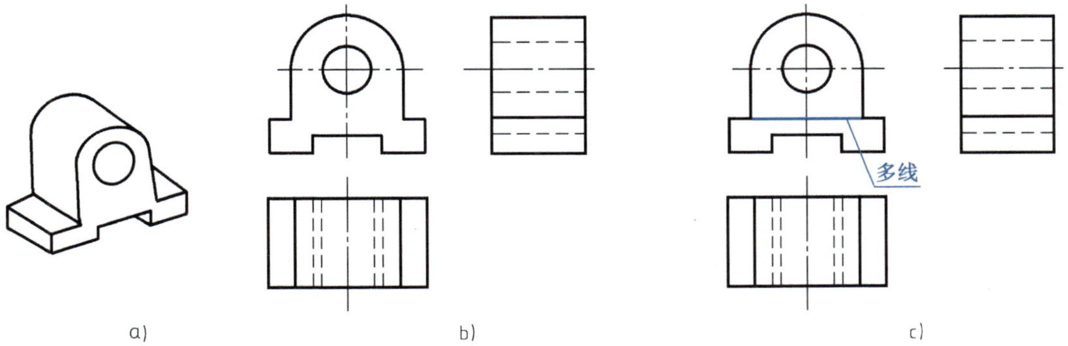

图 4-4　表面共面及画法
a）轴测图　b）正确　c）错误

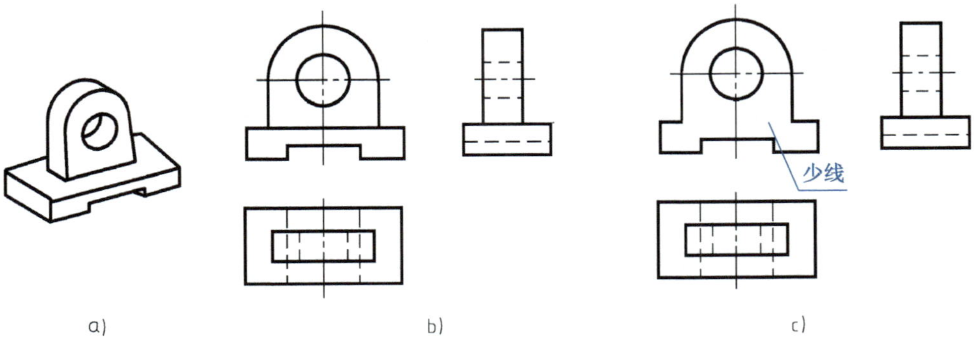

图 4-5　表面不共面及画法
a）轴测图　b）正确　c）错误

（3）相切　相切指相邻两表面之间光滑过渡。当两表面相切时，在相切处不画分界线。如图 4-6a 所示的组合体，它由底板和空心圆柱体组成。底板的侧面与圆柱面相切，在相切处形成光滑过渡，因此主视图和左视图中相切处均不画线。图 4-6c 是常见的错误画法。

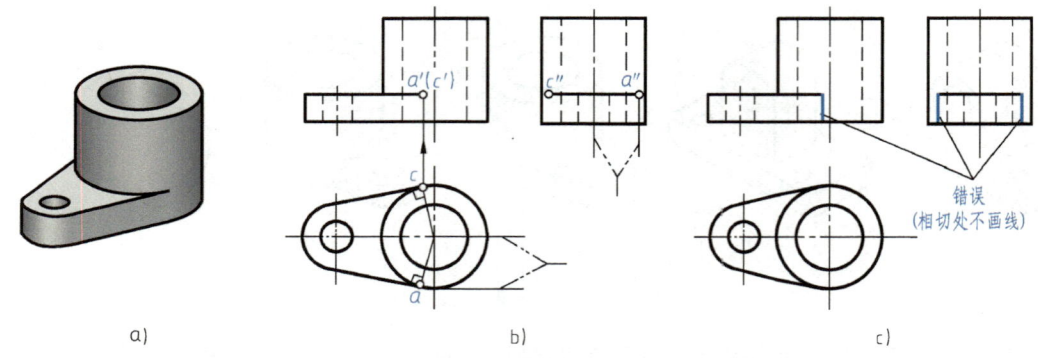

图 4-6 表面相切及画法
a) 轴测图  b) 正确  c) 错误

图 4-7a 所示为圆柱面与半球面相切，其表面应是光滑过渡，切线的投影不画。但有一种特殊情况必须注意，如图 4-7b 所示的两个圆柱面相切，当圆柱面的公共切平面倾斜或平行于投影面时，不画两个圆柱面的分界线，而当公共切平面垂直于投影面时，应画出两个圆柱面的分界线。

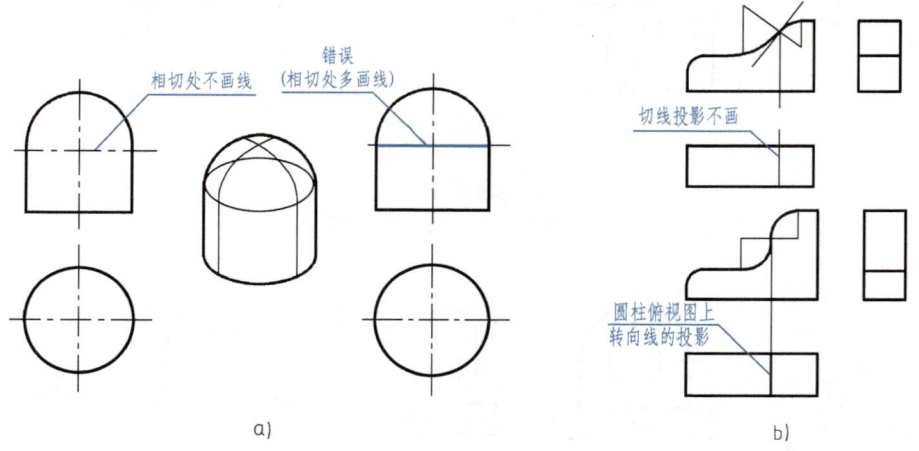

图 4-7 相切及其特殊情况

（4）相交 相交是指相邻两表面之间以各种角度或相贯形式结合。当两形体的相邻表面相交时，在相交处必须画出分界线。

如图 4-8a 所示的组合体，它也是由底板和空心圆柱体组成的，但本例中底板的侧面与圆柱面是相交关系，故在主、左视图中的相交处应画出交线。

如图 4-8b 所示，无论是实形体与实形体相邻表面相交，还是实形体与空形体相邻表面相交，只要形体的大小和相对位置一致，其交线完全相同。值得注意的是：当两实形体相交时已融为一体，圆柱面上原来的一段转向轮廓线已不存在；圆柱被穿方孔后的一段转向轮廓线已被切去，不能再画出。

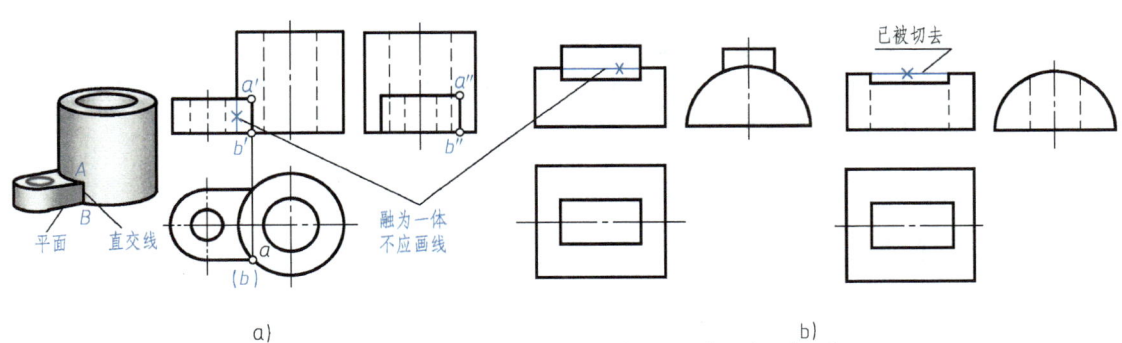

图 4-8 表面相交及画法

## 二、组合体的形体分析法

在组合体的画图、读图和尺寸标注过程中，假想把组合体分解为若干个基本形体，分清各基本形体的形状，确定它们之间的组合形式、各部分的相对位置及表面间的连接关系，从而形成组合体完整概念，这种"化整为零"，使复杂问题简单化的分析方法称为形体分析法。

图 4-9a 所示的以叠加为主的组合体，是由带圆角的底板Ⅰ、带半圆头的U形柱立板Ⅱ、三棱柱形的肋板Ⅲ三个部分组成。在底板Ⅰ上又挖切两个圆柱体Ⅴ而形成两个孔洞，在立板Ⅱ上又挖切一个圆柱体Ⅳ而形成一个孔洞；它们之间的组合形式及相对位置是：底板Ⅰ、立板Ⅱ和肋板Ⅲ在左右方向居中叠加，底板Ⅰ在下，立板Ⅱ和肋板Ⅲ在底板Ⅰ的上方，其中立板Ⅱ与底板Ⅰ在后面形成共面。

又如图 4-9b 所示的切割类组合体，是由一个长方体经过三次切割以后形成的。第一次在左上角切去一个四棱柱Ⅰ，第二次在左边中间的位置切去一个梯形块Ⅱ，第三次在右上前角切去一个三棱柱Ⅲ。

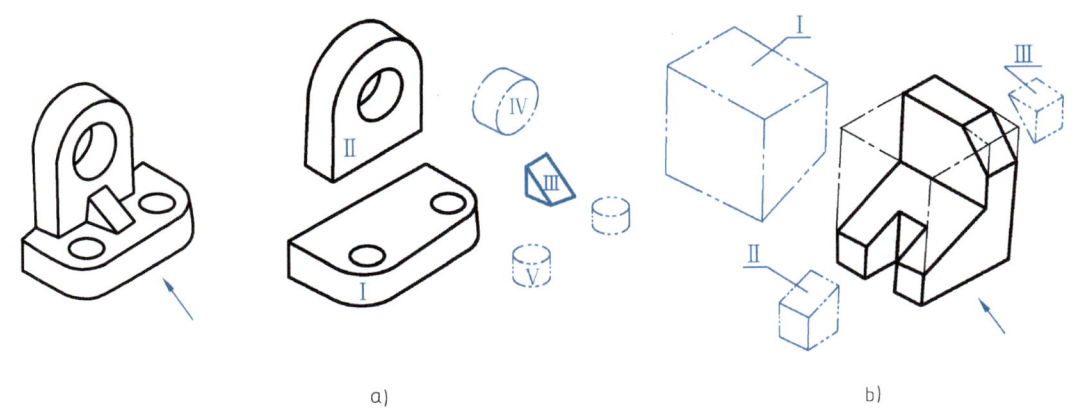

图 4-9 组合体的形体分析
a）以叠加为主的组合体　b）切割类组合体

由上述分析可知，运用形体分析法分解组合体，可以把画、看比较复杂的组合体视图的问题，转化为画、看比较简单的基本体或简单组合体视图的问题。如果能在理解的基础上记忆一些常见形体的三视图，就能保证正确而迅速地画图和看图。形体分析法是学习画组合体视图或看组合体视图的基本方法。

### 三、画组合体三视图的方法与步骤

因为组合体的形状一般都比较复杂，在画图之前，应先对组合体进行分析，作图时，需按一定的作图步骤进行。

**1. 分析组合体**

画组合体视图之前，首先按组合体的形体分析方法，对组合体进行形体分析和分解，了解组合体属于哪种类型，明确各基本形体的形状、它们之间的组合方式、相对位置以及在某一方向是否对称，以便对组合体的整体形状作总体的认知。

**2. 选择主视图**

如图 4-10 所示，选择主视图应遵循如下基本原则：

1）应以最能反映组合体形状特征和位置特征的方向作为主视图的投射方向。
2）放成最稳定的自然状态。
3）向三个投影面投射时细虚线最少。

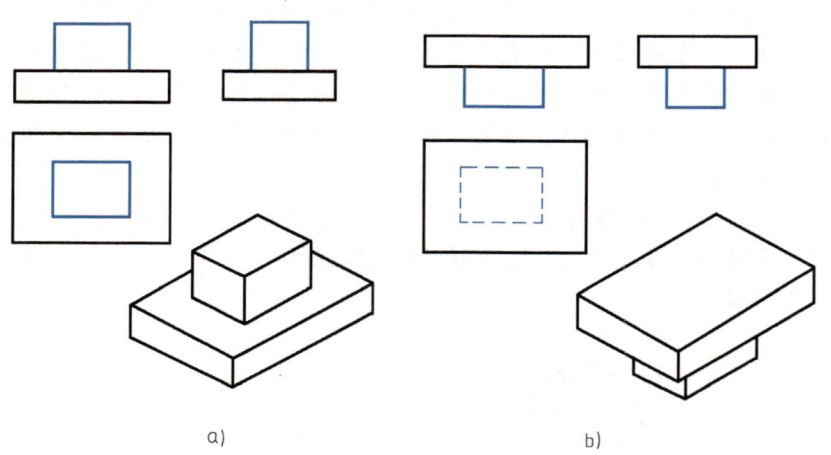

图 4-10　主视图的选择
a）好　b）不好

**3. 选比例、定图幅**

尽量选用 1∶1 的比例，再根据组合体的复杂程度和尺寸大小，选用合适的图幅。

**4. 布图、画底图**

（1）画作图基准线　即对称中心线、轴线和较大的平面等。

（2）画底图　按组合或切割的顺序及各形体之间的相对位置，逐个画出它们的投影以及它们之间表面连接处的交线，综合起来即得到完整组合体的三视图。

**5. 检查、加深**

经仔细检查，确认无误后，按规定的图线加深全图。

## 一、叠加类组合体视图的画法

绘制如图 4-11 所示支座的三视图。

**1. 形体分析**

图 4-11a 所示的支座，可分解为四个部分，各部分的名称及相对位置如图 4-11b 所示。各组成部分的连接关系是：底板Ⅰ与直立空心圆柱Ⅲ两者的底面共面，底板Ⅰ的侧面与直立空心圆柱Ⅲ相切，在相切处就没有线；水平空心圆柱Ⅳ与直立空心圆柱Ⅲ的轴线正交，两空心圆柱相贯连成一体，因此两者的内外圆柱面相交处都有相贯线；肋板Ⅱ叠加在底板Ⅰ的上面，其前、后侧面与直立空心圆柱Ⅲ相交，产生的截交线为两条直线，肋板Ⅱ的斜面也与直立空心圆柱Ⅲ相交，产生的截交线为一段椭圆弧。

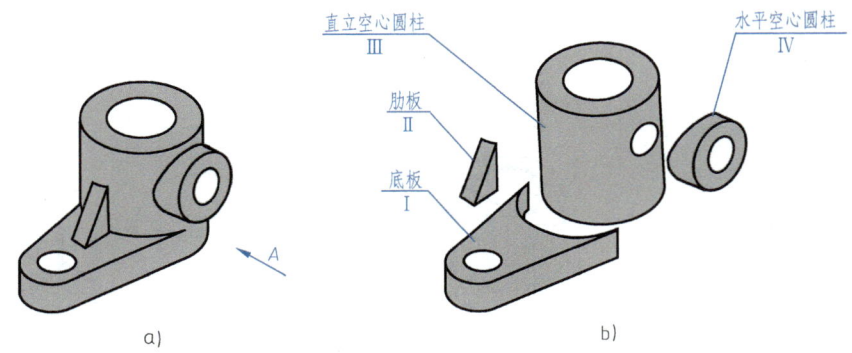

图 4-11 支座及形体分析
a）轴测图 b）形体分解图

**2. 选择主视图**

如图 4-11a 所示，将直立空心圆柱Ⅲ的轴线放成铅垂位置，为了清楚地表达支座和减少视图中的细虚线，将水平空心圆柱Ⅳ放在前方，经比较，选择 A 向作为主视图的投射方向。主视图确定后，其他视图也就随之而定。

**3. 选比例、定图幅**

尽量选用 1:1 的比例，再根据组合体的复杂程度和尺寸大小，选择合适的图幅。

**4. 布图、画底图**

（1）画作图基准线　即对称中心线、轴线和较大的平面等，如图 4-12a 所示。

（2）画底图　按组合顺序及各形体之间的相对位置，逐个画出它们的投影以及它们之间的表面连接处的交线，综合起来即得到完整组合体的三视图，如图 4-12b ~ e 所示。

**5. 检查、加深**

经仔细检查、确认无误后，按规定的图线加深全图，作图结果如图 4-12f 所示。

## 二、切割类组合体视图的画法

画切割类组合体的三视图时，一般先画出切割以前的基本形体的三视图作为画图的基

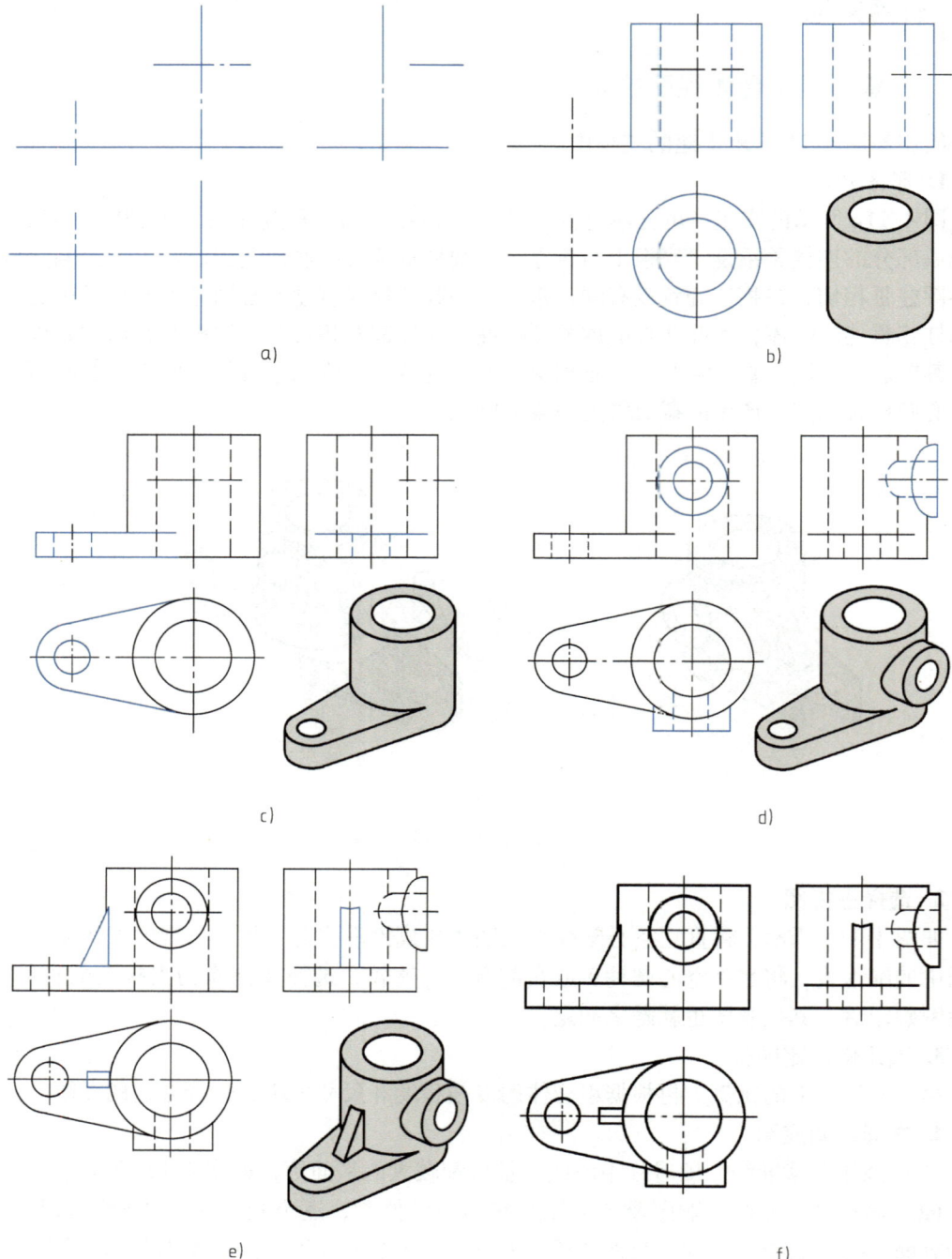

图 4-12 支座三视图的画图步骤

础,再逐一进行切割,将每一次切割产生的交线画出来。对于某一部分具体的切割部位,先画切口的形状特征视图,再画另外两个视图。

绘制图 4-13a 所示组合体的三视图。

**1. 形体分析**

图 4-13a 所示的组合体，是一个四棱柱上叠加四棱台，在左下角和右下角用正垂面和水平面切掉四棱柱Ⅰ、Ⅱ，再在上部左右中间的位置用了两个侧平面和一个水平面切掉梯形块Ⅲ以后所形成的，切割部分与四棱柱和四棱台表面都有交线，如图 4-13b 所示。

**2. 选择主视图**

如图 4-13a 所示，为了清楚地表达该组合体切掉部分的形状和位置，减少视图中的细虚线，选择图示箭头所指的 A 向作为主视图的投射方向。

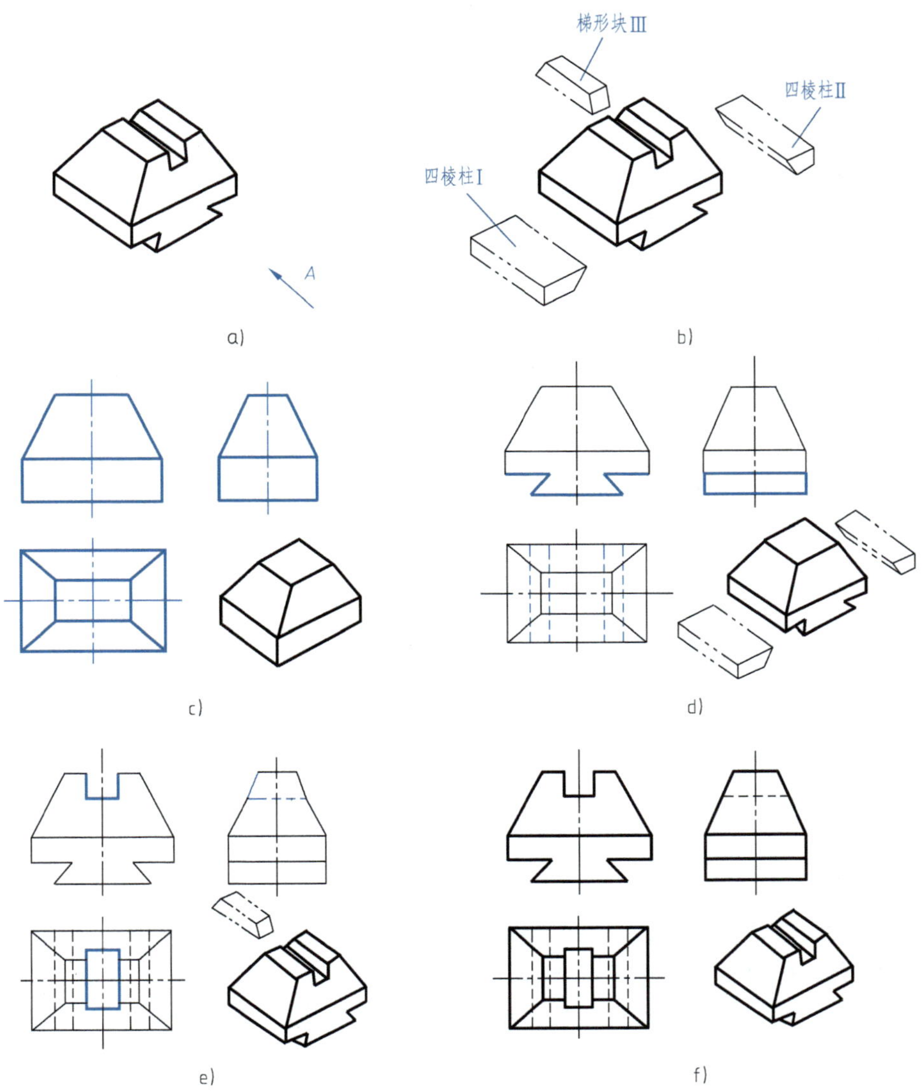

图 4-13 切割类组合体三视图的画图步骤

a) 轴测图　b) 分解图　c) 画出切割前的形体
d) 切割四棱柱Ⅰ、Ⅱ　e) 切割梯形块Ⅲ　f) 整理、描深、完成作图

### 3. 选比例、定图幅

尽量选用1∶1的比例，再选择合适的图幅。

### 4. 布图、画底图

画图时可以先画出四棱柱和其上叠加的四棱台，再按切割的顺序及切割的部位依次画出被切掉的部分，就得到切割类组合体的三视图。作图过程如图4-13 c~e所示。

### 5. 检查、加深

经仔细检查、确认无误后，按规定的图线加深全图，作图结果如图4-13f所示。

## 任务二　标注与识读组合体的尺寸

### 任务描述

视图只能表达组合体的形状，而各部分的大小及相对位置则要通过标注出的尺寸来确定。本任务主要介绍组合体的尺寸分类、尺寸基准选择、尺寸标注与识读方法。学会标注图4-14支座的尺寸，并会识读图4-15所示的汽车发动机前悬置支架的尺寸。

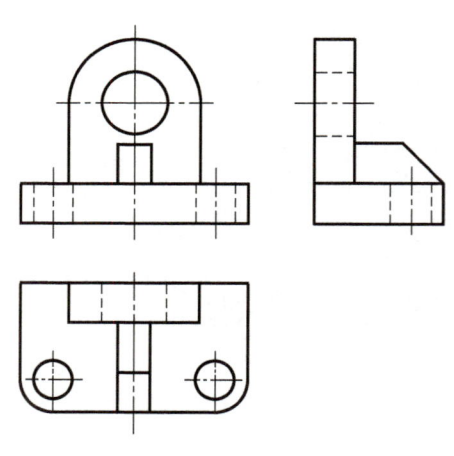

图4-14　标注尺寸

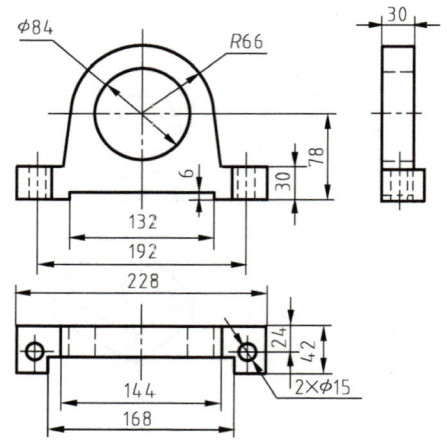

图4-15　识读尺寸

### 任务分析

标注与识读组合体的尺寸，是在看懂组合体已知视图的基础上进行的。利用形体分析的方法，首先将组合体分解成几个组成部分，确定每一部分的定形尺寸；再分析定位基准，确定各组成部分之间的相互位置尺寸，根据组合体的结构特点，确定总体尺寸。

### 相关知识

#### 一、组合体的尺寸组成

组合体的尺寸分为三类：定形尺寸、定位尺寸和总体尺寸。形体分析法是保证组合体尺寸标注完整的基本方法。

**1. 定形尺寸**

定形尺寸是指确定组合体各组成部分形状大小的尺寸。

定形尺寸一般包括长、宽、高三个方向的尺寸。因组合体是由不同的形体组合而成的，所以组合体的定形尺寸是由组成组合体各部分的定形尺寸组成的。由于各基本形体的形状特点不同，因而定形尺寸的数量也各不相同。标注组合体的尺寸，应按形体分析法将组合体分解为若干个基本形体，标注出各基本形体的定形尺寸。

如图4-16所示，50、30、7这三个尺寸确定底板的长、宽、高；φ20、φ12、（20）这三个尺寸确定圆筒的大小；R5、4×φ5这两个尺寸分别确定底板上圆角和四个圆柱孔的大小；φ5尺寸确定圆筒上圆柱孔的大小。（20）为参考尺寸。

**2. 定位尺寸**

定位尺寸是指确定组合体各组成部分之间相对位置的尺寸。

如图4-16所示，40、20这两个尺寸确定底板上四个圆柱孔的圆心位置，尺寸22确定圆筒上圆柱孔的圆心位置。

**3. 总体尺寸**

总体尺寸是指组合体外形的总长、总宽、总高尺寸。如图4-16所示的总体尺寸是：总长为50，总宽为30，总高为27。

需要指出的是，当组合体外形在某个方向为圆形（圆柱或圆球）时，在这个方向就不必标注总体尺寸。如图4-17中的总高尺寸就不必标注。

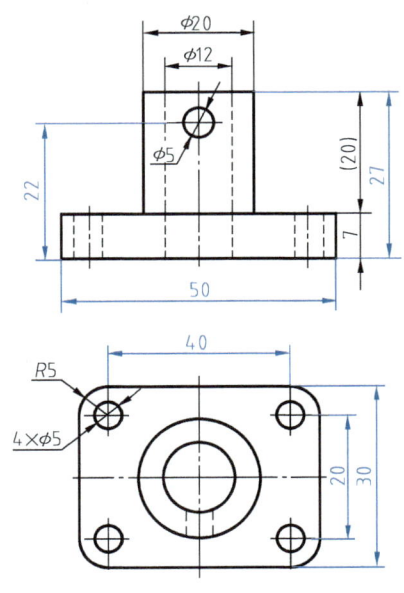

图4-16 组合体的尺寸标注示例

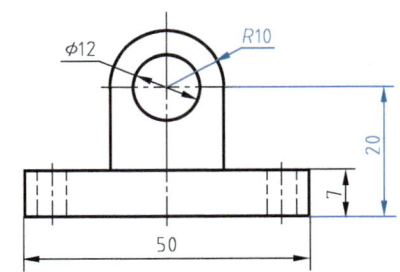

图4-17 不标总高尺寸示例

## 二、组合体的尺寸基准

由于组合体的定位尺寸是确定各组成部分相对位置的尺寸，所以在长、宽、高三方向上，至少应该有一个尺寸基准，如图4-18所示。

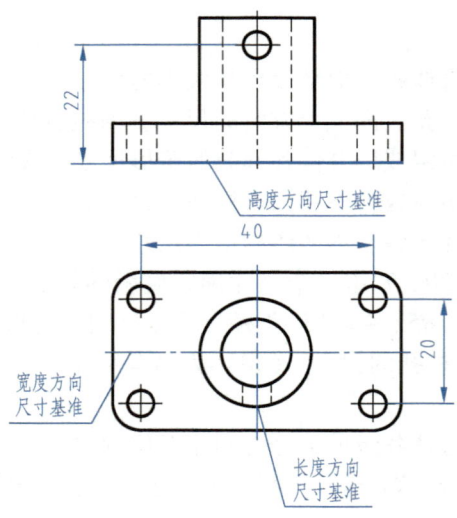

图 4-18　尺寸基准及定位尺寸

**1. 尺寸基准的选择**

对于组合体，一般选择对称面、主要轴线、大的表面等作为尺寸基准。

如图 4-18 所示，以左右对称面作为长度方向的尺寸基准，标注出底板上的小圆孔在长度方向的定位尺寸 40；以前后对称面为宽度方向的尺寸基准，标注出底板上的小圆孔在宽度方向的定位尺寸 20；以底板的底面作为高度方向的尺寸基准，标注出圆筒上小圆孔的轴线在高度方向的定位尺寸 22。

**2. 尺寸基准的数量**

当组合体各组成部分的结构和位置不同时，定位尺寸的数量也不相同，如图 4-19 所示。

当组合体的形状比较复杂时，一个方向可能会有多个基准。常把标注主要尺寸的基准称为主要基准，其他基准称为辅助基准，主要基准和辅助基准之间应有尺寸联系。如图 4-20 所示，其中尺寸 30 为主要基准和辅助基准之间的联系尺寸。

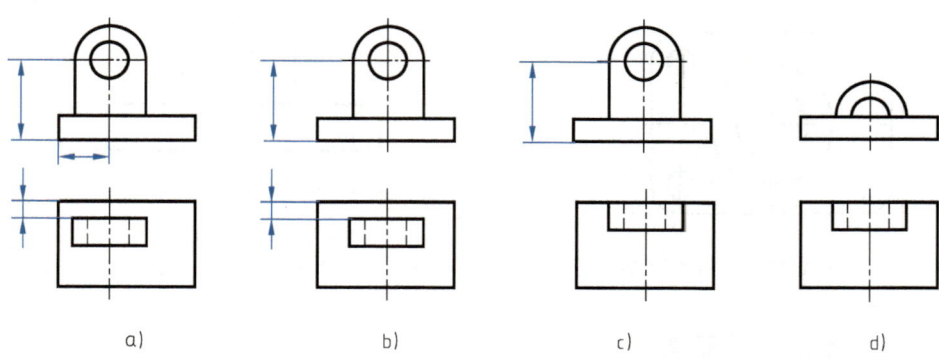

图 4-19　定位尺寸的数量

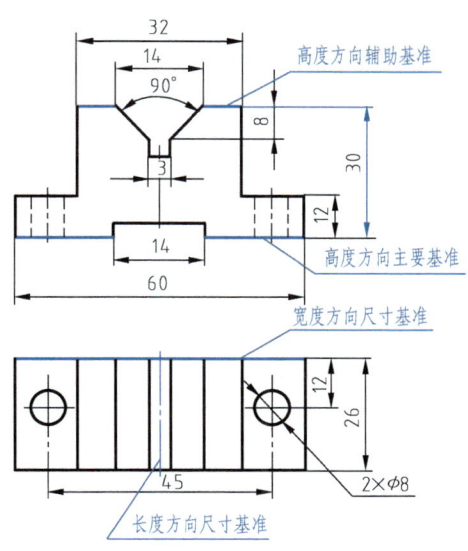

图 4-20 主要基准和辅助基准

## 三、常见形体的尺寸标注

**1. 基本体的尺寸标注**

为了掌握组合体的尺寸标注，必须首先熟悉基本体的尺寸标注方法。一些常见基本体的尺寸标注已形成固定形式，具体标注方法见表 4-1。

表 4-1 常见基本体的尺寸标注

| 三棱柱 | 四棱柱 | 六棱柱 | 四棱锥 |
|---|---|---|---|
| 四棱台 | 圆柱 | 圆锥 | 圆球 |

## 2. 切割体的尺寸标注

对于切割体，除了要标注基本体的定形尺寸以外，还要标注切口的定位尺寸。但截交线的定形尺寸（即图中打×的尺寸）不必标注，如图4-21所示。

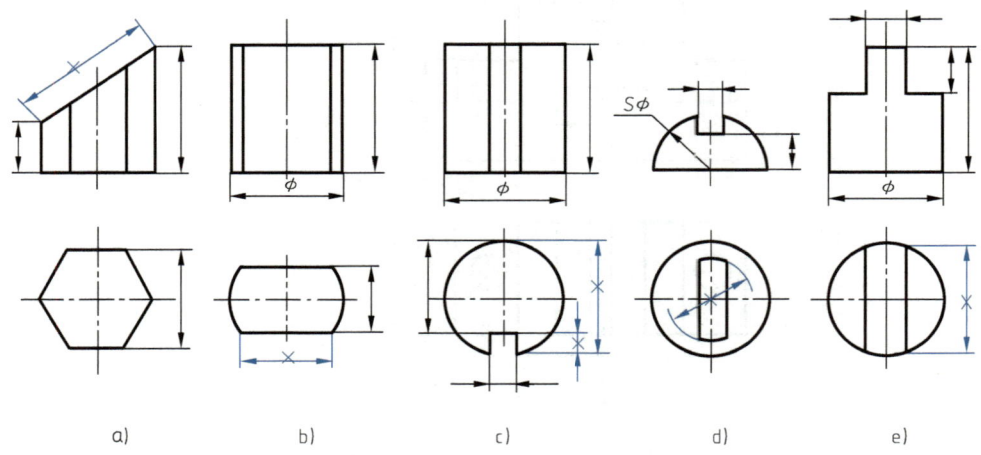

图4-21 常见切割体的尺寸标注

## 3. 相贯体的尺寸标注

对于相贯体，除了要标注基本体的定形尺寸以外，还要标注相关的定位尺寸。但相贯线的定形尺寸不必标注，如图4-22所示。

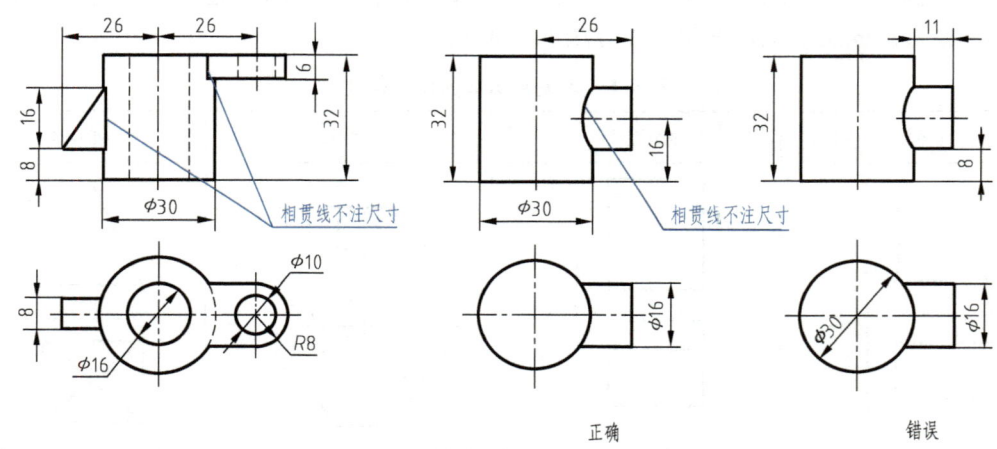

图4-22 常见相贯体的尺寸标注

## 任务实施

### 一、标注支座的尺寸

#### 1. 形体分析

图4-23所示为支座的已知三视图，利用形体分析法，初步将支座分为三个组成部分，即底板、立板和肋板。再仔细分析每一部分的细节：底板是在四棱柱体上经过切割两个圆角

和两个圆柱体以后形成的；立板是由一个 U 形柱体再切掉一个圆柱体以后形成的，肋板是一个直角梯形块。经过分析，可以想象出支座的立体形状如图 4-24 所示。

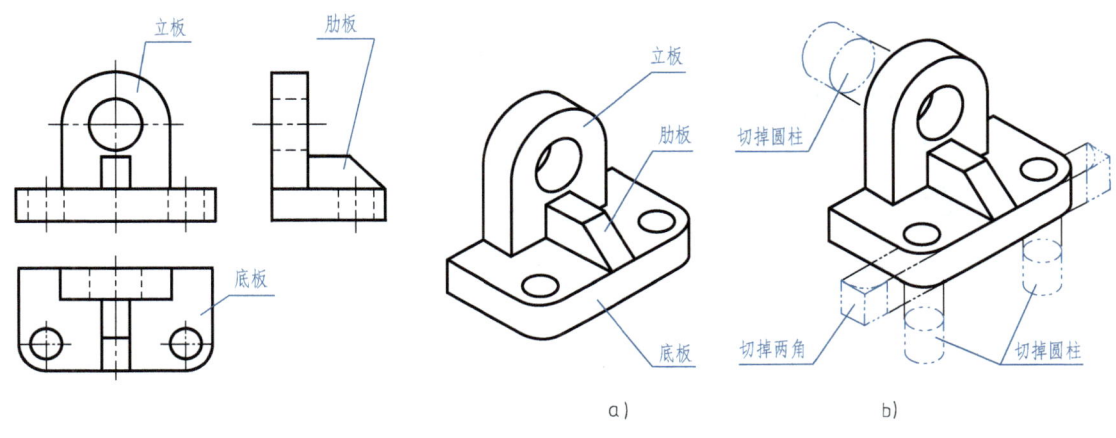

图 4-23  支座的三视图

图 4-24  支座的形体分析
a）轴测图   b）分解图

**2. 标注各组成部分的尺寸**

根据每一部分的结构特点，标注出每一组成部分的尺寸，如图 4-25 所示。

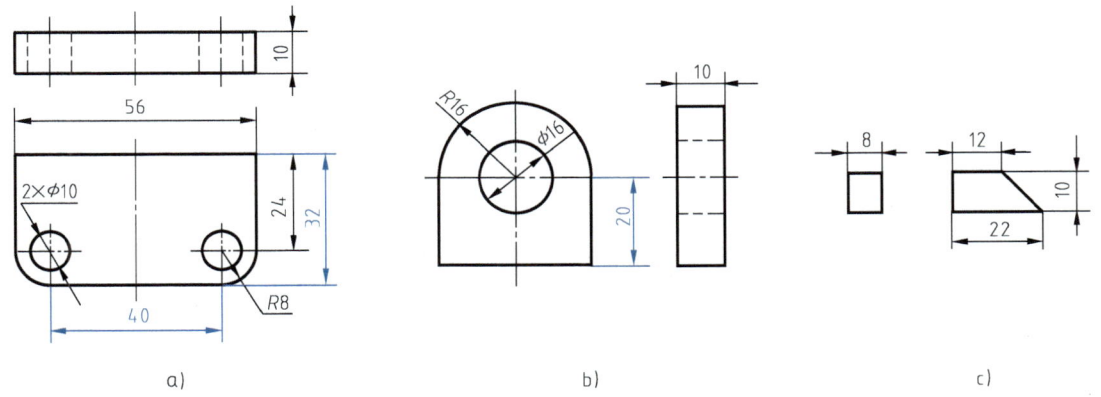

图 4-25  标注各组成部分的尺寸
a）底板的尺寸  b）立板的尺寸  c）肋板的尺寸

**3. 选定尺寸基准**

　　由形体组合情况看，该支座左右对称，故长度方向的尺寸基准选左右对称面；高度方向的主要尺寸基准选底板的底面；宽度方向的尺寸基准选底板与立板的公共后表面，如图 4-26 所示。

**4. 标注定位尺寸**

　　如图 4-26 所示，标注出各形体之间的三个定位尺寸。立板上圆孔在高度方向的定位尺寸 30，是以底面为基准标注的；底板上小孔在宽度方向的定位尺寸 24，是以后面为基准标注的，长度方向的定位尺寸 40，是以左右对称面为基准标注的。

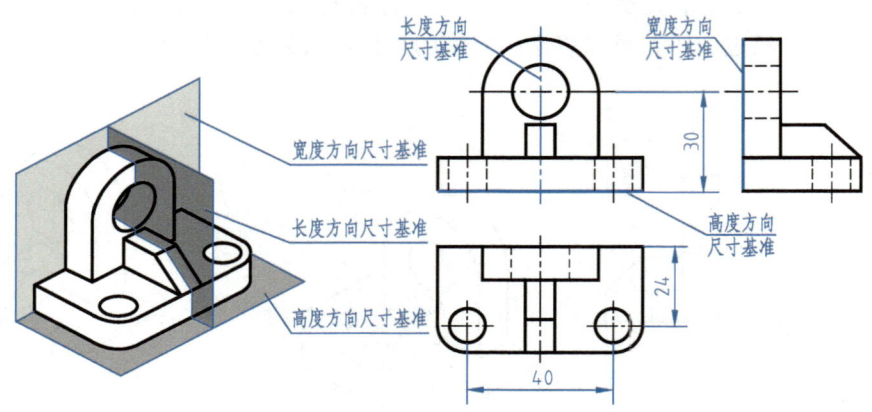

图 4-26 选定尺寸基准和标注定位尺寸

**5. 标注总体尺寸**

如图 4-27 所示，标注出支座的两个总体尺寸：总长 56 和总宽 32。

因为支座的上端为半圆柱，在标注了定位尺寸和定形尺寸后，就不再标注这个方向的总高尺寸。

**6. 校核**

校核的重点是：尺寸是否完整、清晰，有无遗漏或重复；在校核的基础上进行适当的调整，标注结果如图 4-27 所示。

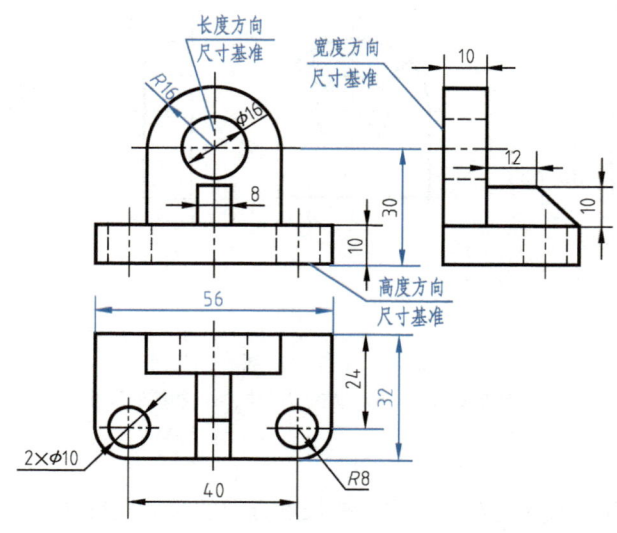

图 4-27 标注总体尺寸

## 二、识读发动机前悬置支架的尺寸

识读组合体的尺寸是指在读懂三视图的基础上，分析组合体上所标注的尺寸。下面以图 4-28 所示的发动机前悬置支架为例，分析其上的尺寸。

**1. 形体分析**

按形体分析方法，将发动机前悬置支架分解为两大组成部分，即底座和立板。底座在下，立板在上，两部分左右对称叠加，后表面共面。

**2. 主要定形尺寸分析**

长方体底座的定形尺寸为：长 228，宽 42，高 30；立板的定形尺寸为：底部长 144，上部半圆柱面的半径 $R66$，宽 30，高 114（78－30＋66），通孔直径 $\phi84$；底座上通槽的定形尺寸为：长 132，高 6；底座上前缺口的定形尺寸为：长 168，宽 12（42－30）。

**3. 尺寸基准分析**

支架上长方体底座的底面是高度方向的尺寸基准，后表面是宽度方向的尺寸基准，因左右对称，所以左右的对称面是长度方向的尺寸基准。

**4. 分析主要定位尺寸**

尺寸 78 是立板上圆孔 $\phi84$ 高度方向的定

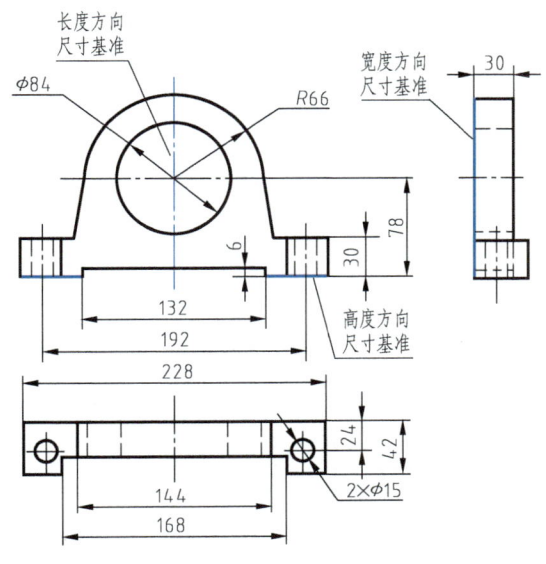

图 4-28　发动机前悬置支架

位尺寸，该尺寸是以高度方向的定位基准——底座的底面为起点进行标注的；因为左右对称，所以不必标注长度方向的定位尺寸。底板上两个安装孔的定位尺寸是 192 和 24，其中长度方向的定位尺寸 192 是以长度方向的定位基准——左右对称面为起点的方式进行标注的；宽度方向的定位尺寸 24 是以宽度方向的定位基准后表面为起点进行标注的。

**5. 总体尺寸分析**

该支架的总长 228，总宽 42，总高 144（78＋66），因为上半部是圆柱形，所以不标注总高尺寸。

## 任务三　识读组合体的视图

### 任务描述

识读组合体的视图是由已知的视图想象出组合体的空间形状和结构，检验的方法是根据两面视图补画第三视图，或者根据已知的三视图补画图中所缺的图线。本任务主要介绍识读组合体视图及补图补线的基本方法。学会补画图 4-29 各图的左视图及补画图 4-30 各图中所缺的图线。

### 任务分析

读图和画图是学习本课程的两个主要任务。识读组合体视图是画组合体视图的逆过程，两者是相辅相成的。画图的过程是通过观察实际物体，将观察到的形状用正投影法绘制在二

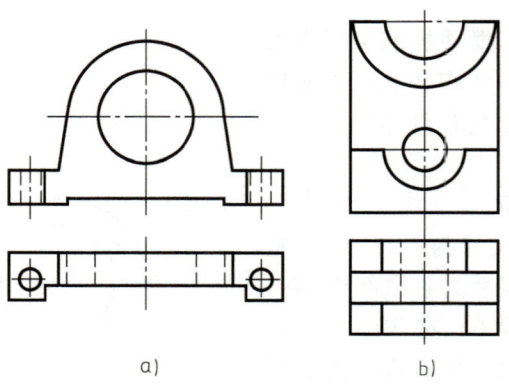

图 4-29　根据已知两面视图补画第三视图

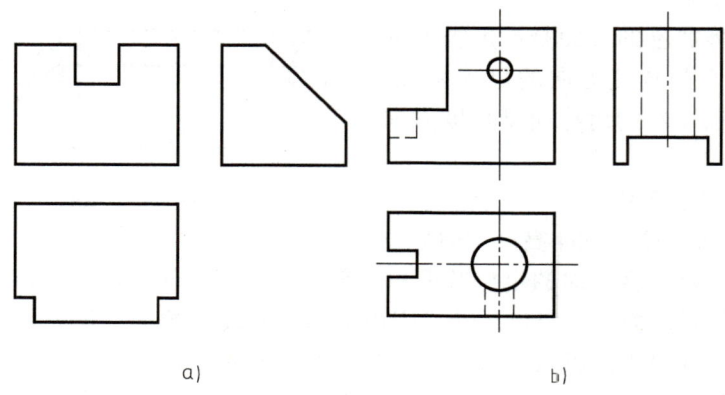

图 4-30　根据已知三视图补画缺线

维平面上；而读图的过程则是根据已知图形（两面或三面），用形体分析法逐个分析投影的特点，并确定它们的相互位置，综合想象出组合体的结构和形状，即从二维图形建立三维形体的过程。

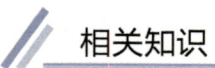　相关知识

### 一、读图的基本要领

要正确、快速地读懂组合体的三视图，必须掌握读图的基本方法和步骤，培养空间想象能力，通过不断实践，逐步提高读图能力。

**1. 将已知的几个视图相互联系**

每个视图只能反映组合体一个方向的形状。在没有标注尺寸的情况下，只看一个视图不能确定组合体的形状，如图 4-31 所示；三个相同的主视图，代表了三个不同的组合体；图 4-32 所示为三个相同的主、俯视图，也代表了三个形状各异的组合体，因此，必须把已知的几个视图联系起来识读。

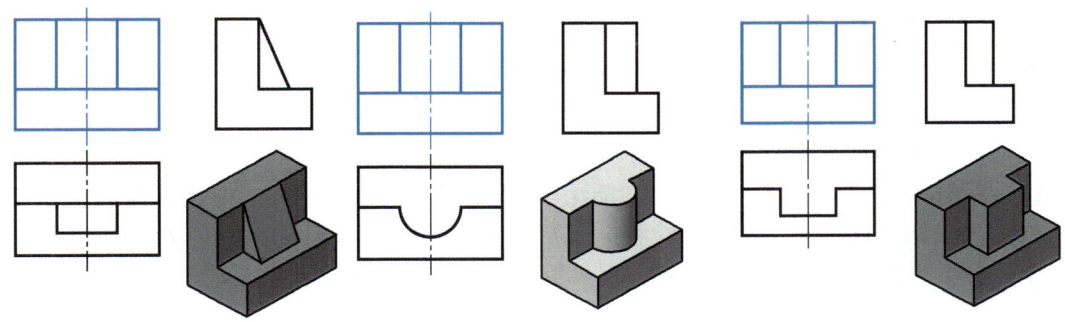

图 4-31 三个相同的主视图表达的不同组合体

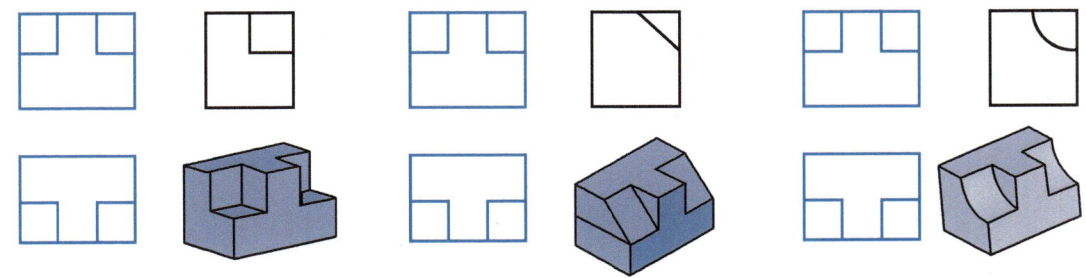

图 4-32 三个相同的主、俯视图表达的不同组合体

**2. 明确视图中图线和线框的含义**

（1）视图中图线的含义　视图中不同图线表示的含义如下：

1）表示物体上具有积聚性的一个表面的投影，包括平面和曲面，其中平面的投影是直线，曲面的投影是曲线。如图 4-33a 中的直线 1′表示圆柱顶面Ⅰ（平面）的投影；图 4-33b 中的直线 4′表示平面Ⅳ的投影，曲线 6′则表示曲面Ⅵ的投影。

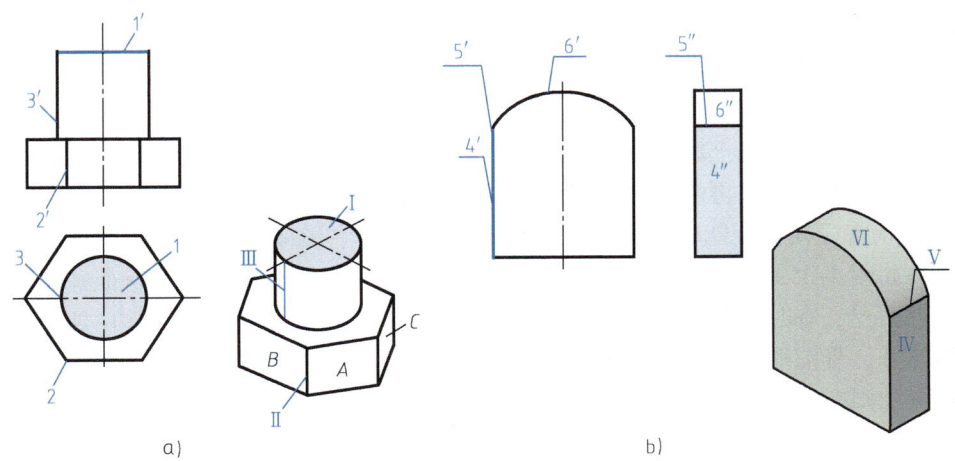

图 4-33 视图中图线的含义

2)表示物体上两个面(平面或曲面)交线的投影。如图4-33a中的直线2′表示两个平面A和B的交线Ⅱ的投影,图4-33b中的直线5″表示平面Ⅳ与曲面Ⅵ交线的投影。

3)表示物体上曲面的转向轮廓线的投影。如图4-33a中的直线3′表示圆柱面最左转向轮廓线Ⅲ的投影。

(2)视图中线框的含义 视图中不同线框表示的含义如下:

1)视图中每个封闭的线框,通常表示组合体上一个表面(平面、曲面或两者相切而组合的面)的投影。如图4-34a中的线框$a'$、$b'$和$c'$,分别表示平面A、B、C的投影,线框$d'$,表示圆柱体前半圆柱面D的投影,图4-34b中的线框$h''$则表示平面与曲面两者相切而组合的面H的投影。

2)相邻两线框,则表示组合体上不同位置(相交或某向错位)的两个表面。如相邻线框$a'$、$b'$和$c'$,分别表示相交的A和B、A和C平面的投影;而相邻线框$a'$和$d'$,则表示前后错位的平面A和曲面D的投影。

3)大线框中套有小线框,一定表示组合体上不同位置的两个表面。如图4-34a的俯视图中大线框$f$及小线框$e$,对照主视图可知,$e$面凸起,是圆柱顶面的投影,所以,$e$和$f$为上下错位的两个平行面的投影。

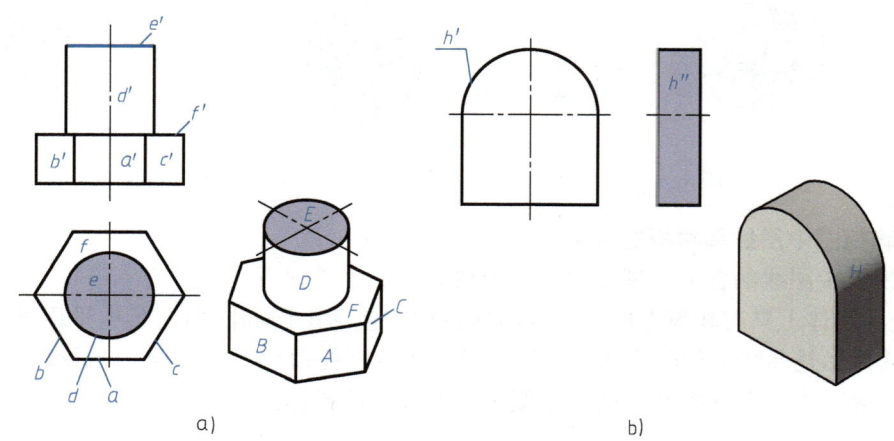

图4-34 视图中不同线框的含义

**3. 从反映形体特征的视图看起**

所谓特征视图,就是把组合体的形状特征及相对位置反映得最充分的那个视图。一般情况下,找到了这个视图,再配合其他视图,就能较快地认清组合体了。

(1)形状特征视图 能够清楚地反映组合体及各基本形体形状特征的视图,称为形状特征视图,如图4-35a所示。由于组合体的组成方式不同,组合体的形状特征并非总是集中在某一个视图上,有时是分散于不同的视图上,如图4-35b所示。该组合体由四个部分叠加组成,形体Ⅱ、Ⅲ的形状特征在主视图上反映,形体Ⅰ的形状特征在俯视图上反映,而形体Ⅳ的形状特征则在左视图上反映。看图时必须要善于找出反映形状特征的视图,这样就便于想象其形状。

(2)位置特征视图 能清楚地反映构成组合体的各基本形体之间相互位置关系的视图,称为位置特征视图。图4-36所示的两个组合体,主视图与俯视图完全相同,其中主视图中三个线框的形状特征很明显，但相对位置却不够清楚。对照俯视图可看出，圆形线框Ⅱ和矩形线框Ⅲ，一个是凹进去的孔，另一个是向前凸出的实体。但仅从主、俯视图上并不能确定哪个形体是凹进去的孔，哪个形体是向前凸出的实体，只有对照主、左视图识读才能确定出两个不同的组合体。显然，左视图是反映该组合体各组成部分之间相对位置特征最明显的视图。

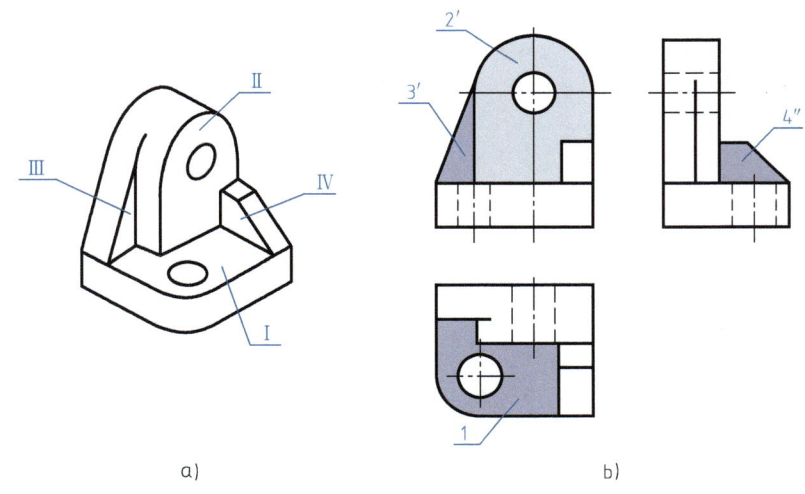

图 4-35 形状特征明显的视图

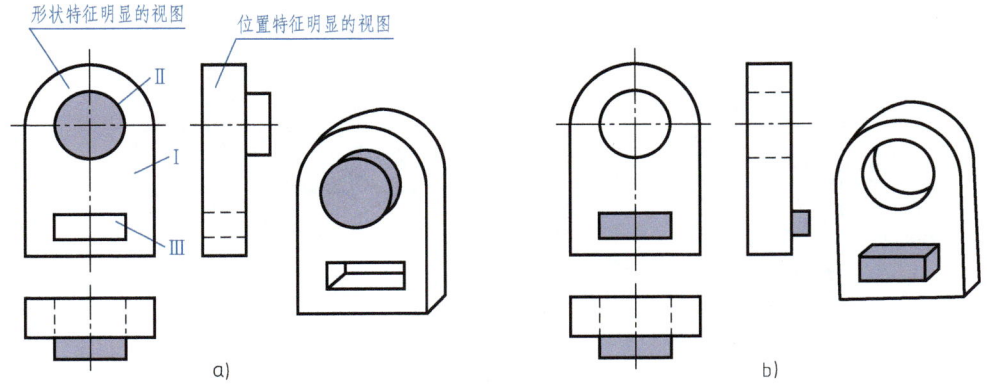

图 4-36 位置特征明显的视图

## 二、读图的基本方法

读图的基本方法与画图一样，主要运用形体分析法。对于比较复杂的切割类组合体，在运用形体分析法的同时，还要用线面分析法来帮助想象和读懂不容易看明白的局部结构。

### 1. 形体分析法

根据组合体视图的特点，将其大致分成几个组成部分，然后逐个将每一部分的几个投影

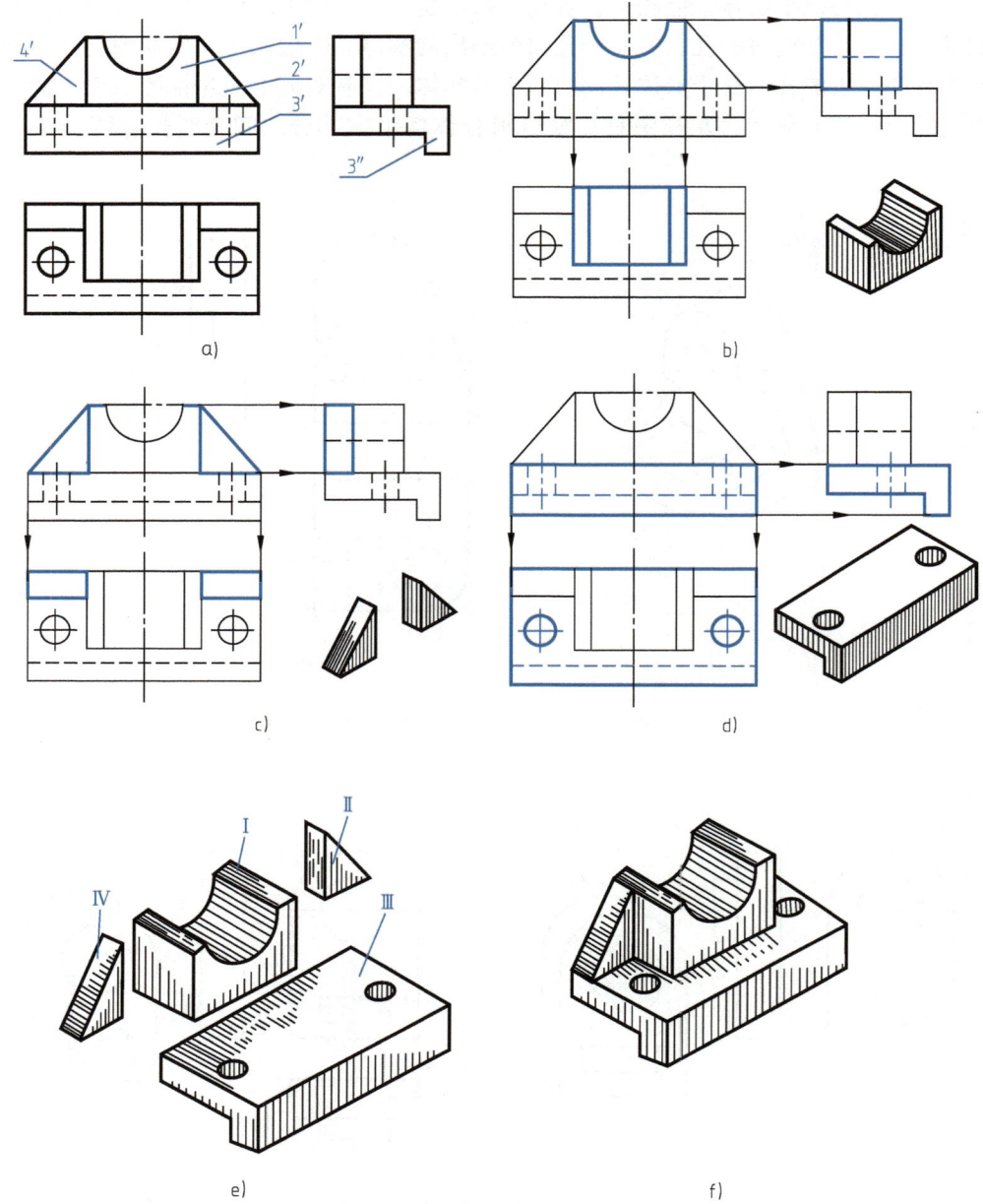

图 4-37 形体分析法读图

对照起来进行分析,想象出其形状;再分析各组成部分的相互位置关系,最后想象出组合体的整体结构形状,这种读图方法称为形体分析法。

下面以图 4-37 所示的轴承座为例,说明用形体分析法读图的方法与步骤。

(1)划分线框,分解形体 首先从主视图入手,将其线框分为四个部分,如图 4-37a 所示。

(2)抓住特征,想象形状 主视图较明显地反映出形体Ⅰ、Ⅱ、Ⅳ的形状特征,左视图则明显地反映出形体Ⅲ的形状特征。根据三视图之间的"三等"规律,在其他视图中找出各线框对应的投影,逐步想象出各组成部分的形状,如图 4-37b、c、d 所示。Ⅰ为带半圆槽的 U 形柱体;Ⅲ为带弯边的 L 形底板,上面挖切了两个圆孔,俯视图反映两孔的相对位置;Ⅱ和Ⅳ为三棱柱形的肋板。

(3) 对照投影,明确位置　在想象出各部分的形状以后,按照投影关系,可进一步分析并明确各组成部分之间的相对位置关系:带半圆槽的 U 形柱体Ⅰ在底板Ⅲ的上方,两形体的对称面重合且后面靠齐共面;肋板Ⅱ、Ⅳ对称地分布在带半圆槽的 U 形柱体Ⅰ的左右两侧,且与其相接,后面靠齐共面,如图 4-37e 所示。

(4) 综合起来,想出整体　通过上述分析,对轴承座各组成部分的形状和位置有了一个完整的印象,再综合起来,便可想象出轴承座的整体形状,如图 4-37f 所示。

**2. 线面分析法**

构成组合体的各形体可以看作是由形体上的若干表面(平面或曲面)和线(直线或曲线)围成的实体。线面分析法就是把组合体分解为若干表面和线,从"面""线"的角度分析形体的表面或表面间的交线,并确定它们之间的相对位置,以及它们相对于投影面的位置的方法。

(1) 分析组合体上各表面的形状　运用线面分析法时,应注意利用面、线投影的积聚性、真实性和类似性来分析和解决问题。构成物体的各个表面,不论其形状如何,它们的投影如果不具有积聚性,一般都是一个封闭的线框。运用线面分析法读图时,应将视图中的一个线框看作物体上的一个表面(平面、曲面或两者的组合)的投影,利用投影关系,在其他视图上找到对应的图形,再分析这个面的投影特性(真实性、积聚性、类似性),确定这些面的形状,从而想象出组合体的整体形状。典型图例如图 4-38 和图 4-39 所示。

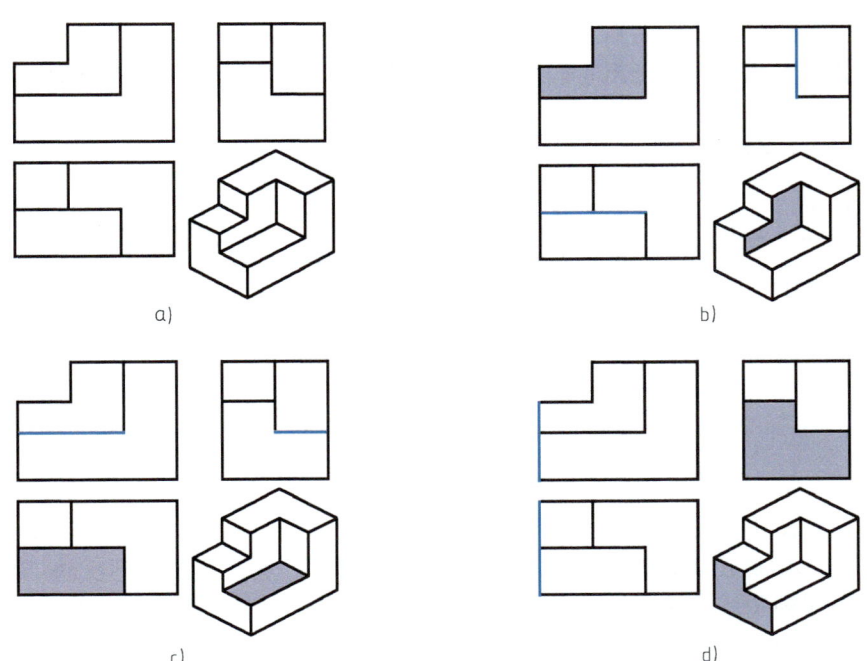

图 4-38　投影面平行面

a) 题目　b) 正平面的投影　c) 水平面的投影　d) 侧平面的投影

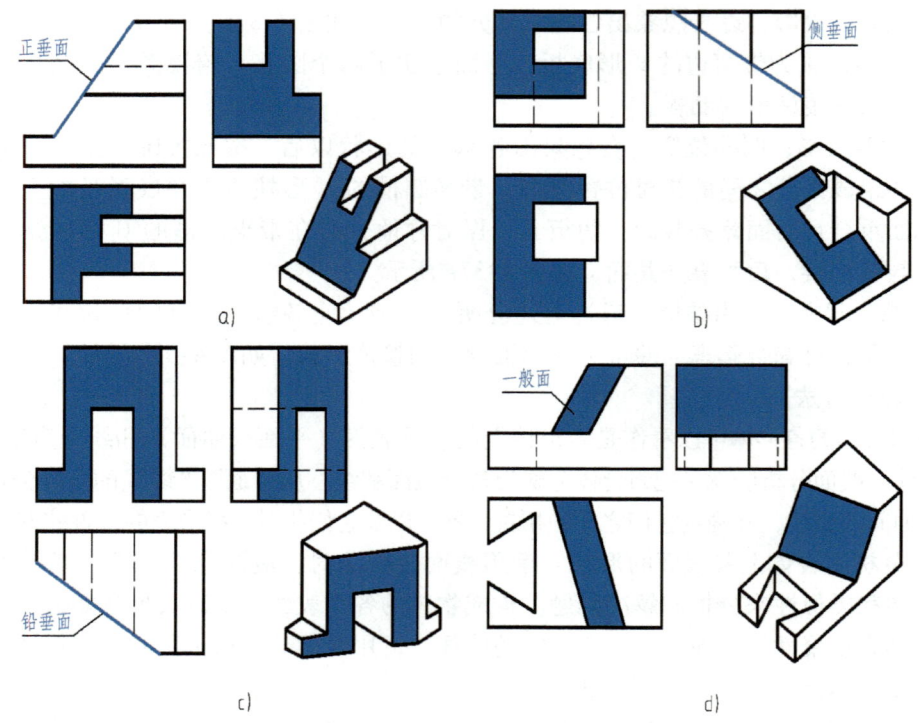

图 4-39　投影面垂直面和一般位置面

（2）分析组合体上相邻表面之间的相对位置　视图中相邻的两个线框可能表示相交的两个面，或前后、上下、左右错开的两个面。如图 4-40 所示，给出了四组视图。分析视图中的线框及投影关系，并区分出它们的前后、上下、左右相对位置和相交等连接关系，可帮助想象形体。

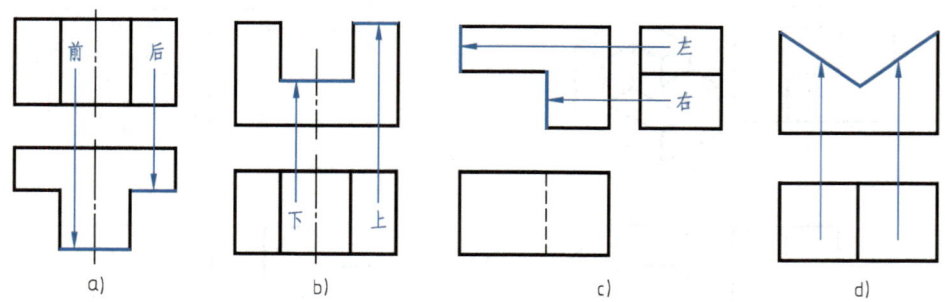

图 4-40　相邻表面间的位置关系

按相邻两个封闭线框表示不同位置的两个面的判别方法，从图中可以归纳得出：主视图不反映"面"的前后位置，俯视图不反映"面"的上下位置，左视图不反映"面"的左右位置。若明确这种关系，只有将主视图中的线框向前拉至与俯视图对应的部位，如图 4-40a 所示；将俯视图中的线框向上拉至与主视图对应的部位，如图 4-40b 所示；将左视图中的线框向左拉至与主视图对应的部位，如图 4-40c 所示，则线框所表示的"面"（或"体"）的相对位置才能确定，线框所表示"体"的形状才能在头脑中形成。这种线框分析的方法是由平面图形想象物体空间形状的根本途径和有效方法。图 4-40d 则表示两个面是斜交位置关系。

（3）线面分析法读图举例　下面以图4-41a所示压块三视图为例，来说明线面分析法看图的具体方法与步骤。

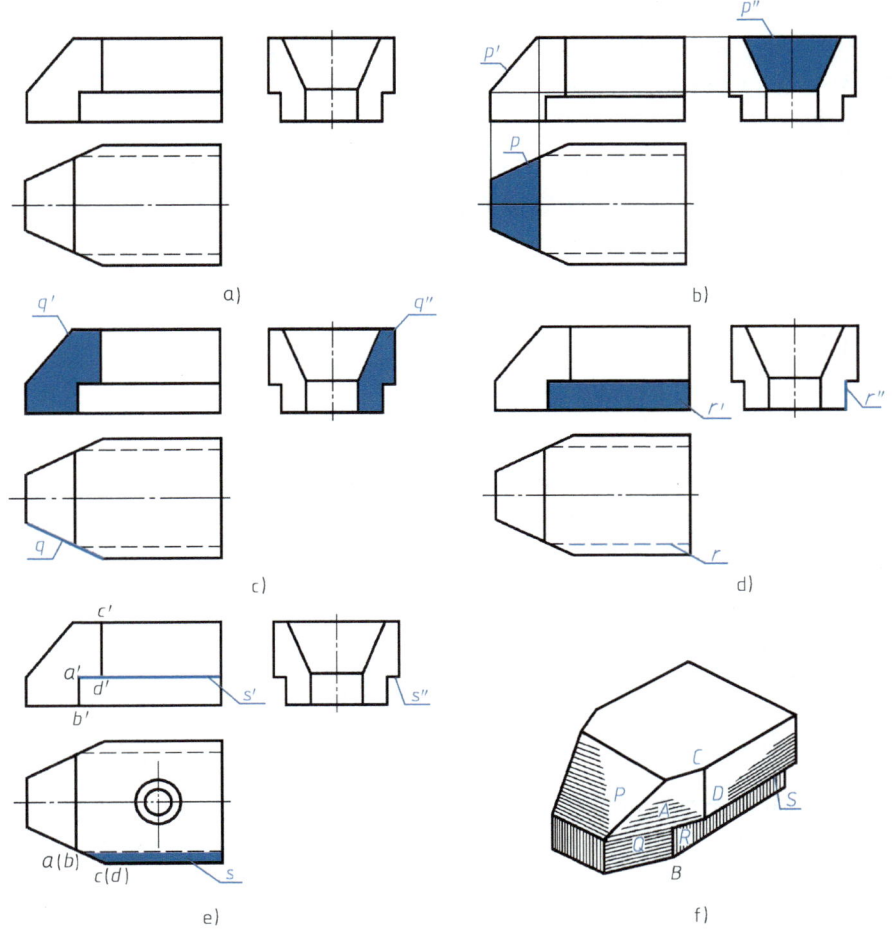

图4-41　用线面分析法读组合体的视图

从图4-41a可看出，该压块属于切割类的组合体，采用线面分析法比较方便。

1）划分线框，认识大体。根据已知的视图，可以大致看出切割以前的基本形体；再把组合体划分为几个线框，便可分析出组合体是在什么位置用什么平面切割的。图示组合体的外形都是矩形切角的图形，所以可以大致确定切割以前的基本形体是四棱柱。

2）细读线面，明确结构。如图4-41b所示，从主视图的斜线 $p'$ 出发，按长对正、高平齐的投影关系，在俯、左视图中对应出边数相等的两个类似形 $p$ 和 $p''$，则三个视图的投影特征是"两框一斜线"，可判断该面为垂直面，又因"斜线"在正面，所以 $P$ 面垂直于正面，是正垂面。

如图4-41c所示，从俯视图中的斜线 $q$ 出发，按长对正、宽相等的投影关系，在主、左视图中对应出边数相等的两个类似形 $q'$ 及 $q''$，则三个视图的投影特征也是"两框一斜线"，

131

该面为垂直面，因"斜线"在水平面，所以 Q 面垂直于水平面，是铅垂面。

如图 4-41d 所示，从左视图中的直线 r″ 出发，按高平齐、宽相等的投影关系，在主、俯视图中对应出一直线 r 及线框 r′，则三个视图的投影特征是"一框两直线"，R 面为平行面，因"框"在正面，所以 R 面平行于正面，是正平面。

如图 4-41e 所示，从主视图中的直线 s′ 出发，按长对正、高平齐的投影关系，在俯、左视图中对应出一线框 s 及直线 s″，则三个视图的投影特征是"一框两直线"，S 面为平行面，因"框"在水平面上，所以 S 面是水平面。

3) 综合起来，想象整体。通过上面的分析可知，此压块左上角的缺口是被正垂面 P 所切，左方前后对称的缺角是被两个铅垂面 Q 所切，前后下方的缺块分别被正平面 R 和水平面 S 所切。在弄清了压块各表面的形状与空间位置的基础上，进而综合想象出整体形状，如图 4-41f 所示。

## 任务实施

### 一、讨论并判断图 4-42 所示图形各表面间的相互位置

全班分成若干小组进行讨论并按要求完成下列各题目，老师巡回指导，根据各小组做出的答案再进行点评，最后统一正确答案。

1) 图 a 主视图中两个线框，表示_____面，俯视图中的两个线框，表示_____面。

2) 图 b 主视图的两个线框，表示_____面。

3) 图 c 俯视图的两个线框，表示_____面。

### 二、识读图 4-43 所示发动机前悬置支架的主、俯视图，并补画左视图

分析：由已知的两个视图可以看出，发动机前悬置支架属于叠加类组合体，是由底座和立板两部分组成的。从主视图入手，可划分成两个主要的组成部分 1′ 和 2′。把主视图和俯视图对应起来分析，根据投影规律，可在俯视图中找到对应的 1 和 2。由此可知，形体Ⅰ为上部带半圆和圆孔、下部上小下大的立板；形体Ⅱ是一长方形底座，底座的下方有一前后方向直通的矩形槽，前方有一上下方向直通的矩形槽，左右两边各有一个安装孔。

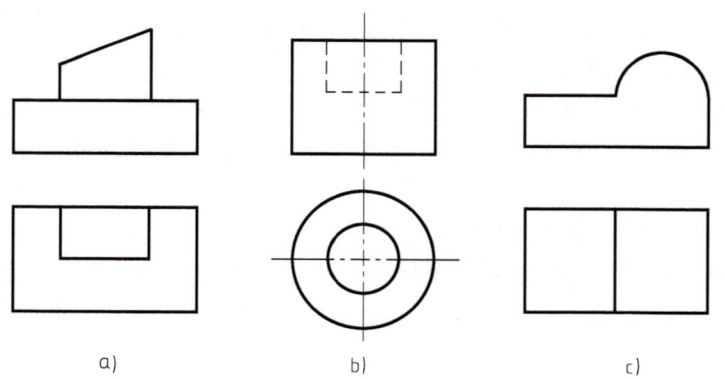

图 4-42　相邻表面间的位置关系

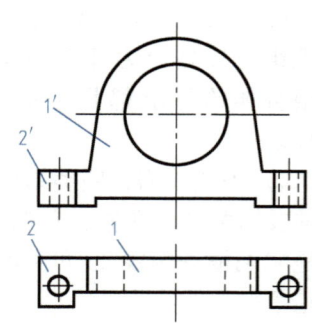

图 4-43　发动机前悬置支架

作图步骤：

1）补画底座和立板左视图的外形轮廓，如图4-44a所示。

2）补画底座上上下方向直通的矩形槽和立板上的圆孔（均为细虚线），如图4-44b所示。

3）补画底座下方前后方向直通的矩形槽和两边的安装孔（均为细虚线），如图4-44c所示。

4）经检查以后，擦除多余作图线，加深图线，即完成作图，如图4-44d所示。

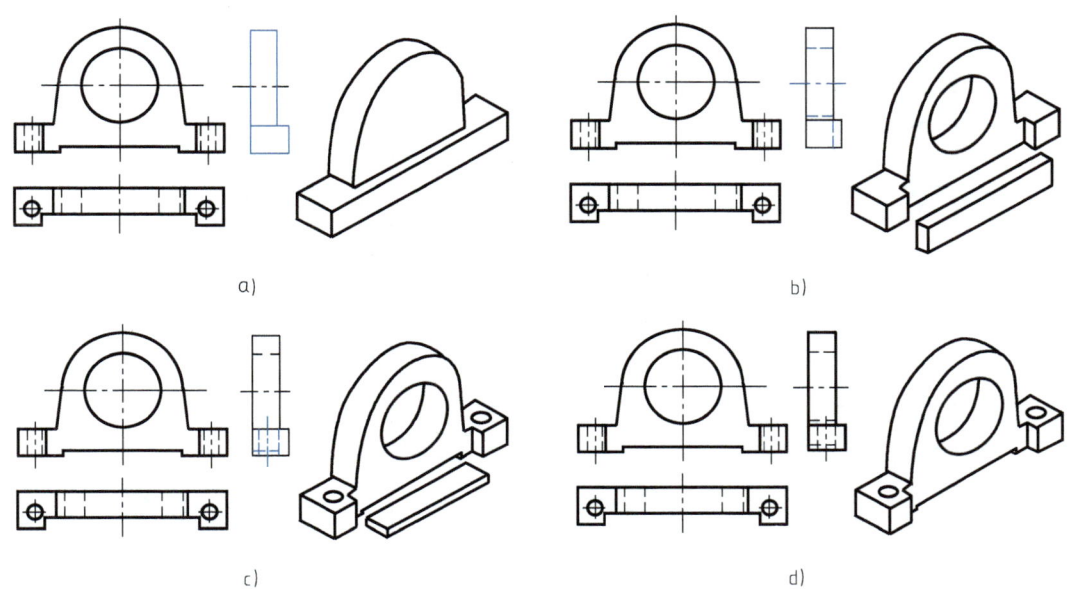

图4-44 补画发动机前悬置支架的左视图

### 三、识读图4-45所示组合体的主、俯视图，并补画左视图

分析：由已知两个视图的外形轮廓都是矩形可以判断，该组合体属于切割类，未切割以前的基本形体是四棱柱。在主视图中有3个线框，由主、俯视图对投影可以看出，3个线框分别表示组合体上3个不同位置的表面。$a'$线框是一个半圆形槽，处于组合体的最后面；$b'$线框中还有一个小圆线框，与俯视图中的两条细虚线对应，其形状特征是在四棱柱上穿了一个圆孔，它处于组合体的中间位置；从主视图中可看出，$c'$线框的上部有个半圆槽，在俯视图上可找到对应的两条粗实线，处于组合体的最前面。由此看来，主视图中的3个线框实际上是组合体的前、中、后三个正平面的投影。

补画切割类组合体的视图时，可以先画出切割以前的外形轮廓，再按切割的顺序依次补画出每次切割以后的图

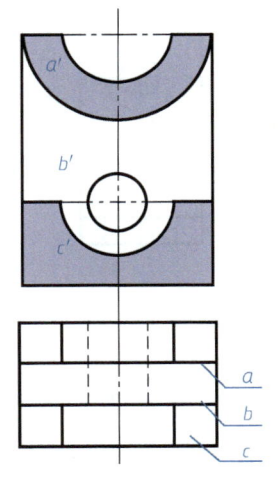

图4-45 已知视图

形，最后就可以完成组合体的图形。

作图步骤：

1) 补画出左视图的外形轮廓，如图 4-46a 所示。
2) 在前方切出矩形缺口，补画出左视图，如图 4-46b 所示。
3) 在下方切出半圆槽，画出细虚线，如图 4-46c 所示。
4) 在中层下部切出小圆孔，画出细虚线，如图 4-46d 所示。
5) 在中层上部切出半圆槽和半圆孔，画出细虚线，如图 4-46e 所示。
6) 仔细检查以后，擦去多余线条，再加深全图，作图结果如图 4-46f 所示。

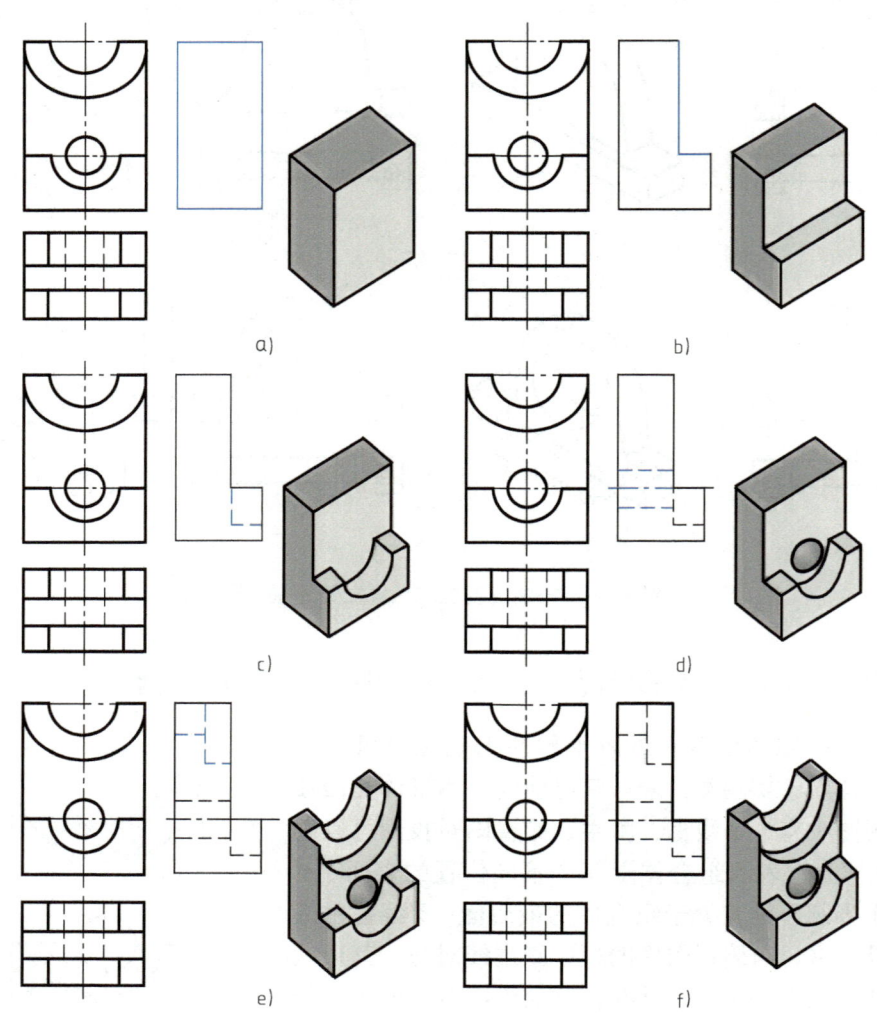

图 4-46 补画组合体左视图的作图步骤

## 四、识读图 4-47a 所示的三视图，想象组合体形状，并补画图中所缺的图线

分析：根据已知的三视图，可以看出该组合体属于切割类，切割以前的基本形体是长方体。在前上方切掉一角，在上面中间的位置切出矩形直槽，在前下方左右各切掉一直角。在

相邻表面的结合处及直槽和两个直角的相交处都应该有交线。

作图步骤：

1）补画前上方切掉一角后的主、俯视图，如图 4-47b 所示。
2）补画切出矩形直槽后的俯、左视图，如图 4-47c 所示。
3）补画出左右切去直角后的主、左视图，完成作图，如图 4-47d 所示。

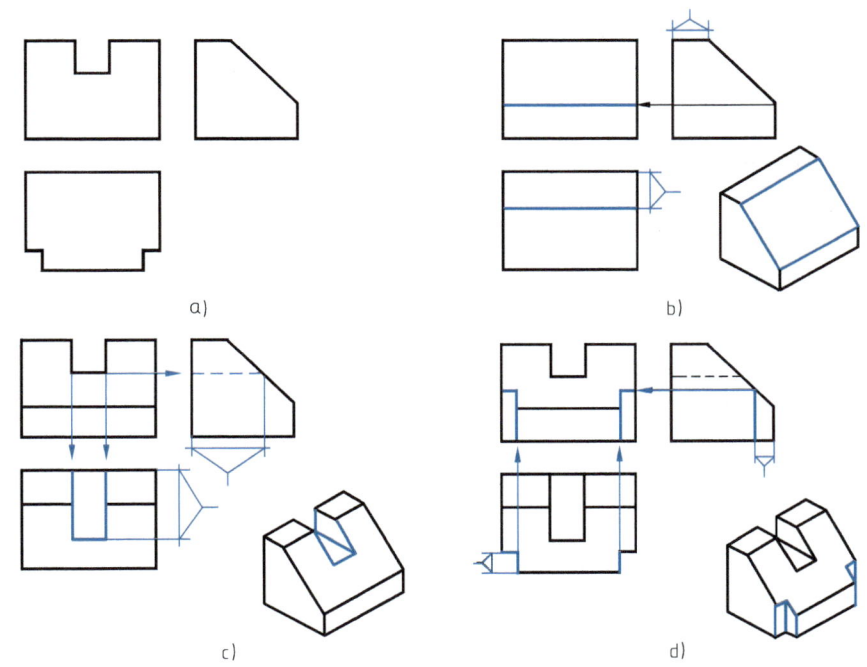

图 4-47　补画缺线

### 五、识读图 4-48a 所示的三视图，想象组合体形状，并补画图中所缺的图线

分析：根据已知的三视图分析可知，该组合体是在长方体的左上方切掉一直角，在左下方的上下方向及下面的左右方向各切出一直槽，在竖直方向钻一大圆柱孔，在水平方向钻一小圆柱孔。切角及切槽处都应该有交线，两圆柱孔应该有相贯线。

作图步骤：

1）补画左上方切掉直角后的俯、左视图，如图 4-48b 所示。
2）补画切出上下方向及左右方向矩形直槽后的三个视图，如图 4-48c 所示。
3）补画钻出两圆柱孔后的主、左视图，完成作图，如图 4-48d 所示。

根据补图过程和补图结果，可以想象出该组合体的形状如图 4-49 所示。

## 项目小结

本项目是投影作图部分的核心内容，也是全书的重点，是培养大家空间想象能力和读图能力的关键部分。组合体可以理解为把机械零件抽象而成的几何模型，是忽略了工艺结构的零件。组合体的视图是不含技术要求的零件图。所以掌握组合体图形的绘制、识读及尺寸标注的方法，可以为零件图的绘制与识读奠定坚实的基础。

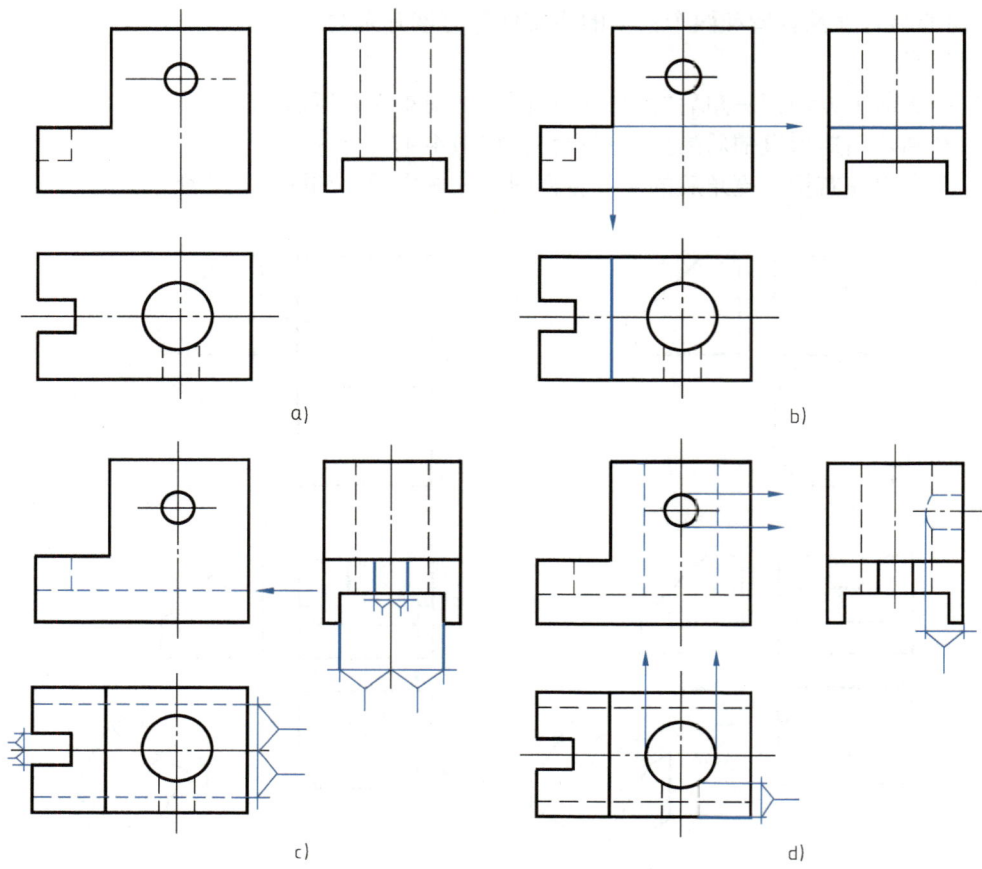

图 4-48 补画缺线

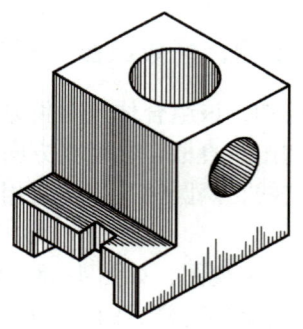

图 4-49 想象出的立体形状

绘制与识读组合体视图的基本方法是形体分析法。绘制组合体视图时，必须首先明确相邻表面间的连接关系及画法；识读组合体视图时，必须搞清楚图形中的每一条线及每一个封闭线框的含义。

标注组合体的尺寸时，首先应按形体分析法，标注各组成部分的定形尺寸，再标注出定位尺寸，最后调整好总体尺寸。要注意标注的尺寸不能重复，也不能遗漏，还要使尺寸布局得合理、清晰。

# 项目五 选择与识读机件的基本表达方法

　　汽车机械零件的品种多种多样，结构有简有繁，形状千变万化。当其结构和形状比较复杂时，仅用前面所讲的三视图，已难于将物体的内、外形状正确、完整、清晰地表达出来。本项目主要介绍国家标准《技术制图》与《机械制图》中规定的视图、剖视图和断面图等基本表达方法。

## 知识目标
1. 掌握机件各种表达方法的特点、画法要点、识读要点及标注方法。
2. 认识机件的各种表达方法。

## 技能目标
1. 能根据机件的结构特点，选择适当的视图表达方案。
2. 学会绘制剖视图。
3. 能根据机件的结构特点，选择适当的剖视图表达方案。
4. 会识读一般复杂程度的断面图。
5. 能根据机件表达方法进行综合分析。

## 任务一　选择与识读机件的视图表达方法

### 任务描述

　　视图是指用正投影法将机件向投影面投射所得的图形，主要用来表达机件的外部结构形状。一般只表示机件的可见部分，必要时才用细虚线画出其不可见部分。本任务主要介绍视图的类型、不同视图的特点、应用场合及标注方法等内容。根据图 5-1a 所示的已知视图，重新选择表达方案；识读图 5-1b 所示的已知视图表达方案，想象机件的结构形状。

汽车机械制图

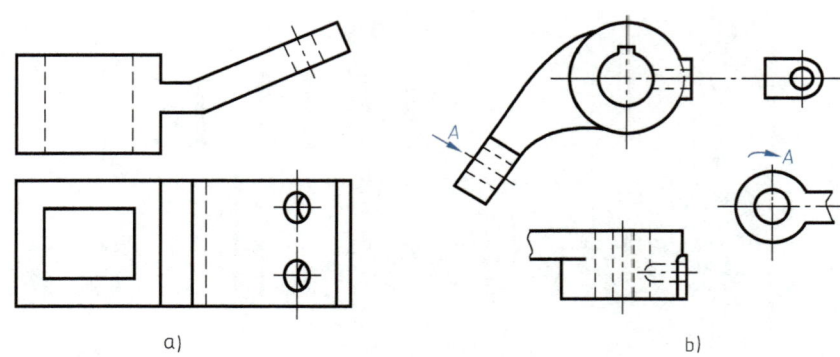

图 5-1 选择与识读机件的视图表达

## 任务分析

前面介绍的内容中，不论物体的形状复杂或者简单，都是用三个视图表达的。而实际生产中使用的汽车零件，其结构和形状的复杂程度是根据该零件的使用性能确定的，有些零件的形状很简单（比如活塞销、发动机排气门等），仅用一个或者两个视图就能表达清楚；而有些零件的结构和形状都很复杂（比如发动机箱体、转向器壳体等），如果还用三个视图就显得不够了。对此，国家标准规定了视图的类型有基本视图、向视图、局部视图和斜视图四种。

## 相关知识

### 一、基本视图

机件向基本投影面投射所得的视图，称为基本视图。

#### 1. 基本视图的形成

在原有三个投影面的基础上，再增设三个互相垂直的投影面，从而构成一个正六面体，正六面体的六个侧面称为基本投影面，如图 5-2a 所示。将机件放在正六面体中间，分别向

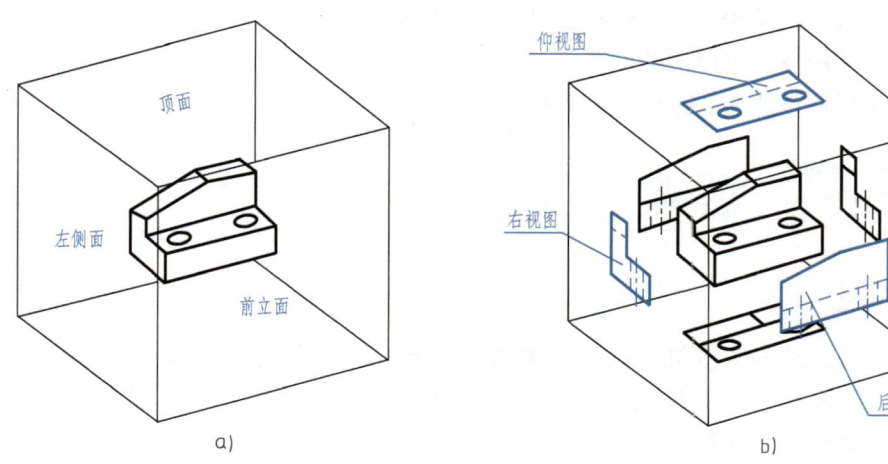

图 5-2 基本投影面及新增加的三个视图
a) 六个基本投影面  b) 新增加的三个视图

六个投影面投射,即得到六个基本视图,除原来的三个视图外,新增加的视图为右视图、后视图和仰视图,如图 5-2b 所示。

六个基本投影面的展开方式如图 5-3a 所示,即保持正投影面不动,其余各投影面按箭头所指方向展开,使之与正投影面共处一面,便得六个基本视图。

展开后各视图的配置如图 5-3b 所示。按此位置配置,画在一张图纸内的六个基本视图,一律不标注视图名称。

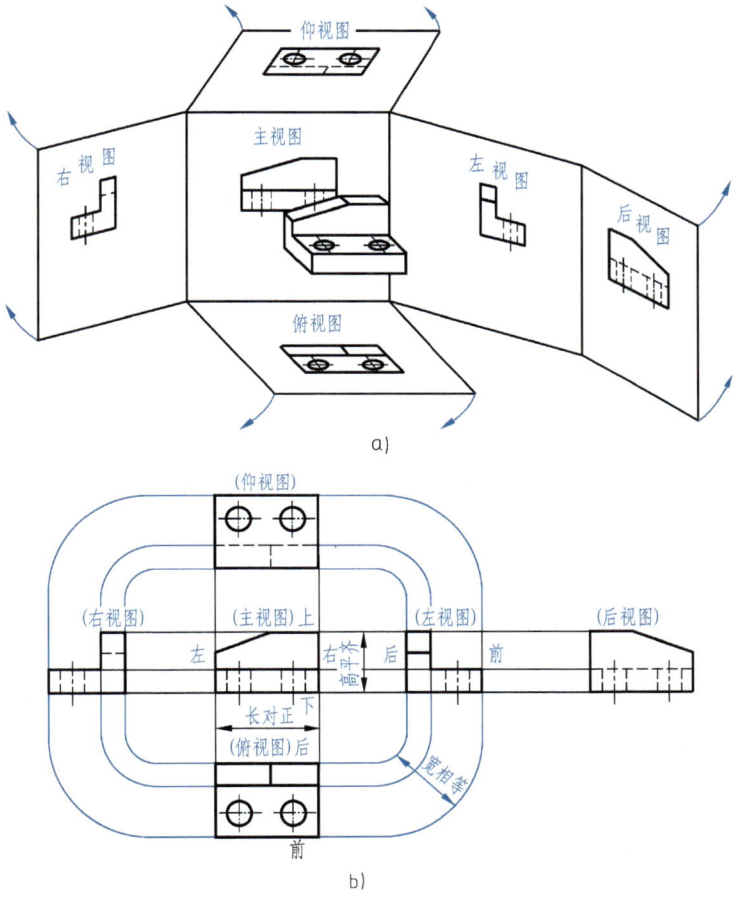

图 5-3 基本视图

从图 5-3b 中可以看出,除后视图以外,其他各视图靠近主视图的一侧表示机件的后面,远离主视图的一侧表示机件的前面,即"远前近后"。

六个基本视图的投射方向及位置配置见表 5-1。

表 5-1 六个基本视图的名称、投射方向、位置配置

| 视图名称 | 主视图 | 俯视图 | 左视图 | 右视图 | 仰视图 | 后视图 |
| --- | --- | --- | --- | --- | --- | --- |
| 投射方向 | 自前向后 | 自上向下 | 自左向右 | 自右向左 | 自下向上 | 自后向前 |
| 位置配置 | | 在主视图下方 | 在主视图右方 | 在主视图左方 | 在主视图上方 | 在左视图右方 |

## 2. 基本视图的投影规律

如图 5-3b 所示，六个基本视图之间仍保持着与三视图相同的"长对正、高平齐、宽相等"的投影规律，即主视图、俯视图与后视图、仰视图长对正；主视图、左视图与后视图、右视图高平齐；俯视图、左视图与仰视图、右视图宽相等。

六个基本视图之间的投影规律可概括为：

主、俯、后、仰视图——长对正
主、左、后、右视图——高平齐
俯、左、仰、右视图——宽相等

## 3. 识读基本视图的要点

实际应用时，不是所有机件都要用六个基本视图表达，而是应根据机件的结构特点和复杂程度，按实际需要选择基本视图的数量。总的要求是表达完整、清晰，又不重复，使视图的数量最少。

识读基本视图时应掌握其特点：即按投影关系配置和图形完整。在看某一视图时，一定要搞清楚该视图是从零件的哪个方向投射的，再和其他有关的视图进行对应识读，不能孤立地看某一视图。

## 二、向视图

在实际绘图过程中，为了合理利用图纸，将以上六个基本视图的位置可以自由配置，这种可以自由配置的基本视图称为向视图，如图 5-4 中的向视图 $E$、向视图 $F$、向视图 $D$。

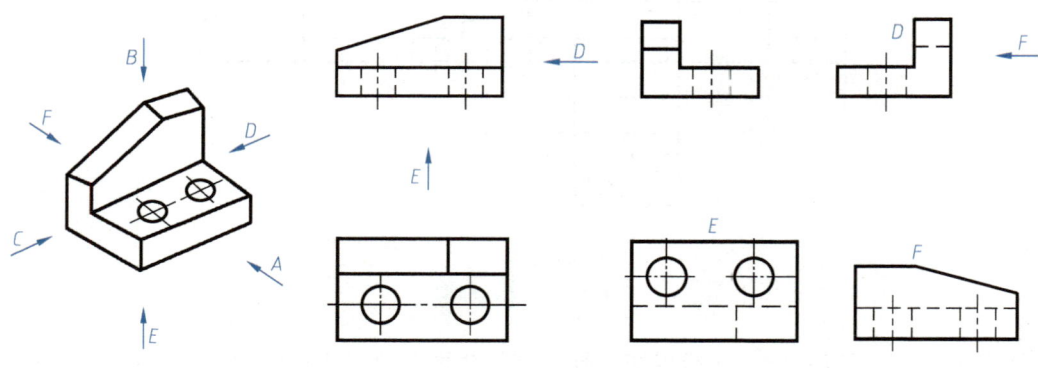

图 5-4　向视图及标注

### 1. 向视图的配置

向视图是可以自由配置的基本视图，即根据图纸幅面的大小，将某一基本视图平移到图纸的适当位置。

### 2. 向视图的标注

因向视图的位置是自由的，为了读图方便，应在向视图的上方用大写的拉丁字母"×"标注视图的名称，在相应视图附近用箭头指明投射方向，并注上相同的字母。

向视图是基本视图（完整的视图）的另一种表达形式，是只能平移（不能旋转）的基本视图。其投射方向应与基本视图的投射方向一一对应。

**3. 向视图的识读要点**

识读向视图时，应首先在向视图上方找出大写的拉丁字母"×"所表示的视图名称，并在相应视图附近找出箭头所标明的投射方向及相同的字母，相互对照。但要注意向视图与基本视图的区别。

## 三、局部视图

将零件的某一部分向基本投影面投射所得的视图称为局部视图，如图 5-5 所示。

局部视图是不完整的基本视图，利用局部视图可以减少基本视图的数量，使表达更为简洁，重点突出。如图 5-5 所示机件，在画出了主视图和俯视图以后，已将工件主体部分的形状表达清楚，只有左右两边的凸台形状没有表达，就用了两个局部视图。

**1. 局部视图的配置**

局部视图可按基本视图配置，以直接保持投影联系；也可以按向视图配置；或按第三角画法配置（将在本项目任务三中介绍）在视图上需要表示的局部结构附近，并用细点画线连接两图形，此时不需另行标注，如图 5-6 所示。

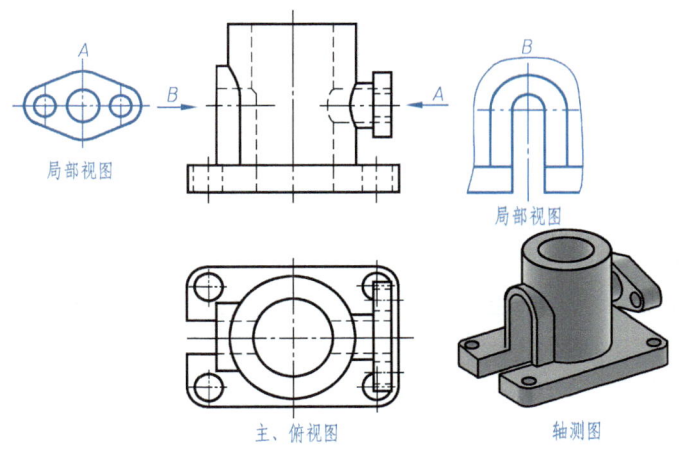

图 5-5 局部视图

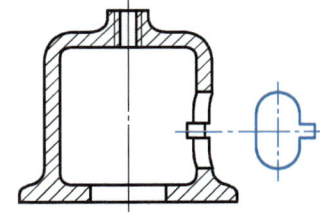

图 5-6 按第三角画法配置

**2. 局部视图的标注**

在局部视图上方正中位置用大写拉丁字母标出视图名称"×"，在相应视图附近用箭头指明投射方向，并注上相同的字母，如图 5-5 所示。当局部视图按投影关系配置，中间又无其他图形隔开时，允许省略标注。

**3. 局部视图的画法要点**

局部视图的范围用波浪线表示，但所表示图形的外形轮廓完整且又封闭时，则波浪线可省略，如图 5-5 中的 A 图。

**4. 局部视图的识读要点**

识读局部视图时应掌握其特点：即图形不完整且有波浪线或图形完整但轮廓范围小，所以看图时，首先要在局部视图上方找到字母，再在相关的视图上找到带箭头的相同字母——

对照，进行读图。

### 四、斜视图

将机件向不平行于任何基本投影面的平面投射，所得到的视图称为斜视图。

斜视图适用于表达机件上倾斜结构的外形。如图 5-7a 所示是一个弯板形机件，它右边的倾斜部分在俯视图和左视图上的投影都不反映实形。如果增加一个平行于该倾斜部分（并垂直于一个基本投影面）的辅助投影面 P，在该投影面上就可以得到倾斜部分的实形投影，即斜视图，如图 5-7b 中的 A 图。

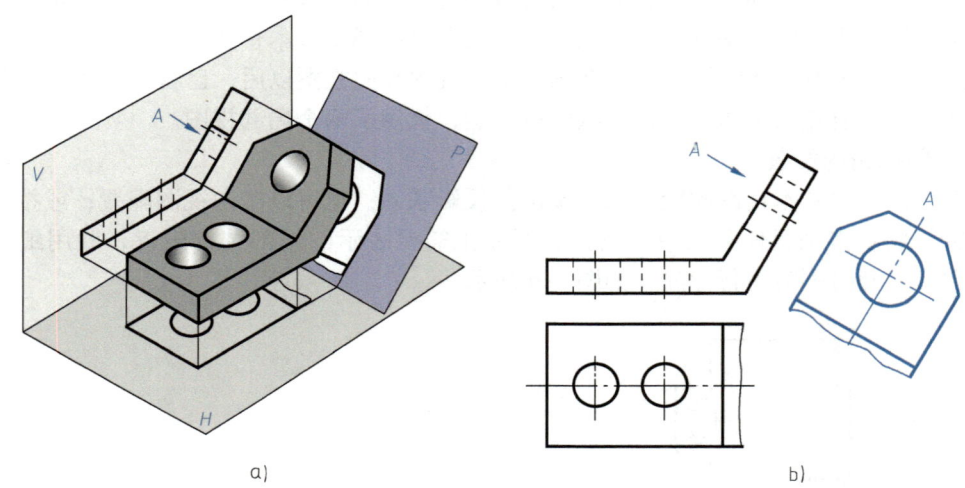

图 5-7　斜视图

**1. 斜视图的标注与配置**

（1）斜视图的标注　斜视图必须进行标注。在斜视图上方正中位置用大写拉丁字母标出视图名称"×"，在相应视图附近用箭头指明投射方向，并注上相同的字母，如图 5-7b 所示。字母一律水平书写，箭头垂直于倾斜结构。

（2）斜视图的配置　斜视图尽可能配置在与基本视图直接保持投影联系的位置，如图 5-8b 所示；也可以平移到图纸内的适当地方，如图 5-8d 所示；为了画图方便，也可以旋转，但必须在斜视图上方注明旋转符号，旋转符号的箭头方向应与斜视图的旋转方向一致，表示该视图名称的大写拉丁字母应靠近旋转符号的箭头端，如图 5-8c 所示。

**2. 斜视图的画法要点**

（1）画波浪线　因增设的投影面只垂直于一个基本投影面，因此，机件上原来平行于基本投影面的一些结构，在斜视图上应以波浪线为界而省略不画，以避免出现失真的投影，如图 5-9 中的俯视图。

（2）符合投影关系　斜视图上反映实形的有关尺寸，分别在主、俯两个视图上量取，如图 5-9 所示。

**3. 斜视图的识读要点**

识读斜视图时应根据斜视图的特点：图形和箭头都是倾斜的，且图形不完整；或者图形是放正的，但图形上方有带旋转符号的箭头。先找到用大写拉丁字母表示的图形名称，再找

项目五 选择与识读机件的基本表达方法

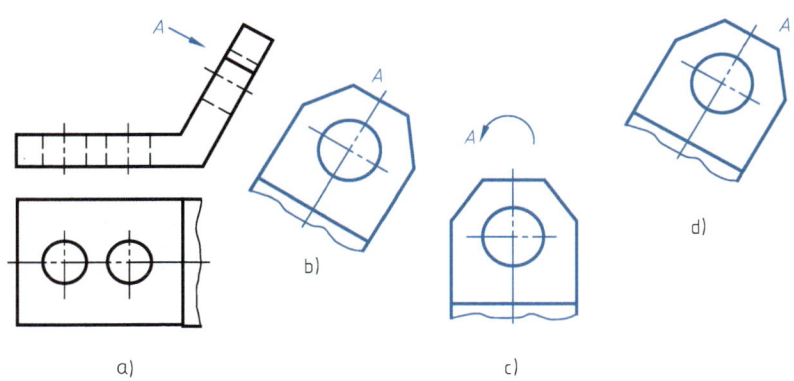

图 5-8 斜视图的配置

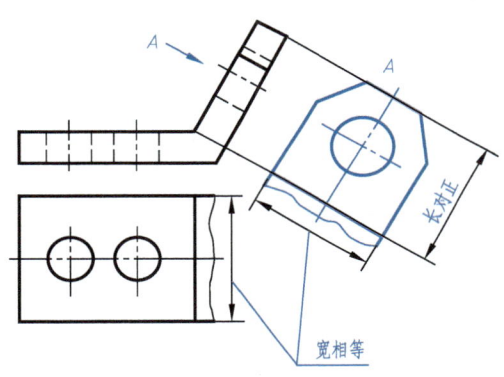

图 5-9 斜视图的画法要点

到带有相同字母的箭头表达的倾斜部位，相互对照。

以上介绍的基本视图、向视图、局部视图和斜视图，在实际应用时，应根据机件的复杂程度和表达需要，灵活选用上述的各种表达方法。

任务实施

### 一、根据图 5-10a 所示机件的已知视图，选择适当的表达方案

**1. 分析已知视图和结构**

图 5-10a 所示的机件，用了两个基本视图表达，即主视图和俯视图。从已知视图可以看出，该机件是由三部分组成的：主视图主要表达三个组成部分在高度方向上的尺寸和相互位置关系，俯视图主要表达三个组成部分的形状特征。左边Ⅰ是带方孔的较厚四棱柱，右边Ⅲ是带有两个圆孔的较薄四棱柱，中间用矩形的薄板Ⅱ相连。经过分析，可以想象出该机件的形状如图 5-10b 所示。

因为右边的较薄四棱柱Ⅲ是倾斜的，在俯视图上不反映实形，所以图 5-10a 所示的表达方法不合理。

143

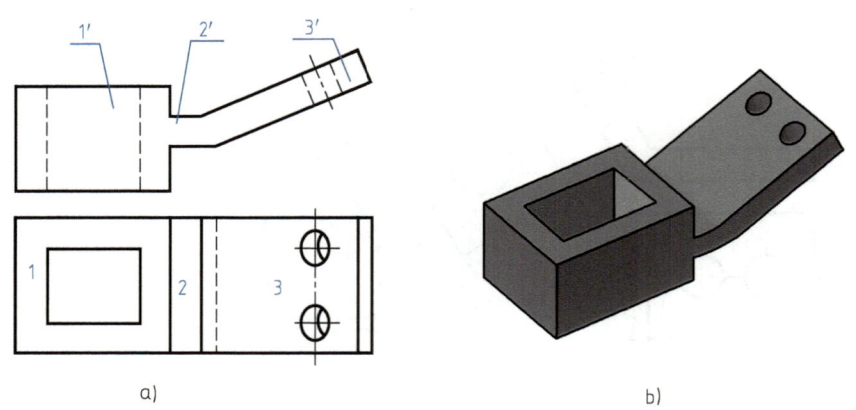

图 5-10 选择机件的表达方案
a) 机件的原表达方案　b) 想象出的机件形状

## 2. 选择合理的表达方案

根据机件的结构特点，可以保留原有的主视图，去掉俯视图，再增加一个局部视图和一个斜视图，分别表达左边带方孔的较厚四棱柱Ⅰ和右边带两个圆孔的较薄四棱柱Ⅲ，如图 5-11 所示，这样既可以把机件的结构和形状表达清楚，还使图形简单，且便于标注尺寸。

因为局部视图是按投影关系配置在俯视图位置的，且主视图与俯视图之间没有其他视图隔开，所以省略了一切标注；又因为所表达的部分外形轮廓完整且封闭，则省略了波浪线。斜视图 A 是按逆时针方向旋转配置的，主要是为了方便标注尺寸和注写其他技术要求。

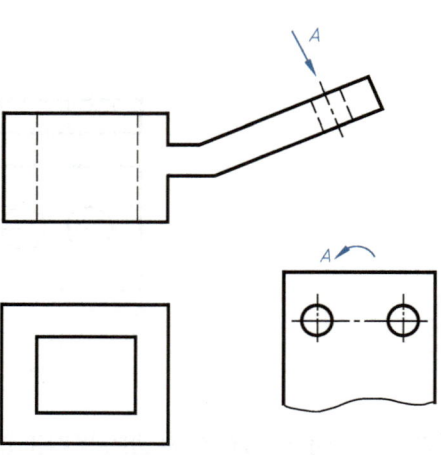

图 5-11 机件新的视图表达方案

## 二、识读图 5-12 所示压紧杆的视图表达，想象出压紧杆的形状

### 1. 分析视图表达方案

如图 5-12 所示，压紧杆共用了四个图形表达，分别是主视图、两个局部视图和一个斜视图。

（1）主视图　主视图是基本视图，用于表达主体结构和各组成部分的相互位置关系。

（2）局部视图　本表达方案中，有两个局部视图。

配置在俯视图位置上的局部视图Ⅰ，表达内孔及键槽的深度，内孔是通孔，键槽也是通槽；因为局部视图是按投影关系配置在俯视图位置，且主视图与俯视图之间没有其他视图隔开，所以省略了一切标注；又因为所表达的部分外形轮廓不完整且不封闭，则必须画波浪线。

按第三角画法配置在主视图凸台附近的局部视图Ⅱ，表达右端凸台的实形，用细点画线与主视图相连，也省略了标注。

项目五 选择与识读机件的基本表达方法

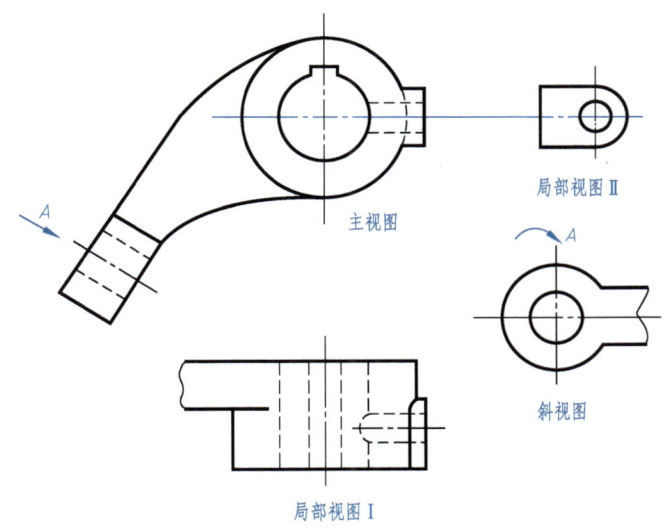

图 5-12 压紧杆的视图表达方案分析

（3）斜视图 斜视图 A 表达左下角耳板的实形，是按顺时针旋转配置的，所以，需要按规定进行标注。

**2. 想象结构形状**

通过上述分析，便可想象出压紧杆的结构和形状。压紧杆可以分解为三个组成部分：左下方是倾斜的耳板，中间是圆筒，右端是凸台。

左下方倾斜耳板的下端有一个圆通孔，其形状特征从主视图和斜视图 A 上反映；上端是连接板，与空心圆柱体相切，其形状特征从主视图和局部视图 I 上反映；圆筒的内孔里有穿通的键槽，其形状特征从主视图和局部视图 I 上反映；右端凸台的形状是后端带有半圆柱的 U 形柱体，里面有圆孔，与圆筒的内孔相通，形状特征从主视图和两个局部视图上反映。通过分析想象出压紧杆的形状如图 5-13 所示。

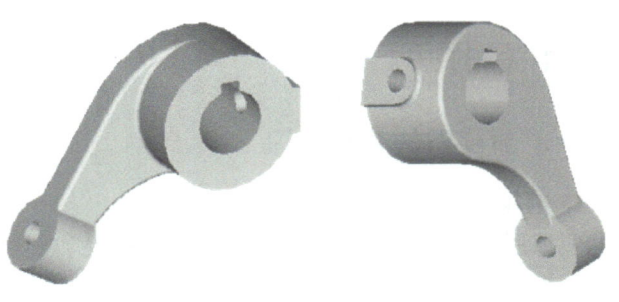

图 5-13 想象出的压紧杆

## 任务二　绘制与识读机件的剖视图

### 任务描述

剖视图主要表达机件的内部结构和形状。本任务主要介绍国家标准《技术制图》与《机械制图》中剖视图的有关规定，剖视图的绘制与识读方法。根据图 5-14a 所示的已知视图，绘制全剖视图；识读图 5-14b 所示的已知视图，想象机件的结构形状。

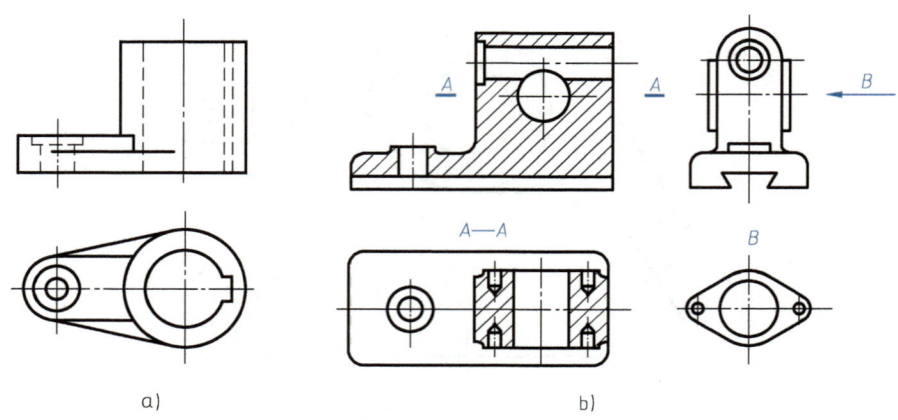

图 5-14 绘制与识读机件的剖视图

## 任务分析

用视图表达机件时,其内部不可见结构用细虚线表示。如果机件内部结构比较复杂,视图中的细虚线较多,有时会使不同的图线相互重叠,图形不够清晰,既不便于画图和读图,也不便于标注尺寸。为了清晰地表达零件的内部结构,《机械制图》GB/T 17452—1998 和 GB/T 4458.6—2002 国家标准中规定可采用剖视图来表达。根据已知视图绘制剖视图时,必须先看懂已知视图,选择剖切位置和剖切方法,使剖切以后的图形可以将机件的内外结构和形状表达清楚;识读剖视图时,首先要找到各剖切平面的位置,分析各视图所表达的特点,从而想象出机件的结构形状。

## 相关知识

### 一、剖视图的基础知识

#### 1. 剖视图的形成

假想用剖切平面剖开机件,将处在观察者和剖切平面之间的部分移去,而将其余部分向投影面投射所得的图形称为剖视图(简称剖视)。

如图 5-15a 所示的机件,在主视图中,用细虚线表达内部结构,图上的细虚线较多,甚至出现部分细虚线与其他图线相重合,图形不够清晰。

按照图 5-15b 所示的方法,假想用剖切平面沿机件的前后对称平面把它剖开,拿走剖切平面前面的部分,将剩余的后面部分向正投影面投射,便得到了一个剖视的主视图,如图 5-15c 所示。

将视图与剖视图相比较可以看出:由于主视图采用了剖视的画法,机件内部不可见的部分变成了可见,图中原有的细虚线变成了粗实线,再加上剖面线的作用,使机件内部结构形状的表达既清晰,又有层次感。同时,画图、看图、标注尺寸也将更为方便。

#### 2. 剖视图的画法要点

(1)剖切位置要适当 使剖切平面尽量通过较多的内部结构(孔、槽等)的轴线或对

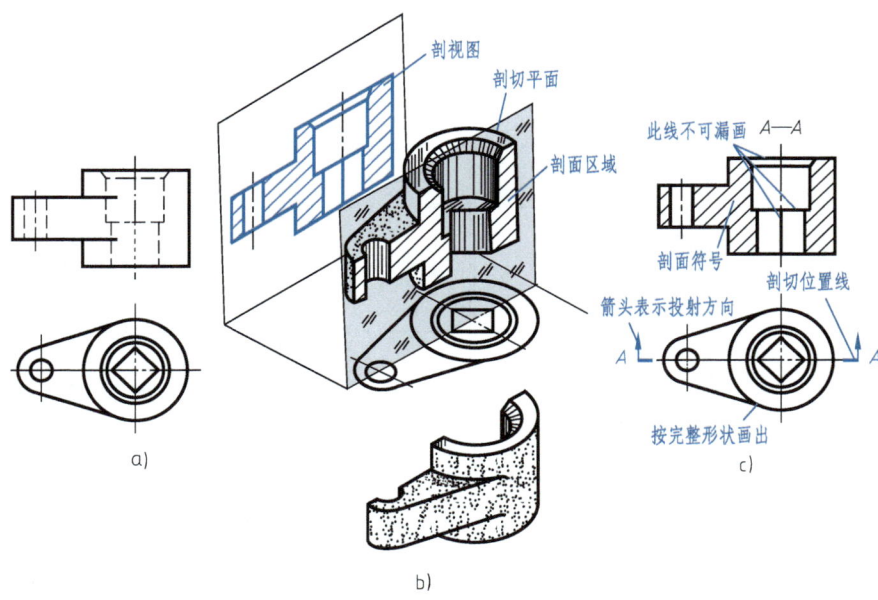

图 5-15 剖视图的形成

称平面,并平行(或垂直)于选定的投影面。图 5-15 是以机件的前后对称面为剖切平面。

(2) 内外轮廓要画齐　机件剖开后,处在剖切平面之后的所有可见轮廓线都应画齐,不得遗漏,也不能多线,如图 5-16a 所示;机件上已表达清楚的结构,剖视图中细虚线可省略,如图 5-16b 所示;机件上未表达清楚的结构则需要画出细虚线,如图 5-16c 所示。

(3) 其他图形应完整　因为剖视图是假想剖切的,并不是真的切开机件拿走一部分,所以一个视图剖开后,其他相关视图仍保持完整。如图 5-16a 的俯视图是错误的画法。

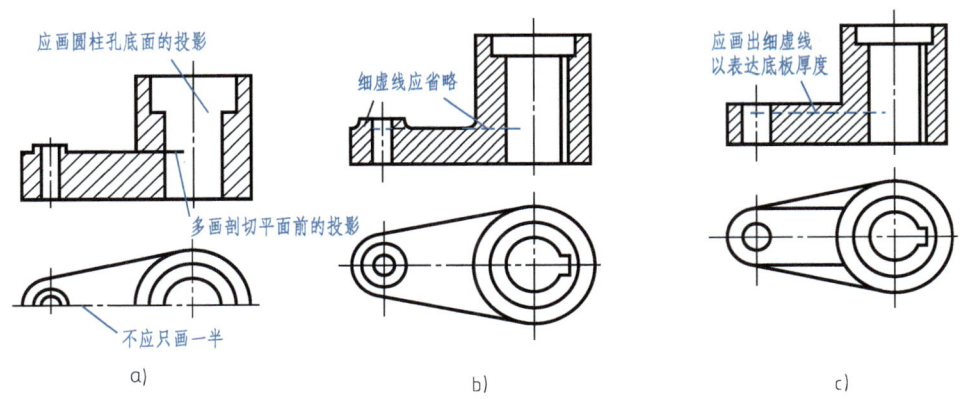

图 5-16 相似结构的画法比较

(4) 剖面符号应画好　机件上凡与剖切面接触的实体部分称为剖面区域。为使机件上实体部分与空心部分加以区别,应在剖面区域内画出剖面符号。表 5-2 列出了国家标准《机械制图》规定的常用材料的剖面符号。

表 5-2  常用材料的剖面符号

| 材料名称 | 剖面符号 | 材料名称 | 剖面符号 |
| --- | --- | --- | --- |
| 金属材料 |  | 钢筋混凝土 |  |
| 线圈绕组元件 |  | 砖 |  |
| 叠钢片 |  | 格网 |  |
| 非金属材料 |  | 液体 |  |

当不需要在剖面区域中表示材料的类别时，剖面符号可采用通用的剖面线表示。通用的剖面线为间隔相等的平行细实线，一般应画成与主要轮廓或剖面区域的对称线成45°方向，如图 5-17a 所示；剖面线之间的距离视剖面区域的大小而异，通常可取 2～4mm；同一零件的各个剖面区域其剖面线的间隔与方向应一致。

当图形的主要轮廓线或剖面区域的对称线与水平方向成45°或接近45°时，该图形的剖面线可画成与主要轮廓线或剖面区域的对称线成30°或60°的平行线，其倾斜方向仍应与其他图形剖面线的倾斜方向一致，如图 5-17b、c 所示。

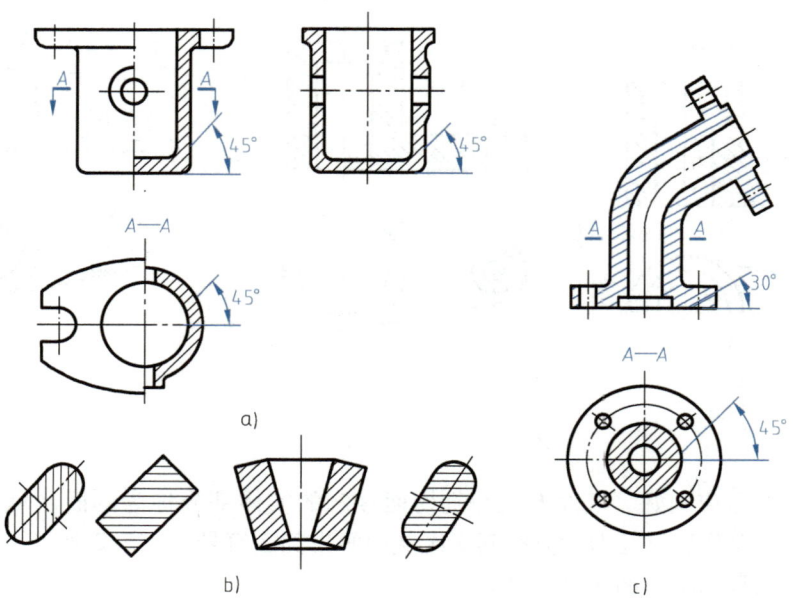

图 5-17  剖视图的标注及剖面线的方向

## 3. 剖视图的配置

剖视图可按基本视图的规定配置，如图 5-17a 所示；必要时允许配置在其他适当位置。

## 4. 剖视图的标注

看图时为了便于找出剖视图与其他视图的对应关系，应对剖视图进行标注。剖视图的标注一般应包括以下三个要素，如图 5-17a 所示。

（1）剖切线  指示剖切面的位置，用细点画线表示。剖视图中通常省略不画出。

（2）剖切符号  指明剖切面起止和转折处的位置及剖切后投射方向的符号。剖切符号用粗实线的短画表示，线长约为 5mm，投射方向用箭头表示。

（3）字母  表示剖视图的名称，用大写拉丁字母注写在剖视图的上方及剖切符号的两端。

标注的形式如 A—A、B—B 等。

在下列情况下，剖视图的标注内容可以简化或省略。

1）当剖视图按基本视图或投影关系配置时，可省略箭头，如图 5-17c 中的 A—A。

2）当单一剖切平面通过机件的对称平面或基本对称平面，且剖视图按投影关系配置，中间又没有其他图形隔开时，可省略标注，如图 5-17a 的主、左视图。

## 二、剖视图的种类

根据剖切范围的大小，剖视图可分为全剖视图、半剖视图和局部剖视图三种。

### 1. 全剖视图

用剖切平面完全剖开机件所得到的剖视图，称为全剖视图。前面所述的剖视图均为全剖视图。

（1）全剖视图的应用  全剖视图一般用于表达外部形状比较简单，内部结构比较复杂的不对称机件，如图 5-18 所示。

（2）全剖视图的标注  按前所述剖视图的标注方法标注。

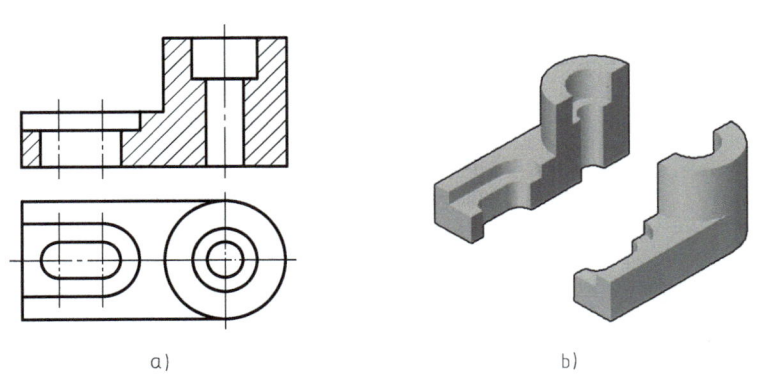

图 5-18  全剖视图

### 2. 半剖视图

当机件具有对称平面时，向垂直于对称平面的投影面上投射所得的图形，以对称中心线为界，一半画成剖视图，另一半画成视图，这种剖视图称为半剖视图。

如图 5-19a 所示，用两个视图表达的轴承座，图中的细虚线较多。如果主视图取全剖视，前面的外形（凸台和圆孔）被切掉了，其形状和位置在主视图上都无法显示，如图 5-19b 所示。根据轴承座左右对称的特点，以对称中心线为界，选取表达外形的半个视图和表达内形的半个剖视图，从而组合成了半剖视图，如图 5-19c 所示。

半剖视图的优点在于：一半剖视图能够表达内部结构，另一半视图可以表达外形。由于机件是对称的，通过半剖视图很容易想象出整个机件的内外形状。

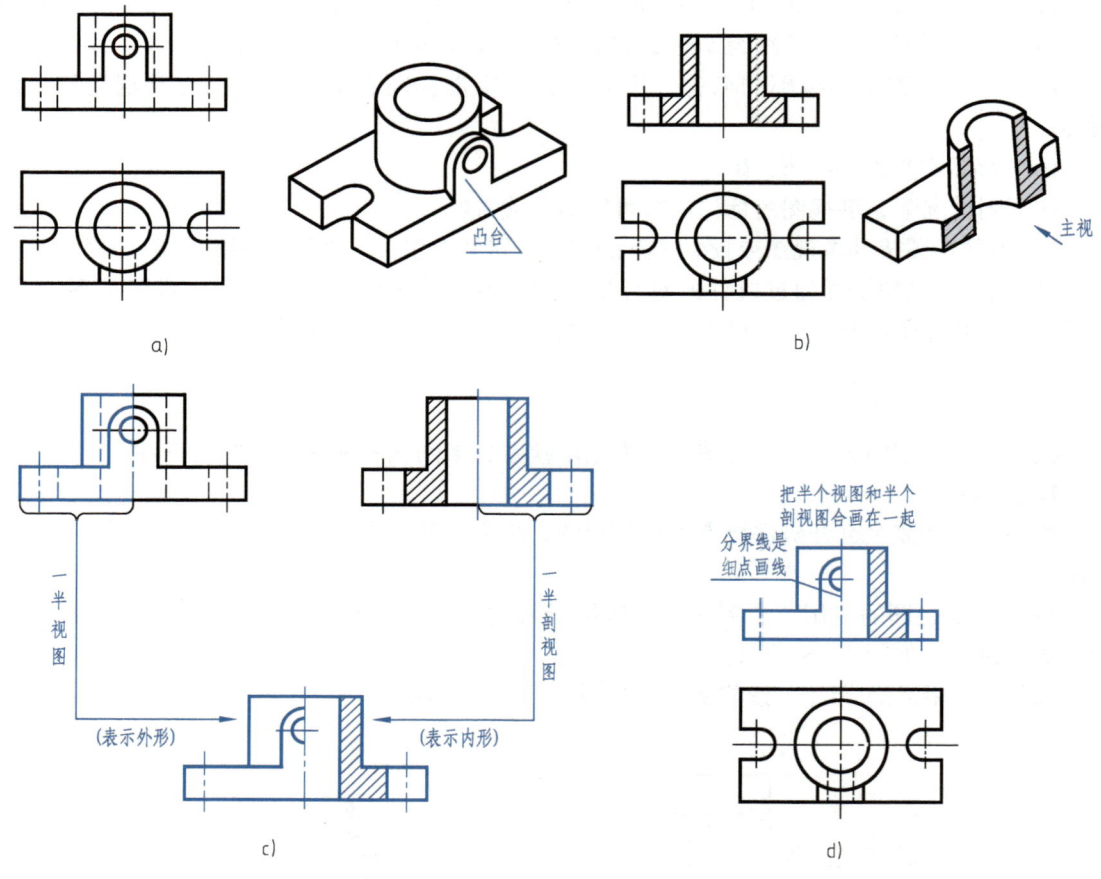

图 5-19 半剖视图
a）用视图表达的轴承座　b）用全剖视图表达的轴承座
c）半剖视图的形成　d）轴承座的表达方案

（1）半剖视图的应用　半剖视图主要用于表达内外形状都比较复杂的对称机件，如图 5-20a 所示；当机件形状接近对称，且不对称部分已在其他视图上表达清楚时，也可用半剖视图表示，如图 5-20b 所示。

（2）半剖视图的标注　半剖视图的标注方法与全剖视图相同。

（3）半剖视图的画法要点

1）半剖视图中视图与剖视图的分界线为细点画线，不能画成粗实线。

2）物体的内部结构在剖视图部分已表示清楚，在表达外形的视图部分不必再画出细虚线。

项目五 选择与识读机件的基本表达方法

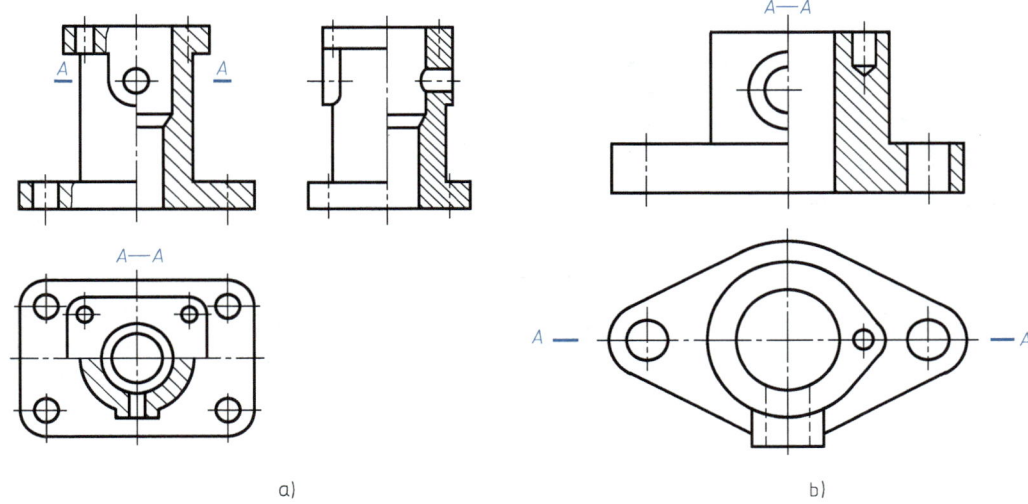

图 5-20 半剖视图的应用
a）完全对称机件的半剖视图 b）基本对称机件的半剖视图

图 5-21 所示是汽车牵引钩弹簧衬套的半剖视图。因为汽车牵引钩弹簧衬套的左右对称，内部为三个不同直径的台阶孔，外部为三个不同直径的台阶轴，内外结构都需要表达，所以选用半剖视图比较合适。

**3. 局部剖视图**

用剖切面局部地剖开机件所得的剖视图称为局部剖视图，如图 5-22 所示。

局部剖视图具有同时表达机件内、外结构的优点，且不受机件是否对称的限制，在什么位置剖切、剖切范围多大，均可根据需要而灵活地选用。

（1）局部剖视图的应用 局部剖视图通常用于下列情况：

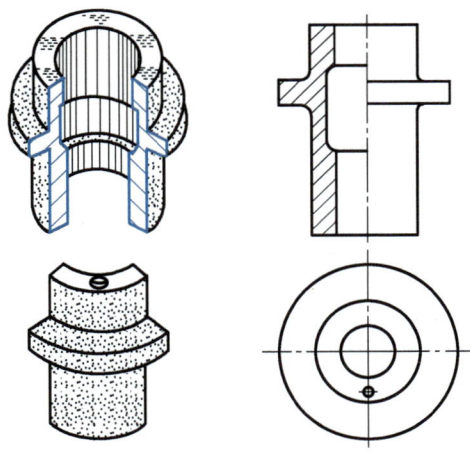

图 5-21 汽车牵引钩弹簧衬套的半剖视图

1）只有局部结构的内形需要表示，而又不宜采用全剖视的机件，如图 5-22a 所示。

2）对称图形的轮廓线与中心线重合，不宜采用半剖视的机件，如图 5-22b 所示。

3）实心轴类、杆件上面的孔或槽等局部结构需剖开表达的机件，如图 5-22c 所示。

（2）局部剖视图的标注 局部剖视图的标注方法和全剖视图相同。如果局部剖视图的剖切位置非常明显，则可以不标注；如果不明显，则需要标注。

（3）局部剖视图的画法要点

1）在一个视图中，剖切位置与范围根据需要而定，但局部剖的次数不宜过多，否则就会显得零乱，甚至影响图形的清晰度。

2）视图与剖视图的分界线用波浪线（或双折线）表示。波浪线不能超出视图的轮廓线，不应与轮廓线重合或画在其他轮廓线的延长线上，也不可穿空（孔、槽等）而过，其正误对比的图例如图 5-23 所示。

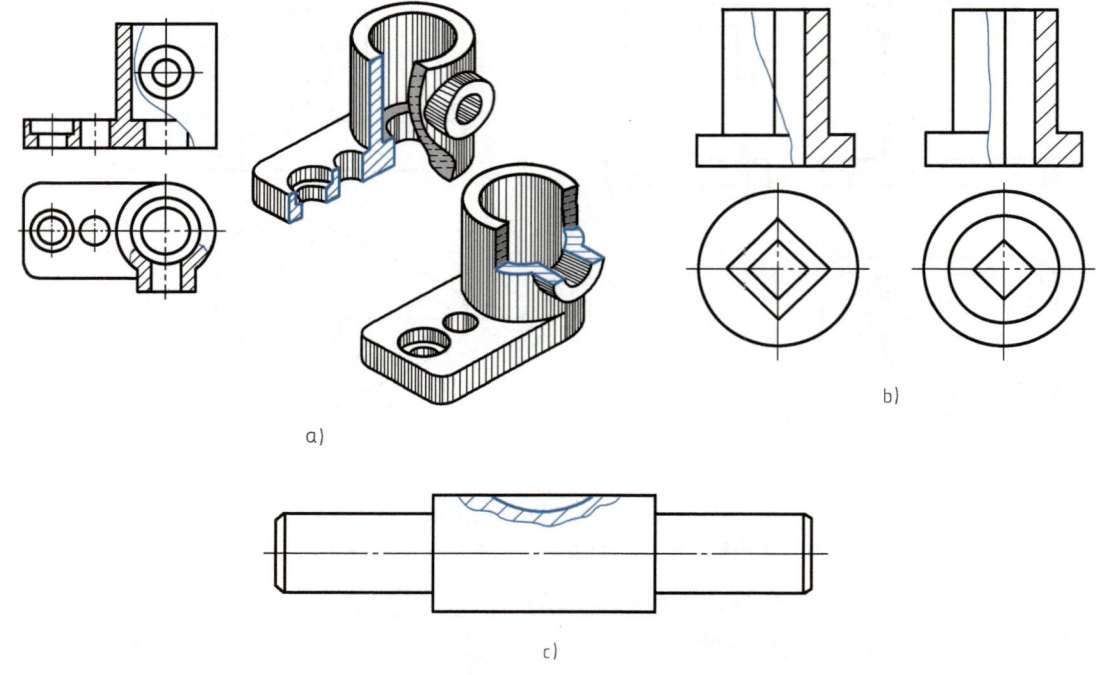

图 5-22 局部剖视图

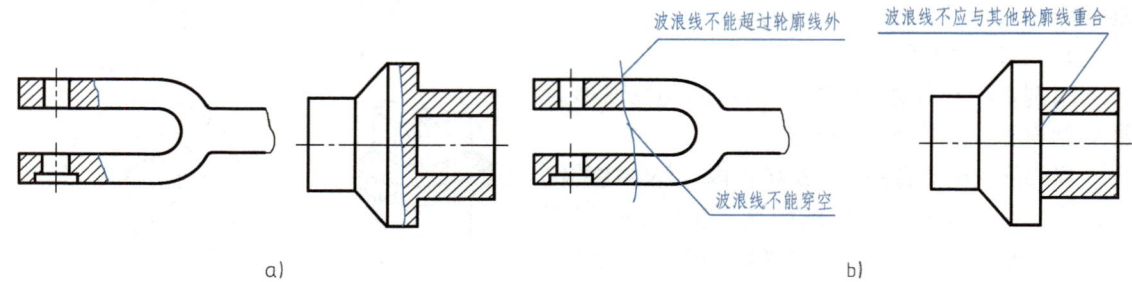

图 5-23 局部剖视图波浪线画法的正误对比
a) 正确 b) 错误

图 5-24 是汽车钢板弹簧吊耳的局部剖视图,因为左右两个孔的结构相同,左边剖开即可,如果用全剖视图,外形的交线就无法显示,所以选用局部剖视表达比较合理。

### 三、剖切面的种类

剖视图是假想将机件剖开而得到的视图,因为机件内部形状的多样性,剖开机件的方法也不尽相同。国家标准《机械制图》规定的剖切面有三种:单一剖切面、几个互相平行的剖切面、几个相交的剖切面。用其中任何一种剖切面都可以得到全剖视图、半剖视图和局部剖视图。

**1. 单一剖切面**

(1) 单一剖切面的类型 单一剖切面包括单一平行剖切面、单一倾斜剖切面和单一剖切柱面。

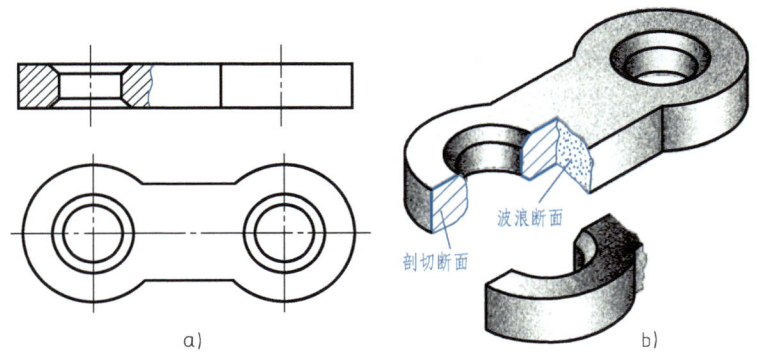

图 5-24 汽车钢板弹簧吊耳的局部剖视图

1) 单一平行剖切面。平行剖切面（平行于基本投影面）是画剖视图最常用的一种。前面介绍的图例，无论是全剖视图、半剖视图或局部剖视图，都是采用单一平行剖切面获得的。

2) 单一倾斜剖切面。即不平行于基本投影面（应垂直于某一基本投影面）的剖切平面。用于表达机件上倾斜部分的内部结构形状，如图 5-25 中的"A—A"。

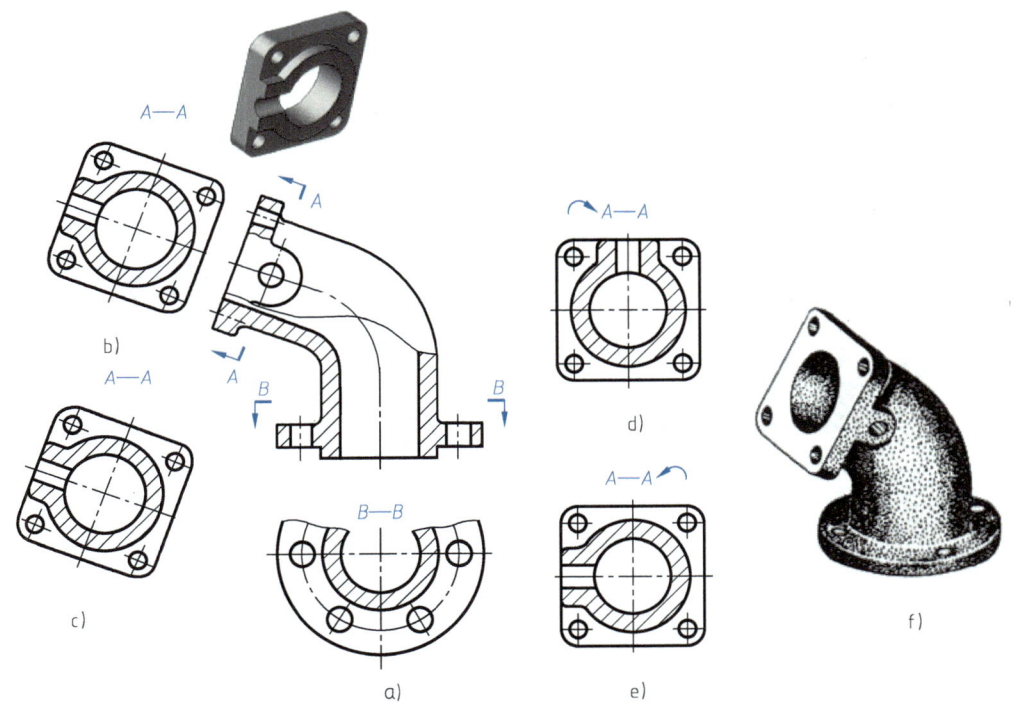

图 5-25 单一倾斜剖切平面

3) 单一剖切柱面。即剖切面为圆柱形。单一剖切柱面主要用于表达机件内部结构处于圆柱面的情况，如图 5-26 所示的机件。为了表达实形，采用柱面剖切时，机件的剖视图按展开方式绘制。

以配置在其他位置，如图 5-25c 所示；还可以把剖视图旋转放正，但必须按规定加注旋转符号标注，如图 5-25d、e 所示。

图 5-27 是汽车驻车制动器拉杆臂的视图表达，其中 A—A 即为用单一的倾斜剖切面剖切得到的全剖视图，主要表达下部叉口部分的实形及其小孔的结构细节，其中图 d 是按移位关系配置的，而图 c 是按旋转放正画出的图形。

**2. 几个平行的剖切平面**

几个互相平行的剖切平面可能是两个或两个以上的剖切平面。如图 5-28a 所示的机件，内部结构（三

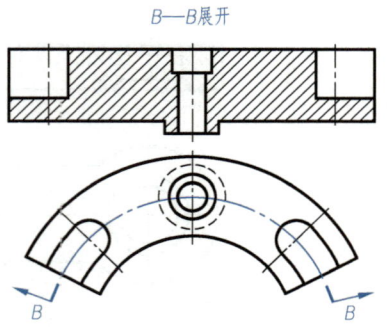

图 5-26　单一柱面

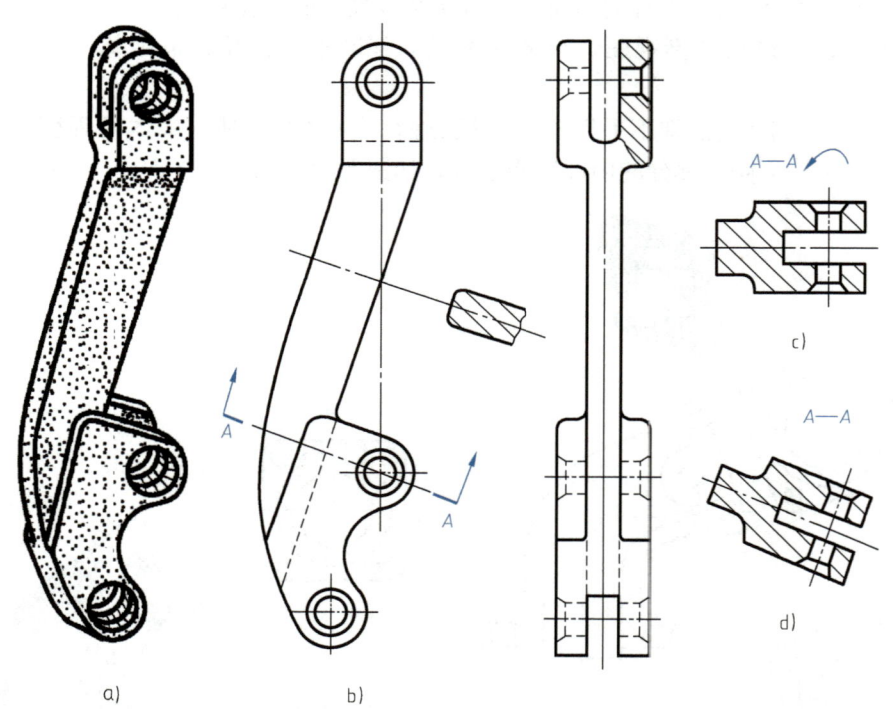

图 5-27　汽车驻车制动器拉杆臂的全剖视图

种不同结构的孔）的轴线分别位于三个平行的平面上，不能用单一剖切平面剖开，而是采用三个互相平行的剖切平面将其剖开，主视图为全剖视图，如图 5-28b 所示。

（1）几个平行的剖切平面的标注　在剖视图上方标出相同字母的剖视图名称"×—×"，在相应视图上用剖切符号表示剖切位置，在剖切平面的起、迄和转折处标注相同字母，剖切符号两端用箭头表示投射方向；当剖视图按投影关系配置，中间又无其他图形隔开时，可省略箭头，如图 5-28b 所示。

（2）几个平行的剖切平面的画法要点

1）为了表达孔、槽等内部结构的实形，几个剖切平面均应通过孔的轴线。

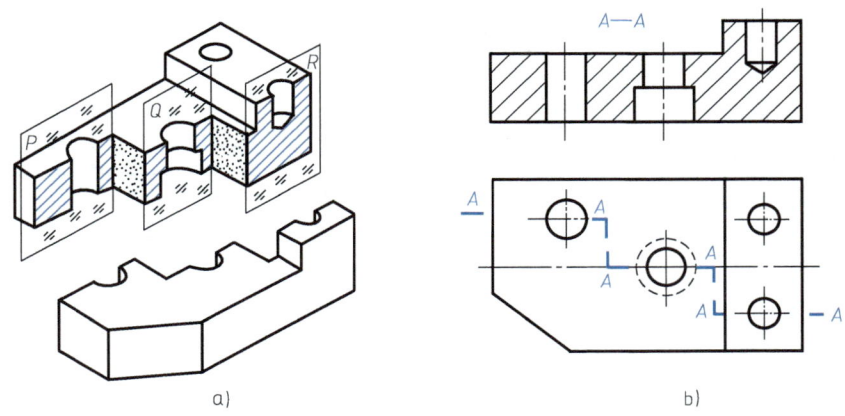

图 5-28 几个平行的剖切面

2）因剖切平面是假想的，在两个剖切平面的转折处，不能画轮廓线；剖切面的转折处要画成直角，且不应与图中的轮廓线重合，图 5-29 所示是经常出现的错误画法。

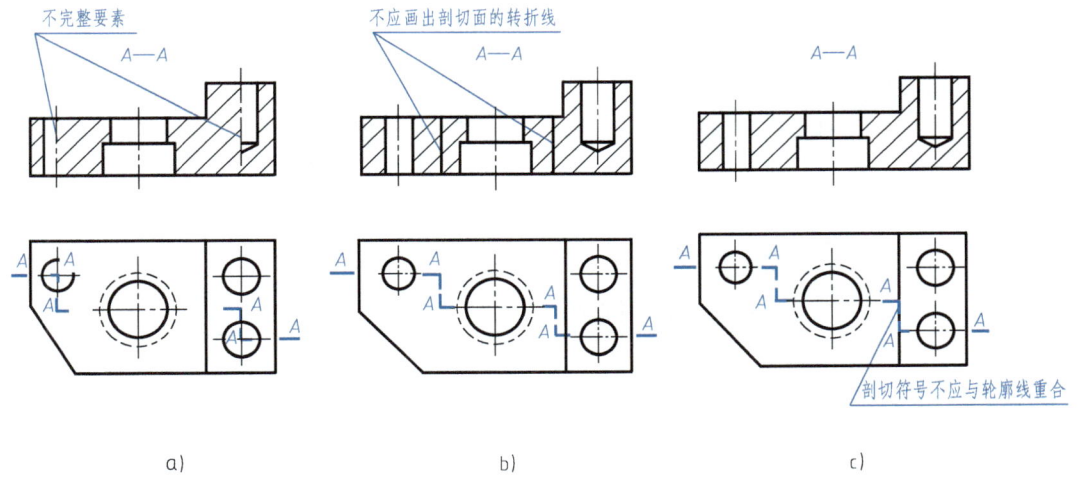

图 5-29 几个互相平行的剖切面常见的错误画法

3）用几个平行的剖切平面画出的剖视图中，一般不允许出现不完整的要素，如图 5-29a 所示。仅当两个要素在图形上具有公共对称中心线或轴线时，允许各画一半，如图 5-30 所示。

（3）几个平行的剖切平面的应用  适宜于表达机件内部结构位于互相平行的平面内的情况。

图 5-31 是采用两个互相平行的剖切平面将机件剖开画出的半剖视的主视图。图中肋板的画法是采用简化画法，即肋板内不画剖面线，并用粗实线将其与相邻部分分开。

汽车机械制图

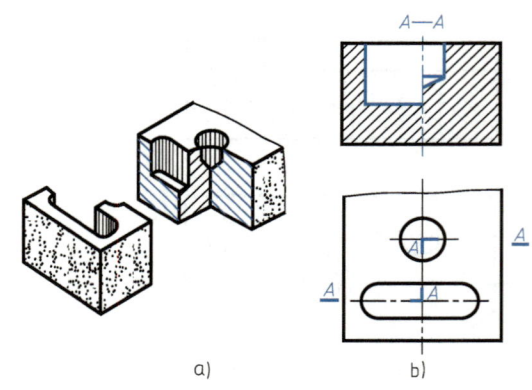

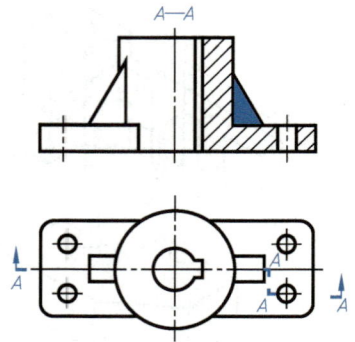

图 5-30　几个平行剖切面剖切的特例　　　　　图 5-31　两个平行剖切面剖得的半剖视图

图 5-32 是用三个平行的剖切平面剖切汽车发动机气缸盖后堵盖板得到的全剖俯视图。因为该机件上有三条轴线相互平行、结构和尺寸不同的孔均需要表达，如果采用局部剖视图会显得图形凌乱，而用三个平行的剖切平面剖切使图形更加清晰。

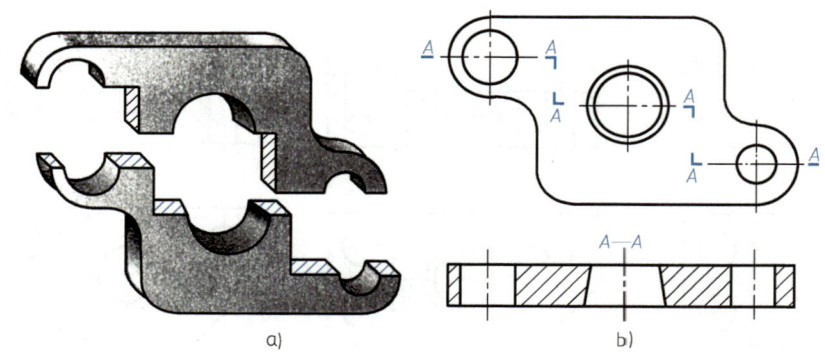

图 5-32　汽车发动机气缸盖后堵盖板

**3. 几个相交的剖切面**

当机件的内部结构用一个剖切面不能完全表达，且这个机件在整体上又具有回转轴时，可用几个相交的剖切面（交线垂直于某一基本投影面）剖开机件，并将与投影面不平行的结构及其有关部分旋转到与投影面平行后再进行投射。

几个相交的剖切面可以是几个相交的平面，也可以是几个相交的平面与柱面的组合。

如图 5-33 所示的法兰盘，它中间的大台阶孔和均匀分布在四周的小台阶孔都需要表达，可以用相交于法兰盘轴线的侧平面和正垂面（交线垂直于正面）剖切。将位于正垂面上的结构绕轴线旋转到和侧面平行的位置后进行投射，就得到了全剖的左视图。

（1）几个相交剖切面的画法要点

1）先剖切，后旋转，再投射。即先假想按剖切位置剖开机件，再将被剖切面剖开的倾斜结构及其有关部分旋转到与选定的投影面平行，最后再按旋转后的位置进行投射。

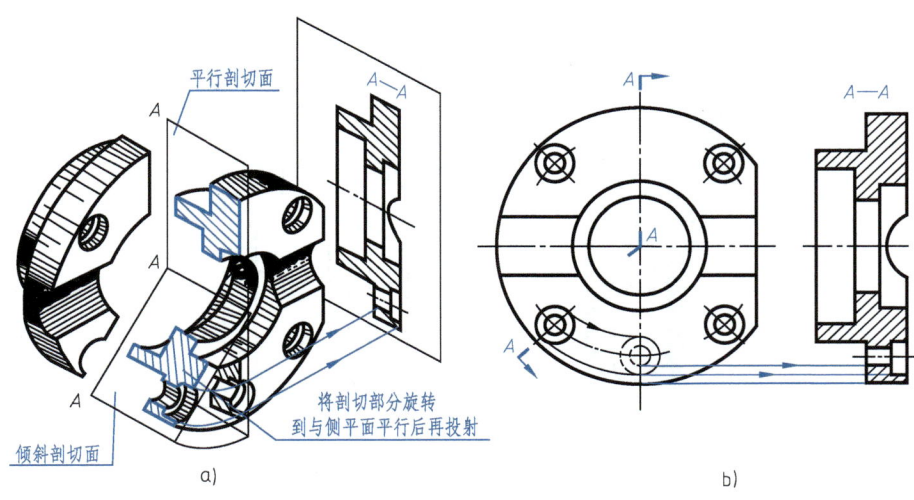

图 5-33 两个相交的剖切平面（一）

2）处于剖切面之后的结构要素，一般应按原来的位置画出它的投影，如图 5-34a 中间的小孔。

3）凡是被剖到的结构应一同旋转画出，如图 5-34 中的肋板和右端的孔。

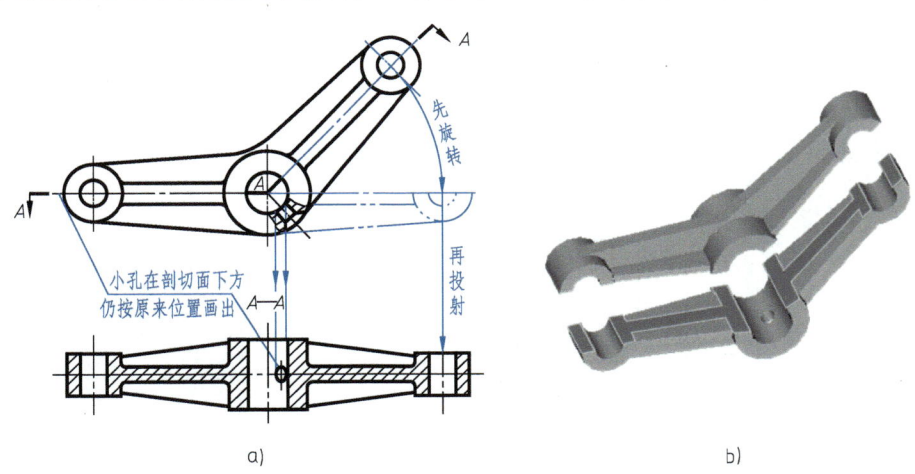

图 5-34 两个相交的剖切平面（二）

4）为了反映真实结构，应展开绘制，如图 5-35 所示。

（2）几个相交剖切平面的标注　在剖视图上方标注出相同字母的剖视图名称"×—×"；在相应视图上用剖切符号表示剖切位置，在剖切平面的起、迄和转折处标注相同字母，剖切符号两端用箭头表示投射方向。当剖视图按投影关系配置，中间又没有其他图形隔开时，可省略箭头。

（3）几个相交剖切面的应用　主要用于表达机件内部的结构具有公共回转轴线、用单一的剖切面不能完整表达的机件。

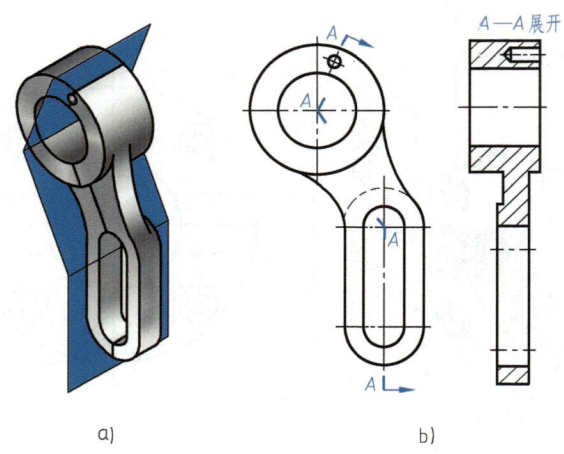

图 5-35 三个相交的剖切平面

### 4. 识读剖视图的要点

识读剖视图时，先找到主视图，并按剖切位置线和箭头找到相应的剖视图；再按有无剖面线分清机件的实体部分和空心部分及前后、左右、上下各层次；最后将各图形联系起来，对照识读。

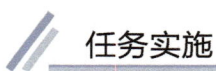任务实施

### 一、将图 5-36 a 所示机件的主视图画成全剖视图

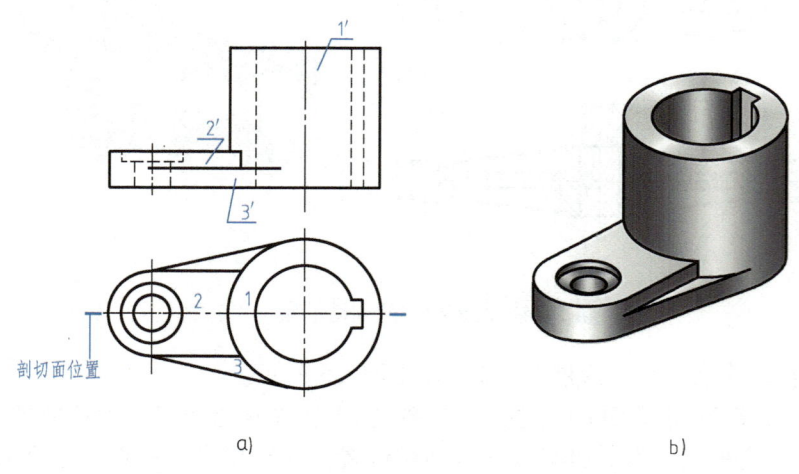

图 5-36 分析图形想象形状
a) 已知主、俯视图 b) 想象出机件的形状

#### 1. 分析图形想象形状

由已知的视图，可以将机件分为三个组成部分，将主视图与俯视图对应起来，可知形体Ⅰ为空心圆柱体，并且在右方有一竖直方向的直槽；形体Ⅱ是左端带有半圆柱的U形凸台，

还有一竖直方向的台阶孔；形体Ⅲ为左小右大的底板。经过分析，可以想象出机件的形状如图 5-36b 所示。

**2. 选取剖切平面**

根据该机件前后对称的特点，剖切平面的位置选择在对称平面上，如图 5-36a 所示。

**3. 画图步骤**

1）画出俯视图和主视图的剖面区域，即画出剖切平面与机件的交线，得到剖面区域的轮廓线，如图 5-37a 所示。

2）画出剖切平面之后可见部分的投影，如图 5-37b 所示。特别注意图中台阶面的投影和键槽的轮廓线不能漏画。

3）在剖面区域内画出剖面线，标注出剖切平面的位置、投射方向和剖视图的名称，按规定的线型将图线加深，如图 5-37c 所示。

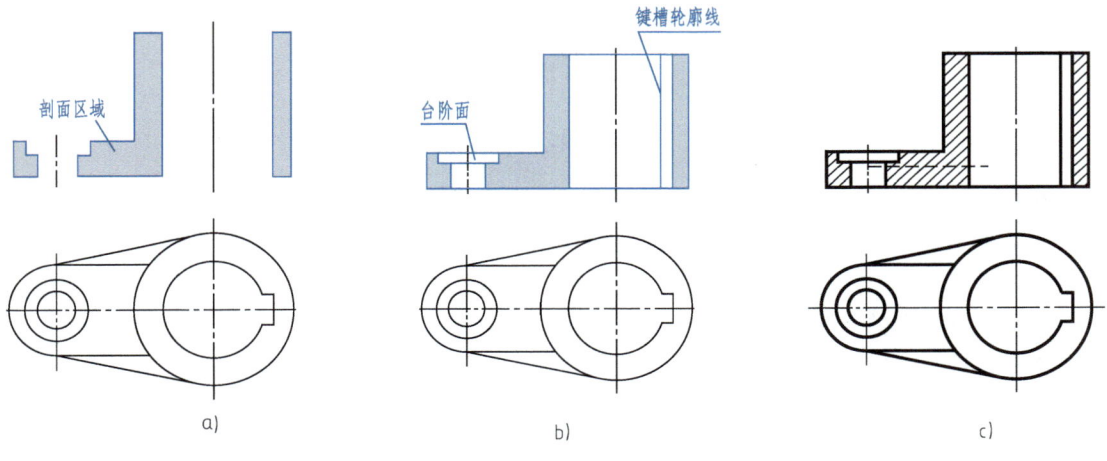

图 5-37 画剖视图的步骤

> **提示**
>
> 1. 为了表达底板的高度，处于剖切平面之后的不可见部分，必须用细虚线画出，如图 5-37c 所示。
>
> 2. 因该机件前后对称，剖切平面通过前后对称面，且剖视图按投影关系配置，中间又没有其他图形隔开时，可省略一切标注。
>
> 3. 画剖视图时，应仔细分析剖切后的结构形状和有关视图的投影特点，以免画错。图 5-38 给出了几种结构相似的机件，请读者仔细分析其结构和画法上的区别。

## 二、识读图 5-39 所示机座的表达方案，想象形状

**1. 视图分析**

先找出主视图，然后分析共有几个视图及每个视图的名称。对于剖视图，应根据剖视图的标记，找到对应的剖切线位置，并分析剖切目的，做到对零件的轮廓有一个大致的了解。

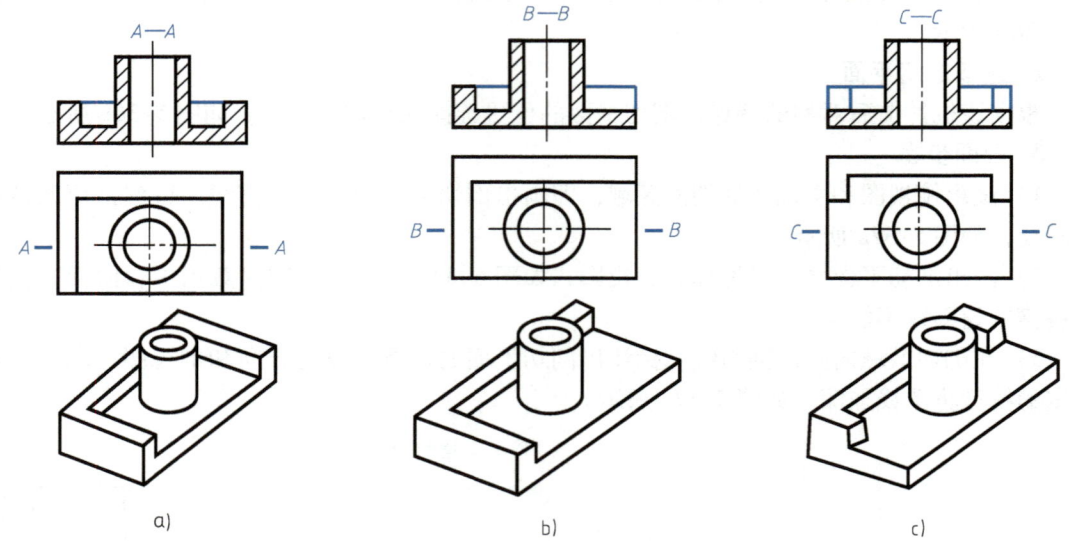

图 5-38 结构相似机件的剖视图

图 5-39a 所示的机座用了三个基本视图和一个局部视图来表达。主视图采用了全剖视，表达机座的内部形状。因为剖切平面通过机座的前、后对称面剖切，所以省略了一切标注。俯视图作了 A—A 全剖视，从剖切线的位置分析可知，A—A 剖视是为了表达前后方向的横向通孔和前、后面上的四个小孔。左视图主要反映外形，局部视图 B 是为了表达机座前（后）端凸台的形状，这样对机座便有一个大概的了解。

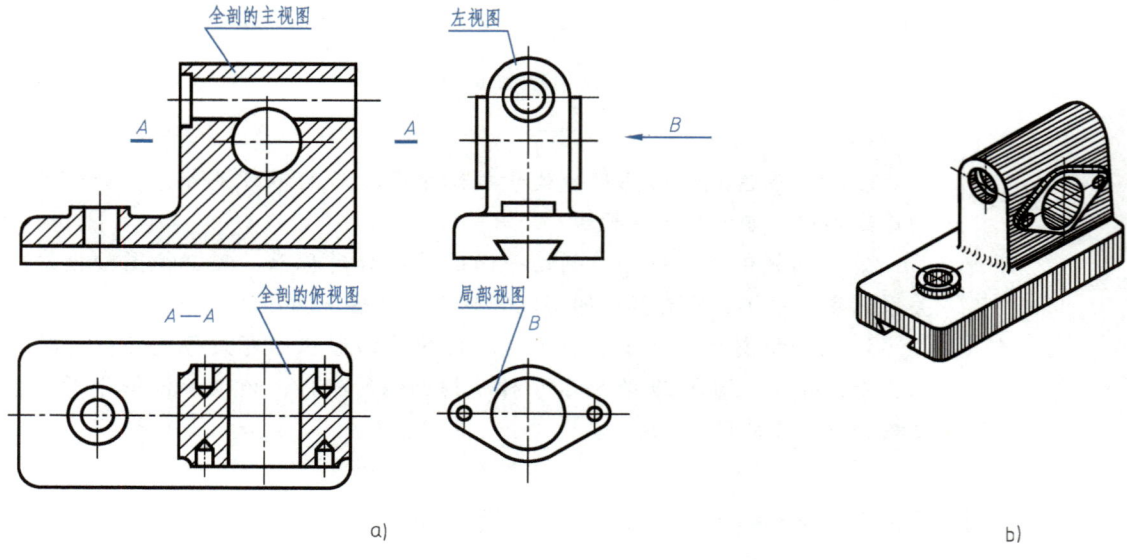

图 5-39 识读机座的剖视图

## 2. 形体分析

在视图分析的基础上，通过对线条，找投影，了解零件由哪些基本形体组成。通过剖视

项目五 选择与识读机件的基本表达方法

图及剖视图中的剖面线，辨别零件内部结构的虚实，并想象出零件的内部形状。

通过分析可知，机座基本上由两大部分组成。底部为一长方形底板，底板下方中间有左右方向的燕尾槽，底板左上方有一圆形凸台，中间有一圆孔和燕尾槽相通。底板上方有一个上部为半圆柱的 U 形长方体，在其左右方向和前后方向各有一个圆孔，从主视图中可看到这两个孔是相通的。在机座的前、后端面上各有一个近椭圆形的凸台，凸台两端各有两个小孔。

**3. 综合想象**

通过上面的分析就能想象出机座的整体形状和内部结构，如图 5-39 的轴测图所示。

 知识巩固

表 5-3 列出了常见的用不同剖视图表示出的机件图例，表 5-4 为表 5-3 中各图例的轴测图，请读者在看懂图例的基础上，在表 5-4 中的"图号"中填入表 5-3 所给图形的序号。

看图时，先看图例，分析视图的名称（基本视图、局部视图，还是斜视图；主视图，俯视图，还是其他视图；全剖视图、半剖视图还是局部剖视图、投射方向、剖切面的种类，以及标注情况等，再看说明，最后在表 5-4 中的"图号"中填入表 5-3 所给图形的序号。

表 5-3 识图举例

| 图例 | 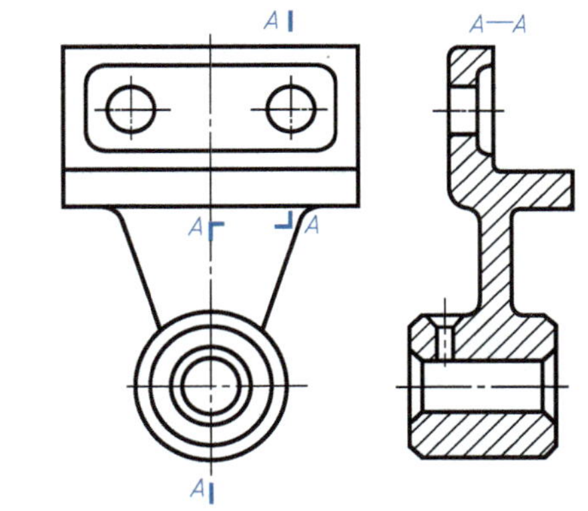 | 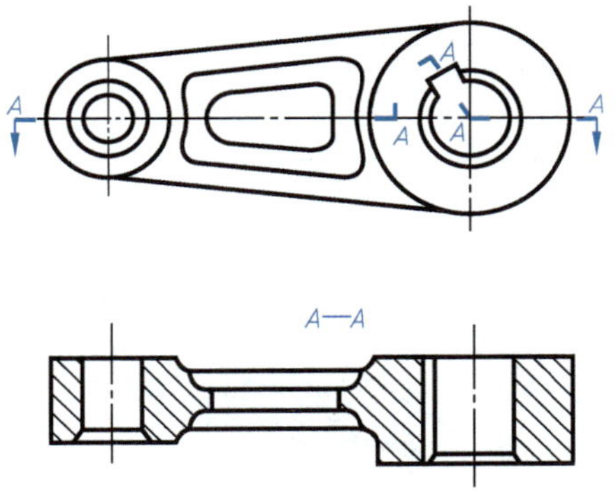 |
|---|---|---|
| 说明 | 1）全剖的左视图，是用两个平行的侧平面剖切获得的。表示上部台阶孔、下部通孔及径向孔的结构 | 2）由平面与柱面组合的剖切面剖切而获得的全剖的俯视图，分别表示左端通孔、中间通槽及右端通孔和键槽的结构 |
| 图例 | （主视图中位于右侧）（左视图中位于右侧）<br>（俯视图中位于下方） | |

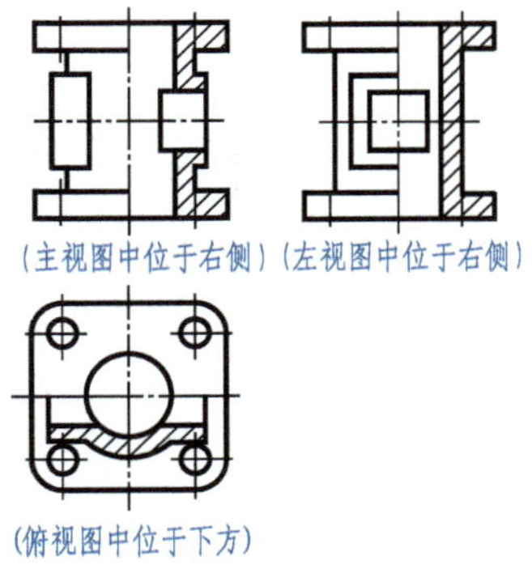

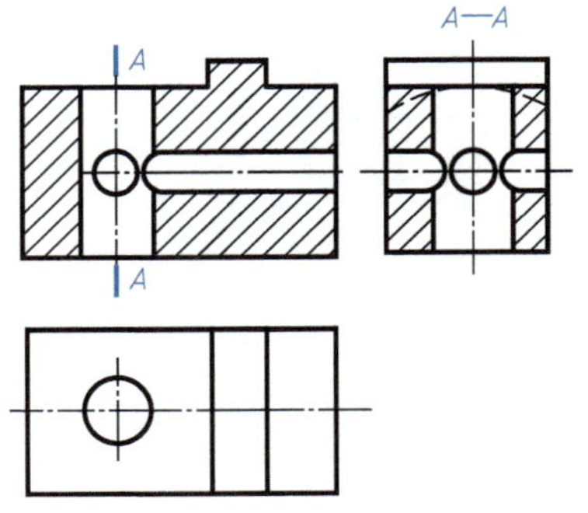

161

(续)

| | | |
|---|---|---|
| 说明 | 3）该机件前后、左右、上下均对称，主、俯、左三个视图均为半剖视图；它明确了半个剖视图配置的位置，即主视图中位于右侧，俯视图中位于下方，左视图中位于右侧 | 4）主、左视图为全剖视图。主视图是通过机件的前后对称面剖切的，不必标注；俯视图为外形图，省略了所有细虚线；但左视图中的细虚线不可省略，否则，还须画出一个右视图来表示右端圆弧面的形状 |
| 图例 | | |
| 说明 | 5）单一的斜剖切平面剖切得到的全剖视图，分别表示两处通孔的结构及上方小孔的位置 | 6）主视图是采用两个平行的正平面剖切的局部剖视图，按规定的标注方法进行标注 |

表 5-4　表 5-3 中图例的轴测图

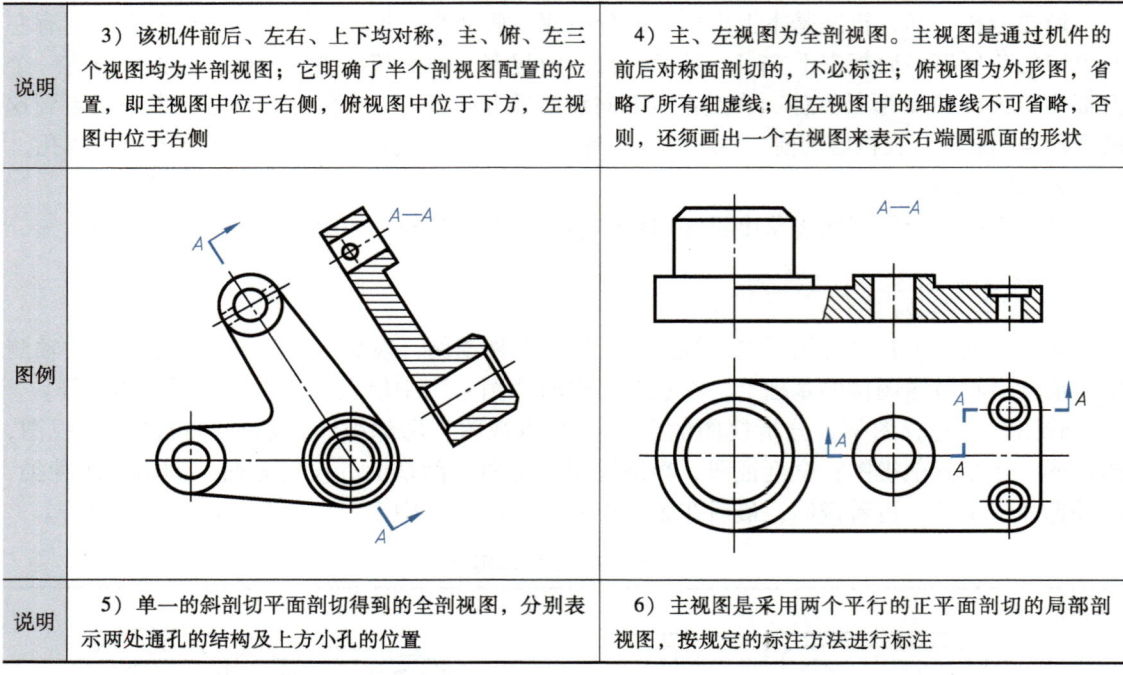

| | |
|---|---|
| 轴测图 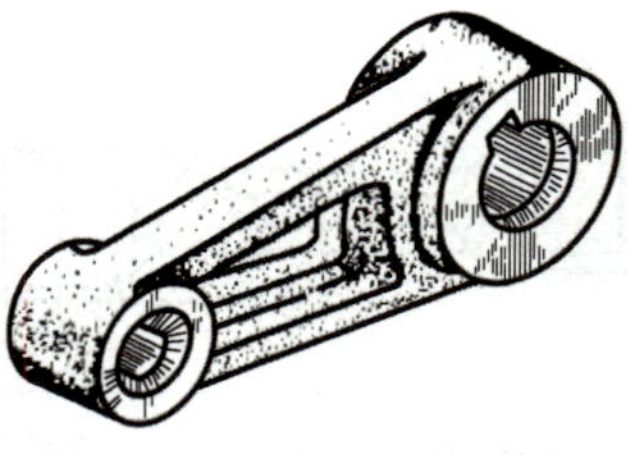 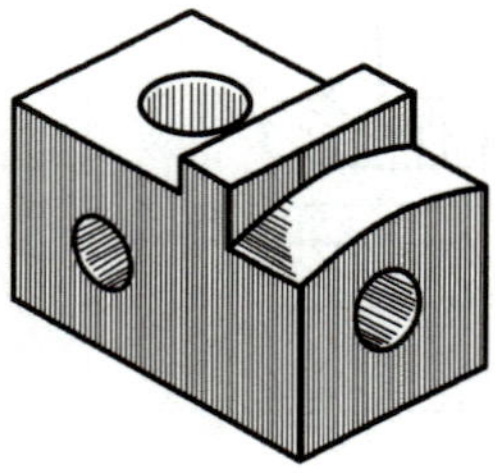 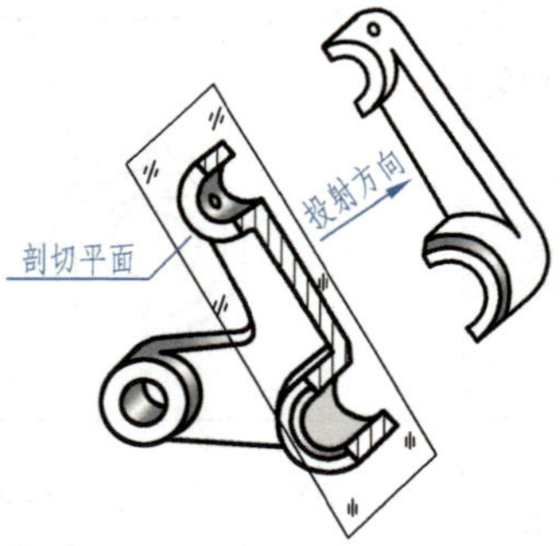 | |
| 图号 | |
| 轴测图 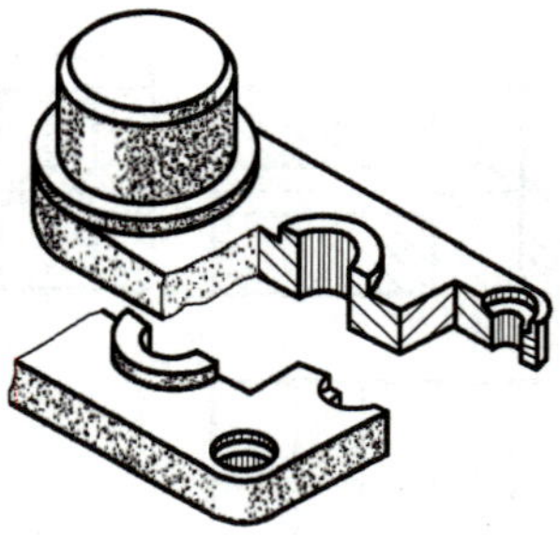 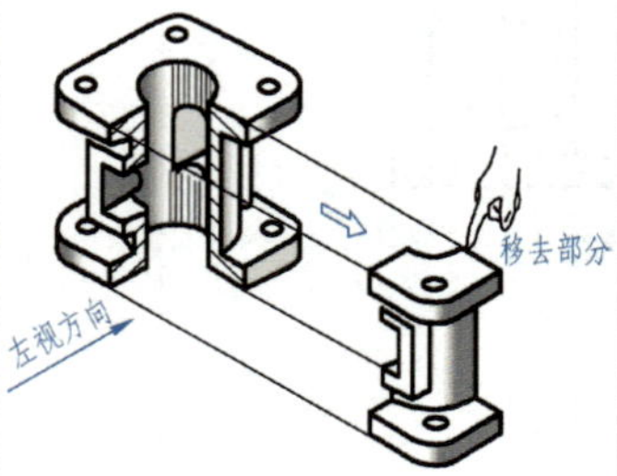 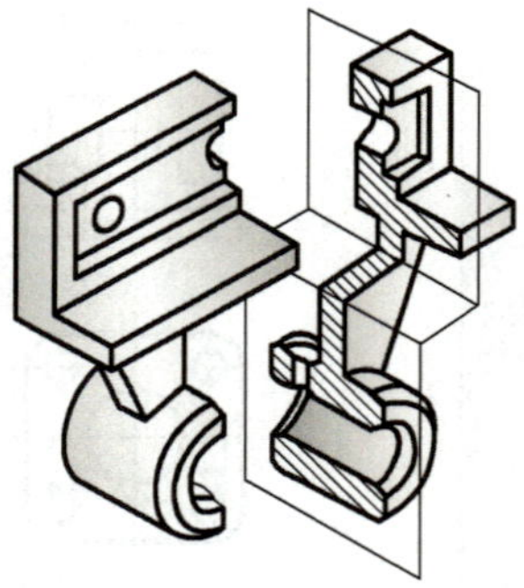 | |
| 图号 | |

项目五 选择与识读机件的基本表达方法

## 任务三　识读机件的其他表达方法

### 任务描述

国家标准《技术制图》与《机械制图》中对机件的表达方法，除了规定有视图和剖视图以外，还有其他表达方法。本任务主要介绍断面图、局部放大图及其他简化画法，并对第三角画法做简单的介绍。识读图 5-40a 所示汽车机油泵轴的表达方案，看懂图中的移出断面图；识读图 5-40b 所示汽车制动踏板座的表达方案，想象其形状。

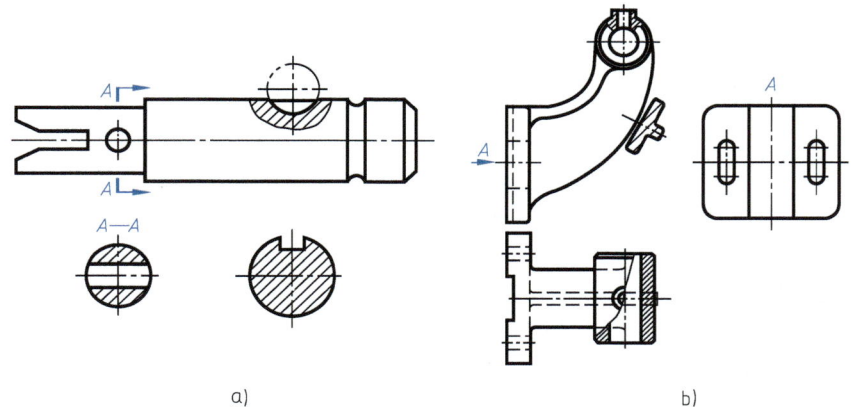

图 5-40　识读机件的其他表达方案
a）汽车机油泵轴　b）汽车制动踏板座

### 任务分析

视图和剖视图是汽车零件主要的表达方法，对于结构比较特殊的机件，比如细长轴类机件，不能按实际尺寸绘制；一个机件上多次重复出现的齿、槽等结构，可以只画少数几个；尺寸特别小的孔、倒角、斜度等，可以放大画。这些表达方法主要是为了简化图形，表达清晰。

### 相关知识

#### 一、断面图

断面图是用来表达机件某一局部断面形状的图形。国家标准 GB/T 17452—1998 和 GB/T 4458.6—2002 对断面图的画法、标注等方面做了规定。

**1. 断面图的概念**

假想用剖切平面将机件的某处切断，仅画出断面的图形，称为断面图（简称断面），如图 5-41 所示。从图中可以看出，断面图实际上就是使剖切平面垂直于被剖切结构要素的中心线（轴线或主要轮廓线）进行剖切，然后将断面图形旋转 90°，使其与纸面重合而得到的。

图 5-41 表达的是一个轴，在主视图上表明了键槽的形状和位置，键槽的深度用断面图表达，使图形更清晰、简洁，同时也便于标注尺寸和技术要求，如图 5-41b 所示。

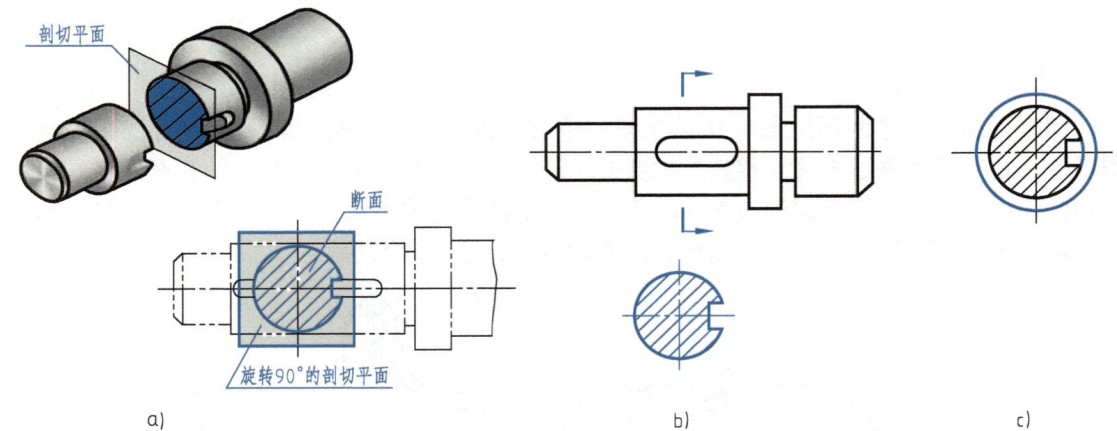

图 5-41　断面图的形成及与剖视图的比较
a) 断面图的形成　b) 断面图　c) 剖视图

**2. 断面图的分类**

根据断面图配置的位置不同，分为移出断面图和重合断面图。

(1) 移出断面图　画在视图轮廓之外的断面图称为移出断面图。图 5-41b 即为移出断面图。

1) 移出断面图的画法要点。

① 移出断面图的轮廓线用粗实线绘制，断面上画出剖面符号。

② 当剖切平面通过由回转面形成的孔或凹坑的轴线时，这些结构按剖视绘制，如图 5-42 所示。

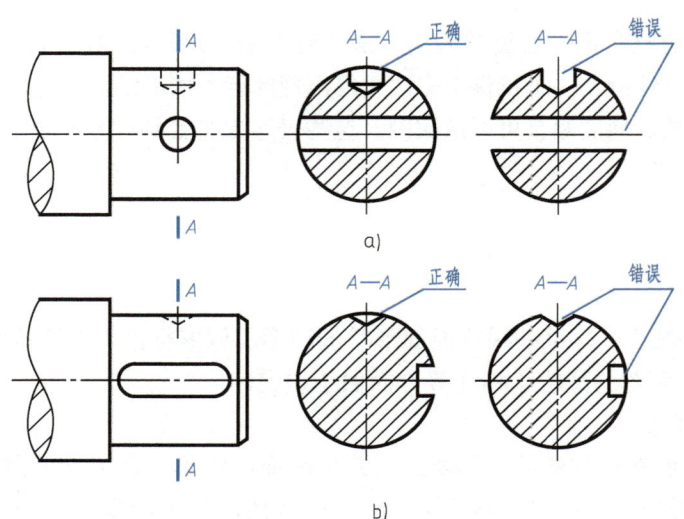

图 5-42　通过圆孔等回转面的轴线时断面图的画法

③ 当剖切平面通过非回转面，会导致出现完全分离的两个剖面区域时，这样的结构也应按剖视画出，如图 5-43a 所示，即外形轮廓应画完整。图 5-43b 所示为剖视图。

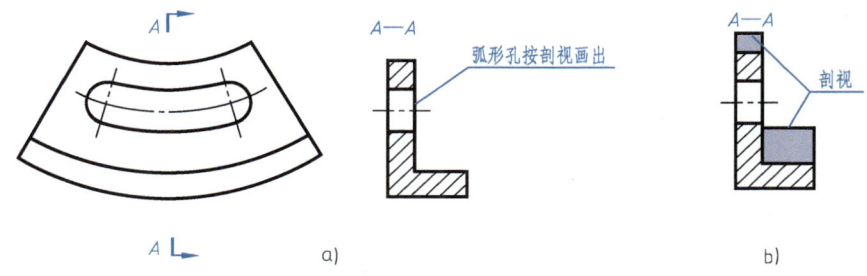

图 5-43 通过非回转面时断面图的特殊画法

④ 由两个或多个相交的剖切平面剖切得到的移出断面图，中间一般应断开，如图 5-44b 所示。

2）移出断面图的位置配置。

移出断面图通常按以下原则配置：

① 按投影关系配置，如图 5-43a 所示。
② 配置在剖切符号的延长线上或剖切线的延长线上，如图 5-44b 所示。
③ 当断面图形对称时，可配置在视图的中断处，如图 5-44a 所示。
④ 也可移位配置，即配置在图样上的其他适当的位置。

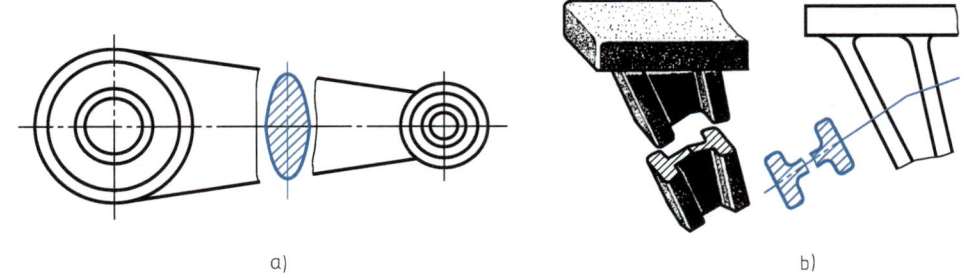

图 5-44 移出断面图的配置示例
a）配置在视图的中断处  b）配置在剖切线的延长线上

3）移出断面图的标注方法。移出断面图的标注形式，应按国家标准规定进行。因其图形配置部位的不同及图形是否对称，标注形式也不同，具体标注方法见表 5-5。

（2）重合断面图  画在视图轮廓之内的断面图称为重合断面图。如图 5-45 所示的断面图即为重合断面图。

1）重合断面图的画法要点。
① 重合断面图的轮廓线用细实线画出。
② 当重合断面图的轮廓线与视图的轮廓线重合时，视图中的轮廓线仍需完整画出，不应间断，如图 5-45b 所示。

2）重合断面图的配置与标注。重合断面图均配置在视图轮廓之内。当图形不对称时，需标注其剖切位置和投射方向，如图 5-45b 所示；当重合断面图为对称图形时，一般不必标注，如图 5-45a、c 所示。

表 5-5 移出断面图的配置与标注

| 断面图对称性 | 配置 | 配置在剖切线或剖切符号延长线上 | 移位配置 | 按投影关系配置 |
|---|---|---|---|---|
| 断面图的对称性与标注的关系 | 对称 | （图） | （图） | （图） |
| | 说明 | 配置在剖切线延长线上的对称图形：不必标注剖切符号和字母 | 移位配置的对称图形：不必标注箭头 | 按投影关系配置的对称图形：不必标注箭头 |
| | 不对称 | （图） | （图） | （图） |
| | 说明 | 配置在剖切符号延长线上的不对称图形：不必标注字母 | 移位配置的不对称图形：完整标注剖切符号、箭头和字母 | 按投影关系配置的不对称图形：不必标注箭头 |

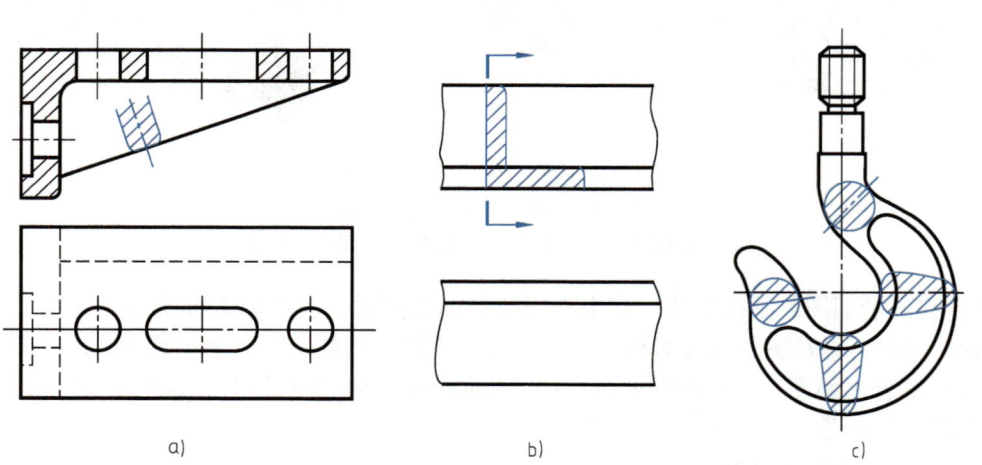

图 5-45 重合断面图的画法

## 二、局部放大图（GB/T 4458.1—2002）

将机件的部分结构用大于原图形所采用的比例画出的图形，称为局部放大图。如

图5-46a所示。当同一机件上有几处需要放大时,可用细实线圈出需被放大的部位,并用罗马数字依次编号,以区别不同的放大部位,在局部放大图的上方标注出相应的罗马数字和所采用的比例,如图5-46b所示。对于同一机件上的不同部位,图形相同或对称时,只需画出一个局部放大图。

局部放大图应尽量配置在被放大部位的附近。其图形可画成视图、剖视图和断面图等,它与被放大部位的原表达方法无关。

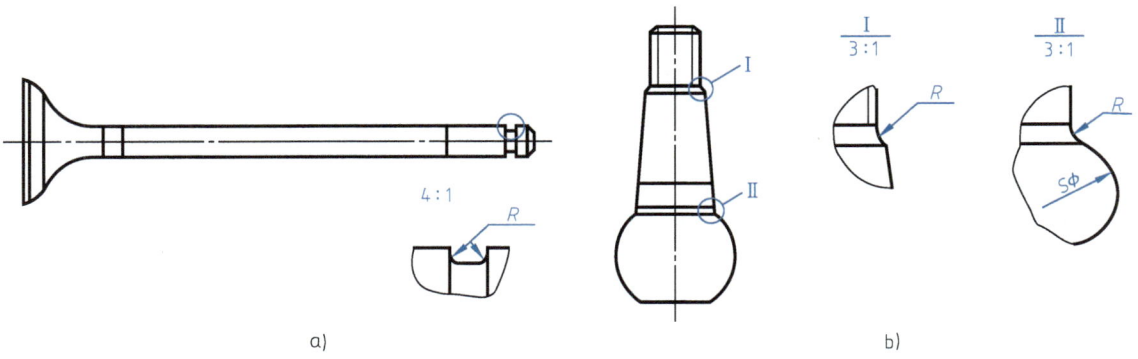

图 5-46　局部放大图
a) 发动机排气门　b) 转向拉杆球头销

### 三、简化画法（GB/T 16675.1—2012）

**1. 肋板、轮辐及薄壁等结构**

对于肋板、轮辐及薄壁等结构,纵向剖切都不画剖面线,而且用粗实线将它们与其相邻结构分开,但横向剖切必须画剖面线,如图5-47和图5-48所示。

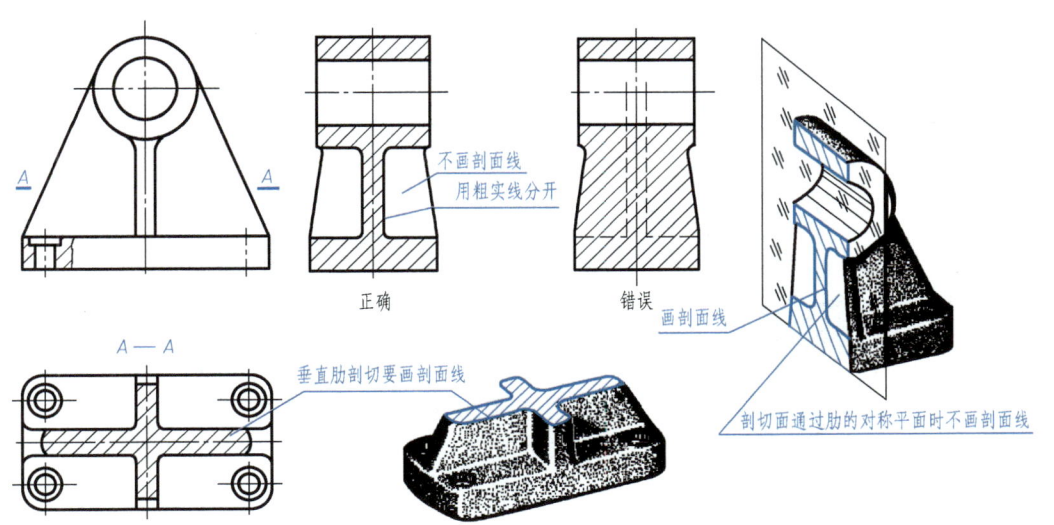

图 5-47　肋板的剖视画法

**2. 回转体上均匀分布的结构**

回转体上均匀分布的肋板、孔等结构不处于剖切平面上时,可将这些结构假想旋转到剖

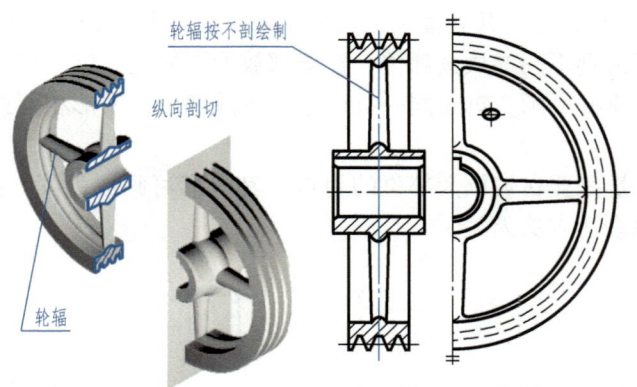

图 5-48 轮辐的剖视画法

切平面上画出，且对不对称的这些结构，可按对称结构画出，如图 5-49 所示。

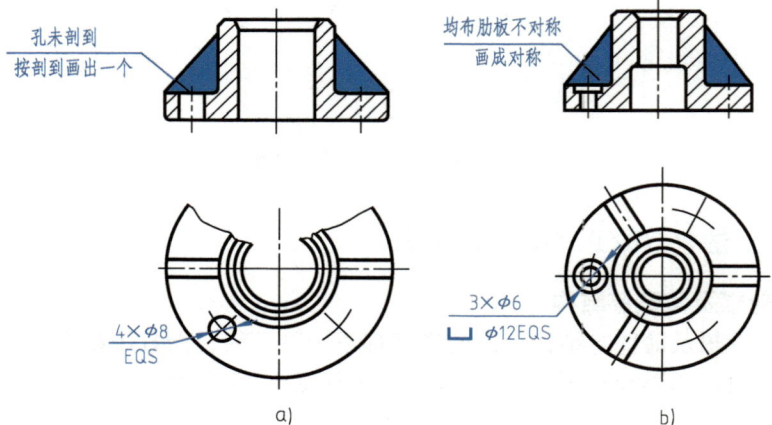

图 5-49 均匀分布的肋板、孔的剖视画法

圆盘形法兰和类似结构上按圆周均匀分布的孔，可按图 5-50 所示的方式画出。

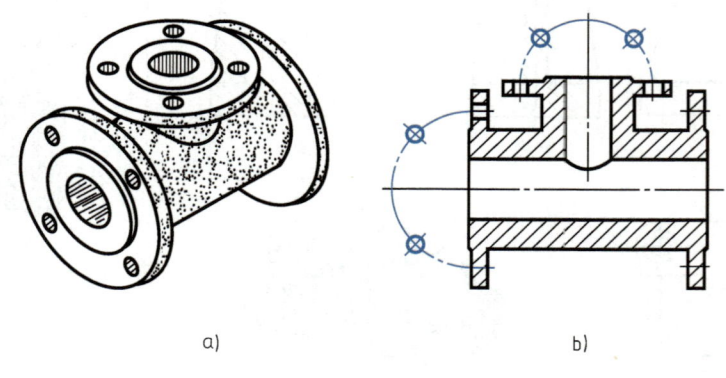

图 5-50 圆盘形法兰上均匀分布孔的画法

### 3. 倾斜的圆和圆弧

对于机件中与投影面倾斜角度不大于 30° 的圆和圆弧，手工绘图时，其投影可用圆和圆弧画出，如图 5-51 所示。

### 4. 平面的表示方法

当图形不能充分表达平面时，可以用平面符号（相交细实线）表示，如图 5-52 所示。

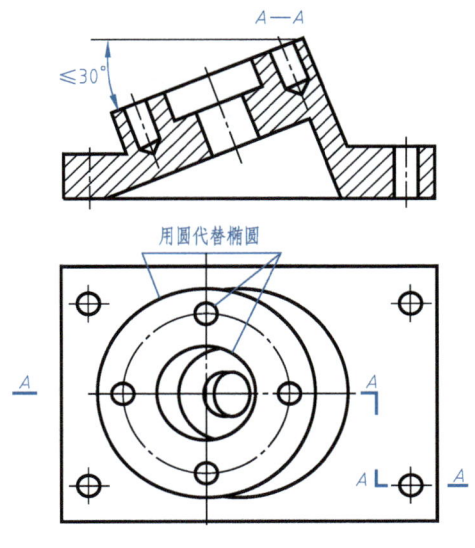

图 5-51 倾斜的圆和圆弧

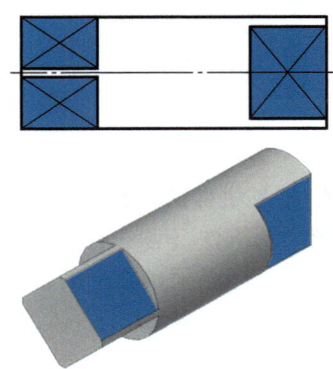

图 5-52 平面的表示

### 5. 相同结构

当机件上具有若干相同的结构（齿、槽、孔等），并按一定规律分布时，只需画出几个完整结构，其余用细实线相连或标明中心位置，并注明总数，如图 5-53 和图 5-54 所示。

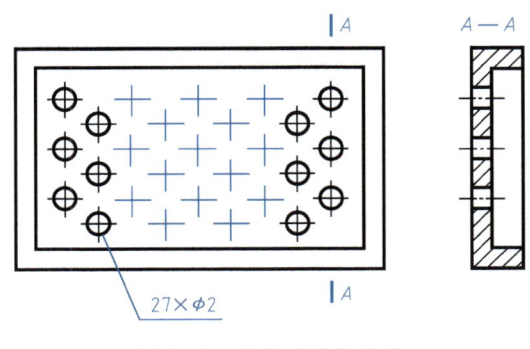

图 5-53 按规律分布的孔

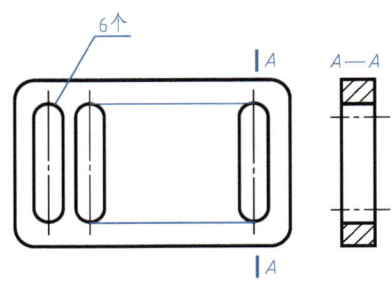

图 5-54 按规律分布的相同结构

### 6. 较小结构的简化画法

对于机件上较小的结构，如锥度、截交线、相贯线等允许简化，可用圆弧或直线代替，如图 5-55a 所示，图 5-55b 所示是简化以前的投影。

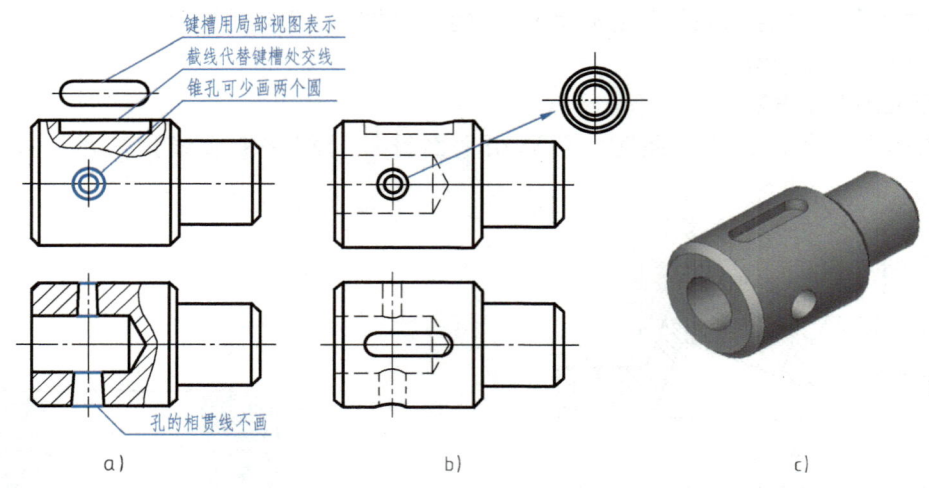

图 5-55 较小结构机件的简化画法

**7. 较长机件的折断画法**

较长的机件（轴、杆、型材等），沿长度方向的形状一致或按一定规律变化时，可断开缩短绘制，但必须按原来的实长标注尺寸，如图 5-56 所示，机件断裂边缘常用波浪线、双折线、双点画线表示。

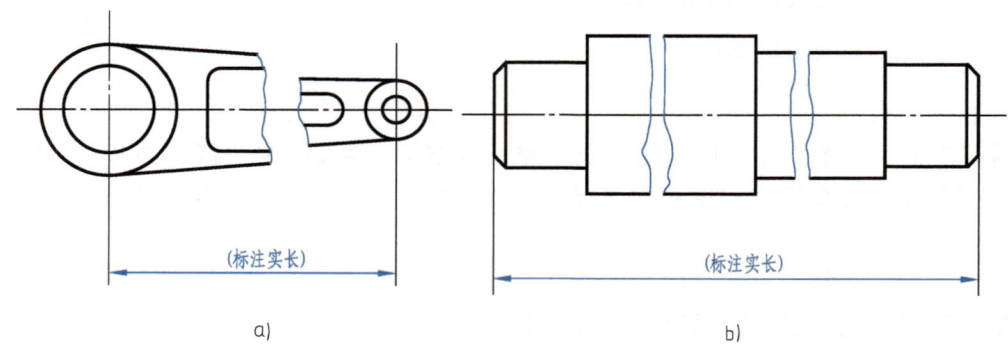

图 5-56 较长机件的折断画法

**8. 某些结构的示意画法**

网状物、编织物或机件上的滚花部分，可在轮廓线附近用粗实线示意画出，并标明其具体要求，如图 5-57 所示。

**9. 较小结构省略画法**

较小的圆角、倒角、圆弧等结构，在不致引起误解时，在图形上允许省略，但必须注明尺寸或在技术要求中加以说明，如图 5-58 所示。

**10. 对称机件的画法**

对称机件的视图可以只画一半或四分之一，此时需在对称中心线的两端画两条与其垂直的平行细实线，如图 5-59 所示。

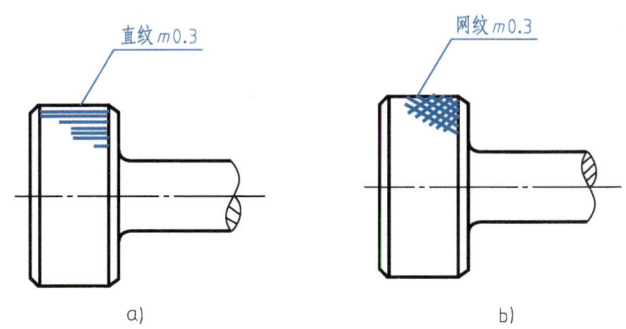

图 5-57　网状物及滚花的示意画法

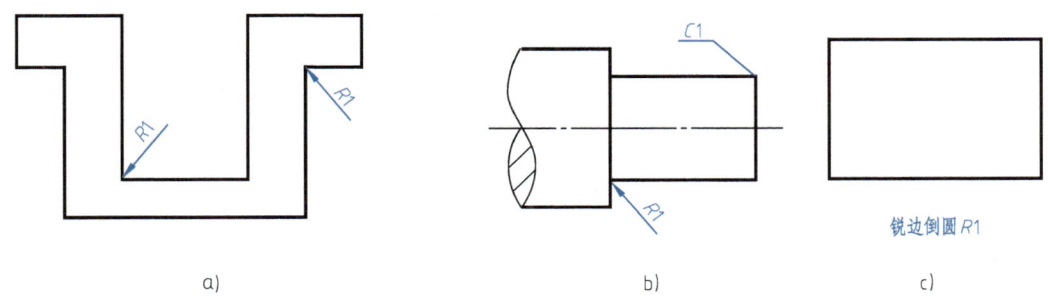

图 5-58　较小结构省略画法

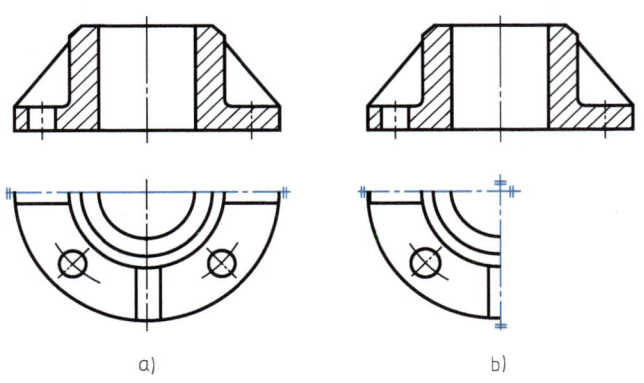

图 5-59　对称机件可以画一半或四分之一

## 四、第三角画法简介

根据 GB/T 17451—1998 和 GB/T 14692—2008 规定，我国技术图样应采用正投影法绘制，并优先采用第一角画法，必要时（如按合同规定等）才允许使用第三角画法。但国际上有些国家（如英、美等国）的图样是按正投影法并采用第三角画法绘制的。为了进行国际技术交流与合作，应对第三角画法有所了解，以适应日益发展的科学技术交流的需要。

如图 5-60 所示，三个相互垂直的平面将空间划分为八个分角，分别称为第一角、第二角、第三角……

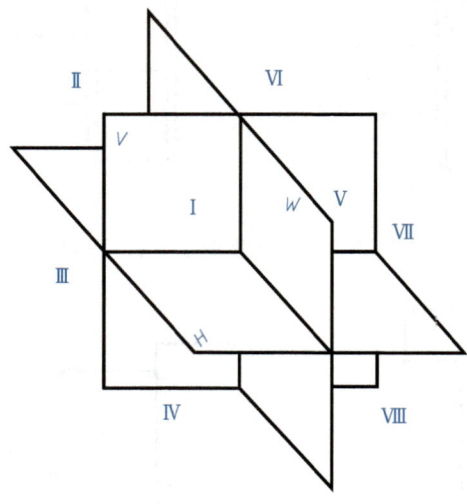

图 5-60　八个分角

第一角画法是将物体置于第一角内，使其处于观察者与投影面之间（即保持人-物-面的位置关系）而得到正投影的方法，如图 5-61a 所示。

第三角画法是将物体置于第三角内，使投影面处于观察者与物体之间（假设投影面是透明的，并保持人-面-物的位置关系）而得到正投影的方法，如图 5-61b 所示。

第三角画法中各视图的观察方向及视图名称如下：从前面观察物体在正投影面上得到的视图称为主视图；从上面观察物体在水平投影面上得到的视图称为俯视图；从右面观察物体在侧面上得到的视图称为右视图。

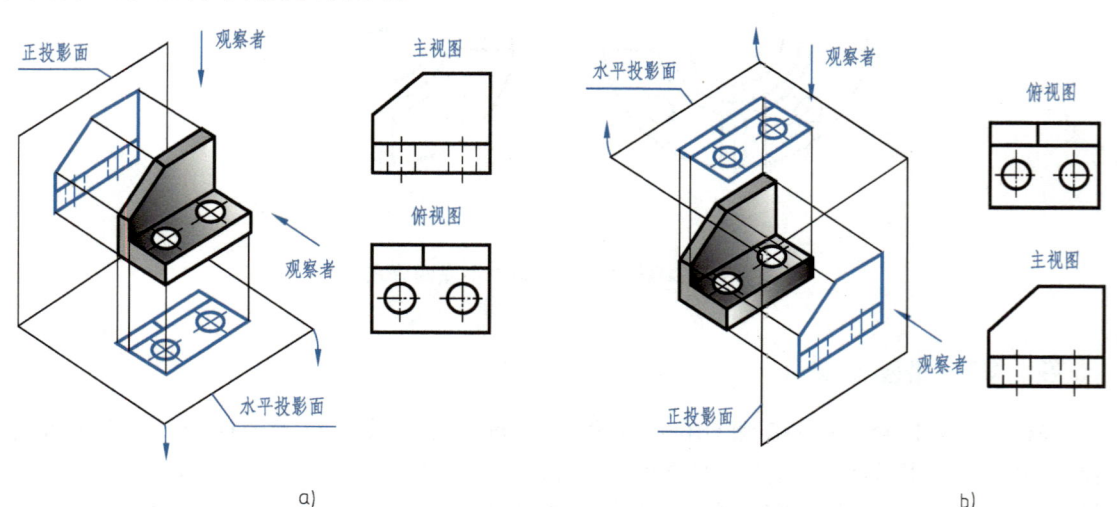

a)　　　　　　　　　　　　　　　　　　　　b)

图 5-61　第一角画法和第三角画法中投影面及得到的视图比较
a）第一角画法　b）第三角画法

在第三角画法中，同样有六个基本投影面，可以得到六个基本视图，六个投影面展开方式如图 5-62 所示。六个基本视图的配置如图 5-63 所示。仔细比较可以看出，第一角画法和第三角画法中，六个基本视图及其名称都是相同的。相应视图之间仍保持"长对正、高平齐、宽相等"的对应关系。

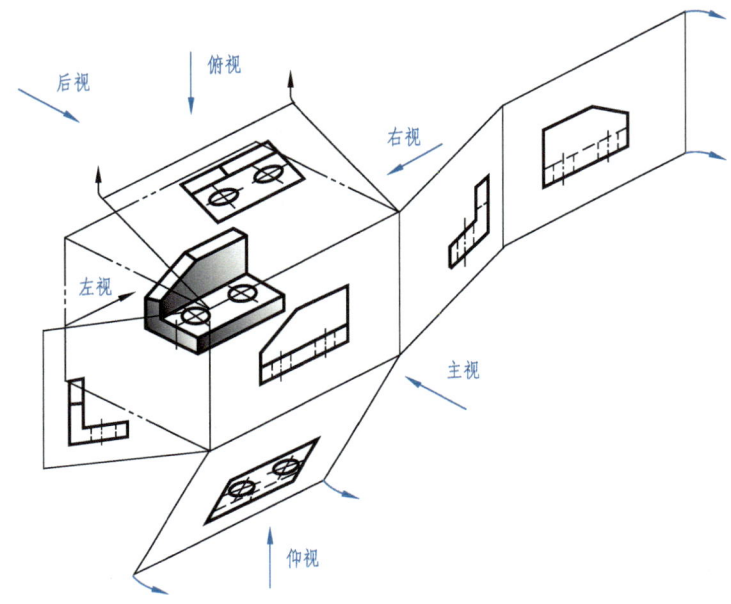

图 5-62　第三角画法中六个基本视图的形成

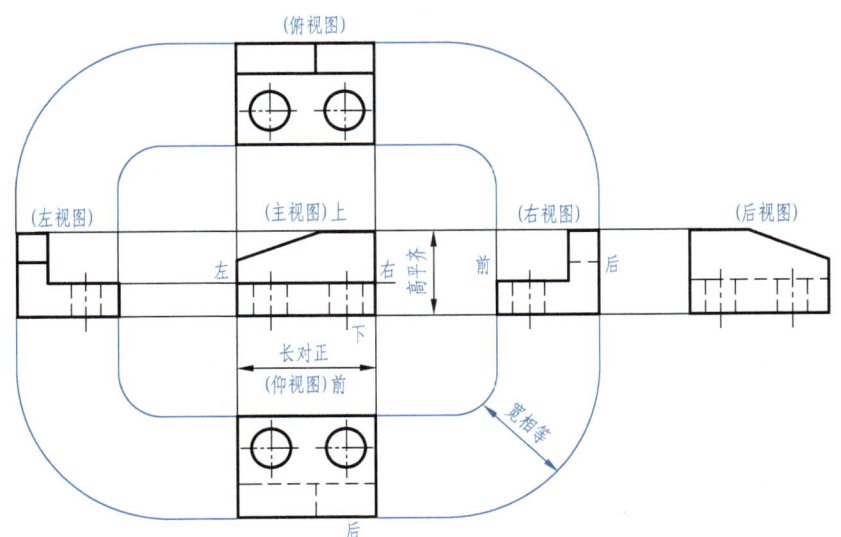

图 5-63　第三角画法中六个基本视图的配置

视图按图 5-63 所示的位置配置时，一律不标注视图名称，但必须在图样中画出第三角画法的识别符号，如图 5-64 所示。

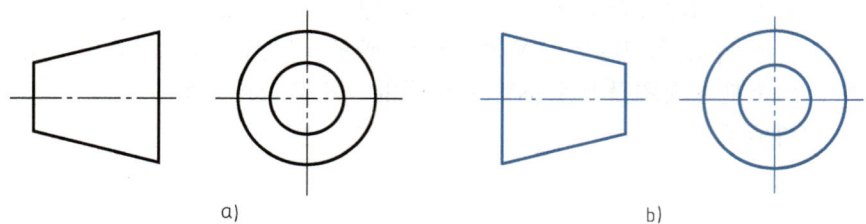

图 5-64 第一角和第三角画法的识别符号
a)第一角画法用  b)第三角画法用

图 5-65 所示为用第一角画法和第三角画法表达的轴类零件。看图时应根据实际轴上左端的特征结构——正四棱柱，分清其投影图是在主视图的左边还是右边，才能确定是第一角画法还是第三角画法及正四棱柱的确切位置（左还是右）。

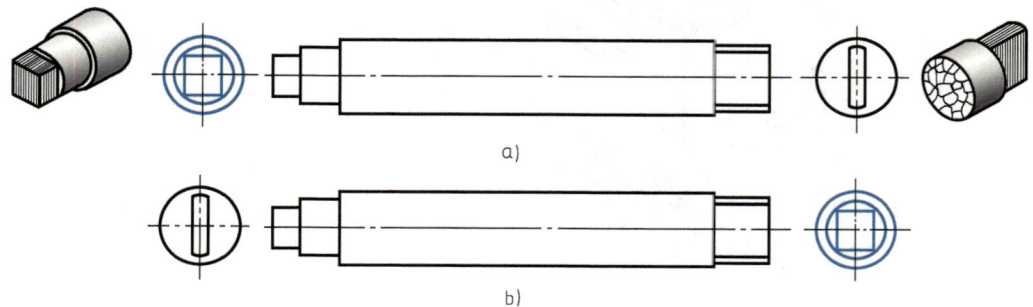

图 5-65 第一角和第三角画法表达的零件
a)第三角视图画法  b)第一角视图画法

## 任务实施

### 一、识读图 5-66 所示机油泵轴的一组图形，想象轴的形状

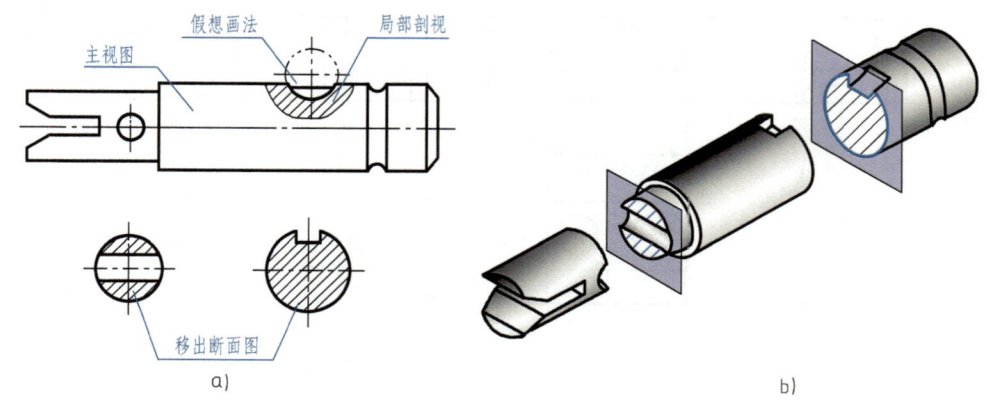

图 5-66 机油泵轴
a)机油泵轴视图  b)想象出机油泵轴的形状

**1. 图形分析**

机油泵轴共用了三个图形表达。一个局部剖的主视图和两个移出断面图。左端的移出断面图表达最左轴段右方圆孔断面形状,因图形对称,且不移位(即配置在剖切线的延长线上),所以省略了标注;右端的断面图表达右端轴段上半圆键槽的断面形状,也因图形对称,且不移位,所以省略了标注;主视图上的局部剖视,表达了半圆键槽的形状特征;主视图上的双点画线部分属于假想画法,表达了加工半圆键槽使用的刀具直径,以方便选择刀具进行加工。

**2. 想象形状**

通过对上述各图形的分析,可以想象出机油泵轴由大小不同的三段圆柱体组成,最左轴段的左方有一由 V 形和矩形组合而成的径向通槽,右方有一径向圆柱孔;中间轴段上有一半圆形的键槽,另外在该轴段的右方有轴向尺寸较小、带有圆弧形的退刀槽;最右轴段的右端还有倒角结构。

经过仔细分析,便可以想象出机油泵轴的结构形状,如图 5-66b 所示。

## 二、识读图 5-67 所示汽车制动踏板座的图形表达,想象其形状

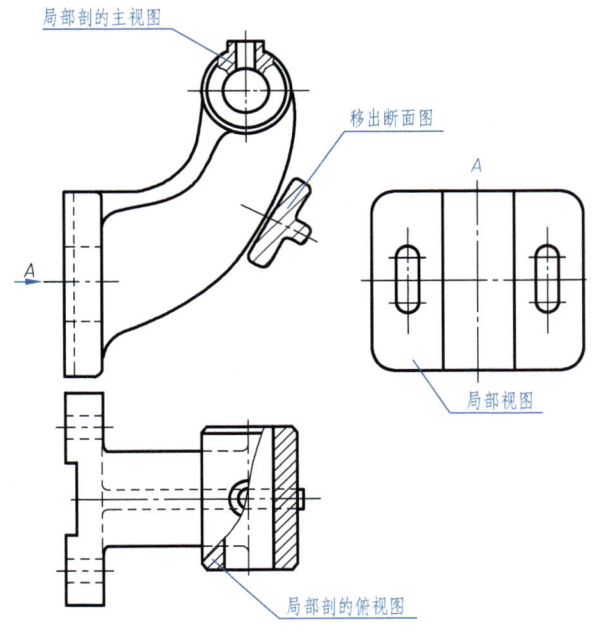

图 5-67　汽车制动踏板座

**1. 图形分析**

表达制动踏板座共用了 4 个图形,主视图、俯视图、局部视图、移出断面图。

(1) 主视图　主视图为局部剖视图,表达制动踏板座的主要形状特征及各组成部分之间的相互位置关系,上方的局部剖视是为了表达凸台上的通孔。

(2) 俯视图　俯视图也是局部剖视图,主要表达制动踏板座宽度方向的尺寸及凸台的形状,并补充表达各组成部分的位置关系,俯视图上的局部剖视是为了表达制动踏板座右上

方圆筒内的通孔。

（3）局部视图　局部视图 A 按基本视图的位置配置，相当于右视图的一部分，表达制动踏板座左方踏板的形状。

（4）移出断面图　移出断面图主要表达中间肋板的形状。

**2. 想象形状**

通过对上述各图形的分析，可以想象出制动踏板座是由三部分组成的。

（1）踏板　踏板的形状主要从主、俯视图和局部视图 A 反映出来。基本形状是四角带圆弧的矩形板，其上有两个长圆孔，左端还有一个矩形通槽。

（2）圆筒　圆筒的形状主要从主、俯视图反映出来。基本形状是空心圆柱体，空心圆柱体的两端外部都有倒角，上部还有一圆柱形的凸台。

（3）肋板　肋板的形状主要从主、俯视图和移出断面图反映出来。基本形状是大约四分之一圆的 T 形结构。

通过仔细分析，可以想象出制动踏板座的形状如图 5-68 所示。

图 5-68　想象出的制动踏板座形状

## 知识巩固

表 5-6 列出了常见的不同表达方法表示出的机件图例，表 5-7 为表 5-6 中各图例的轴测图，请读者在看懂图例的基础上，在表 5-7 中的"图号"中填入表 5-6 所给图形的序号。

看图时，先看图例，分析视图的名称（基本视图、局部视图，还是斜视图；主视图，俯视图，还是其他视图；剖视图、断面图，还是其他表达方法）、投射方向、剖切面的种类，以及标注情况等，再看说明，最后在表 5-7 中的"图号"中填入表 5-6 所给图形的序号。

表 5-6　识图举例

（续）

| | | | |
|---|---|---|---|
| 说明 | 1）主视图有两处局部剖，视图轮廓内为重合断面图，因图形对称，省略了标注；俯视图为外形图；主、俯视图之间的图形是移出断面图，因图形不对称，必须用剖切符号及箭头标注剖切面的位置及投射方向。比较两个断面图可知，机件上同一部位的断面图，因画在不同位置上，可能会使图形的形状或方向有所不同 | 说明 | 2）半剖的主视图，是由三个平行的正平面剖切的；机件上的肋板，纵向剖切时不画剖面线，用粗实线将它与相邻接的部分分开；在外形视图中，肋板将按投影规律画出 |
| 图例 | | 图例 | |
| 说明 | 3）主、俯视图表示机件的主体结构形状，两处局部剖分别表示光孔、螺孔的内形。重合断面图表示肋板宽度及其肋板的上部形状 | 说明 | 4）一个主视图和一个移出断面图表示机件。因为剖切平面通过了非回转面会导致完全分离的两个断面图，此结构应按剖视绘制；因为剖切平面是倾斜的，允许将断面图旋转放正 |
| 图例 | | 图例 | |
| 说明 | 5）主视图为基本视图，表达形状特征及其上的U形槽和小孔的数量及其分布；左视图为全剖视图；另一局部放大图和旋转配置的斜视图，是为了放大该部分的局部结构，表达实形，以便于标注尺寸和技术要求等 | 说明 | 6）主视图表达机件外形，其局部剖表示大、小圆孔；局部视图以明确圆筒与肋的连接关系；移出断面图表示肋板的形状；旋转配置的斜视图反映斜板的实形及四个小孔的分布，带有波浪线的部分则表示肋板与斜板间的相对位置关系 |

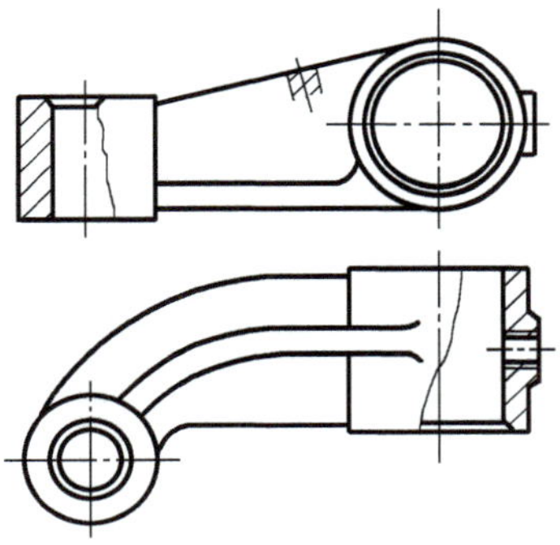

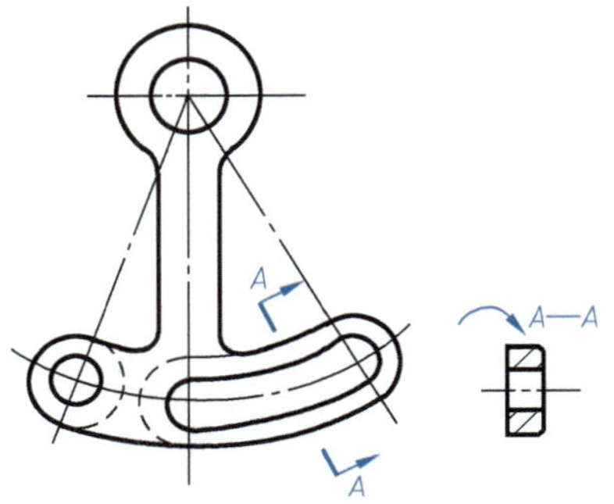

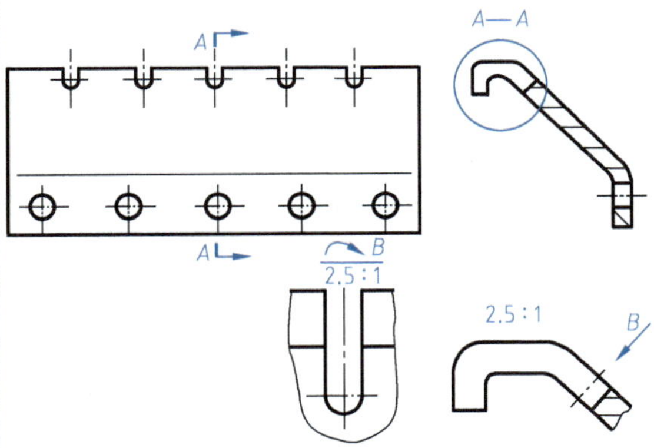

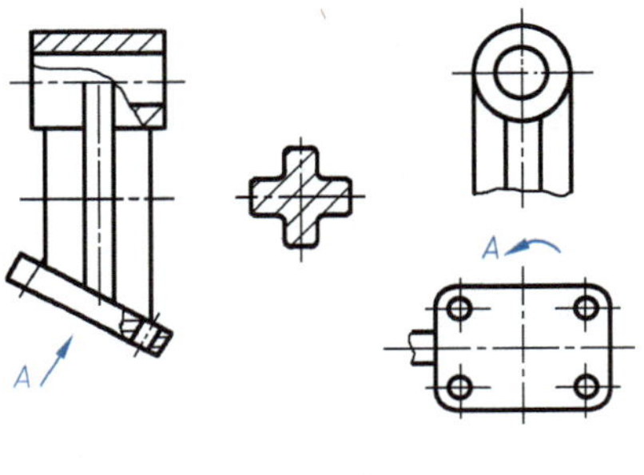

表 5-7　表 5-6 中图例的轴测图

| 轴测图 | 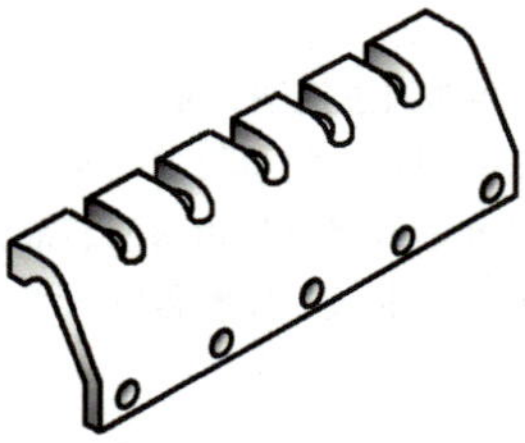 | 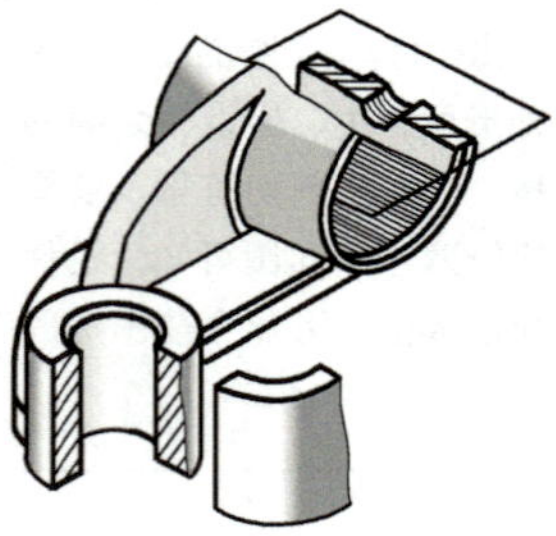 | 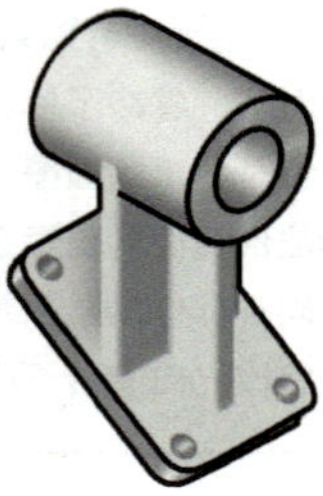 |
|---|---|---|---|
| 图号 | | | |
| 轴测图 |  | 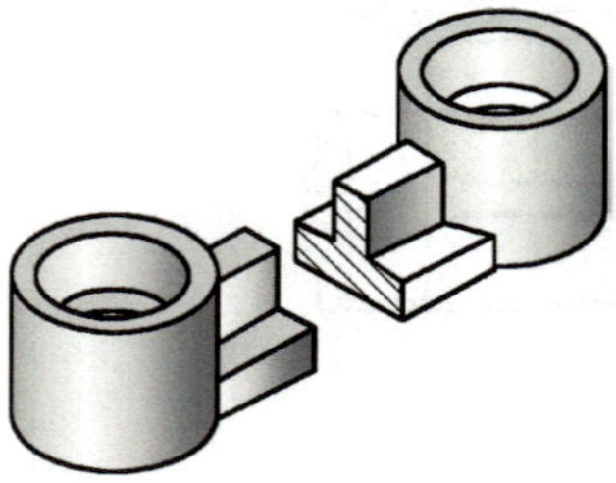 | 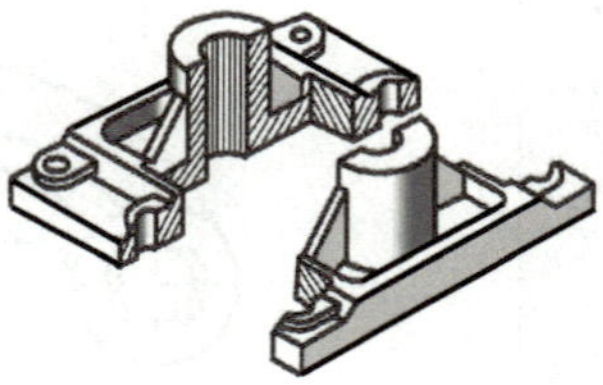 |
| 图号 | | | |

## 项目小结

项目五是本课程承上启下的过渡性部分。上承本课程的理论基础——投影作图，下启机械图样——汽车零件图与装配图的绘制与识读。一方面担负着在投影作图的基础上，扩大表达机件形状的知识范围，是投影作图的继续、发展和延伸；另一方面要进一步巩固与提高画图和读图能力，为零件图的学习打好基础，为装配图的学习创造条件。

本项目主要学习了表达机件的基本方法，其中表达外形的有基本视图、向视图、局部视图及斜视图；表达内形的有各种剖视图；表达断面形状的有断面图；另外还有局部放大图、简化画法等。这些表达方法是零件图和装配图表达的基础，后续部分的内容将大量引用这些表示法。

本项目与投影作图同属于机械制图的基础内容，但两者之间又有着各自不同的特点。投影作图所涉及的形体简单、画法单一、表达方法固定（均用三个视图），而本项目所涉及的形体复杂、表达方法多种多样。要把零件形状表达得正确、完整、图样清晰、简练，便于看图，就必须根据零件的结构形状，灵活地采取各种表达方法。

# 项目六 认知常用机件的特殊表达方法

在汽车机械产品中,大量地使用标准件(如螺栓、螺钉、螺母、垫圈、键、销、滚动轴承等)和常用件(如齿轮、弹簧等)。如图6-1所示的汽车发动机内接齿轮式机油泵,包含了螺栓、齿轮、弹簧、花键等标准件和常用件。国家标准对这些标准件和常用件及多次重复出现的结构要素(如螺钉上的螺纹和齿轮上的轮齿等)规定了简化的特殊表达方法及必要的标注。本项目主要介绍这些零部件和结构要素的基本知识、特殊表达方法及代号的标注方法等内容。

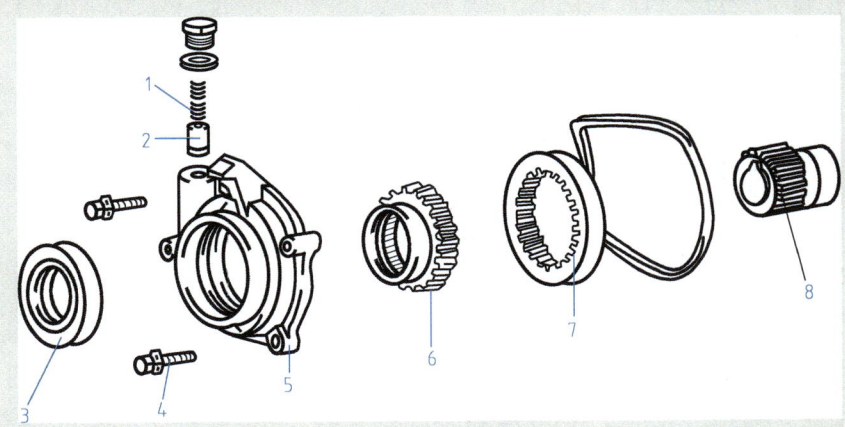

图6-1 内接齿轮式机油泵

1—溢流阀弹簧 2—溢流阀柱塞 3—曲轴前油封 4—紧固螺栓
5—机油泵体 6—主动外齿轮 7—从动内齿轮 8—花键

## 知识目标

1. 理解常用机件及结构要素的概念。
2. 认知常用件与标准件的常见类型。
3. 明确常用件与标准件的主要参数及功用。
4. 学会从相关标准中查阅有关数据。

## 汽车机械制图

### 技能目标

1. 掌握螺纹、螺纹紧固件的规定画法、标注及识读方法。
2. 掌握齿轮的规定画法、参数计算及识读方法。
3. 学会键、销的标记以及键联接、销联接的画法。
4. 学会滚动轴承和弹簧的画法。

## 任务一　认知螺纹及其螺纹紧固件

### 任务描述

螺纹是在圆柱（或圆锥）表面上，沿着螺旋线所形成的具有相同断面的连续凸起和沟槽。本任务主要介绍螺纹及螺纹紧固件的参数、类型、规定画法、标注方法与识读方法。识读图 6-2 所示的差动螺钉的零件图。

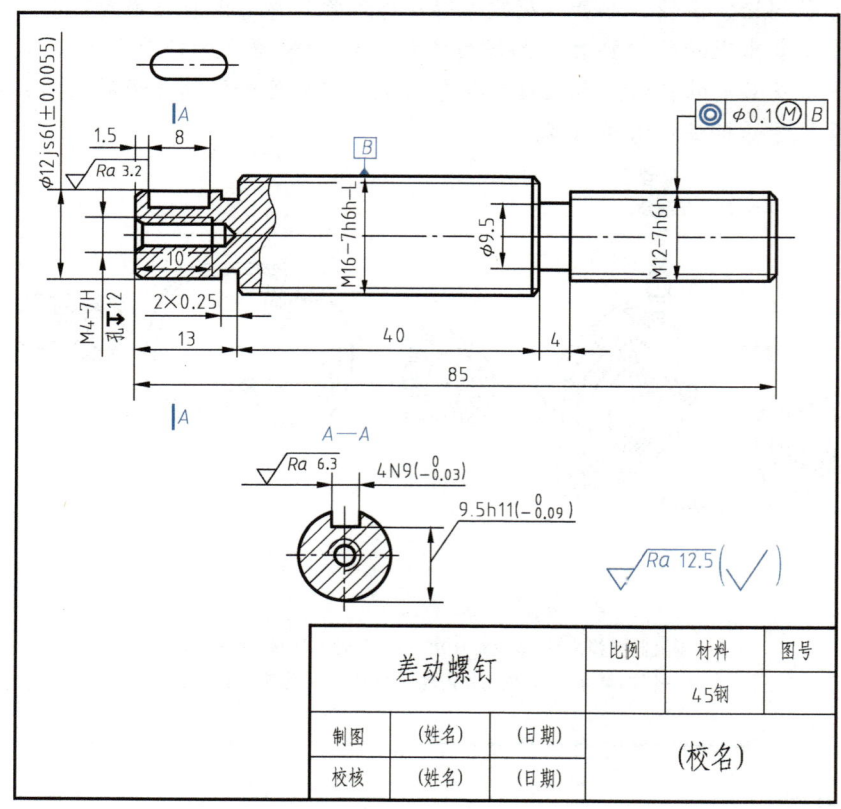

图 6-2　差动螺钉的零件图

### 任务分析

螺纹是机械产品中最为常见的一种结构，其主要作用是联接零件、传递运动及动力。常用的螺纹紧固件包括螺栓、螺柱、螺钉、螺母、垫圈等,如图 6-3 所示。

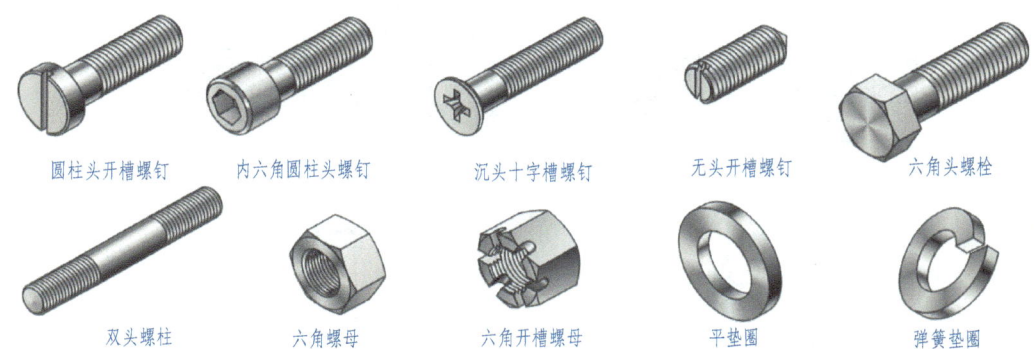

图 6-3 常见的螺纹紧固件

因螺纹的形状比较复杂,如果按实际投影画出,图形将特别烦琐,画图工作量大;加之螺纹用量又特别大,为了适应大批量生产的需要,提高产品质量,降低生产成本,国家标准对其参数进行了标准化,对画法进行了规定,可用不同的线型表示螺纹的不同参数,再通过用规定的标记进行标注,以区分不同的螺纹,这样可以大大地降低画图的工作量,提高工作效率。

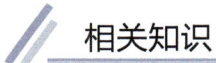相关知识

### 一、螺纹的基本知识

**1. 螺纹的形成及加工方法**

螺纹有外螺纹和内螺纹两种,一般成对使用。

在圆柱或圆锥外表面上加工的螺纹称外螺纹,在圆柱或圆锥内表面上加工的螺纹称内螺纹,如图 6-4 所示。

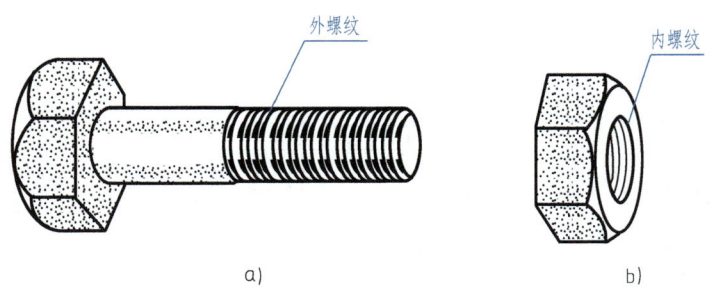

图 6-4 外螺纹和内螺纹
a) 外螺纹 b) 内螺纹

螺纹的加工方法很多。图 6-5a 和 b 所示是在车床上加工外、内螺纹的示意图,工件做等速旋转运动,刀具沿工件轴向做等速直线移动,其合成运动使切入工件的刀尖在工件表面上切制出螺纹;图 6-5c 和 d 表示在箱体、底座等零件上加工较小的内螺纹(螺孔)的方法。

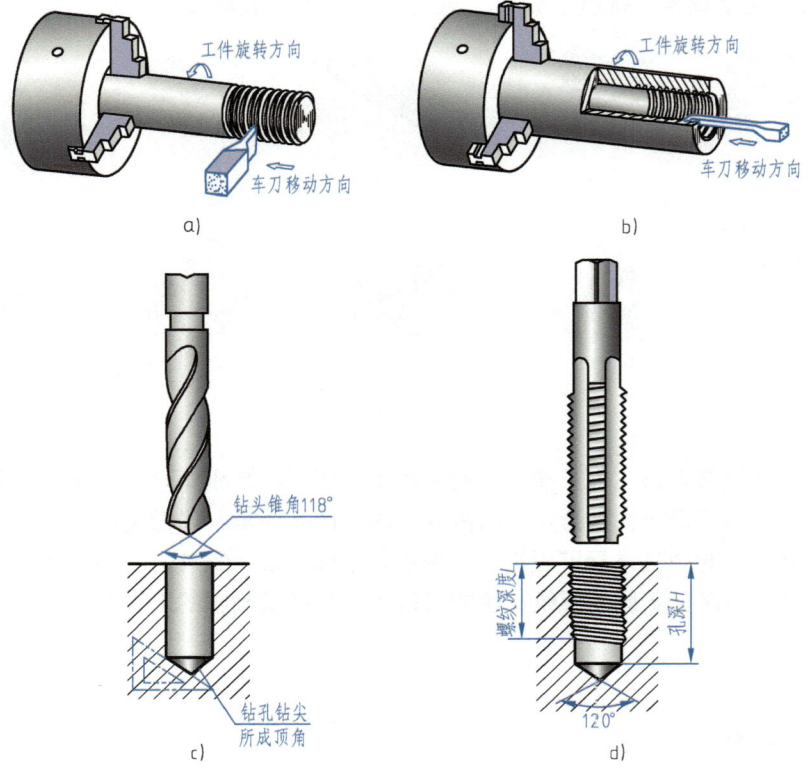

图 6-5 螺纹的加工方法

### 2. 螺纹结构的基本要素

螺纹结构的基本要素包括牙型、直径、线数、螺距、导程和旋向等。

（1）牙型　在通过螺纹轴线断面上的螺纹轮廓形状称为牙型。它由牙顶、牙底和两牙侧构成。相邻两牙侧面间的夹角称为牙型角。常见的螺纹牙型有三角形（普通螺纹、管螺纹等）、梯形、锯齿形等多种，如图 6-6 所示。

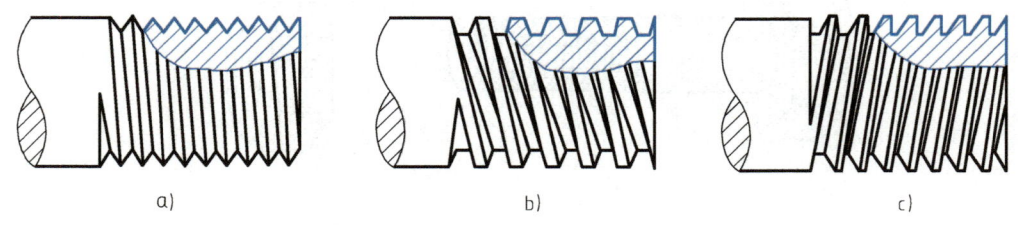

图 6-6 螺纹的牙型
a）三角形　b）梯形　c）锯齿形

（2）直径　螺纹的直径有大径、小径和中径（见图 6-7）。

1）大径。大径是指与外螺纹的牙顶、内螺纹的牙底相切的假想圆柱或圆锥的直径（即螺纹的最大直径），外螺纹的大径用 $d$ 表示，内螺纹的大径用 $D$ 表示。

2）小径。小径是指与外螺纹的牙底、内螺纹的牙顶相切的假想圆柱或圆锥的直径（即螺纹的最小直径），外螺纹的小径用 $d_1$ 表示，内螺纹的小径用 $D_1$ 表示。

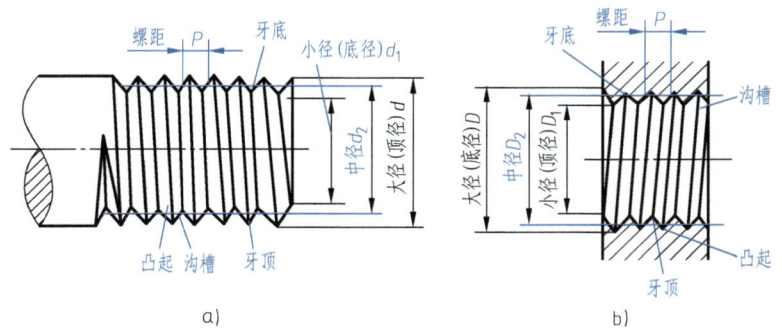

图 6-7 螺纹的结构要素

3）中径。在大径与小径之间，其母线通过牙型上沟槽和凸起宽度相等的假想圆柱或圆锥的直径。外螺纹的中径用 $d_2$ 表示，内螺纹的中径用 $D_2$ 表示。

（3）线数 形成螺纹螺旋线的条数称为线数，用 $n$ 表示。螺纹有单线和多线之分：沿一条螺旋线形成的螺纹称为单线螺纹；沿两条或两条以上螺旋线形成的螺纹称为多线螺纹，如图 6-8 所示。

（4）螺距和导程 （见图 6-8）

1）螺距。相邻两牙在中径线上对应两点间的轴向距离称为螺距，用 $P$ 表示。

2）导程。同一条螺旋线上，相邻两牙在中径线上对应两点间的轴向距离称为导程，用 $P_h$ 表示。

线数 $n$、螺距 $P$、导程 $P_h$ 之间的关系为：导程（$P_h$）= 螺距（$P$）× 线数（$n$）。

（5）旋向 螺纹分为右旋和左旋两种。顺时针旋入的螺纹是右旋螺纹；逆时针旋入的螺纹是左旋螺纹，工程上常用的是右旋螺纹。螺纹的旋向及判断方法如图 6-9 所示。

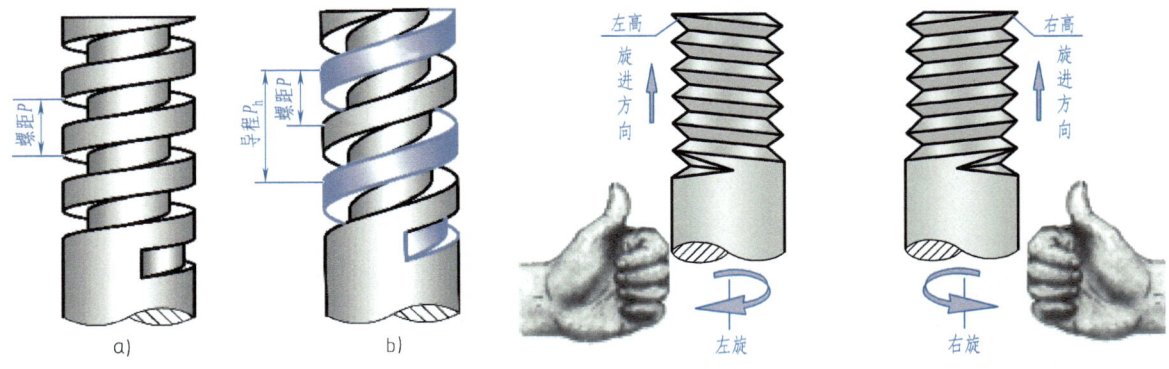

图 6-8 螺纹的线数、螺距及导程
a) 单线 b) 双线

图 6-9 螺纹的旋向

### 3. 螺纹分类

螺纹按用途不同可分为四类：

（1）紧固用螺纹 简称紧固螺纹，用来联接零件，如应用最广的普通螺纹。

（2）传动用螺纹 简称传动螺纹，用来传递动力和运动，如梯形螺纹、锯齿形螺纹和矩形螺纹等。

（3）管用螺纹 简称管螺纹，如55°非密封管螺纹、55°密封管螺纹、60°密封管螺纹等。

(4) 专门用途螺纹　简称专用螺纹，如自攻螺钉用螺纹、气瓶专用螺纹等。

## 二、螺纹的规定画法

螺纹一般不按真实投影作图，而是按国家标准 GB/T 4459.1—1995 中规定的螺纹画法绘制。按此画法作图并加以标注，就能清楚地表示螺纹的类型、规格和尺寸。

**1. 外螺纹的画法**（见图 6-10）

1）螺纹大径用粗实线表示，小径用细实线表示，在平行于螺纹轴线的视图中，表示小径的细实线应画入倒角或倒圆内。

2）螺纹终止线用粗实线表示，在剖视图中则按图 6-10b 主视图的画法绘制（即终止线只画螺纹牙型高度的一小段），剖面线必须画到表示大径的粗实线处。

3）在垂直于螺纹轴线的视图（投影为圆的视图）中，大径画粗实线圆，小径画细实线圆，只画约 3/4 圈；表示倒角的圆省略不画。

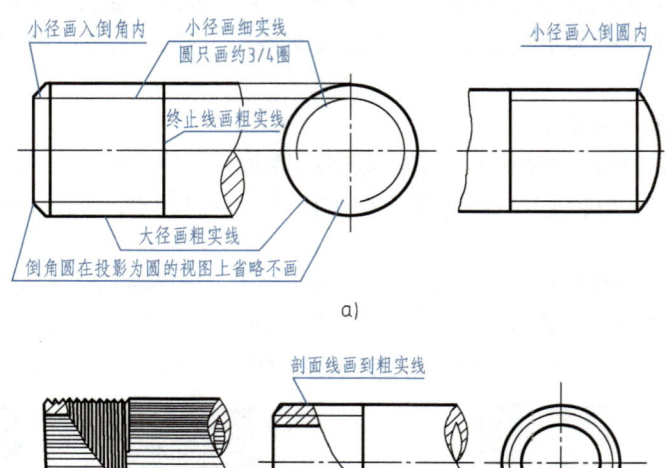

图 6-10　外螺纹的画法

**2. 内螺纹的画法**

在视图中，内螺纹为不可见，所有图线均用细虚线绘制。

在剖视图中，按如下规定绘制（见图 6-11）：

1）螺纹小径用粗实线表示，大径用细实线表示，螺纹终止线用粗实线表示，剖面线应画到表示牙顶的粗实线处。

2）在垂直于螺纹轴线的视图（投影为圆的视图）中，小径画粗实线圆，大径画细实线圆，只画约 3/4 圈，倒角圆省略不画。

3）绘制不穿通的螺孔时，应分别画出钻孔深度 $H$ 及螺纹深度 $L$，如图 6-11b 所示。钻孔深度 $H$ 比螺纹深度 $L$ 按深约 50% 的大径绘制。钻孔时在末端形成锥面的锥角按 120° 绘制。

**3. 内、外螺纹联接的画法**

内、外螺纹联接时，一般情况下画成剖视图，如图 6-12 所示。

项目六 认知常用机件的特殊表达方法

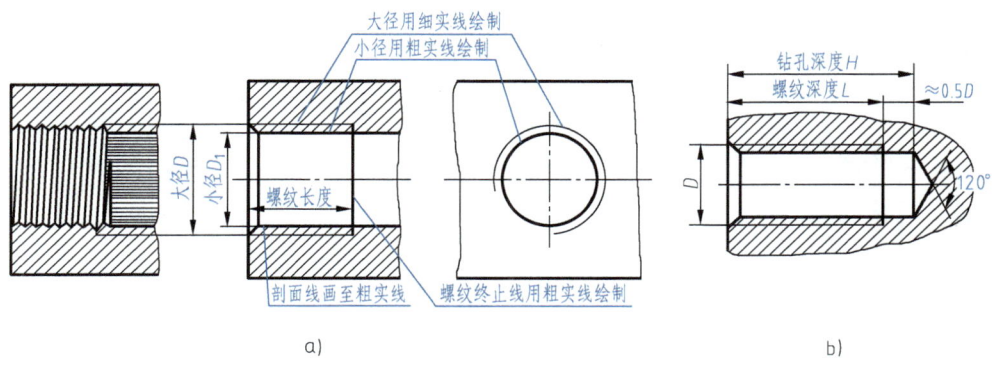

图 6-11 内螺纹的画法
a）通孔　b）不通孔

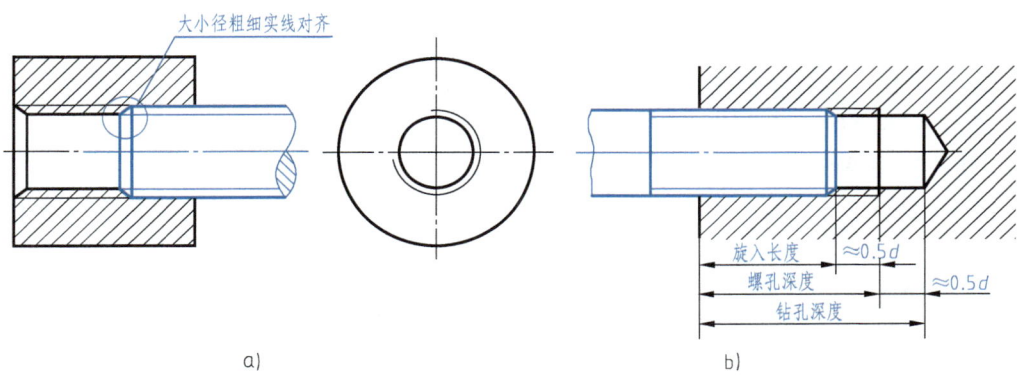

图 6-12 内、外螺纹联接的画法
a）通孔　b）不通孔

1）内、外螺纹的旋合部分应按外螺纹画法绘制，其余未旋合部分按各自原有的规定画法绘制。画图时必须注意：表示大小径的粗实线和细实线应分别对齐。

2）按规定，当实心螺杆通过轴线剖切时按不剖绘制。

对螺纹的画法可概括为如下的口诀：

> **小口诀**
>
> 　　　　表示螺纹两种线，用手摸着来分辨
> 　　　　摸得着画粗实线，摸不着画细实线
> 　　　　细线画入倒角内，细圆画四分之三
> 　　　　剖面符号要画好，必须画到粗实线
> 　　　　粗细图线要对齐，终止线画粗实线

**4. 螺纹牙型的表示法**

在表达螺纹图形中一般不表示螺纹牙型，当需要表示螺纹牙型或表示非标准螺纹（如

矩形螺纹）时，可按图 6-13 所示的形式绘制。在剖视图中表示若干个牙型，如图 6-13a、b 所示；也可用局部放大图表示，如图 6-13c 所示。

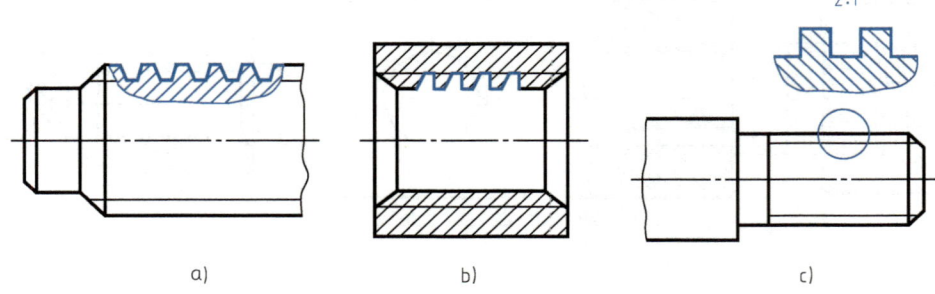

图 6-13 螺纹牙型的表示法

a）外螺纹局部剖  b）内螺纹全剖  c）外螺纹局部放大图

### 三、螺纹的图样标注

由于各种螺纹的画法都相同，其图形不能表达出螺纹的种类和螺纹的结构要素，因此国家标准规定标准螺纹用规定的标记标注，以区别不同种类的螺纹。

**1. 几种常用螺纹的标注规定**

（1）普通螺纹的标记　国家标准（GB/T 197—2003）规定普通螺纹的完整标记由五部分构成，即

| 螺纹特征代号 | 尺寸代号 | -公差带代号 | -旋合长度代号 | -旋向代号 |

例如：

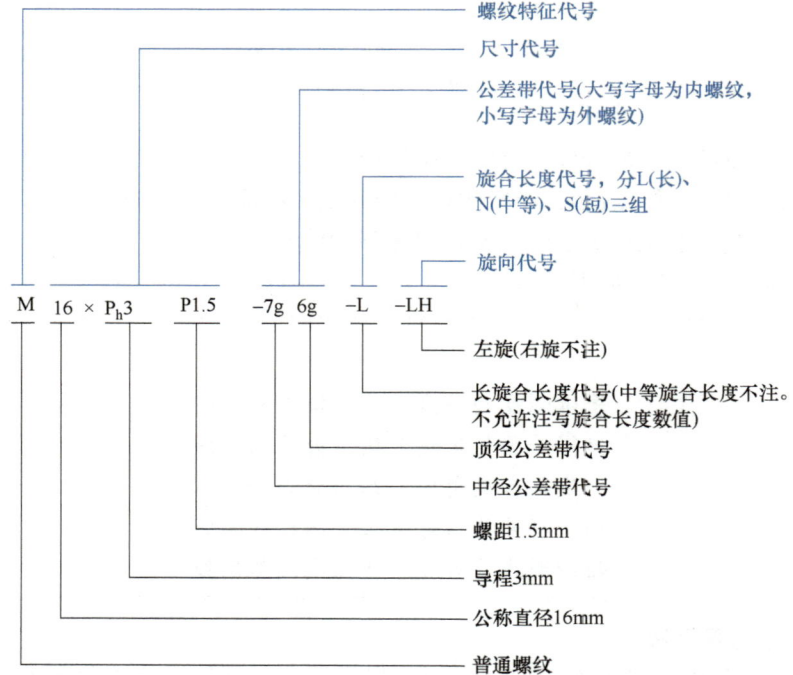

（2）梯形螺纹的标记　国家标准（GB/T 5796.4—2005）规定梯形螺纹的完整标记也由五部分构成，即

|螺纹特征代号| |尺寸代号| |旋向代号|-|中径公差带代号|-|旋合长度代号|

例如：

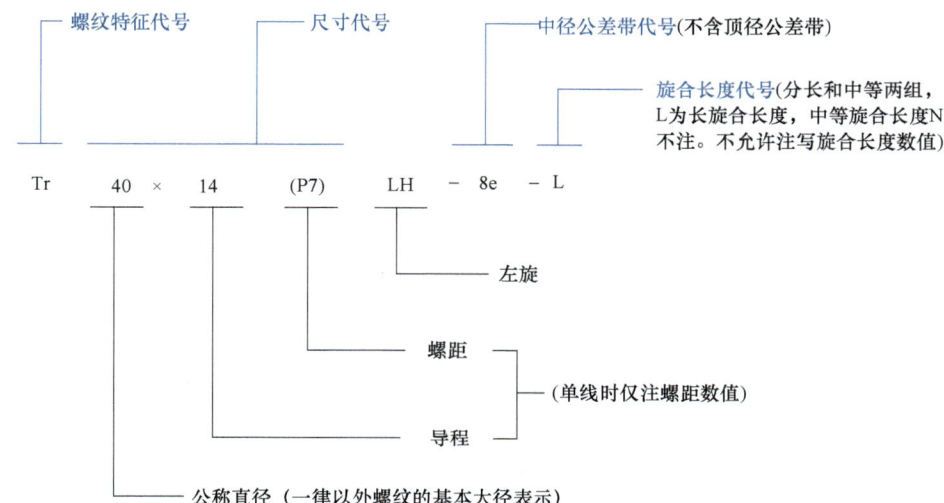

普通螺纹和梯形螺纹在图样中的标注方法是用尺寸的标注形式，注写在内、外螺纹的公称直径上。常用的普通螺纹、梯形螺纹的有关参数可从附录 A 中的附表 A-1、附表 A-2 中查得。

（3）管螺纹的标记　管螺纹的完整标记由四部分构成，即

|螺纹特征代号| |尺寸代号| |公差等级代号| |旋向代号|

例如：

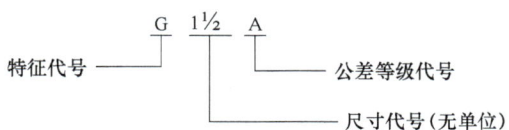

管螺纹的标记必须标注在大径的引出线上，管螺纹的尺寸代号并不是指螺纹大径，也不是管螺纹本身的任何一个直径，而是指加工管螺纹的管子的通孔直径，其大径和小径等参数可从附录 A 中的附表 A-3、附表 A-4 中查得。

**2. 常用螺纹的标注方法和示例**

常用螺纹的标注方法和示例见表 6-1。

### 四、螺纹标注时的注意事项

1）普通螺纹分粗牙和细牙两种。粗牙螺纹不必标注螺距，细牙螺纹必须标注螺距。公称直径、导程和螺距数值的单位为 mm。

2）右旋螺纹不必标注，左旋螺纹应标注字母"LH"。

表 6-1　常用螺纹的标注方法和示例

| 螺纹种类 | | 特征代号 | 标记示例 | 说　明 |
|---|---|---|---|---|
| 联接螺纹 | 普通螺纹 | M | 粗牙 (M20-6g) | 粗牙普通螺纹，公称直径为20mm，右旋；螺纹中、大径公差带代号均为6g；中等旋合长度 |
| | | | 细牙 (M16×1.5-6H-L) | 细牙普通螺纹，公称直径为16mm，螺距为1.5mm，右旋；螺纹中、大径公差带代号均为6H；长旋合长度 |
| | 管螺纹 | G | 55°非密封管螺纹 (G1A) | 55°非密封圆柱内螺纹，尺寸代号为1，公差等级为A级，右旋 |
| | | Rp　Rc<br>$R_1$　$R_2$ | 55°密封管螺纹 (Rc1/2) | 55°密封圆锥内螺纹，尺寸代号为1/2，右旋。注意：圆柱内螺纹代号为Rp，圆锥内螺纹代号为Rc，$R_1$和$R_2$分别表示与圆柱和圆锥配合的圆锥外螺纹代号 |
| 传动螺纹 | 梯形螺纹 | Tr | Tr40×14(P7)LH-8E-L | 梯形螺纹，公称直径为40mm，导程为14mm，螺距为7mm，中径公差带代号为8E，长旋合长度，左旋 |
| | 锯齿形螺纹 | B | B32×6-7e | 锯齿形螺纹，公称直径为32mm，单线螺纹，螺距为6mm，右旋；中径公差带代号为7e，中等旋合长度 |

3）螺纹公差带代号由阿拉伯数字及拉丁字母组成，数字表示公差等级，字母表示公差带位置，其中大写表示内螺纹，小写表示外螺纹。应标注中径公差带代号和顶径公差带代号，如5g、6g，顶径是指外螺纹的大径和内螺纹的小径，前者表示中径公差带代号，后者表示顶径公差带代号。如果中径与顶径的公差带代号相同，则只标注一个代号。而梯形螺纹只标注中径公差带代号。

4）表示内、外螺纹旋合时，内螺纹公差带代号在前，外螺纹公差带代号在后，中间用"/"分开。

5）普通螺纹的旋合长度分为短（S）、中（N）、长（L）三组，当为中等旋合长度（N）时不必标注。梯形螺纹的旋合长度规定为中（N）、长（L）两组，当为中等旋合长度（N）时不必标注。

6）最常用的中等公差精度的普通螺纹（公称直径≤1.4mm的5H、6h和公称直径≥1.6mm的6H、6g），可以不标注公差带代号。

7) 55°非密封内管螺纹和55°密封管螺纹仅一种公差等级，公差等级代号省略不注，如Rc1。55°非密封的外管螺纹有 A、B 两种公差等级，螺纹公差等级代号标注在尺寸代号之后，如 G1½A-LH。

### 五、螺纹紧固件

**1. 常用螺纹紧固件的种类和标记**

常用螺纹紧固件有螺栓、双头螺柱、螺钉、螺母和垫圈等，它们的结构、尺寸都已分别标准化，使用或绘图时，可从相应标准中查到所需的结构和尺寸。常用螺纹紧固件的标记示例见表6-2。

表6-2 常用螺纹紧固件及标记示例

| 名称及标准编号 | 图例及规格尺寸 | 标 记 示 例 |
|---|---|---|
| 六角头螺栓——A 级和 B 级<br>GB/T 5782 | | 螺栓 GB/T 5782 M8×40<br>螺纹规格 $d$ = M8、公称长度 $l$ = 40mm、性能等级为 8.8 级、表面氧化、产品等级为 A 级的六角头螺栓 |
| 双头螺柱——A 级和 B 级<br>GB/T 897 GB/T 898<br>GB/T 899 GB/T 900 | | 螺柱 GB/T 898 M8×50<br>两端均为粗牙普通螺纹，$d$ = 8mm、$l$ = 50mm、性能等级为 4.8 级、不经表面处理、B 型、$b_m$ = 1.25$d$ 的双头螺柱 |
| 1 型六角螺母——A 级和 B 级<br>GB/T 6170 | | 螺母 GB/T 6170 M8<br>螺纹规格 $D$ = M8、性能等级为 10 级、不经表面处理、产品等级为 A 级的 1 型六角螺母 |
| 平垫圈——A 级<br>GB/T 97.1 | | 垫圈 GB/T 97.1 8 140HV<br>标准系列、公称规格 8mm、由钢制造的硬度等级为 140HV 级、不经表面处理、产品等级为 A 级的平垫圈 |
| 标准型弹簧垫圈<br>GB 93 | | 垫圈 GB 93—87 8<br>规格 8mm、材料为 65Mn、表面氧化的标准型弹簧垫圈 |
| 开槽沉头螺钉<br>GB/T 68 | | 螺钉 GB/T 68 M8×30<br>螺纹规格 $d$ = M8、公称长度 $l$ = 30mm、性能等级为 4.8 级、不经表面处理的 A 级开槽沉头螺钉 |

（1）螺栓  螺栓由头部及杆部两部分组成，头部形状以六角形的应用最广。决定螺栓的规格尺寸为螺纹公称直径 $d$ 及螺栓长度 $l$。选定一种螺栓后，其他各部分尺寸可在附录 B 中的附表 B-1 中查得。

(2) 双头螺柱　双头螺柱的两头制有螺纹，一端旋入被联接件的预制螺孔中，称为旋入端；另一端与螺母旋合，紧固另一个被联接件，称为紧固端。双头螺柱的规格尺寸为螺柱直径 $d$ 及紧固端长度 $l$，其他各部分尺寸可在附录 B 中的附表 B-2 中查得。

(3) 螺母　螺母通常与螺栓或螺柱配合使用，起紧固作用，以六角螺母应用最广。螺母的规格尺寸为螺纹公称直径 $D$。选定一种螺母后，其他各部分尺寸可在附录 B 中的附表 B-3 中查得。

(4) 垫圈　垫圈通常垫在螺母和被联接件之间，目的是增加螺母与被联接零件之间的接触面，保护被联接件的表面不致因拧螺母而被刮伤。垫圈分为平垫圈和弹簧垫圈，弹簧垫圈还可以防止因振动而引起的螺母松动。选择垫圈的规格尺寸为螺栓直径 $d$。垫圈选定后，其他各部分尺寸可在附录 B 中的附表 B-4、附表 B-5 中查得。

(5) 螺钉　螺钉按使用性质可分为联接螺钉和紧定螺钉两种，联接螺钉的一端为螺纹，另一端为头部。紧定螺钉主要用于防止两相配零件之间发生相对运动的场合。螺钉规格尺寸为螺钉直径 $d$ 及长度 $l$，可在附录 B 中的附表 B-6、附表 B-7 中查得。

**2. 常用螺纹紧固件的联接画法**

螺纹紧固件的联接是零件与零件或部件与零件间的一种可拆卸的联接，常用的联接形式有螺栓联接、双头螺柱联接、螺钉联接及紧定螺钉联接四种。

(1) 螺栓联接　螺栓主要用于联接两个不太厚并能钻成通孔的零件。其联接的紧固件有螺栓、螺母、垫圈，如图 6-14a 所示；联接前，先在两个被联接的零件上制出光孔（孔径比螺栓大径略大，一般可按 $1.1d$ 画出），如图 6-14b 所示。紧固件的画法一般采用比例画法绘制：即以螺栓上螺纹的公称直径（大径 $d$）为基准，其余各部分的结构尺寸均按与公称直径成一定比例关系绘制。螺栓的公称长度按下式估算：$l \geq \delta_1 + \delta_2$（$\delta_1$、$\delta_2$ 为被联接零件的厚度）$+ h$（垫圈厚度）$+ m$（螺母厚度）$+ a$（螺栓伸出螺母的长度，取 $a = 0.2d \sim 0.3d$），再根据估算出的值查表，取与估算值相接近的标准长度。根据螺纹公称直径 $d$ 按下列比例作图：

$$b = 2d \quad h = 0.15d \quad m = 0.8d \quad a = 0.3d \quad k = 0.7d \quad e = 2d \quad d_2 = 2.2d$$

螺栓联接的比例画法如图 6-14c 所示，简化画法如图 6-14d 所示。

螺纹紧固件的联接画法属于简单的装配图，其画法都应遵守以下三条基本规定，如图 6-14c 所示。

1) 两零件的接触面只画一条线，不接触面必须画两条线（不论间隙大小）。

2) 在剖视图中，当剖切平面通过螺纹紧固件的轴线时，这些件都按不剖绘制，即只画外形，不画剖面线。必要时，可采用局部剖视。

3) 相邻两被联接件的剖面线方向应相反，必要时可以相同，但间隔必须相互错开或间隔大小不一致；在同一张图上，同一零件的剖面线在各个视图上，其方向和间隔必须一致。

绘制和识读螺栓联接图时应注意：螺栓上的螺纹终止线必须画在垫圈之下，以显示螺母有拧紧的余地。

螺栓和螺母的比例画法如图 6-15 所示。

(2) 双头螺柱联接　双头螺柱主要用于联接两个被联接件中有一个较厚，不允许或不可能钻成通孔的零件。联接的紧固件有双头螺柱、螺母和垫圈，如图 6-16a 所示，双头螺柱两端均加工有螺纹。联接前，先在较厚的零件上加工出螺孔，在另一零件上加工出通孔，如

项目六 认知常用机件的特殊表达方法

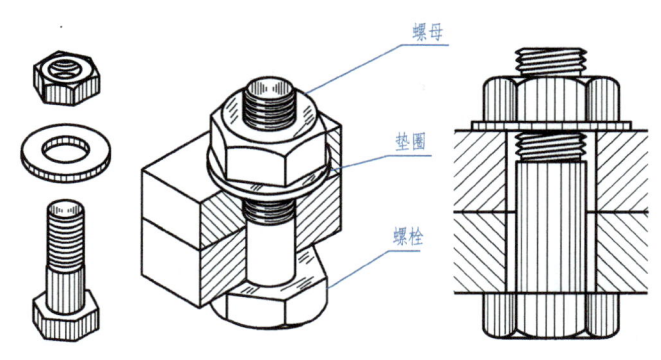

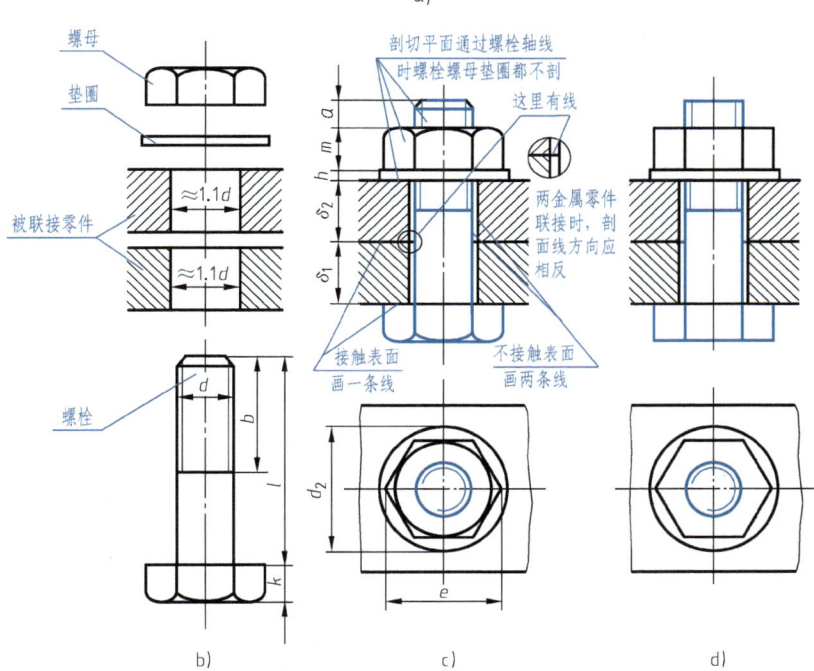

图 6-14 螺栓联接的画法

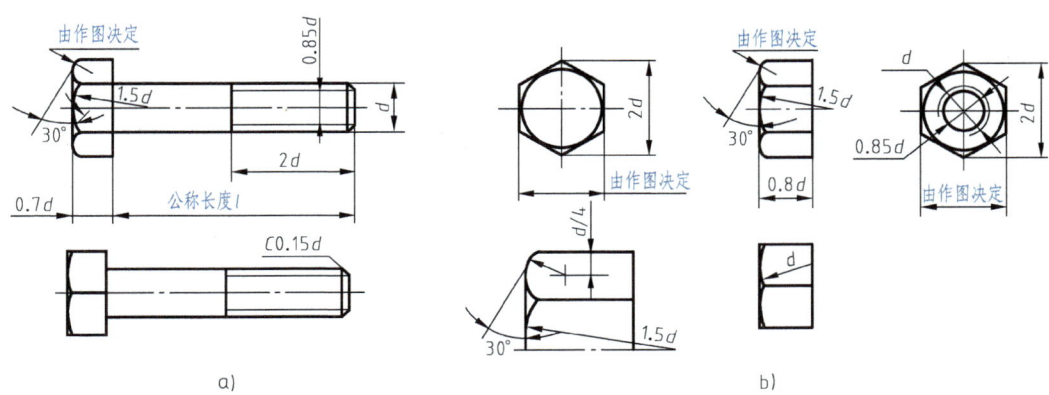

图 6-15 螺栓及螺母的比例画法
a) 螺栓 b) 螺母

图 6-16b 所示；将螺柱的一端（称旋入端）全部旋入螺孔内，在另一端（称紧固端）装上加工出通孔的零件，再套上弹簧垫圈或平垫圈，拧紧螺母，即完成了螺柱联接，联接的简化画法如图 6-16d 所示，图 6-16c 为比例画法。

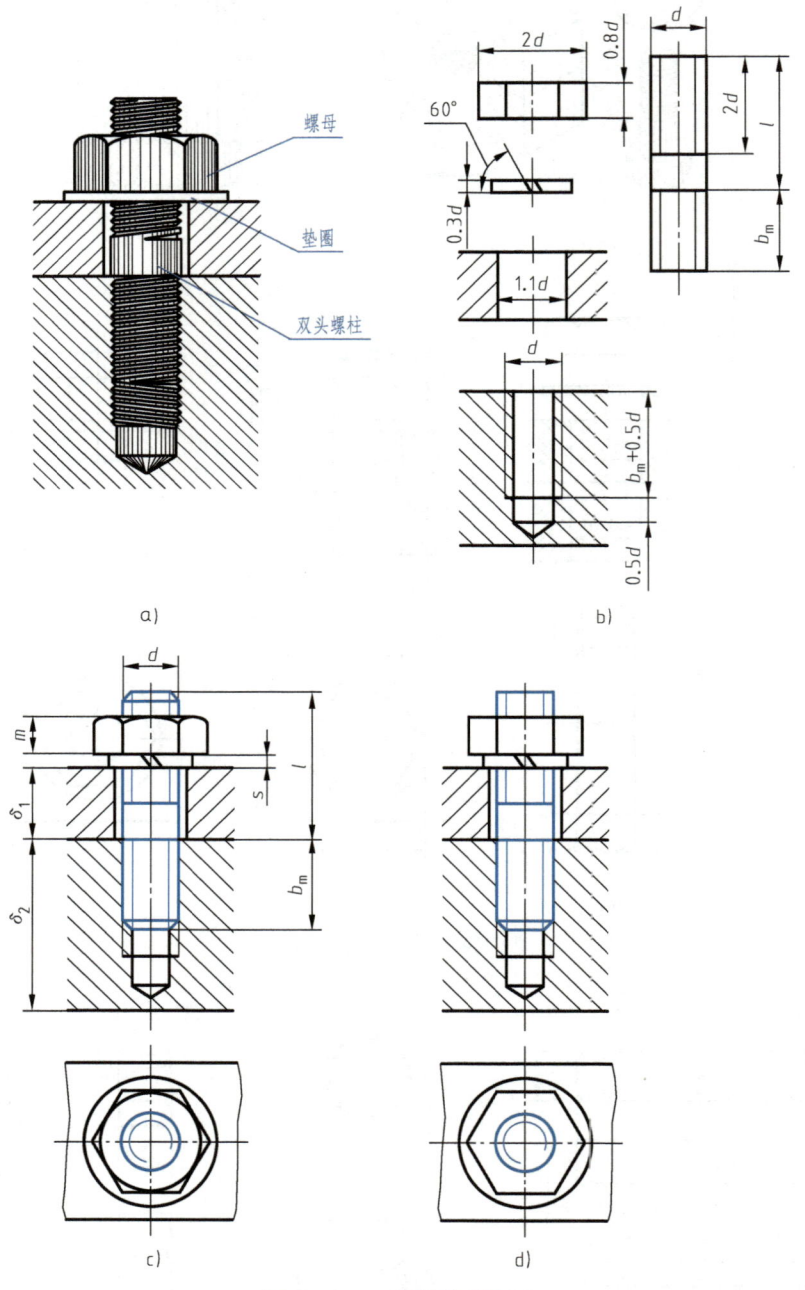

图 6-16 双头螺柱联接图

a）装配示意图　b）联接前　c）联接后（比例画法）　d）联接后（简化画法）

为保证联接强度，螺柱旋入端的长度 $b_m$ 随被旋入零件（机体）材料的不同而有四种规格：

对于钢或青铜：$b_m = d$（GB/T 897—1988）；

对于铸铁或铜：$b_m = 1.25d$（GB/T 898—1988）或 $b_m = 1.5d$(GB/T 899—1988)；

对于铝或其他软材料：$b_m = 2d$(GB/T 900—1988)。

螺柱的公称长度按下式估算：$l \geq \delta_1 + s$(垫圈厚度) $+ m$(螺母厚度) $+ a$(螺柱伸出螺母的长度，取 $a = 0.2d \sim 0.3d$)，再根据估算出的值查表，取与估算值相接近的标准长度作为 $l$ 值。

弹簧垫圈的作用是为了防松，其开槽方向为阻止螺母松动的方向，画成与轴线成60°左上斜的两条平行粗实线。按比例作图时，取垫圈厚 $s = 0.2d$，垫圈直径 $D = 1.5d$。

旋入端的螺孔深度取 $b_m + 0.5d$，钻孔深度取 $(b_m + 0.5d) + 0.5d$，如图6-16b所示。

绘制和识读双头螺柱联接图时应注意：螺柱的螺纹终止线是与螺纹孔口的端面平齐的，表示旋入端已拧紧。

（3）螺钉联接　螺钉联接不用螺母，而是将螺钉直接拧入零件的螺孔中，依靠螺钉头部压紧零件。

螺钉主要用于联接一个较薄、一个较厚的两个零件，且受力不大和经常拆卸的场合。如图6-17a所示，装配时将螺钉直接穿过被联接零件上的通孔，再拧入另一个被联接零件的螺孔中，从而达到联接的目的。

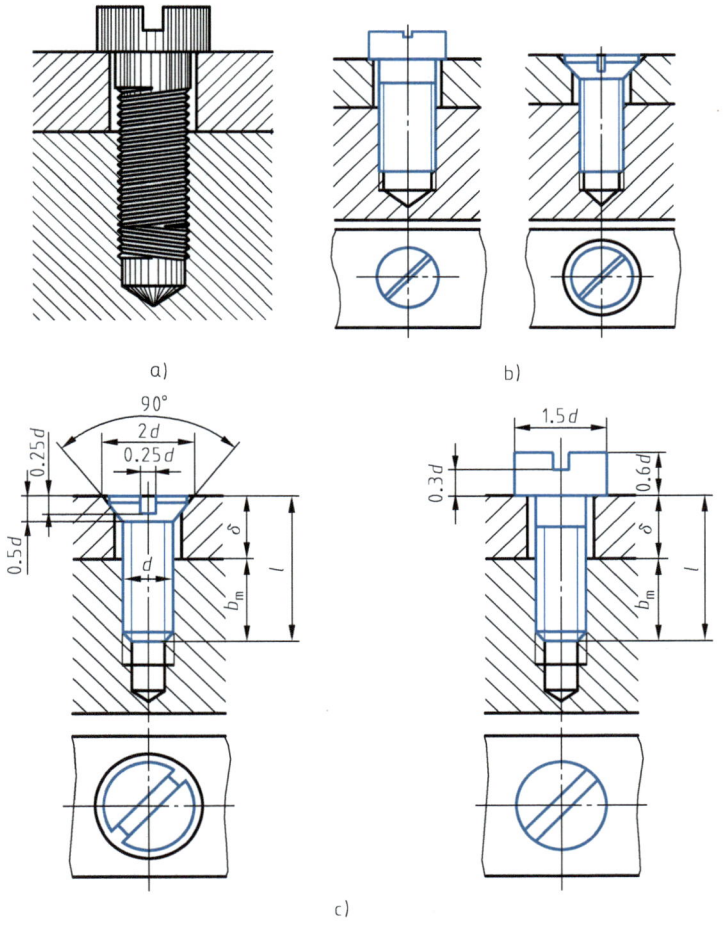

图6-17　常见螺钉联接的画法

a）装配示意图　b）装配图中的简化画法　c）装配图中的比例画法

螺钉联接的装配图画法可采用图 6-17c 所示的比例画法（注意不同头部的画法区别）。用比例画法绘制的螺钉联接图，其旋入端与螺柱联接的画法相同，被联接薄板的孔部画法与螺栓联接的画法相同，被联接薄板的孔径取 $1.1d$。螺钉的有效长度 $l = \delta + b_m$，按计算值 $l$ 查表确定标准长度。

螺钉联接的简化画法如图 6-17b 所示。

绘制和识读螺钉联接图时应注意以下两点：

1）螺钉的螺纹终止线不能与被联接件的结合面平齐，而是画在螺纹的孔口之上，表示螺钉有拧紧的余地。

2）具有直槽的螺钉头部，在主视图中应被放正，俯视图中规定画成与水平方向成 45°的倾斜方向。

（4）紧定螺钉联接　紧定螺钉用来固定两个零件的相对位置，防止两个相配合的零件产生相对运动。如图 6-18 中的轴和齿轮（图中齿轮仅画出轮毂部分），用一个开槽锥端紧定螺钉旋入轮毂的螺孔中，使螺钉端部的 90°锥顶与轴上的 90°锥坑压紧，从而固定了轴和轮的相对位置。

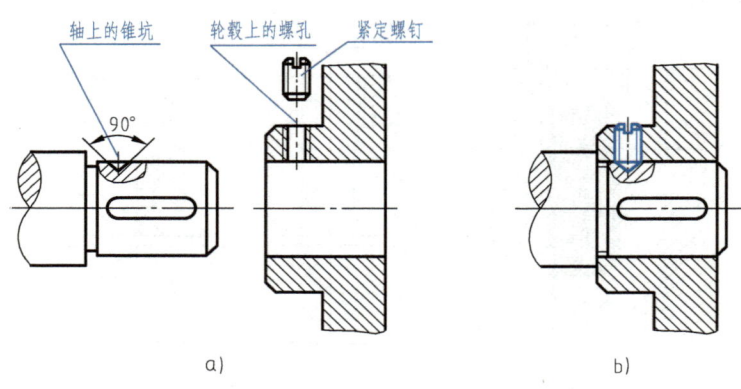

图 6-18　紧定螺钉的联接画法
a）联接前　b）联接后

## 任务实施

识读图 6-19 所示差动螺钉的零件图。

**1. 图形分析**

表达差动螺钉共用了三个图形：

（1）主视图　主视图为局部剖视图，表达其整体结构形状，特别是轴向各段的结构分布和尺寸特征。

（2）局部视图　局部视图表达左端的键槽形状特征，是两端带有半圆的普通键槽。

（3）移出断面图　移出断面图表达左端键槽的深度，并便于标注键槽的尺寸和技术要求。

**2. 结构形状分析**

差动螺钉在轴向是由三段不同直径的圆柱体组成的。其中左端圆柱面的直径是 $\phi 12mm$，圆柱面上有一长度为 8mm、宽度为 4mm 的键槽，内部有一 M4 的螺纹孔，右方有 2mm×0.25mm 的退刀槽；中间和右端分别是 M16 和 M12 的外螺纹，两段螺纹之间是直径为

项目六 认知常用机件的特殊表达方法

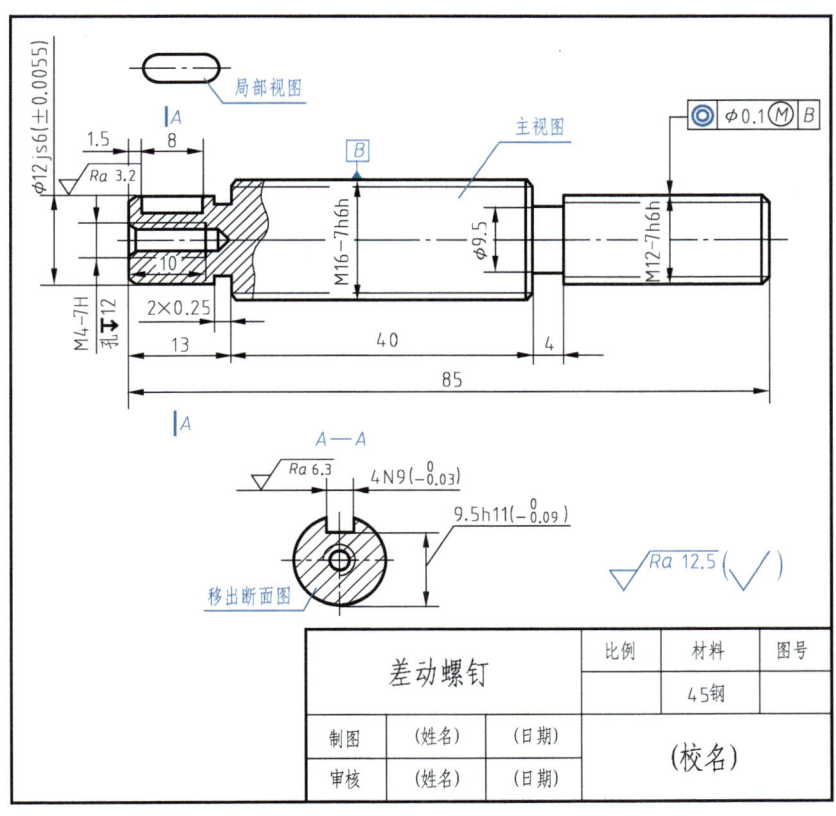

图 6-19 差动螺钉的零件图

$\phi 9.5$mm、长度为 4mm 的退刀槽，螺纹端部还有倒角。

**3. 螺纹分析**

该差动螺钉中共有三处螺纹：左端螺纹孔的代号是"M4-7H"，表示粗牙普通螺纹，大径是 4mm，中径和顶径（小径）的公差带代号是 7H，孔深是 12mm，螺纹深度是 10mm，查附表 A-1 可知，该螺纹的螺距是 0.7mm；中间部分的螺纹代号是"M16-7h6h"，表示粗牙普通螺纹，大径是 16mm，中径的公差带代号是 7h，顶径（大径）的公差带代号是 6h，螺纹部分的长度是 40mm，查附表 A-1 可知，该螺纹的螺距是 2mm；右端螺纹代号是"M12-7h6h"，表示粗牙普通螺纹，大径是 12mm，中径的公差带代号是 7h，顶径（大径）的公差带代号是 6h，查附表 A-1 可知，该螺纹的螺距是 1.75mm。

由于左右两端螺纹的直径不同，螺距也不同，因此可实现差动螺旋传动。

另外，图中还有制造差动螺钉的尺寸公差、几何精度要求及表面粗糙度要求。

## 任务二　认知齿轮及其传动

### 任务描述

齿轮是汽车机械传动中广泛应用的传动零件，一般成对啮合使用。本任务主要介绍齿轮的类型、齿轮各部分的名称、代号、有关参数的计算，齿轮的规定画法等内容。识读图 6-20 所示的圆柱齿轮的零件图。

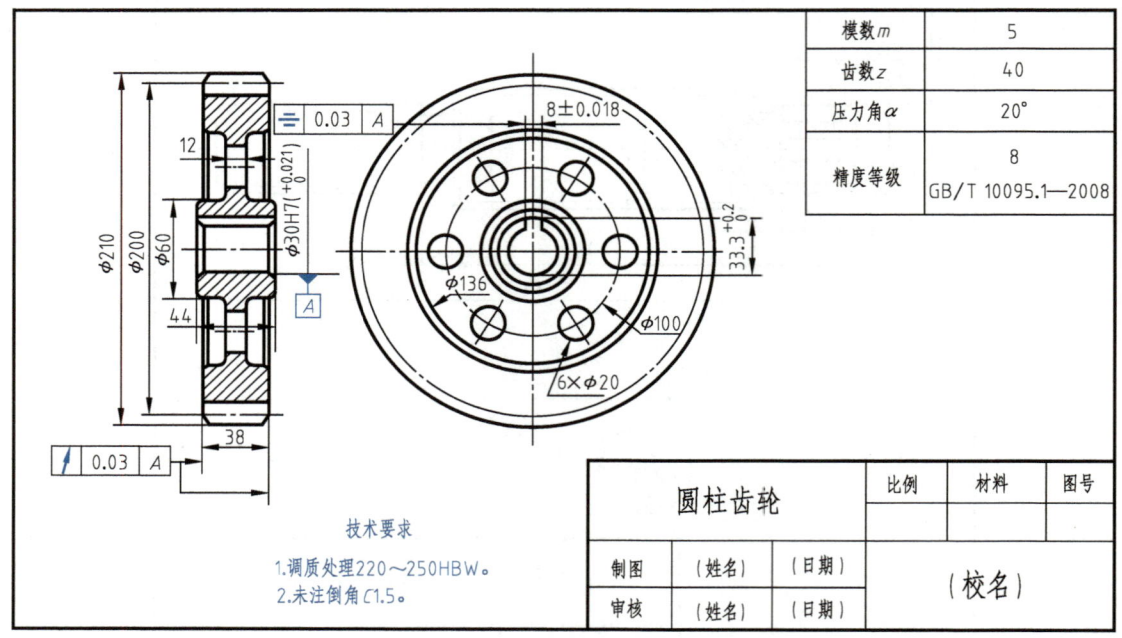

图 6-20　圆柱齿轮零件图

### 任务分析

齿轮的主要功用是传递运动和动力，还可以改变转速及转动方向。典型的直齿圆柱齿轮的结构如图 6-21 所示。齿轮的齿廓一般是渐开线曲线，其形状比较复杂，并且一个齿轮的齿数都比较多。如果按全部实际齿廓画图，图形很烦琐。为此，国家标准对齿轮轮齿部分的画法做了规定，即用不同的线型表示轮齿部分的不同直径，再对齿轮有关的参数用一个表格表示。

### 相关知识

齿轮的种类很多，按其传动情况可分为三种，如图 6-22 所示。

圆柱齿轮：用于两平行轴间的传动，如图 6-22a 所示。

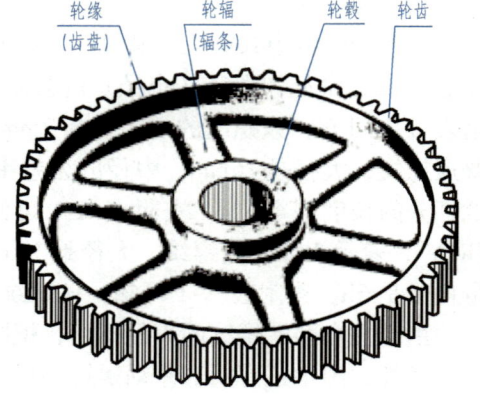

图 6-21　典型的直齿圆柱齿轮的结构

锥齿轮：用于两相交轴间的传动，如图 6-22b 所示。

蜗杆蜗轮：用于两交错轴间的传动，如图 6-22c 所示。

常用的圆柱齿轮按轮齿的方向不同，可分为直齿圆柱齿轮、斜齿圆柱齿轮和人字齿圆柱齿轮，如图 6-23 所示。

项目六 认知常用机件的特殊表达方法

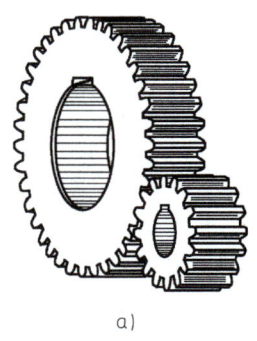 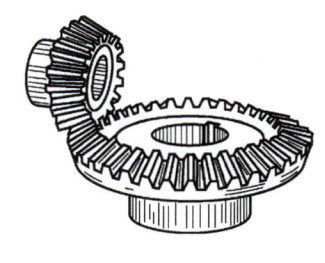 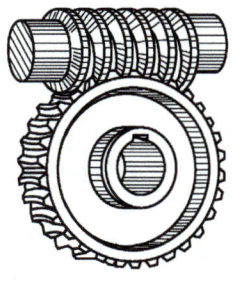

a) b) c)

图 6-22 齿轮传动形式

a) 圆柱齿轮 b) 锥齿轮 c) 蜗杆蜗轮

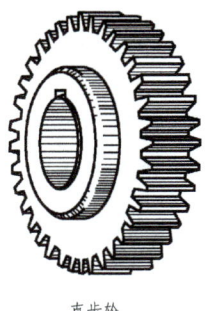 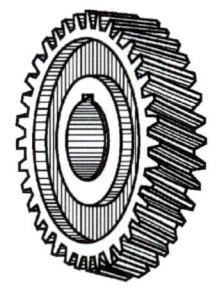 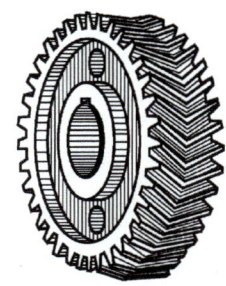

直齿轮 斜齿轮 人字齿轮

图 6-23 圆柱齿轮的分类

## 一、直齿圆柱齿轮各部分的名称、代号及含义

直齿圆柱齿轮各部分的名称及代号如图 6-24 所示。

直齿圆柱齿轮各部分的名称、代号及含义见表 6-3。

表 6-3 直齿圆柱齿轮各部分的名称、代号及含义

| 名 称 | 代 号 | 含 义 |
|---|---|---|
| 齿顶圆直径 | $d_a$ | 通过轮齿顶端圆的直径 |
| 齿根圆直径 | $d_f$ | 通过轮齿根部圆的直径 |
| 分度圆直径 | $d$ | 在齿顶圆与齿根圆之间的一个假想圆的直径。对于标准齿轮，此圆上齿厚 $s$ 与齿槽宽 $e$ 相等 |
| 齿高 | $h$ | 齿顶圆与齿根圆之间的径向距离 |
| 齿顶高 | $h_a$ | 齿顶圆与分度圆之间的径向距离 |
| 齿根高 | $h_f$ | 齿根圆与分度圆之间的径向距离 |
| 齿距 | $p$ | 在分度圆上，相邻两齿对应齿廓之间的弧长 |
| 齿厚 | $s$ | 在分度圆上，一个齿的两侧齿廓之间的弧长 |
| 齿槽宽 | $e$ | 在分度圆上，一个齿槽的两侧齿廓之间的弧长 |
| 中心距 | $a$ | 两啮合齿轮轴线之间的距离 |

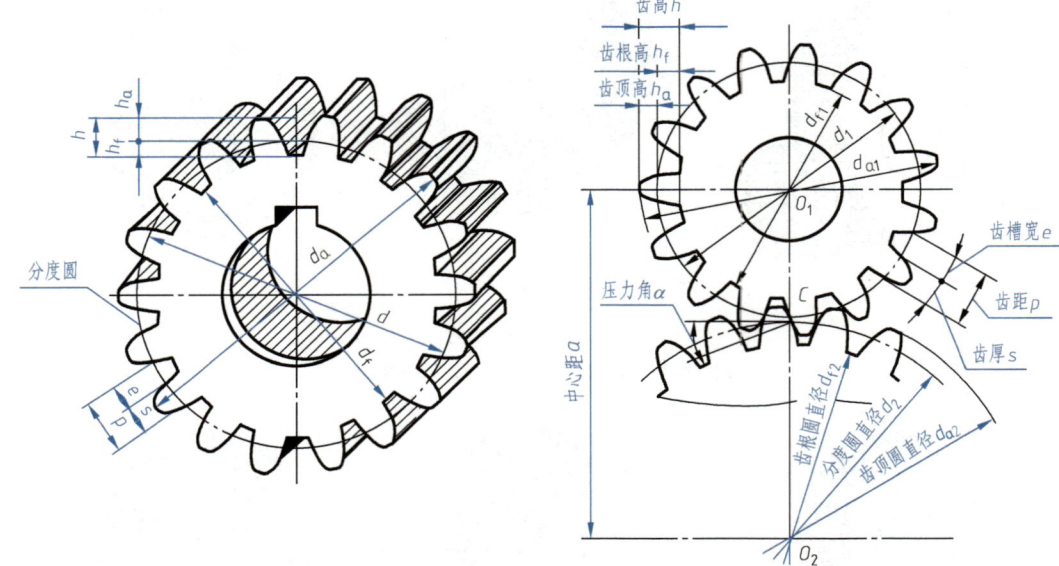

图 6-24 直齿圆柱齿轮各部分的名称及代号

## 二、直齿圆柱齿轮的基本参数

直齿圆柱齿轮的基本参数是齿数及模数。

（1）齿数 $z$　齿轮上轮齿的个数。

（2）模数 $m$　齿轮上有多少个齿，分度圆上就有多少个齿距。由于分度圆的周长 $\pi d = zp$，所以 $d = p/\pi \cdot z$，令 $m = p/\pi$，$m$ 就称为齿轮的模数，则 $d = mz$。

模数以 mm 为单位，是齿轮设计与制造的重要参数。为便于齿轮的设计与制造，减少齿轮成形刀具的规格及数量，国家标准对模数规定了标准值，见表 6-4。

表 6-4　标准渐开线圆柱齿轮模数（GB/T 1357—2008）　　　（单位：mm）

| 第一系列 | 1，1.25，1.5，2，2.5，3，4，5，6，8，10，12，16，20，25，32，40，50 |
|---|---|
| 第二系列 | 1.125，1.375，1.75，2.25，2.75，3.5，4.5，5.5，(6.5)，7，9，11，14，18，22，28，36，45 |

## 三、直齿圆柱齿轮各部分尺寸的计算关系

直齿圆柱齿轮的基本参数确定以后，齿轮各部分的尺寸可按表 6-5 中的公式计算。

表 6-5　标准直齿圆柱齿轮各基本尺寸计算　　　（单位：mm）

| 名称 | 代号 | 计算公式 | 例（已知 $m=2.5$，$z=20$） |
|---|---|---|---|
| 齿顶高 | $h_a$ | $h_a = m$ | $h_a = 2.5$ |
| 齿根高 | $h_f$ | $h_f = 1.25m$ | $h_f = 1.25 \times 2.5 = 3.125$ |
| 齿高 | $h$ | $h = h_a + h_f = 2.25m$ | $h = 3.125 + 2.5 = 5.625$ |
| 分度圆直径 | $d$ | $d = mz$ | $d = mz = 2.5 \times 20 = 50$ |

(续)

| 名　称 | 代　号 | 计算公式 | 例（已知 $m=2.5$，$z=20$） |
|---|---|---|---|
| 齿顶圆直径 | $d_a$ | $d_a = m(z+2)$ | $d_a = m(z+2) = 2.5 \times (20+2) = 55$ |
| 齿根圆直径 | $d_f$ | $d_f = m(z-2.5)$ | $d_f = m(z-2.5) = 2.5 \times (20-2.5) = 43.75$ |
| 齿距 | $p$ | $p = \pi m$ | $p = \pi m = 3.14 \times 2.5 = 7.85$ |
| 中心距 | $a$ | $a = m(z_1 + z_2)/2$ | |

### 四、圆柱齿轮的规定画法

（1）单个圆柱齿轮的画法　齿轮上的轮齿是多次重复的结构，GB/T 4459.2—2003 对齿轮的画法做了如下的规定（见图 6-25）：

1）齿顶圆和齿顶线用粗实线表示；分度圆和分度线用细点画线表示；齿根圆和齿根线用细实线表示（也可以省略不画）。

2）在剖视图中，齿根线用粗实线绘制，并不能省略，轮齿一律按不剖绘制。

3）当需要表示斜齿或人字齿的齿线方向时，用三条与齿线方向一致的细实线表示，如图 6-25c、d 所示。

4）齿轮的其他结构，仍按投影规律画出。

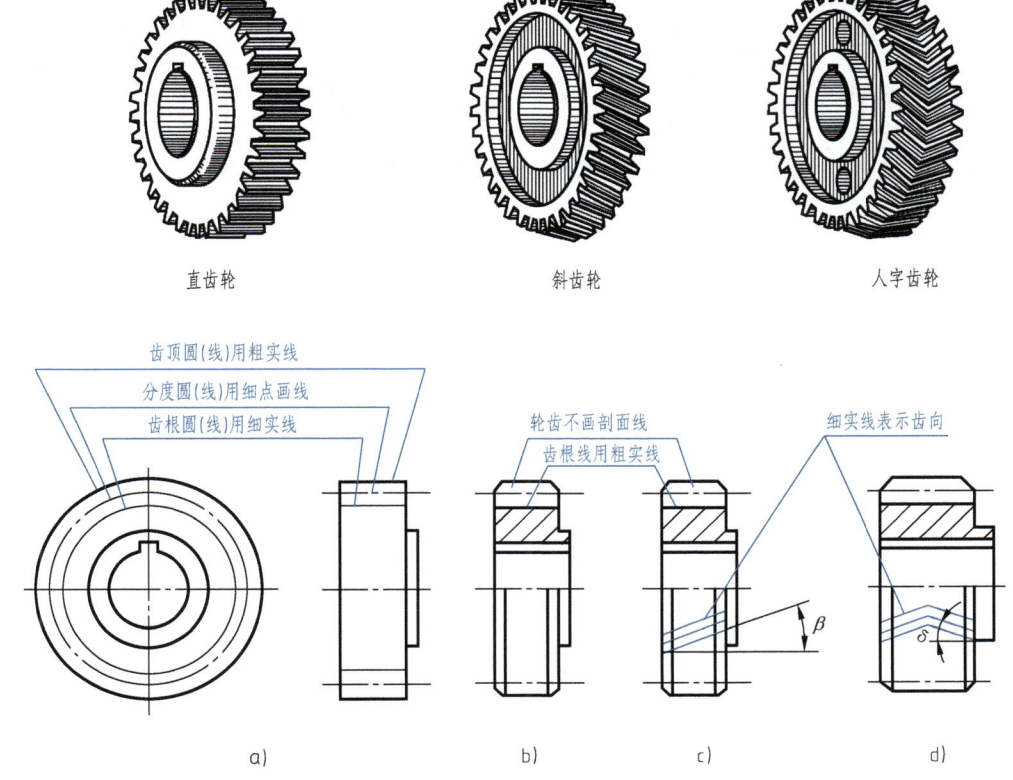

图 6-25　单个圆柱齿轮的画法

对单个齿轮的画法可概括为如下的记忆口诀：

> **小口诀**
>
> 表示齿轮三种线：齿顶圆线粗实线
> 分度圆线点画线，齿根不剖细实线
> 齿根剖开粗实线，齿向三条细实线

（2）齿轮啮合的画法　啮合区的啮合情况及画法如图6-26所示。

两标准齿轮互相啮合时，两齿轮的分度圆处于相切的位置，此时分度圆又称为节圆。两齿轮的啮合画法，关键是啮合区的画法，其他部分仍按单个齿轮的画法规定绘制。

1）在投影为圆的视图中，两齿轮的节圆相切。啮合区内的齿顶圆均画成粗实线，如图6-26a所示，也可以省略不画，如图6-26b所示。

2）在非圆投影的剖视图中，两齿轮节线重合，画成细点画线，齿根线画粗实线。齿顶线的画法是将一个齿轮的轮齿作为可见画成粗实线，另一个齿轮的轮齿被遮住部分画成细虚线，如图6-26a所示，该细虚线也可省略不画。

3）在非圆投影的外形视图中，啮合区的齿顶线和齿根线不必画出，节线画成粗实线，如图6-26c、d所示。

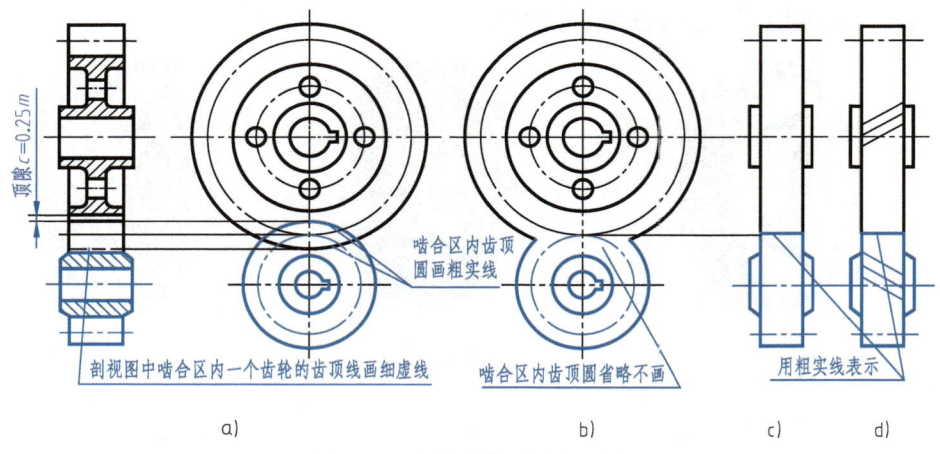

图6-26　圆柱齿轮啮合的画法

在齿轮啮合的剖视图中，由于齿根高和齿顶高相差$0.25m$，所以，一个齿轮的齿顶线与另一个齿轮的齿根线之间应有$0.25m$的间隙，如图6-27所示。

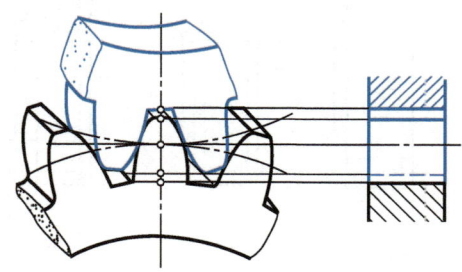

图6-27　轮齿啮合区的间隙

对啮合区的画法可概括为如下的记忆口诀（剖视图中的画法）：

> **小口诀**
>
> 啮合区内五条线：齿根两条粗实线
> 主动齿顶粗实线，被动齿顶细虚线
> 分度相切为节圆，只画一条点画线

 **任务实施**

识读图 6-28 所示直齿圆柱齿轮的零件图。

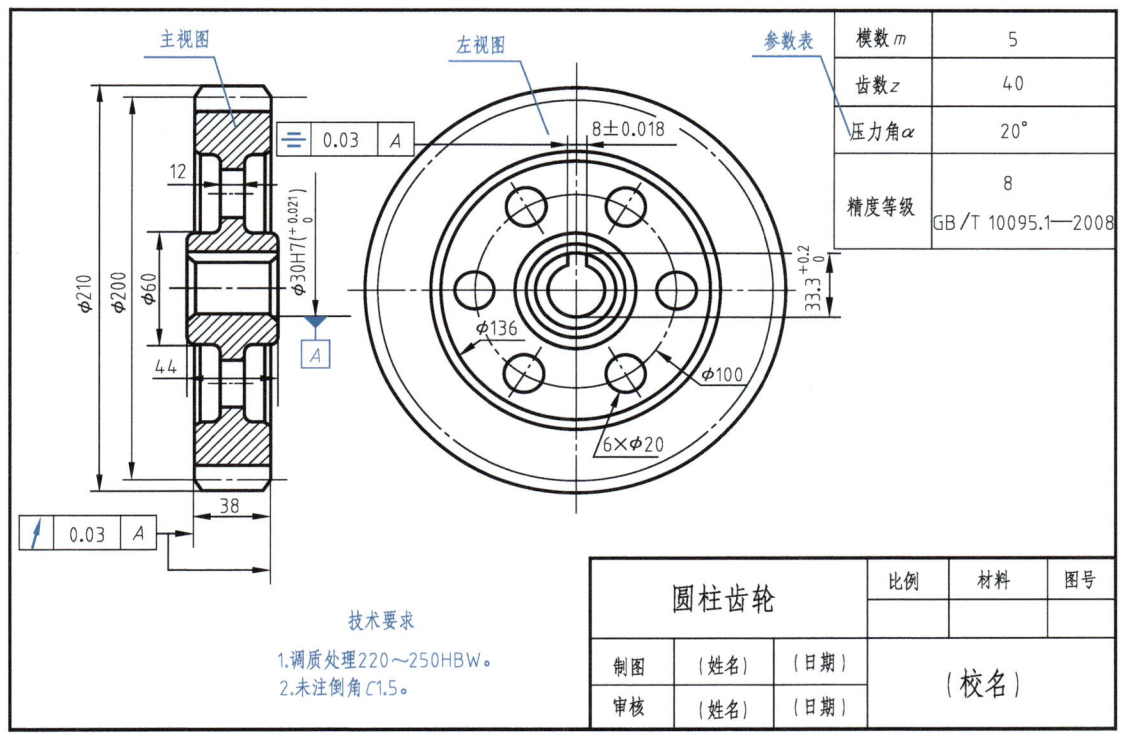

图 6-28　直齿圆柱齿轮的零件图

**1. 齿轮的图形表达**

表达齿轮用了两个视图。

（1）主视图　主视图采用了全剖视，轮齿不剖，齿顶线和齿根线为粗实线，分度线为细点画线。辐板上均匀分布的孔采用简化画法，即将其旋转到剖切平面上画出的。

（2）左视图　左视图为齿轮的端面视图，齿顶圆为粗实线，分度圆为细点画线，齿根圆省略不画。齿轮的其他结构都是按投影关系绘制的。

**2. 齿轮的参数表**

参数表位于图 6-28 的右上角，主要参数有模数 $m$、齿数 $z$、压力角 $α$ 及齿轮的精度等级。可以看出，该齿轮的模数为 5，齿数是 40，压力角是 20°。

**3. 键槽的尺寸及偏差**

键槽宽度和深度的尺寸及偏差是根据轮毂轴孔的公称直径查附录 C 中的附表 C-2 而得到的。

## 任务三　认知其他常用件和标准件

### 任务描述

汽车上除了大量地使用螺纹和齿轮以外，还常用键、销、滚动轴承和弹簧等。本任务主要介绍这些标准件和常用件的类型、图形特点、适用场合、主要参数等内容。绘制图6-29所示螺旋压缩弹簧的剖视图。

### 任务分析

键、销、滚动轴承、弹簧等，在汽车产品中是必不可少的使用件。其中键和销主要起联接作用，圆锥销还起定位作用；滚动轴承主要支承轴进行旋转；弹簧主要储存能量，具有减振、夹紧、复位和调节等功能。

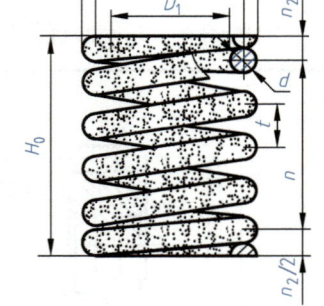

图6-29　螺旋压缩弹簧

### 相关知识

#### 一、键及其联接

键包括单键和花键，键联接是一种可拆卸的联接，主要用于轴和轴上的零件（如带轮、齿轮等）之间的周向联接，使轴和传动件不产生相对运动，保证其同步旋转，以传递转矩和旋转运动，如图6-30所示。

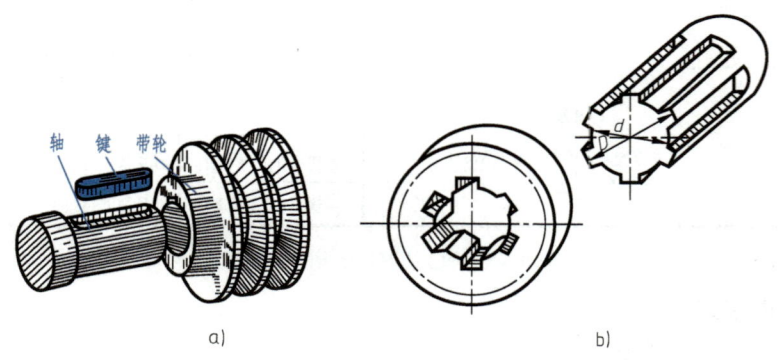

图6-30　键联接
a）单键　b）花键

**1. 常用单键的种类、画法和标记**

单键的种类很多，常用的有普通平键、半圆键和钩头楔键三种，如图6-31所示。常用单键的种类、画法和标记见表6-6，其尺寸与公差可在附录C中的附表C-1中查得。

**2. 键槽的画法和尺寸标注**

因为键是标准件，所以一般不必画出零件图，但要画出零件上与键相配合的键槽，键槽的加工方法如图6-32所示，键槽的画法如图6-33所示。键槽的宽度$b$、轴上的槽深$t_1$和轮毂上的槽深$t_2$可从附录C中的附表C-2中查得，键的长度$L$应小于或等于轮毂的长度。

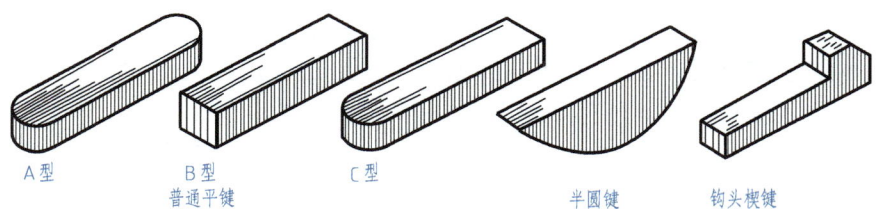

图 6-31　常用的单键

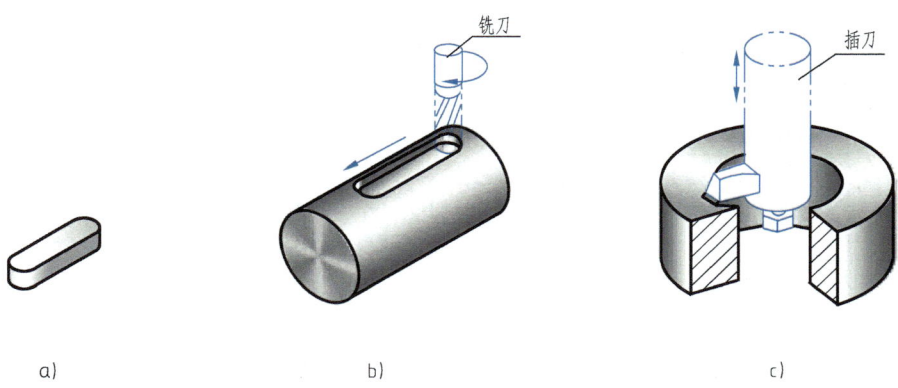

图 6-32　键槽的加工方法

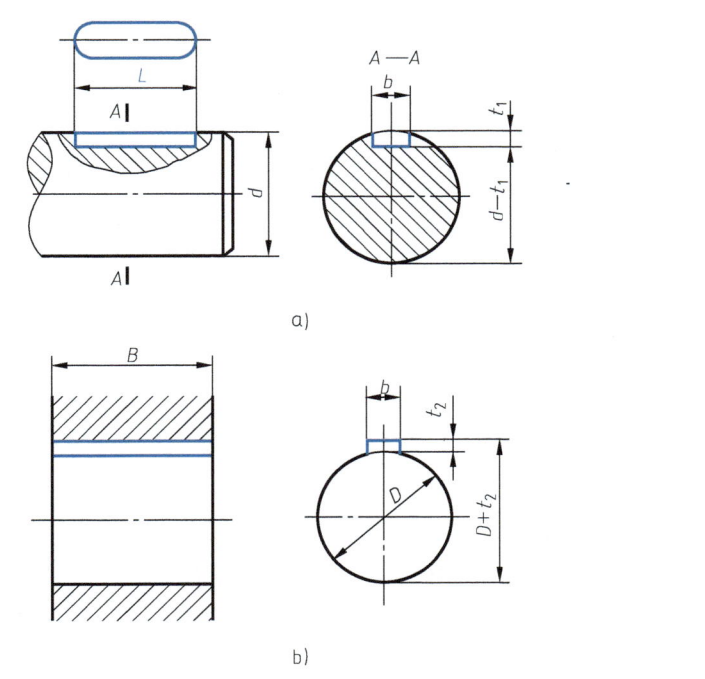

图 6-33　键槽的画法和尺寸标注
a）轴上的键槽　b）轮毂上的键槽

表 6-6　常用单键的种类、画法和标记

| 名　　称 | 标准编号 | 图　　例 | 标记示例 |
|---|---|---|---|
| 普通平键 | GB/T 1096—2003 | 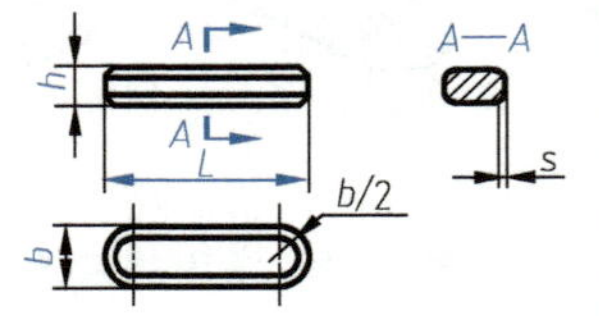  | $b=18$mm，$h=11$mm、$L=100$mm 普通 B 型平键的标记为：<br>GB/T 1096　键 B18×11×100（左图的普通 A 型平键可不标出 A） |
| 普通型半圆键 | GB/T 1099.1—2003 | 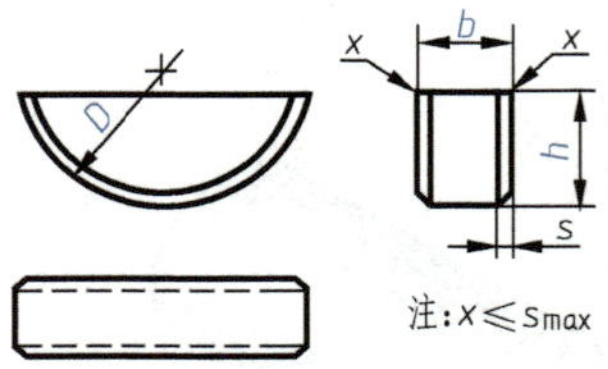  | $b=6$mm、$h=10$mm，$D=25$mm 普通型半圆键的标记为：<br>GB/T 1099.1　键 6×10×25 |
| 钩头楔键 | GB/T 1565—2003 | 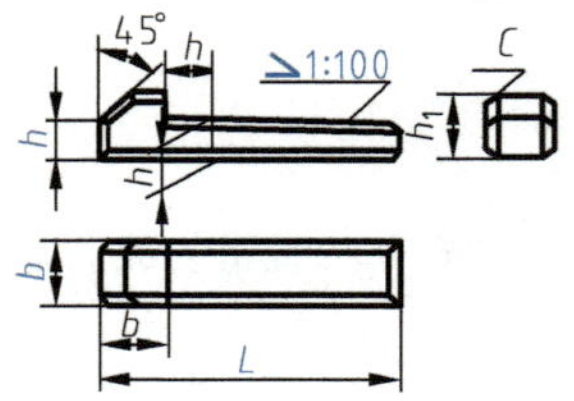  | $b=18$mm、$h=11$mm、$L=100$mm 钩头楔键的标记为：<br>GB/T 1565　键 18×100 |

### 3. 键联接的画法

键联接的画法见表 6-7，从表中看出，键联接主视图都是通过轴线和键的纵向对称平面剖切后画出的，键和轴均按不剖绘制。为了表示键在轴上的装配情况，都采用了局部剖视。左视图均为全剖视，其中键为横向剖切，所以要画剖面线，与相邻件的剖面线方向相反或方向相同而间隔错开。

表 6-7　键联接的画法与识读

| 名　称 | 联接画法 | 说　　明 |
|---|---|---|
| 普通平键 | 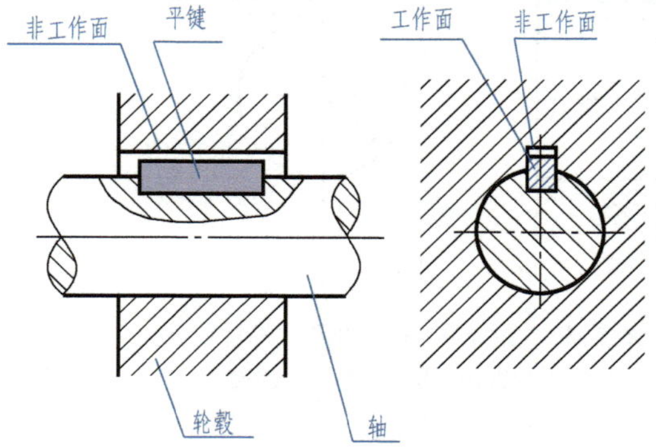  | 1) 键的两侧面为工作面<br>2) 键与轴上键槽的底面及两侧面为接触面，均应画成一条线<br>3) 键与轮毂上键槽顶面有间隙，必须画两条线 |

项目六 认知常用机件的特殊表达方法

（续）

| 名 称 | 联 接 画 法 | 说 明 |
|---|---|---|
| 半圆键 | 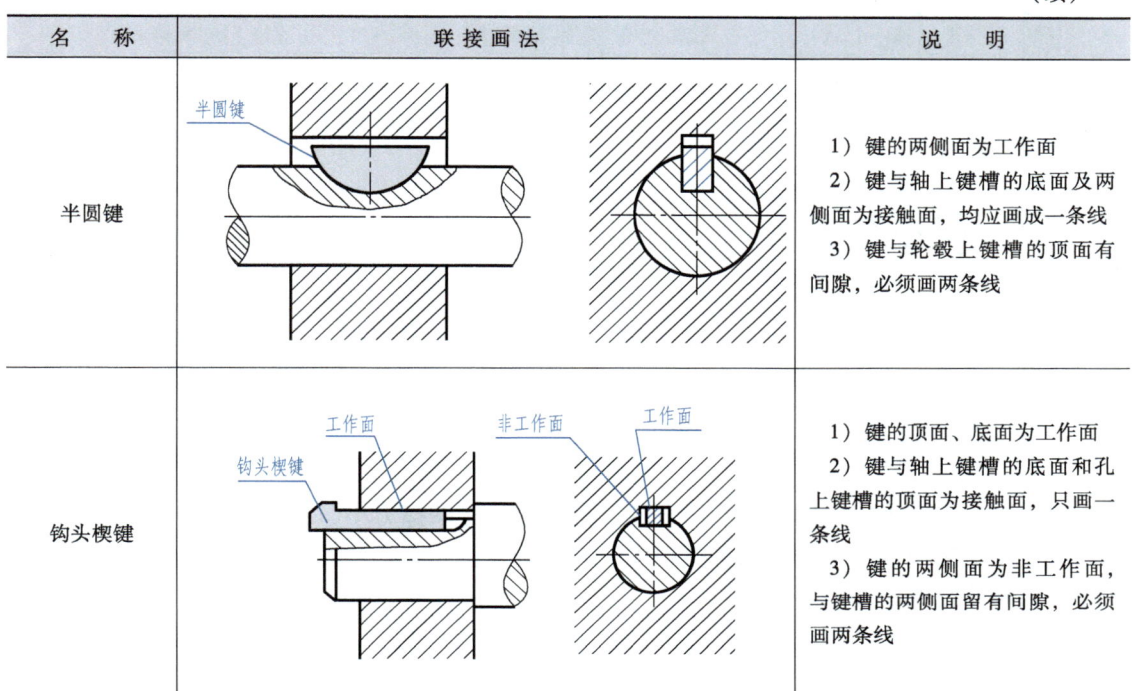 | 1）键的两侧面为工作面<br>2）键与轴上键槽的底面及两侧面为接触面，均应画成一条线<br>3）键与轮毂上键槽的顶面有间隙，必须画两条线 |
| 钩头楔键 | | 1）键的顶面、底面为工作面<br>2）键与轴上键槽的底面和孔上键槽的顶面为接触面，只画一条线<br>3）键的两侧面为非工作面，与键槽的两侧面留有间隙，必须画两条线 |

## 二、销及其联接

销联接（GB/T 119.1—2000、GB/T 117—2000）也是一种可拆卸的联接。常用的销有圆柱销、圆锥销和开口销。圆柱销和圆锥销通常用于零件间的联接或定位；开口销常用于螺纹联接的装置中，以防螺母的松动。常用销的主要尺寸、标记和联接画法见表6-8。有关参数可从附录D中的附表D-1、附表D-2中查得。

表6-8 常用销的型式、标记及联接画法

| 名 称 | 型 式 | 标记示例 | 联接画法 |
|---|---|---|---|
| 圆柱销 | | 销 GB/T 119.1 6m6×50<br>表示公称直径 $d$ =6mm、公差为m6、公称长度 $l$ =50mm、材料为钢、不经淬火、不经表面处理的圆柱销 | |
| 圆锥销 | | 销 GB/T 117 10×80<br>表示公称直径（小端） $d$ =10mm、公称长度 $l$ =80mm、材料为35钢、热处理硬度28～38HRC、表面氧化处理的A型圆锥销 | |

(续)

| 名　　称 | 型　式 | 标记示例 | 联接画法 |
|---|---|---|---|
| 开口销 | (图示：开口销，标注 l 和 d) | 销 GB/T 91 3×20<br>表示公称规格为3mm，公称长度 $l=20mm$、材料为Q215或Q235、不经表面处理的开口销 | (图示：开口销联接画法) |

## 三、滚动轴承

滚动轴承是支承旋转轴的标准组合件。由于它具有摩擦力小、结构紧凑等优点，所以被现代工业广泛使用。滚动轴承的种类很多，其结构大体相同，一般由外圈、内圈、滚动体和保持架四部分组成，如图6-34所示。

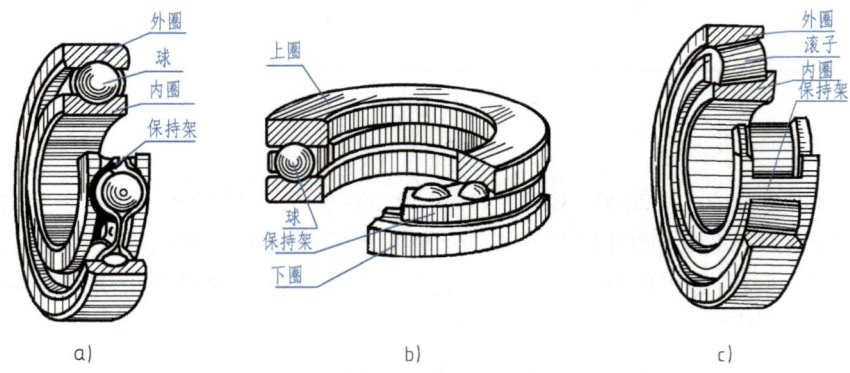

图 6-34 滚动轴承的类型及结构
a) 深沟球轴承　b) 推力球轴承　c) 圆锥滚子轴承

在使用时，内圈装在轴上，随轴一起转动；外圈装在机体或轴承座内，一般固定不动；滚动体安装在内、外圈之间的滚道中，其形状有球形、圆柱形和圆锥形等，当内圈转动时，它们在滚道内滚动；保持架用来隔离滚动体。

**1. 滚动轴承的分类**

滚动轴承按其受力方向不同可分为三类：

（1）向心轴承　主要承受径向力，如深沟球轴承。

（2）推力轴承　只承受轴向力，如推力球轴承。

（3）向心推力轴承　同时承受径向力和轴向力，如圆锥滚子轴承。

**2. 滚动轴承的代号**

滚动轴承的代号由前置代号、基本代号和后置代号三部分组成，排列顺序如下：

| 前置代号 | 基本代号 | 后置代号 |

（1）基本代号　基本代号表示滚动轴承的基本类型、结构及尺寸，是滚动轴承代号的基础。基本代号由轴承类型代号、尺寸系列代号和内径代号构成（滚针轴承除外），其排列顺序如下：

　　　　　　　类型代号　　尺寸系列代号　　内径代号

1）类型代号。滚动轴承类型代号用阿拉伯数字或大写拉丁字母表示，其含义见表6-9。

表6-9　滚动轴承类型代号（摘自 GB/T 272—1993）

| 代号 | 轴承类型 | 代号 | 轴承类型 |
| --- | --- | --- | --- |
| 0 | 双列角接触球轴承 | 6 | 深沟球轴承 |
| 1 | 调心球轴承 | 7 | 角接触球轴承 |
| 2 | 调心滚子轴承和推力调心滚子轴承 | 8 | 推力圆柱滚子轴承 |
| 3 | 圆锥滚子轴承 | N | 圆柱滚子轴承（双列或多列用字母 NN 表示） |
| 4 | 双列深沟球轴承 | U | 外球面球轴承 |
| 5 | 推力球轴承 | QJ | 四点接触球轴承 |

2）尺寸系列代号。尺寸系列代号由滚动轴承的宽（高）度系列代号和直径系列代号组合而成，用两位数字表示。主要用来区别内径相同而宽（高）度和外径不同的轴承。详细情况可查阅有关标准。

3）内径代号。内径代号表示轴承的公称内径。其内径尺寸可以直接从基本代号（右起第一、第二位数）中判定出来。

代号00，01，02，03分别表示内径 $d = 10, 12, 15, 17$（单位为 mm）；代号数字≥04～96（22，28，32除外）时，代号数字乘以5即为轴承内径。

（2）前置代号和后置代号　前置代号和后置代号是轴承在结构形状、尺寸、公差、技术要求等有改变时，在其基本代号左、右添加的补充代号。具体情况可查阅有关的国家标准。

轴承代号标记示例：

6208：第一位数6表示类型代号，为深沟球轴承。

　　　第二位数2表示尺寸系列代号，宽度系列代号0省略，直径系列代号为2。

　　　后两位数08表示内径代号，$d = 8 \times 5 \text{mm} = 40 \text{mm}$。

N2110：第一个字母N表示类型代号，为圆柱滚子轴承。

　　　　第二、三两位数21表示尺寸系列代号，宽度系列代号为2，直径系列代号为1。

　　　　后两位数10表示内径代号，内径 $d = 10 \times 5 \text{mm} = 50 \text{mm}$。

**3. 滚动轴承的画法**

因滚动轴承是标准组合件，不需要画零件图。在装配图中，需较详细地表达滚动轴承的主要结构时，可采用规定画法；只需简单地表达滚动轴承的特征性能时，可采用特征画法；在传动系统中，可采用图示符号表示，见表6-10。

常用滚动轴承的有关参数可从附录E中查得。

表 6-10 滚动轴承的画法

| 名称和标准编号 | 画法 | | | |
|---|---|---|---|---|
| | 规定画法 | 特征画法 | 图示符号 | 装配画法 |
| 深沟球轴承 GB/T 276—2013 | | | | |
| 圆锥滚子轴承 GB/T 297—1994 | | | | |
| 推力球轴承 GB/T 28697—2012 | | | | |

## 四、弹簧

弹簧属于常用件，在汽车机械制造业中应用非常广泛，具有减振、夹紧、复位和调节等功能，是利用材料的弹性变形和结构特点，通过变形和储存能量来工作的，当外力去除后能立即恢复原状。

弹簧的种类很多，如图 6-35 所示。在汽车上常见的减振弹簧是板弹簧，如图 6-35d 所

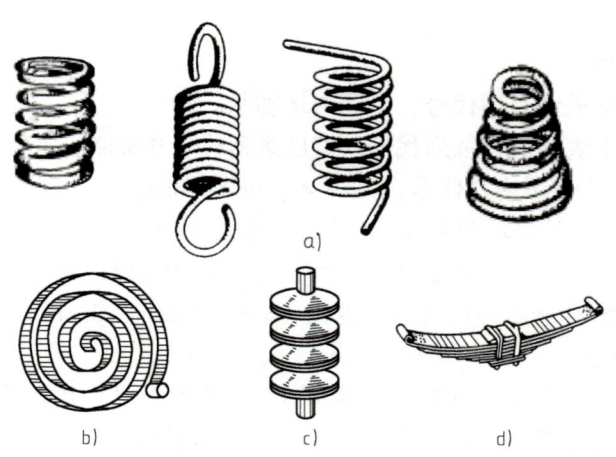

图 6-35 常见的弹簧
a) 螺旋弹簧 b) 平面涡卷弹簧 c) 碟形弹簧 d) 板弹簧

示；常用的螺旋弹簧按其用途不同可分为压缩弹簧、拉伸弹簧、扭转弹簧和塔弹簧，如图6-35a所示。本任务主要介绍圆柱螺旋压缩弹簧的尺寸计算和规定画法。

**1. 圆柱螺旋压缩弹簧各部分的名称及尺寸计算**

圆柱螺旋压缩弹簧各部分的名称见表6-11。

表6-11 圆柱螺旋压缩弹簧各部分的名称

| 名 称 | 符 号 | 说 明 | 图 例 |
|---|---|---|---|
| 簧丝直径 | $d$ | 制造弹簧所用金属丝的直径 | |
| 弹簧外径 | $D$ | 弹簧的最大直径 | |
| 弹簧内径 | $D_1$ | 弹簧的内孔直径，即弹簧的最小直径 $D_1 = D - 2d$ | |
| 弹簧中径 | $D_2$ | 弹簧的平均直径 $D_2 = (D+D_1)/2 = D_1 + d = D - d$ | |
| 有效圈数 | $n$ | 保持相等节距且参与工作的圈数 | |
| 支承圈数 | $n_2$ | 为了使弹簧工作平衡，端面受力均匀，制造时将弹簧两端压紧靠实，并磨出支承平面。这些圈主要起支承作用，所以称为支承圈。支承圈数 $n_2$ 表示两端支承圈数的总和。常取 1.5~2.5 圈，最多 2.5 圈。图示的弹簧，两端各有 1¼ 圈为支承圈，即 $n_2 = 2.5$ 圈 | |
| 总圈数 | $n_1$ | 有效圈数和支承圈数的总和，即 $n_1 = n + n_2$ | |
| 节距 | $t$ | 除支承圈以外，相邻两有效圈上对应点间的轴向距离 | |
| 弹簧的展开长度 | $L$ | 制造弹簧时所需的金属丝长度 $L \approx n_1 \sqrt{(\pi D_2)^2 + t^2}$ | |

**2. 圆柱螺旋压缩弹簧的表示方法**

GB/T 4459.4—2003 对弹簧的画法做了如下规定：

1) 在平行于螺旋弹簧轴线投影面的视图中，其各圈的轮廓应画成直线。

2) 有效圈数在 4 圈以上时，可以每端只画出 1~2 圈（支承圈除外），其余省略不画。

3) 螺旋弹簧均可画成右旋，但左旋弹簧不论画成左旋还是右旋，均需注写旋向"左"字。

4) 螺旋压缩弹簧如要求两端并紧且磨平时，不论支承圈多少，均按 2.5 圈绘制。

弹簧的表示方法可以用视图、剖视图和示意画法，如图6-36所示。

**3. 汽车板簧的画法**

钢板弹簧是汽车悬架中应用最为广泛的弹性组件。它由若干片不等长但等宽、等厚的合金钢弹簧片组成。图6-37 是某汽车前悬架钢板板簧的结构、组成部分的名称及画法。

**4. 装配图中弹簧的简化画法**

在装配图中，被弹簧挡住的机件按不可见处理，可见轮廓线只画到弹簧钢丝的剖面轮廓或中心线上，如图6-38a所示。螺旋弹簧被剖切时，簧丝直径小于2mm 的断面可以涂黑表示，如图6-38b所示；簧丝直径小于1mm时，采用示意画法，如图6-38c所示的汽车气门弹簧的画法。

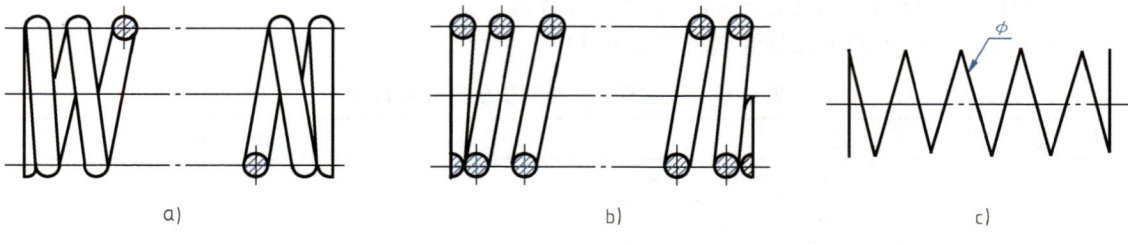

图 6-36　圆柱螺旋压缩弹簧的表示方法
a）视图　b）剖视图　c）示意画法

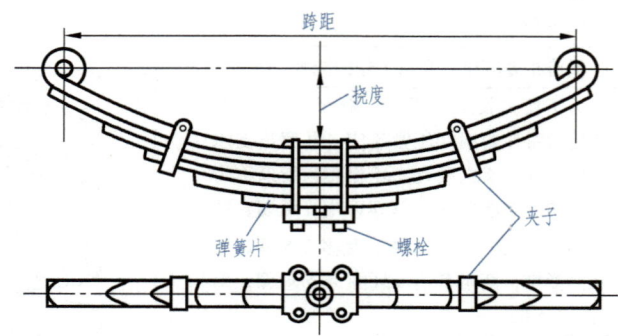

图 6-37　汽车前悬架钢板板簧的结构及画法

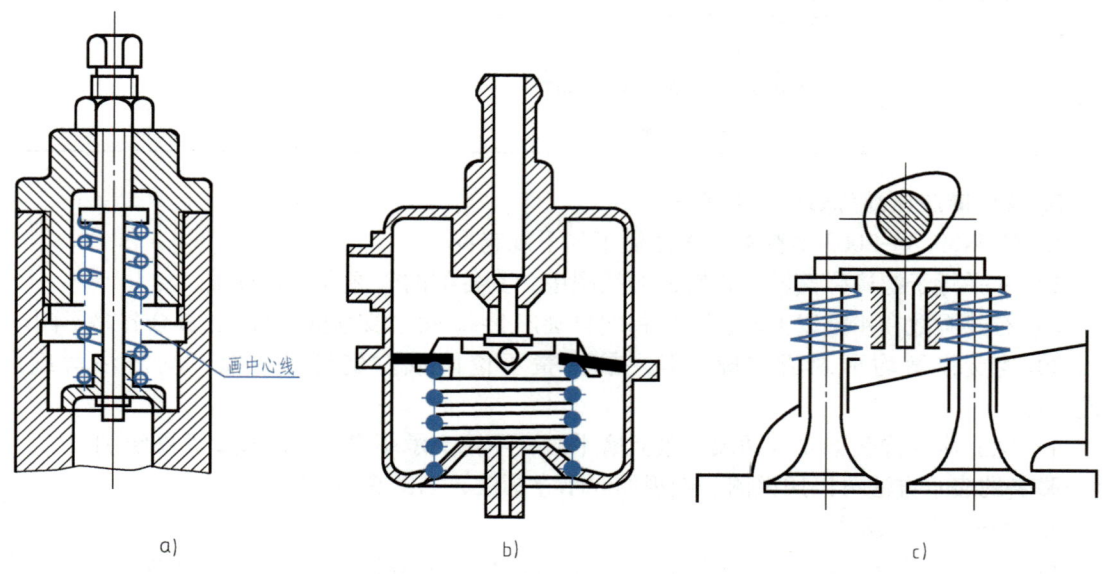

图 6-38　装配图中弹簧的画法

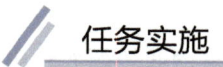

## 任务实施

绘制图6-29所示螺旋压缩弹簧的剖视图。

已知弹簧的簧丝直径 $d = 6$mm，弹簧中径 $D_2 = 42$mm，节距 $t = 11$mm，有效圈数 $n = 6$，支承圈数 $n_2 = 2.5$，右旋。

作图步骤：

1）根据已知的弹簧中径 $D_2$ 并计算出的自由高度 $H_0$，画出中径线和高度定位线，即矩形 $ABCD$，如图 6-39a 所示。

2）根据簧丝直径 $d$，画出两端的支承圈，如图 6-39b 所示。

3）根据节距 $t$，画出有效圈的簧丝直径小圆的断面，如图 6-39c 所示。

4）作相应圆的公切线，中间部分省略不画，画出剖面线，完成全图，结果如图 6-39d 所示。

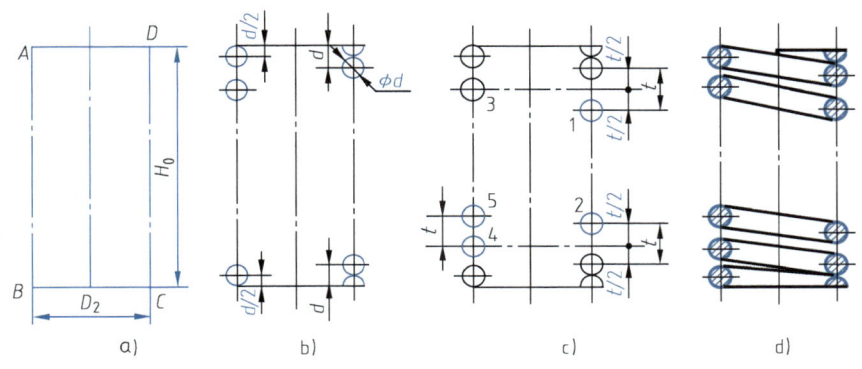

图 6-39 圆柱螺旋压缩弹簧的画图步骤

## 知识巩固

识读图 6-40 所示的锥齿轮轴上零件的装配简图，指出图中的标准件和常用件的名称，在指引线上进行标注。

分析：图中含有齿轮、键、滚动轴承、螺钉、垫圈、螺母等。

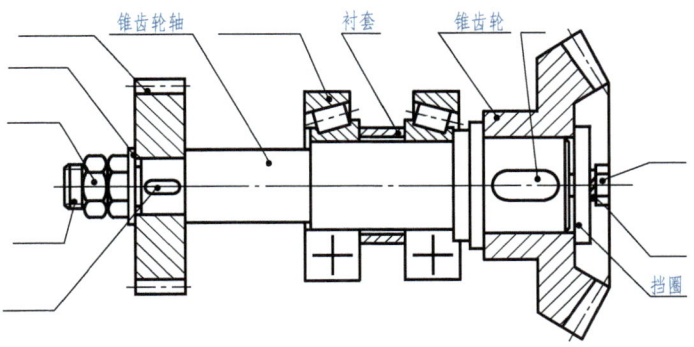

图 6-40 识读锥齿轮轴上零件的装配简图

## 项目小结

本项目所介绍的螺纹及联接件，齿轮、键、销、滚动轴承等标准件和常用件，在汽车各种机械中，有着广泛的应用，它们起着联接、固定、传递运动、控制调节及能量转换等重要

汽车机械制图

作用。

　　由于这些零部件的结构形状都比较复杂,并且由专门厂家进行大批量生产,为了减少设计和绘图的工作量,国家标准对上述的标准件和常用件及多次重复出现的结构要素(如螺钉上的螺纹和齿轮上的轮齿等)规定了简化的特殊表达方法,即不再画出它们的真实投影,也不需要标注全部尺寸,而是采用规定画法和简化画法及有关标记与代号,来说明它们的整体结构与尺寸。这部分内容既是零件图的补充,又是装配图的一个组成部分。

　　因为常用件及多次重复出现的结构要素采用规定画法,所以对具体的规定应牢固记忆,特别是对表示螺纹的"两种线"及表示齿轮的"三种线"会分析图形的表达方式(视图名称及剖开与否);对于不同种类的螺纹及齿轮,因画法规定相同,则必须从代号的标注及标记上加以区分;对于螺纹的联接及齿轮的啮合画法,应重点掌握"联接处"及"啮合区"的画法规定;螺纹联接处按外螺纹的规定画法画出,齿轮啮合区必须画出五条线(剖开画法)。对于键、销、滚动轴承等,应重点掌握在装配图中的画法规定。

# 项目七

## 绘制与识读零件图

零件图是汽车制造生产中最常用的生产图样，是生产过程中进行加工制造与检测零件质量的重要技术文件。一辆汽车是由成千上万个零件组成的，汽车零件是组成交通运输工具——汽车的各个部分的基本单元，也叫汽车配件，简称汽配。本项目将介绍零件图的有关知识。

### 知识目标

1. 明确零件图中表达的主要内容。
2. 学会典型的汽车机械零件视图的选择原则。
3. 明确零件图中尺寸基准的选择原则及尺寸标注的方法。
4. 懂得零件图中各项技术要求的含义。
5. 明确零件图中工艺结构的类型及作用。

### 技能目标

1. 会根据零件的复杂程度选择合适的表达方案。
2. 会标注与识读零件图的尺寸。
3. 会识读中等复杂程度的零件图。
4. 培养学生分析问题和解决问题的能力。

## 任务一　选择零件图的表达方案

### 任务描述

零件图是表达零件的结构形状、尺寸及技术要求的图样，是制造和检验零件的依据，是反映零件结构、大小及技术要求的载体。本任务主要介绍零件图的内容、零件表达方案的选择方法。识读图 7-1 所示轴的表达方案，根据图 7-2 所示的汽车调温器座的已知视图，重新选择合理的表达方案。

# 汽车机械制图

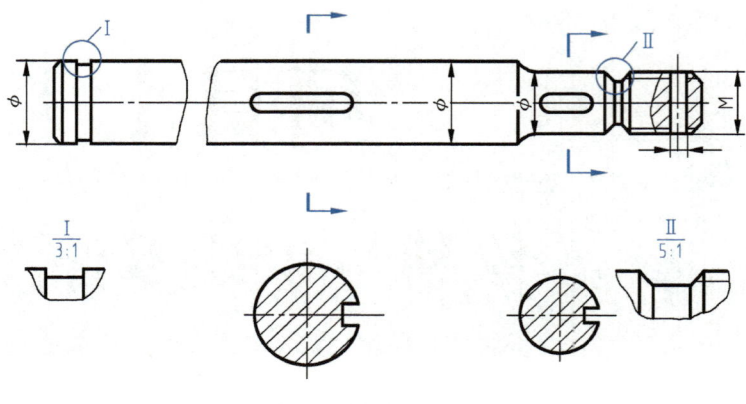

图 7-1　轴的表达方案

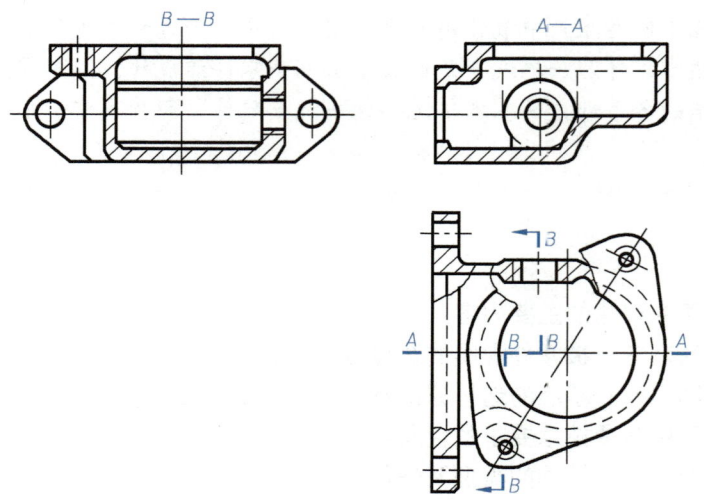

图 7-2　汽车调温器座的表达方案

## 任务分析

　　汽车机械零件的结构形状和尺寸大小，是由其本身的功能及与其他零件的装配联接关系确定的。图 7-1 和图 7-2 所示的两个零件，因为结构形状差别很大，所以视图表达也截然不同。

　　要把一个汽车零件的内、外形状和结构正确、完整、清晰地都表达清楚，必须根据零件本身的结构特点，首先选好主视图，再配合其他的视图及必要的剖视图、断面图、局部放大图等表示法，确定一个合理的表达方案。

## 相关知识

　　图 7-3 所示为汽车驱动桥差速器轴测图的分解图。差速器是传动系统主减速器里的一个部件，它是由差速器壳、半轴齿轮、行星齿轮轴等几十种形状、大小各不相同的零件装配而成的。图 7-4 是其中锥齿轮轴的零件图。锥齿轮轴的结构形状和尺寸大小，是由其在驱动桥

差速器中的功能及与其他零件的装配联接关系确定的。设计时，一般先画出装配图，再按照装配图绘制零件图。制造驱动桥差速器部件时，必须首先按零件图制造出所有的零件，再按一定的装配关系装配成驱动桥差速器。因此，零件与部件及零件图与装配图之间的关系十分密切。

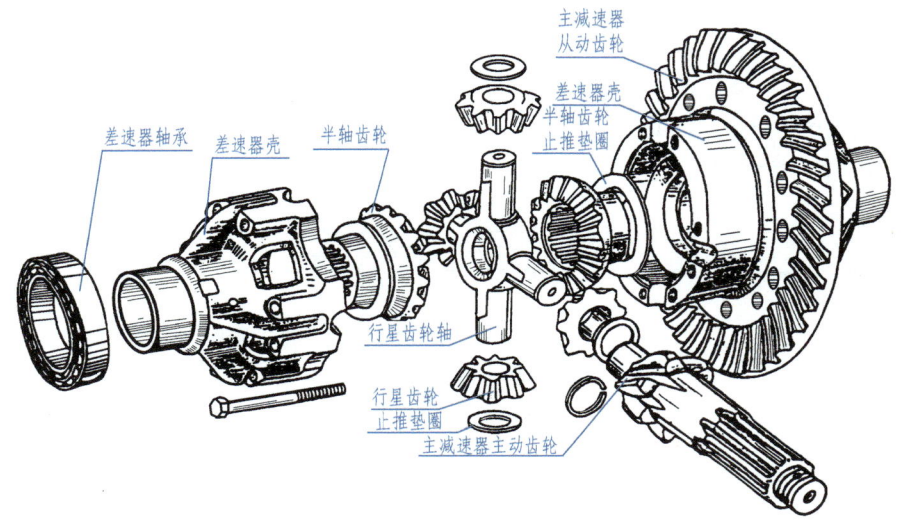

图7-3　汽车驱动桥差速器轴测分解图

## 一、零件图的内容

零件图是生产中用于指导制造和检验该零件的主要图样，所以必须包含制造和检验零件的全部技术资料，一张完整的零件图所包括的内容如图7-4所示。

**1. 一组图形**

用于正确、完整、清晰和简便地表达出零件内外形状的图形，包括机件的各种表达方法，如视图、剖视图、断面图、局部放大图和简化画法等。

**2. 完整的尺寸**

正确、完整、清晰、合理地标注出制造零件所需的全部尺寸。

**3. 技术要求**

用规定的代号、数字、字母和文字注解说明制造和检验零件时在技术指标上应达到的要求，如表面粗糙度、尺寸公差、几何公差、材料的热处理方法等。

**4. 标题栏**

填写零件的名称、材料、比例、图号以及设计人员、审核人员的责任签字等。

## 二、零件表达方案的选择

**1. 选择主视图**

主视图是表达零件结构形状特征最多的一个视图，所以应选择反映零件结构形状最突出和各形体结构之间相互位置关系最明显的方向作为主视图的投射方向。即零件主视图的选择应满足"合理位置"和"形状特征"两个基本原则。

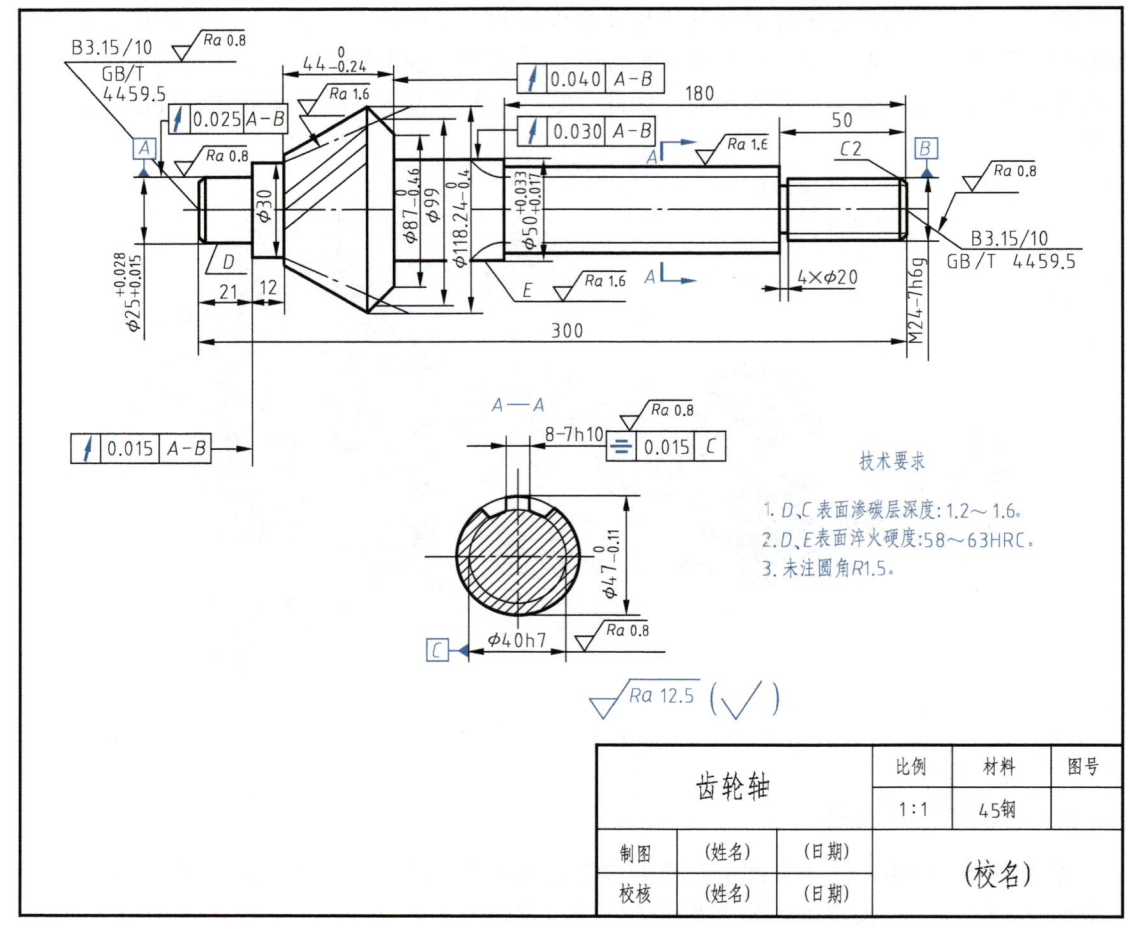

图 7-4 锥齿轮轴的零件图

（1）合理位置原则 所谓"合理位置"，是指零件的安放状态应符合零件的加工位置或工作位置。

1）加工位置。加工位置是指零件在机床上加工时所处的位置。在加工零件时可以直接进行图物对照，便于看图和测量尺寸。如轴、套、轮、圆盘等回转体零件，大部分工序是在车床或磨床上加工的，因此通常要按零件在机床上加工时的位置（即轴线水平放置）画其主视图，如图 7-5 所示。

2）工作位置。工作位置是指零件在汽车或装配体中所处的位置。这样可根据装配关系来考虑零件的形状及有关尺寸，便于把零件和汽车及装配体联系起来。如箱体、叉架等零件的形状比较复杂，加工状态各不相同，宜选择工作位置作为主视图。如图 7-6 所示汽车的前拖钩与图 7-7 所示的吊钩，尽管形状和结构类似，但由于它们的工作位置或安装位置不同，主视图的选择也不同。再如图 7-8 所示的汽车备胎架支架的主视图就是按工作位置绘制的。

（2）形状特征原则 确定了零件的安放位置后，还要确定主视图的投射方向。形状特征原则就是将最能反映零件形状特征的方向作为主视图的投射方向。图 7-9 所示为汽车上空气压缩机的气缸体，当主视图按工作位置放置以后，可从 A、B 两个方向进行投射，选择 A 向作为主视图的投射方向，显然要比 B 向更能清楚地表达其形状特征。

项目七 绘制与识读零件图

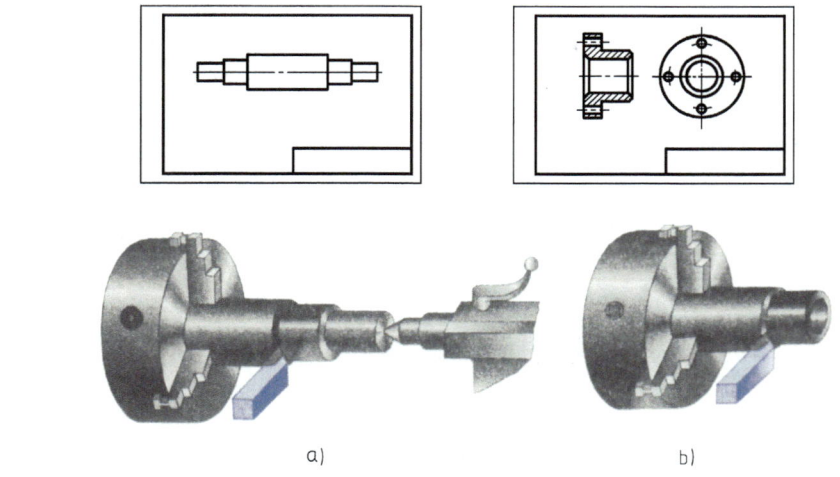

图 7-5 轴套类零件的加工位置

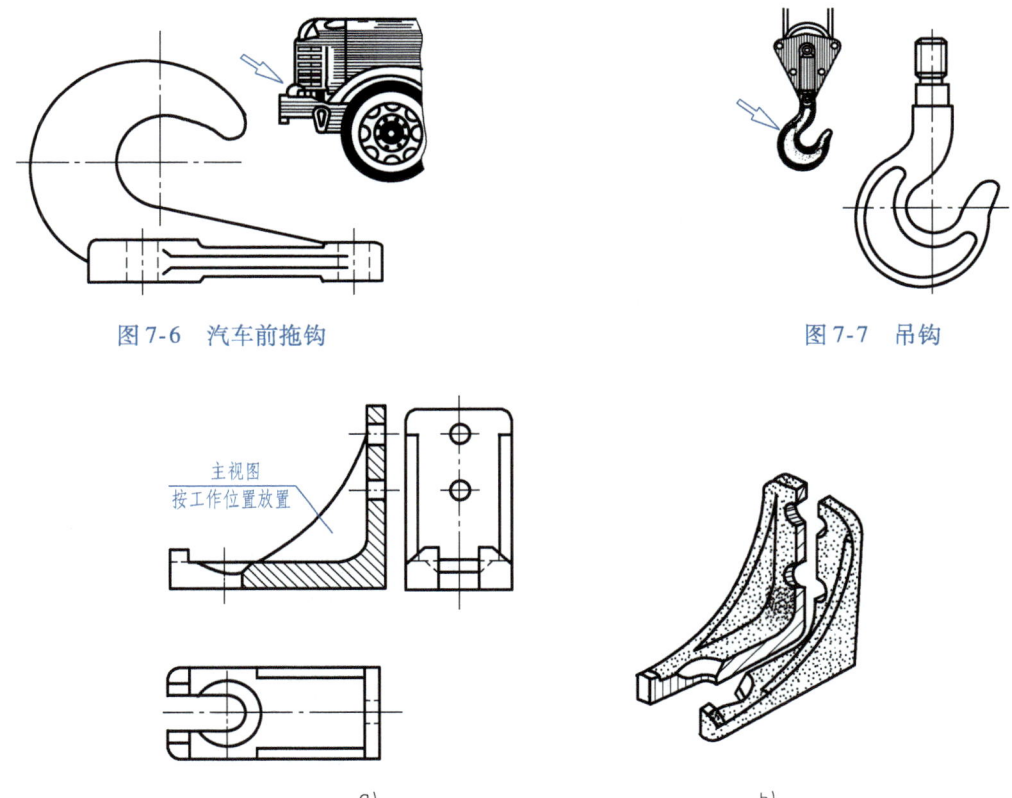

图 7-6 汽车前拖钩 　　　　　　　　　　　图 7-7 吊钩

图 7-8 汽车备胎架支架

再如，图 7-10 所示的阶梯轴，以 $A$ 向作为主视图的投射方向，不仅能表达阶梯轴各段形状和大小，而且能显示轴上的键槽和圆孔的位置。若以 $B$ 向作为主视图的投射方向，画出的主视图只是不同直径的同心圆，不如 $A$ 向清楚。

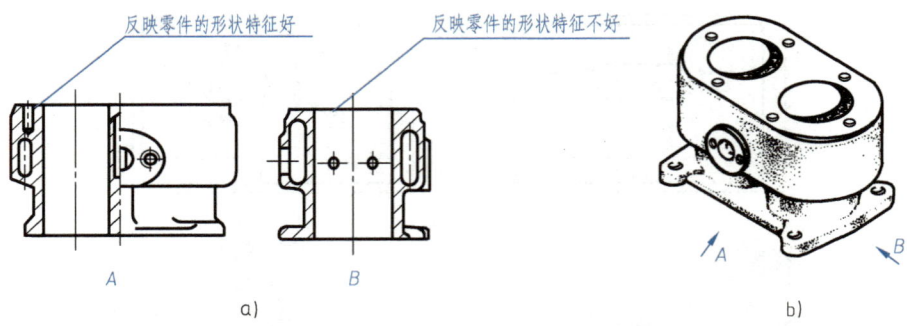

图 7-9 汽车空气压缩机气缸体

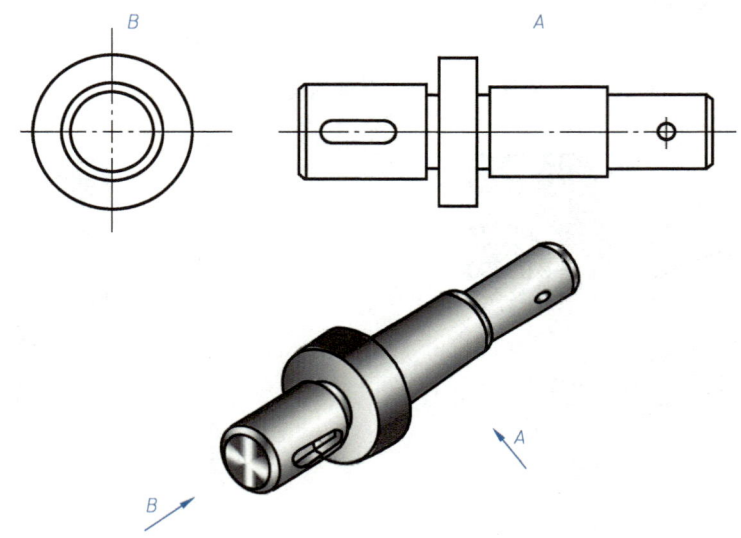

图 7-10 阶梯轴

### 2. 选择其他视图

一般情况下，仅用一个主视图是不能完整地反映零件的结构形状的，所以，主视图确定了以后，还应根据零件的复杂程度，选择其他视图，包括剖视图、断面图、局部放大图和简化画法等各种表达方法，以弥补主视图表达的不足。

选择其他视图时，首先要考虑看图方便。在完整、清晰地表达零件结构形状的前提下，应尽量减少视图数量，力求图形简单，看图方便。

例如图 7-11 所示的气门间隙调整螺栓，仅用一个主视图，加上尺寸标注，就可表达清楚；再如图 7-4 所示的锥齿轮轴，采用了一个基本视图（主视图），就能表达出齿轮轴的主体结构和形状，再用一个移出断面图，表达其上的花键部分。

图 7-12 所示的端盖，将主视图画成全剖视图，如果加上尺寸标注，其内外结构形状已基本表达清楚，将四个沿圆周均匀分布的圆孔采用简化画法表示后，左视图可省略不画。

图 7-8 所示的汽车备胎架支架，结构比较复杂，当主视图按工作位置画成全剖视图以后，又用了俯视图和左视图表达其他部分的结构和形状。

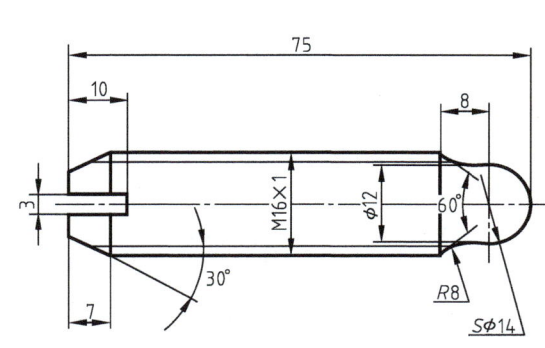
图7-11 汽车气门间隙调整螺栓

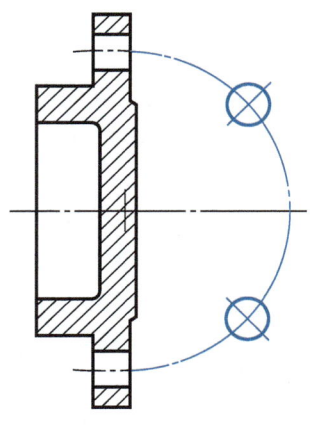
图7-12 端盖

## 任务实施

零件的表达方案是指能完整、清晰地表达某零件结构形状的若干种表达方法的组合。按照零件的主体结构不同,可将零件分为回转体和非回转体两大类。

### 一、识读轴的表达方案

当零件的主体结构为同轴回转体时,零件的形状特征比较明显,表达方案容易确定。如轴、套、轮、圆盘等,这类零件的表达特点是:在主视图上将主体轴线水平放置(加工位置),对于轴上的键槽、销孔等局部结构,可采用断面图、局部剖视图和局部放大图等来表达。

如图7-13所示的轴,只用一个基本视图(主视图)就能表示其主要形状。对于轴上的键槽,采用了移出断面图表达;对轴上的销孔,采用了局部剖视图表达;对轴上的退刀槽,采用了局部放大图表达。因基本视图只有一个,因而显得图形简单、表达清楚,同时画图、看图也方便。

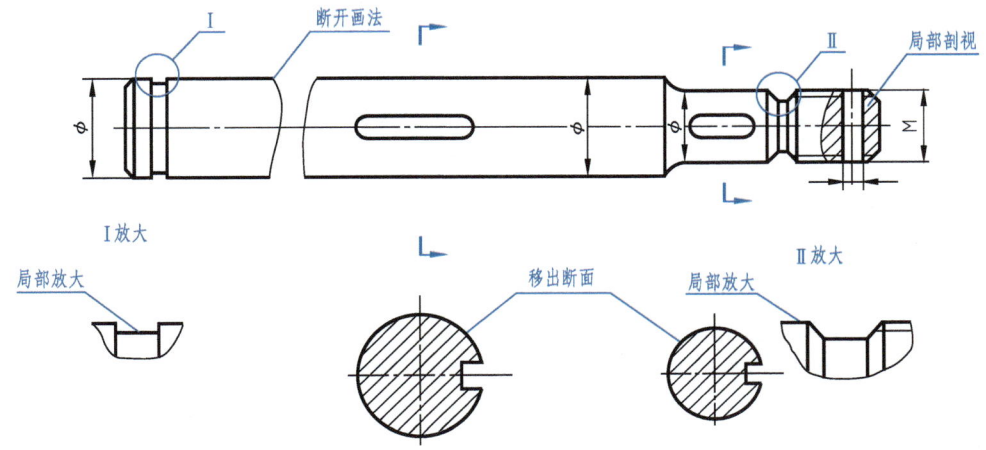
图7-13 回转体类零件(轴)的视图表达

## 二、选择汽车调温器座的表达方案

当零件的主体结构为非回转体时,零件的形状一般都比较复杂,需用的图形也多。同一个零件的表达方法可能有几种。这就需要分析零件的结构特点,选择恰当的表达方法,从便于看图为出发点来分析不同表达方案的优缺点,确定合适的表达方案。

**1. 原表达方案分析**

图 7-14 所示为汽车调温器座的表达方案,共用了三个图形:全剖的主视图 A—A,全剖的右视图 B—B 及局部剖的俯视图。因只用了三个视图,从数量上来说比较少,但主视图 A—A 上的细虚线较多,右视图 B—B 上方孔处的线条太密,层次不清,剖切位置选择不当,使顶面的大圆柱孔和主空腔形状不完整,且不反映直径;俯视图中的局部剖视过于破碎,细虚线也太多,这些都会给看图者造成困难,不便于想象出零件的完整形状,且尺寸标注和技术要求的注写也不方便,所以不太合理。

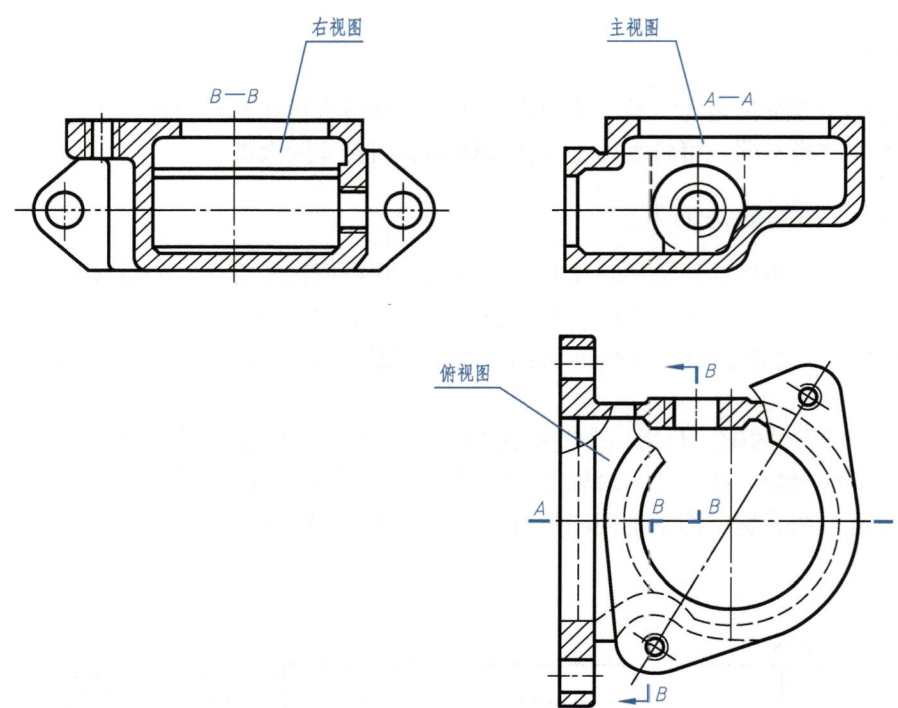

图 7-14 汽车调温器座的原表达方案

**2. 选择新的表达方案**

图 7-15 所示为汽车调温器座新的表达方案:总共用了五个图形,分别是主视图、俯视图、B—B 全剖视图和两个局部视图。

(1) 主视图 主视图也是全剖视图,主要表达内腔的结构,与图 7-14 比较,由于剖切面 A—A 的位置不同,所以在主视图上兼顾了顶部连接板上螺纹通孔的表达,省略了右视图。

(2) 俯视图 俯视图主要表达顶部连接板的外形,及与左端连接板的位置。

(3) B—B 全剖视图 从剖切平面的位置及投射方向可以看出 B—B 全剖视图相当于仰视图,但是为了图形安排的需要而配置在俯视图的右方。主要表达左端连接板上连接孔为通

项目七 绘制与识读零件图

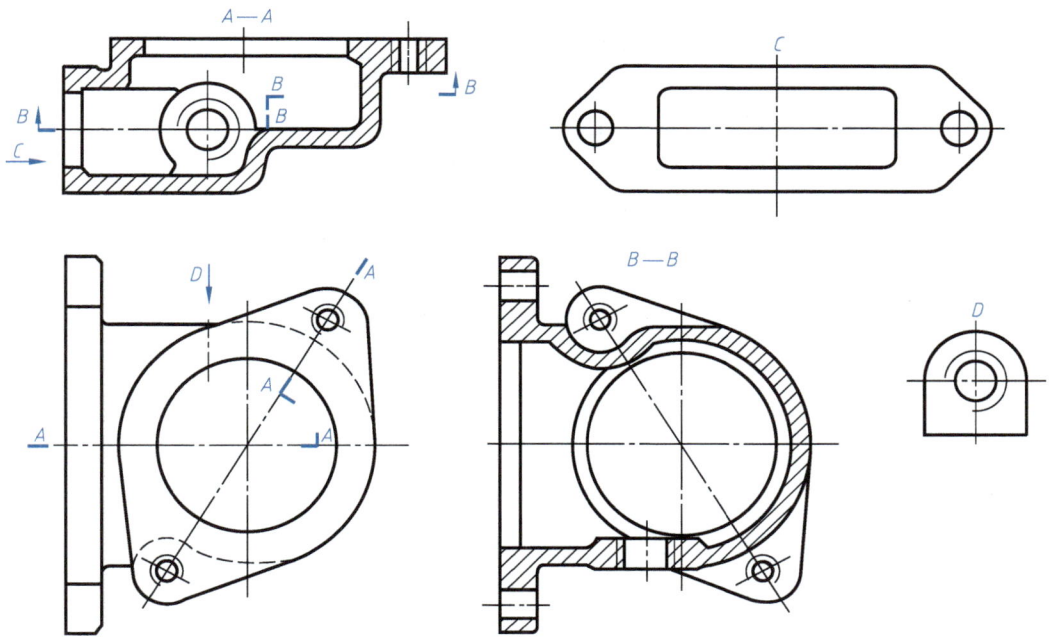

图 7-15 汽车调温器座的最终表达方案

孔,还有后方螺纹孔也为通孔,同时兼顾表达了内腔的形状。

(4)局部视图 C  局部视图 C 是从左方看到的连接板的外形特征及其上小孔的分布位置。

(5)局部视图 D  局部视图 D 是从后方看到的凸台的外形特征及其上螺纹孔的分布位置。

在新的表达方案中,每个图形都比较简单,细虚线也较少,使图形表达更清楚,也便于标注尺寸和注写技术要求。因五个视图是从不同的方向上反映出了汽车调温器座的形状特征,使读者很容易想象出汽车调温器座的空间形状。

经仔细分析后,可以想象出汽车调温器座的形状如图 7-16 所示。

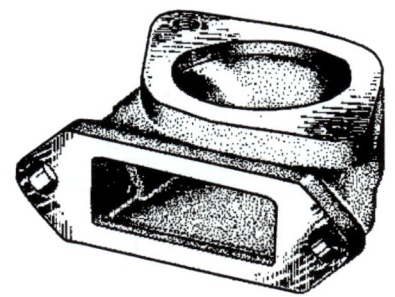

图 7-16 想象出的汽车
调温器座的形状

## 任务二　标注与识读零件图的尺寸

 任务描述

零件图中的尺寸,是制造和检验零件的主要依据。因此在零件图中标注尺寸时,不但要满足前面所述的正确、齐全和清晰的要求,还要考虑标注尺寸的合理性。本任务主要介绍零件图中尺寸基准的选择、合理标注尺寸的基本原则、零件上常见孔的尺寸注法。标注图 7-17 所示的减速器输出轴的尺寸,识读图 7-18 所示汽车制动踏板座的尺寸。

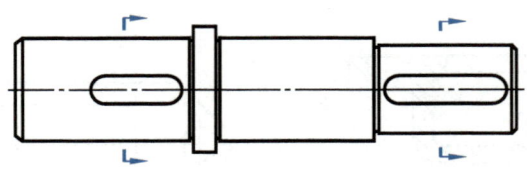

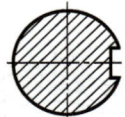 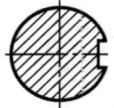

图 7-17　减速器输出轴

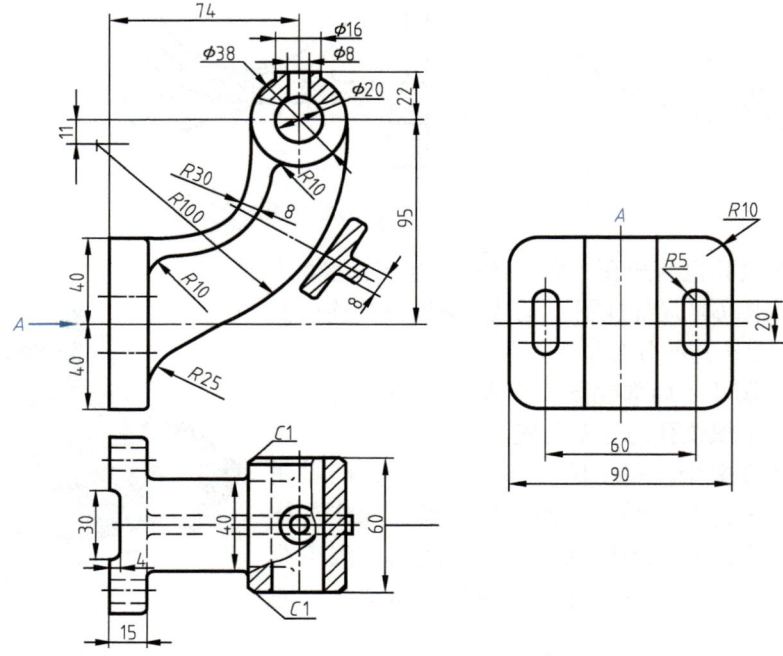

图 7-18　汽车制动踏板座

## 任务分析

尺寸标注的合理性主要是指所标注的尺寸既要满足设计使用要求，又要符合制造工艺要求，便于零件的加工、测量和检验。为了合理地标注尺寸，必须了解零件的作用、该零件在汽车中的装配位置及采用的加工方法等，从而选择恰当的尺寸基准，合理地标注尺寸。

## 相关知识

### 一、尺寸基准的选择

每个零件都有长、宽、高三个方向的尺寸，如前所述，每个方向最少要选择一个基准。

一般选择零件上的安装面、端面、装配时的结合面、零件的对称面、回转体的轴线、对称中心线等作为基准。当零件的结构比较复杂时，同一方向的基准可能不止一个，其中决定主要尺寸的基准称为主要基准，为加工和测量方便而附加的基准称为辅助基准，主要基准与辅助基准之间必须有直接的联系尺寸。

另外，根据基准的作用不同，又可将其分为设计基准和工艺基准。

**1. 设计基准**

根据设计要求，用以确定零件结构的位置所选定的基准，称为设计基准。

如图 7-19 所示的轴承座，其功用是支承轴。从设计角度来考虑，通常一根轴需要用两个轴承来支承，两个轴承孔的轴线应处于同一轴线上，且一般应与基准面平行，即要保证两个轴承孔的轴线距底面等高。因此，在标注轴承孔高度方向的定位尺寸 32 时，应以轴承座的底面为基准；为了保证底板上两个螺栓安装孔之间的中心距及其与轴承孔的对称关系，实现两轴承座安装后同轴，在标注两孔长度方向的定位尺寸 80 时，应以轴承座的左右对称平面为基准；因轴承座前后对称，前后的对称平面是轴承座宽度方向的基准。所以，轴承座的底面、左右对称平面及前后对称平面就是三个方向的设计基准。

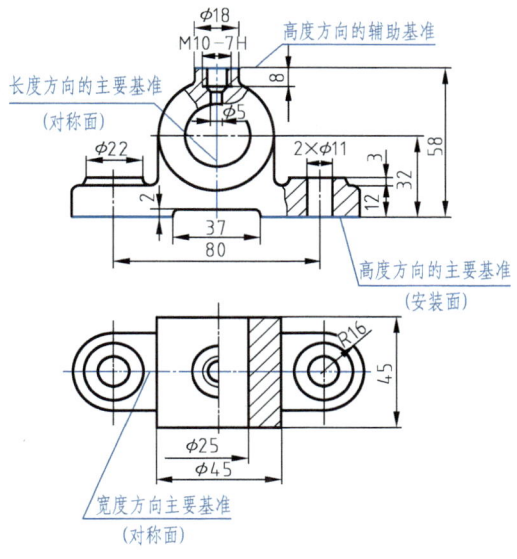

图 7-19 基准及选择

**2. 工艺基准**

从制造工艺的角度考虑，为便于零件的加工、测量和装配而选定的一些基准，称为工艺基准。在标注尺寸时，最好使设计基准与工艺基准重合，以减少误差的积累。既满足设计要求，又保证工艺要求。当两个基准不能重合时，所注尺寸应在保证设计要求的前提下满足工艺要求。

如图 7-19 所示的轴承座，对于主体结构，底面是设计基准，也是工艺基准，而对于顶面的局部结构，凸台顶面既是螺孔深度的设计基准，又是其加工测量的工艺基准。以底面为起点标注的尺寸有：轴承支承孔高度方向的定位尺寸 32，该尺寸是保证轴承座工作性能的重要尺寸；两个一般尺寸 12、2 和总高尺寸 58。而以凸台顶面为起点标注的尺寸只有一个螺孔的深度尺寸8。因此，底面是高度方向的主要基准，顶面是辅助基准，辅助基准与主要基准之间的联系尺寸是58。

图7-20所示为在车床上车削套筒的情况，左端的大圆柱面是装夹的定位基准，而测量轴向尺寸$a$、$b$、$c$时，则以右端面为起点，所以右端面就是工艺基准。

## 二、合理标注尺寸的基本原则

### 1. 重要尺寸直接注出

重要尺寸是指直接影响零件在汽车或机器中的工作性能和位置关系的尺寸，如零件之间的配合尺寸、重要的安装定位尺寸等。

如图7-21a所示的轴承座，图中轴承孔的中心高$h_1$，应从设计基准（底面）为起点直接注出，不能像图7-21b那样，以$h_2$、$h_3$两个尺寸之和来间接得到尺寸$h_1$。同样的道理，为了保证底板上两个安装孔与机座上的两个螺孔对中，必须直接注出其中心距的尺寸$l_1$，而不能像图7-21b那样，标注两个尺寸$l_3$而间接保证中心距的尺寸$l_1$。

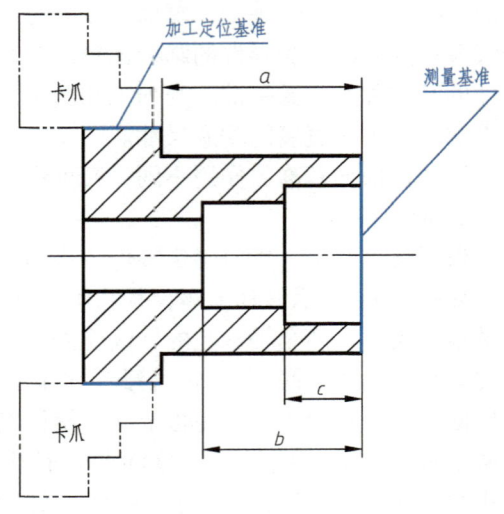

图7-20 工艺基准

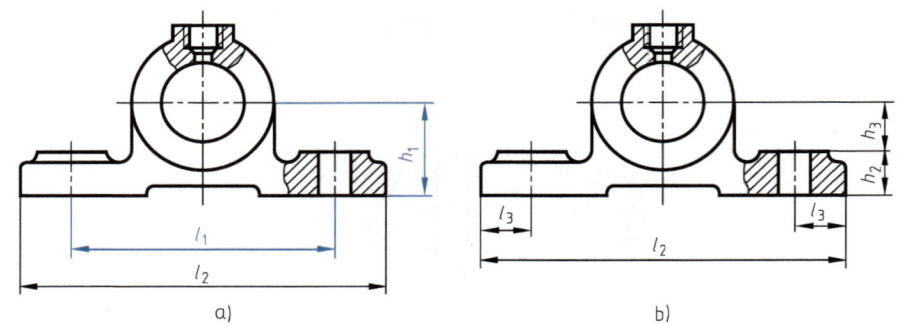

图7-21 重要尺寸直接注出

### 2. 避免出现封闭的尺寸链

组成尺寸链的每一个尺寸称为尺寸链的环。如果尺寸链中所有环都注上尺寸，形成一整圈的一组尺寸，这样的尺寸链称为封闭尺寸链。

如图7-22b所示的阶梯轴，长度方向不仅注出了各段的长度尺寸$l_1$、$l_2$、$l_3$，也标注了总长$l_4$，使各尺寸首尾相接，构成了封闭的尺寸链，这种情况应该避免。因为尺寸$l_4$是尺寸$l_1$、$l_2$、$l_3$之和，而尺寸$l_4$有一定的精度要求。但在加工时，尺寸$l_1$、$l_2$、$l_3$都可能产生误差，这些误差会积累到$l_4$上，从而影响$l_4$的尺寸精度。所以在几个尺寸构成的尺寸链中，应选一个不重要的尺寸空出不注（如$l_1$，称为开口环），以便使所有的尺寸误差都积累到这一段$l_1$上，以保证重要尺寸的精度要求，提高加工的经济性，如图7-22a所示。

### 3. 符合加工顺序

如图7-23a所示的台阶轴，其加工的四个工序如图7-23b、c、d、e所示，加工部位及

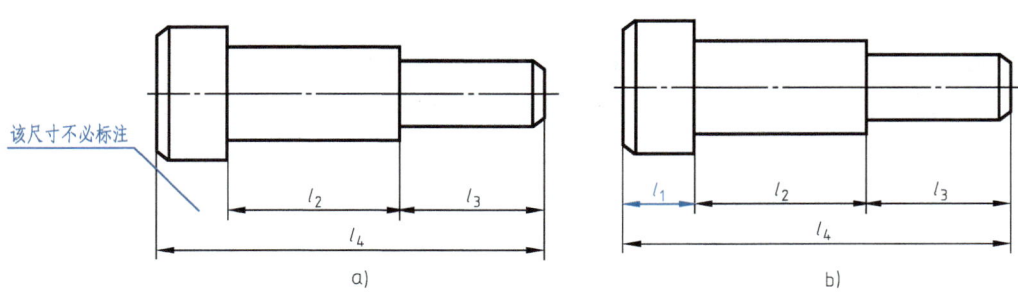

图 7-22 避免出现封闭的尺寸链
a）合理　b）不合理

保证的轴向尺寸如下：

图 b 为车两端面，保证轴向尺寸 128。

图 c 为车左端的外圆及台阶，保证轴向尺寸 23。

图 d 为车右端的外圆及大台阶，保证轴向尺寸 74。

图 e 为车右端的外圆及小台阶，保证轴向尺寸 51。

从工序图可以看出，图 7-23 标注的尺寸符合加工顺序，从下料到每一加工工序，均可从图中直接看出所需的尺寸。

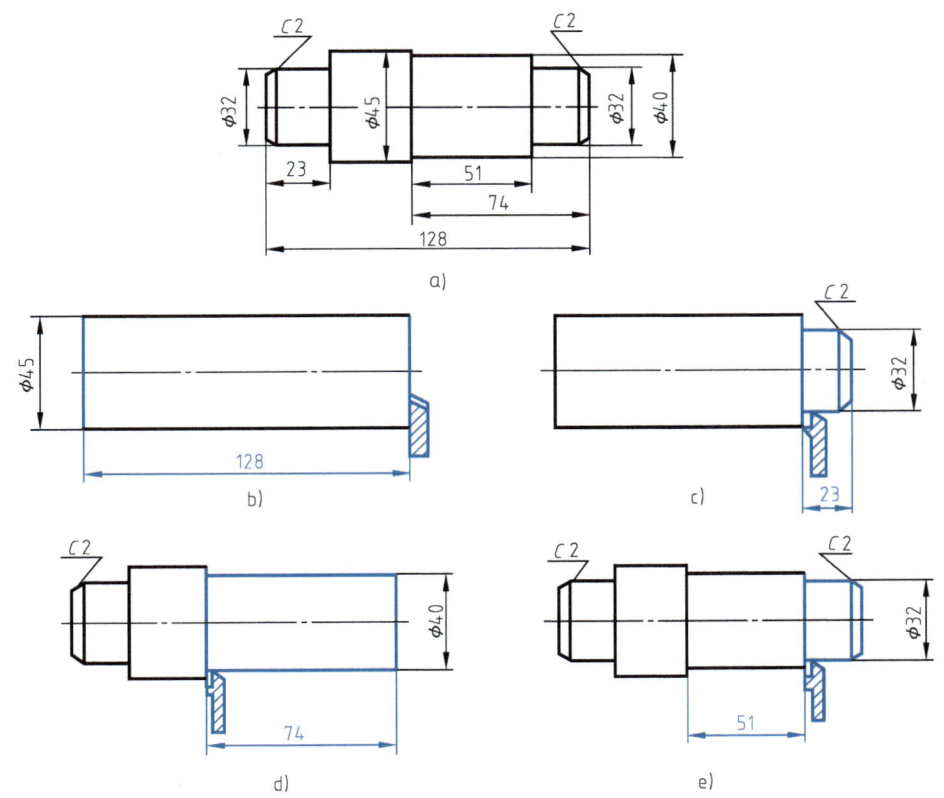

图 7-23 按加工顺序标注尺寸

### 4. 考虑测量方便

如图 7-24 所示的套筒，在轴向尺寸注法中，很显然图 b 中所注的尺寸 $B$ 测量就比较困难，特别是当孔很小时，根本就无法直接测量；而图 a 中标注的尺寸 $A$ 和 $C$ 测量都很方便。

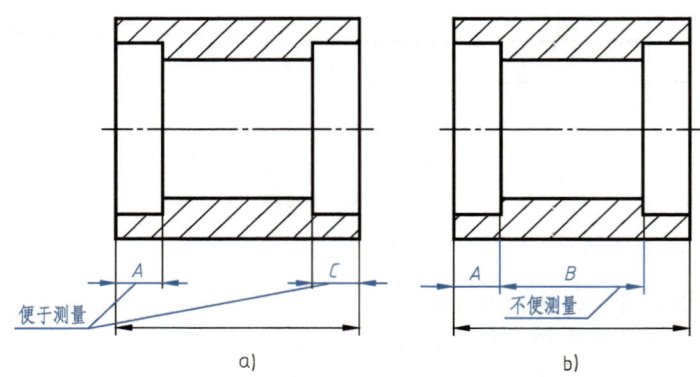

图 7-24 标注尺寸应便于测量（一）
a) 合理 b) 不合理

再如图 7-25 所示，轴上及内孔键槽的断面图，图 a 中所标注的尺寸均以轴线为基准，无法测量，而图 b 中所标注的尺寸是以轮廓素线为基准，便于测量，图 c 为测量方法。

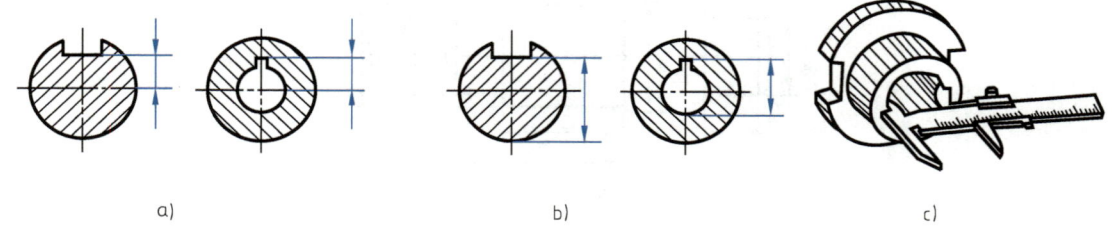

图 7-25 标注尺寸应便于测量（二）

### 5. 按不同的加工方法尽量集中标注尺寸

一个零件在制造过程中，其加工方法一般不止一种，而需要几种加工方法才能制成。为了使不同工种的加工者加工时看图方便，在标注尺寸时，最好将几种不同加工方法的有关尺寸集中标注。如图 7-26 所示的轴，其上的各段圆柱体是在车床上加工的，而键槽是在铣床上加工的，因此，车削的尺寸集中在图形的下方标注，而铣键槽的尺寸集中在图形的上方标注。

### 6. 加工面与非加工面

非加工面是指毛坯的毛面，即始终不进行加工的表面。标注尺寸时，在同一方向上，加工面与非加工面应分为两个尺寸系统，即毛面与毛面之间为一尺寸系统，加工面与加工面之间为另一尺寸系统。将两个尺寸系统尽量地标注在图形的两边，且两个系统之间必须有也只能有一个尺寸联系。如图 7-27 所示，左边为毛坯尺寸，右边为加工面的尺寸，该零件只有一个尺寸 $A$ 为毛坯面与加工面之间的联系尺寸。

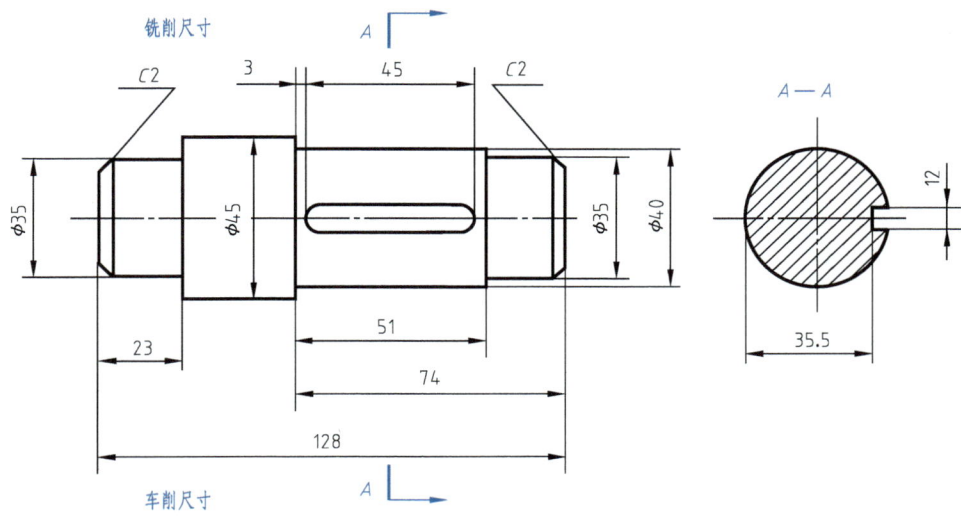

图 7-26 按不同的加工方法尽量集中标注尺寸

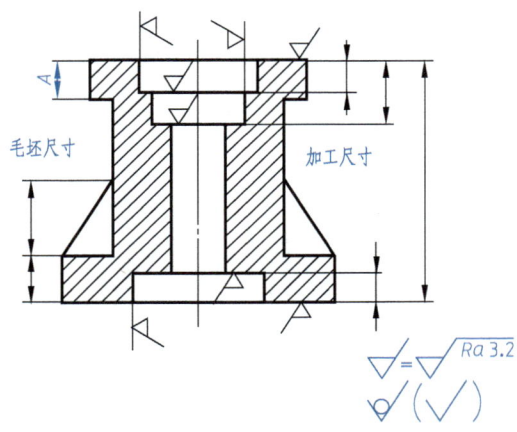

图 7-27 加工面与非加工面的尺寸标注

## 三、零件上常见孔的尺寸注法

零件上的光孔、沉孔、螺纹孔等各种孔的尺寸注法见表 7-1。

表 7-1 常见孔的尺寸注法

| 类 型 | | 普通注法 | 旁 注 法 | | 说 明 |
|---|---|---|---|---|---|
| 光孔 | 一般孔 | 4×φ12, 14 | 4×φ12▽14 | 4×φ12▽14 | "▽"深度符号（下同）表示4个 φ12mm 的孔，孔深为 14mm |

(续)

| 类 型 | | 普通注法 | 旁注法 | | 说 明 |
|---|---|---|---|---|---|
| 光孔 | 锥销孔 | 无普通注法 | 锥销孔φ4 配作 | 锥销孔φ4 配作 | "配作"是指和另一零件的同位锥销孔一起加工；4是与孔相配的圆锥销的公称直径（小端直径） |
| | 锥形沉孔 | 90° φ15 3×φ9 | 3×φ9 ⌵φ15×90° | 3×φ9 ⌵φ15×90° | "⌵"为锥形沉孔符号，表示3个φ9mm的孔，其90°锥形沉孔的最大直径为φ15mm |
| 沉孔 | 柱形沉孔 | φ11 3 4×φ6.6 | 4×φ6.6 ⌴φ11▼3 | 4×φ6.6 ⌴φ11▼3 | "⌴"为柱形沉孔（或锪平孔）符号，表示4个直径为φ6.6mm的孔，柱形沉孔的直径为φ11mm，深为3mm |
| | 锪平孔 | φ15 4×φ7 | 4×φ7 ⌴φ15 | 4×φ7 ⌴φ15 | 表示4个直径为φ7mm的孔，其锪平直径为15mm，深度不必标出（锪平通常只需锪出平面即可） |
| 螺孔 | 通孔 | 3×M10-6H EQS | 3×M10-6H EQS | 3×M10-6H EQS | 表示3个公称直径为10mm的螺纹孔，中径、顶径的公差带代号为6H |
| | 不通孔 | 3×M10-6H EQS 10 15 | 3×M10-6H▼10 ▼15 EQS | 3×M10-6H▼10 ▼15 EQS | 表示3个均匀分布的、公称直径为10mm的螺纹孔，钻孔深度为15mm，螺孔深度为10mm，中径、顶径的公差带代号为6H |

## 任务实施

### 一、标注图 7-28 所示减速器输出轴的尺寸

**1. 形状结构分析**

减速器输出轴由四段不同直径的圆柱体组成，还有退刀槽、倒角和键槽结构。

**2. 选择尺寸基准**

长度方向主要基准选择台阶面 A，其他台阶面及右端面为辅助基准，径向基准为轴线。

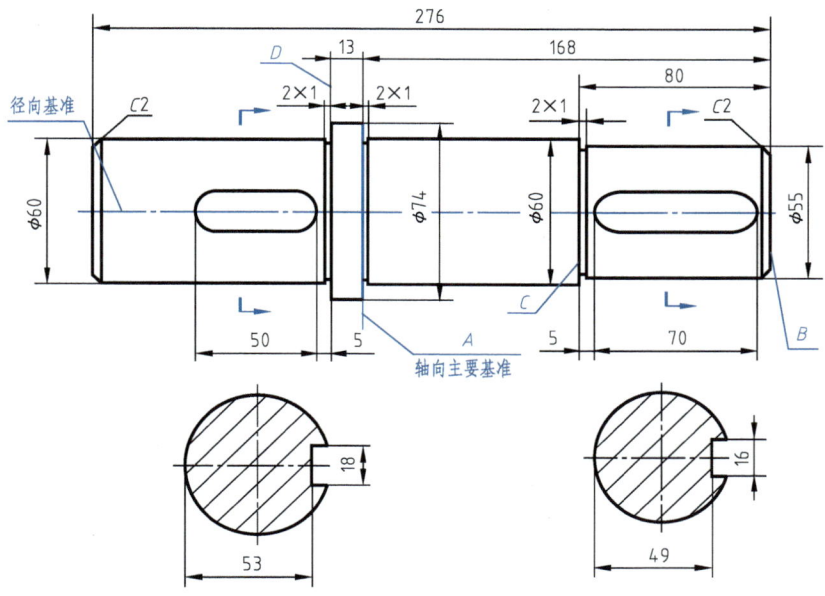

图 7-28 减速器输出轴的尺寸标注

**3. 标注尺寸的顺序**

1）由径向尺寸基准直接注出各段的直径尺寸 $\phi 60\text{mm}$、$\phi 74\text{mm}$、$\phi 60\text{mm}$ 和 $\phi 55\text{mm}$。
2）由 A 直接标注尺寸 168mm 和 13mm，定出 B 和 D，再由 B 标注尺寸 80mm，定出 C。
3）由轴向辅助基准 C、D 注出两个键槽的定位尺寸 5mm 及长度尺寸 70mm 和 50mm。
4）标注出两个断面上的键槽尺寸、三个退刀槽尺寸和倒角尺寸。
5）标注总体尺寸。总长尺寸 276mm，总高和总宽尺寸为 $\phi 74\text{mm}$。

## 二、识读图 7-18 所示的脚踏座的尺寸

**1. 分析尺寸基准**

长度方向的主要尺寸基准是脚踏座安装板的左端面；高度方向的主要尺寸基准是安装板的水平对称面；宽度方向的主要尺寸基准是脚踏座前后方向的对称面。

**2. 分析主要尺寸**

（1）主要定位尺寸

1）上部轴承孔的定位尺寸　上部轴承孔 $\phi 20\text{mm}$ 轴线在长度方向的定位尺寸是 74mm，在高度方向的定位尺寸是 95mm。
2）安装板上安装孔的定位尺寸　安装板上两个安装孔在宽度方向的定位尺寸为 60mm，R5mm 圆弧在高度方向的定位尺寸 20mm。

（2）总体尺寸　总宽度是 90mm，因右上角是圆筒，未标注总长和总高尺寸。

（3）主要定形尺寸　右上角圆筒的外径 $\phi 38\text{mm}$、内孔 $\phi 20\text{mm}$、宽度 60mm；其上凸台的外径是 $\phi 16\text{mm}$、内孔 $\phi 8\text{mm}$；安装板的长 15mm、宽度 90mm、高度 80（40+40）mm。

其他尺寸请读者自行分析。

## 任务三　认知零件的典型结构

### 任务描述

零件的结构和形状，除了应满足使用要求外，还应满足制造工艺的要求，即应具有合理的工艺结构。本任务主要介绍汽车零件上常见的铸造零件工艺结构和机械加工工艺结构。认知图7-29所示的轴承座上具有的一些结构。

### 任务分析

汽车机械中的大多数零件，都是通过铸造和机械加工制成的，为了满足零件制造的需要，在零件上常出现一些因制造要求而设计的结构，这些结构在零件图上能正确地反映工艺要求，以免因结构不合理而造成加工困难或无法加工，甚至造成废品。

### 相关知识

#### 一、铸造零件的工艺结构

砂型铸造的过程是：木模工按图样做出木模，然后由造型工制成砂型箱（简称砂箱）。砂箱分为上、下两部分，上砂箱还需做出浇注用的浇口（金属液体进口）和冒口（空气和金属液体溢出口）。砂箱做好以后，将木模从砂箱中取出合箱，将熔化的金属液体浇入具有与零件结构形状相对应的空腔内，直至金属液体从冒口溢出为止。待铸件冷却后取出，清除砂粒，切除铸件上冒口和浇口处的金属块，就得到了铸件毛坯。经检验合格后，便可送去进行机械加工。为了便于铸造加工并保证铸件的质量，铸造工艺对铸件结构一般有如下的要求：

**1. 起模斜度**

如图7-30a所示，在铸造零件毛坯时，为便于将模型从砂箱中取出，一般沿木模的起模方向做出一定的斜度，称为起模斜度。

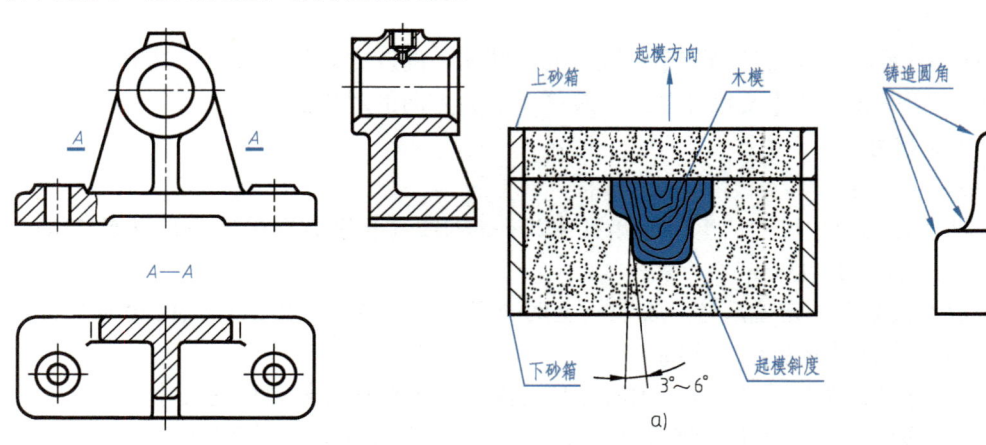

图7-29　轴承座的表达方案　　　　图7-30　起模斜度与铸造圆角

起模斜度一般为 1∶20～1∶10，约相当于图 7-30 中的 3°～6°，在铸件的内、外壁沿起模方向也应有相应的斜度，起模斜度在制作模型时应予以考虑，视图上一般不需注出；必要时，可以在技术要求中用文字说明。

**2. 铸造圆角**

如图 7-30b 所示，为防止浇注时砂型在尖角处脱落和避免铸件冷却收缩时在尖角处产生裂纹，铸件各表面相交处应做成圆角。这种因铸造要求而做成的圆角称为铸造圆角。铸造圆角的大小一般取 $R3～R5\text{mm}$，可在技术要求中统一注明。

**3. 铸件壁厚**

铸件上各部分壁厚应尽量均匀。若铸件壁厚不均匀，铸件在浇注后，因各处金属冷却速度不同，薄壁处先凝固，厚壁处冷却慢，易产生缩孔，或在壁厚突变处产生裂纹。为了避免浇注后由于铸件壁厚不均匀而产生如图 7-31a 所示的缩孔、裂纹等缺陷，应尽可能使铸件壁厚均匀或逐渐过渡，如图 7-31b、c 所示。铸件的壁厚尺寸一般直接注出。

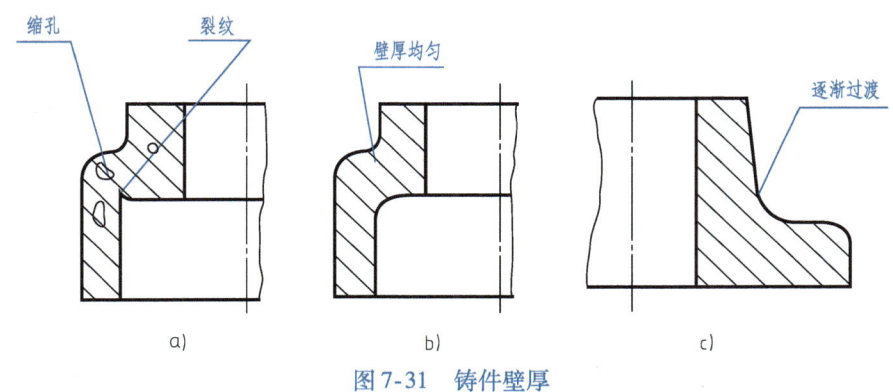

图 7-31　铸件壁厚

**4. 过渡线**

在铸造或锻造零件上，由于铸造或锻造圆角的存在，就使零件上的表面交线显得不十分明显。为了便于读图及区分不同形体的表面，在零件图上仍需画出两表面的交线，这些不太明显的表面交线称为过渡线。

可见过渡线用细实线表示，不可见过渡线仍用细虚线表示。过渡线的画法与没有圆角时表面交线的画法基本相同，只是过渡线的两端与其他轮廓线之间应留有空隙。以下由图 7-32 分不同的情况加以说明。

图 a 为两圆柱面相交，过渡线不应与圆角的轮廓线相接触，在过渡线的端部应留有空隙。

图 b 为平面与平面相交，应画过渡直线，过渡线应在转角处断开，其弯向应与铸造圆角的弯向一致。

图 c 为平面与圆柱面相交，应画过渡直线，且过渡线也应在转角处断开，其弯向应与铸造圆角的弯向一致。

图 d 为两曲面相切，过渡线应从切点处开始画出，并在过渡线的端部留有空隙。

## 二、机械加工工艺结构

**1. 倒角和倒圆**

如图 7-33 所示，为了便于装配和安全操作，轴或孔的端部应加工成倒角；为了避免应

汽车机械制图

力集中而产生裂纹，常把轴肩处加工成圆角的过渡形式，称为倒圆。45°倒角的标注形式如图 7-33a 所示（图中符号 C 表示 45°倒角）。非 45°倒角的标注如图 7-33b 所示，应分别标出角度值和轴向尺寸。倒圆的注法如图 7-33c 所示。

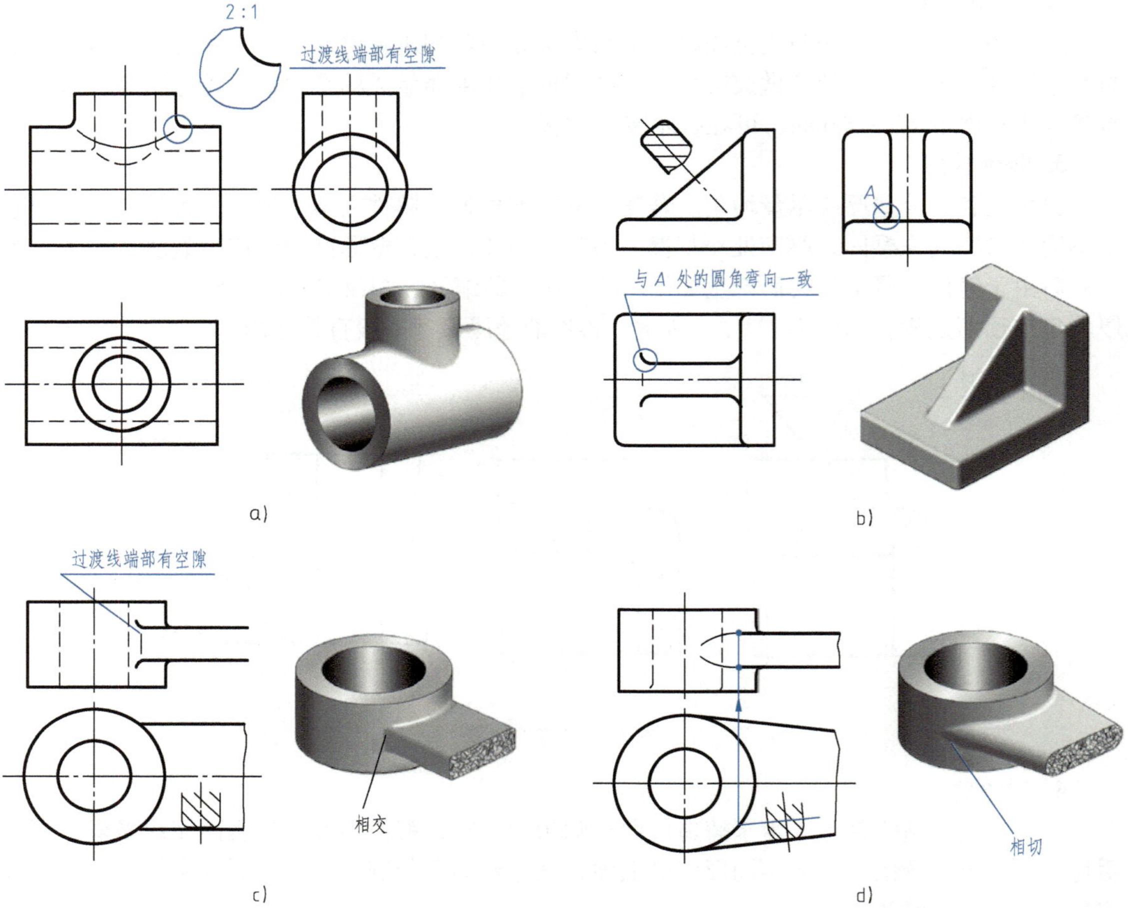

图 7-32 过渡线的画法

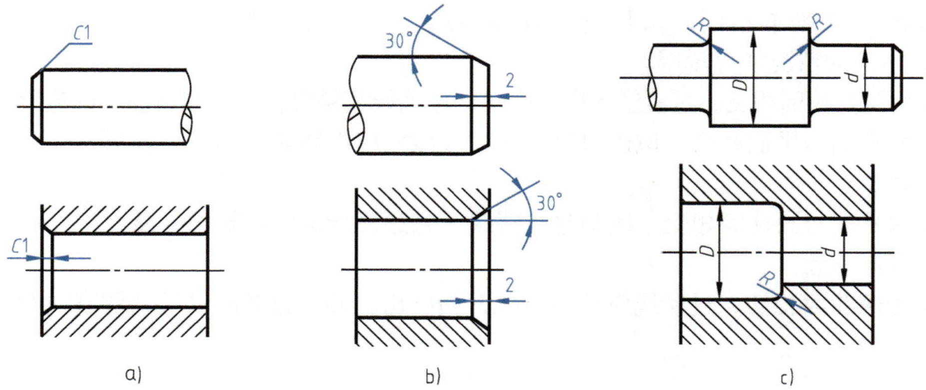

图 7-33 倒角和倒圆
a）45°倒角注法　b）非 45°倒角注法　c）倒圆注法

## 2. 退刀槽或越程槽

加工时为了便于退出刀具或砂轮，常在被加工面的终端预先加工出沟槽，称为退刀槽或越程槽。其结构形式和尺寸可根据轴、孔直径的大小，从相应的标准中查得。尺寸注法如图 7-34 及图 7-35 所示。常按"槽宽×槽深"或"槽宽×直径"的形式集中标注。

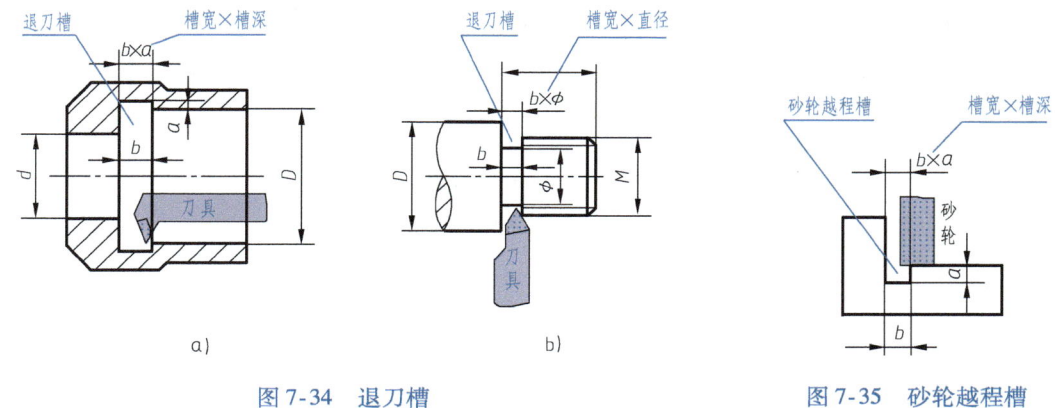

图 7-34　退刀槽　　　　　　　　　　图 7-35　砂轮越程槽
a）车内孔　b）车外螺纹

## 3. 减少加工面

零件与零件接触的表面一般都要加工。为了降低加工费用，减少加工面，并保证两零件的表面接触良好，常将两零件的接触面做成凸台或凹坑、凹槽、凹腔等结构，如图 7-36 和图 7-37 所示。

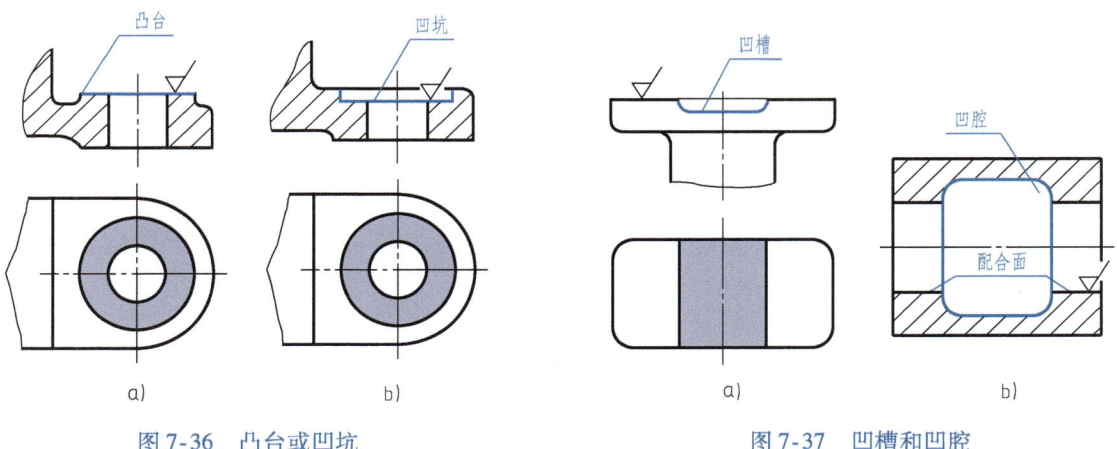

图 7-36　凸台或凹坑　　　　　　　　图 7-37　凹槽和凹腔

## 4. 钻孔结构

如图 7-38 所示，需钻孔的零件，应保证钻头的轴线垂直于被钻孔零件的表面，并且应避免钻头单边受力，否则钻头因受力不均而产生偏斜甚至被折断。

### 任务实施

全班分成若干小组，分析图 7-39 所示的图形中都含有哪些工艺结构。在给定的指引线上写出其工艺结构的名称，老师巡回检查指导，最后统一给出正确答案。

汽车机械制图

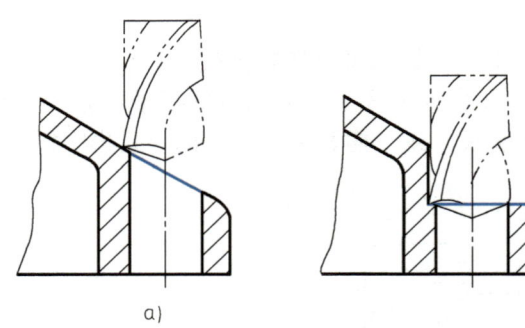
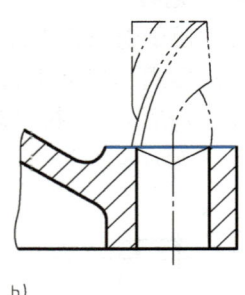

图 7-38　钻孔端面的结构
a）不合理　b）合理

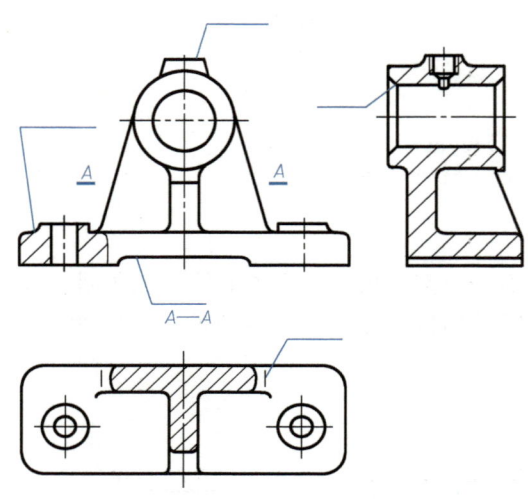

图 7-39　轴承座的视图

## 任务四　认知零件图的技术要求

### 任务描述

零件图作为指导生产加工的重要技术文件，除了图形和尺寸以外，还应该给出制造和检验该零件必须达到的一些质量要求，这些质量要求称为技术要求。本任务主要介绍技术要求中的极限与配合、几何公差和表面粗糙度。识读图 7-40 所示汽车气门零件图中的技术要求。

### 任务分析

技术要求主要是指几何精度方面的要求，如尺寸公差、几何公差和表面粗糙度等，还包括理化方面的要求，如材料的热处理和表面处理等。这些要求通常是用符号、代号或标记标注在图形上，或者用简明的文字注写在标题栏附近。

项目七  绘制与识读零件图

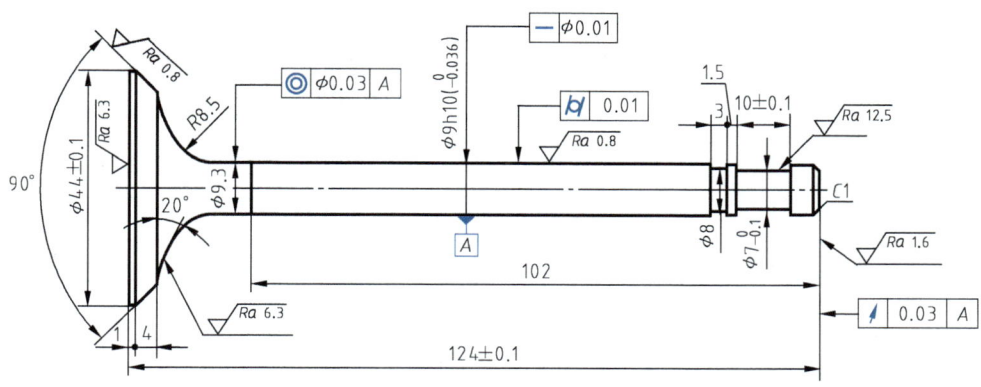

图 7-40  气门的零件图

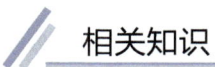

## 一、极限与配合

**1. 零件的互换性**

所谓互换性，就是指在同一规格的一批零件中任取其一，装配时不经加工与修配，就能顺利地装配到汽车或机器上，并能够满足汽车或机器的使用要求。

零件具有互换性，不但给装配、修理汽车带来方便，还可用专用的设备生产，提高汽车产品的数量和质量，同时降低产品的成本。为了使零件具有互换性，就必须限制零件尺寸的误差范围，即把尺寸的加工误差控制在一定的范围内，仍然能使零件达到互换的目的。

**2. 尺寸公差**

制造零件时，为了使其具有互换性，允许零件的实际尺寸在一个合理的范围内变动。这个允许尺寸的变动量就是尺寸公差，简称公差。

（1）基本术语和定义  有关公差的术语和定义见表 7-2。

表 7-2  公差的术语和定义　　　　　　　　　　　　（单位：mm）

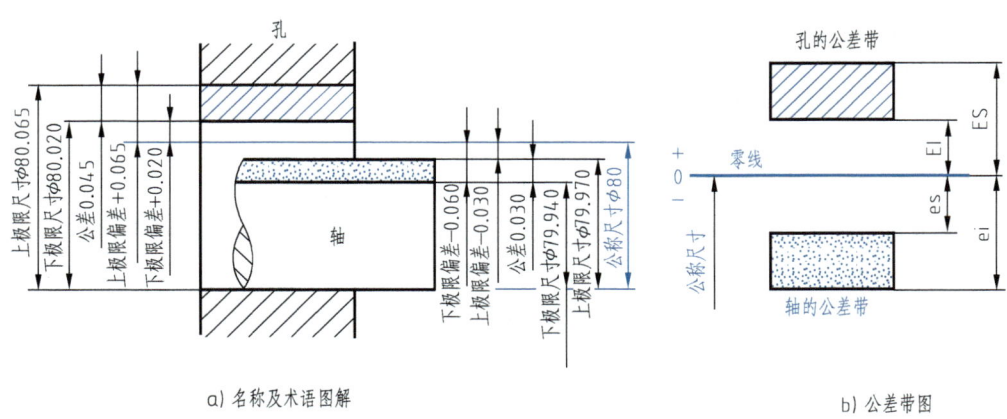

a) 名称及术语图解　　　　　　　　　　　　　　　　b) 公差带图

235

（续）

| 术语名称 | 解释 | 计算示例及说明（孔） | 计算示例及说明（轴） |
|---|---|---|---|
| 公称尺寸 | 设计给定的尺寸 | $D = \phi 80$ | $d = \phi 80$ |
| 实际尺寸 | 通过测量所得的尺寸 | | |
| 极限尺寸 | 允许尺寸变化的两个极限值 | | |
| 上极限尺寸 | 两个极限尺寸中较大的一个尺寸 | $D_{max} = 80.065$ | $d_{max} = 79.970$ |
| 下极限尺寸 | 两个极限尺寸中较小的一个尺寸 | $D_{min} = 80.020$ | $d_{min} = 79.940$ |
| 尺寸偏差（简称偏差） | 某一尺寸减其相应的公称尺寸所得的代数差 | | |
| 上极限偏差 | 上极限尺寸减公称尺寸所得的代数差 | $ES = 80.065 - 80 = +0.065$ | $es = 79.970 - 80 = -0.030$ |
| 下极限偏差 | 下极限尺寸减公称尺寸所得的代数差 | $EI = 80.020 - 80 = +0.020$ | $ei = 79.940 - 80 = -0.060$ |
| 尺寸公差（简称公差） | 允许实际尺寸的变动量<br>尺寸公差 = 上极限尺寸 - 下极限尺寸 = 上极限偏差 - 下极限偏差 | $T_h = 80.065 - 80.020 = 0.045$<br>$T_h = 0.065 - 0.020$<br>$= 0.045$ | $T_s = 79.970 - 79.940 = 0.030$<br>$T_s = (-0.030) - (-0.060)$<br>$= 0.030$ |
| 零线 | 在公差带图解中，确定正、负偏差的一条基准直线 | | |
| 尺寸公差带（简称公差带） | 在公差带图解中，由代表上、下极限偏差的两条直线所限定的一个区域 | | |

（2）公差带的确定 公差带由标准公差与基本偏差两个因素确定。标准公差确定公差带的大小，基本偏差确定公差带的位置，如图7-41所示。

1）标准公差。国家标准所列的，用以确定公差带大小的任一公差。

标准公差数值的大小由公称尺寸和公差等级来决定。公差等级确定尺寸的精确程度，分为20级，即IT01、IT0、IT1、IT2、…、IT18。其中"IT"表示标准公差，阿拉伯数字表示公差等级代号。其尺寸精确程度从IT01到IT18依次降低。对于一定的公称尺寸，公差等级越高（等级数字越小），标准公差值越小，尺寸的精确程度越高，反之，尺寸的精确程度越低。公称尺寸和公差等级

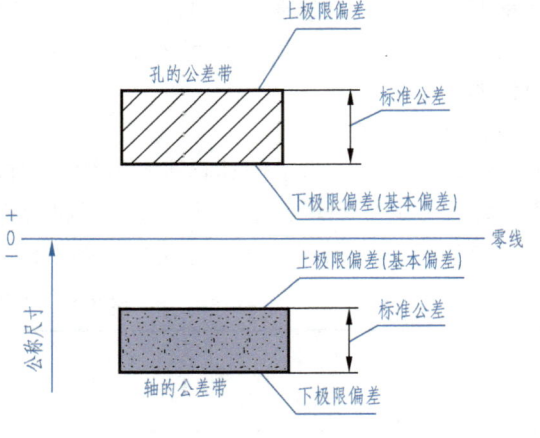

图7-41 公差带与基本偏差

相同的孔与轴，其标准公差值相等。标准公差的具体数值见附表F-1。

2）基本偏差。基本偏差是指在标准的极限与配合中，确定公差带相对零线位置的上极限偏差或下极限偏差，一般指靠近零线的那个偏差。当公差带在零线的上方时，基本偏差为下极限偏差（EI、ei）；反之，则为上极限偏差（ES、es）。基本偏差对于孔和轴各有28个，如图7-42所示。

从图7-42中可以看出：基本偏差用拉丁字母（一个或两个）表示，大写字母代表孔，小写字母代表轴。

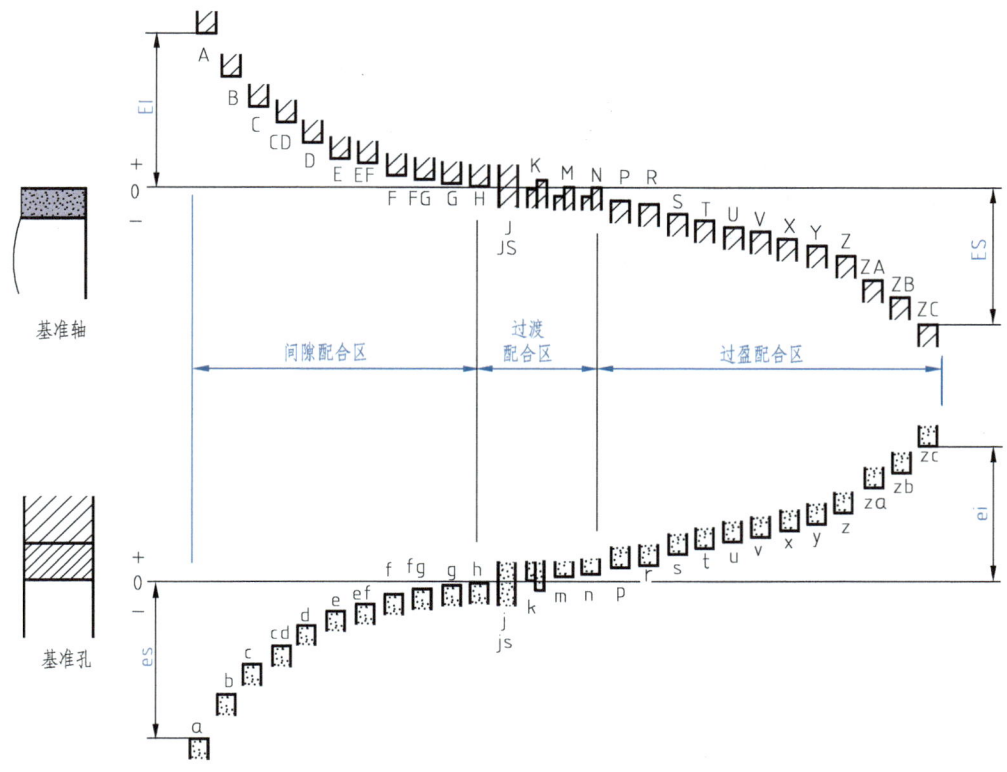

图 7-42 基本偏差系列

轴的基本偏差从 a~h 为上极限偏差 es，从 j~zc 为下极限偏差 ei。js 的上、下极限偏差分别为 $+\dfrac{IT}{2}$ 和 $-\dfrac{IT}{2}$。

孔的基本偏差从 A~H 为下极限偏差 EI，从 J~ZC 为上极限偏差 ES。JS 的上、下极限偏差分别为 $+\dfrac{IT}{2}$ 和 $-\dfrac{IT}{2}$。

轴和孔另一偏差的确定：轴的另一偏差（上极限偏差或下极限偏差）：es = ei + IT 或 ei = es − IT；

孔的另一偏差（上极限偏差或下极限偏差）：ES = EI + IT 或 EI = ES − IT。

如果基本偏差和标准公差确定了，孔和轴的公差带大小和位置也就确定了。

**3. 配合**

（1）配合的概念　公称尺寸相同的，相互结合的孔和轴公差带之间的关系称为配合。由于孔和轴的实际尺寸不同，装配以后可能产生间隙或过盈。其中孔的尺寸减去相配合的轴的尺寸为正时产生间隙（孔大于轴），为负时产生过盈（孔小于轴），如图 7-43 所示。

（2）配合的种类　根据使用的要求不同，孔和轴之间的配合有松有紧，国家标准规定配合分为三种，即间隙配合、过盈配合和过渡配合。

1）间隙配合。具有间隙（包括最小间隙为零）的配合，轴在孔中可以产生相对运动，拆卸方便。这时，孔的公差带在轴的公差带之上，任取其中一对孔和轴相配都具有间隙，如图 7-44 所示。

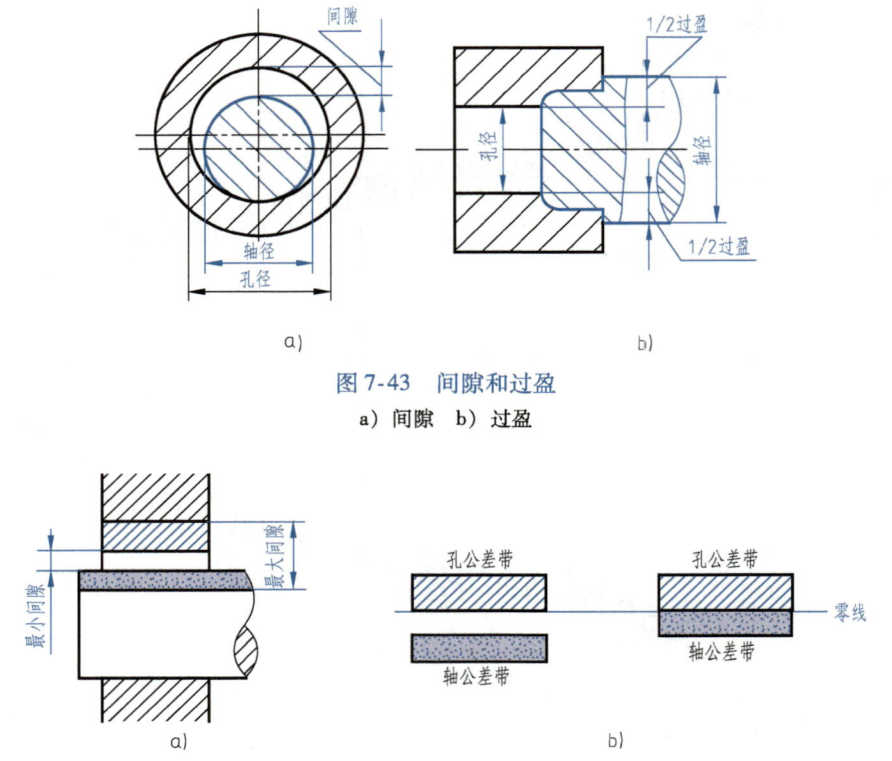

图 7-43 间隙和过盈
a）间隙　b）过盈

图 7-44 间隙配合

2）过盈配合。具有过盈（包括最小过盈为零）的配合，轴与孔不能产生相对运动，以保证连接可靠。这时，孔的公差带在轴的公差带之下，如图 7-45 所示。

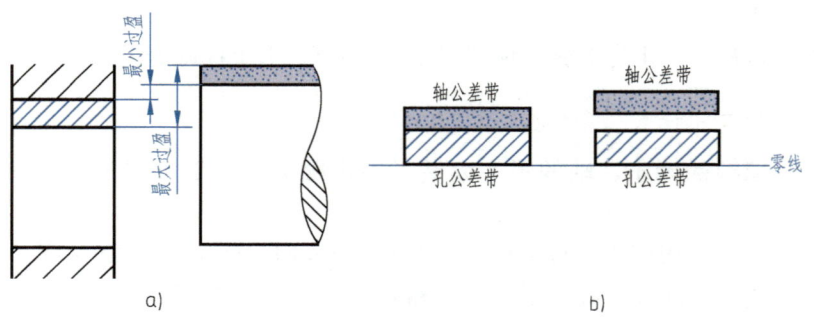

图 7-45 过盈配合

3）过渡配合。可能具有间隙或过盈的配合，即介于间隙配合与过盈配合之间的配合，孔与轴的对中性好。这时，孔的公差带与轴的公差带将出现相互重叠的部分，如图 7-46 所示。

（3）配合制度　根据设计要求，孔与轴之间可有各种配合，如果孔和轴两者都可以任意变动，则情况变化极多，不便于零件的设计与制造。为此，国家标准规定了两种配合制度，即基孔制和基轴制。

1）基孔制。基本偏差为一定的孔的公差带与不同基本偏差的轴的公差带形成各种配合的一种制度称为基孔制，如图 7-47 所示。基孔制的孔称为基准孔，基准孔的下极限偏差为零，用代号 H 表示。

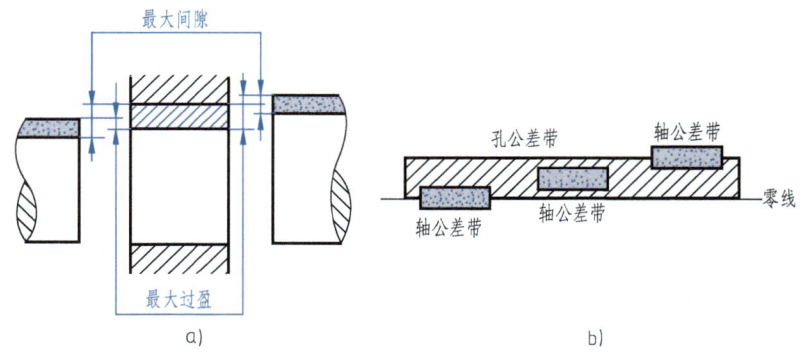

图 7-46 过渡配合

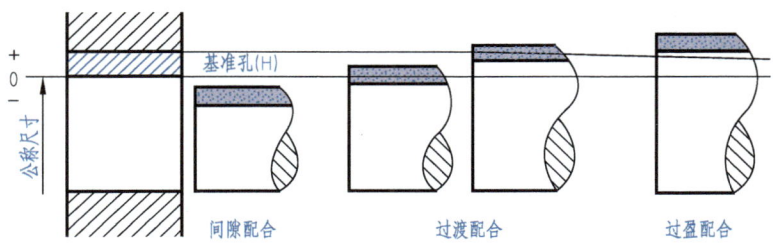

图 7-47 基孔制配合

2）基轴制。基本偏差为一定的轴的公差带与不同基本偏差的孔的公差带形成各种配合的一种制度称为基轴制，如图 7-48 所示。基轴制的轴称为基准轴，基准轴的上极限偏差为零，用代号 h 表示。

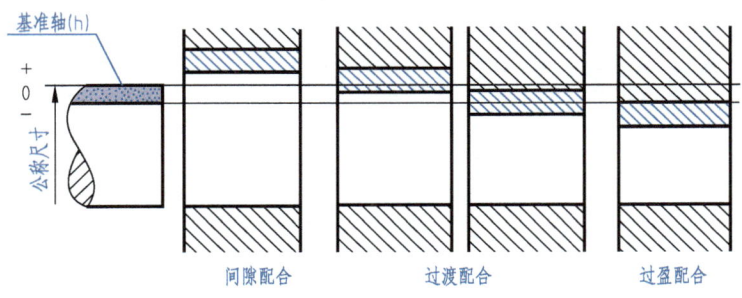

图 7-48 基轴制配合

（4）配合制度的选择

1）优先选择基孔制。采用基孔制可以减少刀、量具的规格数目，有利于刀、量具的标准化、系列化，经济合理、使用方便。

2）有明显经济效益时选择基轴制。如用冷拉钢做轴时，由于其精度（可达 IT8）已满足设计要求，故不再加工；又如滚动轴承的外圆与轴承孔相配合，往往采用基轴制。

3）一轴多孔配合选用基轴制。如图 7-49 所示，活塞连杆机构中，活塞销与活塞内孔的配合要求紧些 $\left(\dfrac{N6}{h5}\right)$，而活塞销与连杆套筒内孔的配合要求松些 $\left(\dfrac{H6}{h5}\right)$。若采用基孔制，则活塞内孔与连杆套筒内孔的公差带相同，而活塞销只能按两种公差带来加工制成阶梯形。这种活塞销不但加工不方便，且装配时易刮伤连杆孔。反之，采用基轴制，则活塞销按一种公差带加工，而活塞内孔和连杆套筒内孔按不同的公差带加工，来获得两种不同的配合，加工方便，并能保证顺利装配。

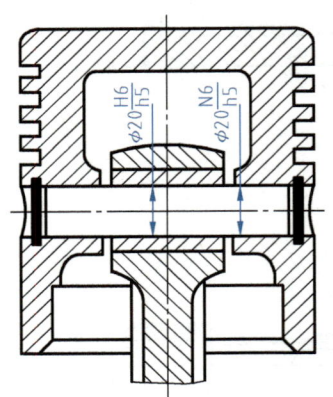
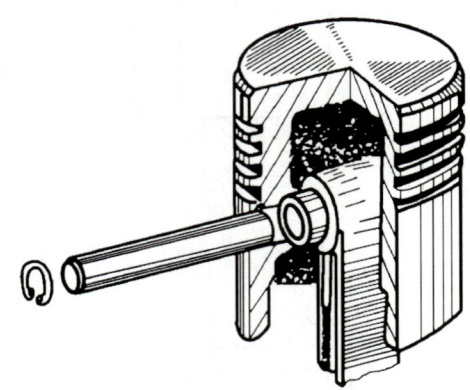

图 7-49　基轴制配合示例

（5）常用配合与优先配合　国家标准规定了轴、孔公差带中组合成基孔制常用配合 59 种，优先配合 13 种；基轴制常用配合 47 种，优先配合 13 种。表 7-3 为基孔制优先、常用配合系列，表 7-4 为基轴制优先、常用配合系列。在实际使用中，应根据配合特性和使用功能，尽量选用优先和常用配合。

表 7-3　基孔制优先、常用配合系列（摘自 GB/T 1801—2009）

| 基准孔 | 轴 | | | | | | | | | | | | | | | | | | | | |
|---|---|---|---|---|---|---|---|---|---|---|---|---|---|---|---|---|---|---|---|---|---|
| | a | b | c | d | e | f | g | h | js | k | m | n | p | r | s | t | u | v | x | y | z |
| | 间隙配合 | | | | | | | | 过渡配合 | | | | 过盈配合 | | | | | | | | |
| H6 | | | | | $\frac{H6}{f5}$ | | $\frac{H6}{g5}$ | $\frac{H6}{h5}$ | $\frac{H6}{js5}$ | $\frac{H6}{k5}$ | $\frac{H6}{m5}$ | $\frac{H6}{n5}$ | $\frac{H6}{p5}$ | $\frac{H6}{r5}$ | $\frac{H6}{s5}$ | $\frac{H6}{t5}$ | | | | | |
| H7 | | | | | $\frac{H7}{f6}$ | | $\frac{H7}{g6}$ | $\frac{H7}{h6}$ | $\frac{H7}{js6}$ | $\frac{H7}{k6}$ | $\frac{H7}{m6}$ | $\frac{H7}{n6}$ | $\frac{H7}{p6}$ | $\frac{H7}{r6}$ | $\frac{H7}{s6}$ | $\frac{H7}{t6}$ | $\frac{H7}{u6}$ | $\frac{H7}{v6}$ | $\frac{H7}{x6}$ | $\frac{H7}{y6}$ | $\frac{H7}{z6}$ |
| H8 | | | | | $\frac{H8}{e7}$ | $\frac{H8}{f7}$ | $\frac{H8}{g7}$ | $\frac{H8}{h7}$ | $\frac{H8}{js7}$ | $\frac{H8}{k7}$ | $\frac{H8}{m7}$ | $\frac{H8}{n7}$ | $\frac{H8}{p7}$ | $\frac{H8}{r7}$ | $\frac{H8}{s7}$ | $\frac{H8}{t7}$ | $\frac{H8}{u7}$ | | | | |
| | | | | $\frac{H8}{d8}$ | $\frac{H8}{e8}$ | $\frac{H8}{f8}$ | | $\frac{H8}{h8}$ | | | | | | | | | | | | | |
| H9 | | | $\frac{H9}{c9}$ | $\frac{H9}{d9}$ | $\frac{H9}{e9}$ | $\frac{H9}{f9}$ | | $\frac{H9}{h9}$ | | | | | | | | | | | | | |
| H10 | | | $\frac{H10}{c10}$ | $\frac{H10}{d10}$ | | | | $\frac{H10}{h10}$ | | | | | | | | | | | | | |
| H11 | $\frac{H11}{a11}$ | $\frac{H11}{b11}$ | $\frac{H11}{c11}$ | $\frac{H11}{d11}$ | | | | $\frac{H11}{h11}$ | | | | | | | | | | | | | |
| H12 | | $\frac{H12}{b12}$ | | | | | | $\frac{H12}{h12}$ | | | | | | | | | | | | | |

注：1. 常用配合 59 种，其中优先配合 13 种，套色字为优先配合。
　　2. H6/n5、H7/p6 在公称尺寸小于或等于 3mm 和 H8/r7 在小于或等于 100mm 时为过渡配合。

为了便于查阅，附表 F-2、附表 F-3 分别摘录了轴、孔优先配合的极限偏差数值。

表 7-4　基轴制优先、常用配合系列（摘自 GB/T 1801—2009）

| 基准轴 | 孔 | | | | | | | | | | | | | | | | | | |
|---|---|---|---|---|---|---|---|---|---|---|---|---|---|---|---|---|---|---|---|
| | A | B | C | D | E | F | G | H | JS | K | M | N | P | R | S | T | U | V | X | Y | Z |
| | 间隙配合 | | | | | | | | 过渡配合 | | | | 过盈配合 | | | | | | | | |
| h5 | | | | | | F6/h5 | G6/h5 | H6/h5 | JS6/h5 | K6/h5 | M6/h5 | N6/h5 | P6/h5 | R6/h5 | S6/h5 | T6/h5 | | | | | |
| h6 | | | | | | F7/h6 | G7/h6 | H7/h6 | JS7/h6 | K7/h6 | M7/h6 | N7/h6 | P7/h6 | R7/h6 | S7/h6 | T7/h6 | U7/h6 | | | | |
| h7 | | | | | E8/h7 | F8/h7 | | H8/h7 | JS8/h7 | K8/h7 | M8/h7 | N8/h7 | | | | | | | | | |
| h8 | | | | D8/h8 | E8/h8 | F8/h8 | | H8/h8 | | | | | | | | | | | | | |
| h9 | | | | D9/h9 | E9/h9 | F9/h9 | | H9/h9 | | | | | | | | | | | | | |
| h10 | | | | D10/h10 | | | | H10/h10 | | | | | | | | | | | | | |
| h11 | A11/h11 | B11/h11 | C11/h11 | D11/h11 | | | | H11/h11 | | | | | | | | | | | | | |
| h12 | | B12/h12 | | | | | | H12/h12 | | | | | | | | | | | | | |

注：常用配合共 47 种，其中优先配合 13 种。套色字为优先配合。

**4. 极限与配合的标注**

孔、轴的尺寸公差可用公差带代号表示。公差带代号由基本偏差代号（字母）和标准公差等级代号（数字）组成。

例如：

（1）在装配图中的标注方法　在装配图上标注线性尺寸的配合代号时，必须在公称尺寸之后，用分式的形式注出，分子为孔的公差带代号，分母为轴的公差带代号，如图 7-50a、b、c 所示。图 7-50d 所示为非标准件与标准件的配合标注方法，仅标注非标准零件的公差带代号。

（2）在零件图中的标注方法　用于大批量生产的零件图，可只标注公差带代号，公差带代号的注写形式，如图 7-51a 所示。用于中、小批量生产的零件图，一般可只标注极限偏差，如图 7-51b 所示；如要求同时标注公差带代号及相应的极限偏差时，其极限偏差应加上圆括号，如图 7-51c 所示。

标注时应注意，上、下极限偏差绝对值不同时，偏差数字用比公称尺寸数字小一号的字体书写，下极限偏差应与公称尺寸注在同一底线上；若某一偏差为零时，数字"0"不能省略，必须标出，并与另一偏差的整数个位对齐，如图 7-51b 所示；若上、下极限偏差绝对值

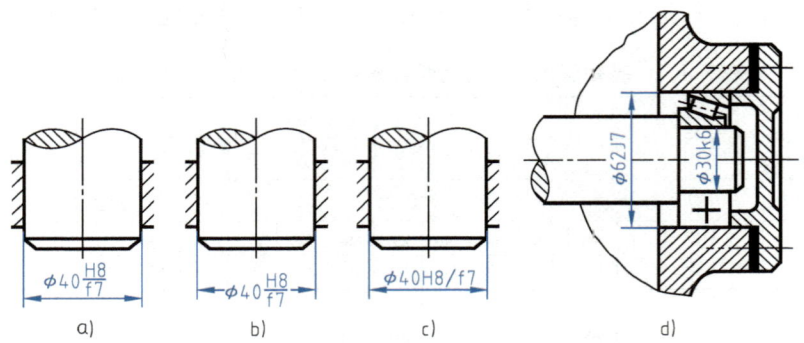

图 7-50　极限与配合在装配图中的标注方法

相同、符号相反时，则偏差数字只写一个，并与公称尺寸数字字号相同，如 $\phi25 \pm 0.01$（小数点后的最后一位数如果为零，可省略不写）。

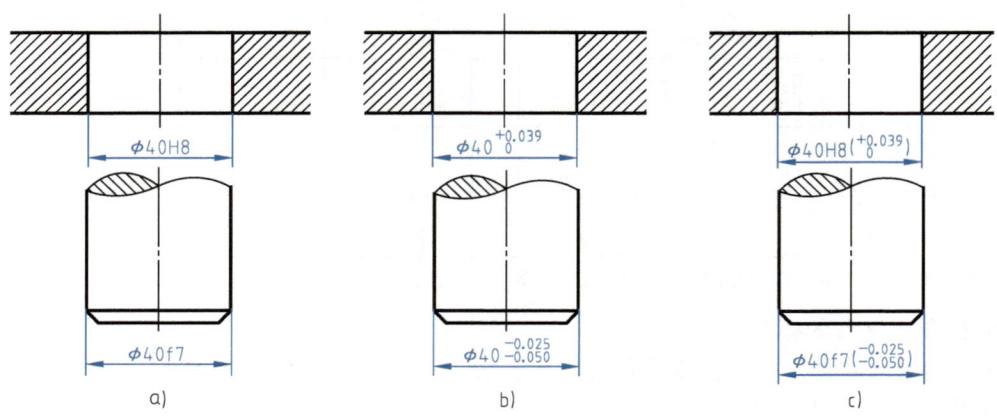

图 7-51　极限与配合在零件图中的标注方法

## 二、几何公差

### 1. 几何公差概述

零件在加工过程中形成的各种误差是客观存在的，除了前面在极限与配合中讨论过的尺寸误差外，还存在着形状、方向、跳动及位置的误差。

图 7-52a 中的左图为一理想形状的销轴，而加工后的实际形状则是轴线变弯了，如图 7-52a 的右图所示，因而就产生了直线度误差，即形状误差。形状误差的产生，将影响一对孔与轴的配合精度，甚至造成无法装配的情况。

图 7-52b 所示为在齿轮箱中加工了两个互相垂直的用于安装一对锥齿轮的轴孔，如果两孔的轴线歪斜过大，就产生垂直度误差，即方向误差。方向误差的产生，会影响一对锥齿轮的啮合传动。因此，加工精度要求较高的零件时，还应给出几何公差（形状公差、位置公差、方向公差和跳动公差）要求。

几何公差在图样上的标注方法应按照 GB/T 1182—2008 的规定。

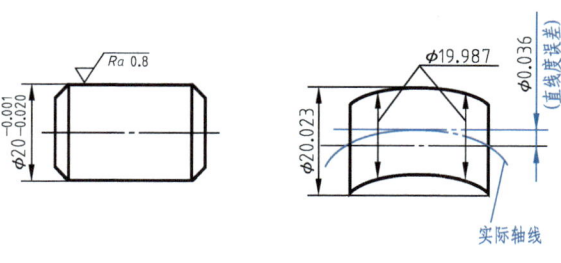
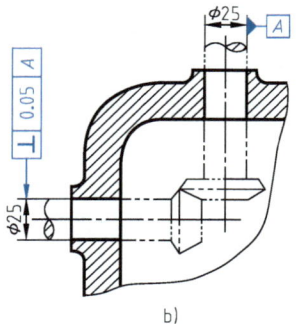

图 7-52 几何公差应用示例
a）形状误差示例　b）方向误差示例

**2. 几何公差的代号**

几何公差的代号包括：几何公差几何特征符号、几何公差框格及指引线、基准符号、几何公差数值和其他有关符号等。

（1）几何公差特征符号　国家标准中规定的几何公差，其几何特征与符号见表 7-5。

表 7-5　几何公差的几何特征及符号

| 公差类型 | 几何特征 | 符　号 | 有无基准 | 公差类型 | 几何特征 | 符　号 | 有无基准 |
|---|---|---|---|---|---|---|---|
| 形状公差 | 直线度 | — | 无 | 位置公差 | 位置度 | ⌖ | 有或无 |
|  | 平面度 | ▱ | 无 |  | 同心度（用于中心点） | ◎ | 有 |
|  | 圆度 | ○ | 无 |  | 同轴度（用于轴线） | ◎ | 有 |
|  | 圆柱度 | ⌭ | 无 |  | 对称度 | = | 有 |
|  | 线轮廓度 | ⌒ | 无 |  | 线轮廓度 | ⌒ | 有 |
|  | 面轮廓度 | ⌓ | 无 |  | 面轮廓度 | ⌓ | 有 |
| 方向公差 | 平行度 | ∥ | 有 | 跳动公差 | 圆跳动 | ↗ | 有 |
|  | 垂直度 | ⊥ | 有 |  | 全跳动 | ⌰ | 有 |
|  | 倾斜度 | ∠ | 有 |  |  |  |  |
|  | 线轮廓度 | ⌒ | 有 |  |  |  |  |
|  | 面轮廓度 | ⌓ | 有 |  |  |  |  |

（2）几何公差框格及指引线　几何公差框格及指引线如图 7-53a 所示。

（3）基准符号　基准符号如图 7-53b 所示。

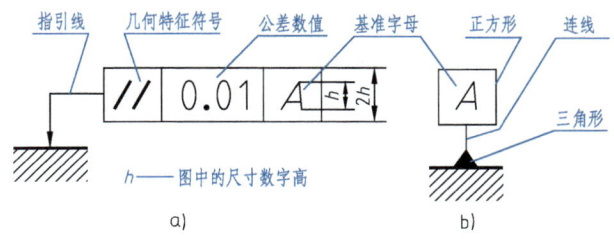

图 7-53　几何公差代号及基准符号
a）几何公差框格及指引线　b）基准符号

**3. 几何公差在图样上的标注方法**

（1）公差框格　用公差框格标注几何公差时，公差要求注写在划分成两格或多格的矩形框格内，如图 7-54 所示。

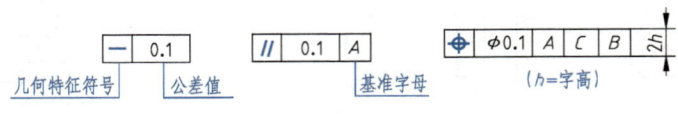

图 7-54　公差框格

（2）被测要素的标注　按下列方式之一用指引线连接被测要素和公差框格。指引线引自框格的任意一侧，终端带一箭头。

1）当被测要素是轮廓线或表面时，指引线的箭头指向该要素的轮廓线或其延长线上（应与尺寸线明显错开），如图 7-55a、b 所示。箭头也可指向引出线的水平线，引出线引自被测面，如图 7-55c 所示。

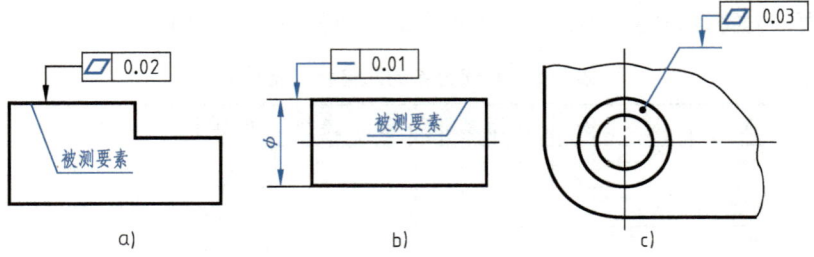

图 7-55　被测要素是轮廓线或表面时的注法

2）当被测要素为轴线或中心平面时，箭头应位于尺寸线的延长线上，如图 7-56a 所示，公差值前加注 $\phi$，表示给定的公差带为圆形或圆柱形。

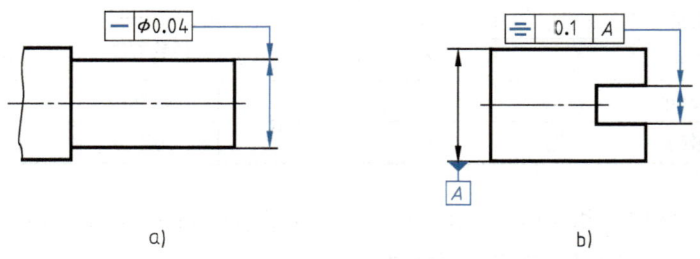

图 7-56　被测要素为轴线或中心平面时的注法

（3）基准要素的标注　基准要素是零件上用于确定被测要素的方向和位置的点、线或面，用基准符号（字母注写在基准方格内，与一个涂黑的三角形相连）表示，表示基准的字母也应注写在公差框格内，如图 7-56b 所示。

带基准字母的基准三角形应按如下规定放置：

1）当基准要素是轮廓线或轮廓面时，基准三角形放置在要素的轮廓线或其延长线上（与尺寸线明显错开），如图 7-57 所示。

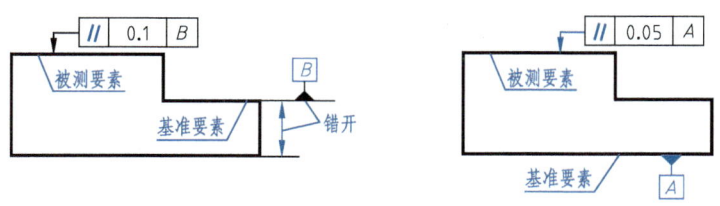

图 7-57 基准要素为表面时的注法

2）当基准要素是轴线或中心平面时，基准三角形应放置在该尺寸线的延长线上（与尺寸线明显对齐），如图 7-58a 所示。如果没有足够的位置标注基准要素尺寸的两个尺寸箭头，则其中一个箭头可用基准三角形代替，如图 7-58b 所示。

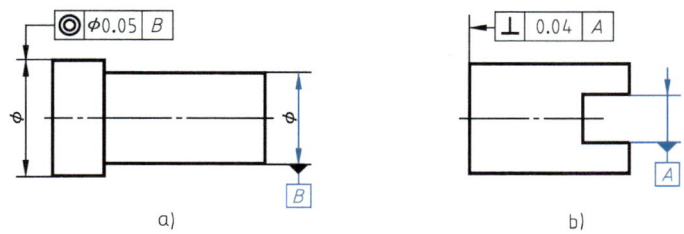

a)    b)

图 7-58 基准要素为轴线或中心平面时的注法

表 7-6 列举了常见的几何公差标注示例及其识读说明。

表 7-6 常见的几何公差标注示例及其识读说明

| 分　类 | 几何特征及符号 | 标 注 示 例 | 识 读 说 明 |
|---|---|---|---|
| 形状公差 | 直线度<br>— | | ① 圆柱表面上任一素线的直线度公差为 0.02mm（左图）<br>② $\phi$10mm 轴线的直线度公差为 $\phi$0.04mm（右图） |
| | 平面度<br>▱ | | 实际平面的形状所允许的变动全量（0.05mm） |
| | 圆度<br>○ | | 在垂直于轴线的任一正截面上实际圆的形状所允许的变动全量（0.02mm） |
| | 圆柱度<br>⌭ | | 实际圆柱面的形状所允许的变动全量（0.05mm） |

245

(续)

| 分 类 | 几何特征及符号 | 标注示例 | 识读说明 |
|---|---|---|---|
| 形状公差 | 线轮廓度 ⌒ | 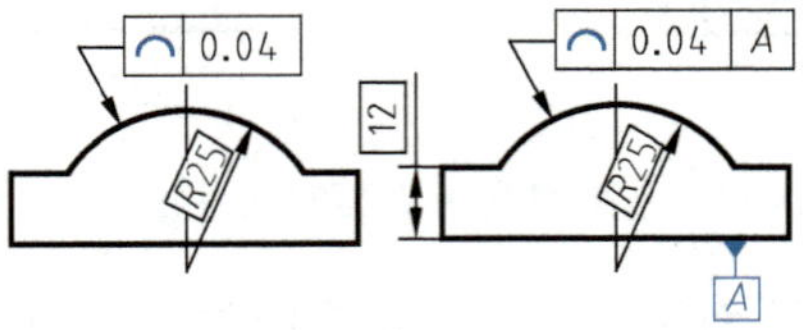 | 在零件宽度方向，任一横截面上实际线的轮廓形状（或对基准A）所允许的变动全量（0.04mm）<br>（尺寸线上有方框的尺寸为理论正确尺寸） |
| 形状公差 | 面轮廓度 ⌓ | 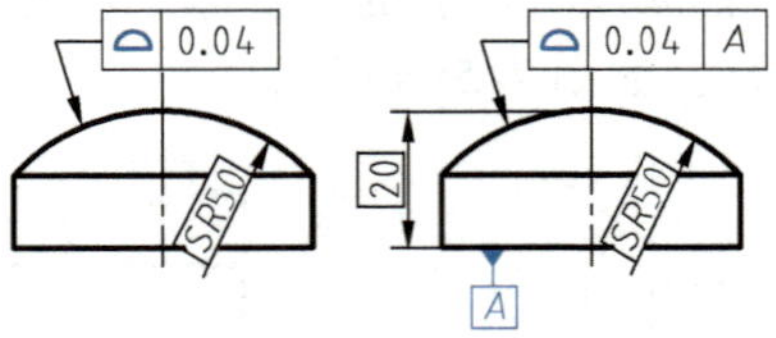 | 实际表面的轮廓形状（或对基准A）所允许的变动全量（0.04mm） |
| 方向公差 | 平行度 ∥<br>垂直度 ⊥<br>倾斜度 ∠ | 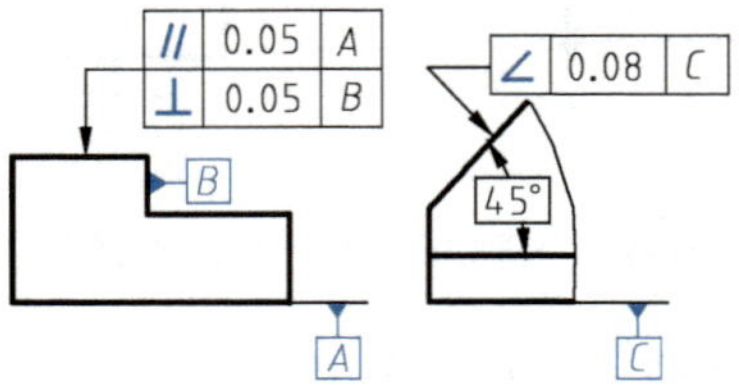 | 实际要素对基准在方向上所允许的变动全量（∥为0.05mm，⊥为0.05mm，∠为0.08mm） |
| 位置公差 | 同轴度 ◎<br>对称度 ⚌<br>位置度 ⊕ | 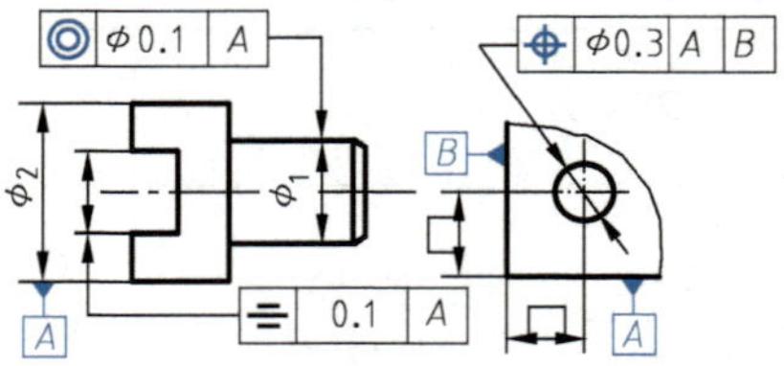 | 实际要素对基准在位置上所允许的变动全量（◎为0.1mm，⚌为0.1mm，⊕为0.3mm）<br>（尺寸线上有方框的尺寸为理论正确尺寸） |
| 跳动公差 | 圆跳动 ↗<br>全跳动 ⌿ | | ① 实际要素绕基准轴线回转一周时所允许的最大跳动量（圆跳动）<br>② 实际要素绕基准轴线连续回转时所允许的最大跳动量（全跳动）<br>（图中从上至下所注，分别为径向圆跳动、轴向圆跳动及径向全跳动） |

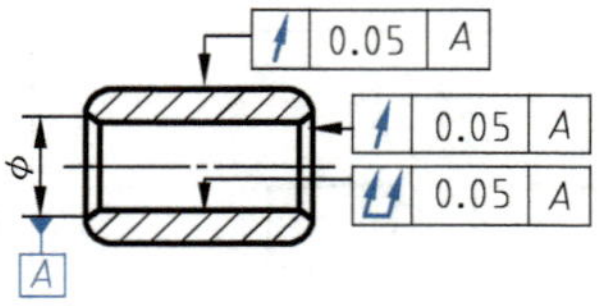

**4. 几何公差的识读示例**

图7-59所示为汽车发动机气门挺杆上几何公差标注示例，其各几何公差的含义见图中的文字说明。

## 三、表面结构的图样表示法

在汽车机械图样中，除了对零件各部分结构的尺寸、形状、位置给出公差以外，为保证零件装配后的使用性能，还要根据其功能对表面质量给出要求，即零件的表面结构要求。表

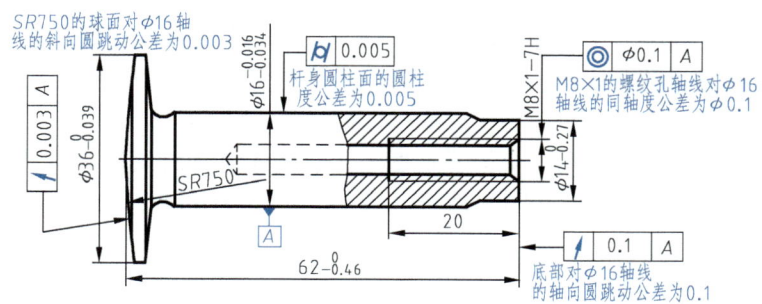

图 7-59 发动机气门挺杆的几何公差

面结构是表面粗糙度、表面波纹度、表面缺陷、表面纹理和表面形状的总称。其各项要求在图样上的表达方法在 GB/T 131—2006 中均有具体的规定。本任务主要介绍常用的表面粗糙度的表达方法。

**1. 表面粗糙度的概念**

零件在加工过程中，受刀具的形状和刀具与工件之间的摩擦、机床的振动及零件金属表面的塑性变形等因素的影响，表面不可能绝对光滑，在放大镜或显微镜下观察，可以看到零件表面存在许多微小的凸峰和凹谷，如图 7-60 所示。零件表面上这种具有较小间距和峰谷所组成的微观几何形状特性称为表面粗糙度。不同的表面粗糙度是由不同的加工方法形成的。

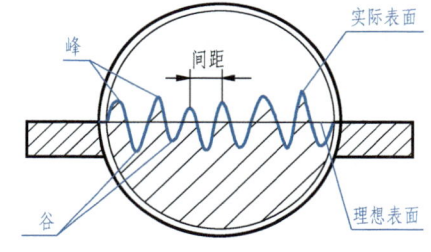

图 7-60 表面粗糙度示意图

表面粗糙度是评定零件表面质量的一项重要的技术指标，对于零件的配合性质、耐磨性、耐蚀性、密封性及零件的外观都有显著的影响。选用时既要满足零件表面的使用功能要求，又要考虑经济的合理性要求。在满足使用要求的前提下，应尽量选用较大的粗糙度参数值，以降低成本。

在工件表面所形成的间距比粗糙度大得多的表面不平度称为波纹度；如果波纹度再加大，便形成宏观的几何形状误差。

表面粗糙度、表面波纹度以及表面几何形状误差总是同时生成并存在于同一表面，如图 7-61 所示。

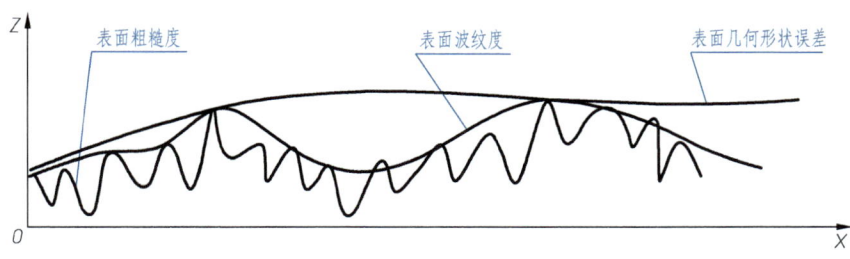

图 7-61 工件表面的几何形状

## 2. 评定表面结构常用的轮廓参数

零件表面结构的状况，由三个参数组加以评定，即轮廓参数、图形参数和支承率曲线参数。其中轮廓参数是目前我国机械图样中最常用的评定参数。下面仅介绍轮廓参数中评定粗糙度轮廓（$R$ 轮廓）的两个高度参数 $Ra$ 和 $Rz$，如图 7-62 所示。

1) 算术平均偏差 $Ra$。指在一个取样长度内，纵坐标 $Z$ 绝对值的算术平均值。

2) 轮廓的最大高度 $Rz$。指在同一取样长度内，最大轮廓峰高与最大轮廓谷深之和的高度。

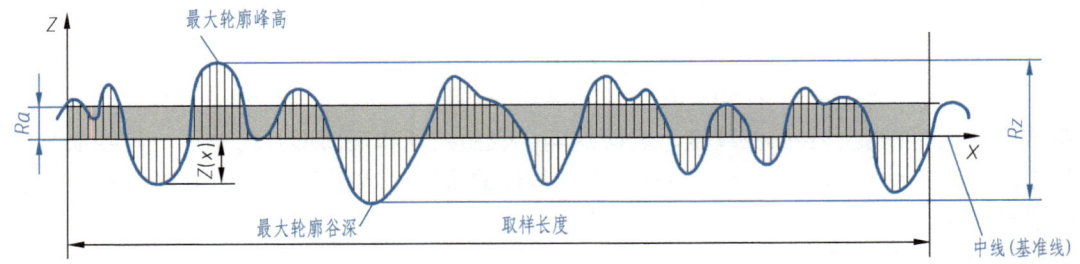

图 7-62　算术平均偏差 $Ra$ 和轮廓的最大高度 $Rz$

## 3. 标注表面结构的图形符号

标注表面结构要求时的图形符号见表 7-7。

表 7-7　表面结构符号

| 符号名称 | 符号 | 含义 |
|---|---|---|
| 基本图形符号 | $d' = 0.35mm$（$d'$——符号线宽）<br>$H_1 = 3.5mm$<br>$H_2 = 7mm$ | 未指定工艺方法的表面，当通过一个注释解释时可单独使用 |
| 扩展图形符号 | | 用去除材料方法获得的表面，仅当其含义是"被加工表面"时可单独使用 |
| | | 不去除材料的表面，也可用于保持上道工序形成的表面，不管这种状况是通过去除或不去除材料形成的 |
| 完整图形符号 | | 在以上各种符号的长边上加一横线，以便注写对表面粗糙度的各种要求 |

注：表中 $d'$、$H_1$ 和 $H_2$ 的大小是当图样中尺寸数字高度 $h = 3.5mm$ 时按 GB/T 131—2006 的相应规定给定的。表中 $H_2$ 是最小值，必要时允许加大。

当图样中某个视图上构成封闭轮廓的各表面有相同表面结构要求时，在完整图形符号上加一圆圈，标注在封闭轮廓线上，如图 7-63 所示。

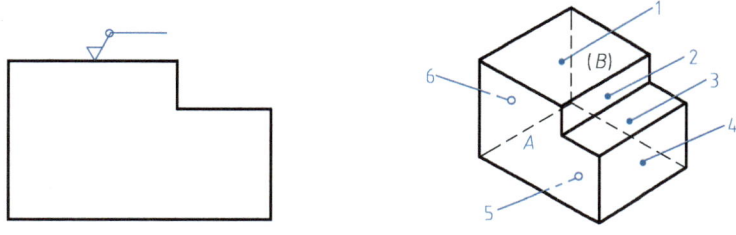

图 7-63　对周边各面有相同的表面结构要求的注法

注意：图示的表面结构符号是指对图形中封闭轮廓六个面的共同要求（不包括前面 $A$ 和后面 $B$）。

**4. 表面结构要求在图形符号中的注写位置**

为了明确表面结构要求，除了标注表面结构参数及数值外，必要时应标注补充要求，包括传输带、取样长度、加工工艺、表面纹理及方向、加工余量等。这些要求在图形符号中的注写位置如图 7-64 所示。

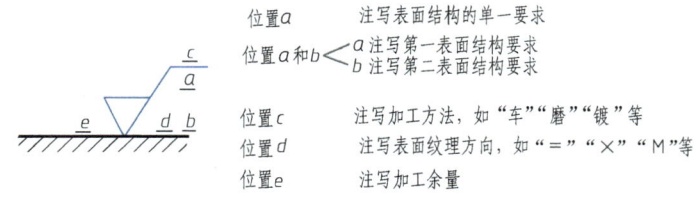

图 7-64　表面结构要求的注写位置

**5. 表面结构代号**

表面结构符号中注写了具体参数代号及数值等要求以后即称为表面结构代号。表面结构代号的示例及含义见表 7-8。

表 7-8　表面结构代号的示例及含义

| 序号 | 代号 | 含义（本含义为不完全解释） |
| --- | --- | --- |
| 1 | $\sqrt{Ra\ 6.3}$ | 表示用去除材料方法获得的表面，$Ra$ 的上限值为 $6.3\mu m$ |
| 2 | $\sqrt{Rz\ 1.6}$ | 表示用去除材料方法获得的表面，$Rz$ 的上限值为 $1.6\mu m$ |
| 3 | $\sqrt{Ramax\ 3.2}$ | 表示用不去除材料方法获得的表面，$Ra$ 的最大值为 $3.2\mu m$ |

**6. 表面结构要求在图样中的注法**

表面结构要求对每一表面一般只注一次，并尽可能注写在相应的尺寸及其公差的同一视图上。所标注的表面结构要求是对完工零件表面的要求，除非另有说明。

表面结构要求在图样中的注法见表 7-9。

表7-9 表面结构要求在图样中的注法

| 说 明 | 图 例 |
|---|---|
| **表面结构注写和读取方向** | 表面结构的注写和读取方向与图中尺寸的注写和读取方向一致。表面结构要求可标注在轮廓线上，其符号应从材料外指向并接触轮廓表面，如图a所示。必要时，表面结构也可用带箭头或黑点的指引线引出标注，如图b所示 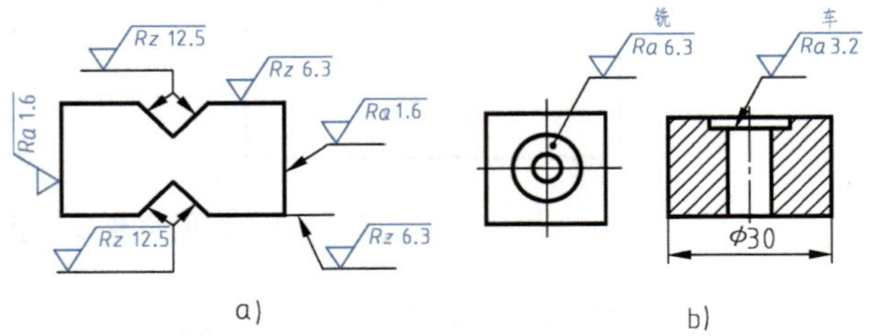 |
| **表面结构要求的特殊注法** | 在不致引起误解时，表面结构要求可以标注在给定的尺寸线上，如图a所示。表面结构要求也可标注在几何公差框格的上方，如图b所示 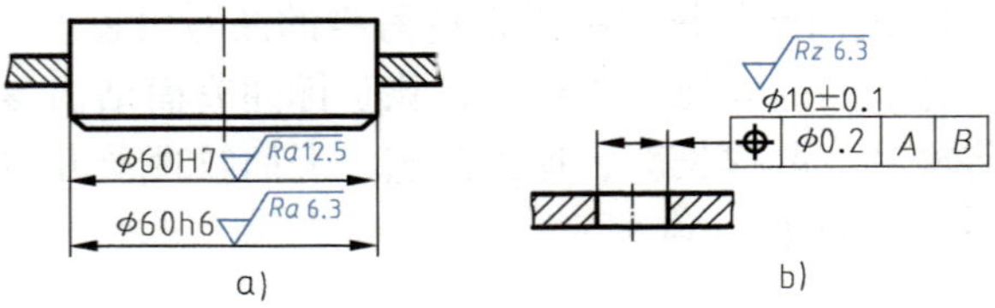 |
| **圆柱和棱柱的表面结构注法** | 圆柱和棱柱的表面结构要求只标注一次，如图a所示；如果每个表面有不同的表面结构要求时，则应分别单独标注，如图b所示 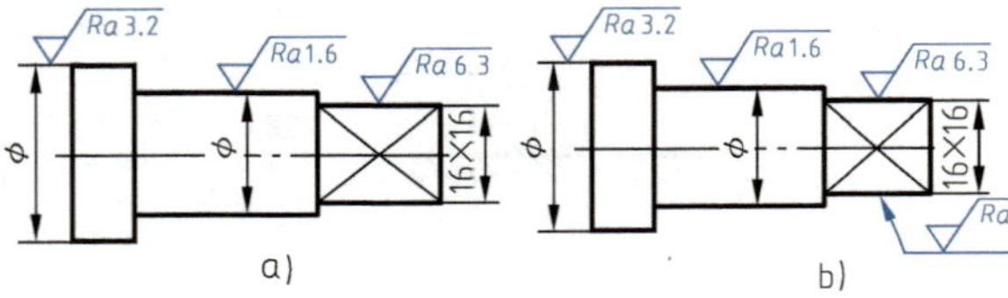 |
| **有相同表面结构要求时的简化注法** | 工件的多数（包括全部）表面有相同的表面结构要求时，可统一标注在图样的标题栏附近（不同的表面结构要求应直接标注在图形中）。此时，表面结构要求的符号后面应有：<br>1) 在圆括号内给出无任何其他标注的基本符号，如图a所示<br>2) 在圆括号内给出不同的表面结构要求，如图b所示 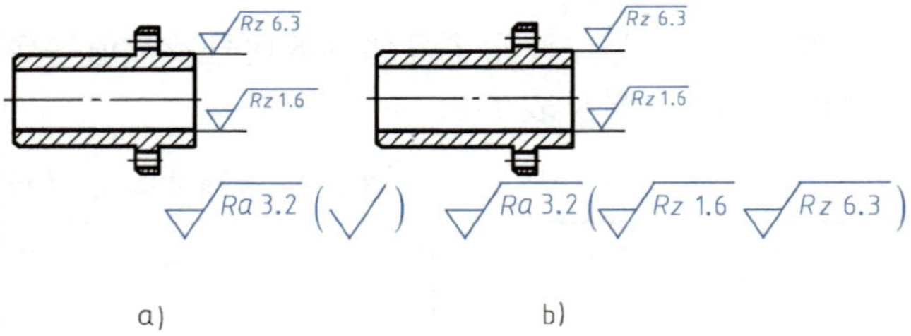 |
| **多个表面有共同要求时的注法** | 1) 带字母的完整符号的简化注法，如图a所示。用带字母的完整符号以等式的形式，在图形或标题栏附近对有相同表面结构要求的表面进行简化标注<br>2) 只用表面结构符号的简化注法，如图b所示。用表面结构符号以等式的形式给出多个表面共同的表面结构要求 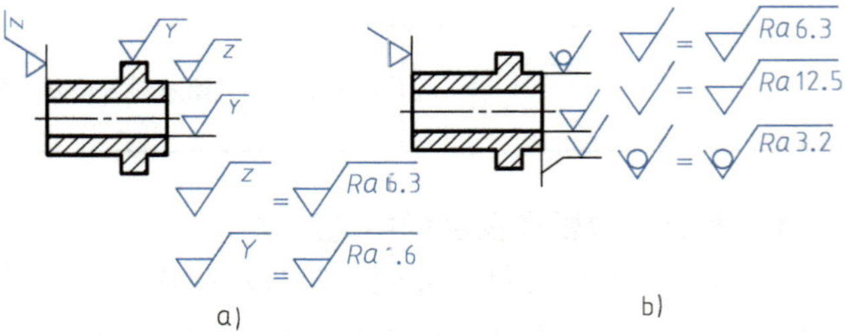 |

## 任务实施

识读图 7-65 所示气门零件图中的技术要求。

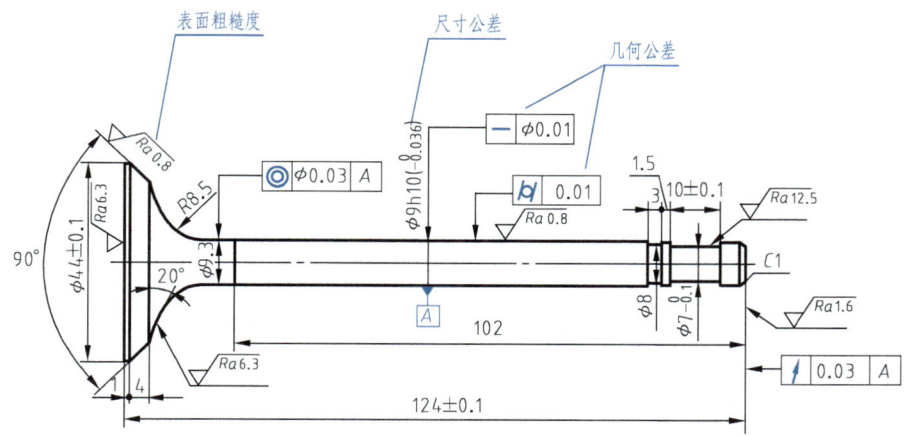

图 7-65 气门

分析：气门是汽车发动机部件中气门组的一个主要零件，主要表面有一定的尺寸精度、表面粗糙度及几何公差要求。现分析如下：

**1. 主要尺寸精度**

图 7-65 中标注有尺寸公差的尺寸精度要求都比较高。例如最左边的尺寸 $\phi(44\pm0.1)\,\mathrm{mm}$，是以偏差的形式标注的，表示公称尺寸是 $\phi 44\,\mathrm{mm}$，上极限尺寸是 $\phi 44.1\,\mathrm{mm}$，下极限尺寸是 $\phi 43.9\,\mathrm{mm}$，尺寸公差是 $0.2\,\mathrm{mm}$；中间的尺寸 $\phi 9\mathrm{h}10(_{-0.036}^{0})$，是同时标注出公差带代号及相应的极限偏差的，表示公称尺寸是 $\phi 9\,\mathrm{mm}$，轴的基本偏差代号是 h，上极限尺寸是 $\phi 9\,\mathrm{mm}$，下极限尺寸是 $\phi 8.964\,\mathrm{mm}$，尺寸公差是 $0.036\,\mathrm{mm}$。其他尺寸请读者自行分析。

**2. 表面粗糙度**

图 7-65 中表面粗糙度精度要求最高的是 $\phi 9\mathrm{h}10$ 圆柱面，其代号是 $\sqrt{Ra\,0.8}$，表示该表面需经过去除材料的方法获得，轮廓算术平均偏差 $Ra$ 的值是 $0.8\,\mathrm{\mu m}$；其次是最右端面，表面粗糙度精度的代号是 $\sqrt{Ra\,1.6}$，表示该表面需经过去除材料的方法获得，轮廓算术平均偏差 $Ra$ 的值是 $1.6\,\mathrm{\mu m}$；其他表面的粗糙度精度要求请读者自行分析。

**3. 几何公差**

图 7-65 中标注的几何公差有四项，分别是最左端的同轴度公差（位置公差），被测要素是 $\phi 9.3\,\mathrm{mm}$ 的轴线，基准要素是 $\phi 9\mathrm{h}10$ 的轴线，公差值是 $0.03\,\mathrm{mm}$；中间上方的直线度公差（形状公差），被测要素是 $\phi 9\mathrm{h}10$ 的轴线，公差值是 $0.01\,\mathrm{mm}$；中间下方的圆柱度公差（形状公差），基准要素是 $\phi 9\mathrm{h}10$ 的圆柱面，公差值也是 $0.01\,\mathrm{mm}$；最右侧的轴向圆跳动公差，被测要素是最右端面，基准要素是 $\phi 9\mathrm{h}10$ 的轴线，公差值是 $0.03\,\mathrm{mm}$。

## 任务五　识读零件图

### 任务描述

识读零件图就是通过对零件图中各视图、剖视图和断面图等表达方法的分析，想象出零件的结构和形状，并对零件的全部尺寸和技术要求进行分析，了解零件的功用和相关的工艺知识。本任务主要介绍典型的汽车零件图的识读。

### 任务分析

因汽车零件的品种繁多，结构形状各异，为了方便读图，按零件的结构形状特点及用途不同，把零件分为四大类，即轴套类、轮盘类、叉架类和箱壳类。

读零件图的目的是：了解零件的名称、所用材料和它在汽车或部件中的作用，并通过分析视图、尺寸和技术要求，想象出零件各组成部分的结构形状及相对位置，从而在头脑中建立起一个完整的、具体的零件形象，理解其设计意图，分析其加工要求等。

### 相关知识

#### 一、读图的方法

读零件图的基本方法仍然是形体分析法和线面分析法。

由于零件图的视图、尺寸数量及各种代号、符号都比较多，初学者往往不知道从何看起，甚至会产生畏惧心理。对一个基本形体而言，仍然是用两到三个图形就可以确定其形状，所以看图时，只要善于运用形体分析法，按组成部分分"块"看，就可以将复杂的问题分解成几个简单的问题处理了。

#### 二、读图的步骤

**1. 看标题栏**

通过看标题栏，可以了解零件的名称、材料、绘图比例等，根据零件的名称想象零件的大致功用，为了解零件在汽车或部件中的作用、制造要求、结构特点提供线索和依据。常用的材料见附表 G-1、附表 G-2。

**2. 分析视图表达**

浏览并详细分析全部图形。首先找出主视图，应用形体分析的方法，抓住各部分的特征视图，确定其他各视图的名称，找出各剖视图、断面图的剖切位置，以及各视图之间的投影关系。

**3. 分析形体结构**

根据视图特征，把零件分解为几个部分，找出相应视图上该部分的图形，再把这些图形联系起来，进行投影和结构分析，弄清各部分的空间形状和它们之间的相对位置，再综合起来想象出零件的整体结构形状。读图时先看主要部分，后看次要部分；先看容易确定、能够看懂的部分，后看难以确定、不容易看懂的部分；先看整体轮廓，后看细节形状；先看外形部分，后看内部结构。

**4. 分析尺寸标注**

首先分析尺寸基准，再按图样上标注的各个尺寸，搞清哪些是主要尺寸，之后确定各部分的定形尺寸、定位尺寸和零件的总体尺寸。

**5. 了解技术要求**

结合零件的结构形状和尺寸，仔细分析图样上各项技术要求，如表面粗糙度、尺寸公差、几何公差及热处理方法等。常用的热处理方法见附表 G-3。

以上各项应结合起来综合考虑，而不是片面地、孤立地进行分析，这样才有利于读图。

## 任务实施

识读汽车上前悬架弹簧钢板弹簧销的零件图。

图 7-66 所示的汽车上前悬架弹簧钢板弹簧销属于轴套类零件。轴套类零件一般指直径尺寸较小，而轴向尺寸较大的回转体类零件。这些零件的主要功用是支承传动零件和传递动力；套类零件一般装在轴上或孔中，用来定位、支承和保护传动零件。

汽车上的变速器输入轴、输出轴、钢板销、凸轮轴、发动机曲轴、空气压缩机曲轴、柱塞泵柱塞、柱套等均属于轴套类零件。

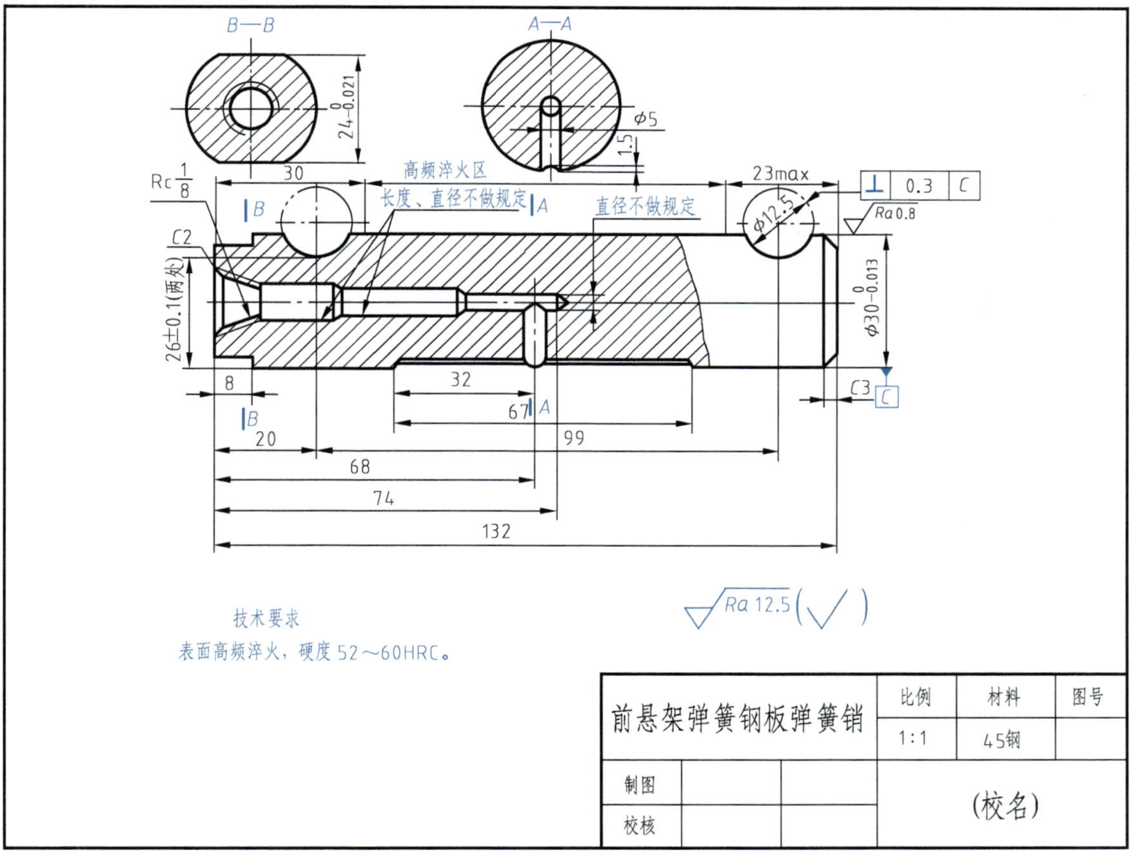

图 7-66 前悬架弹簧钢板弹簧销

**1. 看标题栏**

从标题栏可以看出，该零件的名称为前悬架弹簧钢板弹簧销，材料"45 钢"，表示优质碳素结构钢，绘图的比例为 1∶1，说明零件图中的线性尺寸与实物相同。

**2. 分析视图表达**

该零件选用了三个图形。主视图为局部剖视图，表达了弹簧销的内外结构形状；A—A 移出断面图表达中间部分直径为 $\phi$5mm 的径向孔及弹簧销下部圆弧槽的形状和位置；B—B 移出断面图表达左端部分的形状。

**3. 分析形体结构**

1）该弹簧销外形由直径为 $\phi30_{-0.013}^{\ 0}$mm 的圆柱面构成。

2）左端的圆柱面上上下对称地切去两个弓形块而形成了平面。

3）中心处有一个左端带螺纹孔的轴向台阶孔，孔的末端还有一个垂直方向的径向孔。

4）中间的下部有一个圆弧形的轴向槽。

5）偏左、右的两边各有一个直径 $\phi$12.5mm 的圆弧槽。

6）此外，该零件上还有倒角结构。

**4. 分析尺寸标注**

（1）尺寸基准分析　弹簧销的径向基准为圆柱体的轴线；轴向的主要基准为左端面，辅助基准为右端面及 $\phi$5mm 小孔的轴线。

（2）主要尺寸分析　弹簧销的总体尺寸为总长 132mm、总高（宽）30mm；2 个 $\phi$12.5mm 圆弧槽的定位尺寸为 20mm 和 99mm；$\phi$5mm 小孔的定位尺寸为 68mm；左端上、下两个平面之间的尺寸为 $24_{-0.021}^{\ 0}$mm。

其他尺寸读者可以自行分析。

**5. 技术要求分析**

（1）表面粗糙度要求　弹簧销加工完成后，$\phi30_{-0.013}^{\ 0}$mm 圆柱面的表面粗糙度要求最高，为 $Ra$0.8μm；其余均为 $Ra$12.5μm。

（2）几何公差要求　弹簧销的零件图上有一项几何公差要求，其含义是：左右两边直径为 $\phi$12.5mm 的圆弧槽的轴线相对于 $\phi30_{-0.013}^{\ 0}$mm 圆柱体轴线的垂直度公差为 0.3mm。

（3）尺寸精度要求　图 7-66 中标有偏差的尺寸有 $\phi30_{-0.013}^{\ 0}$mm，其中上极限尺寸是 $\phi$30mm，下极限尺寸是 $\phi$29.987mm，尺寸公差是 0.013mm；另外还有（26±0.1）mm 和 $24_{-0.021}^{\ 0}$mm；其中尺寸 $\phi30_{-0.013}^{\ 0}$mm 的精度要求最高，而尺寸（26±0.1）mm 的精度要求较低。请读者分析出这两个尺寸的极限尺寸及尺寸公差。

## 任务六　测绘零件并绘制零件图

### 任务描述

零件测绘就是根据已有的实际零件，进行分析、以目测估计图形与实物的比例，徒手画出它的草图，测量并标注尺寸和技术要求，通过整理画成零件图的过程。本任务主要介绍零件图测绘的方法和步骤，测绘图 7-67 所示端盖的零件图。

### 任务分析

实际生产中，在新产品设计、仿造机器和技术改造等过程中，有时需要绘制同类产品，以供设计时参考；在机器设备和汽车修配时，如果某一零件损坏，在无备件又无图样的情况下，就需要测绘损坏的零件，并画出图样，以满足修配时的需要。因此，测绘技术是工程技术人员必须掌握的一项重要的基本技能。

### 相关知识

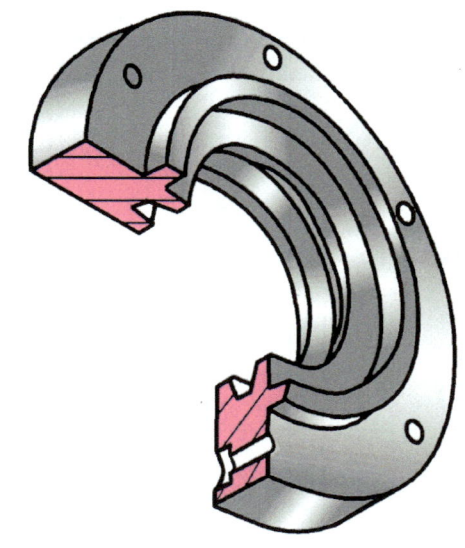

图 7-67 端盖的轴测图

#### 一、零件测绘的方法与步骤

**1. 了解和分析测绘对象**

首先应了解零件的名称、用途、材料以及它在汽车（或部件）中的位置和作用及与其他相邻零件的装配连接关系，再对零件的内、外结构形状进行分析，酝酿零件的表达方案。

**2. 确定表达方案**

根据零件的形状特征，判断属于哪一类典型零件（轴套类、盘盖类、叉架类、箱体类等）。再根据零件的结构形状特征，按零件的加工位置或工作位置确定主视图；再按零件的内、外结构特点，选用必要的其他视图、剖视图、断面图等表达方法。确定出来的表达方案应将零件的结构形状正确、清晰、简练地表达出来。

**3. 绘制零件草图**

测绘一般在现场进行，绘图条件受到限制，通过目测比例徒手绘图，测量所有尺寸，将技术要求等一一标注清楚，绘制出零件草图。零件草图是绘制正式零件图的原始文件，因此，零件工作图所应有的内容，零件草图也必须具备。画草图时应努力做到：内容完整，表达正确，图线清晰，比例匀称，字体工整，技术要求等相关内容表达明确。

**4. 根据零件草图绘制零件图**

根据已经绘制好的零件草图再进行整理，绘制成正式的零件图。

#### 二、常见尺寸的测量方法

测量尺寸是零件测绘过程中的重要步骤，并应集中进行，这样既可提高功效，又可避免出错或遗漏。常用的基本测量工具有钢尺、内外卡钳、游标卡尺、螺纹规等。测量尺寸时，应根据对尺寸精度的要求，选用不同的测量工具。常用的测量工具及测量方法见表 7-10。

## 表 7-10 常用的测量工具及测量方法

| 常见测量尺寸 | 测量工具及测量方法 |
|---|---|
| 线性尺寸 | 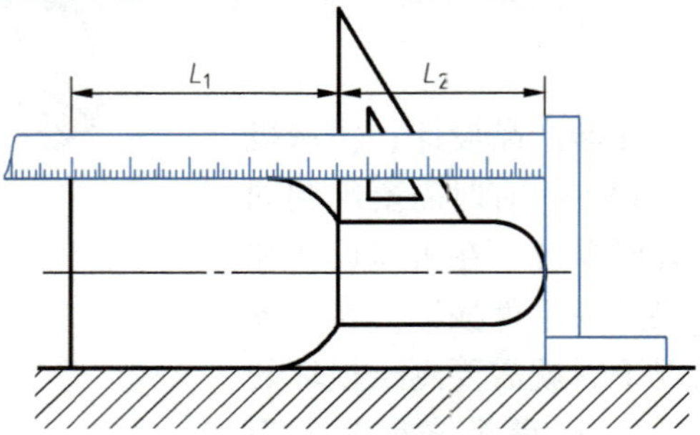 可用钢尺、直角尺测量 |
| 直径和深度 | 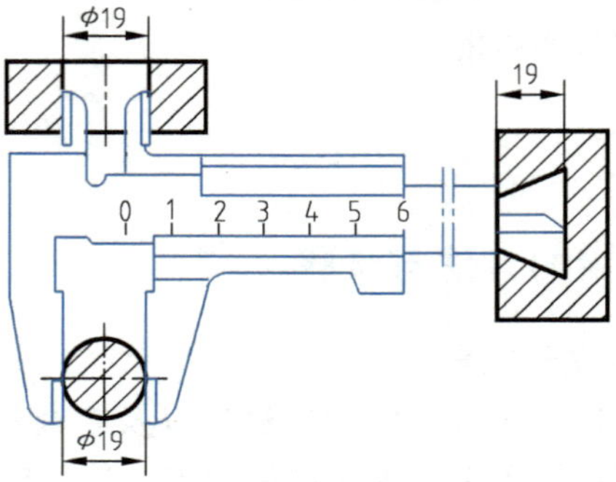 可用游标卡尺测量 |
| 孔的中心距 | 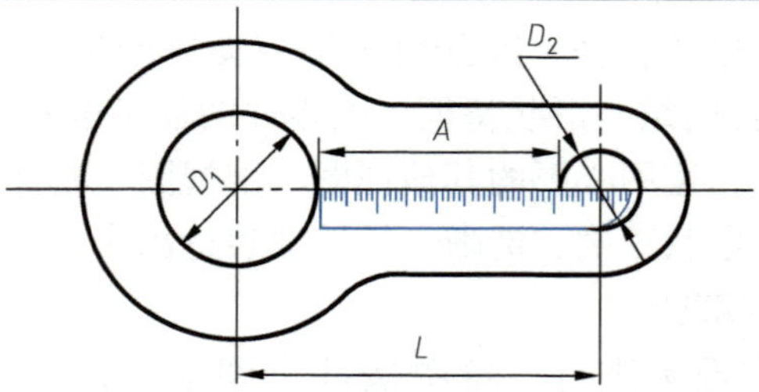 可用钢尺、内卡钳测量 $L = A + \dfrac{D_1}{2} + \dfrac{D_2}{2}$ |
| 壁厚 | 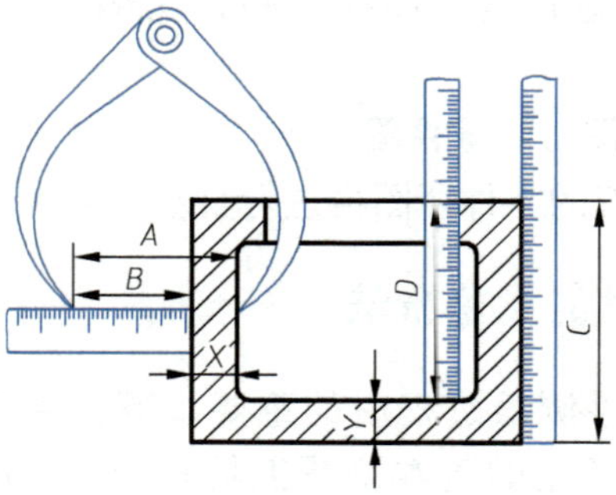 可用钢尺、卡钳或用钢尺测量 $X = A - B \quad Y = C - D$ |

(续)

| 常见测量尺寸 | 测量工具及测量方法 |
|---|---|
| 中心高度 | 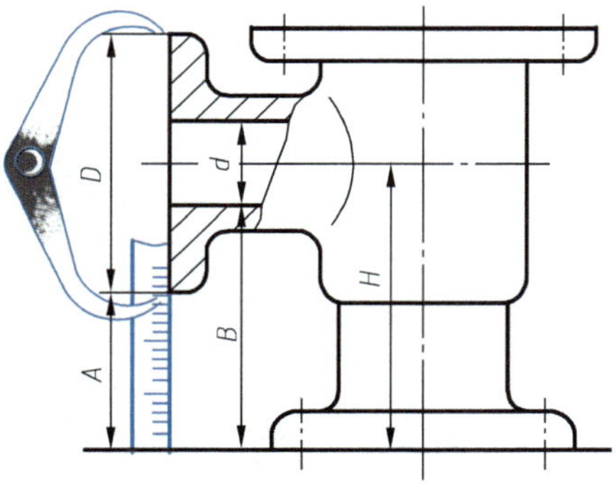 用钢尺结合外卡钳测量<br>$H = A + \dfrac{D}{2} = B + \dfrac{d}{2}$ |
| 螺距 | 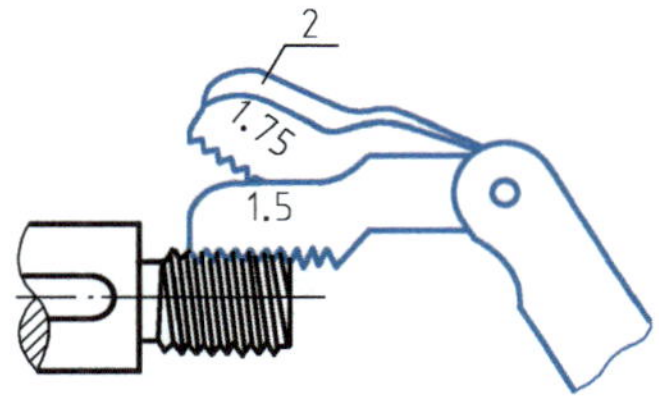 用螺纹样板测量螺距，用卡尺测量螺纹大径，再查表核对螺纹标准 |

### 三、零件测绘时应注意的事项

1）被测绘零件制造中所存在的缺陷，如砂眼、气孔、刀痕、创伤以及长期使用所造成的磨损、破损等都不应画出。

2）不应忽略零件在制造、装配中必要的工艺结构，如铸造圆角、倒角、退刀槽、凸台、凹坑、工艺孔等都必须补画出来。

3）有配合关系的尺寸，一般只要测出它的公称尺寸就可以了。其配合关系和相应的公差值，应在分析后，再查阅有关资料确定。

4）没有配合关系的尺寸或不重要的尺寸，允许将测量所得尺寸做适当调整。

5）对螺纹、键槽、轮齿等标准结构的尺寸，应把测量结果与标准值对照，一般均采用标准结构尺寸，以利于制造。

6）与相邻零件的相关尺寸必须一致。

## 任务实施

测绘图 7-67 所示端盖的零件。

### 一、了解和分析测绘对象

图 7-67 所示的端盖是图 7-68 所示的铣刀头里的一个零件。铣刀头是专用铣床上的一个

部件，用来铣削零件的端面。其工作原理是：动力通过 V 带轮带动轴转动，轴带动刀盘转动，刀盘带动铣刀对工件进行铣削加工。

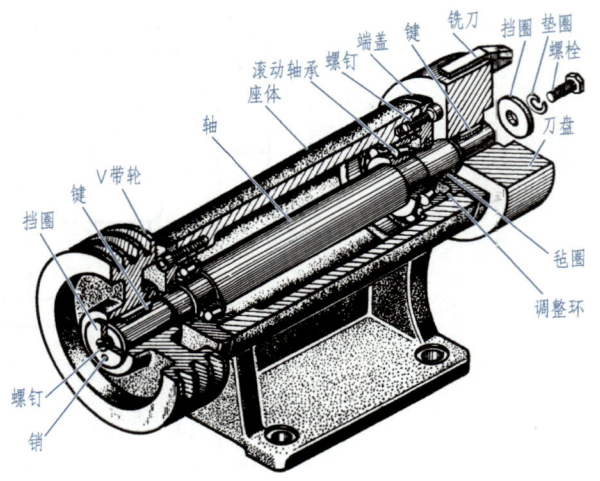

图 7-68　铣刀头的装配轴测图

铣刀头是由十几种零件组成的，主要零件及其装配关系为：轴通过滚动轴承安装在座体内，其左端与 V 带轮用键联接，右端与刀盘也用键联接；V 带轮左侧有销、挡圈、螺钉实现定位和固定；刀盘的右侧用挡圈、垫圈、螺栓实现轴向固定；左、右两个端盖用螺钉与座体的两端面联接；座体通过底板上的四个沉孔安装在铣床的工作台上。

通过上述分析可以看出：左、右两个端盖的主要作用是密封防尘。

从图 7-69 并结合图 7-68 可以看出，端盖的主体结构形状是带轴孔的同轴回转体，其外凸缘与装配体上座体的内孔配合，圆盘的周边有六个均布的沉孔，用螺钉将端盖与座体连接起来，以起密封作用；端盖的轴孔内有 V 形的密封槽，槽内放入毛毡，用于防漏防尘。

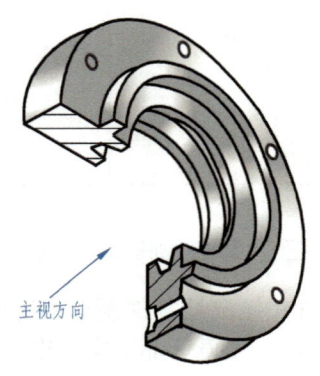

图 7-69　端盖的主视图方向

### 二、确定表达方案

端盖属盘盖类零件，主视图按工作位置安放，考虑形状特征，选择通过回转轴线的剖视图作为主视图，其投射方向如图 7-69 所示。这样可以使主视图反映的内形和各部分相对位置关系比较明确；采用左视图表达圆盘周边六个均布沉孔的分布情况；为了清楚地表达 V 形密封槽的结构和便于标注尺寸，选用局部放大图。

### 三、绘制零件草图

1）根据零件的总体尺寸和大致比例确定图幅，在图纸上定出各视图的位置。画主要轴线、中心线等作图基准线，如图 7-70a 所示。布置各视图的位置时，要考虑到各视图之间应留有标注尺寸的地方，右下角留有标题栏的位置。

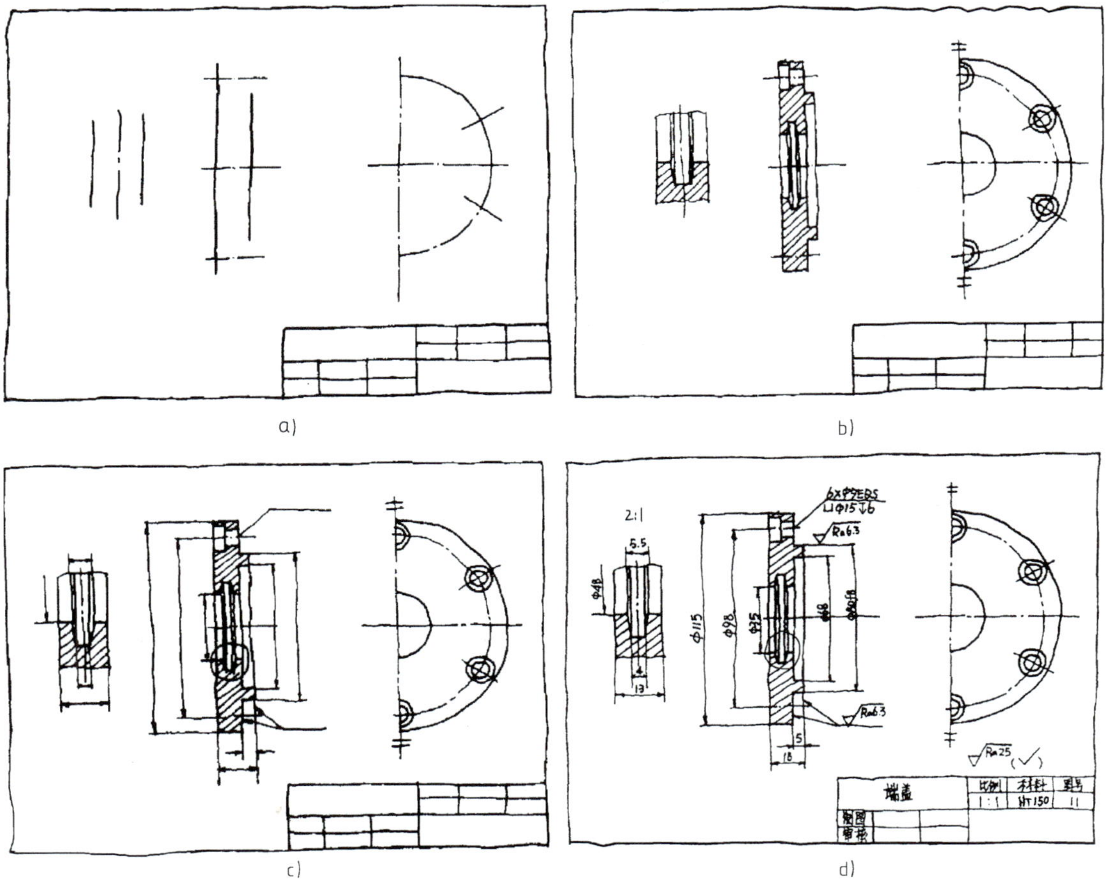

图 7-70　绘制端盖零件草图的步骤

2）详细地画出零件外部和内部的结构形状，如图 7-70b 所示。根据实际需要，以目测比例徒手画出各视图、剖视图、断面图等。

3）选择尺寸基准，画出全部尺寸的尺寸线、尺寸界线及箭头。经过仔细校核后，加深轮廓线，如图 7-70c 所示。

4）逐个测量尺寸，填写尺寸数值；画剖面线；标注表面粗糙度、几何公差等必要的技术要求，填写标题栏中的相关内容，完成零件草图全部工作，如图 7-70d 所示。

### 四、根据零件草图绘制零件图

零件草图是在现场测绘的，所考虑的问题不一定是最完善的。因此，在画零件工作图时，需要对草图再进行审核。有些要设计、计算和选用，如表面粗糙度、尺寸公差、几何公差、材料及表面处理等；有些问题也需要重新加以考虑，如表达方案的选择、尺寸的标注等，经过复查、补充、修改后方可画零件图。

完成的端盖零件图如图 7-71 所示。

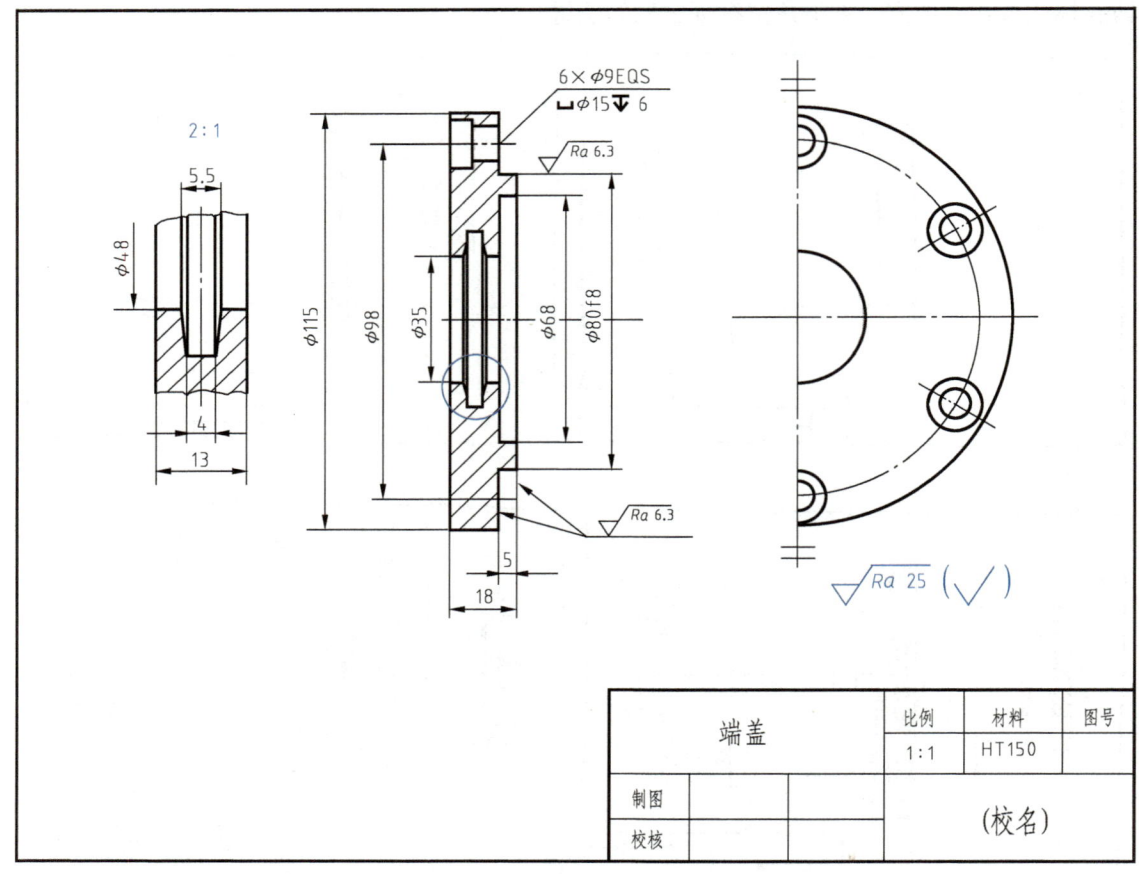

图 7-71　端盖零件图

## 项目小结

本项目主要学习了选择零件图的表达方法、在零件图上标注尺寸、零件的工艺结构、极限与配合、几何公差、表面结构的图样表示法、识读零件图、零件测绘等内容。

零件图的表达方法主要运用"机械图样的基本表示法",对其上的螺纹、键槽等结构则采用"特殊表达方法";视图的数量及表达方法的选择根据零件的结构特点和复杂程度有很大的灵活性。零件图的尺寸标注应完整(即定形尺寸、定位尺寸、总体尺寸应全部注出),基准选择应正确(包括主要基准和辅助基准);工艺结构及技术要求应根据零件的类型及作用确定。

读零件图时,应分清零件的种类(按四类典型的零件分),再按每类零件的视图表达特点、尺寸标注方法、常见的工艺结构、技术要求及注写方法等,按读图的基本要求仔细阅读。

# 项目八

## 识读装配图

装配图是表达装配体的图样，一般把表达整个产品的图样称为总装配图，而把表达其组成部分部件的图样称为部件的装配图。本项目主要介绍装配图的内容、装配图的表达方法、装配图的尺寸标注及装配图的识读等有关内容。

### 知识目标

1. 理解装配图的作用和内容。
2. 明确装配体的装配结构和作用。
3. 学会选择装配图的表达方法。
4. 认知装配图上的其他内容。
5. 学会识读装配图的方法和步骤。

### 技能目标

1. 能根据具体的装配体，选择合理的表达方案。
2. 会识读一般复杂程度的装配图。
3. 能根据装配图拆画零件图。

## 任务一　选择装配图的表达方法

### 任务描述

装配图是表达设计思想、指导零部件装配、进行技术交流的重要技术文件，主要表达产品（汽车、机器等）或部件的工作原理、结构形状、装配关系及技术要求，用于指导产品的装配、检验、调试、安装和维修等。本任务主要介绍装配图的作用、内容和装配体的结构与表达方法，根据图 8-1 机用虎钳的轴测装

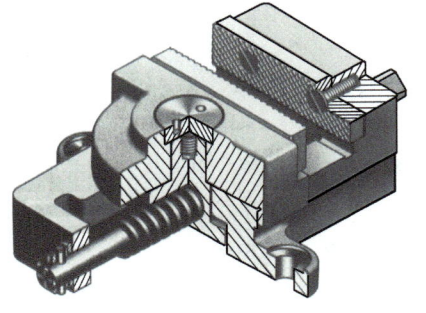

图 8-1　机用虎钳的轴测装配图

配图，选择装配图的表达方案。

## 任务分析

装配图和零件图一样，也是按正投影的原理、方法和《机械制图》国家标准的有关规定绘制的。在零件图中所采用的各种表达方法，如视图、剖视图、断面图和局部放大图等也同样适用于装配图的表达。但零件图所表达的仅是一个零件，而装配图所表达的则是由许多零件组成的装配体。两种图样的要求不同，所表达的侧重点也不同。装配图需要表达出装配体的工作原理、装配关系，是将制造加工出的零件装配成部件或产品的主要依据，并不需要将每个零件的形状和大小表达完整。针对装配图的表达特点，国家标准《机械制图》对装配图制定了相应的规定画法和特殊表达方法。

## 相关知识

### 一、装配图的作用

一辆汽车或汽车上的一个部件，都是由若干零件按一定的装配关系和技术要求装配而成的。在产品和部件的生产过程中，一般先按设计要求绘制出装配图，再根据装配图完成零件设计并绘制出零件图，进而生产出合格的零件，最后根据装配图把零件装配成部件或产品；此外在产品的安装、调试、检验、维修及使用时，也要通过装配图了解装配体的结构、性能及使用方法。

由此可见，装配图是了解产品结构、分析工作原理、明确使用功能、掌握使用方法的技术资料，也是制定工艺规程，进行产品装配、检验、安装和维修的主要依据。

### 二、装配图的内容

图 8-2 所示为转子油泵的装配图。油泵是汽车上润滑系统的主要部件，转子油泵是其中的一种。与齿轮油泵相比较，转子油泵具有结构紧凑、传动平稳、体积小、噪声小等优点。转子油泵的功能是将一定压力和一定流量的润滑油输送到各润滑表面，并保证润滑油在润滑系统内正常循环流动。

从图 8-2 中可以看出，转子油泵是由 9 种零件组成的。在装配图中必须清晰、准确地表达出转子油泵的工作原理、传动路线，各组成零件之间的相对位置、装配和联接关系，主要零件的结构形状，以及有关的尺寸、技术要求等。因此，装配图的内容一般包括以下五个方面：

**1. 一组图形**

用视图、剖视图、断面图及特殊表达方法等所组成的一组图形，正确、完整、清晰地表达装配体（汽车、机器或部件）的工作原理、传动路线、各零件的装配关系、零件间的相对位置、联接方式、主要零件的结构形状。

**2. 必要的尺寸**

标注出反映装配体的规格、性能，零件（或部件）间的相对位置，装配、安装时所必需的一些尺寸。

**3. 技术要求**

用符号、文字等说明对装配体的工作性能、质量规范、装配、调试、安装时应达到的技术指标，以及试验和使用等方面的有关条件要求和注意事项等。

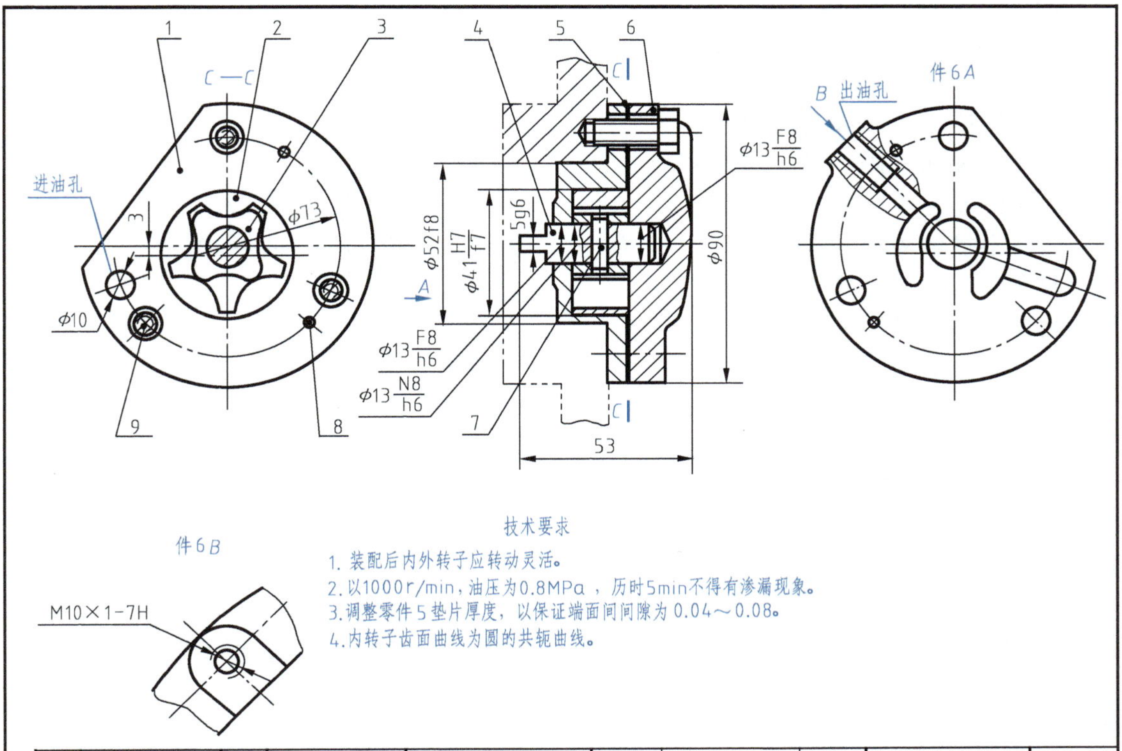
1
2
3
4
5
6
C—C
进油孔
3
φ73
φ10
9
8
φ52f8
φ41 H7/f7
5g6
A
φ13 F8/h6
φ13 N8/h6
7
53
φ90
C
C
件6A
B 出油孔
件6B
M10×1-7H
技术要求
1. 装配后内外转子应转动灵活。
2. 以1000r/min，油压为0.8MPa，历时5min不得有渗漏现象。
3. 调整零件5垫片厚度，以保证端面间间隙为0.04～0.08。
4. 内转子齿面曲线为圆的共轭曲线。

| | | | | |
|---|---|---|---|---|
| 9 | 螺栓 M8×25 | 3 | | GB/T 5783—2000 |
| 8 | 销 4×20 | 2 | 35 | GB/T 119.2—2000 |
| 7 | 销 5m6×18 | 1 | 35 | GB/T 119.1—2000 |
| 6 | 泵盖 | 1 | HT200 | |
| 5 | 垫片 | 1 | 纸 | t0.1～0.2 |
| 4 | 泵轴 | 1 | 45 | |
| 3 | 内转子 | 1 | 铁基粉末冶金 | |
| 2 | 外转子 | 1 | 铁基粉末冶金 | |
| 1 | 泵体 | 1 | HT200 | |
| 序号 | 名称 | 数量 | 材料 | 备注 |

| | | | | |
|---|---|---|---|---|
| 转子油泵 | 比例 | | 共1张 | |
| | 质量 | | 第1张 | |
| 制图 | | | (校名) | |
| 审核 | | | | |

图 8-2　转子油泵的装配图

**4. 标题栏**

说明产品的名称、比例、设计单位、绘图及责任者的签字等内容。

**5. 零（部）件序号、明细栏**

在装配图中，对各种零（部）件编写序号，并在标题栏上方按序号编制成零（部）件的明细栏，在明细栏中依次填写各组成零件的序号、名称、数量和材料等内容。

应当指出，由于装配图的复杂程度和使用要求不同，以上各项内容并不是在所有的装配图中都要表现出来，而是要根据实际情况来决定。

### 三、装配图的表达方法

**1. 规定画法**

在装配图中，为了便于区分不同的零件，正确地表达出各零件之间的关系，在画法上有如下规定（见图8-3）：

（1）接触面和配合面的画法　相邻两零件的接触表面和公称尺寸相同的两配合表面只画一条共有的轮廓线，如图8-3中的①所示；相邻两零件的不接触表面和公称尺寸不同的非配合表面应分别画出两条各自的轮廓线，即使间隙很小，也必须用夸大画法画出间隙，如图8-3中的②所示。

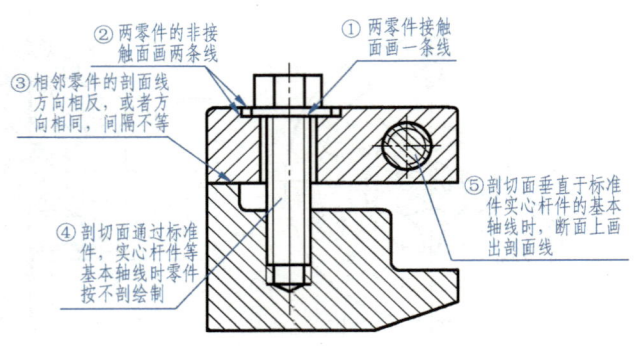

图8-3　装配图的规定画法

（2）剖面线的画法　在装配图中，同一个零件在所有的剖视图、断面图中，其剖面线应保持同一方向，且间隔一致；相邻两个（或两个以上）零件的剖面线则必须不同。即使其方向相反或方向相同但间隔不等，如图8-3中的③所示。

（3）实心件和某些标准件的画法　在装配图的剖视图中，当剖切平面通过实心零件（如轴、杆等）和标准件（如螺栓、螺母、销、键等）的对称平面或基本轴线时，这些零件按不剖绘制，如图8-3中的④所示；但当剖切平面垂直于其轴线剖切时，则必须画出剖面线，如图8-3中的⑤所示。

**2. 简化画法**

1）在装配图中，对若干相同的零件组，如螺栓、螺钉联接等，可以仅详细地画出一处或几处，其余只需用细点画线表示其位置，如图8-4中的⑦所示。

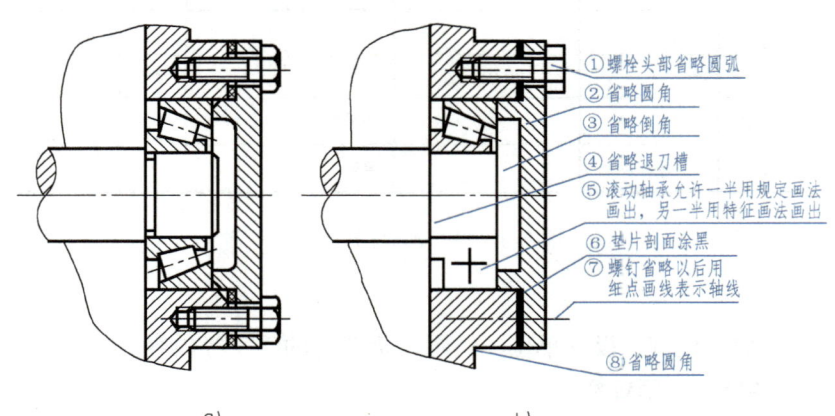

图8-4　装配图的简化画法
a）简化前　b）简化后

2）在装配图中，对于零件上的一些工艺结构，如小圆角、倒角、退刀槽和砂轮越程槽等可以省略不画，如图8-4中②、③、④、⑧所示。

3) 装配图中的螺母和螺栓头部允许采用简化画法，如图8-4①所示，滚动轴承允许一半用规定画法画出，另一半用特征画法画出，如图8-4中⑤所示。

### 3. 特殊表达法

（1）拆卸画法　在装配图的某个视图上，如果某些零件在其他视图上已经表达清楚，而又遮住了需要表达的零件时，可将其拆卸掉不画，而画剩下部分的视图，这种画法称为拆卸画法。为了避免读图时产生误解，可对拆卸画法加以说明，在图上注写"拆去零件××"等，如图8-5的俯视图即拆去了件2、3、4。

（2）沿零件的结合面剖切　在装配图中，为了表示内部结构，可假想沿着某些零件的结合面剖开，画出剩下部分的视图。如图8-6中的"A—A"图即沿着泵体与泵盖的结合面剖开的，此时，零件的结合面上不画剖面线，但被剖切到的三个螺栓必须画出剖面线。

（3）展开画法　为了展示传动机构的传动路线和装配关系，可假想用剖切平面按传动顺序沿轴线剖切，然后依次展开，将剖切平面均旋转到与选定的投影面平行的位置，再画出其剖视图，这种画法称为展开画法，如图8-7所示挂轮架传动机构的"A—A展开"图。

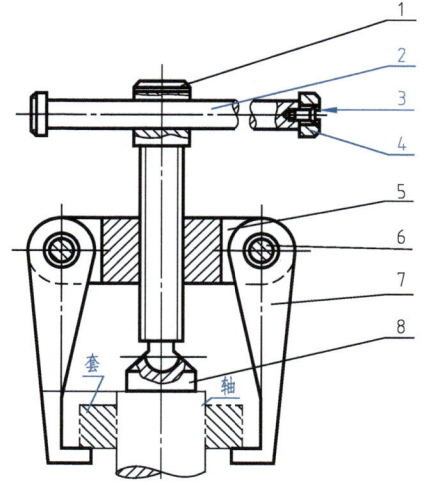

图8-5　拆卸画法

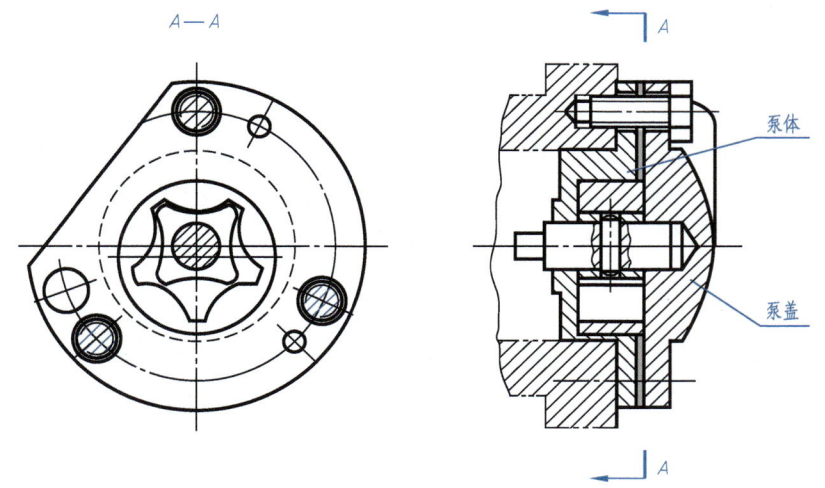

图8-6　沿零件的结合面剖切

（4）假想画法

1) 对于运动零件，当需要表明其运动范围或极限位置时，可以在一个位置上用粗实线画出该零件，而在其他的极限位置用双点画线来表示。如图8-7所示的挂轮架，图中手柄工作的两个极限位置Ⅱ、Ⅲ均采用双点画线画出。当手柄在位置Ⅰ时，齿轮2、3均不与齿轮

4啮合;当处于位置Ⅱ时,齿轮2与齿轮4啮合,传动路线为齿轮1-2-4;当处于位置Ⅲ时,齿轮3与齿轮4啮合,传动路线为齿1-2-3-4。由此可见,手柄所处的位置不同,齿轮4的转向和转速也不相同。

2)为了表明本部件与其他相邻部件或零件的装配关系,对不属于本装配体的零件或部件,可用双点画线画出其轮廓线。如图8-7的左视图用双点画线来表示挂轮架的相邻零件——主轴箱。

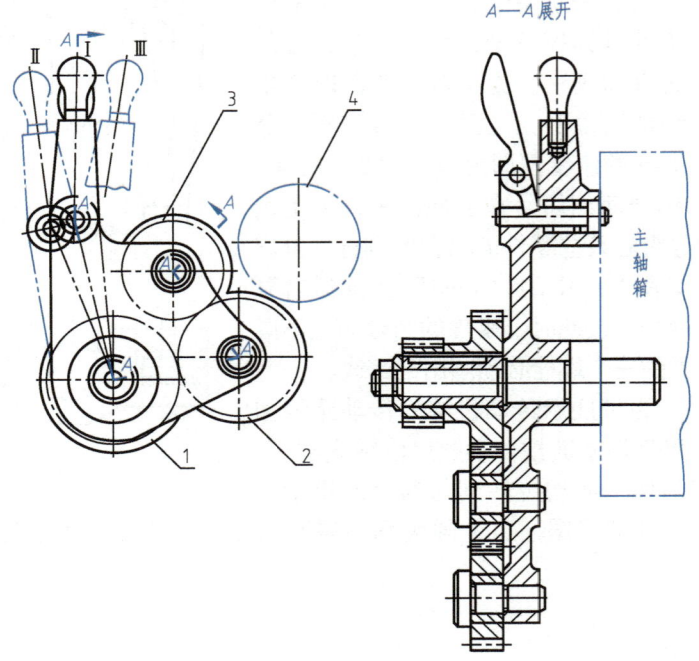

图8-7 展开画法

(5)单独表示某个零件 在装配图中,当某个零件的形状未表达清楚或对理解装配关系有影响时,可另外单独画出该零件的某一视图,并在零件视图的上方注出该零件的名称或编号,其标注方法与局部视图类似,如图8-8所示的"泵盖B"。

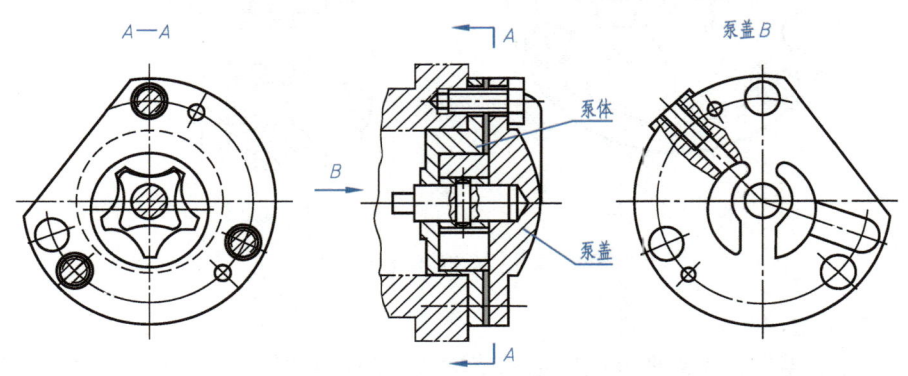

图8-8 单独表示某个零件

## 任务实施

根据图 8-1 所示的机用虎钳的轴测装配图，选择装配图的表达方案。

**1. 分析组成情况**

为了便于分析，将图 8-1 所示机用虎钳的轴测装配图，分解为图 8-9 所示的轴测分解图。

机用虎钳是安装在机床的工作台上，用于夹紧工件，以便进行切削加工的一种通用工具。从图 8-9 所示的轴测分解图可以看出机用虎钳共有 11 种零件。

**2. 分析联接关系**

螺母块 9 从固定钳座 1 下方的空腔装入工字形槽内，再装入螺杆 8，并用垫圈 11、垫圈 5 及环 6 和圆柱销 7 将螺杆 8 轴向固定；通过螺钉 3 将活动钳身 4 与螺母块 9 联接，最后用螺钉 10 将两块钳口板 2 分别与固定钳座 1 和活动钳身 4 联接。

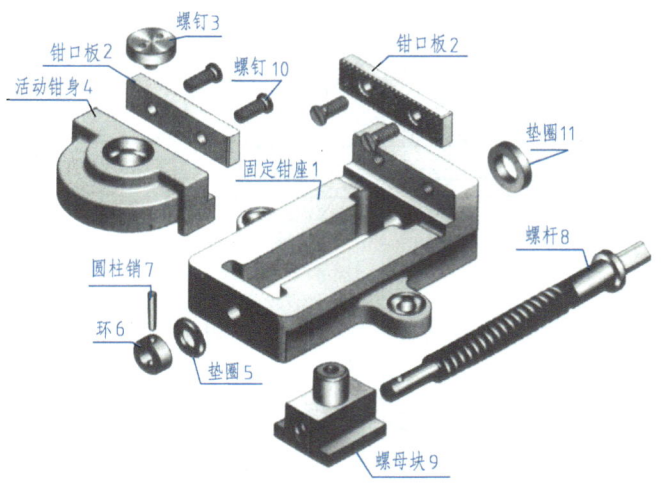

图 8-9 机用虎钳的轴测分解图

**3. 分析工作原理**

固定钳座 1 安装在机床的工作台上，起机座的作用，用扳手转动螺杆 8，带动螺母块 9 做左右移动。因为螺旋副有两个运动：转动和轴向移动，螺杆 8 被轴向固定，所以只能转动，轴向移动传递给了螺母块 9，螺母块 9 带着螺钉 3（自制螺钉）、活动钳身 4、钳口板 2 做左右方向的移动，从而夹紧或松开工件。

**4. 选择表达方案**

表达机用虎钳主要装配关系可用三个基本视图，即主视图、俯视图和左视图，对部分局部结构，可以选用局部视图、局部放大图及移出断面图表达。

（1）主视图　因为前后对称，所以主视图取通过前后对称面的剖切平面做全剖视，主要表达装配体的主要装配线，即大多数零件的相对位置、装配联接关系，并可以反映出机用虎钳的整体结构形状和工作原理。为了表达活动钳身工作时的移动范围，可用假想画法表示。

（2）俯视图　俯视图主要表达外形，进一步表达装配体的整体形状，以及各零件的形状特征。对固定钳口板 2 的螺钉 10，用局部剖视图表达，钳口板 2 与活动钳身 4 的联接方式与之相同。

（3）左视图　左视图选取通过固定钳座 1 上两个安装孔轴线的剖切平面为半剖视，进一步表达整体形状、部分零件的形状特征、装配联接关系，特别是螺母块 9 与螺杆 8 的联接关系及螺母块 9 的形状特征，还兼顾有安装孔的结构表达。

（4）局部放大图　螺杆及螺母是主要的运动件，其上的牙型可用局部放大图表达。

（5）移出断面图　对螺杆右端操纵部分的结构，可用移出断面图表达，以显示结构特征。

（6）"件2B"图　对钳口板2上的特殊结构——网状槽，用单独表示零件的特殊表达方法，其中网状槽的作用是增大摩擦力，使工件夹紧可靠。

经过上述分析，确定出机用虎钳的最终表达方案，如图8-10所示。

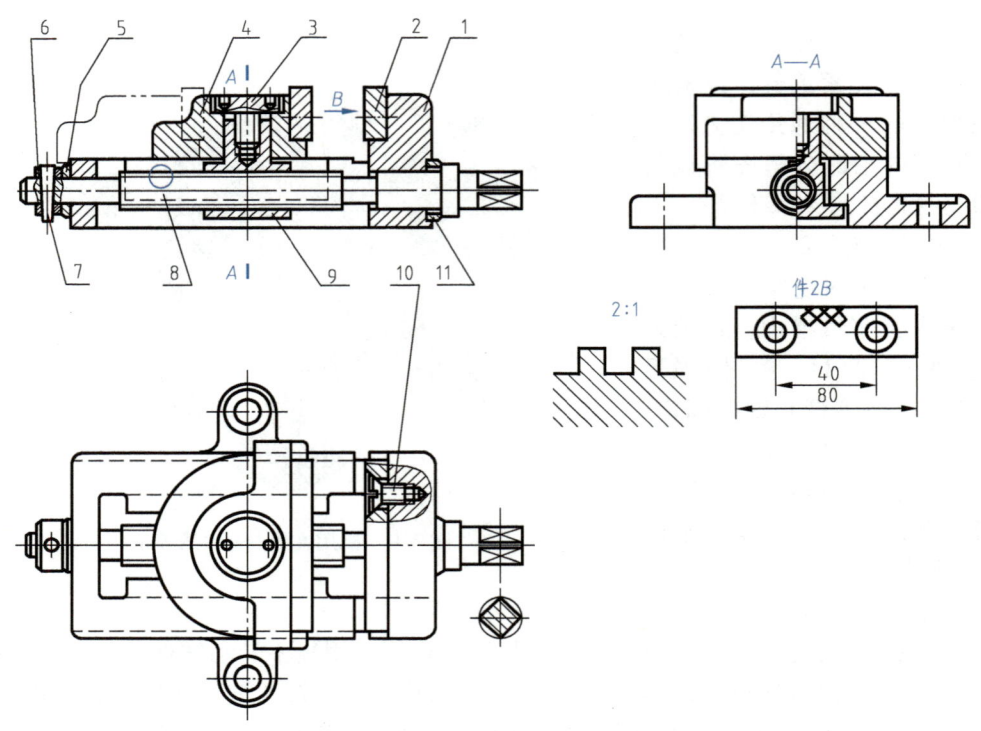

图 8-10　机用虎钳的表达方案

## 任务二　认知装配图中的其他内容

### 任务描述

装配图上除了一组图形以外，还有其他内容，如尺寸标注、明细栏、零件序号和技术要求等。本任务将以机用虎钳为例，介绍这些内容的注写方式及识读方法。

### 任务分析

因为装配图上表达的信息比较多，所以应反映出组成装配体所有零件的基本信息，这就需要将组成零件的名称、数量、材料等列成一个表格——明细栏；为了说明每个零件在装配图中的位置，需要对每个零件进行编号——零件序号；还要对装配体在装配、检验和使用中提出一些要求——技术要求；为了显示各零件的相互位置关系、配合的松紧程度、装配体的安装位置等，需要用一定的尺寸标注进行说明。

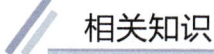相关知识

### 一、零件序号及其编写方法

为了便于看图和图样管理,必须对装配图中的每个零件或组件进行编号,这种编号称为零件序号,同时,要编制相应的明细栏。

**1. 序号的编写方法**

序号应写在视图及尺寸的范围之外。指引线应从零件的可见轮廓内(若剖开时,尽量由剖面区域内)引出,用细实线绘制,并在轮廓内的一端画一小黑点,在外面的一端画一细实线的短水平线或圆;序号的字高比该装配图中所注尺寸数字高度大一号或两号;也可以不画水平线或圆,但序号的字高比该装配图中所注尺寸数字高度大两号,如图 8-11a 所示。同一装配图中编注序号的形式应一致。对于涂黑的剖面,可用箭头指向其轮廓线,如图 8-11b 所示。

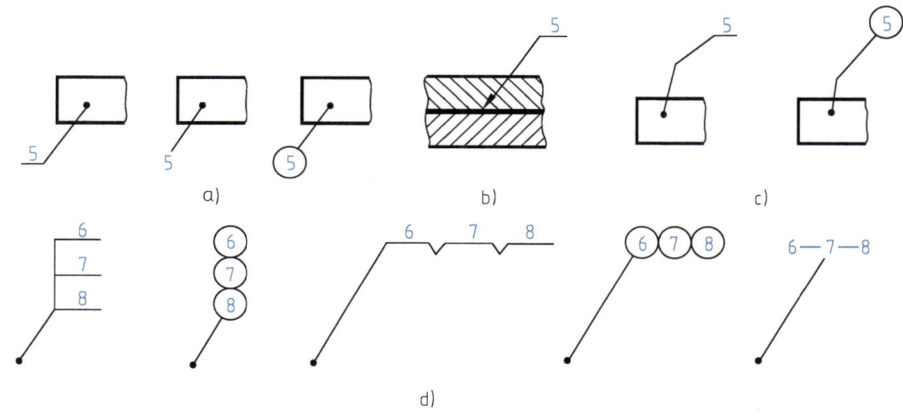

图 8-11 装配图中的序号形式及画法

a)一般标注形式 b)特殊标注形式 c)指引线允许弯折一次 d)采用公用指引线的标注形式

**2. 零件序号编写的基本规定**

1)装配图中相同的各组成部分(零件或组件)只应有一个序号,标准化的部件(如油杯、滚动轴承、电动机等)在装配图上只注写一个序号。

2)指引线相互不能相交,也不要过长。当通过有剖面线的区域时,指引线不应与剖面线平行。必要时指引线允许画成折线,但只允许弯折一次,如图 8-11c 所示。

3)对于一组紧固件以及装配关系清楚的零件组,可以采用公共指引线,如图 8-11d 所示。公共指引线常用于螺栓、螺母和垫圈所组成的零件组。

4)装配图中的序号应按水平或垂直方向排列整齐。序号应按顺时针或逆时针方向顺序排列。在整个图上无法连续时,可只在每个水平或垂直方向顺序排列。

### 二、标题栏和明细栏

装配图中的标题栏与零件图中的标题栏基本一致,只是填写的内容稍有区别。作业中可

使用如图 8-12 所示的标题栏。

明细栏是装配体或部件中全部零件的详细目录，其内容和格式详见国家标准《技术制图　明细栏》（GB/T 10609.2—2009）。明细栏画在装配图右下角标题栏的上方，栏内分格线为细实线，外框线为粗实线，最上面的边框线规定用细实线绘制。栏中的零件序号与装配图中的零、部件序号必须一致。填写内容应遵守以下规定：

1) 零件序号应自下而上填写，以便增加零件时，可以继续向上画格。如位置不够时，可将明细栏按顺序画在标题栏的左方。

2) "名称"栏内，注写每种零件的名称，若为标准件，应注出规定标记中除标准号以外的其余内容，如螺栓 M8×25。对齿轮、弹簧等具有重要参数的零件，还应注出其参数。

3) "数量"栏内，填写该零件在装配体中的数量。

4) "材料"栏内，填写制造该零件所用的材料标记，如 HT150。

5) "备注"栏内，可填写必要的附加说明或其他有关的重要内容，如齿轮的齿数、模数等。对标准件应注出其标准代号，如 GB/T 6170—2000。

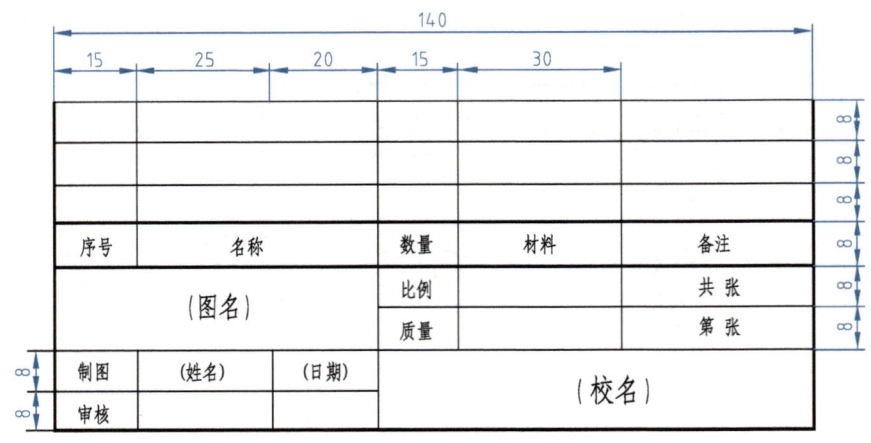

图 8-12　装配图中的标题栏与明细栏

### 三、装配图中的尺寸标注

由于装配图的作用与零件图不同，因此，在图上标注尺寸的要求也不同。在装配图上应按照对装配体的设计、制造的要求来标注某些必要的尺寸，以说明装配体性能、规格、装配体各组成部分的装配关系、装配体整体大小等。

**1. 规格（性能）尺寸**

规格（性能）尺寸是表示装配体的规格大小或工作性能的尺寸，这些尺寸是设计时确定的，也是了解和选用该装配体的依据。

**2. 装配尺寸**

装配尺寸是表示装配体中各零件之间的相互配合关系和相对位置关系的尺寸，这种尺寸是保证装配体装配性能和质量的尺寸。

（1）配合尺寸　表示零件间配合性质的尺寸。

（2）相对位置尺寸　表示装配时需要保证的零件间相互位置的尺寸。

**3. 安装尺寸**

将装配体安装到产品上或地基上所需的尺寸。

**4. 外形尺寸**

表示装配体外形大小的总体尺寸，即装配体的总长、总宽和总高。它反映了装配体的大小，提供了装配体在包装、运输和安装过程中所占空间的大小。

**5. 其他重要尺寸**

其他重要尺寸是指在设计中确定的而又未包括在上述几类尺寸之中的尺寸。其他重要尺寸视需要而定，如主体零件的重要尺寸、齿轮的中心距、运动件的极限位置尺寸、安装零件要有足够操作空间的尺寸等。

上述五类尺寸之间并不是互相孤立无关的，实际上有的尺寸往往同时具有多种作用。此外，在一张装配图中，也并不一定需要全部注出上述五类尺寸，而是要根据具体情况和要求来确定。

## 四、装配图中的技术要求

除图形中已用代号表达的技术要求以外，装配图中的技术要求主要是为了说明装配体在装配、检验、使用时应达到的技术性能和质量要求等。主要有如下几个方面：

**1. 装配要求**

装配时的注意事项和装配后应达到的指标，如装配方法、装配精度等。

**2. 检验要求**

检验、实验的方法和条件及应达到的指标。

**3. 使用要求**

对装配体在使用、保养、维修时提出的要求，如限速、限温、绝缘要求及操作注意事项等。

技术要求通常写在明细栏左侧、上方或其他空白处，内容太多时可以另编技术文件。

 任务实施

根据图 8-13 所示机用虎钳的装配图，认知装配图中的其他内容。

**1. 看标题栏、明细栏和零件序号**

标题栏和明细栏位于装配图的下方。由标题栏和明细栏了解部件的名称为"机用虎钳"，共由 11 种零件组成，其中标准件 2 种（螺钉 10、圆锥销 7），专用件 9 种。各零件的名称、材料和数量，可以从明细栏里查找出来，例如 2 号件，名称是钳口板，数量是 2，材料是 45 钢；结合装配图上的序号及明细栏对照，可以明确每个零件在装配图中的位置，例如 7 号件圆锥销，在主视图上处于左方的位置，在机用虎钳中也处于左方的位置。

**2. 分析主要尺寸**

（1）规格尺寸　机用虎钳的规格尺寸是 0~70mm，决定机用虎钳夹持工件的最大尺寸是 70mm。

（2）装配尺寸　装配尺寸有螺杆的中心高 16mm，是螺杆相对于固定钳身 1 的位置尺寸；尺寸 $\phi 12H8/f7$、$\phi 18H8/f7$、$82H8/f7$、$\phi 20H8/f7$ 都是配合尺寸，均为基孔制、间隙配合。

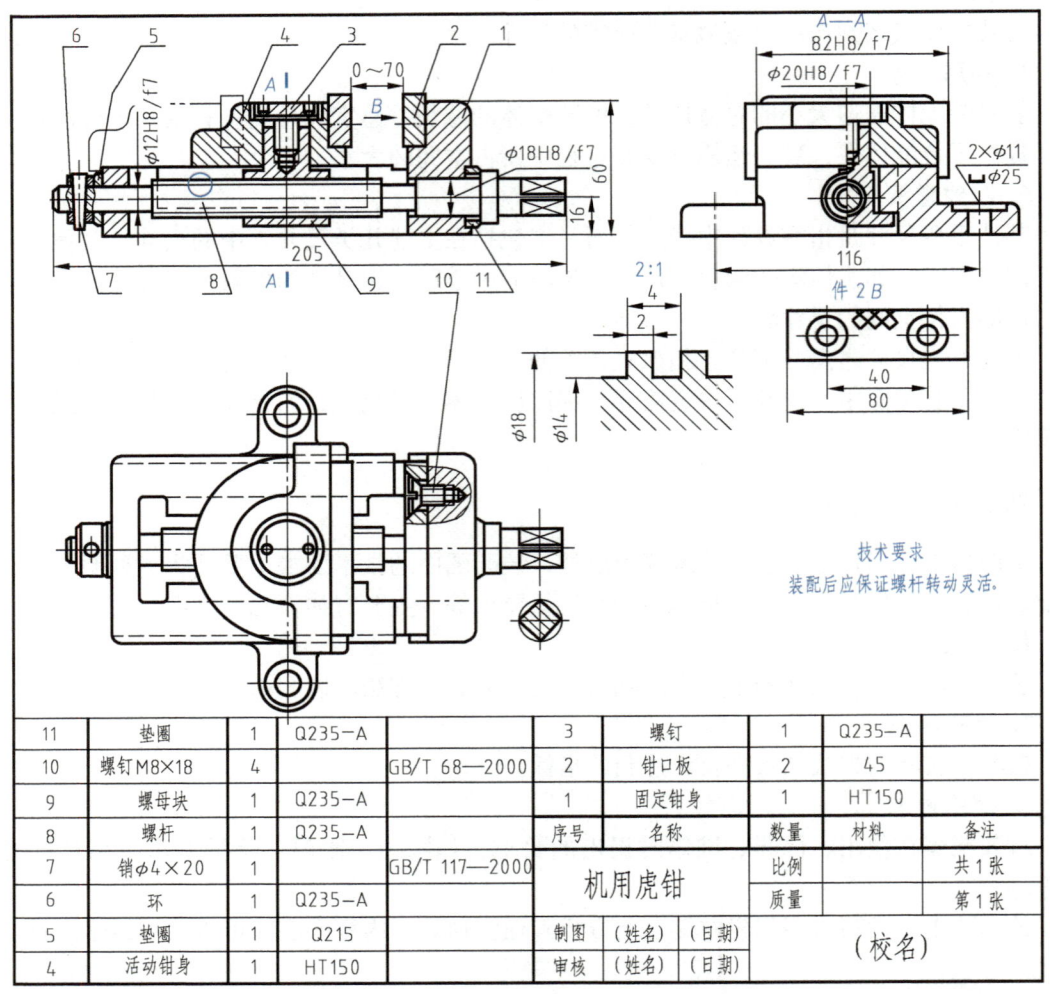

图 8-13 机用虎钳的装配图

（3）安装尺寸　安装尺寸是116mm、2×φ11mm、锪平φ25mm。其中116mm是两个安装孔的中心距，φ11mm是两个安装孔的直径尺寸，锪平φ25mm是孔口需要锪平到25mm。

（4）外形尺寸　外形尺寸是总长205mm，因为两个安装孔的外部是圆柱面，两个钳口板均高于固定钳身，所以，不必标注总宽和总高尺寸。

（5）其他重要尺寸　其他重要尺寸主要有钳口板的宽度尺寸80mm、钳口板上两个小孔的中心距40mm。因为螺杆上的螺纹是非标准的矩形螺纹，所以要标注大径尺寸18mm、小径尺寸14mm、螺距尺寸4mm、牙宽尺寸2mm。

**3. 分析技术要求**

技术要求有一条，如图8-13所示，主要是对装配后提出的，装配时应严格按照技术要求进行，以保证装配后的各项要求符合规定。

项目八　识读装配图

## 任务三　识读装配图

　**任务描述**

识读装配图就是通过对装配体的图形、尺寸、符号和文字的分析，了解装配体的名称、用途，懂得装配体的工作原理、结构特点、装配关系及技术要求和操作方法等的过程。本任务主要介绍装配体的结构、识读装配图的基本要求、方法与步骤等内容，识读具体的装配图。

　**任务分析**

在汽车制造、装配、调试、维修等过程中，识读装配图是对生产者的基本要求。因此，本任务通过识读与汽车专业密切相关的千斤顶的装配图，掌握识读装配图的方法与步骤，为以后从事本专业的实际工作打下坚实的基础。

　**相关知识**

### 一、识读装配图的方法与步骤

**1. 概括了解**

从标题栏中可以了解装配体的名称、绘图比例等，从这些信息中就能初步判断装配体的大致用途和制造方法等；从零件的编号及明细栏中可以了解装配体各零（部）件的名称、数量和材料以及在装配图中的位置等，以判断装配体的复杂程度。

**2. 分析表达方案**

分析各视图的表达方法及各视图之间的关系。首先找出主视图，确定其他视图的投射方向，弄清各视图的表达重点，要注意找出剖视图的剖切位置以及向视图、斜视图和局部视图的投射方向和表达部位，理解每个图形的表达意图。

**3. 分析工作原理**

仔细分析各视图，弄清各零件之间的装配关系、固定及定位方式，各零件之间的配合性质、运动传递情况，从而可以分析出装配体的工作原理及装拆顺序。

**4. 分析主要零件形状**

分析主要零件的目的是弄清楚零件的结构形状和各零件间的装配关系。一般的装配体上都有标准件、常用件和专用零件。对于标准件、常用件一般容易看懂，但专用零件有简有繁，它们的作用和地位又各不相同，应先从主要零件开始分析，由各零件剖面线的不同方向和间隔，分清不同零件轮廓的范围、结构、形状和功用。

**5. 分析尺寸及技术要求**

除以上分析以外，还要对技术要求、标注的尺寸进行分析，进一步了解装配体的设计意图和装配工艺性。

**6. 归纳总结**

经过上述分析，最后归纳总结，想象出装配体的结构。

在实际读图时，上述六个步骤是不能截然分开的，常常是边了解、边分析、边综合地进

273

行。随着各部分的分析完成，装配体也就阅读清楚了。

## 二、常见的装配结构

汽车机械零件除了应根据设计要求确定其结构和形状以外，还应考虑加工和装配结构的合理性，以保证汽车和部件的使用性能，使连接可靠，装拆方便。

**1. 接触面与配合面结构的合理性**

（1）两零件接触面的数量　两零件在同一方向上只能有一组表面接触，应尽量避免两组表面同时接触。这样，既可保证两表面接触良好，又可降低加工要求。图 8-14a 表示出了在水平方向上两平面接触的情况，图 8-14b 表示出了在垂直方向及直径方向上的接触情况。

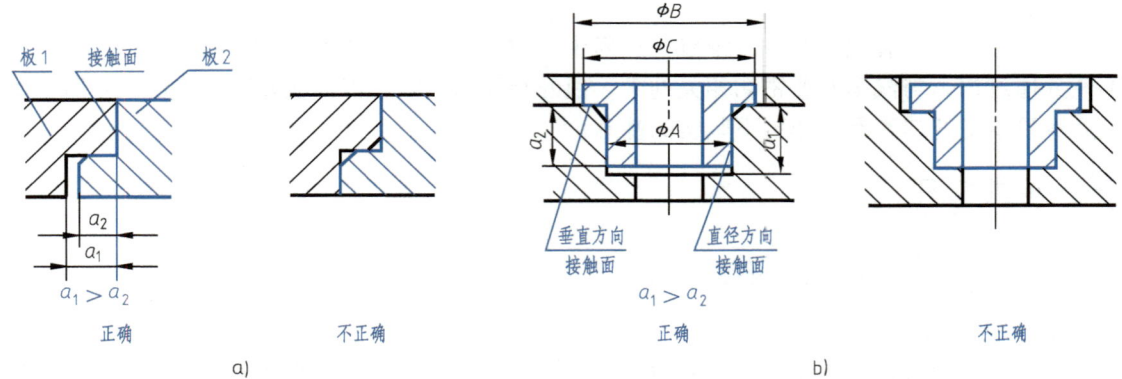

图 8-14　同一方向上只能有一组表面接触

（2）接触面转角处的结构　两配合零件在转角处不应设计成相同的圆角，否则既影响接触面之间的良好接触，又不易加工。轴肩面和孔端面相接触时，应在孔边倒角或在轴的根部切槽，以保证轴肩与孔的端面接触良好，如图 8-15 所示。

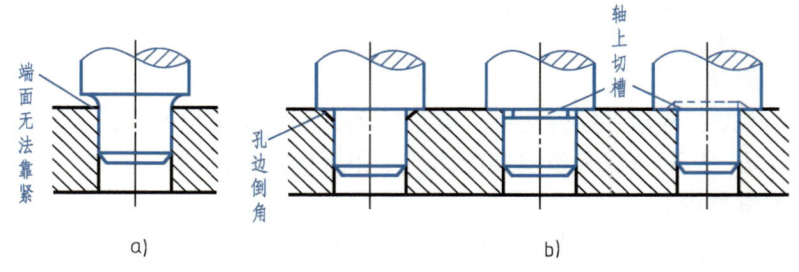

图 8-15　接触面转角处的结构
a）不合理　b）合理

（3）减小加工面积　为了使螺栓、螺钉、垫圈等紧固件与被联接表面有良好的接触面，同时减小加工面积，应把被联接表面加工成凸台、沉孔或通槽，如图 8-16 所示。

**2. 考虑装拆方便**

（1）滚动轴承的拆卸　为了便于拆卸滚动轴承，对轴肩及孔径的尺寸均有合理的要求，如图 8-17 所示。

（2）螺纹紧固件的拆卸　在确定螺栓等紧固件的位置时，应考虑扳手的空间活动范围，如图 8-18 所示。图 a 中所留空间太小，扳手无法使用，图 b 是正确的结构形式。还应考虑螺钉放入时所需要的空间，图 c 中所留空间太小，螺钉无法放入，图 d 是正确的结构形式。

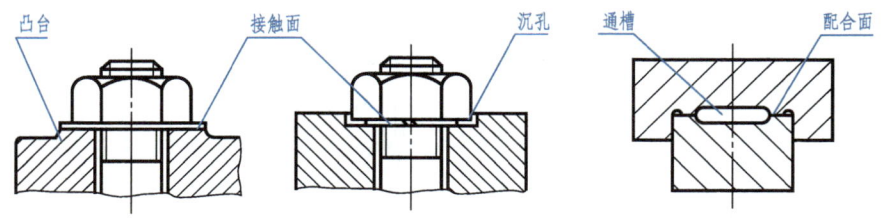

图 8-16　减小加工面积

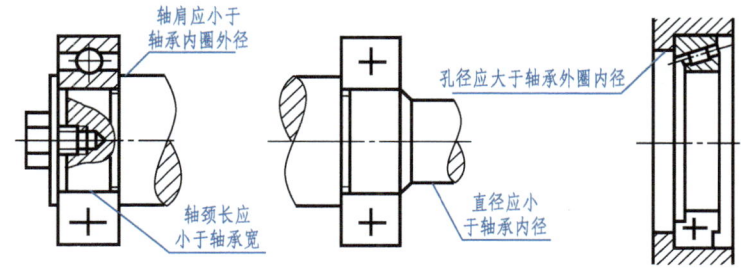

图 8-17　滚动轴承应便于拆卸

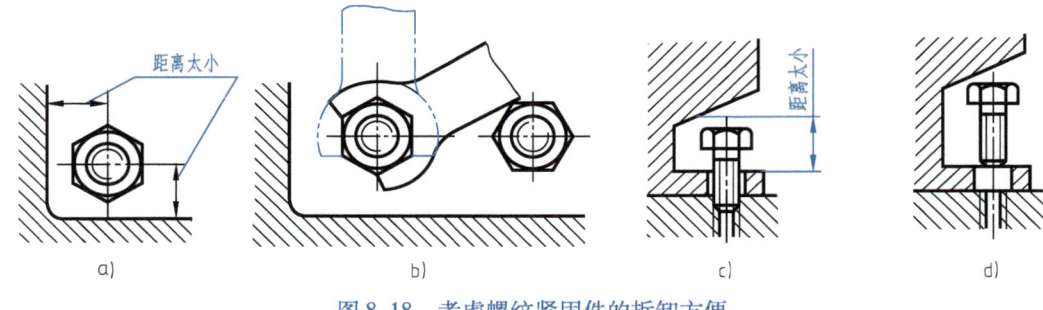

图 8-18　考虑螺纹紧固件的拆卸方便
a)、c) 不合理　b)、d) 合理

**3. 密封装置**

在汽车和机器上的一些部件中，常需要有密封装置，以防止液体或气体向外渗漏及灰尘、杂质等侵入。图 8-19 所示为典型的密封装置。

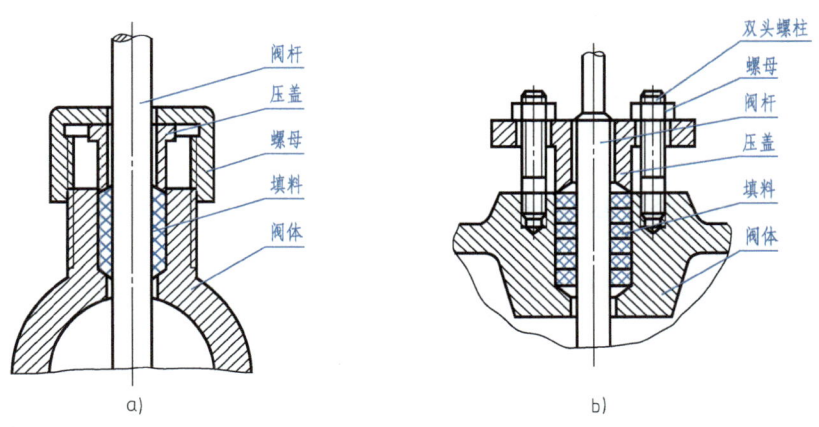

图 8-19　密封装置

### 4. 防松装置

汽车和机器或部件在工作时，由于受到冲击或振动，一些紧固件可能产生松动现象。因此，在某些装置中需采用防松结构，图 8-20 所示为几种常用的防松装置。

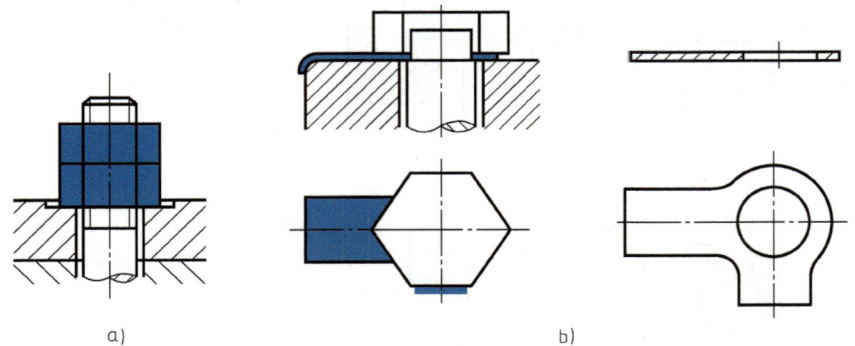

图 8-20 常见的防松装置

## 任务实施

识读图 8-21 所示千斤顶的装配图。

### 1. 概括了解

图 8-21 所示为千斤顶的装配图。千斤顶是汽车修理或机器安装时用来顶起重物的工具。

由明细栏可知千斤顶是由 8 种零件组成的。各零件的名称、数量、材料及备注等内容可从明细栏中查出。

### 2. 分析视图表达

表达千斤顶共采用了四个图形，其中有两个基本视图，分别是主视图和俯视图，还用了两个表达单个零件的辅助视图。各视图分析如下：

（1）主视图　主视图按工作位置放置，既有利于反映千斤顶的工作状态，也可以较好地反映其整体形状特征。通过在主视图上作全剖视，可清楚地表达各主要零件的结构形状、装配关系以及工作原理。

（2）俯视图　俯视图采用沿螺母与螺杆的结合面剖切的特殊表达方法，表示螺母和底座的外形。

（3）件 5C 图　件 5C 图为表达单个零件的辅助视图，反映主要零件顶垫的顶面结构。

（4）件 4B—B 图　件 4B—B 图也是表达单个零件的辅助视图，反映主要零件螺杆上部用于穿绞杠的相互垂直的径向孔的局部结构。

### 3. 分析装配关系和工作原理

（1）装配关系

1）配合关系。螺母外表面与底座内孔的配合尺寸是 $\phi 65H7/k6$，表示两个零件的结合面是选用基孔制过渡配合。

2）联接关系。螺母 3 镶在底座 1 的内孔中，并用螺钉 7 紧定；在螺杆 4 与螺母 3 之间是用螺纹联接的；在螺杆 4 的球面形顶部套一个顶垫 5，顶垫的内凹面是与螺杆顶面半径相同的球面，为了防止顶垫随螺杆一起转动时脱落，在螺杆顶部加工有环形槽，将紧定螺钉 6 的圆柱形端部伸进环形槽锁定；为了防止操作失误，在螺杆 4 的下端用螺钉 8 固定有挡圈 2。

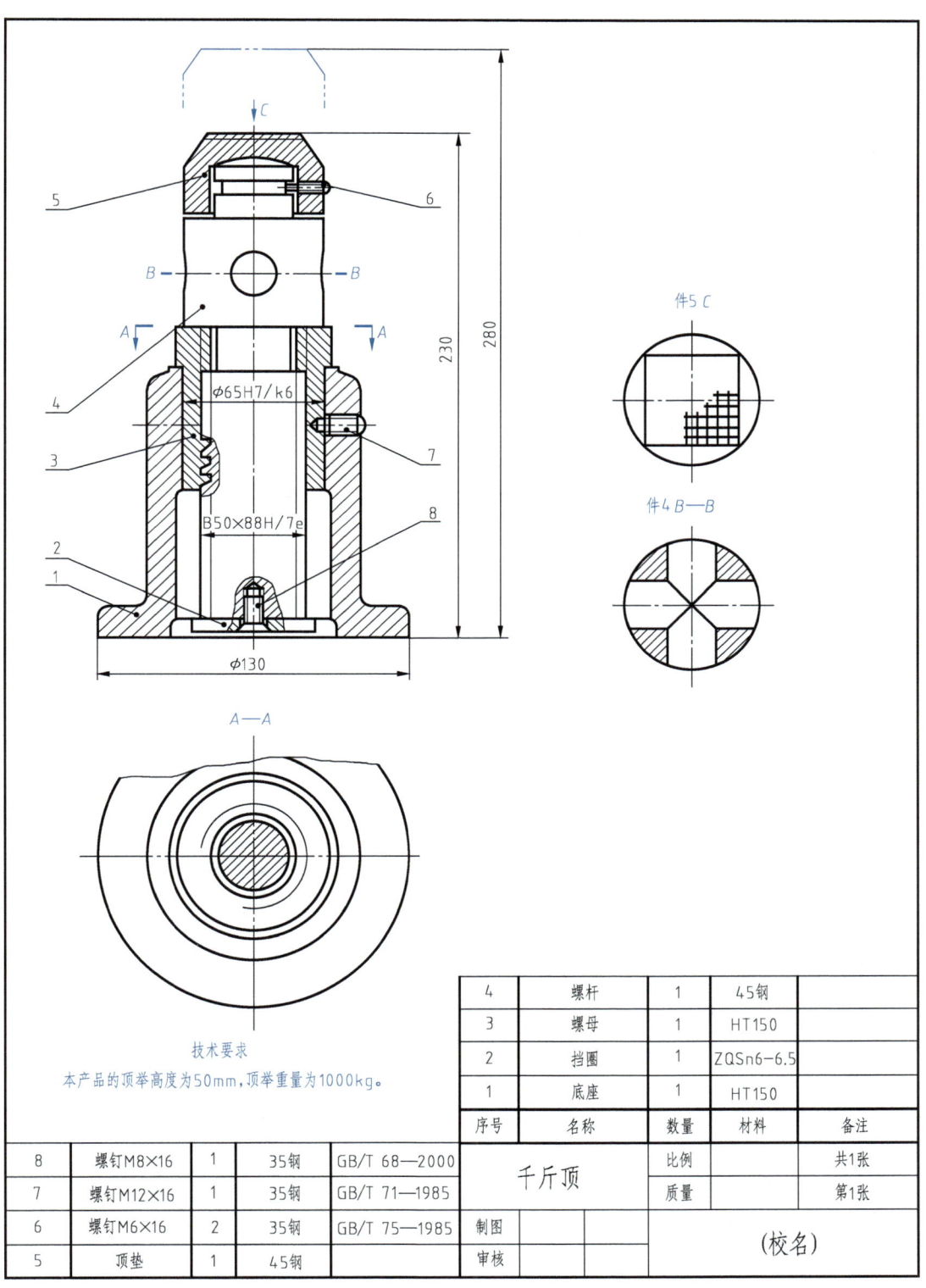

图 8-21　千斤顶的装配图

(2) 工作原理　千斤顶是利用螺旋传动的原理来顶举重物的。工作时，绞杠（图中未画出）穿入螺杆 4 上部的通孔中，拨动绞杠，使螺杆 4 转动，通过螺杆 4 与螺母 3 之间的螺纹作用使螺杆 4 上升而顶起重物。

**4. 分析主要零件**

千斤顶的主要零件有底座 1、螺母 3、螺杆 4 和顶垫 5 等。

(1) 底座　底座 1 的形状主要是通过主视图和俯视图反映出来的。主体结构为回转体，底部为比较大的圆盘，在工作时安装定位；上部有比较大的内孔，与螺母 3 的圆柱面配合；还有一个径向的螺纹孔，用于装螺钉 7。

底座的主要作用是容纳其他零件。

(2) 螺母　螺母 3 的形状主要是通过主视图反映出来的。它是一个简单的套筒类零件。外表面是两段不同直径的圆柱面，下方的圆柱面与底座 1 的内孔配合；两段圆柱面之间有较大的台阶面，装配时用于轴向定位；内孔有螺纹，与螺杆 4 联接；还有一个径向孔，用于装螺钉 7，防止其与底座 1 产生相对运动。

螺母的主要作用是将底座与螺杆联接在一起。

(3) 螺杆　螺杆 4 的形状是通过主视图和"件 4B—B"图反映出的。主体结构分为四部分：上部是球面形的顶部，用于装顶垫 5；球面形顶部的下端，有一环形槽，用于装螺钉 6，防止顶垫 5 随螺杆 4 一起转动时脱落；偏上的部分有互相垂直的径向孔，用于工作时穿入绞杠；下部是比较长的锯齿形螺纹，与螺母 3 的内螺纹联接，端面上有一个轴向的螺纹孔，用于装螺钉 8，将螺杆 4 与挡圈 2 联接起来。

螺杆是主要的运动零件，通过其轴向移动而顶起重物。

(4) 顶垫　顶垫 5 的形状是通过主视图和"件 5C"图反映的。顶面带有网纹，以增大与重物之间的摩擦力；内表面为球面形，与螺杆 4 的顶部相接触；还有一个径向孔，用于装螺钉 6。

**5. 尺寸及技术要求分析**

(1) 尺寸分析　尺寸 230mm、280mm 是千斤顶的使用性能尺寸，即顶举的最大高度是 280mm，230mm 也是千斤顶的总高尺寸；$\phi 65H7/k6$ 是配合尺寸；$\phi 130mm$ 是总体尺寸（总长和总宽）；B50×8-8H/7e 是螺杆 4 与螺母 3 上的螺纹尺寸，表示锯齿形螺纹，大径为 50mm，螺距为 8，内、外螺纹的中径公差带代号分别是 8H 和 7e。

(2) 技术要求分析　技术要求指出了顶举的最大高度和最大重量。

**6. 综合归纳，想象整体**

通过上面的仔细分析，再进行综合归纳，便可以想象出千斤顶的整体形状。图 8-22 所示为千斤顶的轴测装配图。

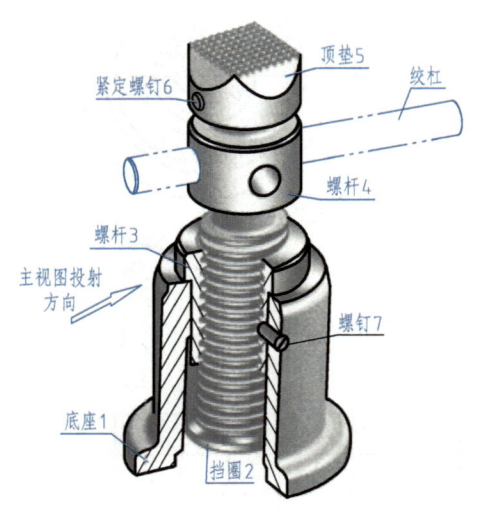

图 8-22　千斤顶的轴测装配图

## 任务四　　由装配图拆画零件图

### 任务描述

由装配图拆画零件图是汽车设计、装配与维修工作中的一个重要环节。本任务以拆画汽车齿轮泵里的泵体为例，介绍由装配图拆画零件图的方法与步骤。

### 任务分析

在汽车装配与维修的过程中，如果其中的某个零件已经损坏，应将该零件拆卸以后画出零件图。在教学过程中，由装配图拆画零件图是检验是否读懂装配图的主要途径，因此，拆画零件图是在读懂装配图的基础上进行的。

### 相关知识

由装配图拆画零件图的步骤如下：

**1. 读懂装配图**

首先根据已经给出的装配图，按照识读装配图的方法与步骤，看懂装配图。

**2. 分离零件，确定零件的结构形状**

1）分析所拆零件的作用和结构，把需要拆卸的零件从装配图的各视图中分离出来，确定该零件的投影轮廓。

2）补齐装配图中被其他零件遮挡的轮廓线，想象零件的结构形状。

3）对于装配图中简化了的工艺结构，如倒角、退刀槽等要补画出来。

**3. 选择零件的表达方案**

对零件视图的选择应按零件本身的结构形状特点来确定，不能完全照搬装配图中的表达方法。一般对于比较大的主要零件，如箱体类零件的主视图多与装配图中的位置和投射方向的选择一致；而轴套类零件的主视图一般应按加工位置放置（即轴线水平放置）确定。

**4. 确定并标注零件的尺寸**

根据装配体的工作性能和使用要求，分析零件各部分尺寸的作用及其对装配体的影响，首先确定主要尺寸和选择尺寸基准。而具体的尺寸大小可根据不同情况分别处理。对装配图中已注明的尺寸，按所标注的尺寸和公差带代号（或查出偏差值）直接注在零件图上。

与标准件或标准结构有关的尺寸（如螺纹、销孔、键槽等）可从明细栏及相应标准中查到；有些尺寸需要计算确定（如齿轮的分度圆直径、齿顶圆直径等）。

在装配图中没有标注的其他结构尺寸，可从装配图中直接按比例量取，一般取整数。

**5. 确定零件的技术要求**

零件的技术要求除在装配图上已标出的（如极限与配合）可直接应用到零件图上外，其他技术要求，如表面粗糙度、几何公差等，要根据零件的作用通过查表或参照同类产品确定。

**6. 填写标题栏**

标题栏中所填写的零件名称、材料和数量等要与装配图明细栏中的内容一致。

## 汽车机械制图

### 任务实施

拆画图 8-23 所示的齿轮油泵中 6 号件"泵体"的零件图。

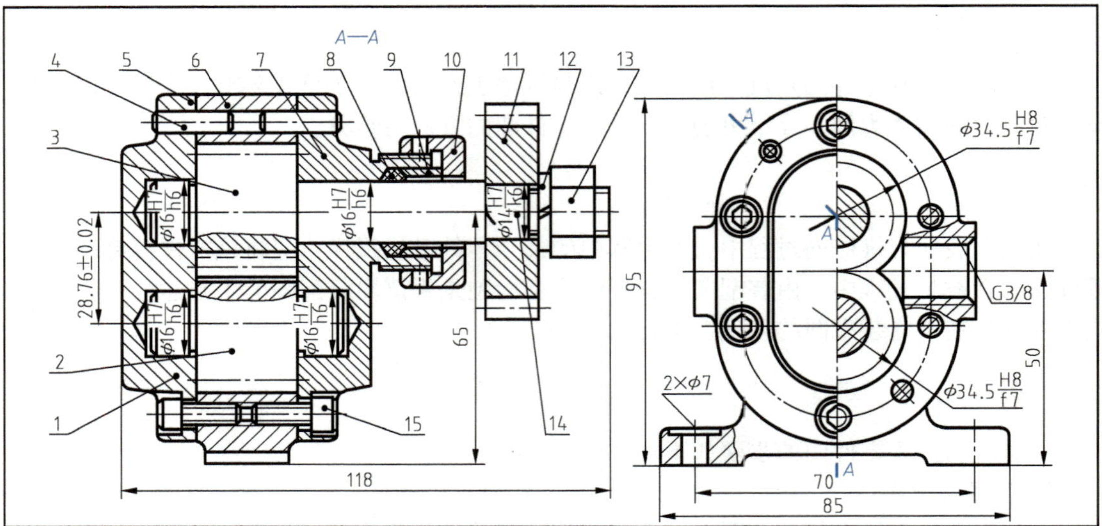

| 15 | 螺钉M6×16 | 12 | 35钢 | GB/T 70.1—2008 | 5 | 垫片 | 1 | 纸 | |
|----|----------|----|------|----------------|---|------|---|------|---|
| 14 | 键4×4×10 | 1 | 45钢 | GB/T 1096—2003 | 4 | 销5m6×20 | 4 | 45钢 | GB/T 119.1—2000 |
| 13 | 螺母M12 | 1 | | GB/T 6170—2000 | 3 | 传动齿轮轴 | 1 | 45钢 | |
| 12 | 垫圈 | 1 | 65Mn | GB/T 97.1—2002 | 2 | 齿轮轴 | 1 | 45钢 | |
| 11 | 传动齿轮 | 1 | 45钢 | | 1 | 左端盖 | 1 | HT200 | |
| 10 | 压紧螺母 | 1 | 35钢 | | 序号 | 名称 | 数量 | 材料 | 备注 |
| 9 | 压盖衬套 | 1 | 35钢 | | 齿轮泵 | | 比例 | | 共1张 |
| 8 | 密封圈 | 1 | 毛坯 | | | | 质量 | | 第1张 |
| 7 | 右端盖 | 1 | HT200 | | 制图 | (姓名) | (日期) | | (校名) |
| 6 | 泵体 | 1 | HT200 | | 审核 | (姓名) | (日期) | | |

图 8-23 齿轮油泵装配图

#### 1. 读懂装配图

（1）概括了解  齿轮油泵是汽车或机器中用来输送润滑油的一个部件，由泵体、左右端盖、传动齿轮轴和齿轮轴等 15 种零件装配而成，其中有 6 种为标准件。

（2）分析视图  齿轮油泵的装配图用两个视图表达。主视图采用了全剖视，主要表达了齿轮油泵的结构特点及各组成零件间的装配和联接关系；左视图采用了沿左端盖处的垫片与泵体结合面剖切的特殊表达方法，并用局部剖视画出油孔，表示了齿轮油泵的进、出油口的结构，齿轮油泵的工作原理及其外部形状。

（3）分析装配关系和工作原理  图 8-24 所示为齿轮油泵的工作原理。结合装配图 8-23 可以看出，

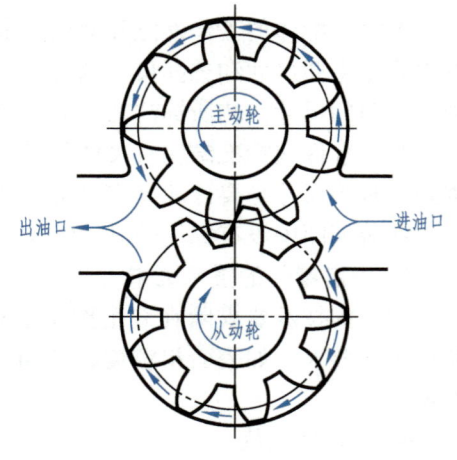

图 8-24 齿轮油泵的工作原理

动力由传动齿轮 11 输入,齿轮油泵的泵体 6 内装有一对外啮合齿轮轴 2 和 3,齿轮的两个端面由端盖 1 和 7 封闭。泵体、端盖和齿轮的各个齿槽组成工作腔。当齿轮按图 8-24 所示方向旋转时,进油腔的容积由于轮齿逐渐脱离啮合而增大,使进油腔内产生一定的真空度,在真空吸力的作用下,油池内的润滑油经进油口被吸入进油腔;随着齿轮的转动,齿槽中的油不断地沿箭头方向被带到出油腔;出油腔的容积由于轮齿逐渐进入啮合而减小,使油压升高,润滑油经出油腔被不断地压入到出油口,经过滤清之后被输送到发动机或机器各需要润滑的部位。

经分析后,便可以想象出齿轮油泵的形状如图 8-25 所示。

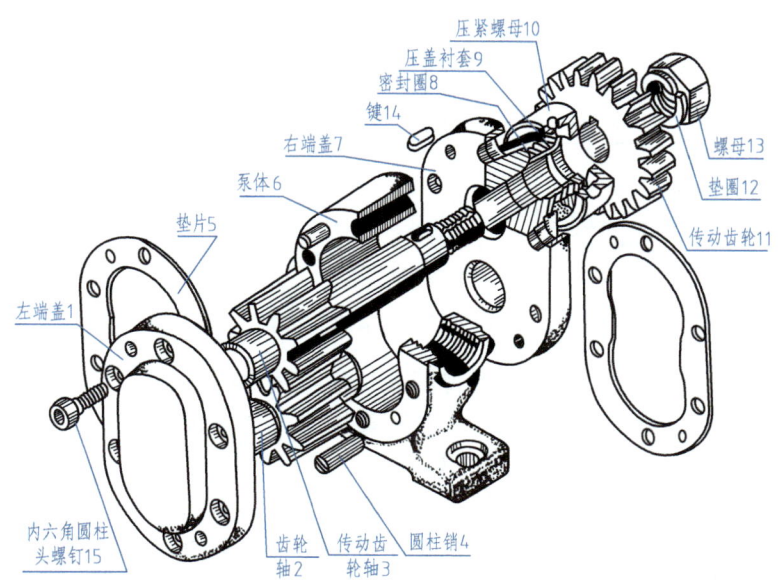

图 8-25 齿轮油泵的轴测分解图

**2. 分析零件,拆画零件图**

分析零件的关键是将需要拆画的零件从装配图中分离出来,再通过投影分析想象形体,弄清该零件的结构形状。

本例需要重点分析的零件是泵体 6 及与其相邻的左端盖 1、右端盖 7、齿轮轴 2 和 3。

泵体 6 的左右两个端面分别与相邻的左端盖 1 和右端盖 7 的端面是结合面,所以在装配图上只画有一条线;三个零件之间是用螺钉 15 联接、销 4 定位的,因此在泵体 6 上应该有螺纹孔及销孔;另外,泵体 6 的空腔内壁表面与齿轮轴 2 和 3 上齿轮的齿顶圆为配合面,在装配图上也只画有一条线,其配合尺寸是 $\phi 34.5\text{H8}/\text{f7}$,此配合为基孔制间隙配合。

(1)分离零件,确定零件的结构形状 根据装配图的规定画法,按剖面线的方向及间隔将泵体从装配图中分离出来,如图 8-26 所

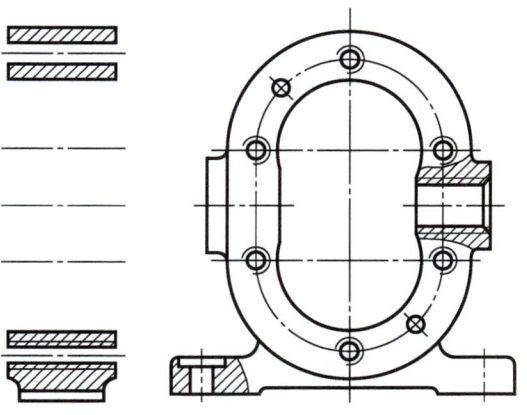

图 8-26 分离出的泵体

示。由于在装配图中泵体的可见轮廓线可能被其他零件（如螺钉、销等）遮挡，所以分离出来的图形往往是不完整的，必须补全外形轮廓；另外，对于装配图中简化了的工艺结构，如倒角、退刀槽等都要补画出来，如图8-27所示。将主、左视图对照分析，想象出泵体的整体形状，如图8-28所示。

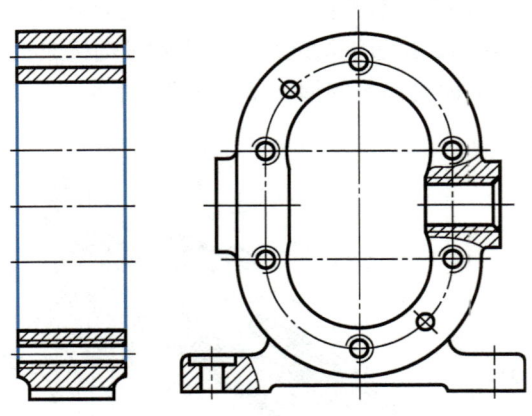

图8-27 补全泵体的轮廓

（2）确定零件的表达方案 零件的视图表达应根据零件的结构形状确定，而不是从装配图中照抄。在装配图中，泵体的左视图反映了容纳一对齿轮的长圆形空腔以及与空腔相通的进、出油孔，同时也反映了销孔与螺钉孔的分布以及底座上沉孔的形状。因此，画零件图时将这一方向作为泵体主视图的投射方向比较合理。装配图中省略未画出的工艺结构（如倒角等），在拆画零件图时应按标准结构要素补全。

（3）确定并标注零件图的尺寸 装配图中已经注出的重要尺寸直接抄注在零件图上，如尺寸 $\phi 34.5 H8/f7$，是一对啮合齿轮的齿顶圆与泵体空腔内壁的配合尺寸，分离出泵体上的尺寸应该是 $\phi 34.5 H8$；尺寸（28.76±0.02）mm是一对啮合齿轮的中心距，G3/8是进、出油口的管螺纹尺寸。另外，还有油孔中

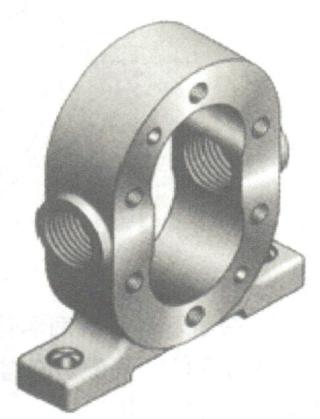

图8-28 想象出泵体形状

心高尺寸50mm、底板上安装孔的定位尺寸70mm等。其中配合尺寸应标注公差带代号，或查表注出上、下极限偏差数值。例如本例中的配合尺寸 $\phi 34.5 H8/f7$，在附表F-3中查出尺寸 $\phi 34.5 H8$ 的偏差为（$^{+0.039}_{0}$）。

对装配图中未注的尺寸，可按比例从装配图中量取，并加以圆整。

（4）确定零件图的技术要求 泵体的两个端面有密封要求，其表面粗糙度 $Ra$ 值要小，尺寸公差和几何公差等也应有一定的要求；另外，锥销孔及泵体的内腔，其表面粗糙度 $Ra$ 值也要小。其他表面可根据经济性的原则确定。零件的其他技术要求可用文字注写在标题栏附近。图8-29所示为根据齿轮油泵装配图拆画出的泵体的零件图。

（5）填写标题栏 标题栏中所填写的零件名称、材料和数量等要与装配图明细栏中的内容一致。

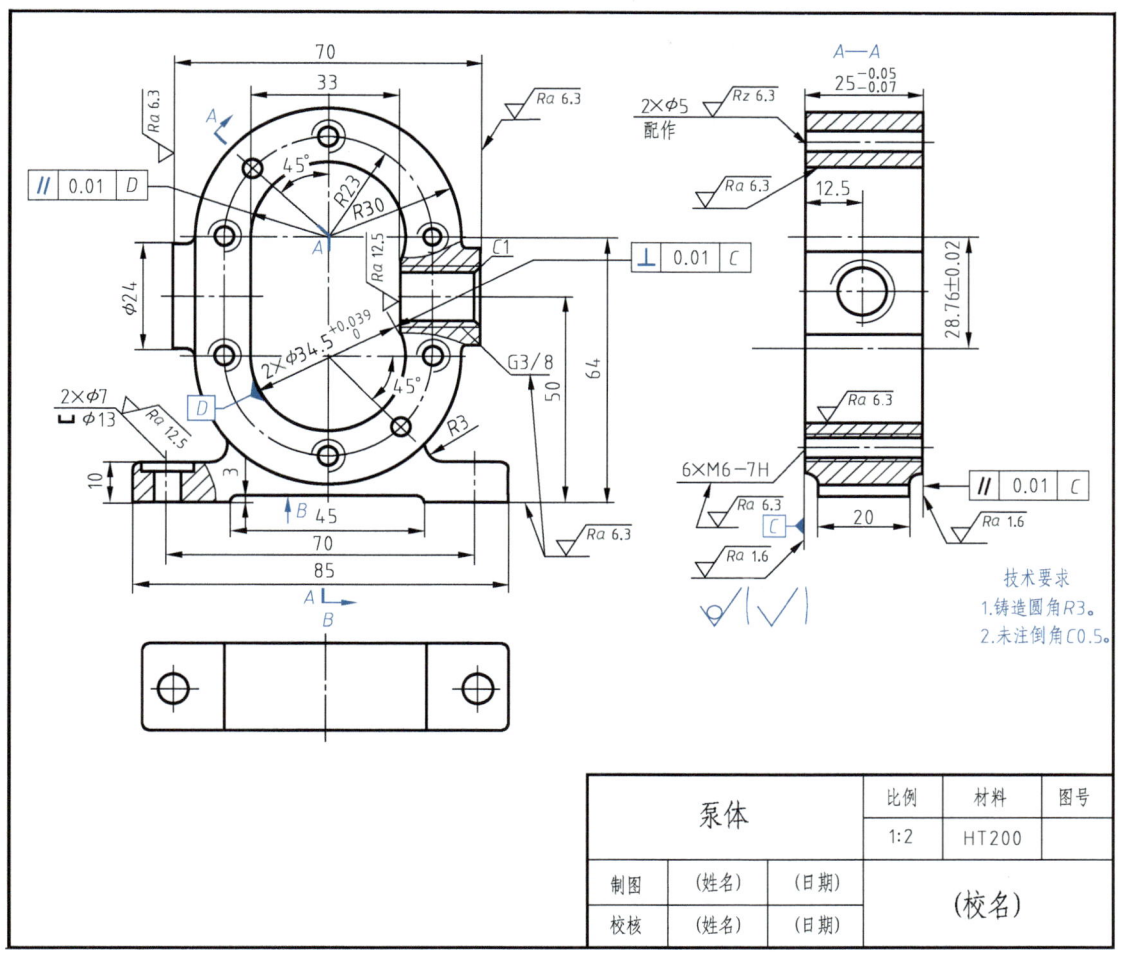

图 8-29　泵体的零件图

## 项目小结

装配图是表示产品或部件的工作原理、结构形状和装配关系的图样，主要用于部件和产品的装配、检测、使用和维修。

本项目与零件图都是教材的重点内容，是汽车机械制图的应用阶段。由于装配图与零件图的使用场合不同，其图样内容中的具体要求也不相同。零件图中要求对于零件上所有的结构形状、尺寸及技术要求必须完整、清晰地表达出来，而装配图上只需要表达出装配体的装配联接关系、工作原理、主要零件的结构形状、必要的尺寸及装配时应达到的一些要求。零件图中所用的各种表达方法都适合于装配图，但装配图还有其特殊的表达方法及简化画法。

装配图的特殊表达方法有：拆卸画法、沿零件结合面剖切的画法、假想画法、展开画法及单独表示某个零件的方法。对零件上的细小结构（倒角、斜度、锥度、间隙等）可采用省略或夸大的画法表示。装配图上的尺寸只需要标注出规格（性能）尺寸、装配尺寸、总体尺寸、安装尺寸及一些重要的尺寸。

　　读装配图时，应从零件的剖面线方向分清零件的轮廓，主要读懂装配体的工作原理、各零件间的装配联接关系及主要零件的结构形状；拆画零件图时，应注意从装配图中分离出零件后还要进一步根据零件的功能及与相邻零件的装配联接关系，判断和构思出零件的完整结构。

# 项目九

## 绘制与识读电路图

由于汽车电子控制技术的飞速发展，汽车电路日趋复杂，因此，能准确地读懂并分析汽车电路是对维修人员的基本要求。本项目重点介绍了汽车电路基础知识、汽车电路图的种类、汽车电气系统的组成以及汽车电路图的识读方法与技巧。

### 知识目标

1. 掌握汽车电路的概念、组成及特点。
2. 了解汽车电路图的概念、种类及作用。
3. 熟悉汽车电路图中常用图形符号及标志。
4. 了解汽车电气系统的组成。
5. 掌握汽车电路原理图的识读方法。

### 技能目标

1. 能根据电气符号在汽车电气原理图中正确找出相应的电气元件。
2. 能通过汽车整车电气接线图，绘制出相应的某一部分的电气接线图。
3. 能明确汽车电气原理图中的配线规律，并掌握各电源线工作情况。
4. 能简单分析汽车电气原理图中某一系统的电路连接关系及电路走向。

### 任务一　电路图的表达方法

#### 任务描述

汽车电路图是表达设计思想、指导装配、电路原理分析、电路故障分析的重要文件。本任务重点介绍了汽车电路图的四种表达形式，分别为接线图、线束图、原理图和原理框图。

#### 任务分析

通过对接线图、线束图、原理图和原理框图的学习，了解汽车电路的结构组成及特点，明确各电路图的表达重点及适用范围。

## 相关知识

### 一、汽车电路的组成

汽车电路即汽车用电设备的通路，是指根据用电设备的工作特性及相互间的关系用导线和车体连接成电流的通路，构成一个完整的供、用电系统。汽车电路一般由电源、用电设备、控制器件、电路保护装置和导线组成。

**1. 电源**

电源向汽车电气设备提供低压直流电能，以保证汽车在行驶中和停车时都能正常投入工作。汽车上装有两个电源，即蓄电池和发电机。

**2. 用电设备**

用电设备又称负载，包括电动机、电磁阀、灯泡、仪表、各种电子控制器件和部分传感器等。

**3. 控制器件**

除了传统的各种手动开关、压力开关、温控开关外，现代汽车还大量使用电子控制器件，包括简单的电子模块（如电子式电压调节器等）和微机形式的电子控制单元（如发动机电控单元、自动变速器电控单元等）。电子控制器件和传统开关在电路上的主要区别是电子控制器件需要单独的工作电源及需要配用各种形式的传感器。

**4. 电路保护装置**

电路保护装置主要有熔断丝（俗称保险丝）、电路断电器及易熔线等，其功能是在电路中起保护作用。当电路中流过超过规定的电流时切断电路，防止烧坏电路连接导线和用电设备，并把故障限制在最小范围内。

**5. 导线**

导线用于将以上各种装置连接起来构成电路。此外，汽车通常用车体代替部分从用电设备返回电源的导线。

### 二、汽车电路图的概念

汽车电路图就是采用国家、企业标准规定的图形符号、文字符号和规定的画法，对汽车电气系统的组成、工作原理及相互间的关系、安装位置等做出图解说明的电气文件。

汽车电路图反映的是汽车电气系统的组成、工作原理和相互间的联系以及具体的安装位置，因此，汽车电路图在汽车设计、制造、维修过程中是不可缺少的技术资料和工具，尤其在汽车维修中更是起到指导性的作用，为故障的查找分析和排除提供便利。

### 三、汽车电路图的分类

现代汽车电路图的种类繁多，电路图也因车型不同存在着一定的差别，但是根据其不同特点和用途可归纳分为接线图、线束图、原理图和原理框图等。

**1. 接线图**

汽车电气接线图又称敷线图，体现了汽车电器实际的情况，也就是电气系统接线图。图9-1

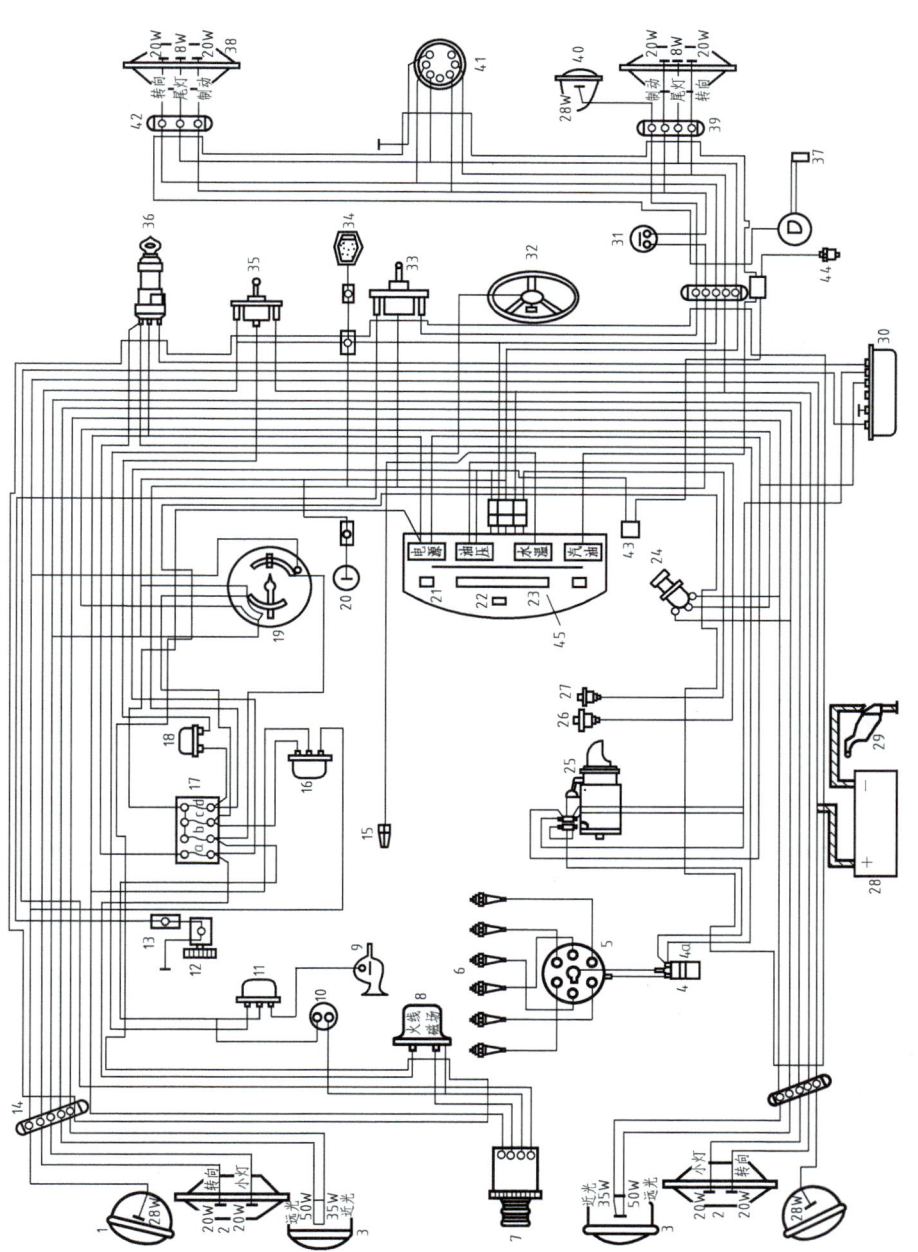

图 9-1 东风 EQ1090 型汽车电气系统接线图

1—前侧灯 2—组合前灯 3—前照灯 4—点火线圈 5—分电器 6—火花塞 7—发电机 8—喇叭 9—喇叭电动机 13—接线管 14—五线接线板 15—水温表传感器 16—灯光继电器 17—熔断器 18—闪光器 19—车灯开关 20—发电机罩下灯 21—左右转向指示灯 22—低油压报警灯 23—车速里程表 24—变光开关 25—起动机 26—油压表传感器 27—低油压报警开关 28—蓄电池 29—电源总开关 30—起动复合继电器 31—制动灯开关 32—喇叭按钮 33—后照灯和暖风室顶灯 34—三线接线板 35—转向灯开关 36—点火开关 37—燃油表传感器 38—组合后灯 39—四线接线板 40—后照灯 41—挂车插座 42—二线接线板 43—低压蜂鸣器 44—低压报警开关 45—仪表盘

所示为东风 EQ1090 型汽车电气系统接线图。其优点在于，整车电气设备数量明了，部件与部件之间连接关系依实际绘出，线路走向清楚，方便查找。但其缺点如下：由于线路密集，图样上导线纵横交错，不易表达电路内部结构与工作原理，不利于识图和分析。

与汽车电气系统接线图相类似的还有汽车电路布线图。图 9-2 所示为汽车整车电路布线图；图 9-3 所示为富康 988 轿车仪表系统布线图。布线图主要表明线束与各电器的连接部位、接线柱的标记和插接器的形状位置等，是人们在汽车上实际接触到的汽车电路图。这种图一般不会详细描绘线束内部的线路走向，只将裸露在线束外的插头与插接器进行详细编号或用字母标记，是一种突出装配记号的电路表现形式，便于安装、配线、检测与维修。

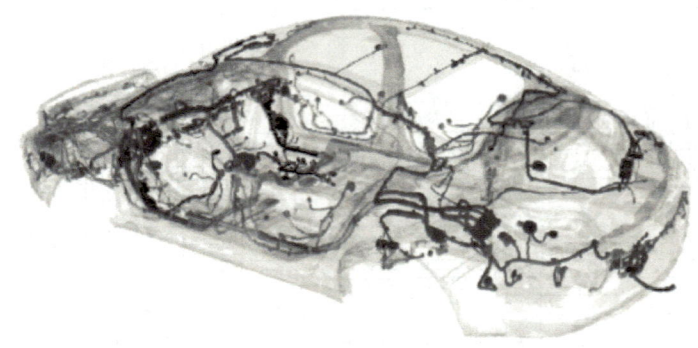

图 9-2　汽车整车电路布线图

**2. 线束图**

线束图属于安装图，是根据电气设备在汽车上的实际安装位置、线束分段以及各分支导线端口的具体连接情况而绘制的电路图。线束图注重表达的是已制成的线束外形，组成线束的各导线的规格大小、长度和颜色，突出接线端的序号以及各分支端口所连接的电气设备的名称等，便于安装、配线、检测与维修。线束图与接线图相似，但更加简洁明了，接近实际，对使用、维修人员实用性更强。图 9-4 所示为线束图。图 9-5 所示为北京现代轿车发动机主线束图。

**3. 原理图**

汽车电气原理图是最为常用的电路图，是用规定的汽车电气图形符号、文字符号，按工作特点或功能布局绘制的，用来表明电气设备的工作原理及各电器元件的作用，以及相互之间的关系。图 9-6 所示为东风 EQ1090 型汽车电气系统电路原理图。汽车电气原理图一般由主电路、控制电路、保护、配电电路等几部分组成，电流走向清晰，线路布局合理，各系统与元件是依据工作原理与互相的关联来布局的，各系统相对独立，简洁清楚，便于识读，为分析、查找、排除故障提供依据。

**4. 原理框图**

汽车电气原理框图是表示汽车电气系统、分系统、装置、部件中各项目的基本组成和相互关系的一种简图。一般采用方框和连线来表示比较复杂的电子电路工作原理和构成概况，将电路按照功能划分为几个部分，每一个部分用方框来描绘，在方框中用文字简单说明，方框与方框之间用连线来说明各方框之间的联系，能直观地表达一个功能方框在电路中的作用。图 9-7 所示为计算机控制点火系统的原理框图。

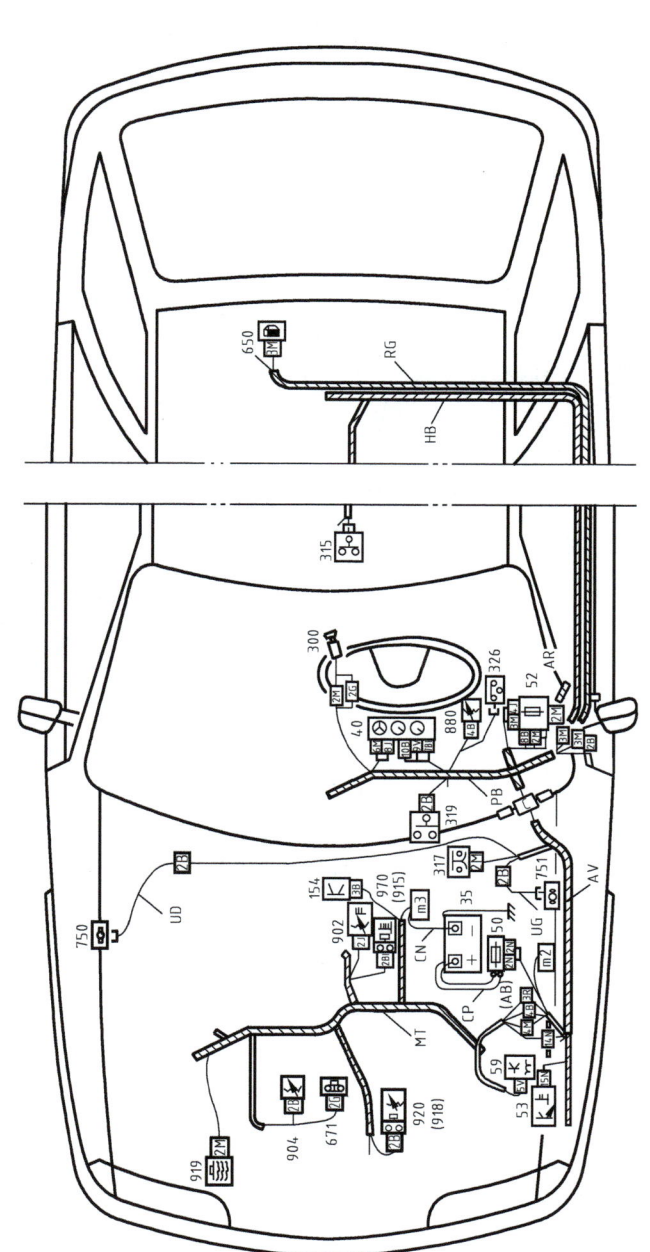

图9-3 富康988轿车仪表系统布线图

35—蓄电池 40—仪表板 50—发动机罩下熔断器盒 52—车内熔断器盒 53—水温控制盒 154—车速传感器 300—点火开关 315—手制动开关 317—液面开关 319—制动开关 326—阻风门开关 650—燃油表传感器 671—机油压力表传感器 750—右前制动摩擦片报警器 751—左前制动摩擦片报警器 880—仪表照明变阻器 915—水温表传感器 59、902、904、918、919、920—未用 970—发动机温度报警开关

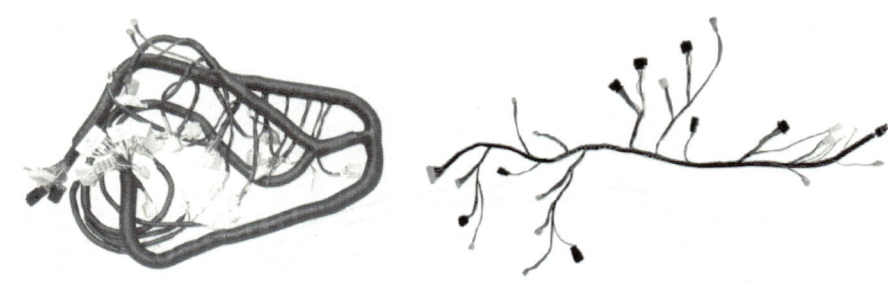

图 9-4 线束图

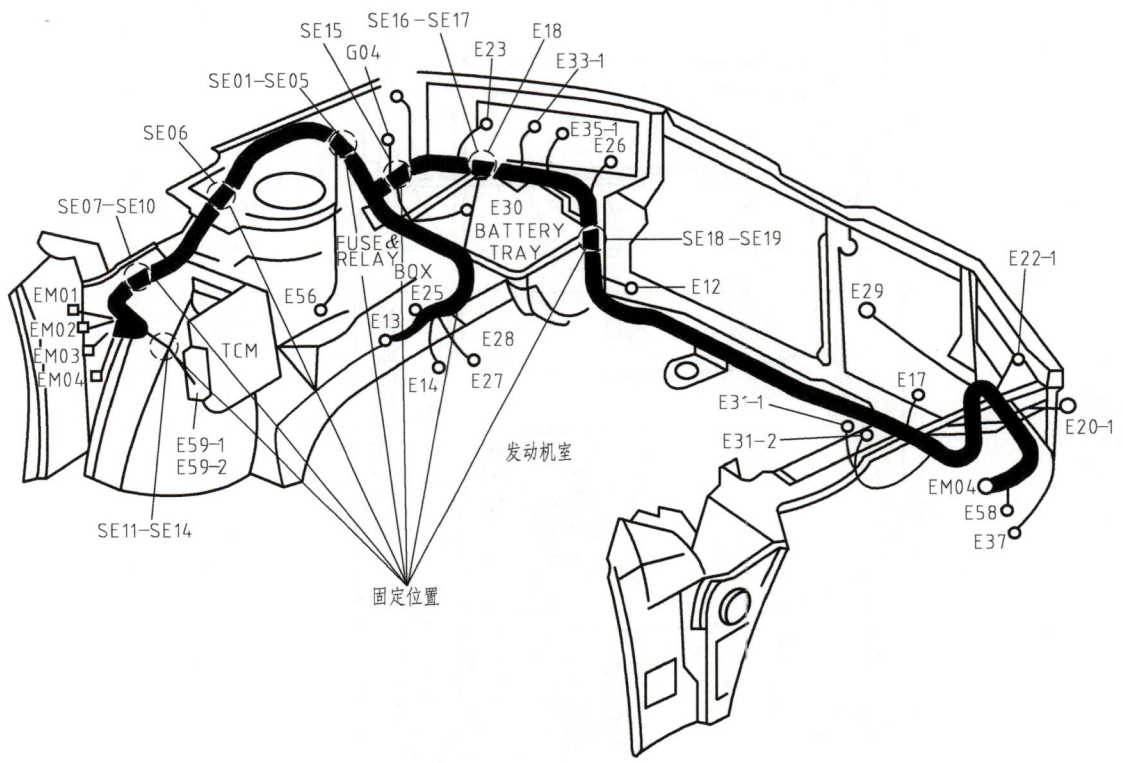

图 9-5 北京现代轿车发动机主线束图

## 任务实施

以东风 EQ1090 型汽车为例,通过汽车电气系统接线图(见图 9-1),绘制出相应的某一部分(点火系统)的电气接线图。

**1. 分析电路结构组成**

根据图注找到需绘制部分电器的名称、编号和图上的位置,了解该部分的电路组成以及其工作原理。

**2. 化整为零,找出通路,画出草图**

分析该部分各电器之间的实际线路,将每条支路按电源正极→火线→熔断器或开关等中间环节→用电器→搭铁→电源负极的顺序找线。同时,边找边把草图画出来,做好记录。

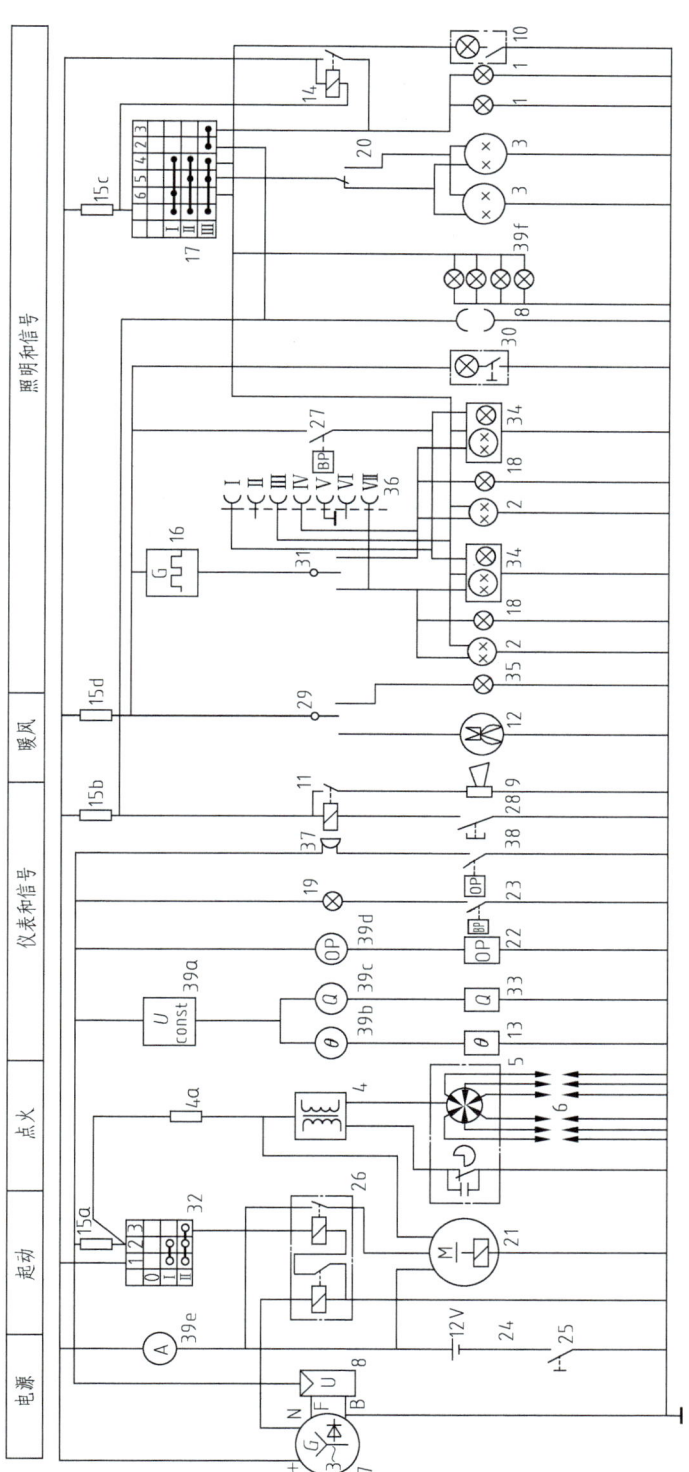

图9-6 东风EQ1090型汽车电气系统电路原理图

1—前侧灯 2—组合前灯 3—前照灯 4—点火线圈 5—分电器 6—火花塞 7—发电机 8—调节器 9—喇叭 10—发动机罩下灯 11—喇叭继电器 12—暖风电动机 13—水温表传感器 14—灯光继电器 15a～d—熔断器 16—闪光器 17—车灯开关 18—左右转向指示灯 19—低油压警告灯 20—变光开关 21—起动机 22—油压表传感器 23—低油压报警开关 24—蓄电池 25—电源总开关 26—起动复合继电器 27—制动灯开关 28—喇叭按钮 29—后照灯和暖风电动机开关 30—驾驶室顶灯 31—转向灯开关 32—点火开关 33—燃油表传感器 34—组合后灯 35—后照灯 36—挂车插座 37—低压蜂鸣器 38—低压报警开关 39a—稳压器 39b—水温表 39c—燃油表 39d—油压表 39e—电流表 39f—仪表灯

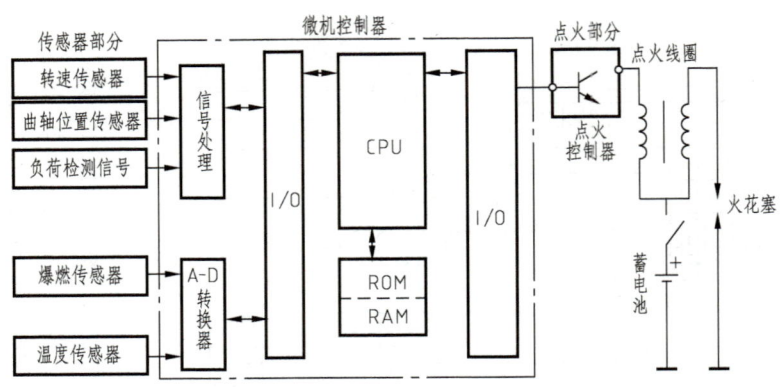

图 9-7 计算机控制点火系统的原理框图

**3. 整理,绘图**

进一步分析该系统的电流走向和控制关系,以及和其他系统的关系等,理解其工作原理。反复整理,改绘几次,最终绘制的电路图应有统一的格式,元器件符号应尽可能采用标准符号,有一些特殊元件,图注中还需要用文字简要说明,绘制的电路图上接线柱、导线、元器件的标号应尽可能与原图编号一致。

如图 9-8 所示就是按照上述方法绘制出的点火系统接线图。如图所示,点火系统的电路连接关系清晰明了,也为今后绘制原理图打下了基础。

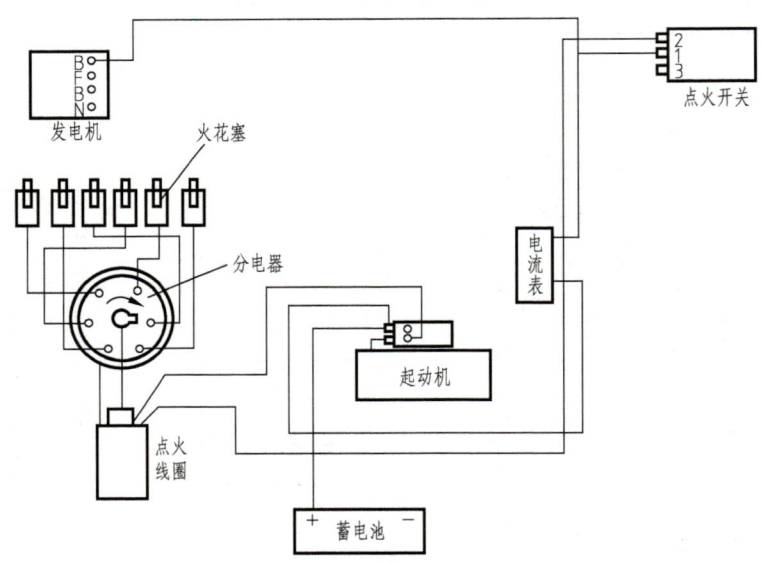

图 9-8 点火系统接线图

## 任务二　认识电路图常用电气符号

### 任务描述

汽车电路图虽然用实物图来表示会非常直观,但是绘制电路图非常麻烦,因此,人们就把电路中常用的实物用简单的图形符号来表示，这些图形符号就是电气符号。

电气符号是在电路中表示结构或概念的一种图形、标记或字符，是电气技术领域中的基本语言，是看懂汽车电路图的基础。

## 任务分析

电气符号是绘制和阅读汽车电路图的准则和依据，它是电气工程界的技术语言，不同国家、不同语种的电气工程技术人员及技术工人都能看懂。因此，作为从事汽车制造与维修的技术人员必须掌握这些标准的基本规定。

## 相关知识

### 一、通用的基础电气符号

**1. 限定符号**（见表9-1）

表9-1 常用的基本符号

| 序 号 | 名 称 | 图形符号 | 序 号 | 名 称 | 图形符号 |
|---|---|---|---|---|---|
| 1 | 直流 | — | 6 | 中性点 | N |
| 2 | 交流 | ~ | 7 | 磁场 | F |
| 3 | 交直流 | ≈ | 8 | 搭铁 | ⊥ |
| 4 | 正极 | + | 9 | 交流发电机输出接线柱 | B |
| 5 | 负极 | − | 10 | 磁场二极管输出端 | $D_+$ |

**2. 导线、端子和导线的连接符号**（见表9-2）

表9-2 导线、端子和导线的连接符号

| 序 号 | 名 称 | 图形符号 | 序 号 | 名 称 | 图形符号 |
|---|---|---|---|---|---|
| 1 | 接点 | ● | 8 | 插头和插座 |  —⊂— |
| 2 | 端子 | ○ | 9 | 多极插头和插座（图示为三极） | 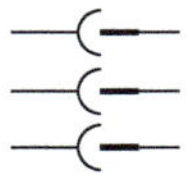 |
| 3 | 可拆卸的端子 | ⌀ | 10 | 接通的连接片 |  |
| 4 | 导线的连接 |  —○○— | 11 | 断开的连接片 |  |
| 5 | 导线的分支连接 | ⊤ | 12 | 屏蔽导线 |  |
| 6 | 导线的交叉连接 |  + | 13 | 边界线 | 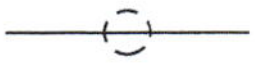 |
| 7 | 导线的跨越 |  | | | |

## 3. 触点与开关符号（见表9-3）

表9-3 触点与开关符号

| 序号 | 名称 | 图形符号 | 序号 | 名称 | 图形符号 |
|---|---|---|---|---|---|
| 1 | 动合（常开）触点 | | 17 | 温度控制 | |
| 2 | 动断（常闭）触点 | | 18 | 压力控制 | |
| 3 | 先断后合的触点 | | 19 | 制动压力控制 | |
| 4 | 中间断开的双向触点 | | 20 | 液位控制 | |
| 5 | 一般情况下手动控制 | | 21 | 凸轮控制 | |
| 6 | 拉拔操作 | | 22 | 联动开关 | |
| 7 | 旋转操作 | | 23 | 手动开关 | |
| 8 | 推动操作 | | 24 | 定位（非自动复位）开关 | |
| 9 | 一般机械操作 | | 25 | 按钮 | |
| 10 | 钥匙操作 | | 26 | 能定位的按钮 | |
| 11 | 热执行器操作 | | 27 | 拉拔开关 | |
| 12 | 热敏开关动断触点 | | 28 | 旋转、旋钮开关 | |
| 13 | 热敏开关动合触点 | | 29 | 液位制动开关 | |
| 14 | 热敏自动开关动断触点 | | 30 | 机油滤清器报警开关 | |
| 15 | 热继电器触点 | | 31 | 多档开关、点火起动开关，瞬时位置为2能自动返回到1（即2档不能定位） | |
| 16 | 旋转多档开关位置 | | 32 | 节气门开关 | |

## 4. 电器元件符号（见表9-4）

表9-4　电器元件符号

| 序号 | 名　　称 | 图形符号 | 序号 | 名　　称 | 图形符号 |
|---|---|---|---|---|---|
| 1 | 电阻器 | | 15 | NPN 型晶体管 | |
| 2 | 可变电阻器 | | 16 | PNP 型晶体管 | |
| 3 | 热敏电阻器 | | 17 | 电感线圈、绕组、扼流圈 | |
| 4 | 压敏电阻器 | | 18 | 带磁性的电感器 | |
| 5 | 滑动触点电阻器 | | 19 | 熔断器 | |
| 6 | 加热元件、电热塞 | | 20 | 易熔线 | |
| 7 | 电容器 | | 21 | 电路断路器 | |
| 8 | 可变电容器 | | 22 | 永久磁铁 | |
| 9 | 电解电容器 | | 23 | 操作器件<br>一般符号 | |
| 10 | 半导体<br>整流二极管 | | 24 | 一个绕组电磁铁 | |
| 11 | 稳压二极管 | | 25 | 两个绕组电磁铁 | |
| 12 | 发光二极管 | | 26 | 不同方向绕组<br>电磁铁 | |
| 13 | 光敏二极管 | | 27 | 触点常开的<br>继电器 | |
| 14 | 具有两个电极的<br>压电晶体 | | 28 | 触点常闭的<br>继电器 | |

## 二、汽车电气符号

### 1. 仪表符号（见表9-5）

表9-5　仪表符号

| 序号 | 名　　称 | 图形符号 | 序号 | 名　　称 | 图形符号 |
|---|---|---|---|---|---|
| 1 | 电压表 | Ⓥ | 6 | 温度表 | Ⓞ (θ) |
| 2 | 电流表 | Ⓐ | 7 | 燃油表 | Ⓠ |
| 3 | 电阻表 | Ⓞ (Ω) | 8 | 速度表 | Ⓥ (v) |
| 4 | 油压表 | ⓄⓅ (OP) | 9 | 电钟 | ⏰ |
| 5 | 转速表 | Ⓝ (n) | 10 | 数字式电钟 | 🕒 |

### 2. 传感器符号（见表9-6）

表9-6　传感器符号

| 序号 | 名　　称 | 图形符号 | 序号 | 名　　称 | 图形符号 |
|---|---|---|---|---|---|
| 1 | 温度传感器 | —[θ]— | 8 | 空气流量传感器 | —[AF]— |
| 2 | 空气温度传感器 | —[t°a]— | 9 | 氧传感器 | —[λ]— |
| 3 | 水温表传感器 | —[t°w]— | 10 | 爆燃传感器 | —[K]— |
| 4 | 燃油表传感器 | —[Q]— | 11 | 转速传感器 | —[n]— |
| 5 | 油压表传感器 | —[OP]— | 12 | 速度传感器 | —[v]— |
| 6 | 空气质量传感器 | —[m]— | 13 | 空气压力传感器 | —[AP]— |
| 7 | 燃油滤清器积水传感器 | —[W]— | 14 | 制动压力传感器 | —[BR]— |

## 3. 电气设备符号（见表9-7）

表9-7 汽车电气设备符号

| 序号 | 名 称 | 图形符号 | 序号 | 名 称 | 图形符号 |
|---|---|---|---|---|---|
| 1 | 照明灯、信号灯、仪表灯、指示灯 | | 14 | 常闭电磁阀 | |
| 2 | 双丝灯 | | 15 | 电磁离合器 | |
| 3 | 荧光灯 | | 16 | 加热器（除霜器） | |
| 4 | 组合灯 | | 17 | 稳压器 | |
| 5 | 预热指示器 | | 18 | 点烟器 | |
| 6 | 电喇叭 | | 19 | 热继电器 | |
| 7 | 扬声器 | | 20 | 间歇刮水继电器 | |
| 8 | 蜂鸣器 | | 21 | 天线一般符号 | |
| 9 | 报警器、电警笛 | | 22 | 发射机 | |
| 10 | 闪光器 | | 23 | 收音机 | |
| 11 | 霍尔信号发生器 | | 24 | 收放机 | |
| 12 | 电磁阀一般符号 | | 25 | 用电动机操纵的急速调整装置 | |
| 13 | 常开电磁阀 | | 26 | 空气调节器 | |

(续)

| 序号 | 名称 | 图形符号 | 序号 | 名称 | 图形符号 |
|---|---|---|---|---|---|
| 27 | 传声器一般符号 |  | 38 | 晶体管<br>电动燃油泵 |  |
| 28 | 点火线圈 |  | 39 | 加热定时器 | 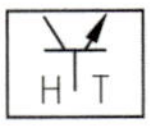 |
| 29 | 分电器 |  | 40 | 点火电子组件 | 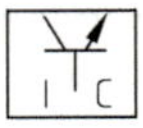 |
| 30 | 火花塞 |  | 41 | 风扇电动机 |  |
| 31 | 电压调节器 |  | 42 | 刮水电动机 |  |
| 32 | 串励绕组 |  | 43 | 天线电动机 |  |
| 33 | 并励或他励绕组 |  | 44 | 定子绕组为星形<br>连接的交流发电机 |  |
| 34 | 集电环或换向<br>器上的电刷 |  | 45 | 定子绕组为三角形<br>连接的交流发电机 |  |
| 35 | 直流电动机 |  | 46 | 外接电压调节器<br>与交流发电机 | 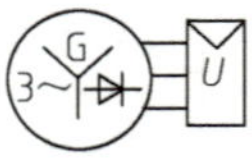 |
| 36 | 起动机<br>（带电磁开关） |  | 47 | 整体式交流发电机 |  |
| 37 | 燃油泵电动机<br>洗涤电动机 |  | 48 | 蓄电池 | 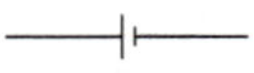 |

## 任务实施

在图9-6所示的东风EQ1090型汽车电气系统电路原理图中结合图注熟悉上述电气符号。

## 任务三　电路图识读方法与技巧

### 任务描述

现代汽车大量应用电子控制技术，使汽车电路越来越复杂。同时，由于不同国家、不同生产厂家在汽车电路原理图的画法上存在一定差异，因此，给电路识图带来许多困难。正确识读汽车电气原理图是分析电路原理、诊断和排除故障的基础，掌握汽车电路识读的正确方法十分重要。

### 任务分析

在汽车电气检测与维修过程中，需要对电路进行原理分析与故障判断，读懂电气原理图是基础，要了解汽车电路的表达方式，抓住汽车电气原理图的特点，掌握正确的识读方法。

### 相关知识

汽车电气原理图是专业性相对较强的电路文件，想要快速准确地读懂汽车电气原理图，就需要很好地把握汽车电路的表达方式，理解电路的组成结构，熟悉电路的配线规律，分清电路图的组成部分，掌握读图的技巧与方法。

#### 一、汽车电路的表达方法

**1. 由集中到分散**

汽车电路的特点之一就是采用了并联单线制的接法，也就意味着局部电路和局部电路之间相互独立（各系独立），因此，汽车电路读图的第一步就是要将局部电路从全车电路中分离出来。

**2. 汽车电路配线的基本规律**

汽车电器线束连接三大中心，分别为中央配线盒、仪表接线盒和开关。中央配线盒（熔断器与继电器盒）是所有电器的电源来源。仪表接线盒是所有电器的电源来源。开关不但是线束的中心，还是各局部电路的控制核心，开关的功能反映了局部电路的主要功能。因此电路分析要抓住开关的核心作用。

**3. 控制对象的回路**

汽车电路读图的目的是找出正确的回路，确定回路中的导线、插座、熔丝、继电器及各种元件，从而分析故障点。电流回路由正极到负极，由电源到搭铁点。规范的汽车电路原理图自上而下。继电器电路要分别分析控制回路和开关回路。

#### 二、汽车电路图的读图方法与技巧

**（一）电路图的组成**（以图9-9桑塔纳2000GSi轿车电路原理图为例）

**1. 中央继电器盒电路**

图9-9最上面的部分（虚线框内阴影部分）是中央配线盒电路。电路图中同时标明了熔断器位置及容量、继电器位置及编号、插脚号等。

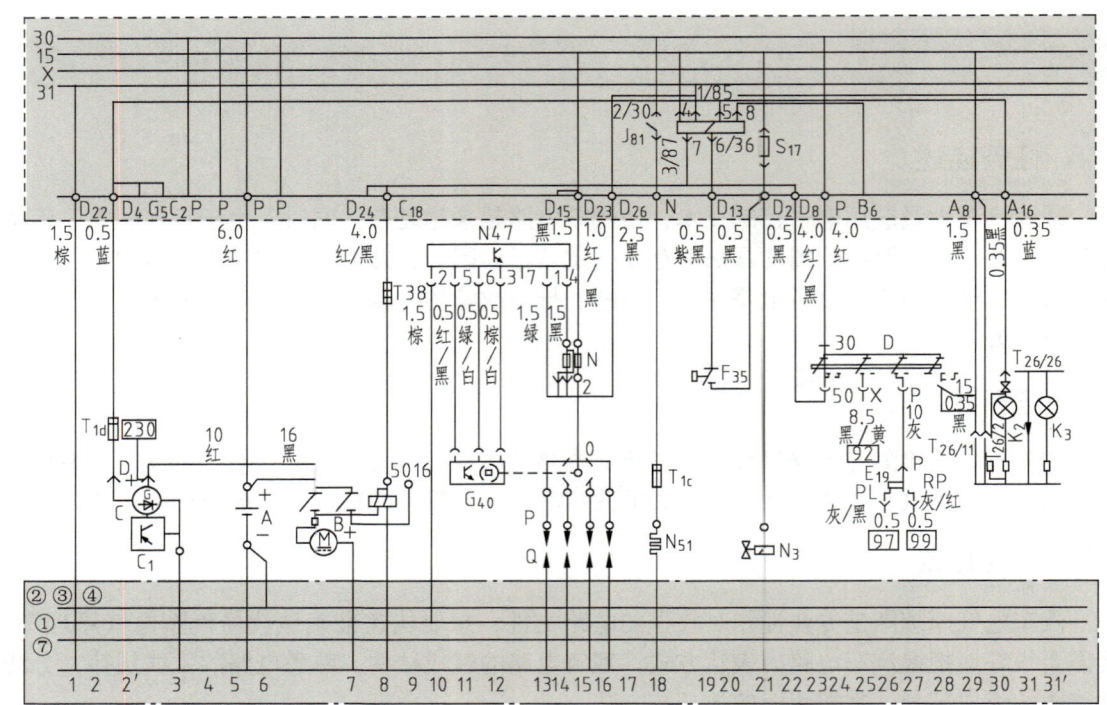

图 9-9  桑塔纳 2000GSi 轿车电路原理图（一）

### 2. 用电器及连线

图 9-9 中间部分是用电器和连线，包括用电器及其插脚名称、开关、导线的颜色及截面面积等。

### 3. 搭铁和电路编号

图 9-9 最下部（点画线内阴影部分）横线是搭铁线，上面标有电路编号和搭铁点位置。最下面搭铁线的标号实际上是不存在的，是为了方便标明在一页画不完的连线的另一端在何处而人为编制的。如图 9-9 所示，在标号 24 的上方有一导线连接端 92，则在电路标号 92（见图 9-10）的上方就可以找到 24，以说明分开画出的导线是一根导线。

### 4. 注释部分

一般电路图下方或右侧是注释部分（如图 9-9 中下方对搭铁点的说明，下方对用电器的说明，对图中用电器、插脚及搭铁点加以说明。

### （二）一般汽车电路的接线规律

图 9-11 所示为桑塔纳 2000GSi 轿车电源配线图。

汽车电路正常工作，必须具备良好的供电电源，所以看懂电源的来龙去脉非常关键。查看电源就是要看清楚蓄电池的电源（发电机）都供给了哪些元件。汽车电路的电源一般来说有常电源和条件电源两种。

### 1. 常电源

常电源又称常火线。所谓常电源就是在蓄电池正常的情况下，均有规定电压的电源线，图 9-11 所示"30"号线接蓄电池正极，称为"常正电"。

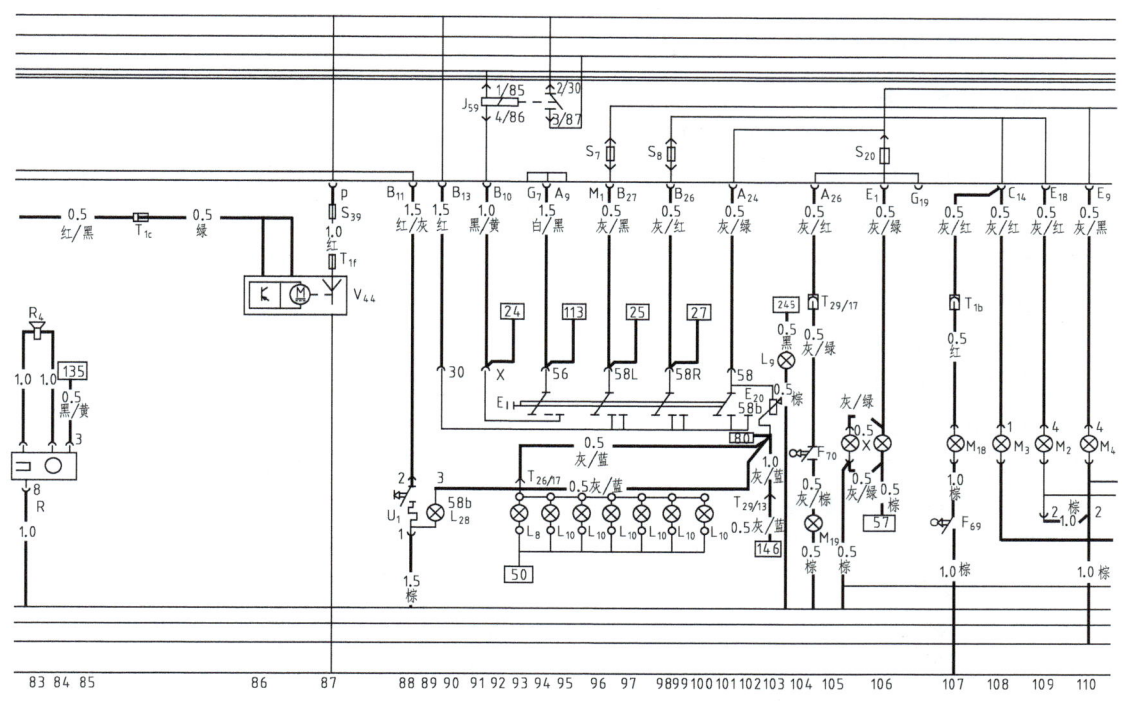

图 9-10 桑塔纳 2000GSi 轿车电路原理图（二）

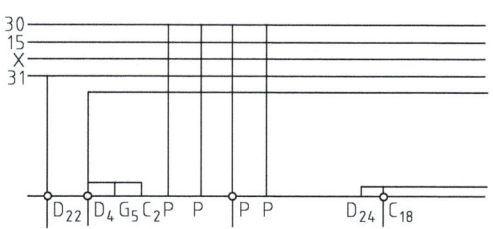

图 9-11 桑塔纳 2000GSi 轿车电源配线图

**2. 条件电源**（点火开关接通）

条件电源又称小容量火线。所谓条件电源就是在一定的条件下才有规定电压的电源线，如图 9-11 所示"15"号线。点火开关 D 位于 ON（接通）和 ST（起动）档时，30 号线经点火开关接中央配线盒内的 15 号线，称为"钥匙门来电"。

**3. 大容量火线**（点火开关接通，卸荷继电器触点闭合）

X 线是大容量火线，又称卸荷线。雾灯、刮水器、风窗加热等用电取自 X 线，只有在点火开关 D 位于 ON 档时，X 中间继电器 $J_{59}$ 才工作（见图 9-10），30 号线经 X 中间继电器触点接通 X 线，而在点火开关位于 ST（起动）档起动发动机时 X 线断电，使得即便上述大负荷用电器忘记关掉，它们也将自动断电，从而保证发动机能顺利起动。

**4. 搭铁线**

图 9-11 所示的"31"号线是搭铁线，与电源负极相连，对应图 9-9 中的最下部横线，上面标有电路编号和搭铁点位置。

## 三、一般电路读图方法

**1. 善于化整为零**

一般情况下一个完整的电路图很复杂，将整体化为部分可以有重点地进行分析，并且各个单元电路又有其自身的一些特点，以其自身的特点为指导分析电路就会减少一些盲目性。例如，汽车电路按功能分，一般由电源系统、起动系统、点火系统、照明及信号系统、仪表与警告系统、空调系统、音响系统以及附属系统八大系统组成，在分析电路的时候，独立分析每个系统就很容易读懂。

**2. 仔细阅读图注**

对照图注熟悉元器件的名称、位置、在全车电路中的数量、接线多少，哪些是常见元器件，哪些是新颖、独特、复杂的元器件。只要认真去做，就可以初步了解一大半电路特点，同时也能较快地发现整车电路的重点与难点，有利于在读图中抓住重点。

**3. 熟悉电器元件及配线**

在分析某个电路系统时，要熟悉该电路中所包括的各部件的功能、作用和技术参数等。

现代汽车的电路如同人的神经一样分布在各个区域，其复杂程度与日俱增，而电路中的配线插接器、接线盒、继电器、搭铁点等如同神经的"节点"，所以熟悉这些电器元件在电路图中的表示符号、位置和连接方式，对阅读汽车电路图有很大帮助。因此，在阅读接线图时，要正确判断接点标记、线型和色码标志。需要指出的是，标记颜色的字母因国家不同可能会有区别，如美国、日本及我国采用英文字母，德国采用德语字母，俄国采用俄语字母。

**4. 注意开关和继电器**

开关是控制电路通断的关键。通常按操纵开关的功能及工作状态来分析电路的工作原理。如点火系统供电，点火开关应处于点火档或起动档。在标准画法的电路图中，开关总是处于零位，即开关处于断开状态，电子开关的状态则视具体情形而定。这里所说的电子开关主要包括晶体管及晶闸管等具有开关特性的电子元件。现代汽车电路中经常采用各种继电器对一些复杂电路进行控制。了解继电器的工作状态，特别是一些电子继电器的工作状态，对分析电路大有帮助。

在一些复杂电路控制中，一个主开关往往汇集许多导线，分析汽车电路时应注意以下几个问题：

1）蓄电池（或发电机）的电流通过什么路径到达这个开关的熔断器，这个开关是手动的还是电控的。

2）这个开关控制哪些用电器，每个被控的用电器的作用是什么。

3）开关的许多接线柱中，哪些是直通电源的，哪些是接用电器的，接线柱旁是否有接线符号，这些符号是否常见。

4）开关共有几个档位，在每一档中，哪些接线柱有电，哪些无电。

5）在被控的用电器中，哪些电器应经常接通，哪些应短暂接通，哪些应先接通，哪些应后接通，哪些应当单独工作，哪些应当同时工作，哪些电器不允许同时接通。

阅读电路图时，可以把含有线圈和触点的继电器，看成是由线圈工作的控制电路和触点工作的主电路两部分。主电路中的触点只有在线圈电路中有工作电流流过后才能动作。一般电路图中所画的继电器线圈处于失电状态。

## 5. 牢记回路原则

在阅读电路图时，应掌握回路原则，即电路中的工作电流由电源正极流出，经用电设备后流回电源负极；电路中只有当电流流过用电设备时，用电设备才能工作。其主要关键在于通过查看电源线和搭铁线，了解一个电路的基本构成，根据回路原则看哪些元件共用一根线，找出电路的内在联系和规律。

例如图9-10中继电器$J_{59}$的得电回路：蓄电池A"＋"→中央配线盒"$P_6$"端子→点火开关"30"端子→点火开关"X"端子（2档）→$E_1$(X)（）→中央配线盒"$B_{10}$"→$J_{59}$(4/86)→$J_{59}$励磁线圈→$J_{59}$(1/85)→中央配线盒"$D_{22}$"→搭铁→蓄电池A"－"。此时，$J_{59}$继电器线圈得电，开关闭合，X线得电。根据回路原则，将一个复杂的电路简化成三个简单的电路。

## 6. 抓住汽车电路的几条主干线

因为汽车电路有单线制、电器相互并联、负极搭铁的共性，加上某些电器开关在电路中的控制作用，一般可以分成几条主干线，在每条主干线上都接有相应的支路熔断器及支路用电器。抓住这几条主干线，对于查找电路，常有事半功倍的效果。

 任务实施

典型电路图识读：桑塔纳2000GSi轿车电源系统电路如图9-12所示。

### 1. 分析组成情况

根据图示情况，桑塔纳2000GSi轿车电源系统主要由蓄电池、发电机、起动机、点火开关等组成。

### 2. 分析连接关系

（1）蓄电池电路　蓄电池的正极与起动机接线端子30用16$mm^2$的黑色线连接，用来向起动机供大电流，同时通过30号端子用一根10$mm^2$的黑色线与发电机的$B_+$接线端子连接，另一条10$mm^2$的红色线与插接器P的第6个端子连接，向其他用电设备供电，以"30"标示。

蓄电池有5个搭铁点，用②表示搭铁点在车身蓄电池支架上，这条黑搭铁线较粗，截面面积为16$mm^2$。另一个搭铁点用$B_1$表示，在前照灯线束内，线粗6.0$mm^2$，棕色。另外几个搭铁点分别通过线路编号97接在插接器$T_{25}$的8号接线端子、线路编号99接在插接器$T_{25}$的24号接线端子、线路编号147接在前照灯线束内的搭铁端子上，均为棕色线。

（2）起动机电路　接线号9、10表示自身内部搭铁。接线端子30如前所述。接线端子50用线粗4.0$mm^2$的红/黑双色线与插接器C的18号端子连接，中间经插接器$T_2$的2号接线端子和插接器$T_3$的1号接线端子，开关通过插接器接线端子8与点火开关的接线端子50连接，组成起动机电磁开关的控制电路。50接线端子有电，起动机工作。

（3）点火开关电路　点火开关有5个端子。接线端子15用线粗2.5$mm^2$的黑色线通过与插接器A的8号接线端子向点火系统供电，另用0.5$mm^2$的黑色线通过插接器$T_{26}$的11和24号端子与组合仪表相连。接线端子P向停车灯供电。接线端子X用4.0$mm^2$黑/黄双色线，与灯光组合开关$E_1$连接，再用1.5$mm^2$的黑/黄双色线经插接器B的10号接线端子与H号位（触电卸荷继电器$J_{59}$）继电器座的4号接线端子相连。继电器座的4号接线端

# 汽车机械制图

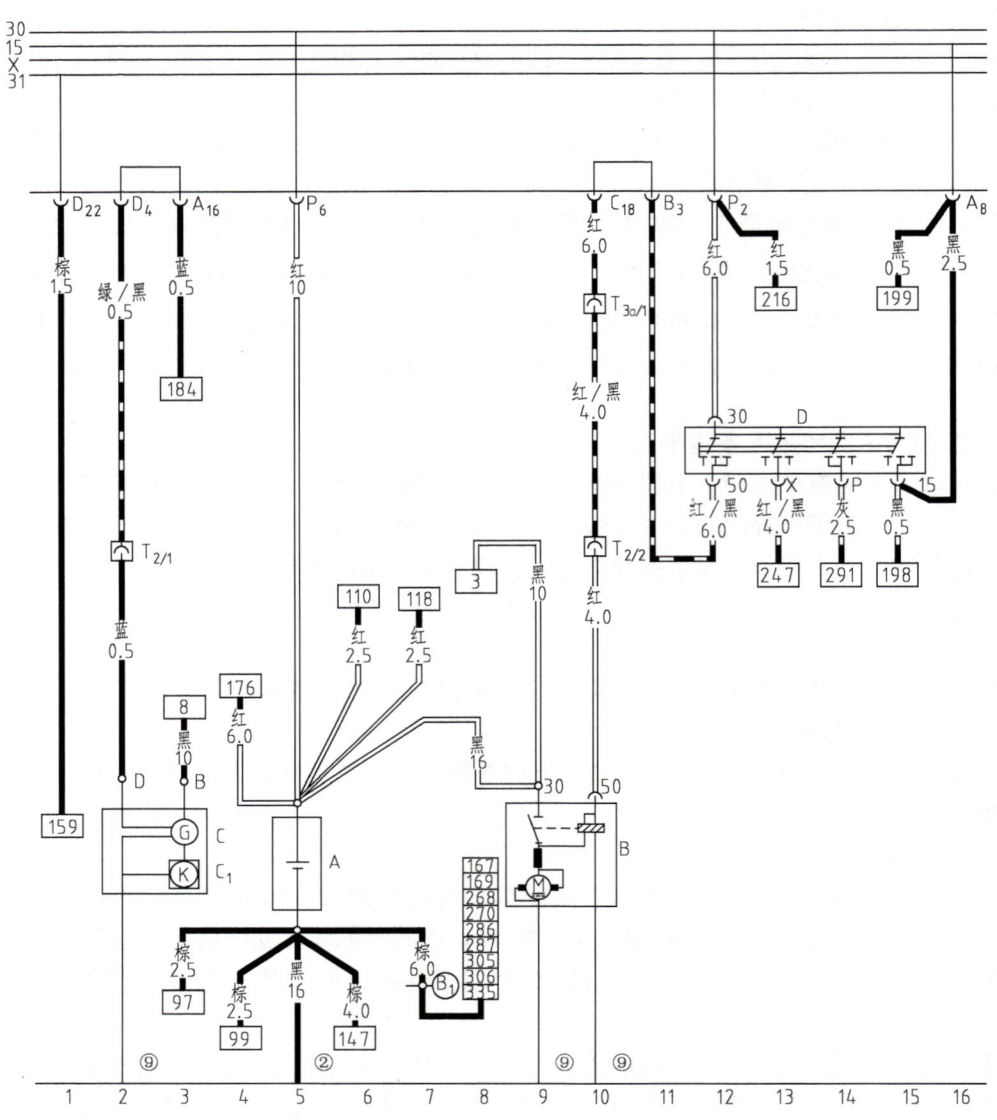

图 9-12　桑塔纳 2000GSi 轿车电源系统电路

A—蓄电池　B—起动机　C—交流发电机　$C_1$—调压器　D—点火开关　$T_2$—发动机线束与发电机线束插头连接2针，在发动机舱中间支架上　$T_{3a}$—发动机线束与前照灯线束插头连接3针，在中央电器后面　②—搭铁点，在蓄电池支架上　⑨—自身搭铁　$B_1$—搭铁连接线，在前照灯线束内

子与继电器86号端子相接。卸荷继电器 $J_{59}$ 工作，X 线便与30号相通有电。接线端子50为起动机控制线。

（4）发电机电路　发电机电压调节器用 $C_1$ 表示。线路编号2的细实线表示发电机自身搭铁。发电机的 $D_+$ 端子，通过一个单孔接头 $T_{2/1}$ 与插接器 D 的4号接线端子连接，通过线路编号184位置接仪表板，经二极管后接点火开关。在点火开关断开时，$D_+$ 端子无电，而 $B_+$ 端子为蓄电池电压。

### 3. 分析电路工作情况

（1）桑塔纳2000GSi 轿车电源系统发电机工作电路识读（结合图9-12 桑塔纳2000GSi 轿车电源系统电路和图9-9 桑塔纳2000GSi 轿车电路原理图）

他励工作电路：蓄电池 A "+" →中央配线盒 "$P_6$" 端子→30 号线→中央配线盒 "$P_2$" 端子→点火开关 "30" 端子→点火开关 "15" 端子→$T_{26/11}$（黑色导线，0.35mm²）→两只并联电阻和充电指示灯→$T_{26/26}$（黑色导线，0.35mm²）→中央配线盒 "$A_{16}$" 端子→中央配线盒内部接线→中央配线盒 "$D_4$" 端子→$T_{1d}$→发电机 "$D_+$" 端子→发电机励磁绕组→发电机电枢绕组→发电机电子调节器→电路代号3 搭铁→蓄电池 A "-"。此时，由蓄电池向发电机提供励磁电流，发电机工作。

自励工作电路：此时由发电机自身提供励磁电流，因此，电路走向由发电机 "$B_+$" 端子出发，中间环节与他励工作电路一致，最后回到发电机 "搭铁" 端子。此时，由发电机自身提供励磁电流，发电机工作。

发电机向蓄电池充电电路：发电机 "$B_+$" 端子→起动机 "16" 端子→蓄电池 A "+" →蓄电池 A→蓄电池 A "-" →电路代号3 搭铁→发电机 "搭铁" 端子。此时，发电机向蓄电池充电。

（2）桑塔纳2000GSi 轿车起动系统工作电路识读（结合图9-12 桑塔纳2000GSi 轿车电源系统电路和图9-9 桑塔纳2000GSi 轿车电路原理图）

起动机励磁开关控制电路：蓄电池 A "+" →中央配线盒 "$P_6$" 端子→30 号线→中央配线盒 "$P_2$" 端子→点火开关 "30" 端子→点火开关 "50" 端子→中央配线盒 "$D_8$" 端子→中央配线盒内部接线→中央配线盒 "$C_{18}$" 端子→$T_{38}$→起动机 "50" 端子→电磁开关吸引线圈→电路代号8 搭铁→电磁开关保持线圈→起动机励磁绕组→起动机电枢绕组→电路代号7 搭铁→蓄电池 A "-"。此时电磁开关两线圈得电，电磁开关闭合。

起动起动机电路：蓄电池 A "+" →起动机 "16" 端子→电磁开关闭合→起动机励磁绕组→起动机电枢绕组→电路代号7 搭铁→蓄电池 A "-"。此时起动机起动，向发动机曲轴输出转矩。

## 项目小结

汽车电路图一般分为接线图、线束图、原理图和原理框图等。识读时一定要熟悉常用的图形符号及相关标志。

汽车接线图是用来标记电气设备的安装位置、外形、线路走向等的指示图；汽车线束图是用线束的方式表达的电路图；汽车原理图既表达了电器之间的连接，又体现了电气设备电路情况；汽车原理框图是概略地描述汽车电气系统的基本组成及相互关系的缩略图。

汽车电路原理图是本项目的重点，是分析电路的重要依据。快速、准确地识读汽车电路原理图，首先要抓住汽车电路原理图并联单线制的特点，善于化整为零，注意开关的核心作用，分清控制电路和工作电路，牢记回路原则。

# 项目十

## 计算机绘图基础

AutoCAD 是由美国 Autodesk 公司开发的通用计算机辅助绘图与设计软件包，具有易于掌握、使用方便、体系结构开放等特点，深受广大用户欢迎，也是目前世界上最流行的、应用最为广泛的软件之一。它不但绘图速度快、精度高，而且具有易于修改、管理和交流等特点，不仅在机械、汽车、建筑、电子、航天等工程设计领域得到了广泛的应用，而且在地理、气象、航海等特殊图形的绘制，甚至在乐谱、灯光、幻灯、广告等领域也得到了多方面的应用。

本项目主要介绍 AutoCAD 2014 系统常用的绘图命令、编辑命令、绘图环境的设置、文字注写、尺寸标注等基本功能，举例说明各种命令的综合运用，初步培养学生运用 AutoCAD 软件绘制汽车机械图样的能力。

### 知识目标

1. 熟悉 AutoCAD 2014 界面的组成。
2. 学会调用和使用 AutoCAD 2014 主要命令。
3. 掌握绘制图形的基本方法。

### 技能目标

1. 学会 AutoCAD 2014 的基本操作方法。
2. 学会绘制平面图形、三视图、剖视图和零件图。

## 任务一 绘制钩头楔键

### 任务描述

本任务主要介绍 AutoCAD 2014 的基础知识，包括界面介绍、文件操作技巧、命令调用方法以及绘图环境和图层的设置、辅助功能的使用等，这些内容是使用 AutoCAD 2014 进行绘图的前提和基础。通过学习，可以对 AutoCAD 2014 有一个大体的、全方位的了解，并学

项目十 计算机绘图基础

会绘制图 10-1 所示的钩头楔键的轮廓图。

 **任务分析**

直线是构成平面图形最基本的对象，钩头楔键的轮廓，都是由直线构成的，要绘制钩头楔键的轮廓图，必须使用"直线"命令。所以，绘制直线是 AutoCAD 中最基本的绘图操作。本任务将从认识 AutoCAD 2014 的基本操作学起，通过绘制钩头楔键的轮廓图形，完成从图形文件的建立、命令的启用、绘图基本操作、保存图形文件到退出 AutoCAD 2014 整个过程的操作。

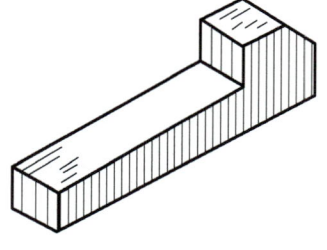

图 10-1 钩头楔键

 **相关知识**

### 一、认知 AutoCAD 2014 操作界面

在安装有 AutoCAD 2014 应用软件的桌面上，有一个快捷图标 。双击此图标后，首先出现的是 AutoCAD 2014 启动画面，如图 10-2 所示。稍后系统完成配置，便显示"欢迎"界面，如图 10-3 所示。关闭"欢迎"界面，便进入"草图与注释"界面，如图 10-4 所示。

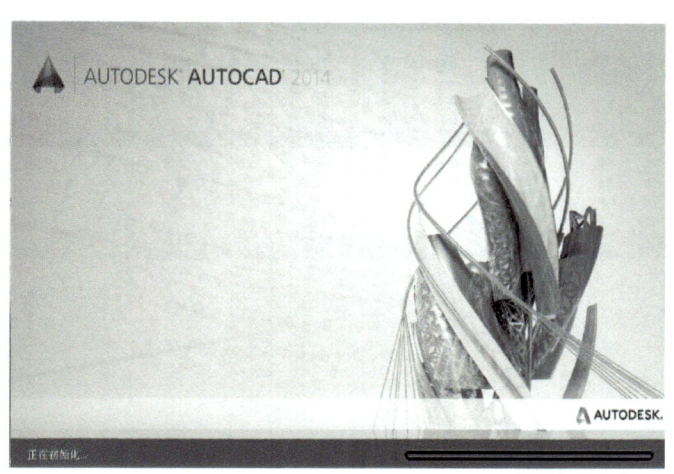

图 10-2 启动画面

单击"草图与注释"右边的小箭头，弹出下拉菜单，选择"AutoCAD 经典"，如图 10-5 所示，便进入"AutoCAD 2014 经典"界面，如图 10-6 所示。

一个完整的 AutoCAD 经典操作界面包括标题栏、绘图区、十字光标、菜单栏、工具栏、坐标系图标、命令行窗口、状态栏、布局标签、滚动条和快速访问工具栏等。

**1. 标题栏**

标题栏位于 AutoCAD 2014 界面的绘图窗口顶部中间的位置。在标题栏中，显示了系统当前正在运行的应用程序（AutoCAD 2014）和正在使用的图形文件。第一次启动 AutoCAD 时，在绘图窗口的标题栏中，将显示 AutoCAD 2014 在启动时创建并打开的图形文件的名字 Autodesk AutoCAD 2014 1.dwg，如图 10-6 所示。

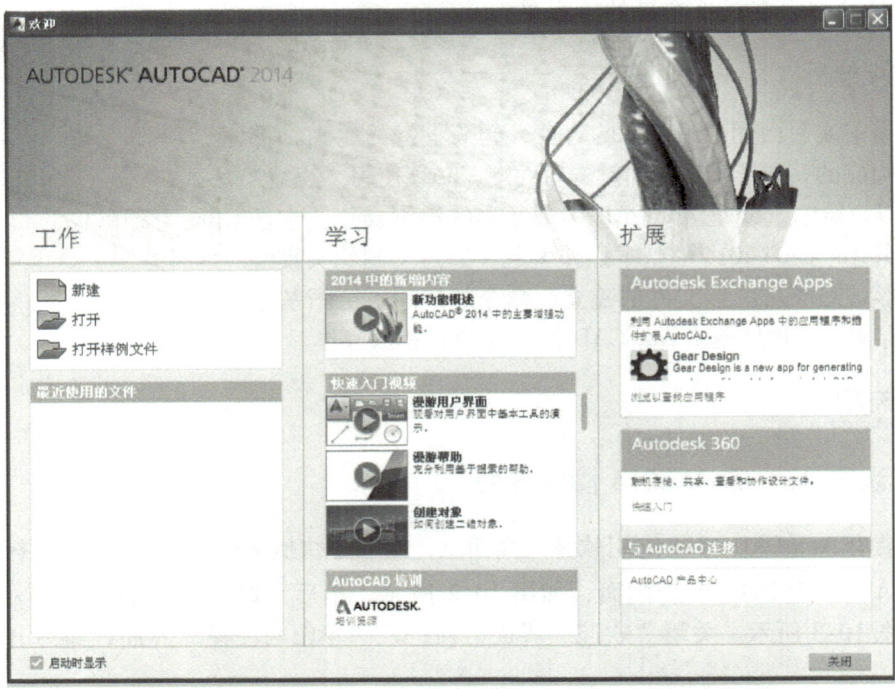

图 10-3 "欢迎"界面

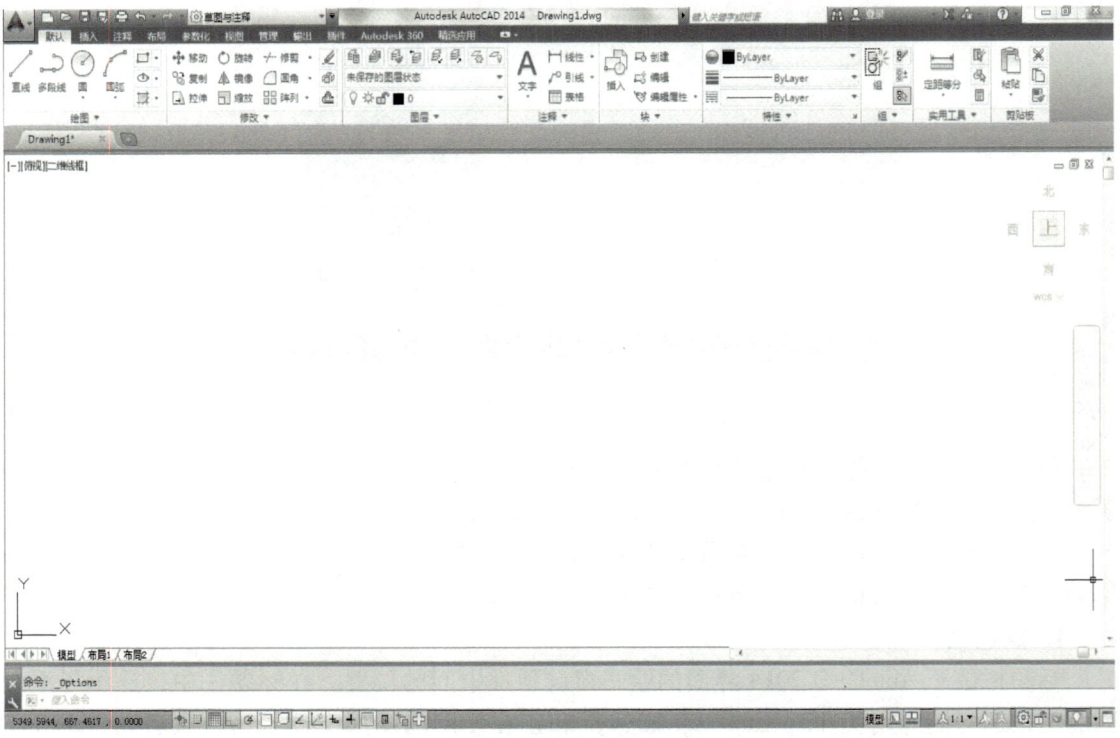

图 10-4 "草图与注释"界面

## 2. 菜单栏

菜单栏位于标题栏的下方，栏中有 12 个主菜单，每个主菜单都有下拉菜单。

AutoCAD 2014 所使用的大部分命令都可以从下拉菜单中找到。下拉菜单中的命令有以下三种：

（1）带有小三角形的菜单命令　这种类型的命令后面带有子菜单。例如，单击"绘图"菜单，指向其下拉菜单中的"圆弧"命令，屏幕上就会进一步下拉出"圆弧"子菜单中所包含的命令，如图 10-7 所示。

（2）打开对话框的菜单命令　这种类型的命令，后面带有省略号。例如，单击菜单栏中的"格式"菜单，选择其下拉菜单中的"表格样式（B）"命令，如图 10-8 所示，屏幕上就会打开对应的"表格样式"对话框，如图 10-9 所示。

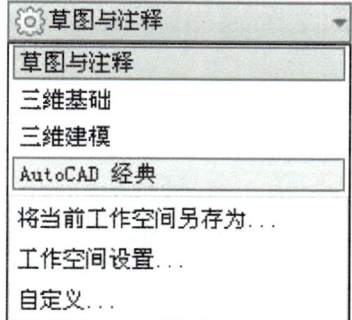

图 10-5　选择"AutoCAD 经典"

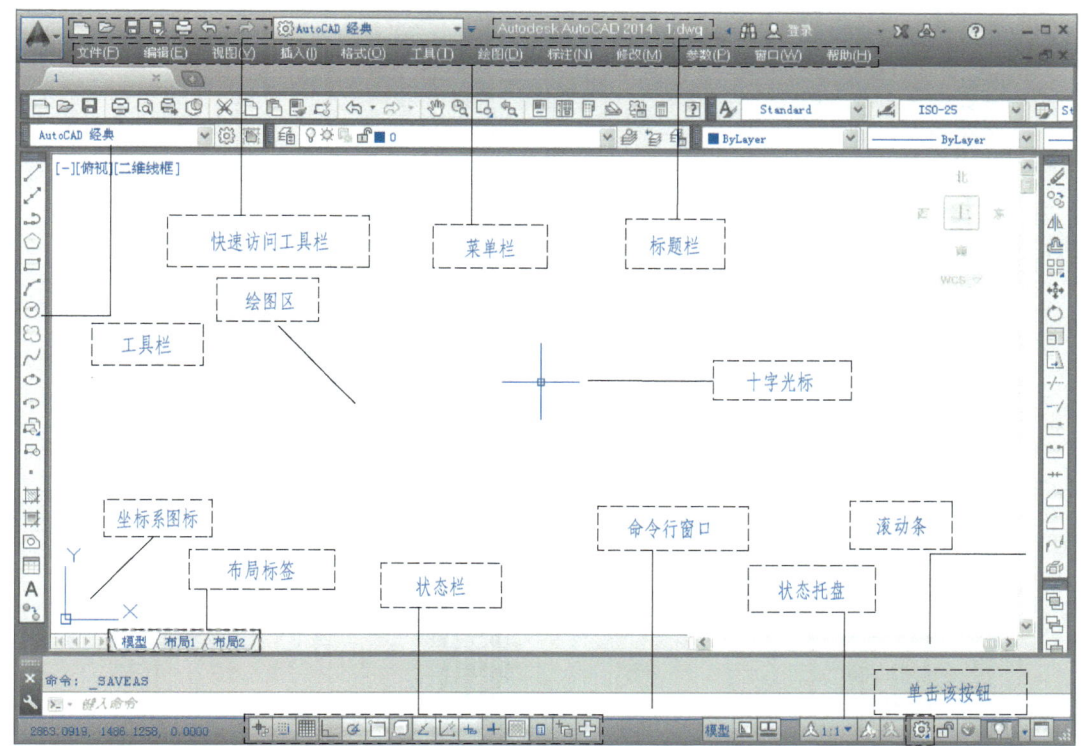

图 10-6　"AutoCAD 2014 经典"界面

（3）直接操作的菜单命令　这种类型的命令将直接进行相应的绘图或其他操作。例如，选择"视图"菜单中的"重画"命令，如图 10-10 所示，系统将刷新显示所有视口。

## 3. 工具栏

工具栏是启动命令常用的方式，由一些代表命令的图标按钮组成。初学者只有对常用工具栏了如指掌，才能熟练地进行绘图工作。

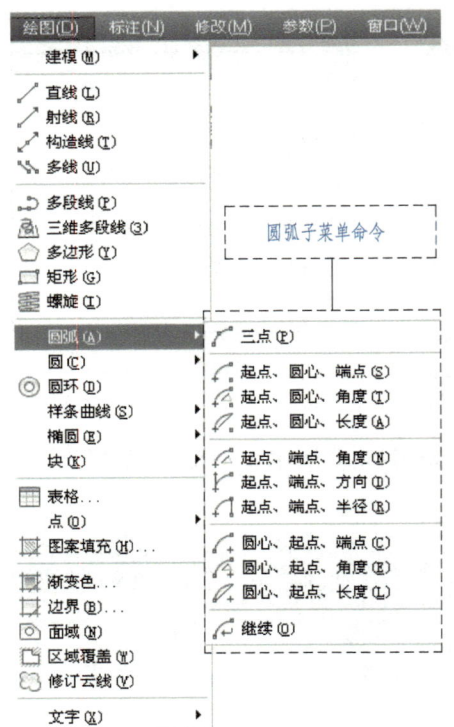

图 10-7 带有子菜单的菜单命令

图 10-8 打开相应对话框

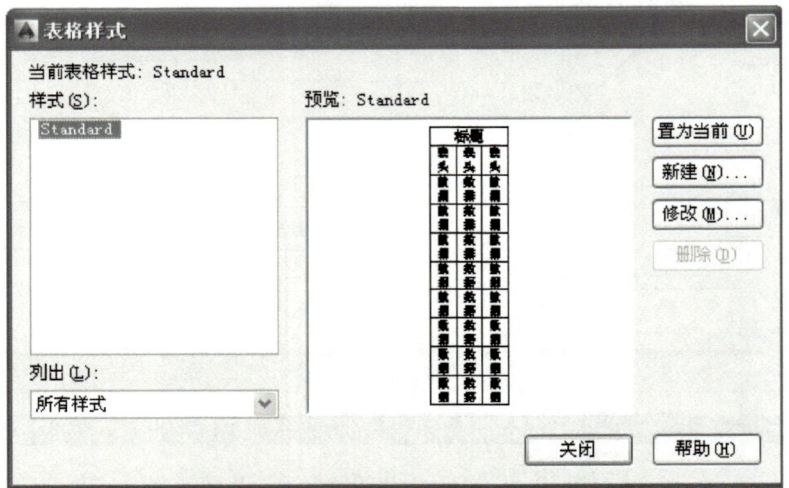

图 10-9 "表格样式"对话框

在默认情况下,可以看到菜单栏下方的"标准"工具栏、"样式"工具栏、"对象特性"工具栏以及"图层"工具栏。还可以看到位于绘图区左侧的"绘图"工具栏,右侧的"修改"工具栏和"绘图次序"工具栏。

操作时,把光标移动到某个图标,稍停片刻即在该图标一侧显示相应的工具提示,同时在状态栏中,显示对应的说明和命令名。此时,单击图标就可以启动相应命令。

(1) 各种工具栏的主要功能

1)"标准"工具栏。"标准"工具栏如图 10-11 所示,用于图形管理、图形打印、对象剪切/复制/粘贴,命令撤销/重做及控制图形显示等操作。

2)"样式"工具栏。"样式"工具栏如图 10-12 所示,用于设置文字式样、切换不同的文字样式、标注样式和表格样式。

3)"图层"工具栏。"图层"工具栏如图 10-13 所示,用于创建图层,为图形对象设置不同的图层,是 AutoCAD 组织图形的有效手段。

4)"对象特性"工具栏。"对象特性"工具栏如图 10-14 所示,用于控制和显示当前层中所有对象的颜色、线型和线宽,一般情况下不要在"对象特性"工具栏中改变对象的特性,以免引起混乱。

5)"绘图"工具栏。"绘图"工具栏如图 10-15 所示,用于绘制平面图形、创建和插入块以及输入多行文字。

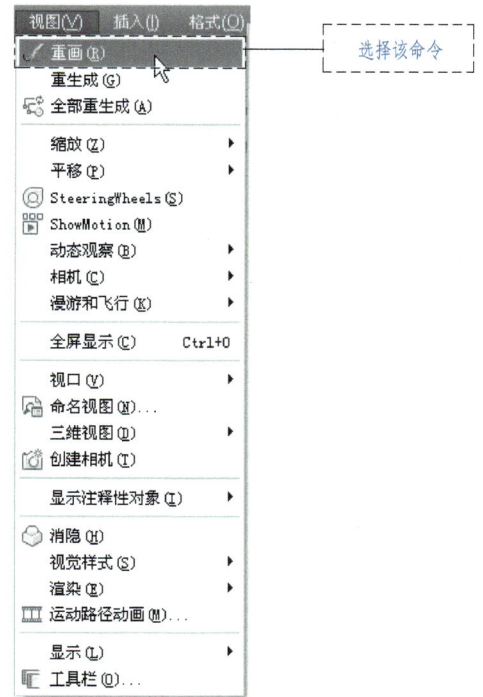

图 10-10 直接操作的菜单命令

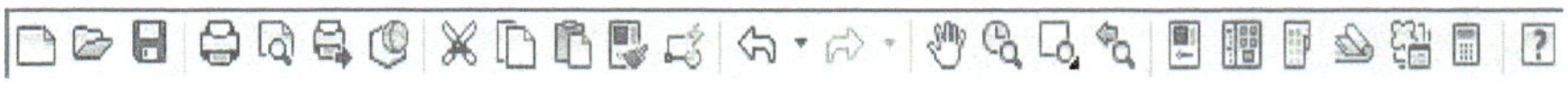

图 10-11 "标准"工具栏

图 10-12 "样式"工具栏

图 10-13 "图层"工具栏

图 10-14 "对象特性"工具栏

图 10-15 "绘图"工具栏

6)"修改"工具栏。"修改"工具栏如图 10-16 所示,用于对已经绘制的图形进行编辑和修改,从而生成符合要求的图形。

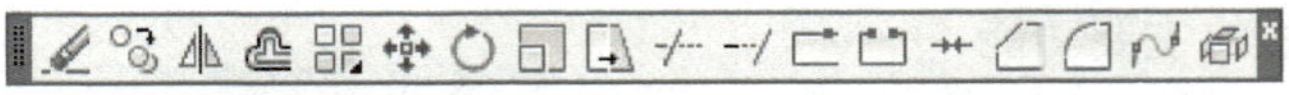

图 10-16 "修改"工具栏

（2）设置工具栏　将光标放在任意工具栏的非标题区，用鼠标右键单击，系统会自动打开单独的工具栏标签，如图 10-17 所示。用鼠标左键单击某一个未在界面显示的工具栏名，系统会自动在界面打开该工具栏。反之，关闭工具栏。

在有些图标的右下角带有一个小三角，按住鼠标左键会打开相应的工具栏。按住鼠标左键，将光标移动到某一图标上然后松手，该图标就为当前图标。单击当前图标，执行相应命令，如图 10-18 所示。

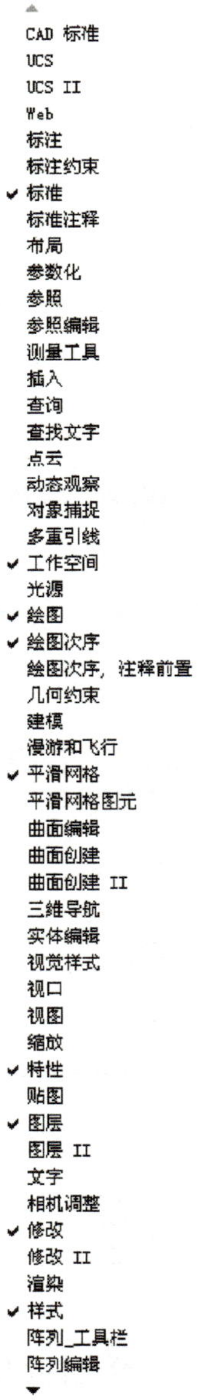

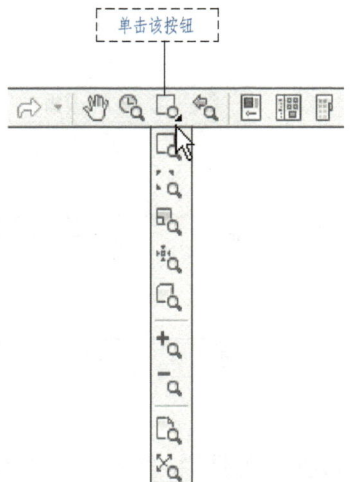

图 10-17　单独的工具栏标签　　　　图 10-18　单击当前图标

## 4. 绘图区

绘图区是使用 AutoCAD 绘制图形的区域，是标题栏下方的大片空白区域，完成一幅设计图形的主要工作都是在绘图区域中进行的。

绘图区域的十字线交点反映了鼠标在当前坐标系中的位置，十字线的方向与当前坐标系的 X 轴、Y 轴方向平行。

（1）修改图形窗口中十字光标的大小　光标的长度默认为屏幕大小的 5%，可以根据绘图的实际需要更改其大小。改变光标大小的方法如下：

在绘图窗口中选择"工具"菜单中的"选项"命令，屏幕上将弹出"选项"对话框。打开"显示"选项卡，在"十字光标大小"区域的编辑框中直接输入数值，或拖动编辑框后的滑块，即可对十字光标的大小进行调整，如图 10-19 所示。

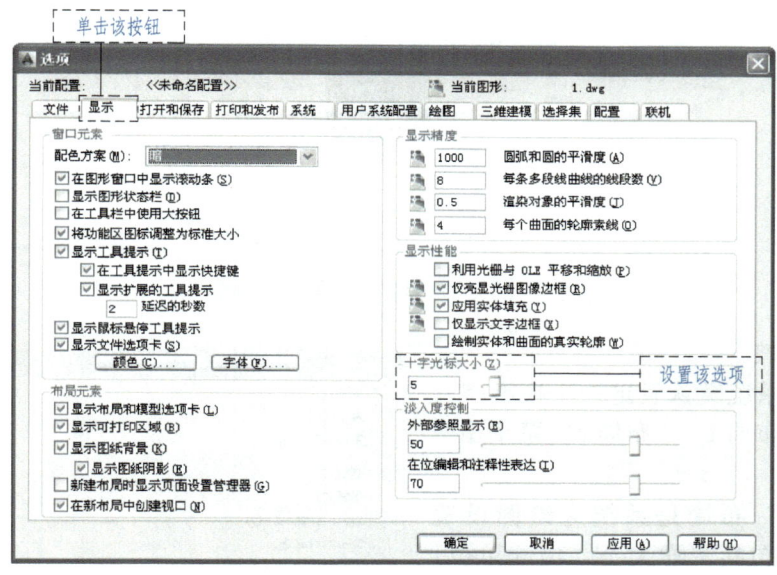

图 10-19　"选项"对话框中的"显示"选项卡

（2）修改绘图窗口的颜色　在默认情况下，绘图区的颜色是黑色的，修改绘图窗口颜色的步骤如下：

1）选择"工具"下拉菜单中的"选项"，打开"选项"对话框，再打开图 10-19 所示的"显示"选项卡，单击"窗口元素"区域中的"颜色"按钮，打开图 10-20 所示的"图形窗口颜色"对话框。

2）单击"图形窗口颜色"对话框中"颜色"字样右侧的下拉箭头，在打开的下拉列表中选择需要的窗口颜色，然后单击"应用并关闭"按钮，此时 AutoCAD 的绘图窗口就变成了窗口背景色，通常按视觉习惯选择白色为窗口颜色。

## 5. 坐标系图标

在绘图区域的左下角，有一个直角指向图标，被称为坐标系图标，表示绘图时正使用的坐标系形式。坐标系图标的作用是为点坐标确定一个参照系。根据工作需要，可以选择将其关闭。方法是选择菜单命令：视图→显示→UCS 图标→开，如图 10-21 所示。

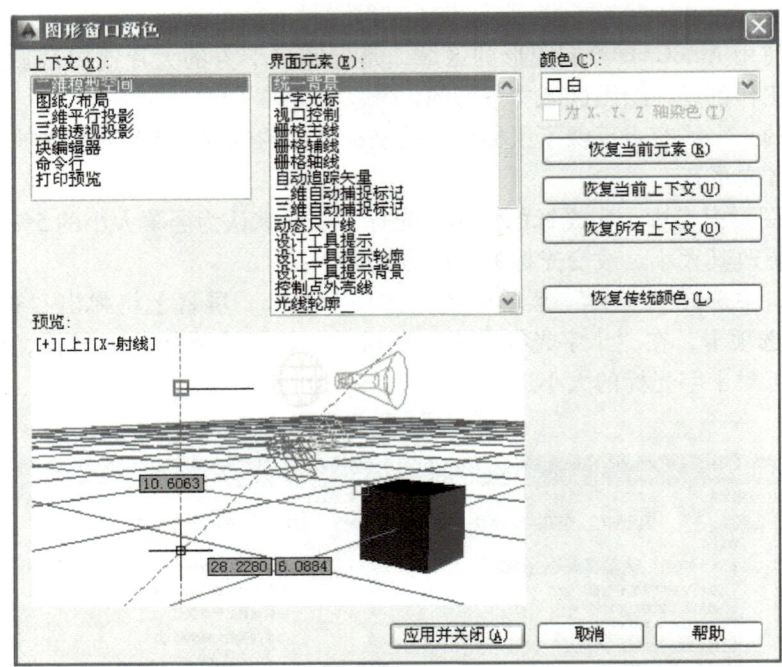

图 10-20 "图形窗口颜色"对话框

**6. 布局标签**

AutoCAD 系统默认设定一个模型空间布局标签和"布局 1""布局 2"两个图样空间布局标签。

(1) 布局 布局是系统为绘图设置的一种环境,包括图样大小、尺寸单位、角度设定和数值精确度等,在系统预设的三个标签中,这些环境变量都为默认设置。根据实际需要可以改变这些变量的值,也可以根据需要设置符合自己要求的新标签。

(2) 模型 AutoCAD 的空间分模型空间和图样空间。模型空间是最常用的绘图环境,而在图样空间中,可以创建"浮动视口"区域,以不同视图显示所绘图形。也可在图样空间中调整浮动视口并决定所包含视图的缩放比例。如果选择图样空间,则可打印多个任意布局的视图。AutoCAD 系统默认打开模型空间,也可以通过用左键单击来选择需要的布局。

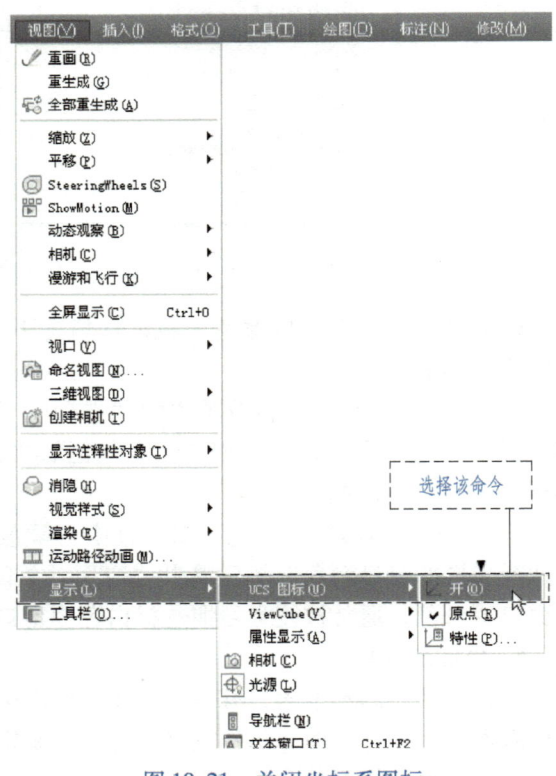

图 10-21 关闭坐标系图标

### 7. 命令行窗口

命令行窗口是输入命令名和显示命令提示的区域，默认的命令行窗口位于绘图区下方，是若干文本行，如图 10-22 所示。

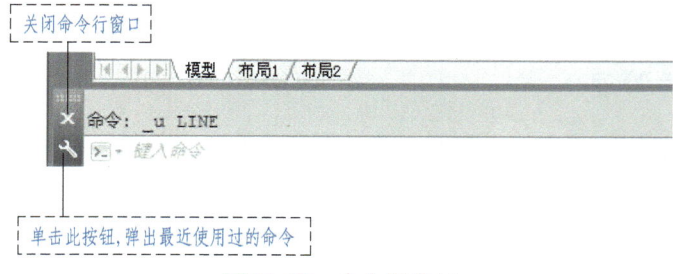

图 10-22　命令行窗口

### 8. 状态栏

状态栏在屏幕的底部，左端显示绘图区中光标定位点的坐标 $X$、$Y$、$Z$，在右侧依次有"推断约束""捕捉模式""栅格显示""正交模式""极轴追踪""对象捕捉""三维对象捕捉""对象捕捉追踪""允许/禁止动态 UCS""动态输入""显示/隐藏线宽""显示/隐藏透明度""快捷特性""选择循环"和"注释监视器" 15 个功能开关按钮，如图 10-23 所示。

图 10-23　状态栏

### 9. 滚动条

在 AutoCAD 的绘图窗口中的下方和右侧还提供了用来浏览图形的水平和竖直方向的滚动条，可以在绘图窗口中按水平或竖直两个方向浏览图形。

### 10. 状态托盘

状态托盘包括一些常见的显示工具和注释工具，及模型空间与布局空间转换工具，如图 10-24 所示，通过这些按钮可以控制图形或绘图区的状态。

### 11. 快速访问工具栏

快速访问工具栏包括"新建""打开""保存""另存为""放弃""重做"和"打印"等最常用的工具，如图 10-25 所示。也可以单击本工具栏后面的下拉按钮设置需要的常用工具。

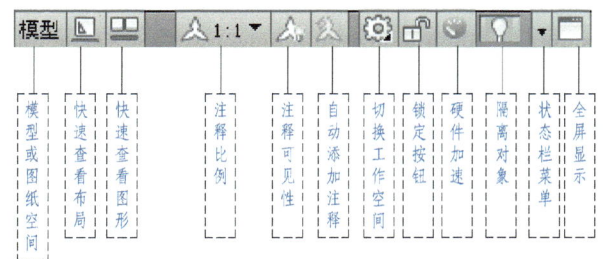

图 10-24　状态托盘工具

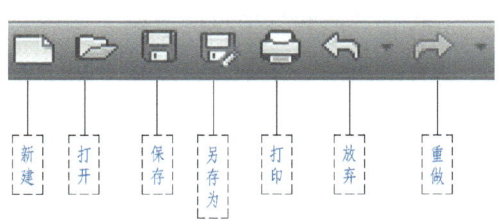

图 10-25　快速访问工具栏

**12. 功能区**

功能区包括"默认""插入""注释""参数化""视图""管理""输出""插件""Autodesk 360"和"精选应用"10个功能区，每个功能区都集成了相关的操作工具，方便使用。可以单击功能区选项后面的按钮，来控制功能区的展开与收缩。

## 二、图形文件管理

文件管理主要包括新建文件、打开文件、保存文件、文件的另存和退出几个部分。

**1. 创建新图形文件**

单击"标准"工具栏上的"新建"按钮，或选择菜单"文件"→"新建"命令，即可启动"新建"命令，并弹出"选择样板"对话框，如图10-26所示。在其中选择一个样板，单击"打开"按钮，即可打开该样板图形，进行绘图工作。

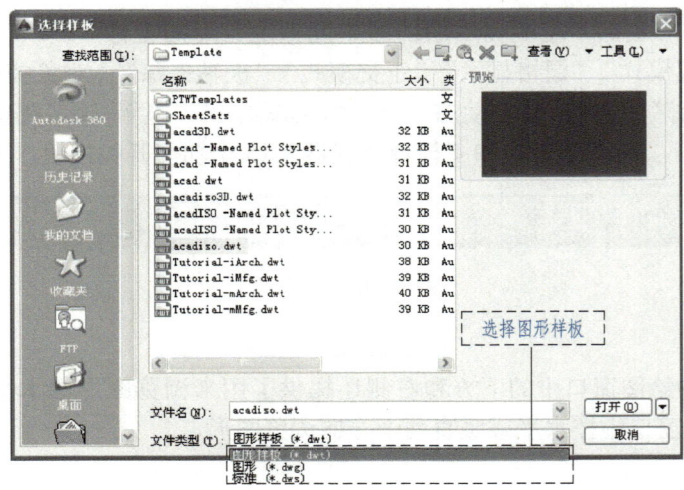

图10-26 "选择样板"对话框

**2. 打开图形文件**

单击"标准"工具栏上的"打开"按钮，或选择菜单"文件"→"打开"命令，即可启动"打开"命令，并弹出"选择文件"对话框，如图10-27所示。在名称列表中选中要打开的文件，单击"打开"按钮，即可将该图形文件打开。

**3. 保存图形文件**

单击"标准"工具栏上的"保存"按钮，或选择菜单"文件"→"保存"命令，即可启动"保存"命令。

执行上述命令后，若文件已命名，则AutoCAD将会自动保存；若文件未命名（即为默认名Drawing1.dwg），则系统将打开"图形另存为"对话框，如图10-28所示，可以命名并保存。

**4. 退出AutoCAD 2014**

完成绘图或者暂时不使用AutoCAD 2014，则应退出系统，而且要正常退出，否则会造成文件丢失。

项目十 计算机绘图基础

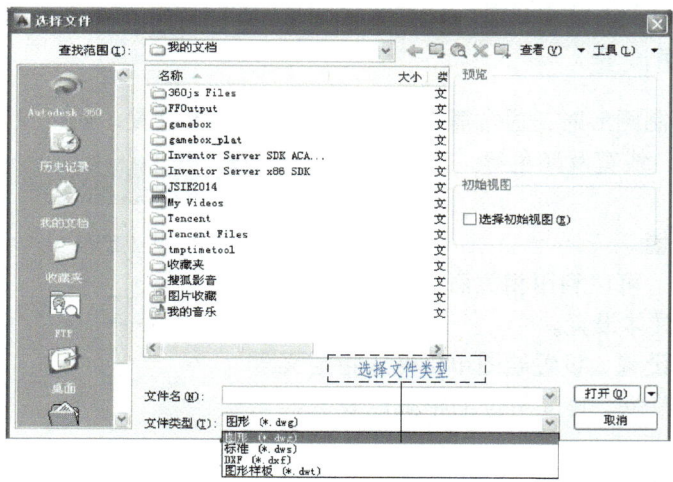

图 10-27 "选择文件"对话框

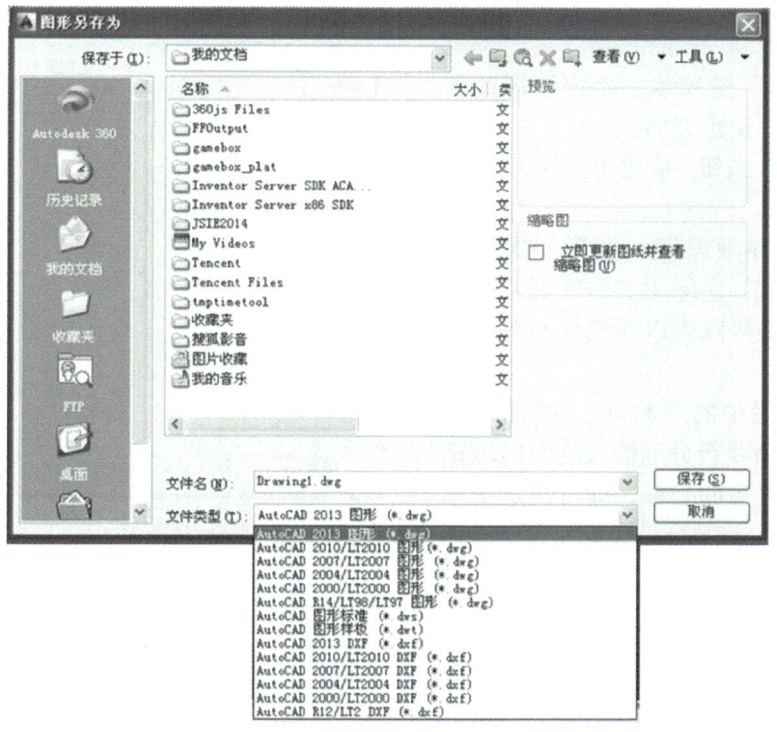

图 10-28 "图形另存为"对话框

单击标题栏右上方的"关闭"按钮❌，或选择菜单"文件"→"退出"命令，AutoCAD 会弹出"提示存盘"对话框，如图 10-29 所示。选择"是"按钮，系统将保存文件，然后退出；选择"否"按钮，系统将不保存文件。单击"取消"，则取消退出操作。若对图形所做的修改已经保存，则可直接退出。

### 三、基本绘图设置

用 AutoCAD 绘制图形时，通常需要进行一些基本绘图设置，如设置单位和精度、图形界限、图层、线型、线宽及颜色等，以便顺利地完成绘图工作。

**1. 设置绘图环境**

在 AutoCAD 中，可以利用相关命令对图形单位和图形边界等进行具体设置。

（1）图形单位设置  设置绘图单位格式指定义绘图时使用的长度单位、角度单位的格式以及它们的精度。

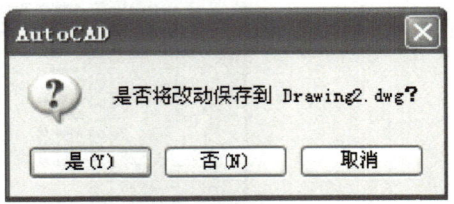

图 10-29  "提示存盘"对话框

该命令的执行方式可以通过菜单"格式"→"单位"，打开"图形单位"对话框，如图 10-30 所示。

图中主要选项说明：

1)"长度"选项组。确定长度单位的格式及其精度。

2)"角度"选项组。确定图形的角度单位、精度以及正方向。

3)"方向"按钮。确定角度的 0°方向，如图 10-31 所示。

（2）图形界限设置  图形界限是一个矩形绘图区域，它标明工作区域和图纸边界，设置绘图界限可以避免绘制的图形超出图纸边界。

执行菜单栏中的"格式"→"图形界限"命令，在命令行分别输入绘图区域矩形左下角和右上角的坐标，即可设定图形界限。

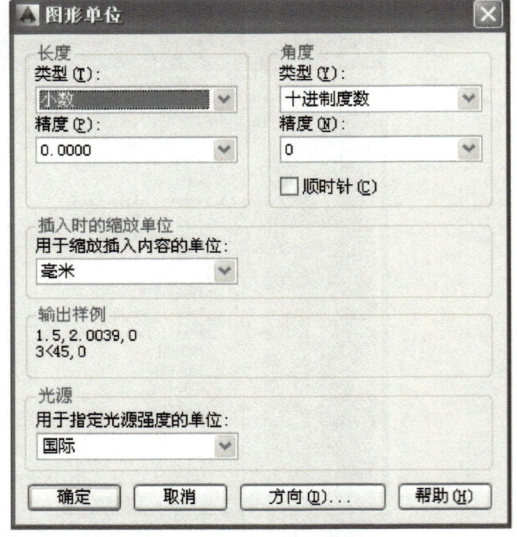

图 10-30  "图形单位"对话框

在命令行执行 LIMITS ↙。命令行提示"指定左下角点或 [开（ON）/关（OFF）] <0.0000, 0.0000>：回车接受默认值，命令行提示"指定右上角点 <420.0000, 297.0000>："，输入新的坐标值"297, 210 ↙"，则图形界限是横放 A4 号图纸幅面尺寸：长 297mm，宽 210mm。

命令行中的提示信息：[开（ON）/关（OFF）]，如在其后输入"ON"，则打开界限检查，此时系统将检测输入点，拒绝输入图形界限外部的点，因此也无法在界限外创建图形。输入"OFF"，则关闭界限检查，系统不对输入点进行检测。

在状态栏中单击"栅格"按钮，启用该功能，视图中显示出栅格点矩阵，栅格点的范围就是图形的界限。

## 2. 设置图层

图层是管理图形对象的工具。它类似投影片，将不同属性的对象分别放置在不同的投影片（图层）上。例如将图形的主要线段、中心线和尺寸标注等分别绘制在不同的图层上，每个图层可设定不同的线型、线条颜色，进行单独绘图和编辑，然后把不同的图层堆叠在一起成为一张完整的视图，这样可使视图层次分明，方便图形对象的编辑与管理。一个完整的图形就是由它所包含的所有图层上的对象叠加在一起而构成的。

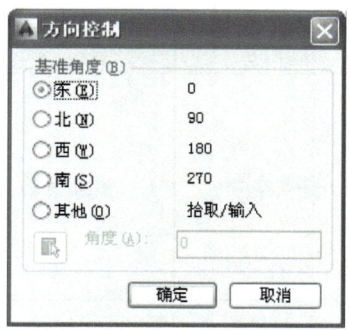

图 10-31 "方向控制"对话框

设置图层的步骤和方法如下：

1）在功能区"图层"面板中单击"图层特性管理器"按钮 ，或者在菜单栏选择"格式"→"图层"命令，打开"图层特性管理器"对话框，如图 10-32 所示。

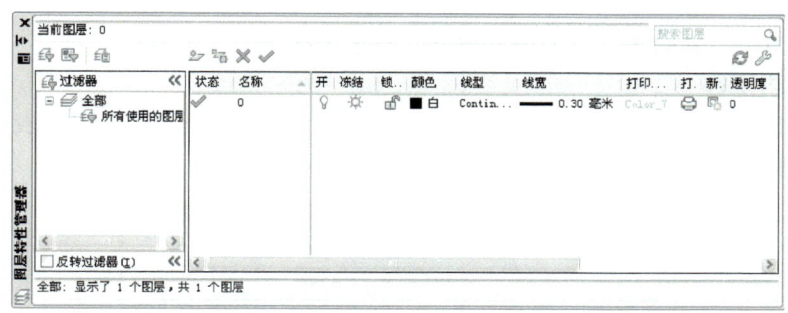

图 10-32 "图层特性管理器"对话框

2）单击"新建图层"按钮，在列表中即会自动生成一个名为"图层 1"的新图层，在新图层上可以设置图层的特性，如颜色、线型、线宽、打印等特性。

3）关闭"图层特性管理器"对话框，即完成图层的定义。当需要在某个图层绘图时，在"图层"对话框单击图层的名称，即可把该图层设置为当前图层，其图层名称显示在列表的最顶端。

图层列表区包括状态、名称、状态转换图标、颜色、线型、线宽和打印样式，各图标功能说明见表 10-1。

表 10-1 图标功能

| 图 示 | 名 称 | 功 能 说 明 |
| --- | --- | --- |
| ♀/♀ | 开/关闭 | 将图层设定为打开或关闭状态。当呈现关闭状态时，该图层上的所有对象将隐藏，只有处于打开状态的图层会在绘图区上显示或由打印机打印出来。因此，绘制复杂的视图时，先将不编辑的图层暂时关闭，可降低图形的复杂性 |

（续）

| 图 示 | 名 称 | 功 能 说 明 |
|---|---|---|
|  | 解冻/冻结 | 将图层设定为解冻或冻结状态。当图层呈现冻结状态时，该图层上的对象均不会显示在绘图区上，也不能由打印机打出，而且不会执行重生（REGEN）、缩放（ROOM）、平移（PAN）等命令的操作，因此若将视图中不编辑的图层暂时冻结，可加快执行绘图编辑的速度，而（开/关闭）功能只是单纯将对象隐藏，因此并不会加快执行速度 |
|  | 解锁/锁定 | 将图层设定为解锁或锁定状态。被锁定的图层，仍然显示在绘图区，但不能编辑修改被锁定的对象，只能绘制新的图形，这样可防止重要的图形被修改 |
|  | 打印/不打印 | 设定该图层是否可以打印图形 |

**3. 设置线型、颜色与线宽**

可以单独为新绘制的图形对象设置线型、颜色与线宽。

（1）设置线型

1）按照前面介绍的方法，打开"图层特性管理器"对话框，在图层列表的"线型"下单击线型名，系统便打开"选择线型"对话框，如图10-33所示。

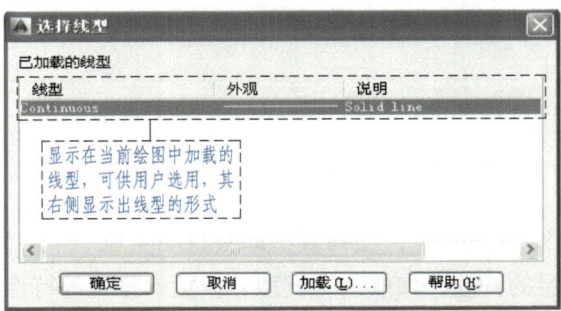

图 10-33 "选择线型"对话框

2）在"选择线型"对话框中单击"加载"按钮，打开"加载或重载线型"对话框，如图10-34所示。用户可通过此对话框加载线型并把它添加到线型列表中，不过加载的线型必须在线型库（LIN）文件中定义过。标准线型都保存在 ACAD. LIN 文件中。

（2）设置颜色　AutoCAD绘制的图形对象都具有一定的颜色，为使绘制的图形清晰明了，可把同一类的图形对象用相同的颜色绘制，而使不同类型的对象具有不同的颜色，以示区分。为此，需要适当地对颜色进行设置。AutoCAD允许为图层设置颜色，为新建的图形对象设置当前颜色，还可以改变已有图形对象的颜色。

1）设置步骤。打开"图层特性管理器"，在需要更改颜色的图层上单击"颜色"，打开"选择颜色"对话框，如图10-35所示。在"选择颜色"对话框中选择一种颜色，按"确定"即可。

2）选项说明，如图10-35所示。

项目十　计算机绘图基础

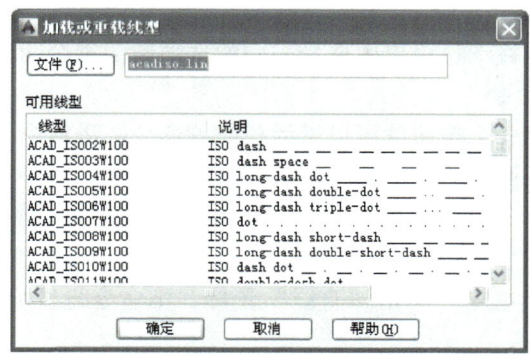

图 10-34　"加载或重载线型"对话框

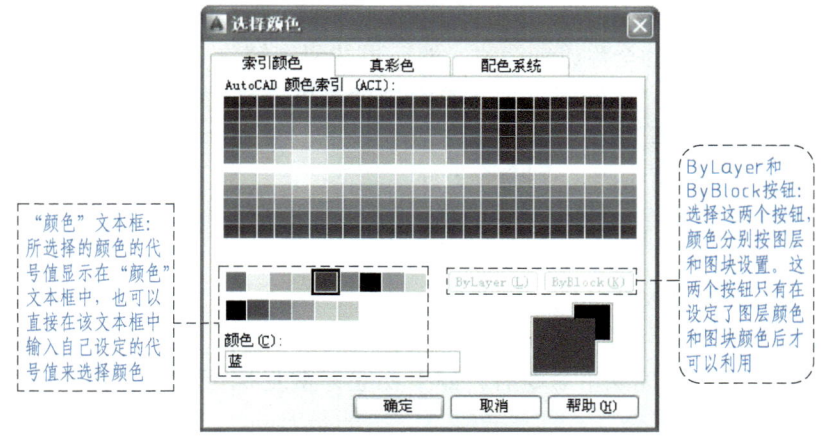

图 10-35　"选择颜色"对话框

① "索引颜色"选项卡：打开此选项卡，可以在系统所提供的 255 种索引色中选择所需要的颜色。

② "真彩色"选项卡：打开此选项卡，可以选择需要的任意颜色。

③ "配色系统"选项卡：打开此选项卡，可以从标准配色系统（如 Pantone）中选择预定义的颜色。

（3）设置线宽　打开"图层特性管理器"，在需要更改线宽的图层上单击"线宽"，打开"线宽设置"对话框，如图 10-36 所示。按照国家标准规定，设置不同尺寸的线宽，再按"确定"即可。

### 四、基本输入操作

AutoCAD 交互绘图必须输入必要的指令和参数。AutoCAD 命令的输入方式有多种，下面以画直线为例进行叙述。

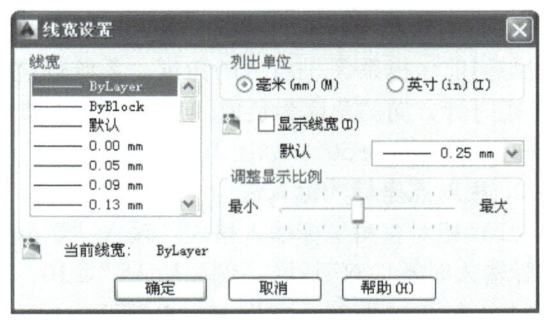

图 10-36　"线宽设置"对话框

**1. 通过菜单执行命令**

单击菜单名称，然后在下拉菜单中选择相应的选项激活某个命令来绘制图形。

**2. 通过工具栏输入命令**

在工具栏中单击任意一个按钮就可以激活相应的命令。激活命令后，并不是说已经完成了操作，而是随着命令的激活，在命令行会出现相应的提示，每一步操作都需要根据提示来完成，只有完成了这一步，才会出现下一步的命令提示，这种人性化的操作过程是AutoCAD的一大特点。

例如在"绘图"工具栏中，单击"直线"图标，则命令行显示如下：

命令：LINE（回车）

指定第一点：

可以根据命令行中提示画出所需直线。

**3. 通过命令行输入命令**

在命令行内输入命令的全称或者简称，然后再按回车键（〈Enter〉键），就可以激活相应的命令，根据系统提示完成绘图。大多数常用命令可简化为一两个字符。例如直线命令（LINE）可简化为"L"，圆命令（CIRCLE）可简化为"C"。

例如在命令行输入 L 后回车，则命令行显示如下：

命令：L（回车）

LIN

指定窗口的角点，或放弃（U）。

**4. 重复执行命令**

在 AutoCAD 中，执行完某个命令后，如果要立即重复执行该命令，则只需按一下回车键或者空格键即可。

### 五、坐标系统与数据的输入方法

在 AutoCAD 采用两种坐标系，即世界坐标系和用户坐标系。在刚进入 AutoCAD 时的坐标系是世界坐标系，也是固定的坐标系统。

**1. 绝对点坐标的输入法**

（1）绝对直角坐标输入格式　输入"$X, Y$"（实际输入时不加双引号）。例如输入某点的直角坐标为"15, 18"，表示该点相对于原点 $X$ 坐标为 15，$Y$ 坐标为 18，如图 10-37a 所示。

（2）绝对极坐标输入格式　输入"$L<\alpha$"。$L$ 表示该点距原点的连线长度，$\alpha$ 表示两点连线与当前坐标系 $X$ 轴所成的角度。系统规定以 $X$ 轴正向为基线，逆时针方向的角度为正值，顺时针方向的角度为负值。例如输入"25<50"，表示该点相对于原点的距离为 25，与 $X$ 轴正向的夹角为 50°，如图 10-37b 所示。

**2. 相对点坐标的输入法**

（1）相对直角坐标输入格式　输入"@d$x$, d$y$"。"@"符号表示该坐标值为相对坐标（实际输入时不加双引号）。例如输入"@10, 20"，表示该点与前一点的距离在 $X$ 轴方向为 10，在 $Y$ 轴方向为 20，如图 10-38a 所示。

（2）相对极坐标输入格式　输入"@$L<\alpha$"。$L$ 表示该点距前一点的连线长度，$\alpha$ 表示

该点与前一点连线与当前坐标系 X 轴所成的角度。例如输入"@25<45",表示该点相对于前一点距离为 25,与 X 轴正向的夹角为 45°,如图 10-38b 所示。

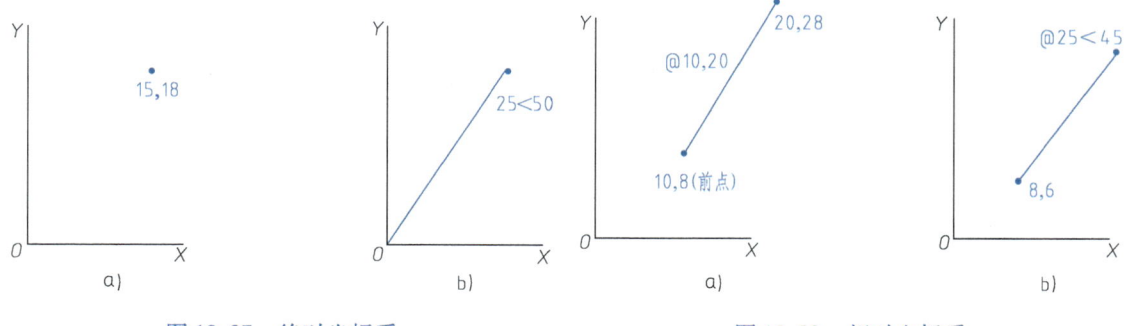

图 10-37　绝对坐标系
a）绝对直角坐标　b）绝对极坐标

图 10-38　相对坐标系
a）相对直角坐标　b）相对极坐标

### 六、AutoCAD 2014 辅助绘图工具

两点连线相对于 X 轴的夹角在用 AutoCAD 绘制图形时,除了可以使用坐标系统来精确设置点的位置以外,还可以直接使用鼠标在视图中单击确定点的位置。使用鼠标定位虽然方便,但精度不高,因此 AutoCAD 中提供了捕捉模式、对象捕捉、对象捕捉追踪、栅格显示等辅助功能,在不输入坐标的情况下快速、精确地绘制图形。这些工具主要集中在状态栏上,如图 10-39 所示。

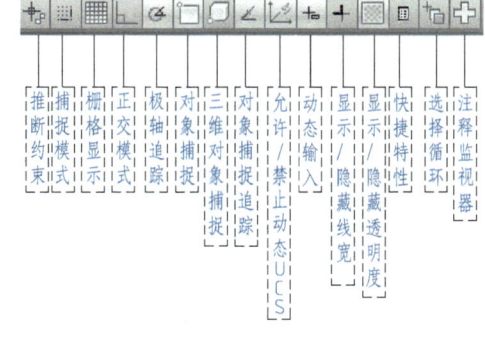

图 10-39　状态栏按钮

**1. 正交模式**

在用 AutoCAD 绘图的过程中,经常需要绘制水平直线和垂直直线,但是用鼠标拾取线段的端点时很难保证两个点严格沿水平或垂直方向,为此,AutoCAD 提供了"正交"功能。

当启用正交模式时,画线或移动对象时只能沿水平方向或垂直方向移动光标,因此只能画平行于坐标轴的正交线段。

在状态栏中单击"正交"按钮,可启用正交模式,也可用功能键 F8 来回切换。

**2. 启用捕捉和栅格**

栅格是一些标定位置的小点,遍布于整个图形界限内,可以应用栅格显示工具,使绘图区域上出现可见的网格,这个栅格能够捕捉光标,约束它只能落在栅格的某一个节点上,能够高精确度地捕捉和选择这个栅格上的点。

执行菜单栏"工具"→"草图设置",打开"捕捉和栅格"选项卡,如图 10-40 所示。

**3. 对象捕捉**

在绘图过程中,经常要用到一些特殊的点,例如圆心、切点、线段或圆弧的端点、中点等,如果仅靠视觉用鼠标拾取,要准确地找到这些点是十分困难的。为此,AutoCAD 提供了一些识别这些点的工具,通过这些工具可轻松地构造出新的几何体,这种功能称为对象捕

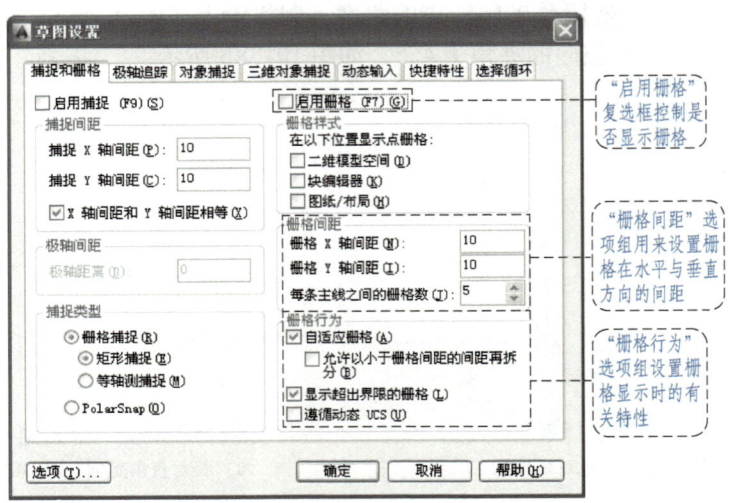

图 10-40 "捕捉和栅格"选项卡

捉功能。利用该功能,可以迅速、准确地捕捉到某些特殊点,从而迅速、准确地绘制出图形。

AutoCAD 2014 常用的实现对象捕捉的方法有如下两种:

(1) 利用工具栏实现对象捕捉　执行菜单栏"工具"→"草图设置",弹出"草图设置"对话框,选择"对象捕捉"选项卡,如图 10-41 所示。

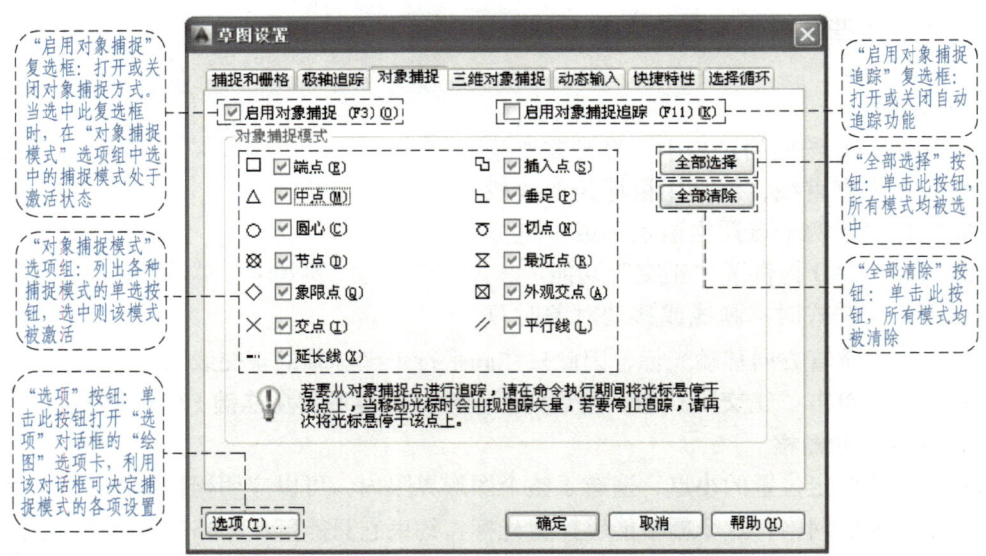

图 10-41 "对象捕捉"选项卡

(2) 利用状态栏实现对象捕捉　用鼠标左键单击状态栏"对象捕捉"按钮,打开对象捕捉,或右键点击"对象捕捉"按钮,弹出菜单选择"启用"。

**4. 自动追踪**

在 AutoCAD 中,使用自动追踪功能可以快速而准确地定位点,大大提高绘图效率。使用它可绘制与其他对象有特定关系的对象，也可按指定角度绘制对象。自动追踪功能分对象捕捉追踪和极轴追踪两种，在状态栏上可同时启用。

对象捕捉只能捕捉对象上的点，而对象捕捉追踪和极轴追踪还可捕捉对象以外空间上的一个点。具体用法是，如果事先不知道具体的追踪方向（角度），但知道与其他对象的某种关系（如相交），则用对象捕捉追踪；如果事先知道要追踪的方向（角度），则使用极轴追踪。

### 七、直线的绘制方法

直线命令可以绘制一条或多条连续的线段，但每一条线段都是一个独立的图像对象，可以对任何一条线段单独进行编辑操作。

**1. 命令的执行方式**

单击"绘图"工具栏的"直线"按钮，或选择菜单"绘图"→"直线"命令，即可启动"直线"（LINE）命令。依次指定直线的端点，即可绘制出直线。如果连续指定直线的端点，可以连续绘制直线，直至按〈Enter〉键结束"直线"命令。

**2. 命令说明**

只要给出两端点的坐标位置，直线命令即可完成一条线段的绘制，下面按点坐标的三种不同输入情况举例说明。

**3. 绘图示例**

根据绝对直角坐标格式、相对直角坐标格式、极坐标格式绘制图 10-42 所示的线段。

1）在绘图工具栏中单击"直线"按钮，命令行提示："指定第一点："。
2）在命令行输入起点坐标"30，20"，按〈Enter〉键，创建直线的起点。
3）命令行提示"指定下一点或[放弃（U）]："，输入终点坐标"70，40"，按〈Enter〉键，创建直线的终点，同时完成第一条线段的绘制。
4）以第一条线段的终点坐标（70，40）为起点，输入第二条线段终点的相对坐标"@15，-20"，按〈Enter〉键，创建直线的终点，完成第二条线段的绘制。
5）以第二条线段的终点为起点，输入第三条线段终点的极坐标"@40<30"，按〈Enter〉键，创建直线的终点，完成第三条线段的绘制。
6）按〈Enter〉键，结束直线命令的操作，绘出的三条线段如图 10-42 所示。

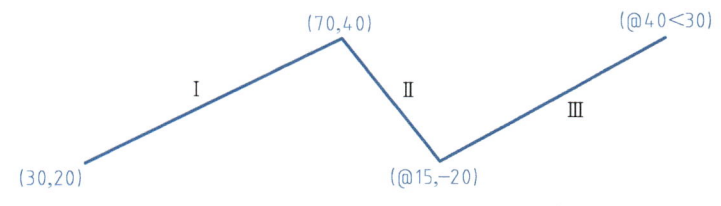

图 10-42 直线的绘制

### 任务实施

绘制图 10-43a 所示的钩头楔键的轮廓图。

分析：钩头楔键的轮廓都是由直线组成的，其中左方是 1∶10 的斜度，右上角还有 45°

倒角结构。可以利用直线命令进行操作。又因为有水平线和垂直线，所以，启动"正交"模式操作比较方便。

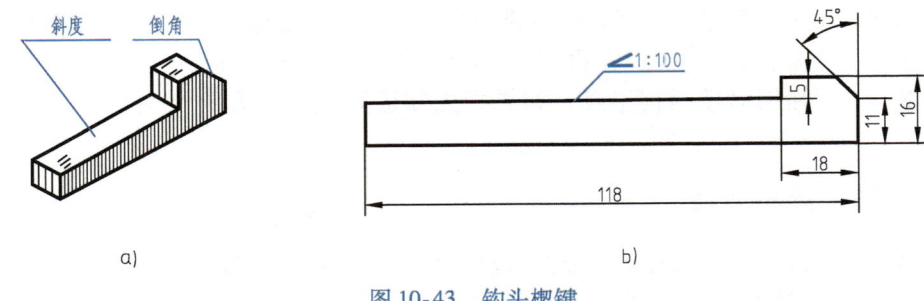

图 10-43　钩头楔键
a）轴测图　b）轮廓图

操作步骤如下：

1）单击"新建"命令，打开"选择样板"对话框，单击"打开"按钮，新建一个图形文件，图名命名为"钩头楔键"。

2）设置图层。在"图层"工具栏中选择"粗实线"层作为当前层；打开状态栏中的"正交"按钮。

3）在"绘图"工具栏中单击"直线"按钮，命令行提示："指定第一点："，在绘图区域适当位置单击，创建轮廓的起点。

4）命令行提示："指定下一点或［放弃（U）］："，向右移动光标，输入水平线的长度 118，完成第一条线段的绘制，按回车键〈Enter〉（以下用符号↙表示）。

5）命令行提示："指定下一点或［放弃（U）］："，向上移动光标，输入垂直线的长度 11↙，完成第二条线段的绘制。

6）命令行提示："指定下一点或［闭合（C）放弃（U）］："，输入水平线下一点的相对坐标@ -5，5↙，完成第三条线段的绘制。

7）命令行提示："指定下一点或［闭合（C）放弃（U）］："，向左移动光标，输入水平线的长度 13↙，完成第四条线段的绘制。

8）命令行提示："指定下一点或［闭合（C）放弃（U）］："，向下移动光标，输入垂直线的长度 5↙，完成第五条线段的绘制。

9）命令行提示："指定下一点或［闭合（C）放弃（U）］："，输入下一点的相对于上一点的坐标@ -100，-1↙，完成第六条线段的绘制。

10）命令行提示："指定下一点或［闭合（C）放弃（U）］："，输入 C↙，选择闭合选项，结束直线命令，便完成钩头楔键的轮廓图。

11）保存图形文件，退出 AutoCAD 2014。

## 任务二　绘制六角螺母的端面视图

### 任务描述

前面已经介绍了绘制直线的方法，在实际使用的机件轮廓中，除了直线以外，还有

项目十 计算机绘图基础

圆、圆弧等其他形状。本任务主要介绍其他绘图命令的使用，包括圆、圆弧、矩形、正多边形等。绘制图 10-44 所示螺母的端面视图。

图 10-44　六角螺母

## 任务分析

图 10-44 所示螺母的端面视图是由圆、圆弧及正六边形组成的，内部有螺纹。线型有粗实线、细实线和细点画线。画图时主要使用基本绘图命令中的多边形、圆、圆弧等命令，"绘图"工具栏如图 10-45 所示。

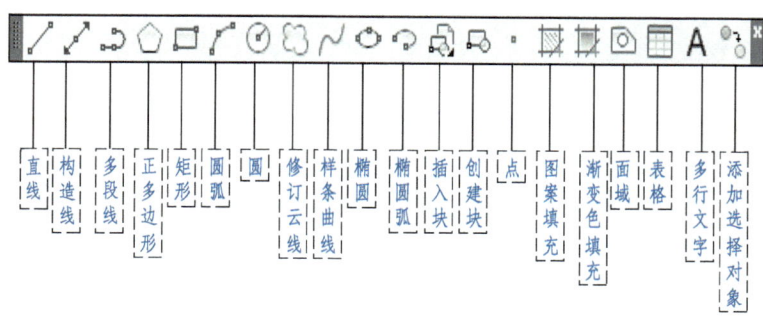

图 10-45　"绘图"工具栏

## 相关知识

### 一、绘制圆

AutoCAD 中提供了多种绘制圆的方式。

**1. 命令的执行方式**

选择菜单"绘图"→"圆"命令，或在命令行输入 CIRCLE↙，便可弹出图 10-46 所示的下级子菜单，选择其中一个选项，即可绘制圆。

**2. 命令说明**

画圆有以下六种方式：通过画圆命令的下拉菜单分别得以实现，如图 10-47 所示。

（1）圆心、半径　（默认方式）输入圆心坐标和半径，如图 10-47a 所示。

（2）圆心、直径　输入圆心坐标和直径，如图 10-47b 所示。

（3）两点法　输入圆周上一条直径的两端点，如图 10-47c 所示。

（4）三点法　输入圆周上的三点，如图 10-47d 所示。

（5）相切、相切、半径法　确定与圆相切的两个

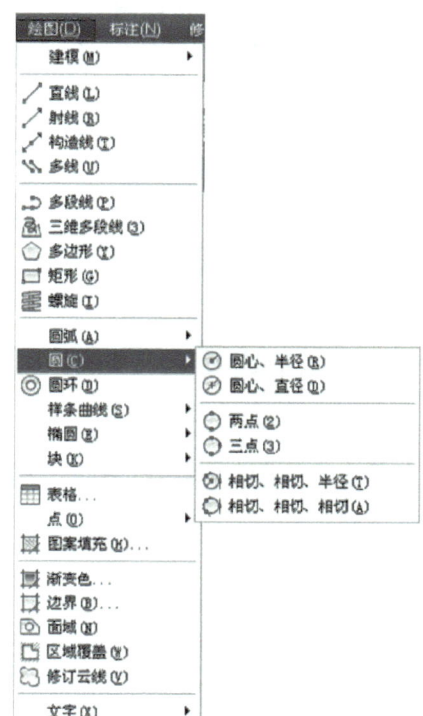

图 10-46　绘制圆的菜单

实体和圆的半径，如图 10-47e 所示。

（6）相切、相切、相切法　确定与圆相切的三个实体，如图 10-47f 所示。此方法只能通过下拉菜单启动。

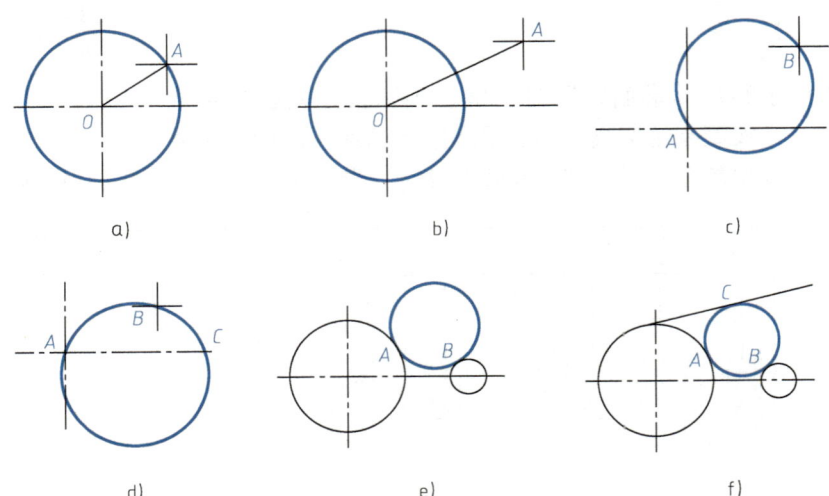

图 10-47　六种绘制圆的方法

### 3. 绘图示例

在正三角形内分别用"相切、相切、半径"和"相切、相切、相切"的方法绘制两个圆，如图 10-48 所示。

1）单击"相切、相切、半径"按钮，将十字光标移至三角形的边上，分别单击三角形的 AC 边和 AB 边，命令行提示"指定圆的半径"，如输入"5↵"，创建一个半径为 5 且相切于 AC 边和 AB 边的小圆。

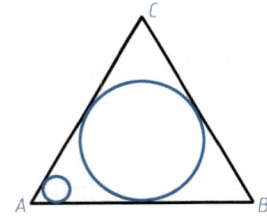

图 10-48　圆的绘图示例

2）单击"相切、相切、相切"按钮，将十字光标移至三角形的边上，显示出切点捕捉标记，分别捕捉并单击三条边上的切点，创建一个与三角形三条边相切的大圆。

## 二、绘制圆弧

### 1. 命令的执行方式

单击"绘图"工具栏中的"圆弧"按钮，或在命令行输入 ARC↵，启动"圆弧"命令。

### 2. 命令说明

绘制圆弧较绘制圆要复杂得多，因为圆弧不仅要像圆一样必须要确定圆心和半径，而且还要确定圆弧的长短，绘制圆弧的条件就会有更多的选择。用命令方式画圆弧时，可以根据系统提示选择不同的选项，具体功能和用"绘制"菜单的"圆弧"子菜单提供的 11 种方式相似，这 11 种方式如图 10-49 所示。

（1）三点　通过指定三点绘制圆弧是最常用的一种方法，指定的第一个点为圆弧的起点,第二个点为圆弧上任意一点,第三个点为圆弧的终点,如图 10-49a 所示。

(2) 起点、圆心、端点　首先指定圆弧的起点,然后指定圆心,最后指定圆弧的终点,如图 10-49b 所示。

(3) 起点、圆心、角度　首先指定圆弧的起点,然后指定圆心,最后指定圆弧所对应的圆心角度 A。正的角度按逆时针方向画圆弧,负的角度按顺时针方向画圆弧,如图 10-49c 所示。

(4) 起点、圆心、长度　首先指定圆弧的起点,然后指定圆心,最后指定圆弧所对应的弦长。该方法都是按逆时针方向画圆弧,只是正的弦长画的是小于 180°的圆弧,负的弦长画的是大于 180°的圆弧,如图 10-49d 所示。

(5) 起点、端点、角度　首先指定圆弧的起点,然后指定圆弧的终点,最后指定圆弧所对应的圆心角度,如图 10-49e 所示。

(6) 起点、端点、方向　首先指定圆弧的起点,然后指定圆弧的终点,最后指定圆弧起点的切向方向来绘制圆弧,如图 10-49f 所示。

(7) 起点、端点、半径　首先指定圆弧的起点,然后指定圆弧的终点,最后指定圆弧的半径,如图 10-49g 所示。

(8) 圆心、起点、端点　首先指定圆弧的圆心,然后指定圆弧的起点,最后指定圆弧的终点,如图 10-49h 所示。

(9) 圆心、起点、角度　首先指定圆弧的圆心,然后指定圆弧的起点,最后指定圆弧所对应的圆心角度,如图 10-49i 所示。

(10) 圆心、起点、长度　首先指定圆弧的圆心,然后指定圆弧的起点,最后指定圆弧

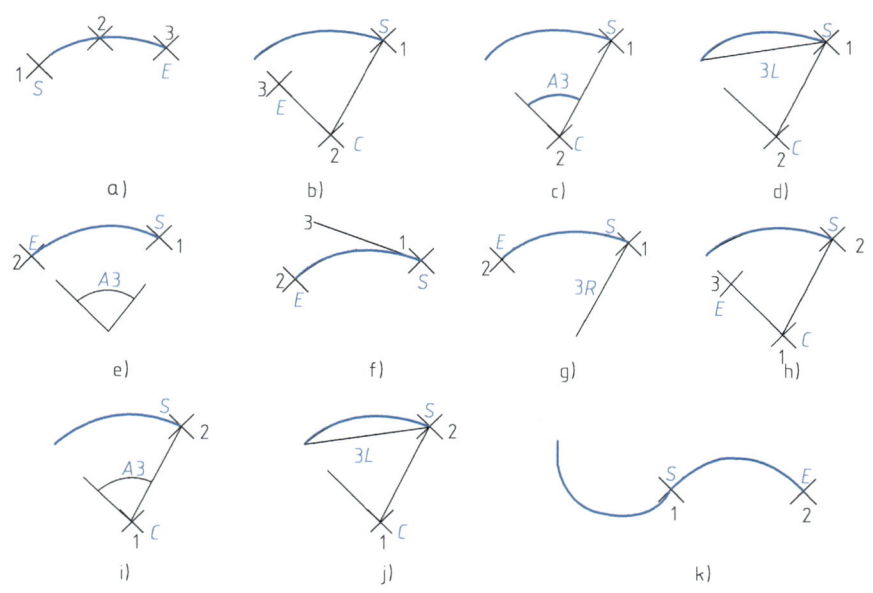

图 10-49　11 种绘制圆弧的方法

a) 三点　b) 起点、圆心、端点　c) 起点、圆心、角度　d) 起点、圆点、长度
e) 起点、端点、角度　f) 起点、端点、方向　g) 起点、端点、半径
h) 圆心、起点、端点　i) 圆心、起点、角度　j) 圆心、起点、长度　k) 连续

所对应的弦长，如图10-49j所示。

（11）连续　最近一次画出的直线或圆弧的终点将作为新圆弧的起点，并以其终点的切线方向作为新圆弧的起始方向，当指定圆弧的终点后，即可画出新圆弧，如图10-49k所示。

圆弧从起点到端点按逆时针方向绘制。

**3. 应用示例**

图10-50是利用"起点、端点、半径"画出的不同半径的圆弧比较的实例。其中起点是A，端点是B，因为半径不同，所以可以画出两段不同的圆弧。

### 三、绘制椭圆

**1. 命令的执行方式**

可在功能区选择画椭圆命令按钮 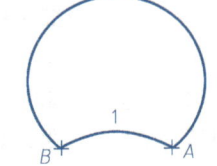，或在命令行输入ELLIPSE↙。

图10-50　"起点、端点、半径"法绘制圆弧

**2. 命令说明**

（1）轴、端点　先指定椭圆第一个轴的两个端点A、B，再指定第二个轴的一个端点C，如图10-51a所示。

（2）圆心　先指定椭圆圆心O，再指定一个轴的端点A，最后指定另一个轴的端点C，如图10-51b所示。

（3）旋转　通过绕第一条轴旋转圆来创建椭圆。该旋转角度值可为0°~89.4°中任意值。椭圆弧为椭圆的一部分，如图10-51c所示。绘制椭圆弧在启动椭圆弧命令后先按以上操作绘制椭圆，再指定椭圆弧的起始角和终止角。椭圆弧从起点到端点按逆时针方向绘制。

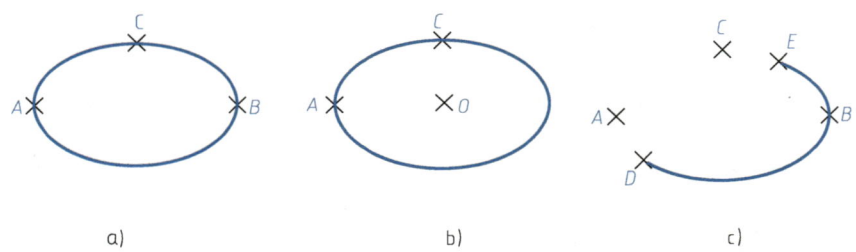

图10-51　绘制椭圆的方法

### 四、绘制正多边形

**1. 命令的执行方式**

单击"绘图"工具栏的"正多边形"按钮，或选择菜单"绘图"→"正多边形"命令，即可启动"正多边形"（POLYGON）命令。分别指定正多边形的边数、中心后，可以根据正多边形内接于圆和外切于圆绘制正多边形。

**2. 命令说明**

1）输入边的数目。POLYGON命令可以绘制3~1024条边组成的正多边形。

2）给定中心点后，提示"输入选项［内接于圆（I）/外切于圆（C）］＜I＞:"，绘制

结果如图 10-52a、b 所示。

3）指定正多边形的中心点或［边（E）］。可通过中心点或边长两种方式绘制。图 10-52c 所示即为指定边长方式绘制的，1、2 两点为先后输入的两个点。

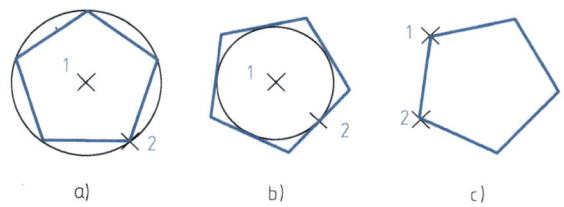

图 10-52 绘制正多边形

4）指定圆的半径。

① 内接于圆。指定圆的半径就是正多边形中心点至端点的距离，该正多边形的所有顶点在此圆周上。

② 外切于圆。指定圆的半径就是正多边形中心点至各边线中点的距离，该正多边形的各边都与这个圆相切。

**3. 绘图示例**

绘制指定相同半径数值 16 的内接于圆的正六边形和外切于圆的正六边形。如图 10-53 所示，具体步骤如下：

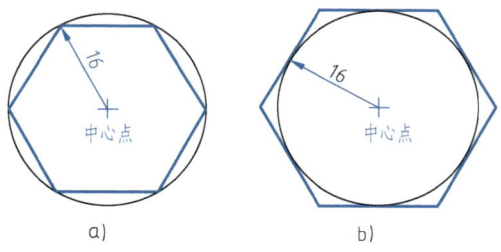

图 10-53 绘制正六边形
a）内接于圆的正六边形 b）外切于圆的正六边形

1）在菜单栏选择"绘图"→"正多边形"命令选项，启动正多边形命令。
2）命令行提示：POLYGON 输入侧面数 <4>：6↙。
3）指定正多边形的中心点或［边（E）］：单击一点确定正多边形的中心点位置。
4）输入选项［内接于圆（I）/外切于圆（C）］<I>：I↙，选择内接于圆的方式创建正多边形。
5）指定圆的半径：16↙，创建内接于圆的正六边形。
6）用同样方法，选"外切于圆（C）"，创建外切于圆的正六边形。

## 五、绘制矩形

矩形也是机械图样中较为常见的图形，利用 AutoCAD 2014 的"矩形"命令可以很方便地绘制一般矩形、带倒角的矩形、带圆角的矩形（包括长圆）。此外，AutoCAD 2014 还可以根据面积绘制矩形及倾斜矩形。

**1. 命令的执行方式**

单击"绘图"工具栏中的"矩形"按钮 ▭，或选择菜单"绘图"→"矩形"命令，即可启动"矩形"（RECTANG）命令。分别指定矩形两个相对角点的位置，即可绘制出矩形。若要绘制带倒角的矩形和带圆角的矩形，则需要分别先指定两个倒角距离和圆角半径。

**2. 命令说明**

（1）指定第一个角点　通过指定两个角点来确定矩形，如图10-54a所示。

（2）尺寸（D）　使用长和宽创建矩形，第二个指定点将矩形定位在与第一个角点相关的4个单位之内。

（3）面积（A）　指定面积、长和宽创建矩形。

（4）倒角（C）　指定倒角距离，绘制带倒角的矩形，如图10-54b所示。

（5）圆角（F）　指定圆角半径，绘制带圆角的矩形，如图10-54c所示。

（6）宽度（W）　指定线宽，如图10-54d所示。

厚度（T）、标高（E）选项用于绘制三维空间中的矩形，如图10-54e所示。

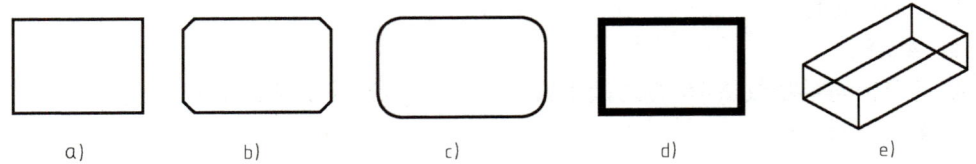

图10-54　绘制矩形

a）宽度为0　b）倒角矩形　c）圆角矩形　d）有一定宽度的矩形　e）有一定厚度的矩形

**3. 绘图示例**

绘制图10-55所示的倒角矩形，矩形的尺寸为15和25，两倒角距离均为1。

操作步骤如下：

1）单击"绘图"工具栏中的"矩形"按钮 ▭。

2）指定另一个角点或［面积（A）/尺寸（D）/旋转（R）］：C↙，输入C，选择倒角。

3）指定矩形的第一个倒角距离<0.0000>：1↙，输入第一个倒角距离1。

4）指定矩形的第二个倒角距离<0.0000>：1↙，输入第二个倒角距离1。

5）指定第一个角点或［倒角（C）/标高（E）/圆角（F）/厚度（T）/宽度（W）］：↙，在绘图区适当位置单击，指定第一角点。

6）指定另一个角点或［面积（A）/尺寸（D）/旋转（R）］：@15，25↙，输入矩形第二个角点相对于第一个角点的坐标。

## 任务实施

参照图10-56所示的尺寸绘制六角螺母的端面视图。

分析：六角螺母端面视图中含有2个粗实线圆、1个正六边形，还有一个大约3/4圆的细实线的圆弧（螺纹大径）。正六边形与最大的粗实线圆相切，正六边形的内切圆可以根据3个切点绘制。

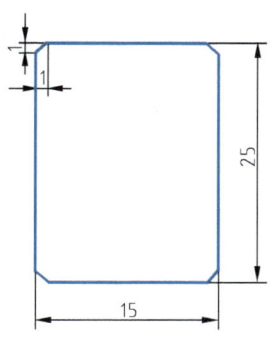
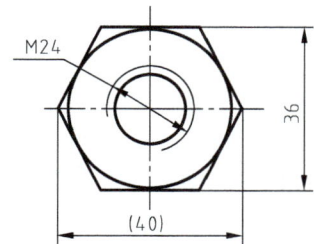

图 10-55　绘制倒角矩形　　　　图 10-56　六角螺母端面视图

内螺纹的牙底圆为略超过 3/4 圆的细实线圆弧，可以利用圆弧的圆心、起点和端点绘制。

操作步骤如下：

1）新建图形文件。单击"新建"命令，打开"选择样板"对话框，单击"打开"按钮，新建一个图形文件，命名为六角螺母端面视图。

2）设置线型，恢复图层。

3）将"粗实线"层设置为当前层，单击"绘图"工具栏的"正多边形"按钮 ⬡，绘制正六边形，如图 10-57a 所示。

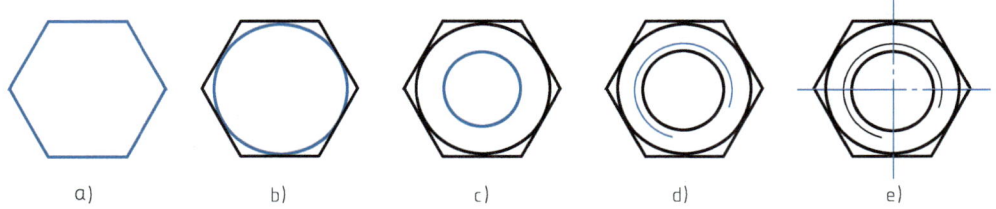

图 10-57　六角螺母端面视图的绘制步骤

4）选择菜单"绘图"→"圆"→"相切、相切、相切"命令，根据 3 个相切选项绘制正六边形的内切圆，如图 10-57b 所示。

5）打开状态栏中的"对象捕捉追踪"按钮 ⚊，单击"绘图"工具栏中的"圆"按钮 ⊙，绘制小圆。可根据圆心和半径绘制圆（半径按约为螺纹大径的 0.85/2 绘制），如图 10-57c 所示。

6）将"细实线"层设置为当前层，选择菜单"绘图"→"圆弧"→"圆心、起点、端点"选项，绘制内螺纹的牙底圆（为略大于 3/4 圆的圆弧），如图 10-57d 所示。

7）将"点画线"层设置为当前层，打开状态栏中的"对象捕捉追踪"按钮 ⚊。利用"直线"命令和对象捕捉追踪模式绘制六角螺母端面视图的对称中心线，如图 10-57e 所示。

8）保存图形文件，退出 AutoCAD 2014。

## 任务三  绘制平面图形

  **任务描述**

平面图形是由直线与直线或直线与曲线及曲线与曲线所构成的图形。绘图时，可通过 AutoCAD 2014 的各种绘图命令并配合编辑命令的使用来完成。本任务主要讲述各种绘图命令与编辑命令的配合使用，绘制图 10-58 所示的平面图形。

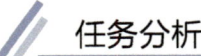  **任务分析**

图 10-58 所示的图形是由直线、圆、圆弧等组成的。各圆弧之间以及圆弧与直线之间都有相切关系。线型有粗实线和细点画线。因此画图时主要使用基本绘图命令中的圆命令、圆弧命令及直线命令。又因为图形是对称的，可以先画一半，使用镜像命令完成全图的绘制，这样比较方便。再通过修剪命令裁剪掉多余的线段，即可完成图形的绘制。

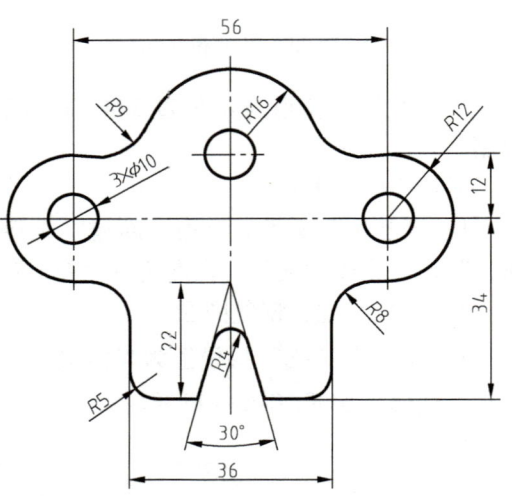

  **相关知识**

图形编辑就是对已经画好的图形进行修改、复制、移动、删除等操作，基本编辑命令

图 10-58  平面图形

在 AutoCAD 中被称为"修改"命令，其工具栏如图 10-59 所示。AutoCAD 的图形编辑手段丰富多样，使用时可以先启动编辑命令，再选择要编辑的对象；也可以先选择要编辑的对象，后右击，在弹出的快捷菜单中选择相应的选项，启动编辑命令。

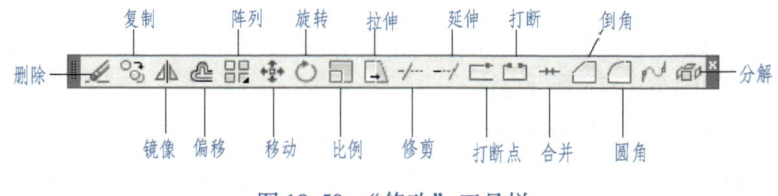

图 10-59  "修改"工具栏

### 一、选择对象

选择对象是编辑对象的前提。AutoCAD 2014 提供了多种对象选择方法。下面介绍常用的几种方法。

**1. 全部选择**

当 AutoCAD 提示选择对象时，在命令行中输入 ALL↙，或选择菜单"编辑"→"全选"命令，均可选中当前图形中所有的对象。

### 2. 点选方式选择

在编辑命令提示"选择对象"时，十字光标变成矩形，称为拾取框。移动拾取框光标至被选对象上单击，对象变成虚线形式显示，表示该对象被选中。再次单击其他对象，被单击的对象可被逐一选中，按〈Shift〉键的同时单击被选中的对象可取消选择。这种方法适合选择少量或分散的对象，如图 10-60 所示。

### 3. 窗口方式选择

在编辑命令提示"选择对象"时，通过对角线的左侧和右侧两个端点来定义一个矩形框，该矩形框为蓝色的矩形区域，凡完全被矩形框包围的对象即被选中，与边界相交的对象不会被选中，如图 10-61 所示。

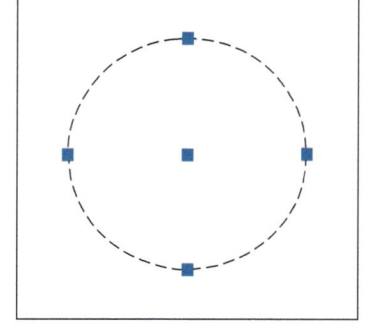

图 10-60　点选方式选择对象

### 4. 窗交方式选择

在编辑命令提示"选择对象"时，通过对角线的右侧和左侧两个端点来定义一个矩形框，该矩形框为绿色的矩形区域，凡完全被矩形框包围的以及与矩形框相交的对象即被选中，如图 10-62 所示。

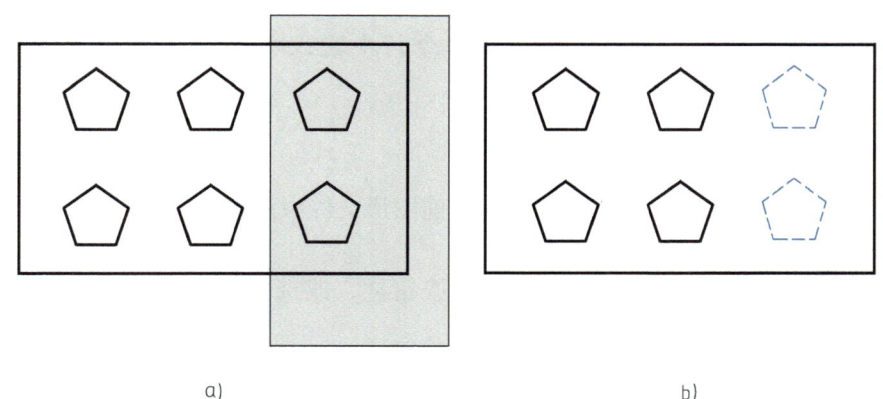

图 10-61　窗口方式选择对象
a）图中右侧方框为选择框　b）选择后的图形

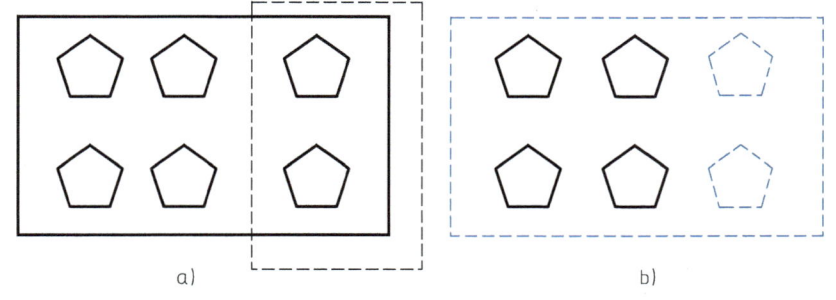

图 10-62　窗交方式选择对象
a）图中右侧方框为选择框　b）选择后的图形

### 5. 栏选方式选择

在复杂图形中，可以使用栏选方式选择对象。在编辑命令提示"选择对象"时，输入"F↙"，即可进行栏选方式选择对象。临时绘制一些直线，这些直线不必构成封闭图形，凡是与这些直线相交的对象均被选中，如图10-63所示。

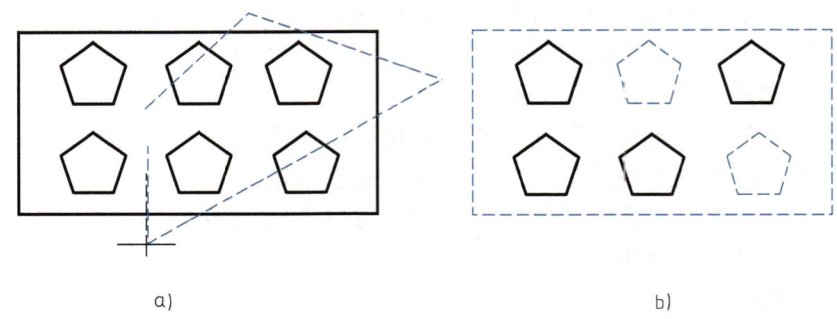

图 10-63　栏选方式
a) 图中虚线为选择框　b) 选择后的图形

### 6. 上一个选择

当 AutoCAD 提示"选择对象"时，在命令行中输入"P↙"，然后按〈Enter〉键，AutoCAD将再次选中上一次操作所选择的对象。

## 二、删除对象

删除命令用于将已经绘制的图形对象从当前图形文件中清除。

**1. 命令的执行方式**

在功能区"修改"面板上单击"删除"按钮，或选择菜单命令"删除"中的"删除"选项，或在命令行输入"Erase↙"。

**2. 命令说明**

1）结束选择对象时，删除命令也同时结束，并在屏幕上擦除该对象。

2）删除对象时，也可在命令状态下，先选择对象，再按键盘上的〈Delete〉键，来删除选择的对象。

3）根据提示，使用上面介绍的选择对象的方法选中要删除的对象后按〈Enter〉键，即可删除该对象。

## 三、复制对象

复制命令可以将图形中选定的对象复制到指定的位置。

**1. 命令的执行方式**

在功能区"修改"面板上单击"复制"按钮，或选择菜单命令"修改"中的"复制"选项，或在命令行输入"COPY↙"。

**2. 命令说明**

复制命令在输入基点后，将进行连续的复制操作，要结束命令可直接按回车键。

**3. 绘图示例**

绘制图 10-64 所示的图形。先绘出一个矩形，并连接左下角到右上角的对角线。以五等分对角线上左下角的节点为圆心，绘制两个同心圆，然后再用复制的命令绘出右上角的同心圆。

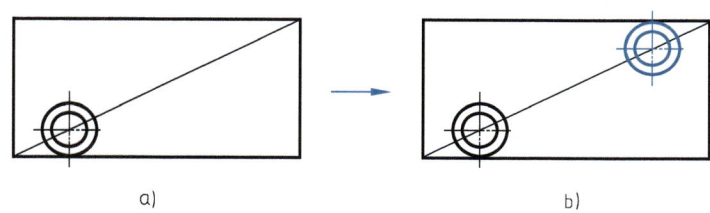

图 10-64 同心圆的复制
a）复制前 b）复制后

其操作方法如下：
命令：COPY ↙
选择对象：用窗交方式选定矩形内左下角的圆（按〈Shift〉键去掉选定的对角线）。
指定基点或［位移（D）/模式（O）］＜位移＞：指定同心圆的圆心为基点。
指定第二个点或＜使用第一个点作为位移＞：选择矩形右上角的五等分点单击，复制同心圆。
指定第二个点或［退出（E）/放弃（U）］＜退出＞：↙，结束复制命令。

### 四、移动对象

移动命令可以将图形中选定的对象移动到指定的位置。

**1. 命令的执行方式**

在功能区"修改"面板上单击"移动"按钮，或选择菜单命令"修改"中的"移动"选项，或在命令行输入"MOVE ↙"。

**2. 命令说明**

移动对象是指对象的重定位。可以在指定方向上按指定距离移动对象，对象的位置发生了改变，但方向和大小不改变。对象移动的距离与方向是以基点和第二点的连线为依据的。

**3. 绘图示例**

使用移动命令编辑图 10-65a 所示图形，使其矩形上边的所有图形从左端移到右端。
1）执行移动命令后，通过分别单击 $P_1$、$P_2$ 点的窗交方式选择移动对象。
2）指定基点 $A$，指定位移的第二点 $B$，移动后的效果如图 10-65b 所示。

### 五、偏移对象

"偏移"命令可以按照一定的距离复制对象。用于创建与选定对象平行的新对象，被偏移的对象可以是直线、圆、圆弧、矩形、椭圆、椭圆弧、多段线和样条曲线等。

**1. 命令的执行方式**

单击"修改"工具栏的"偏移"按钮，或在"修改"菜单中选择"偏移"。

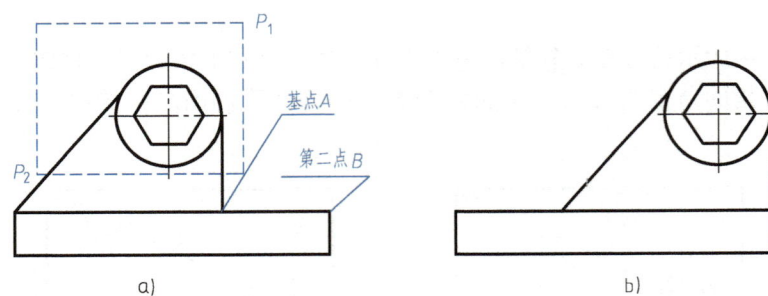

图 10-65 图形移动前后
a) 移动前 b) 移动后

**2. 命令说明**

1) 如果偏移对象是直线或样条曲线,则偏移的结果是与该对象相同的平行线或样条曲线;如果偏移对象是圆或圆弧,则偏移的结果是同心圆或同心圆弧;如果偏移对象是矩形、多边形,则偏移的结果是该对象的类似形。

2) 偏移对象时需要在偏移对象的两侧指定偏移方向,因此启动一次"偏移"命令最多能对一个对象偏移两次,但可以指定上一个偏移得到的对象为偏移对象,从而实现连续偏移。

**3. 绘图示例**

以图 10-66 所示指定的点偏移对象的步骤如下:

指定偏移通过的点,选择该选项后出现如下提示:

1) 选择要偏移的对象或<退出>:✓,结束偏移命令。

2) 指定要通过的点:指定偏移对象的一个通过点。偏移后的效果如图 10-66c 所示。

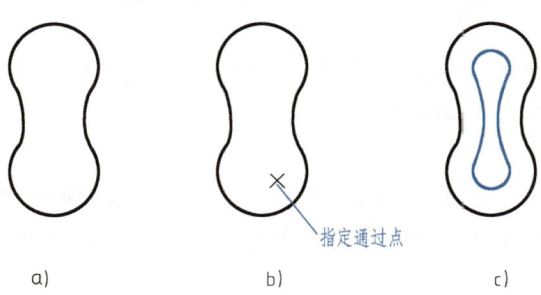

图 10-66 指定通过点偏移对象
a) 要偏移的对象 b) 指定通过点 c) 执行结果

## 六、镜像命令

镜像命令可以将图形中选定的对象,以指定的直线为对称轴创建对称的镜像图像。

**1. 命令的执行方式**

在功能区"修改"面板上单击"镜像"按钮 ◢◣,或选择菜单命令"修改"中的"镜像"选项,或在命令行输入"MIRROR ✓"。

### 2. 命令说明

镜像命令中的镜像线是一条辅助线，实际上并不存在。执行命令完成后是看不到镜像线的，它是一条直线，既可以水平或垂直，又可以倾斜。

### 3. 绘图示例

使用镜像命令编辑图 10-67a 所示的图形，完成图 10-67b 所示图形的绘制。

1）执行镜像命令后，通过分别单击 $P_1$、$P_2$ 点的窗口方式选择要镜像的对象，如图 10-67a 所示。

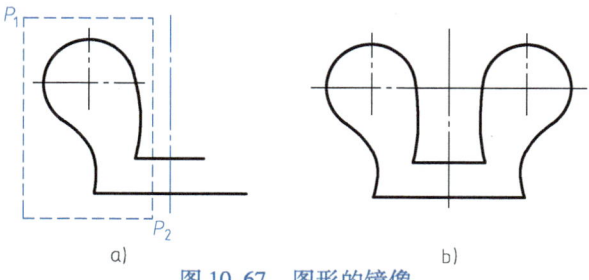

图 10-67　图形的镜像
a）镜像前　b）镜像后

2）通过两条水平线段的中点作为镜像线上的两点，指定镜像线。最后提示"是否删除原对象"，选择"N"来完成图 10-67b 的绘制。

## 七、阵列对象

阵列是指将多重复制选择的对象按矩形、路径或环形排列。

### 1. 命令的执行方式

单击"修改"工具栏中的"阵列"按钮 ▦，在弹出的下拉工具栏中分别选择"矩形阵列"按钮 ▦、"路径阵列"按钮 和"环形阵列"按钮 ，即可启动相应的阵列命令，根据命令行的提示设置要阵列的方式，即可复制出阵列对象，并以矩形方式排列、沿指定路径排列或以环形方式排列。或选择菜单命令"修改"中的"阵列"选项，或在命令行输入"ARRAY↵"。

### 2. 命令说明

把副本按矩形排列称为建立矩形阵列，把副本按路径排列称为建立路径阵列，把副本按环形排列称为建立极阵列。建立极阵列时，应该控制复制对象的次数和对象是否被旋转；建立矩形阵列时，应该控制行和列的数量以及对象、副本之间的距离。

### 3. 绘图示例

使用阵列命令编辑图 10-68a 所示的图形，完成图 10-68b 所示图形的绘制。

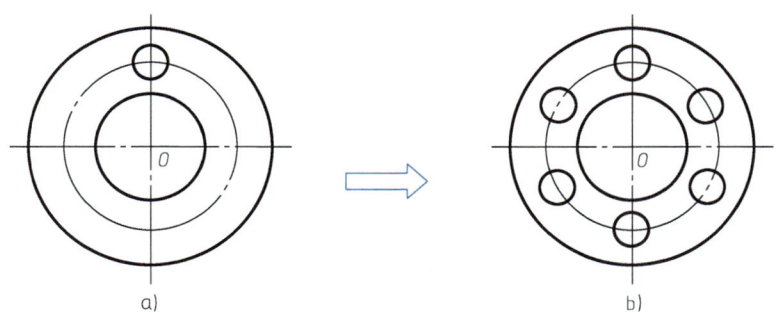

图 10-68　环形阵列

环形阵列的步骤如下：

1）执行阵列命令后，弹出对话窗口。

2）从窗口中选择"环形阵列"，单击"拾取中心"并在图中拾取阵列中心点 O。

3）从窗口中单击"选择对象"，选择阵列的对象并按回车键。

4）从窗口中填写阵列中元件的数目 6（其中包含原对象），输入阵列要填充的角度（0°～360°）。

5）按回车键，即按对象的排列顺序旋转对象。

### 八、旋转对象

旋转命令可以将图形中选定的对象以指定的中心点、角度进行旋转。

**1. 命令的执行方式**

在功能区"修改"面板上单击"旋转"按钮，或选择菜单命令"修改"中的"旋转"选项，或在命令行输入"ROTATE ↙"。

**2. 命令说明**

旋转对象时，旋转角度值（0°～360°）为原对象与目标位置之间的夹角，正值为逆时针方向旋转，负值为顺时针方向旋转。参照（R）表示将对象从指定角度旋转到绝对角度。

**3. 绘图示例**

使用旋转命令编辑图 10-69a 所示的图形，完成图 10-69b 的绘制。

1）执行旋转命令后，通过分别单击 $P_1$、$P_2$ 点的窗交方式选择旋转对象，如图 10-69a 所示。

2）指定小圆的圆心为基点，输入旋转的角度值"90"，即可完成图 10-69b 所示图形的绘制。

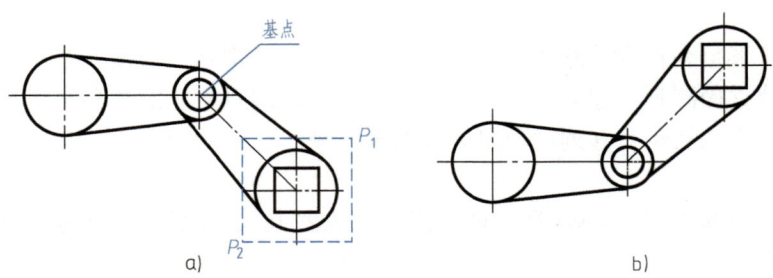

图 10-69　图形的旋转过程

### 九、修剪对象

修剪命令可以使选择的对象精确地终止于其他对象的边界。

**1. 命令的执行方式**

在功能区"修改"面板上单击"修剪"按钮，或选择菜单命令"修改"中的"修剪"选项，或在命令行输入"TRIM ↙"。

**2. 命令说明**

在 AutoCAD 2014 中，可以作为剪切边界的对象有直线、圆弧、圆、椭圆或椭圆弧、多段线、样条曲线、构造线、射线以及文字等。剪切边也可以同时作为被剪边。默认情况下，选择要修剪的对象后（即选择被剪边），系统将以剪切边为界，将被剪切的对象上位于拾取点一侧的部分剪切掉。如果按下〈Shift〉键，同时选择与修剪边不相交的对象，修剪边将变为延伸边界，将选择的对象延伸至与修剪边界相交，如图 10-70 所示。

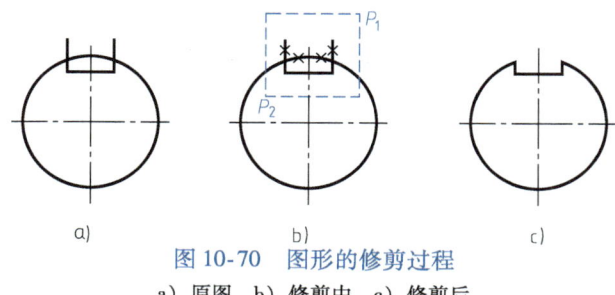

图 10-70　图形的修剪过程
a）原图　b）修剪中　c）修剪后

**3. 绘图示例**

使用修剪命令来编辑图 10-70a 所示的原图，最终完成图 10-70c 所示图形的绘制。

1）执行修剪命令后，通过分别单击 $P_1$、$P_2$ 点的窗交方式选择剪切边，如图 10-70b 所示。

2）选择剪切的对象，依次单击画"×"的部分，单击的对象被剪切掉，修剪后的效果如图 10-70c 所示。

## 十、拉伸对象

拉伸命令可以将选择点的对象拉长或缩短一段距离。

**1. 命令的执行方式**

在功能区"修改"面板上单击"拉伸"按钮，或选择菜单命令"修改"中的"拉伸"选项，或在命令行输入"STRETCH↙"。

**2. 命令说明**

命令行将提示"以交叉窗口或交叉多边形选择要拉伸的对象…"，选择对象后，拉伸交叉窗口部分包围的对象，将移动（而不是拉伸）完全包含在交叉窗口中的对象或单独选定的对象。

**3. 绘图示例**

用拉伸命令编辑图 10-71a 所示的图形，完成 10-71b 所示图形的绘制。

1）执行拉伸命令后，通过分别单击 $P_1$、$P_2$ 点的窗交方式选择拉伸对象，如图 10-71a 所示。

2）指定基点或［位移（D）］＜位移＞：在图中单击指定一个基点的位置。

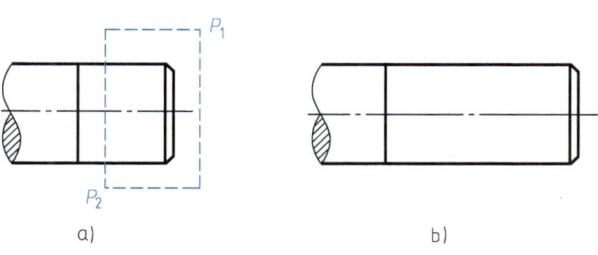

图 10-71　图形的拉伸
a）拉伸前　b）拉伸后

3）指定第二个点或＜使用第一个点作为位移＞：输入坐标值或向右移动光标单击指定第二个基点位置，所选对象被拉长，如图 10-71b 所示。

### 十一、延伸对象

延伸是将没有达到边界线的对象拉长，使其与其他对象相交，延伸的对象是直线和圆弧。

**1. 命令的执行方式**

单击"修改"工具栏中的"延伸"按钮 ，或选择菜单"修改"→"延伸"命令，即可启动"延伸"（EXTEND）命令。

**2. 命令说明**

1）利用"延伸"命令可以将直线或圆弧延伸到与另一个对象相交。

2）"延伸"和"拉长"命令都具有改变对象长度的功能，但它们的操作方法和操作结果完全不同。

**3. 绘图示例**

用"延伸"命令编辑图 10-72a 所示图形，完成图 10-72b 所示图形的绘制。

1）执行"延伸"命令后，选择作为边界的对象 $C$，然后回车，如图 10-72a 所示。

2）选择要延伸的对象，单击直线 $A$ 的下端，回车结束命令。所选对象 $A$ 被延伸到与 $C$ 相交，如图 10-72b 所示。

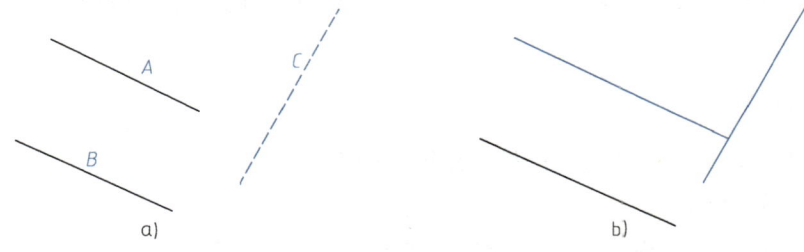

图 10-72　线段的延伸

a）延伸线段 $A$ 到线段 $C$　b）结果

### 十二、打断

打断是将原本一个对象变成两个对象。

**1. 命令的执行方式**

单击"修改"工具栏中的"打断"按钮 ，或选择菜单"修改"→"打断"命令，即可启动"打断"（Break）命令。

**2. 命令说明**

1）打断的对象可以是直线、圆、圆弧、多段线、椭圆、样条曲线、参照线和射线等。

2）如果打断圆或者圆弧，程序将按逆时针方向删除圆上第一个打断点到第二个打断点之间的部分。

3）选择"打断"，可将两个指定点之间的对象部分删除。而选择"打断于点"，则只将对象一分为二，并不删除某个部分。

## 3. 绘图示例

用打断命令，将直线 AB 打断并删除 AB 段，如图 10-73 所示。

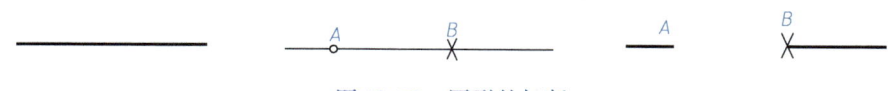

图 10-73　图形的打断

1) 执行"打断"命令后，选择要打断的对象，在 A 点处单击鼠标选择直线。在默认情况下，在对象上选择的点将成为第一个打断点。

2) 在对象上指定第二个打断点，在 B 点处单击鼠标，便将直线 AB 打断并将 AB 段删除。

如果第二个点不在对象上，将选择对象上与该点最接近的点；因此，要打断直线、圆弧或多段线的一端，可以在要删除的一端附近指定第二个打断点。

## 任务实施

绘制图 10-74 所示的平面图形。

绘制平面图形的顺序同手工绘图一样，也是先对图形进行分析，分析尺寸和线段，画图时先画已知圆弧，再画中间圆弧，最后画连接圆弧。

（1）尺寸分析

1) 定形尺寸。该图形的线段长度尺寸有 36，角度尺寸 30°，圆与圆弧尺寸有 R4、R5、R8、R9、R12、R16 和 3×φ10 等。

2) 定位尺寸。尺寸 56、12 和 22。

（2）线段分析　按照平面图形中线段的分析方法，根据定位尺寸的多少，分析出的连接线段（圆弧）如图 10-74 所示，其他线段均为已知线段。

绘图步骤如下：

1) 单击"新建"命令，打开"选择样板"对话框，单击"打开"按钮，新建一个图形文件，图名命名为平面图形。

2) 设置图层。根据图中的线型需要，可以设置不同的图层。

3) 选择中心线所在的图层为当前图层，利用直线命令绘制图形的基准线及各线段的定位线，相互平行的直线段应尽量采用偏移命令作图，如图 10-75a 所示。

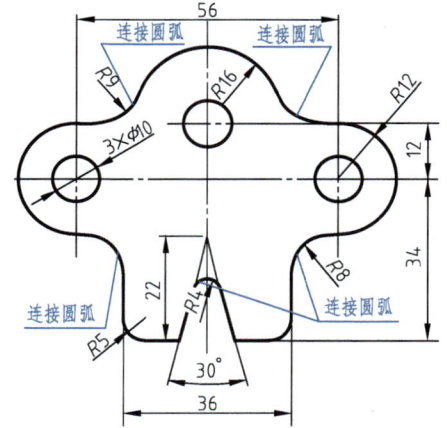

图 10-74　分析图形

4) 利用直线、圆、圆弧命令绘制已知线段及连接线段，如图 10-75b 所示。

5) 利用修剪命令修剪或删除多余的图线，如图 10-75c 所示。

6) 采用镜像命令绘制左半边图形，如图 10-75d 所示。

7) 按制图要求整理各线段，如图 10-75e 所示。

8) 保存图形文件，退出 AutoCAD 2014。

汽车机械制图

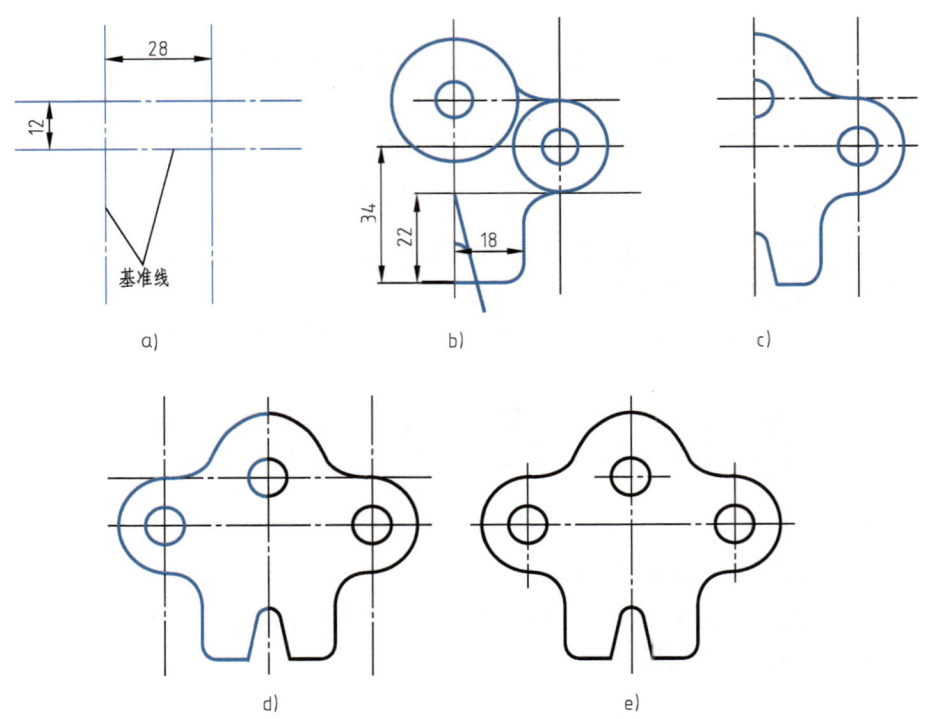

图 10-75　平面图形的绘制过程

## 任务四　绘制三视图

### 任务描述

三视图是汽车机械制图教学中的重点内容，使用 AutoCAD 绘制三视图是绘制其他视图的基础。本任务主要介绍运用 AutoCAD 的相关命令绘制图 10-76 所示六棱柱三视图的方法和步骤。

### 任务分析

运用 AutoCAD 绘制三视图，关键是要保证三视图之间的"长对正、高平齐、宽相等"的投影规律，通过辅助线不仅能很好地保证三等规律，还可以大大地提高绘图效率。在绘图时，采用构造线作为绘图的辅助线，在绘制完成以后，再利用删除编辑功能，删除辅助线。

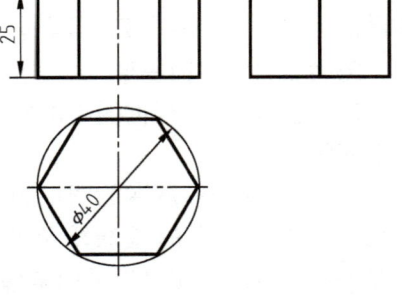

图 10-76　正六棱柱的三视图

### 相关知识

构造线是双向无限延长的直线。绘制多个视图时，一般用构造线作为辅助线，使视图保

344

持正确的投影关系。

#### 1. 命令的执行方式

单击"绘图"工具栏中的"构造线"按钮 ，或选择菜单"绘图"→"构造线"命令，即可启动"构造线"（XLine）命令。

#### 2. 命令说明

启动"构造线"命令后，一般根据提示选择一个选项来绘图。"构造线"命令中有 5 个选项，分别是"水平""垂直""角度""二等分"和"偏移"。

（1）"水平"选项　绘制水平构造线。
（2）"垂直"选项　绘制垂直构造线。
（3）"角度"选项　绘制倾斜构造线。
（4）"二等分"选项　绘制平分指定角度的构造线。
（5）"偏移"选项　绘制与指定直线平行的构造线。

#### 3. 应用示例

构造线可以模拟手工作图中的辅助作图线，用特殊的线型显示，在绘图输出时可不作输出，常用于辅助作图。应用构造线作为辅助线绘制机械图中三视图是构造线的最主要用途。

图 10-77 所示为应用构造线作为辅助线绘制机械图中三视图的绘图示例，构造线的应用保证了三视图之间"主、俯视图长对正，主、左视图高平齐和俯、左视图宽相等"的对应关系。图 10-77 中细线为构造线，粗线为三视图轮廓线。

绘图操作时，可以用直线命令画出主视图，再画构造线——45°辅助线，按三等规律，即可画出俯视图和左视图。

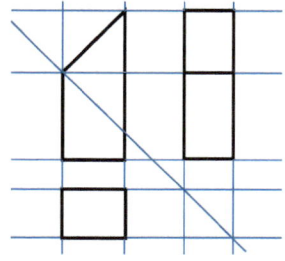

图 10-77　利用构造线辅助画三视图

### 任务实施

绘制图 10-78 所示的六棱柱三视图。

分析：六棱柱是由不同位置的直线构成的，图中含有粗实线和细点画线。绘图时可以利用构造线作为辅助线，以保证三等规律。先画基准线，再画出反映实形的俯视图，最后画出其他两个视图，图形完成以后，利用删除命令删除多余的图形即可。

具体绘图步骤如下：

1）创建图形文件。单击"新建"命令，打开"选择样板"对话框，单击"打开"按钮，新建一个图形文件，图形名称命名为"六棱柱"。

2）设置图层。将中心线、细实线、轮廓线等图层按要求设置好颜色、线型、线宽等，并将中心线层作为当前层，打开状态栏中的"正交"按钮。

3）绘制基准线及辅助线，布局图形。

① 画出图 10-78a 所示的点画线作为绘图的基准线。

② 绘制 45°辅助线。单击"绘图"工具栏上图标 或键入"RAY"，或单击下拉菜单"绘图"→"直线"，选择 B 点作为起点，在命令行输入@100<-45 ✓（用相对坐标输入通过点，绘制 45°斜线），然后回车确定，完成辅助线的绘制，如图 10-78a 所示。

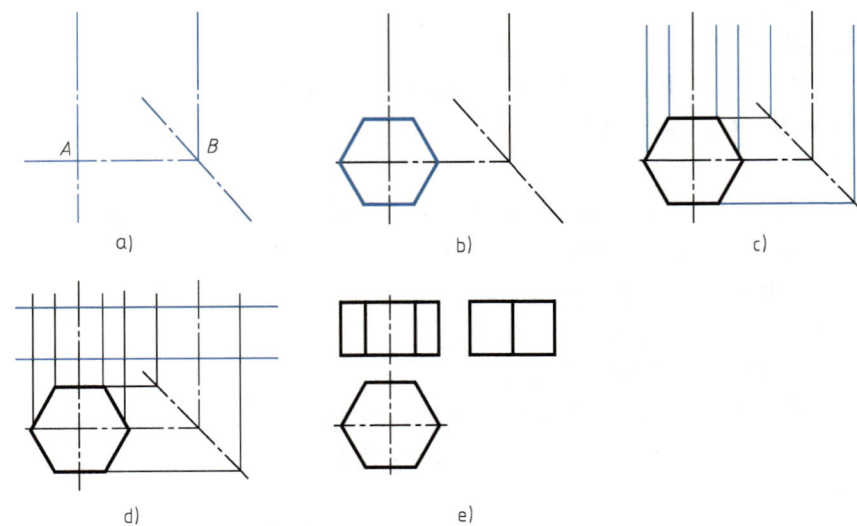

图 10-78 绘制三视图的步骤

4）绘制俯视图中的正六边形。将轮廓线层设为当前图层，单击"绘图"工具栏上图标或单击下拉菜单"绘图"→"正多边形"，在命令提示行输入：6✓（输入多边形边数），然后自动捕捉 A 点（确定正多边形中心），在提示行输入：I✓（选择圆内接正多边形的方式），最后在命令提示行输入：20✓（输入外接圆半径），完成图 10-78b 所示图形的绘制。

5）绘制主、左视图。

① 绘制投影连线。将捕捉特征点功能 OSNAP 打开（F3）。利用捕捉特殊功能绘制，单击下拉菜单"工具"→"草图设置"，单击"对象捕捉"，将端点、中点、圆心、交点、延伸路径等复选框选中后确认。重复直线命令，绘制正六棱柱的投影连线，如图 10-78c 所示。

② 用直线命令，在适当的位置绘制棱柱的底面积聚线。

③ 平行复制棱柱上底面的积聚线。单击"修改"工具栏上的按钮 ，或选择菜单"修改"→"偏移"，在命令提示行依次操作和键入：25✓（输入平行复制的距离）；选择上一步骤画的直线；在要复制的方向指定一点：✓（按右键结束操作），结果如图 10-78d 所示。

6）整理图形，修剪擦除多余线条，完成的图形如图 10-78e 所示。

7）保存图形文件，退出 AutoCAD 2014。

## 任务五　绘制剖视图

### 任务描述

绘制剖视图是绘制零件图和装配图的基础。绘制剖视图的方法与步骤和绘制三视图基本一致，最主要的是要在剖面区域绘制出剖面线。本任务主要介绍剖视图的绘制方法，绘制

图 10-79 所示的剖视图。

### 任务分析

图 10-79 所示的图形中有剖面线和波浪线。剖面线的绘制在 AutoCAD 中称为"填充图案",波浪线在 AutoCAD 中称为"样条曲线"。因此,绘制样条曲线和图案填充是绘制剖视图和断面图经常使用的两个命令。绘制剖视图和断面图的方法与手工绘制的方法基本一致,都是先绘制出各图形轮廓,再在剖面区域画出剖面线。

### 相关知识

#### 一、绘制样条曲线

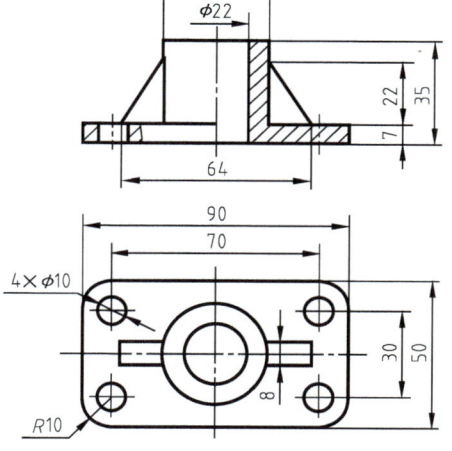

图 10-79 剖视图

将一系列的点用光滑的曲线连接起来所形成的曲线即是样条曲线。凡是形状不规则的曲线,如机械图样中的波浪线、轴类零件中间断开线、相贯线、截交线等均可以用样条曲线绘制。

**1. 命令的执行方式**

单击"绘图"工具栏中的"样条曲线"按钮,或选择菜单"绘图"→"样条曲线"命令,或在命令行输入"SPLINE ↙"。

**2. 命令说明**

启动"样条曲线"命令以后,连续指定样条曲线通过的点,即可绘制出样条曲线。

**3. 绘图示例**

绘制图 10-80 所示的通过指定点创建样条曲线的步骤如下:

1)从"绘图"工具栏上单击"样条曲线"按钮,启动绘制样条曲线命令。

2)指定样条曲线的起点 1。

图 10-80 样条曲线

3)依次指定插值点 2~10,直至样条曲线的终点 11,创建样条曲线,并按回车键。

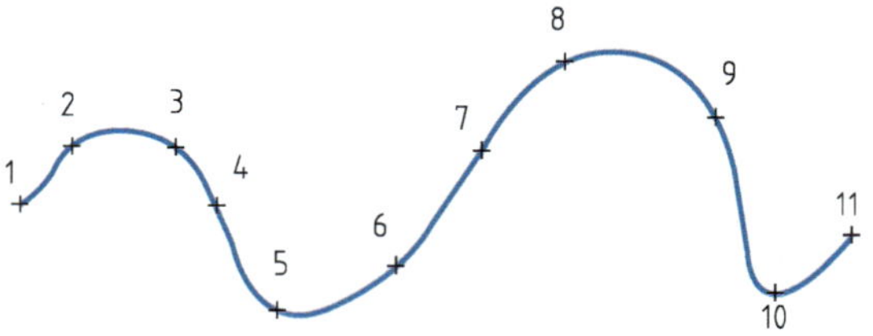

4)指定起点和终点处的切点。移动鼠标指定切点时,图线动态显示,用户可根据需要输入。

#### 二、图案填充

**1. 命令的执行方式**

在功能区"绘图"面板上单击"图案填充"按钮,或选择菜单命令"绘图"中的"图案填充"选项,或在命令行输入"BHATCH ↙"。

**2. 命令说明**

执行上述命令后系统打开图 10-81 所示的"图案填充和渐变色"对话框,各选项组和按钮含

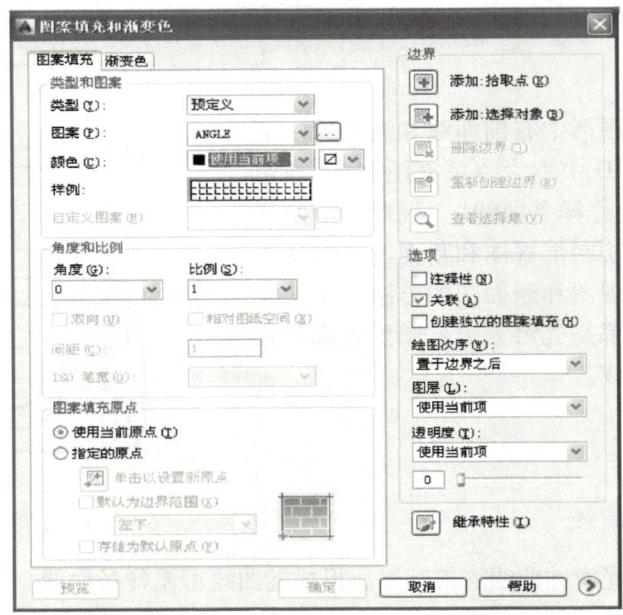

图 10-81 "图案填充和渐变色"对话框

义如下：

(1) "图案填充"选项卡 图案填充选项卡包括以下内容：类型、图案、样例、自定义图案、角度、比例、双向、相对图纸空间、间距、ISO 笔宽、图案填充原点。

如果选择的图案类型是"预定义"，单击"图案"下拉列表右边的按钮，会弹出类似图 10-82 所示的对话框，改变对话框中显示出所选类型具有的图案，便可从中取得所需要的图案。

(2) "渐变色"选项卡 渐变色是指从一种颜色到另一种颜色的平滑过渡。渐变色能产生光的效果，可为图形添加视觉效果。选择该选项卡，系统将弹出图 10-83 所示的选项卡。选项卡包括以下内容："单色"按钮、"双色"按钮、"渐变方式"样板、"居中"复选框、"角度"下拉列表框。

如果选择"单色"按钮，应用单色对所选择的对象进行渐变填充，其左边上面的显示框显示所选择的真彩色，单击左边的小方框，系统会打开"选择颜色"对话框，如图 10-84 所示。

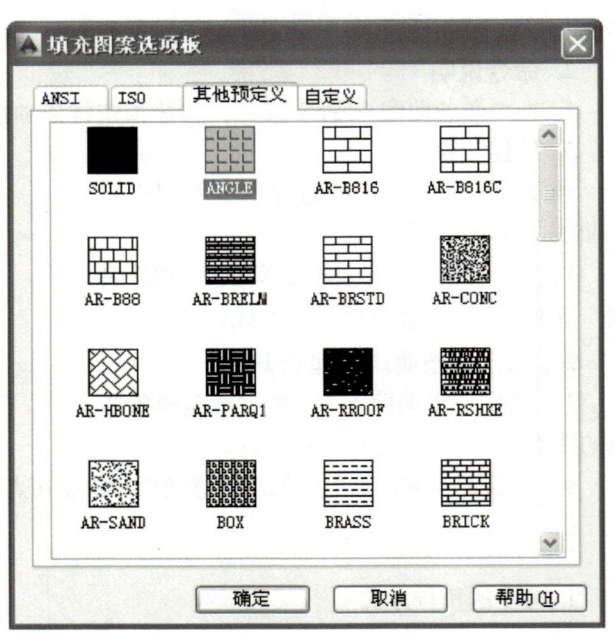

图 10-82 "填充图案选项板"对话框

绘图过程中，有许多区域填充的不是图案，而是一种颜色。填充渐变颜色时，能够体现出光照在平面上而产生的过渡颜色效果。常使用渐变色填充在二维图形中表示实体。颜色与渐变色填充结合使用,更能显示出很好的填充效果。

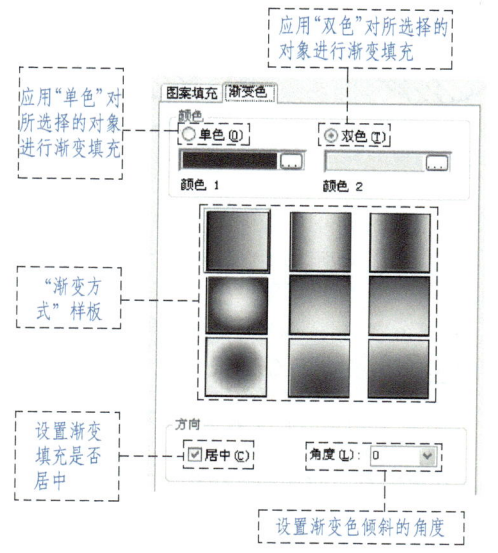

图 10-83 "渐变色"选项卡　　　　　图 10-84 "选择颜色"对话框

（3）边界　边界包括"添加拾取点"按钮、"添加"按钮、"删除边界"按钮、"重新创建边界"按钮、"查看选择集"按钮。

当进行图案填充时,首先要确定填充图案的边界。

1）添加拾取点。根据围绕指定点构成封闭区域的现有对象来确定边界。指定内部点时,可以随时在绘图区域中单击鼠标右键,以显示包含多个选项的快捷菜单,如图 10-85 所示。

2）添加。根据构成封闭区域的选定对象确定边界。选择对象时,可以随时在绘图区域单击鼠标右键,以显示快捷菜单。可以利用此快捷菜单放弃最后一个或所有选定对象、更改选择方式、更改孤岛检测样式或预览图案填充或填充,如图 10-86 所示。

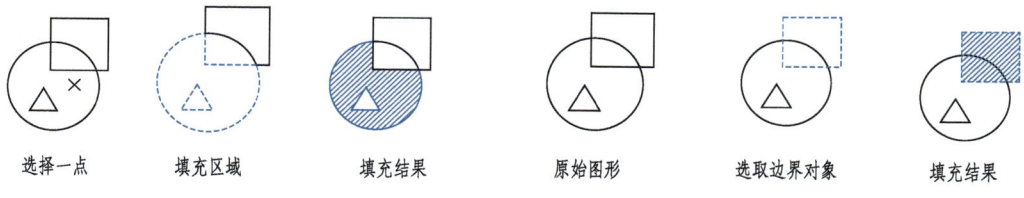

图 10-85　边界确定　　　　　　　　图 10-86　选取边界对象

3）删除。从边界定义中删除之前添加的任何对象。

**3. 绘图示例**

图 10-87 是通过图案填充绘制断面图和剖视图的图例。

1）在"绘图"工具栏单击"图案填充"按钮,弹出"图案填充创建"下拉子菜单。

2）在图案工具栏选择"USER"自定义图案选项,在"特性"工具栏设置角度值为

"45",间距为"1.5",其余为默认值。

3)命令行提示"拾取内部点或选择对象(S):"↙确认,即可完成断面图和剖视图的绘制。

4)关闭工具栏,退出图案填充。

 **任务实施**

绘制图 10-88 所示的剖视图。

分析:图 10-88 所示的主视图是半剖视和局部剖视。其上的肋板部分按规定不画剖面线,而用粗直线将其与其他部分隔开绘制。左端的局部剖视部分,用波浪线将其与其他部分隔开绘制。所以,绘制该图形,必须使用样条曲线和图案填充命令。

绘图步骤:

1)创建文件。单击"新建"命令,打开"选择样板"对话框,单击"打开"按钮 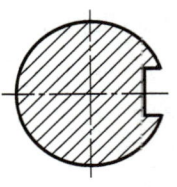,新建一个图形文件,存盘为"剖视图"。

2)设置图层。根据绘图需要,设置不同的图层。

3)绘制中心线。在中心线图层绘制中心线。

4)绘制主、俯视图的轮廓线。根据所给尺寸,用绘图和编辑命令分别画出底板、圆筒和肋板的主、俯视图中的轮廓线,并将主视图修改成剖视图轮廓(注意主视图的肋板并非对称图形,俯视图为对称图形)。画图时可多调用"偏移"

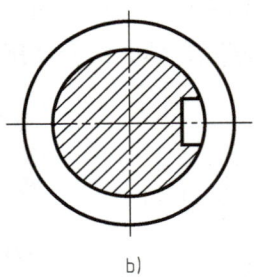

图 10-87 图案填充

a) 断面图 b) 剖视图

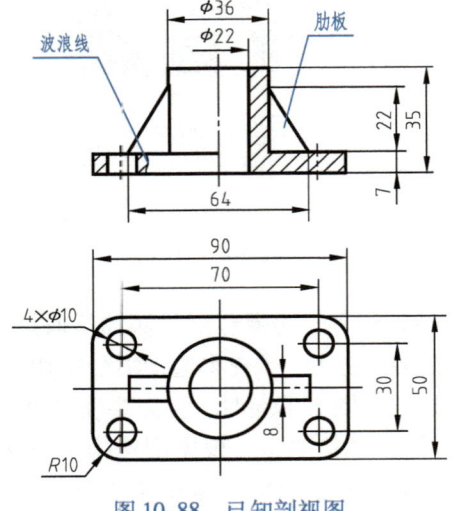

图 10-88 已知剖视图

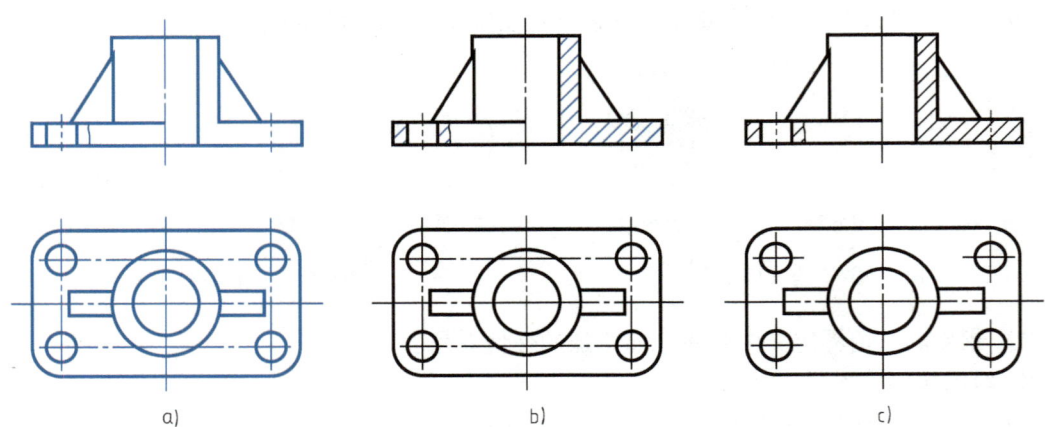

图 10-89 绘制剖视图过程

a) 画剖视图轮廓 b) 填充剖面线 c) 修剪完成

"镜像"命令,提高绘图效率和准确性。最后用绘图命令中的"样条曲线",在主视图上画出局部剖视部分的波浪线,如图10-89a所示。

5)绘制剖面线。用"图案填充"命令画出主视图上两部分的剖面线,如图10-89b所示。

6)整理图形。用修剪命令裁剪掉多余线段,整理图形,完成后的剖视图如图10-89c所示。

7)保存图形文件,退出 AutoCAD 2014。

## 任务六　绘制零件图

### 任务描述

绘制零件图是 AutoCAD 绘图命令和编辑命令的综合运用。本任务通过绘制图 10-90 所示轴的零件图,介绍文字标注、尺寸标注、技术要求的注写等知识。

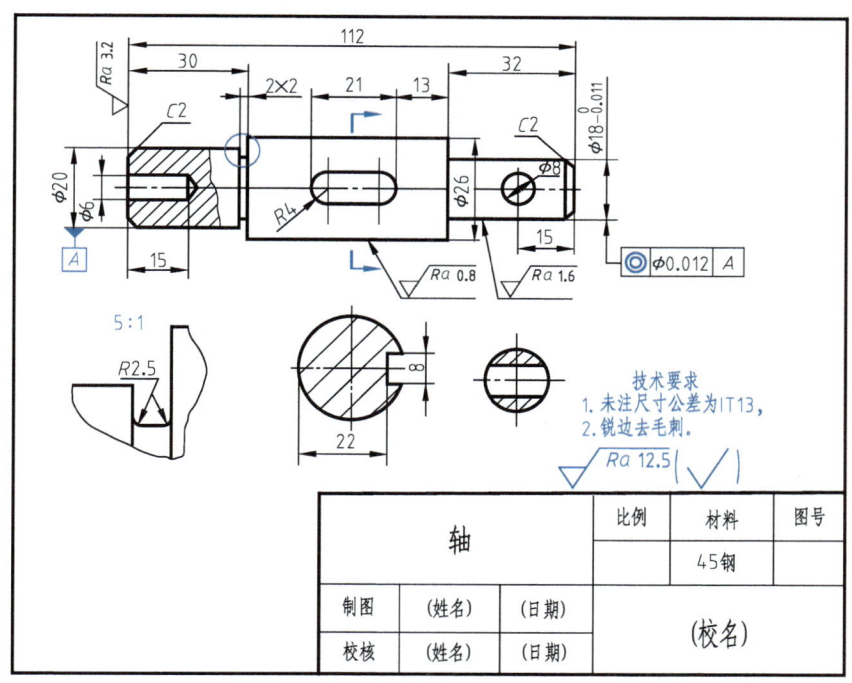

图 10-90　轴的零件图

### 任务分析

图 10-90 所示轴的零件图,包含了零件图的所有内容,即一组图形、完整尺寸、技术要求和标题栏。绘制该轴的零件图时,可利用多种绘图命令和编辑命令,绘制一组图形;利用尺寸标注和文字标注命令标注尺寸和注写技术要求;还要学会图块的使用等知识。通过学习,全面掌握机械图样的绘制方法。

## 相关知识

### 一、文字注释

文字注释是图形中很重要的一部分内容,绘制零件图时,不仅要绘出图形,还要在图形中标注一些文字,如技术要求、注释说明等,对图形对象加以解释。AutoCAD 提供了多种写入文字的方法。

文本样式是用来控制文字基本形状的一组设置。AutoCAD 提供了"文字样式"对话框,通过这个对话框可方便、直观地定制需要的文本样式,或是对已有样式进行修改。

**1. 设置文字样式**

在文字注释之前,首先要设置文字样式。文字样式是一组可随图形保存的文字设置的集合,这些设置包括文字的字体、字号、倾斜角度、方向和其他文字特征等。如果要使用其他文字样式来创建文字,可以将其他文字样式置于当前。

(1)命令的执行方式 单击"文字"工具栏或"样式"工具栏中"文字样式"按钮 A,或选择菜单"格式"→"文字样式"命令,弹出图 10-91 所示的"文字样式"对话框。

图 10-91 "文字样式"对话框

(2)命令说明

1)样式。列表框中列出了当前可以使用的文字样式,默认的样式为"Standard"。同种字体可以设置成不同的样式,如图 10-92 所示。

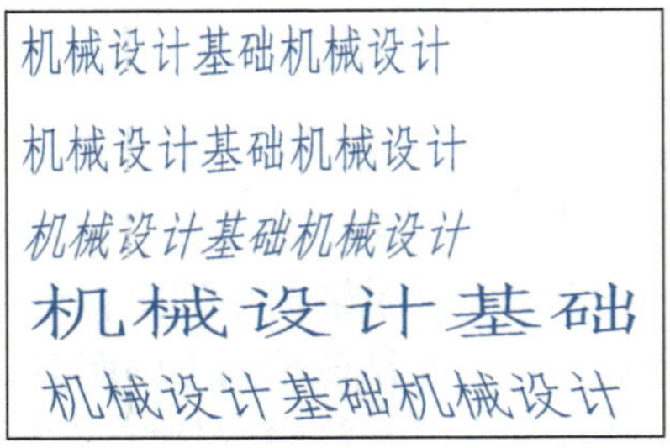

2)字体。可以设置文字样式使用的字体、字高等属性。在"字体名"下拉列表框中可以选择符合国家制图标准的英文字体"gbenor.shx",在"高度"下拉列表框中设置文字高度,当勾选"使用大字体"复选框时,用于指定亚洲语言的大字体文件。当勾选"注释性"复选框时,则注释文字可自动缩放。

3)效果。可以设置文字的显示效果,如颠倒、

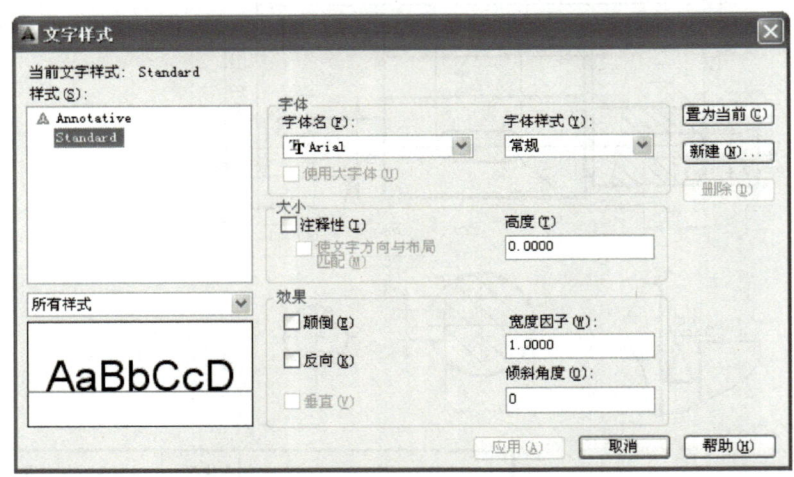

图 10-92 同一种字体的不同样式

反向、垂直显示等。不同的字体效果如图 10-93 和图 10-94 所示。

图 10-93　文字倒置标注与反向标注
a）文字倒置　b）文字反向

图 10-94　水平与垂直标注文字

① 宽度因子。设置宽度系数，确定字符的宽高比。当比例系数为 1 时，表示将按字体文件中定义的宽高比标注文字；当系数小于 1 时，字体会变窄，反之变宽，如图 10-95a 所示。

② 倾斜角度。设置文字的倾斜角度。输入一个 -85 和 85 之间的值将使文字倾斜，如图 10-95b 所示。

**2. 创建单行/多行文字**

单行文字是指每一行文字作为一个对象来进行编辑。通常一些简短的、不需要多种字体的内容采用单行文字来编辑。可以使用单行文字创建一行或多行文字，其中每行文字都是独立的对象，可对其进行重定位、调整格式或进行其他修改，如标题栏中文字的输入可选择单行文字。

图 10-95　不同宽度系数的文字标注与文字倾斜标注

多行文字是指多行文字对象包含一个或多个文字段落，可作为单一对象处理。可以通过输入或导入文字创建多行文字对象。通常用于创建较长或复杂的内容，如注写技术要求时一般选用多行文字输入。

下面以单行文字的创建过程来说明：

（1）命令的执行方式　单击常用选项卡"注释"面板中的"单行文字"按钮，或选择菜单栏的"绘图"→"文字"→"单行文字"命令。

（2）命令说明　如果选择的文字样式设置了文字的高度，则在创建单行文字时，命令行不再提示输入文字高度。如果文字样式中的文字高度为 0，则创建单行文字时命令行会提示"指定字体高度 <2.5000>："，可以输入高度数值，也可以单击另一个点，该点与起点之间的距离将定义为文字高度。

旋转的角度：就是指以文字的起点为原点坐标，逆时针旋转的角度。

选择样式（S）：重新指定文字样式，即文字的外观。

选择对正（J）：命令行会提示选择文字对正的方式，包括对齐、调整、中心、中间、右、左上、中上、右上、左中、正中、右中、左下、中下、右下。

输入单行文字时，可通过输入控制代码创建特殊字符，常用特殊符号的输入形式:％％c绘制圆直径标注符号（φ），％％d绘制度符号（°），％％p绘制正/负公差符号（±）。

## 二、标注尺寸

标注就是向图形中添加测量注释。完成图形绘制以后，并不意味着工作的结束，因为图形的主要作用是表达物体的形状，而物体各部分的真实大小和各部分之间的确切位置只能通过尺寸标注来表达。没有正确的尺寸标注，绘制出的图样对于加工制造就不具备任何意义。因此 AutoCAD 2014 提供了方便、准确的标注尺寸功能。

**1. 设置标注样式**

图样中尺寸标注的格式和外观都有规范，如尺寸数字和箭头的大小等，这些都是由尺寸标注样式来控制的，所以进行尺寸标注之前要进行标注样式设置。

1）单击"标注"工具栏或"样式"工具栏中的"标注样式"按钮，如图 10-96 所示，或者在菜单栏命令中选择"标注"→"标注样式"，如图 10-97 所示，系统将弹出"标注样式管理器"对话框，如图 10-98 所示。利用此对话框可方便、直观地定制和浏览尺寸标注样式，包括产生新的标注样式、修改已存在的样式、设置当前尺寸标注样式、样式重命名以及删除一个已有样式等。

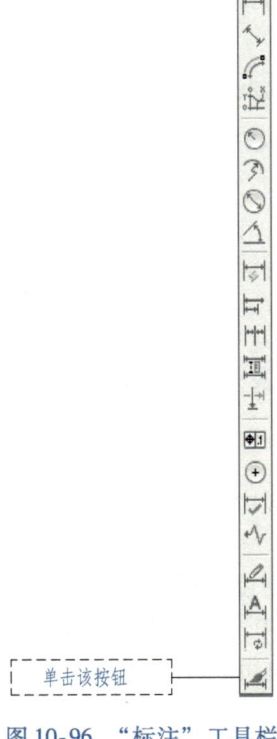

图 10-96 "标注"工具栏

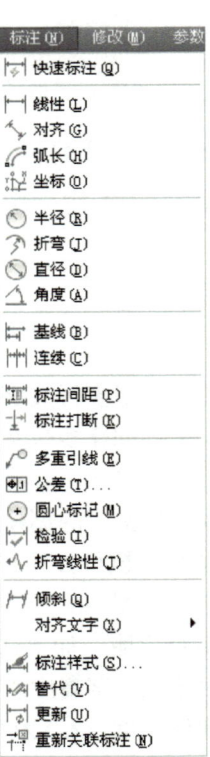

图 10-97 "标注"菜单

2）单击"新建"按钮，打开"创建新标注样式"对话框，输入新样式的名称，默认为"副本 ISO-25"，如图 10-99 所示，单击"继续"按钮，便出现"新建标注样式"对话框，

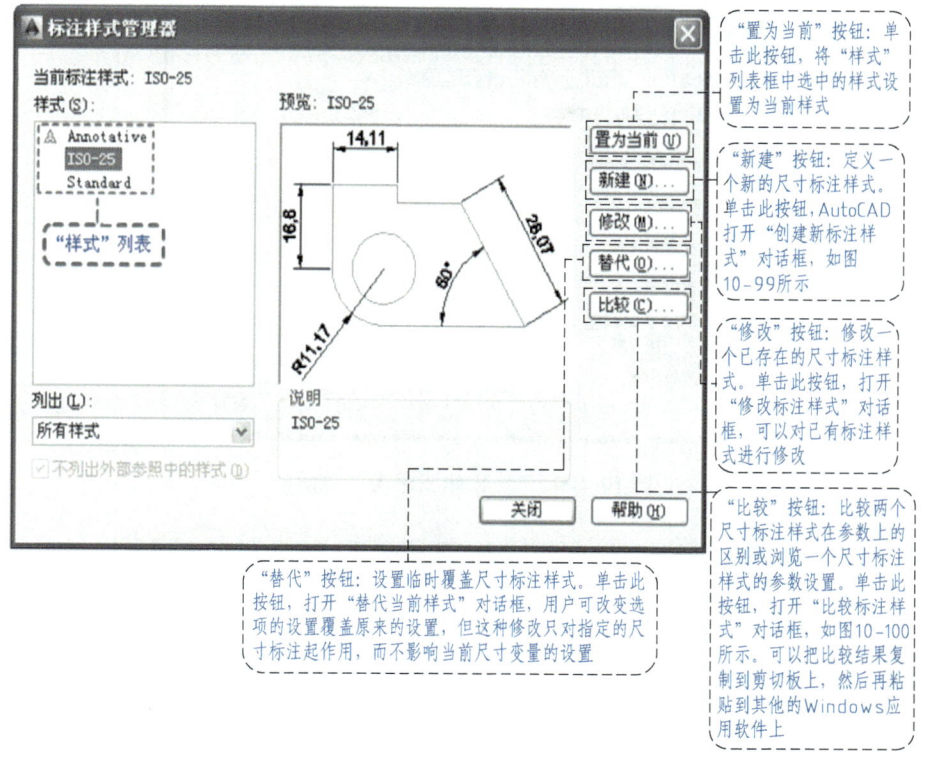

图 10-98 "标注样式管理器"对话框

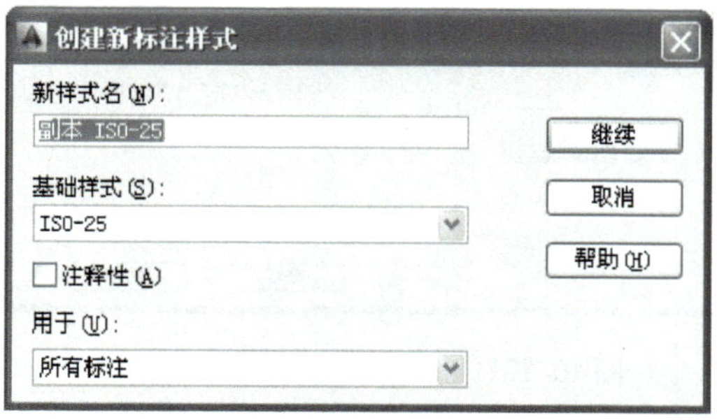

图 10-99 "创建新标注样式"对话框

如图 10-101 所示。

各选项卡含义如下：
① 线。用于设置尺寸标注的尺寸线和尺寸界线。
② 符号和箭头。用于设置尺寸标注的箭头和圆心的格式及位置。
③ 文字。用于设置尺寸标注文字的外观、位置和对齐方式。
④ 调整。用于设置尺寸标注文字和尺寸线的管理规则。
⑤ 主单位。用于设置尺寸标注主单位的格式和精度。
⑥ 换算单位。用于设置尺寸标注换算单位的格式和精度。
⑦ 公差。用于设置尺寸公差的格式。

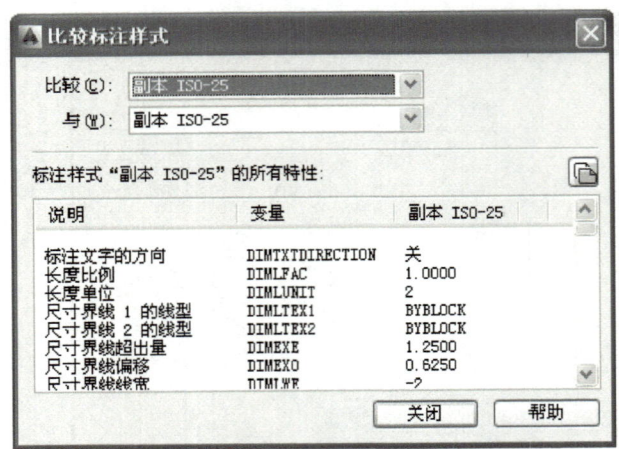

图 10-100 "比较标注样式"对话框

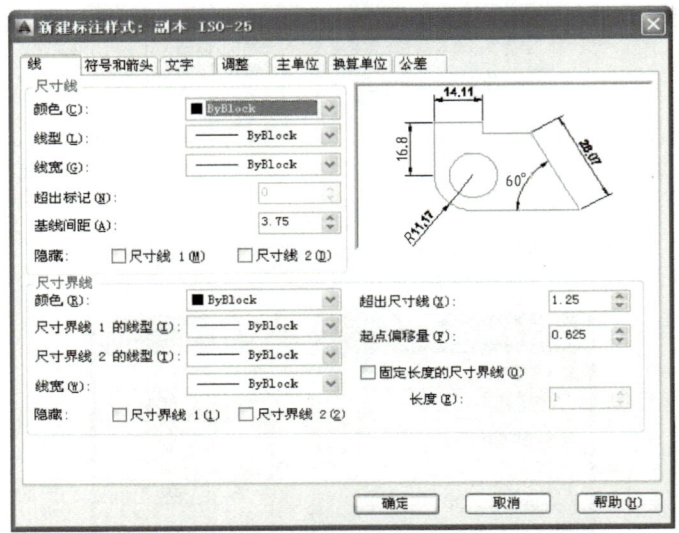

图 10-101 "新建标注样式"对话框

**2. 创建标注尺寸的类型**

标注样式设置完成后,即可通过菜单栏"标注"选项中的各种标注类型进行标注。尺寸标注的类型有很多,AutoCAD 2014 提供了多种标注类型用以测量设计对象。下面介绍常用的尺寸标注类型。

1)线性标注。用于标注两点之间的水平和垂直距离或旋转的尺寸。

2)对齐标注。用于创建与指定位置或对象平行的标注。在测量斜线长度或非水平、非垂直距离时可以使用。

3)弧长标注。用于测量圆弧或多段线圆弧段上的距离。为区别于线性标注和角度标注,弧长标注将显示一个圆弧符号"⌒"。

4)半径标注。用于测量圆和圆弧的半径尺寸。

5) 直径标注。用于测量圆和圆弧的直径尺寸。

6) 折弯半径标注。当圆或圆弧的中心位于布局之外并且无法在其实际位置显示时，就需要创建折弯半径标注。

7) 角度标注。用于测量标注两条直线或三个点之间的角度。

8) 圆心标记。用于创建圆或圆弧的圆心标记或者中心线。

9) 连续标注。连续标注是指首尾相连的尺寸标注。

10) 基线标注。从上一个标注或选定标注的基线处创建线性标注、角度标注或坐标标注。

11) 快速标注。从选定对象快速创建一系列标注。创建系列基线或连续标注，或者为一系列圆或圆弧创建标注时，此命令特别有用。

**3. 尺寸标注绘图示例**

为图10-102所示的图形进行尺寸标注，具体方法如下：

1) 首先进行标注样式设置，将新建的标注样式设置如下：尺寸界线的"超出尺寸线"设为"2.25"，"起点偏移量"设为"0"，圆心标记位置选"直线"，大小选"1.5"，文字对齐方式选"ISO标准"，主单位精度选"0"，其余为默认值。

2) 选择"线性标注"标注水平距离尺寸63和垂直距离尺寸6。

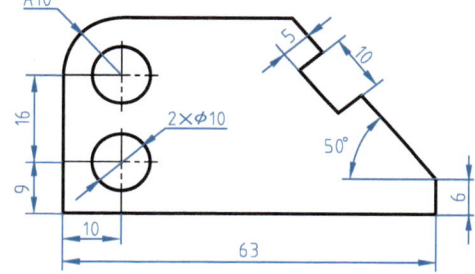

图10-102 尺寸标注示例

3) 选择"对齐标注"标注斜线10和5的距离。

4) 选择"圆心标记"标注出两个圆的中心线的尺寸9、16和10。

5) 选择"半径标注"标注出图中圆弧的半径 R10。

6) 选择"直径标注"标注出圆的直径 2×φ10。

7) 选择"角度标注"标注出斜面的角度50°。

## 三、标注公差

在"新建标注样式"对话框中，第七个选项卡就是"公差"选项卡，如图10-103所示，该选项卡用来确定标注公差的方式。

**1. "公差格式"选项组**

设置公差的标注方式。

（1）"方式"下拉列表框　设置以何种形式标注公差。单击右侧的向下箭头弹出下拉列表，其中列出了AutoCAD提供的五种公差标注形式，可从中选取。这五种形式分别是"无"、"对称"、"极限偏差"、"极限尺寸"、"公称尺寸"，其中"无"表示不标注公差，其余四种标注情况如图10-104所示。

（2）"精度"下拉列表框　确定公差标注的精度。

（3）"上偏差"微调框　设置尺寸的上极限偏差。

（4）"下偏差"微调框　设置尺寸的下极限偏差。

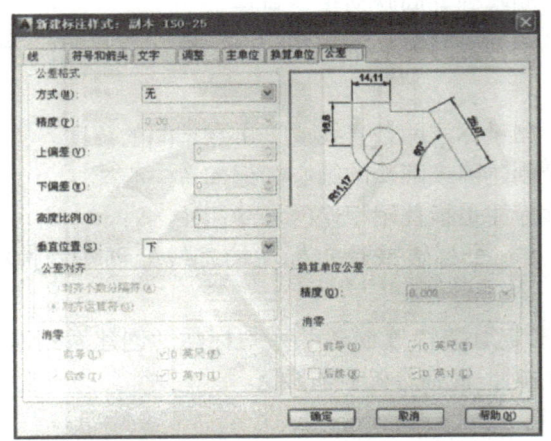

图10-103 "新建标注样式"对话框的"公差"选项卡㊀

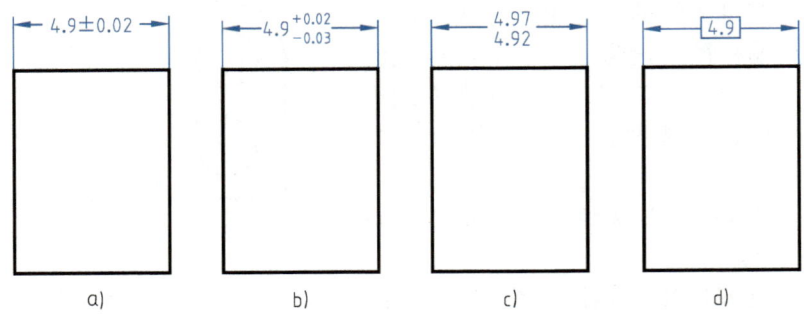

图 10-104 公差标注的形式

a) 对称　b) 极限偏差　c) 极限尺寸　d) 公称尺寸

(5) "高度比例" 微调框　设置公差文本的高度比例。

(6) "垂直位置" 下拉列表框　控制对称和极限偏差形式的公差标注文本对齐方式, 如图 10-105 所示。

1) 上。公差文本的顶部与一般文本的顶部对齐。

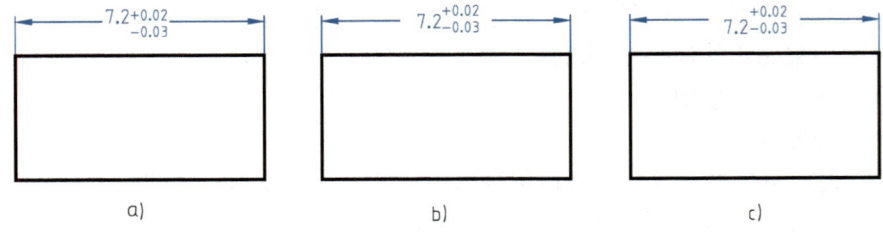

图 10-105 公差文本的对齐方式

a) 上　b) 中　c) 下

---

㊀ 本图中的上偏差、下偏差在 GB/T 1800.1—2009 已改为上极限偏差、下极限偏差。

2）中。公差文本的中线与一般文本的中线对齐。
3）下。公差文本的底线与一般文本的底线对齐。
（7）"消零"选项组　设置是否省略公差标注中的 0。
2. "换算单位公差"选项组
对几何公差标注的替换单位进行设置，其中各项的设置方法与上面相同。

### 四、标注几何公差

为方便机械设计工作，AutoCAD 提供了标注几何公差的功能。几何公差的标注包括指引线、特征符号、公差值、附加符号以及基准代号和其附加符号，因此利用 AutoCAD 可方便地标注出几何公差。

**1. 几何公差标注的完整内容**

几何公差标注的完整内容如图 10-106 所示。

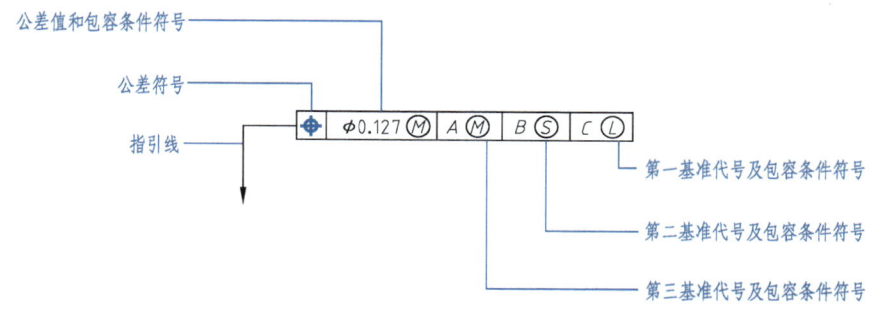

图 10-106　几何公差标注

**2. 命令的执行方式**

单击"标注"工具栏的图标按钮，或在菜单栏选择菜单"标注"→"公差"，即可启动命令 TOLERANCE↙，AutoCAD 将打开图 10-107 所示的"形位公差"对话框⊖，可通过此对话框对几何公差标注进行设置。

**3. 框格标注示例**

图 10-110 所示为几个利用 TOLERANCE 命令标注的几何公差框格部分的示例。

**4. 引线标注**

在 AutoCAD 中，使用引线标注可以对尺寸标注中的一些特例进行标注，如圆角、倒角、表面粗糙度、几何公差等。引线不能测量距离，通常由带箭头的直线或曲线组成，注释文字写在引线末端。

利用 QLEADER 命令可快速生成指引线及注释，而且可以通过命令行优化对话框进行自定义，由此可以消除不必要的命令行提示，取得最高的工作效率。

在命令行输入 QLEADER↙，启动"引线标注"命令，弹出"引线设置"对话框，如图 10-111 所示。

在"引线设置"对话框中包含"注释"、"引线和箭头"、"附着"三个选项卡。

---

⊖　GB/T 1182—2008 中已将形位公差改为几何公差。

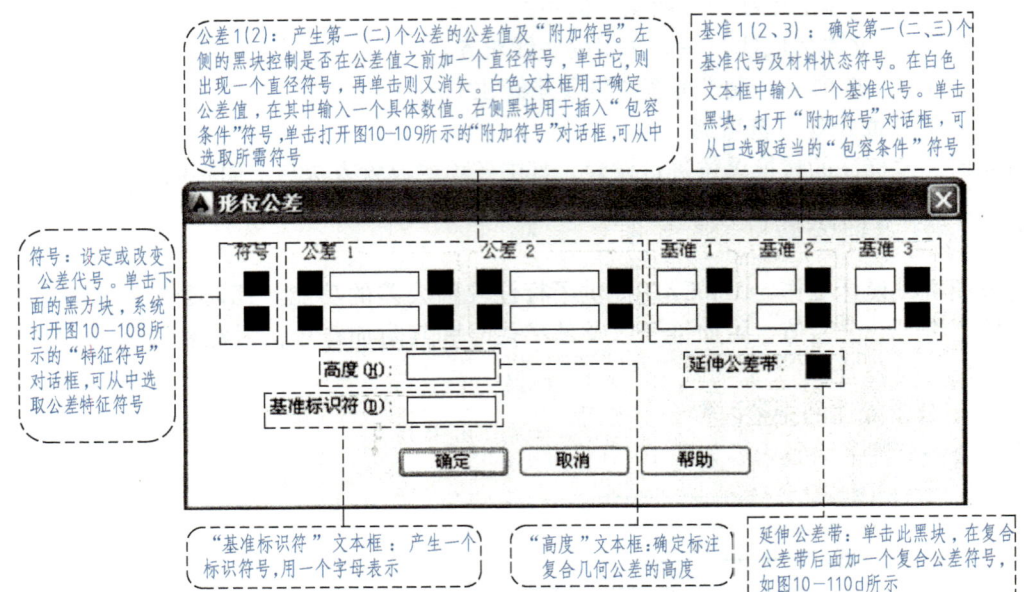

图 10-107 "形位公差"对话框

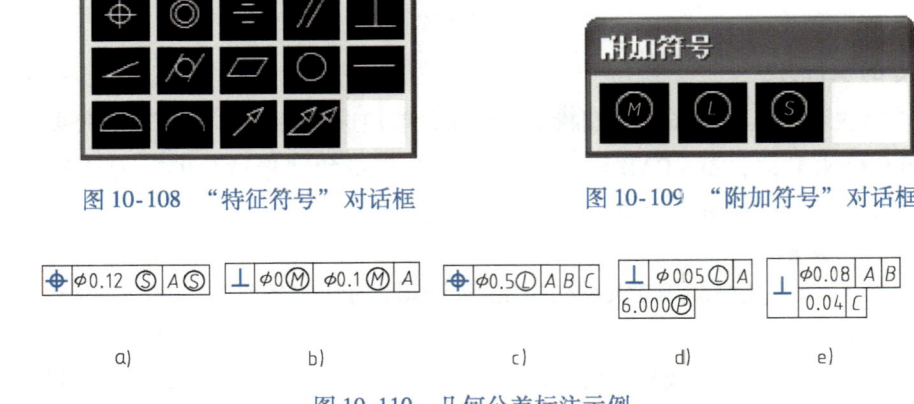

图 10-108 "特征符号"对话框　　图 10-109 "附加符号"对话框

　a)　　　　　　　b)　　　　　　　c)　　　　　　　d)　　　　　　　e)

图 10-110 几何公差标注示例

（1）"注释"选项卡　用于设置引线标注中注释类型、多行文本的格式并确定注释文本是否多次使用，如图 10-111 所示。

（2）"引线和箭头"选项卡　用于设置引线标注中指引线和箭头的形式，如图 10-112 所示。

（3）"附着"选项卡　用于设置注释文本和指引线的相对位置，如图 10-113 所示。

**5. 绘制基准符号**

基准符号中的方框、小三角和连线，都用细实线绘制。其中正方形使用矩形命令，连线和三角形使用直线命令，最后在三角形里面进行图案填充即可。

项目十　计算机绘图基础

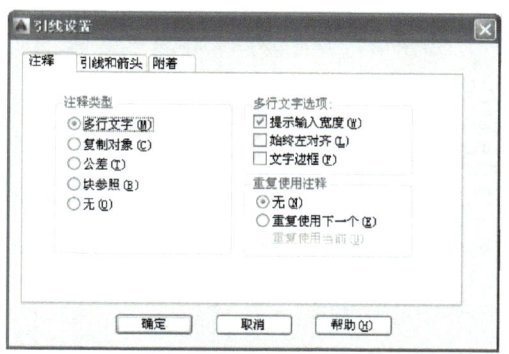 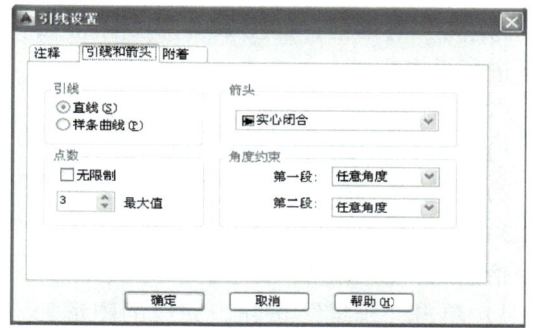

图10-111　"引线设置"对话框"注释"选项卡　　图10-112　"引线设置"对话框"引线和箭头"选项卡

## 五、标注表面粗糙度

利用 AutoCAD 绘图时，经常把要重复绘制相同的图形或符号（如表面粗糙度、基准符号、箭头等）创建为图块，作为一个对象进行编辑修改等操作，根据绘图需要再把图块插入到图中任意指定的位置。

**1. 绘制表面粗糙度符号**

1）绘制符号。打开文件，绘制表面粗糙度符号。表面粗糙度符号也用细实线使用直线命令，按图10-114a 所示的具体尺寸绘制。

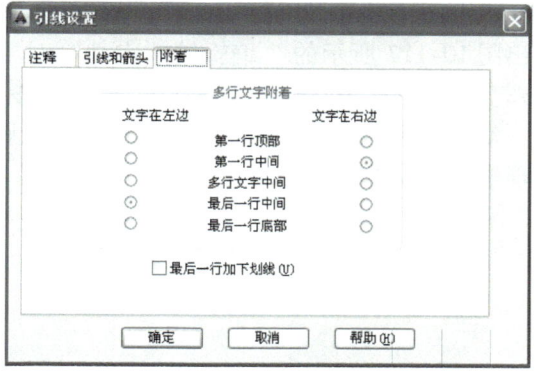

图 10-113　"引线设置"对话框的"附着"选项卡

2）写文字 Ra。单击"文字"工具栏中的"单行文字"按钮 $\mathbf{A}_{\mathbf{I}}$，给定书写范围后，在弹出的对话框中，设置"样式"为"Standard"、设置"文字高度"为"3.5"，写文字"Ra"，确定后，将文字移至恰当的位置，如图10-114b 所示。

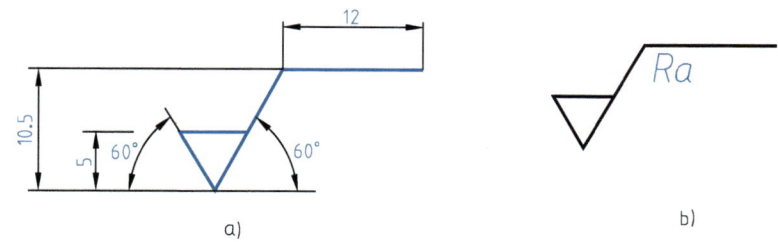

图 10-114　加工表面的粗糙度符号和代号
a）符号　b）代号

**2. 定义块属性**

在创建块之前，可根据需要先定义好块的属性，然后再创建图块。
（1）命令的执行方式　选择"绘图"→"块"→"定义属性"命令，或在命令行输入命令：ATTDEF ↵。启动命令后，就出现了"属性定义"对话框，如图 10-115 所示。按提示进行设置即可。

（2）命令说明及操作
1）标记"CCD"。
2）提示"请输入粗糙度值"。
3）值默认为 3.2，输入粗糙度值 3.2。
拾取点：在图形符号上得到 CCD。
4）单击"确定"按钮，完成的图形如图 10-116 所示。

**3. 修改块属性**

双击图形中的文字"CCD"，AutoCAD 弹出图 10-117 所示的"编辑属性定义"对

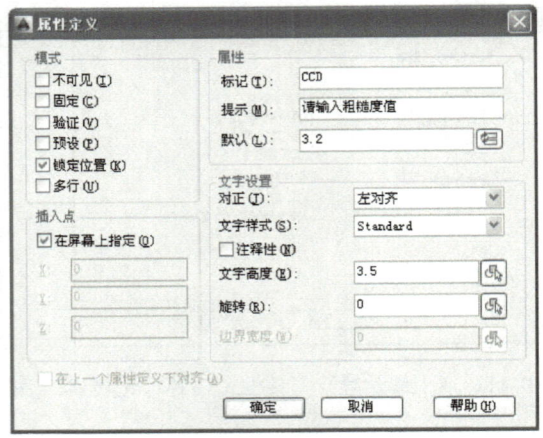

图 10-115 "属性定义"对话框

话框。可通过此对话框修改属性定义的属性标记、提示和默认值等。

双击图形中的数字"3.2"，弹出"增强属性编辑器"对话框，如图 10-118 所示，在对话框中进行编辑更方便。

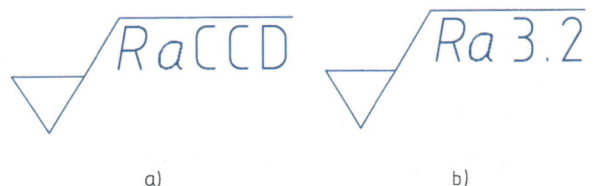

a)　　　　　　　　b)

图 10-116 注写表面粗糙度数值

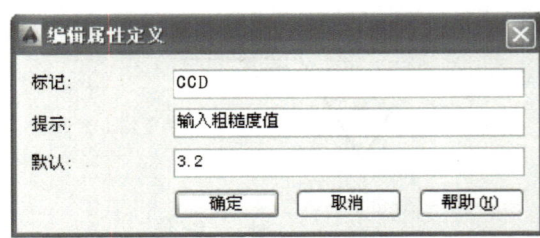

图 10-117 "编辑属性定义"对话框

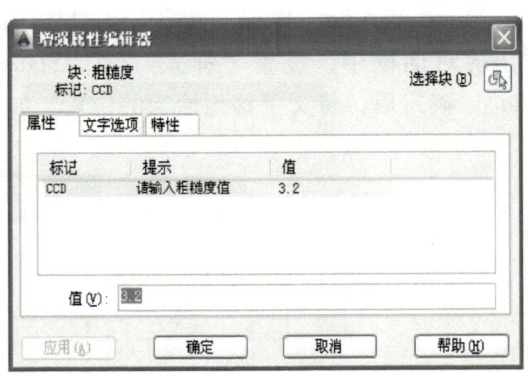

图 10-118 "增强属性编辑器"
对话框的"属性"选项卡

对话框中有"属性"、"文字选项"和"特性"三个选项卡和其他一些选项。下面分别介绍它们的功能。

（1）"属性"选项卡　"属性"选项卡中，AutoCAD 在列表框中显示出块中每个属性的标记、提示和值，在列表框中选择某一属性，AutoCAD 会在"值"文本框中显示出对应的

属性值，并允许通过该文本框修改属性值。

（2）"文字选项"选项卡 "文字选项"选项卡用于修改属性文字的格式，相应的对话框如图 10-119 所示。可通过"文字选项"选项卡修改文字的样式、对正方式、文字高度、文字行的旋转角度等。

（3）"特性"选项卡 "特性"选项卡用于修改属性文字的图层等，对应的对话框如图 10-120 所示，通过对话框中的下拉列表框或文本框设置、修改即可。

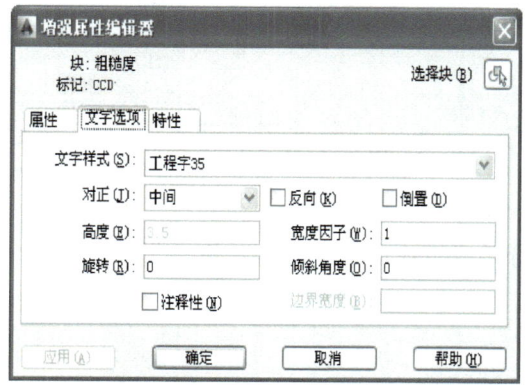

图 10-119 "增强属性编辑器"对话框的"文字选项"选项卡

图 10-120 "增强属性编辑器"对话框的"特性"选项卡

**4. 创建图块**

定义好块属性之后就可以创建图块了。

（1）命令的执行方式 单击"绘图"工具栏中的"创建块"按钮，或在命令行输入 BLOCK✓，AutoCAD 将打开图 10-121 所示的"块定义"对话框，利用该对话框可定义图块并为之命名。

（2）命令说明及操作

1）名称："粗糙度代号 1"（特指加工表面的粗糙度）。

2）选择对象：选取。

3）拾取点：选取。

4）确定完成。

**5. 插入图块**

当把一个图形文件插入当前图中时，被插入图样的图层、线型、图块、字体样式等也将加入到当前图中。如果两者中有重名的这类对象，那么当前图中的定义优先于被插入的图样。

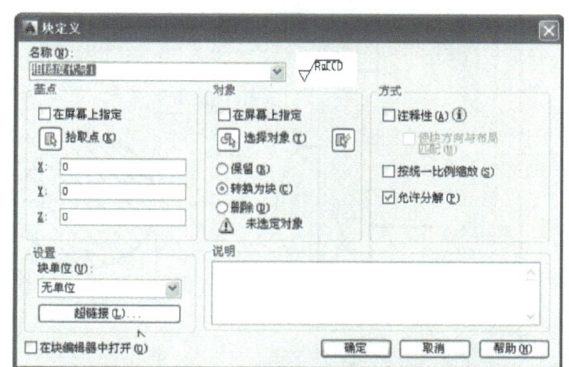

图 10-121 "块定义"对话框

（1）命令的执行方式 打开图形文件，在"绘图"工具栏中单击"插入块"按钮，弹出对话框如图 10-122 所示。

（2）命令说明及操作

1)"名称"下拉列表框指定所插入块或图形的名称。

2)"插入点"选项组确定块在图形中的插入位置。可以直接在"X""Y""Z"文本框中输入点的坐标,也可以选中"在屏幕上指定"复选框,以便在绘图窗口中指定插入点。

3)"比例"选项组确定块的插入比例。

4)"旋转"选项组确定块插入时的旋转角度。

5)"块单位"文本框显示有关块单位的信息。

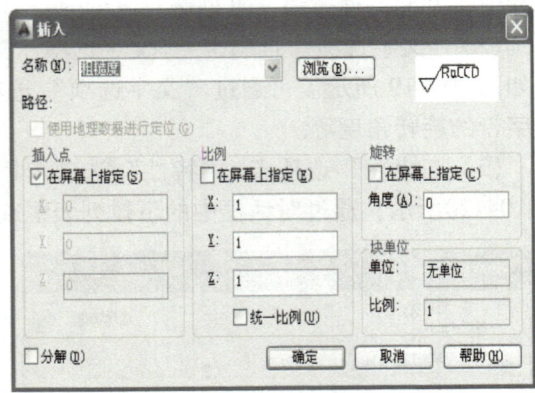

图 10-122 "插入"对话框

6)"分解"复选框确定插入块是否可将其分解成组成块的各基本对象。

## 任务实施

绘制图 10-123 所示轴的零件图。

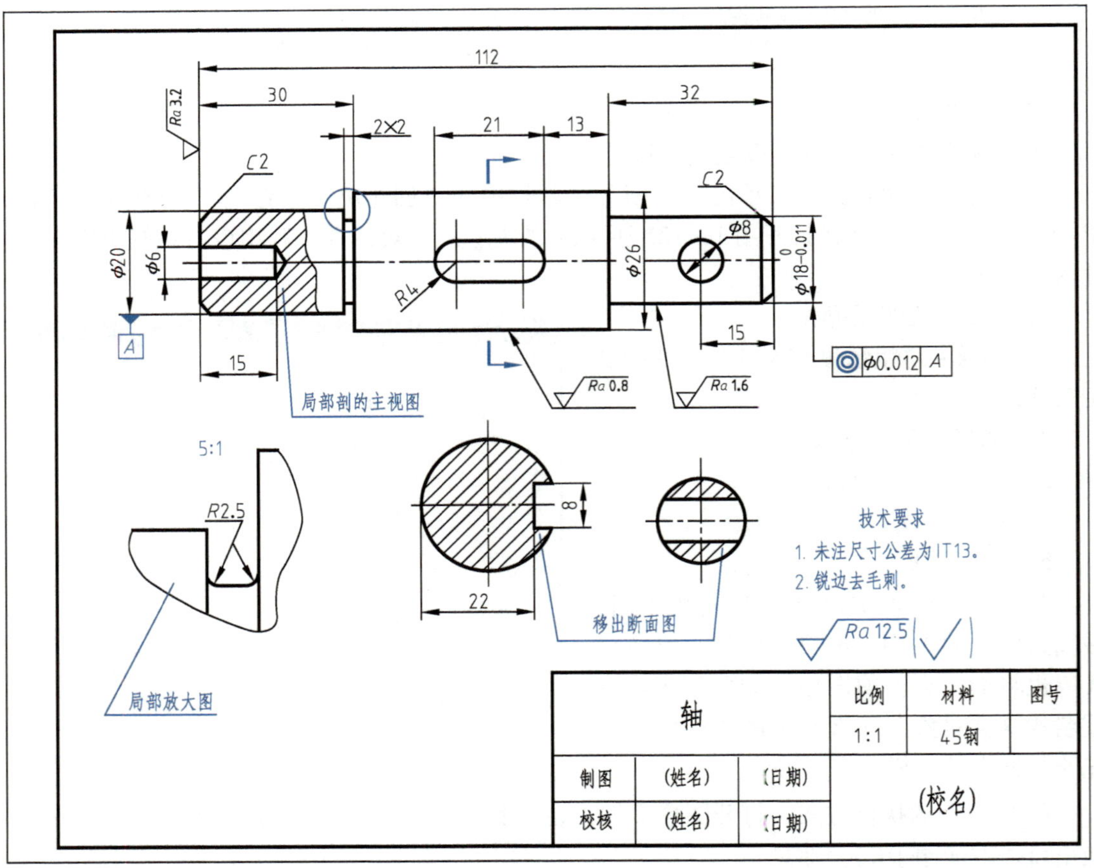

图 10-123 分析零件图

分析：轴的主体为三段不同的圆柱体。局部结构有最左轴段的轴向孔、中间轴段的键槽、最右轴段的径向孔，还有退刀槽和左右端的倒角结构。

表达轴共用了四个图形：局部剖的主视图，一个局部放大图，两个移出断面图。

绘制该轴时，要综合利用各种绘图命令和编辑命令，还有文字注释、尺寸标注等命令。

绘图步骤：

**1. 绘图前的准备工作**

（1）新建图形文件　单击"新建"命令，打开"选择样板"对话框，单击"打开"按钮，新建一个图形文件，命名为零件图。

（2）创建图层　按需要创建的图层有粗实线层、细实线层、中心线层、标注等。

（3）基本设置　设置绘图精度、文字样式、尺寸标注样式等。

（4）创建图块　把粗糙度符号、基准符号等制作成图块。

（5）绘制图框和标题栏

1）绘制图框。按 A4 图纸的尺寸绘制两个矩形，分别为图纸的大小和边框线，粗、细实线应设在不同的图层上，如图 10-124 所示。

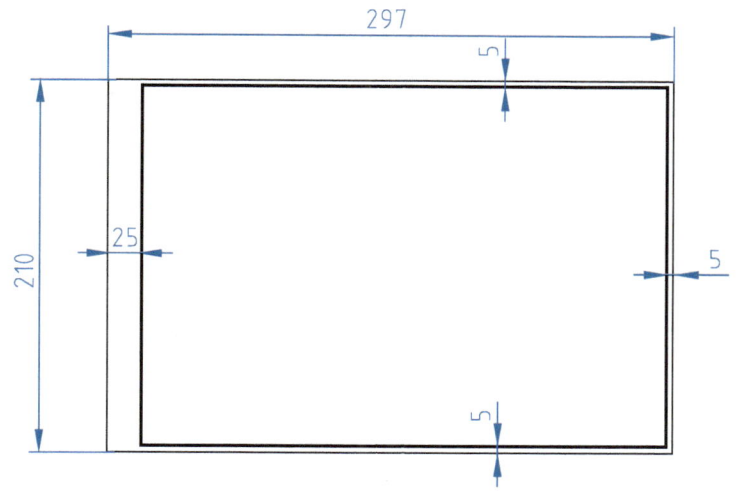

图 10-124　绘制图框

2）绘制标题栏。按标题栏的尺寸要求，使用直线、偏移等命令在图框内右下角的位置直接绘制标题栏（也可以单独绘制），再使用修剪命令修剪图线，最后将标题栏内部的图线调整到细实线层。

标题栏绘制好了以后，可以对标题栏内填充文字，结果如图 10-125 所示。

**2. 绘制图形**

（1）绘制主视图

1）用"直线"命令绘制出轴的上半部分的主要轮廓线，如图 10-126 所示。

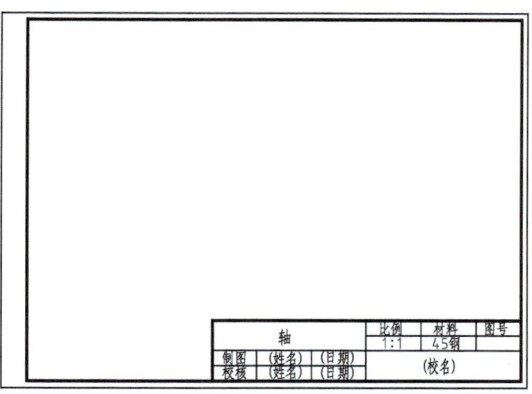

图 10-125　绘制标题栏

2）用"镜像"命令复制出轴的下半部分的主要轮廓线，如图10-127所示。

3）用"直线"命令、"圆"命令、"偏移"命令、"样条曲线"命令等绘制出键槽、圆孔和波浪线等结构，并用"填充"命令绘制出局部剖部分的剖面线，如图10-128所示。

(2) 绘制其他视图　用"直线"命令、"圆"命令、"偏移"命令、"样条曲线"命令等绘制出移出断面图及局部放大图，并用"填充"命令绘制出移出断面内的剖面线，如图10-129所示。

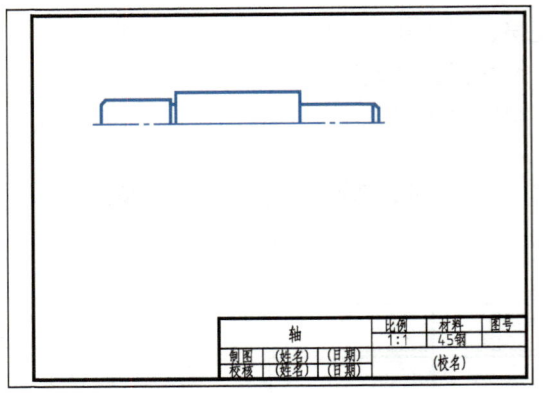

图10-126　绘制轴的上半部分主要轮廓线

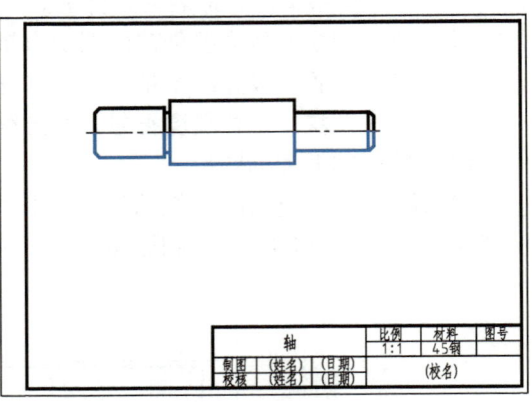

图10-127　绘制轴的下半部分

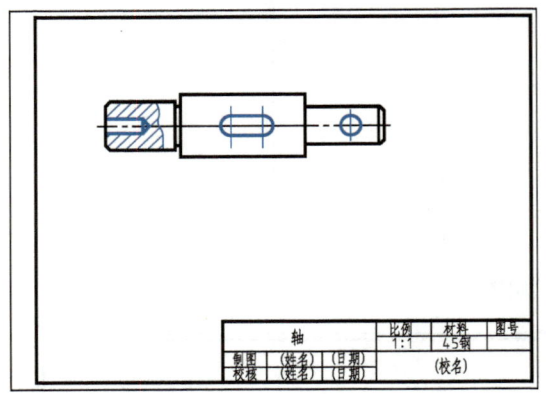

图10-128　绘制轴上的局部结构

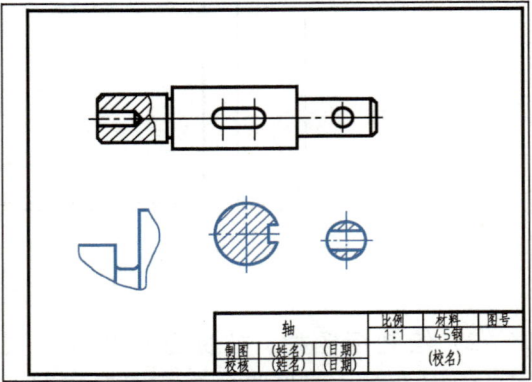

图10-129　绘制断面图及局部放大图

**3. 标注**

(1) 标注尺寸　按尺寸标注的要求，标注出全部尺寸，如图10-130所示。

(2) 标注其他内容　标注几何公差、表面粗糙度及注写技术要求，最后完成的图形如图10-131所示。

**4. 退出**

保存图形文件，退出AutoCAD 2014。

项目十 计算机绘图基础

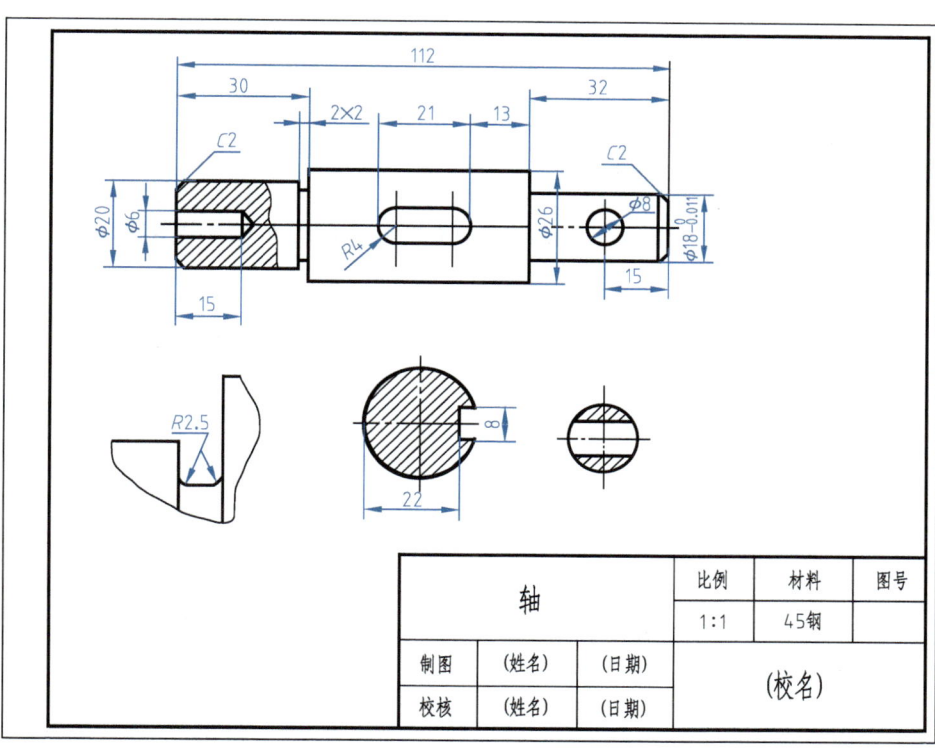

图 10-130 标注尺寸

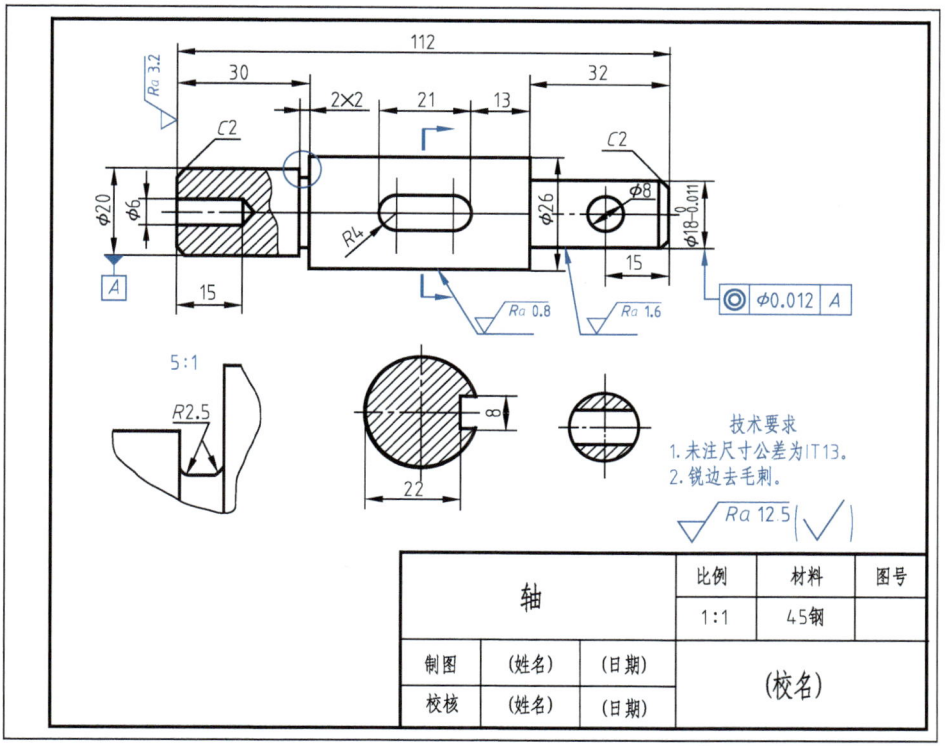

图 10-131 完成后轴的零件图

汽车机械制图

 项目小结

本项目简单地介绍了 AutoCAD 2014 系统常用的绘图命令、编辑命令、绘图环境的设置、文字注写、尺寸标注等基本功能，举例说明了各种命令的综合运用。通过学习，认识了 AutoCAD 2014界面，明确了文件操作技巧、命令调用方法以及绘图环境和图层的设置、辅助功能的使用等，初步掌握了运用 AutoCAD 2014 软件绘制简单的平面图形、三视图、剖视图和零件图的能力。

# 附　录

## 附录 A　螺纹

**附表 A-1　普通螺纹直径与螺距系列（GB/T 193—2003）、基本尺寸（GB/T 196—2003）**

（单位：mm）

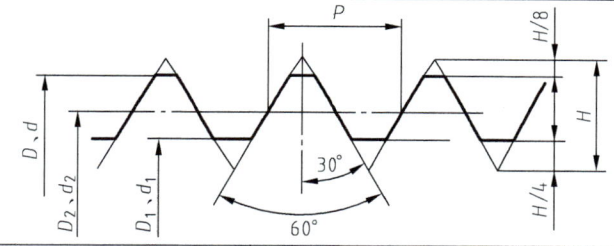

标记示例

公称直径 24mm、螺距 3mm、右旋粗牙普通螺纹，其标记为：M24

公称直径 24mm、螺距 1.5mm、左旋细牙普通螺纹，公差带代号 7H，其标记为：M24×1.5-7H-LH

| 公称直径 $D$、$d$ | | 螺距 $P$ | | 粗牙螺纹中径 $D_2$、$d_2$ | 粗牙螺纹小径 $D_1$、$d_1$ |
|---|---|---|---|---|---|
| 第一系列 | 第二系列 | 粗牙 | 细牙 | | |
| 3 | | 0.5 | 0.35 | 2.675 | 2.459 |
| | 3.5 | (0.6) | | 3.110 | 2.850 |
| 4 | | 0.7 | 0.5 | 3.545 | 3.242 |
| | 4.5 | (0.75) | | 4.013 | 3.688 |
| 5 | | 0.8 | | 4.480 | 4.134 |
| 6 | | 1 | 0.75 | 5.350 | 4.917 |
| 8 | | 1.25 | 1, 0.75 | 7.188 | 6.647 |
| 10 | | 1.5 | 1.25, 1, 0.75 | 9.026 | 8.376 |
| 12 | | 1.75 | 1.25, 1 | 10.863 | 10.106 |
| | 14 | 2 | 1.5, (1.25), 1 | 12.701 | 11.835 |
| 16 | | 2 | 1.5, 1 | 14.701 | 13.835 |
| | 18 | 2.5 | 2, 1.5, 1 | 16.376 | 15.294 |
| 20 | | 2.5 | | 18.376 | 17.294 |
| | 22 | 2.5 | 2, 1.5, 1 | 20.376 | 19.294 |
| 24 | | 3 | 2, 1.5, 1 | 22.051 | 20.752 |
| | 27 | 3 | 2, 1.5, 1 | 25.051 | 23.752 |
| 30 | | 3.5 | (3), 2, 1.5, 1 | 27.727 | 26.211 |
| | 33 | 3.5 | (3), 2, 1.5 | 30.727 | 29.211 |
| 36 | | 4 | 3, 2, 1.5 | 33.402 | 31.670 |
| | 39 | 4 | | 36.402 | 34.670 |

（续）

| 公称直径 $D$、$d$ | | 螺距 $P$ | | 粗牙螺纹中径 $D_2$、$d_2$ | 粗牙螺纹小径 $D_1$、$d_1$ |
|---|---|---|---|---|---|
| 第一系列 | 第二系列 | 粗牙 | 细牙 | | |
| 42 | | 4.5 | 4, 3, 2, 1.5 | 39.077 | 37.129 |
| | 45 | 4.5 | | 42.077 | 40.129 |
| 48 | | 5 | | 44.752 | 42.587 |
| | 52 | 5 | | 48.752 | 46.587 |
| 56 | | 5.5 | | 52.428 | 50.046 |
| | 60 | 5.5 | | 56.428 | 54.046 |
| 64 | | 6 | | 60.103 | 57.505 |
| | 68 | 6 | | 64.103 | 61.505 |

注：1. 公称直径优先选用第一系列，第三系列未列出（尽可能不用），括号内的尽可能不用。
2. M14×1.25 仅用于发动机的火花塞。

### 附表 A-2　梯形螺纹基本尺寸（GB/T 5796.3—2005）　（单位：mm）

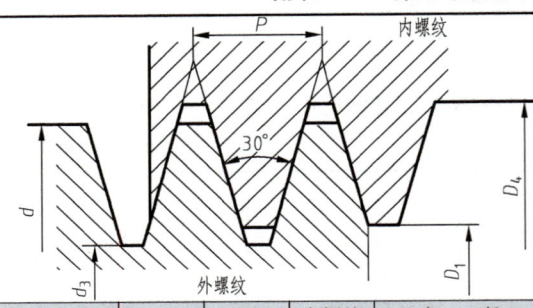

标记示例

公称直径28mm、螺距5mm、中径公差带代号为7H的单线右旋梯形内螺纹，其标记为：Tr28×5-7H

公称直径28mm、导程10mm、螺距5mm、中径公差带代号为8e的双线左旋梯形外螺纹，其标记为：Tr28×10（P5）LH-8e

内外螺纹旋合所组成的螺纹副的标记为：Tr24×8-7H/8e

| 公称直径 $d$ | | 螺距 $P$ | 中径 $d_2=D_2$ | 内螺纹大径 $D_4$ | 小径 | | 公称直径 $d$ | | 螺距 $P$ | 中径 $d_2=D_2$ | 内螺纹大径 $D_4$ | 小径 | |
|---|---|---|---|---|---|---|---|---|---|---|---|---|---|
| 第一系列 | 第二系列 | | | | 外螺纹 $d_3$ | 内螺纹 $D_1$ | 第一系列 | 第二系列 | | | | 外螺纹 $d_3$ | 内螺纹 $D_1$ |
| 8 | | 1.5 | 7.25 | 8.30 | 6.20 | 6.50 | | 26 | 3 | 24.50 | 26.50 | 22.50 | 23.00 |
| | 9 | 1.5 | 8.25 | 9.30 | 7.20 | 7.50 | | | 5 | 23.50 | 26.50 | 20.50 | 21.00 |
| | | 2 | 8.00 | 9.50 | 6.50 | 7.00 | | | 8 | 22.00 | 27.00 | 17.00 | 18.00 |
| 10 | | 1.5 | 9.25 | 10.30 | 8.20 | 8.50 | 28 | | 3 | 26.50 | 28.50 | 24.50 | 25.00 |
| | | 2 | 9.00 | 10.50 | 7.50 | 8.00 | | | 5 | 25.50 | 28.50 | 22.50 | 23.00 |
| | 11 | 2 | 10.00 | 11.50 | 8.50 | 9.00 | | | 8 | 24.00 | 29.00 | 19.00 | 20.00 |
| | | 3 | 9.50 | 11.50 | 7.50 | 8.00 | 30 | | 3 | 28.50 | 30.50 | 26.50 | 27.00 |
| 12 | | 2 | 11.00 | 12.50 | 9.50 | 10.00 | | | 6 | 27.00 | 31.00 | 23.00 | 24.00 |
| | | 3 | 10.50 | 12.50 | 8.50 | 9.00 | | | 10 | 25.00 | 31.00 | 19.00 | 20.00 |
| | 14 | 2 | 13.00 | 14.50 | 11.50 | 12.00 | 32 | | 3 | 30.50 | 32.50 | 28.50 | 29.00 |
| | | 3 | 12.50 | 14.50 | 10.50 | 11.00 | | | 6 | 29.00 | 33.00 | 25.00 | 26.00 |
| 16 | | 2 | 15.00 | 16.50 | 13.50 | 14.00 | | | 10 | 27.00 | 33.00 | 21.00 | 22.00 |
| | | 4 | 14.00 | 16.50 | 11.50 | 12.00 | 34 | | 3 | 32.50 | 34.50 | 30.50 | 31.00 |
| | 18 | 2 | 17.00 | 18.50 | 15.50 | 16.00 | | | 6 | 31.00 | 35.00 | 27.00 | 28.00 |
| | | 4 | 16.00 | 18.50 | 13.50 | 14.00 | | | 10 | 29.00 | 35.00 | 23.00 | 24.00 |
| 20 | | 2 | 19.00 | 20.50 | 17.50 | 18.00 | 36 | | 3 | 34.50 | 36.50 | 32.50 | 33.00 |
| | | 4 | 18.00 | 20.50 | 15.50 | 16.00 | | | 6 | 33.00 | 37.00 | 29.00 | 30.00 |
| | 22 | 3 | 20.50 | 22.50 | 18.50 | 19.00 | | | 10 | 31.00 | 37.00 | 25.00 | 26.00 |
| | | 5 | 19.50 | 22.50 | 16.50 | 17.00 | 38 | | 3 | 36.50 | 38.50 | 34.50 | 35.00 |
| | | 8 | 18.00 | 23.00 | 13.00 | 14.00 | | | 7 | 34.50 | 39.00 | 30.00 | 31.00 |
| 24 | | 3 | 22.50 | 24.50 | 20.50 | 21.00 | | | 10 | 33.00 | 39.00 | 27.00 | 28.00 |
| | | 5 | 21.50 | 24.50 | 18.50 | 19.00 | 40 | | 3 | 38.50 | 40.50 | 36.50 | 37.00 |
| | | 8 | 20.00 | 25.00 | 15.00 | 16.00 | | | 7 | 36.50 | 41.00 | 32.00 | 33.00 |
| | | | | | | | | | 10 | 35.00 | 41.00 | 29.00 | 30.00 |

注：螺纹公差带代号：外螺纹有9c、8c、8e、7e；内螺纹有9H、8H、7H。

附表 A-3　55°密封管螺纹（GB/T 7306.2—2000）

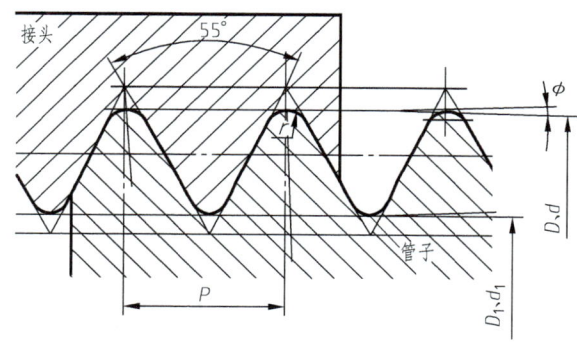

标记示例

尺寸代号为 2、右旋、圆锥内螺纹，其标记为：Rc2

尺寸代号为 3、右旋、圆柱内螺纹，其标记为：Rp3

尺寸代号为 1/2、圆锥外螺纹，其标记为：$R_2 1/2$

尺寸代号为 1½ 圆锥外螺纹，左旋，其标记为：$R_2 1½$-LH

| 尺寸代号 | 每25.4mm内所包含的牙数 $n$ | 螺距 $P$/mm | 牙高 $h$/mm | 圆弧半径 $r \approx$/mm | 基面上的基本直径/mm ||| 基准距离 /mm | 有效螺纹长度 /mm |
|---|---|---|---|---|---|---|---|---|---|
| | | | | | 大径（基准直径） $d = D$ | 中径 $d_2 = D_2$ | 小径 $d_1 = D_1$ | | |
| 1/16 | 28 | 0.907 | 0.581 | 0.125 | 7.723 | 7.142 | 6.561 | 4 | 6.5 |
| 1/8 | 28 | 0.907 | 0.581 | 0.125 | 9.728 | 9.147 | 8.566 | 4 | 6.5 |
| 1/4 | 19 | 1.337 | 0.856 | 0.184 | 13.157 | 12.301 | 11.445 | 6 | 9.7 |
| 3/8 | 19 | 1.337 | 0.856 | 0.184 | 16.662 | 15.806 | 14.950 | 6.4 | 10.1 |
| 1/2 | 14 | 1.814 | 1.162 | 0.249 | 20.955 | 19.793 | 18.631 | 8.2 | 13.2 |
| 3/4 | 14 | 1.814 | 1.162 | 0.249 | 26.441 | 25.279 | 24.117 | 9.5 | 14.5 |
| 1 | 11 | 2.309 | 1.479 | 0.317 | 33.249 | 31.770 | 30.291 | 10.4 | 16.8 |
| 1¼ | 11 | 2.309 | 1.479 | 0.317 | 41.910 | 40.431 | 38.952 | 12.7 | 19.1 |
| 1½ | 11 | 2.309 | 1.479 | 0.317 | 47.803 | 46.324 | 44.845 | 12.7 | 19.1 |
| 2 | 11 | 2.309 | 1.479 | 0.317 | 59.614 | 58.135 | 56.656 | 15.9 | 23.4 |
| 2½ | 11 | 2.309 | 1.479 | 0.317 | 75.184 | 73.705 | 72.226 | 17.5 | 26.7 |
| 3 | 11 | 2.309 | 1.479 | 0.317 | 87.884 | 86.405 | 84.926 | 20.6 | 29.8 |
| 4 | 11 | 2.309 | 1.479 | 0.317 | 113.030 | 111.551 | 110.072 | 25.4 | 35.8 |
| 5 | 11 | 2.309 | 1.479 | 0.317 | 138.430 | 136.951 | 135.472 | 28.6 | 40.1 |
| 6 | 11 | 2.309 | 1.479 | 0.317 | 163.830 | 162.351 | 160.872 | 28.6 | 40.1 |

附表 A-4　55°非密封管螺纹（GB/T 7307—2001）

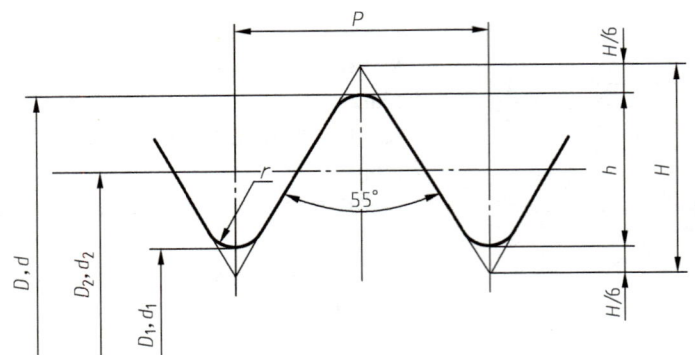

标记示例
GB/T 7307—2001
尺寸代号 2、右旋、圆柱内螺纹，其标记为：G2
尺寸代号 3/4、右旋、A 级圆柱外螺纹，其标记为：G3/4A
尺寸代号 1/4、左旋、圆柱内螺纹，其标记为：G1/4-LH
尺寸代号 4、左旋、B 级圆柱外螺纹螺，其标记为：G4B-LH

| 尺寸代号 | 每25.4mm内所包含的牙数 $n$ | 螺距 $P$/mm | 牙高 $h$/mm | 圆弧半径 $r\approx$/mm | 基面上的基本直径/mm | | |
|---|---|---|---|---|---|---|---|
| | | | | | 大径（基准直径）$d=D$ | 中径 $d_2=D_2$ | 小径 $d_1=D_1$ |
| 1/16 | 28 | 0.907 | 0.581 | 0.125 | 7.723 | 7.142 | 6.561 |
| 1/8 | 28 | 0.907 | 0.581 | 0.125 | 9.728 | 9.147 | 8.566 |
| 1/4 | 19 | 1.337 | 0.856 | 0.184 | 13.157 | 12.301 | 11.445 |
| 3/8 | 19 | 1.337 | 0.856 | 0.184 | 16.662 | 15.806 | 14.950 |
| 1/2 | 14 | 1.814 | 1.162 | 0.249 | 20.955 | 19.793 | 18.631 |
| 3/4 | 14 | 1.814 | 1.162 | 0.249 | 26.441 | 25.279 | 24.117 |
| 1 | 11 | 2.309 | 1.479 | 0.317 | 33.249 | 31.770 | 30.291 |
| 1¼ | 11 | 2.309 | 1.479 | 0.317 | 41.910 | 40.431 | 38.952 |
| 1½ | 11 | 2.309 | 1.479 | 0.317 | 47.803 | 46.324 | 44.845 |
| 2 | 11 | 2.309 | 1.479 | 0.317 | 59.614 | 58.135 | 56.656 |
| 2½ | 11 | 2.309 | 1.479 | 0.317 | 75.184 | 73.705 | 72.226 |
| 3 | 11 | 2.309 | 1.479 | 0.317 | 87.884 | 86.405 | 84.926 |
| 4 | 11 | 2.309 | 1.479 | 0.317 | 113.030 | 111.551 | 110.072 |
| 5 | 11 | 2.309 | 1.479 | 0.317 | 138.430 | 136.951 | 135.472 |
| 6 | 11 | 2.309 | 1.479 | 0.317 | 163.830 | 162.351 | 160.872 |

## 附录 B　螺纹紧固件

### 附表 B-1　六角头螺栓　（单位：mm）

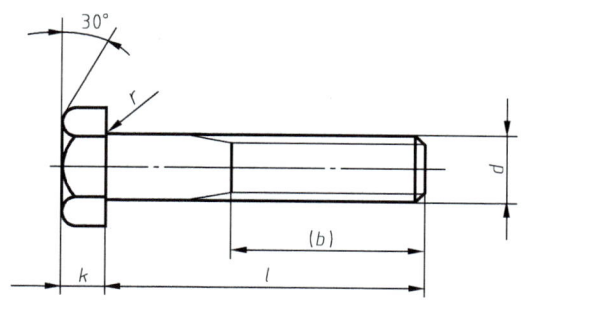
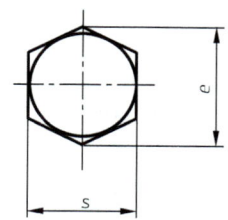

标记示例

螺纹规格 $d$ = M12、公称长度 $l$ = 80mm、性能等级为 8.8 级、表面氧化、A 级的六角头螺栓，其标记为：螺栓 GB/T 5782　M12×80

| 螺纹规格 $d$ | | M3 | M4 | M5 | M6 | M8 | M10 | M12 | M16 | M20 | M24 | M30 | M36 |
|---|---|---|---|---|---|---|---|---|---|---|---|---|---|
| $s$ | | 5.5 | 7 | 8 | 10 | 13 | 16 | 18 | 24 | 30 | 36 | 46 | 55 |
| $k$ | | 2 | 2.8 | 3.5 | 4 | 5.3 | 6.4 | 7.5 | 10 | 12.5 | 15 | 18.7 | 22.5 |
| $r$　min | | 0.1 | 0.2 | 0.2 | 0.25 | 0.4 | 0.4 | 0.6 | 0.6 | 0.8 | 0.8 | 1 | 1 |
| $e$　min | A | 6.01 | 7.66 | 8.79 | 11.05 | 14.38 | 17.77 | 20.03 | 26.75 | 33.53 | 39.98 | — | — |
| | B | 5.88 | 7.50 | 8.63 | 10.89 | 14.20 | 17.59 | 19.85 | 26.17 | 32.95 | 39.55 | 50.85 | 60.79 |
| (b) GB/T 5782 | $l$≤125mm | 12 | 14 | 16 | 18 | 22 | 26 | 30 | 38 | 46 | 54 | 66 | — |
| | 125mm<$l$≤200mm | 18 | 20 | 22 | 24 | 28 | 32 | 36 | 44 | 52 | 60 | 72 | 84 |
| | $l$>200mm | 31 | 33 | 35 | 37 | 41 | 45 | 49 | 57 | 65 | 73 | 85 | 97 |
| $l$ 范围 (GB/T 5782) | | 20~30 | 25~40 | 25~50 | 30~60 | 40~80 | 45~100 | 50~120 | 65~160 | 80~200 | 90~240 | 110~300 | 140~360 |
| $l$ 范围 (GB/T 5783) | | 6~30 | 8~40 | 10~50 | 12~60 | 16~80 | 20~100 | 25~120 | 30~150 | 40~150 | 50~150 | 60~200 | 70~200 |
| $l$ 系列 | | 12, 16, 20, 25, 30, 35, 40, 45, 50, 55, 60, 65, 70, 80, 90, 100, 110, 120, 130, 140, 150, 160, 180, 200, 220, 240, 260, 280, 300, 320, 340, 360, 380, 400, 420, 440, 460, 480, 500 | | | | | | | | | | | |

附表 B-2 双头螺柱　　　　　　　　　　（单位：mm）

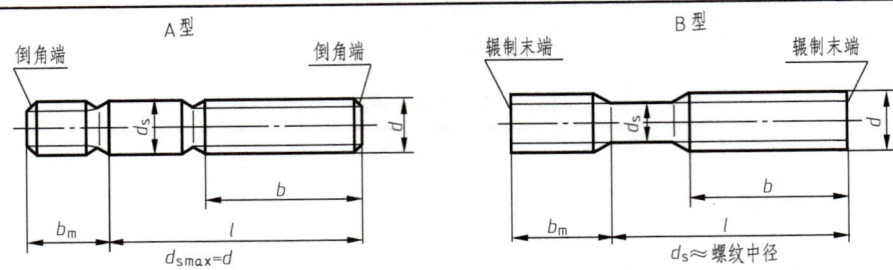

标记示例

两端均为粗牙普通螺纹，$d=10$mm、$l=50$mm、性能等级为 4.8 级、不经表面处理、B 型 $b_m=1d$ 的双头螺柱，其标记为：　螺柱　GB/T 897　M10×50

若为 A 型，则标记为：　螺柱　GB/T 897　AM10×50

| 螺纹规格 $d$ | $b_m$（旋入机体端的长度） | | | | $l/b$（螺柱长度/旋入端长度） |
|---|---|---|---|---|---|
| | GB/T 897—1988 | GB/T 898—1988 | GB/T 899—1988 | GB/T 900—1988 | |
| M4 | — | — | 6 | 8 | $\frac{16\sim22}{8}$、$\frac{25\sim40}{14}$ |
| M5 | 5 | 6 | 8 | 10 | $\frac{16\sim22}{10}$、$\frac{25\sim50}{16}$ |
| M6 | 6 | 8 | 10 | 12 | $\frac{20\sim22}{10}$、$\frac{25\sim30}{14}$、$\frac{32\sim75}{18}$ |
| M8 | 8 | 10 | 12 | 16 | $\frac{20\sim22}{12}$、$\frac{25\sim30}{16}$、$\frac{32\sim90}{22}$ |
| M10 | 10 | 12 | 15 | 20 | $\frac{23\sim28}{14}$、$\frac{30\sim38}{16}$、$\frac{40\sim120}{26}$、$\frac{130}{32}$ |
| M12 | 12 | 15 | 18 | 24 | $\frac{25\sim30}{16}$、$\frac{32\sim40}{20}$、$\frac{45\sim120}{30}$、$\frac{130\sim180}{36}$ |
| M16 | 16 | 20 | 24 | 32 | $\frac{30\sim38}{20}$、$\frac{40\sim55}{30}$、$\frac{60\sim120}{38}$、$\frac{130\sim200}{44}$ |
| M20 | 20 | 25 | 30 | 40 | $\frac{35\sim40}{25}$、$\frac{45\sim65}{35}$、$\frac{70\sim120}{46}$、$\frac{130\sim200}{52}$ |
| (M24) | 24 | 30 | 36 | 48 | $\frac{45\sim50}{30}$、$\frac{55\sim75}{45}$、$\frac{80\sim120}{54}$、$\frac{130\sim200}{60}$ |
| (M30) | 30 | 38 | 45 | 60 | $\frac{60\sim65}{40}$、$\frac{70\sim90}{50}$、$\frac{95\sim120}{66}$、$\frac{130\sim200}{72}$、$\frac{210\sim250}{85}$ |
| M36 | 36 | 45 | 54 | 72 | $\frac{65\sim75}{45}$、$\frac{80\sim110}{60}$、$\frac{120}{78}$、$\frac{130\sim200}{84}$、$\frac{210\sim300}{97}$ |
| M42 | 42 | 52 | 63 | 84 | $\frac{70\sim80}{50}$、$\frac{85\sim110}{70}$、$\frac{120}{90}$、$\frac{130\sim200}{96}$、$\frac{210\sim300}{109}$ |
| M48 | 48 | 60 | 72 | 96 | $\frac{80\sim90}{60}$、$\frac{95\sim100}{80}$、$\frac{120}{102}$、$\frac{130\sim200}{108}$、$\frac{210\sim300}{121}$ |

注：1. GB/T 897—1988 和 GB/T 898—1988 规定螺柱的螺纹规格 $d=$ M5～M48，公称长度 $l=16\sim300$mm；GB/T 899—1988 和 GB/T 900—1988 规定螺柱的螺纹规格 $d=$ M2～M48，公称长度 $l=12\sim300$mm。

2. 螺柱公称长度 $l$（系列）：12，(14)，16，(18)，20，(22)，25，(28)，30，(32)，35，(38)，40，45，50，(55)，60，(65)，70，(75)，80，(85)，90，(95)，100～260（10 进位），280，300，单位均为 mm，尽可能不采用括号内的数值。

3. 材料为钢的螺柱性能等级有 4.8，5.8，6.8，8.8，10.9，12.9 级，其中 4.8 级为常用。

附 录

### 附表 B-3　1 型六角螺母（GB/T 6170—2000）　　　　　　　　（单位：mm）

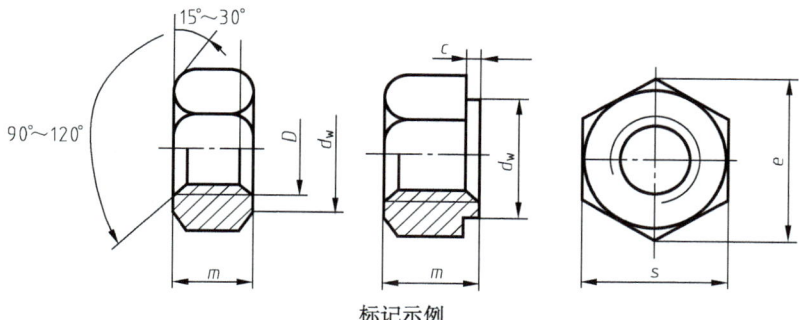

标记示例

螺纹规格 $D$ = M12、性能等级为 8 级、不经表面处理、产品等级为 A 级的 1 型六角螺母，其标记为：螺母　GB/T 6170　M12

| 螺纹规格 $D$ | | M3 | M4 | M5 | M6 | M8 | M10 | M12 | M16 | M20 | M24 | M30 | M36 |
|---|---|---|---|---|---|---|---|---|---|---|---|---|---|
| $e$ | (min) | 6.01 | 7.66 | 8.79 | 11.05 | 14.38 | 17.77 | 20.03 | 26.75 | 32.95 | 39.55 | 50.85 | 60.79 |
| $s$ | (max) | 5.5 | 7 | 8 | 10 | 13 | 16 | 18 | 24 | 30 | 36 | 46 | 55 |
| | (min) | 5.32 | 6.78 | 7.78 | 9.78 | 12.73 | 15.73 | 17.73 | 23.67 | 29.16 | 35 | 45 | 53.8 |
| $c$ | (max) | 0.4 | 0.4 | 0.5 | 0.5 | 0.6 | 0.6 | 0.6 | 0.8 | 0.8 | 0.8 | 0.8 | 0.8 |
| $d_w$ | (min) | 4.6 | 5.9 | 6.9 | 8.9 | 11.6 | 14.6 | 16.6 | 22.5 | 27.7 | 33.3 | 42.8 | 51.1 |
| $m$ | (max) | 2.4 | 3.2 | 4.7 | 5.2 | 6.8 | 8.4 | 10.8 | 14.8 | 18 | 21.5 | 25.6 | 31 |
| | (min) | 2.15 | 2.9 | 4.4 | 4.9 | 6.44 | 8.04 | 10.37 | 14.1 | 16.9 | 20.2 | 24.3 | 29.4 |

### 附表 B-4　平垫圈—A 级（GB/T 97.1—2002）、平垫圈倒角型—A 级（GB/T 97.2—2002）
（单位：mm）

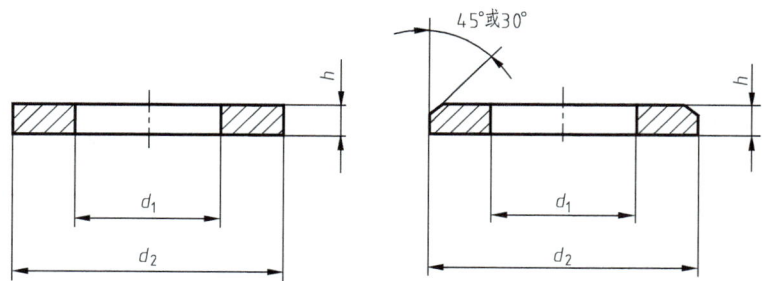

标准系列、公称规格 8mm、由钢制造的硬度等级为 200HV 级、不经表面处理、产品等级为 A 级的平垫圈，其标记为：垫圈　GB/T 97.1　8

| 公称规格（螺纹大径） | 2 | 2.5 | 3 | 4 | 5 | 6 | 8 | 10 | 12 | 16 | 20 | 24 | 30 |
|---|---|---|---|---|---|---|---|---|---|---|---|---|---|
| 内径 $d_1$ | 2.2 | 2.7 | 3.2 | 4.3 | 5.3 | 6.4 | 8.4 | 10.5 | 13 | 17 | 21 | 25 | 31 |
| 外径 $d_2$ | 5 | 6 | 7 | 9 | 10 | 12 | 16 | 20 | 24 | 30 | 37 | 44 | 56 |
| 厚度 $h$ | 0.3 | 0.5 | 0.5 | 0.8 | 1 | 1.6 | 1.6 | 2 | 2.5 | 3 | 3 | 4 | 4 |

附表 B-5　标准型弹簧垫圈（GB/T 93—1987）、轻型弹簧垫圈（GB/T 859—1987）

（单位：mm）

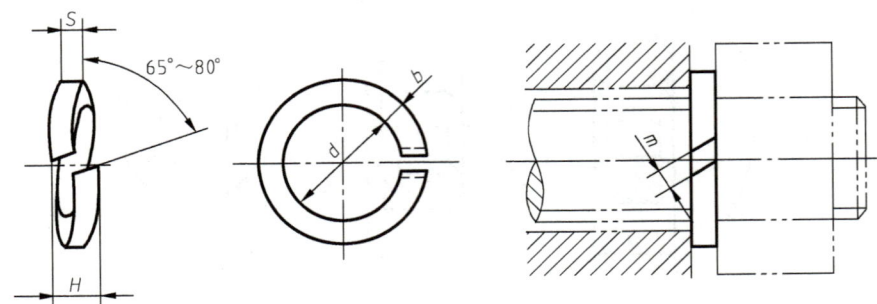

规格16mm、材料为65Mn、表面氧化的标准型弹簧垫圈，其标记为：垫圈 GB/T 93—87　16

| 规格（螺纹大径） | | 2 | 2.5 | 3 | 4 | 5 | 6 | 8 | 10 | 12 | 16 | 20 | 24 | 30 | 36 | 42 | 48 |
|---|---|---|---|---|---|---|---|---|---|---|---|---|---|---|---|---|---|
| $d$（min） | | 2.1 | 2.6 | 3.1 | 4.1 | 5.1 | 6.1 | 8.1 | 10.2 | 12.2 | 16.2 | 20.2 | 24.5 | 30.5 | 36.5 | 42.5 | 48.5 |
| $H$（min） | GB/T 93—1987 | 1 | 1.3 | 1.6 | 2.2 | 2.6 | 3.2 | 4.2 | 5.2 | 6.2 | 8.2 | 10 | 12 | 15 | 18 | 21 | 24 |
| | GB/T 859—1987 | — | — | 1.2 | 1.6 | 2.2 | 2.6 | 3.2 | 4 | 5 | 6.4 | 8 | 10 | 12 | — | — | — |
| $S$（$b$） | GB/T 93—1987 | 0.5 | 0.65 | 0.8 | 1.1 | 1.3 | 1.6 | 2.1 | 2.6 | 3.1 | 4.1 | 5 | 6 | 7.5 | 9 | 10.5 | 12 |
| $S$ | GB/T 859—1987 | — | — | 0.6 | 0.8 | 1.1 | 1.3 | 1.6 | 2 | 2.5 | 3.2 | 4 | 5 | 6 | — | — | — |
| $m \leq$ | GB/T 93—1987 | 0.25 | 0.33 | 0.4 | 0.55 | 0.65 | 0.8 | 1.05 | 1.3 | 1.55 | 2.05 | 2.5 | 3 | 3.75 | 4.5 | 5.25 | 6 |
| | GB/T 859—1987 | — | — | 0.3 | 0.4 | 0.55 | 0.65 | 0.8 | 1 | 1.25 | 1.6 | 2 | 2.5 | 3 | — | — | — |
| $b$ | GB/T 859—1987 | — | — | 1 | 1.2 | 1.5 | 2 | 2.5 | 3 | 3.5 | 4.5 | 5.5 | 7 | 9 | — | — | — |

附表 B-6　螺钉　　　　　　　　　　　　　　　　　　　　　　　（单位：mm）

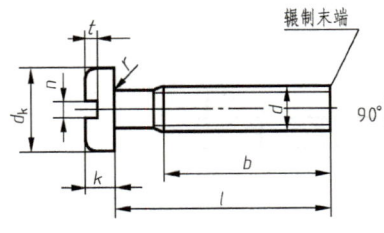

开槽盘头螺钉（摘自GB/T 67—2008）

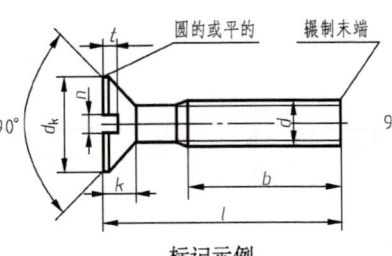

开槽沉头螺钉（摘自GB/T 68—2000）

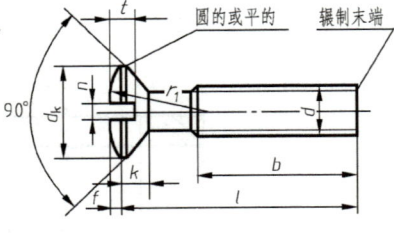

开槽半沉头螺钉（摘自GB/T 69—2000）

标记示例

螺纹规格 $d$ = M5、公称长度 $l$ = 20mm、性能等级为4.8级、不经过表面处理的A级开槽圆柱头螺钉，其标记为：螺钉 GB/T 65　M5×20

| 螺纹规格 $d$ | | M1.6 | M2 | M2.5 | M3 | M4 | M5 | M6 | M8 | M10 |
|---|---|---|---|---|---|---|---|---|---|---|
| GB/T 65—2000 | $d_k$ | 3 | 3.8 | 4.5 | 5.5 | 7 | 8.5 | 10 | 13 | 16 |
| | $k$ | 1.1 | 1.4 | 1.8 | 2.0 | 2.6 | 3.3 | 3.9 | 5 | 6 |
| | $t$（min） | 0.45 | 0.6 | 0.7 | 0.85 | 1.1 | 1.3 | 1.6 | 2 | 2.4 |
| | $r$（min） | 0.1 | 0.1 | 0.1 | 0.1 | 0.2 | 0.2 | 0.25 | 0.4 | 0.4 |
| | $l$ | 2~16 | 3~20 | 3~25 | 4~30 | 5~40 | 6~50 | 8~60 | 10~80 | 12~80 |

| 螺纹规格 $d$ | | M1.6 | M2 | M2.5 | M3 | M4 | M5 | M6 | M8 | M10 |
|---|---|---|---|---|---|---|---|---|---|---|
| GB/T 67—2000 | $d_k$ | 3.2 | 4 | 5 | 5.6 | 8 | 9.5 | 12 | 16 | 20 |
| | $k$ | 1 | 1.3 | 1.5 | 1.8 | 2.4 | 3 | 3.6 | 4.8 | 6 |
| | $t$ (min) | 0.35 | 0.5 | 0.6 | 0.7 | 1 | 1.2 | 1.4 | 1.9 | 2.4 |
| | $r$ (min) | 0.1 | 0.1 | 0.1 | 0.1 | 0.2 | 0.2 | 0.25 | 0.4 | 0.4 |
| | $l$ | 2~16 | 2.5~20 | 3~25 | 4~30 | 5~40 | 6~50 | 8~60 | 10~80 | 12~80 |
| GB/T 68—2000 | $d_k$ | 3 | 3.8 | 4.7 | 5.5 | 8.4 | 9.3 | 11.3 | 15.8 | 18.3 |
| | $k$ | 1 | 1.2 | 1.5 | 1.65 | 2.7 | 2.7 | 3.3 | 4.65 | 5 |
| | $t$ (min) | 0.32 | 0.4 | 0.5 | 0.6 | 1 | 1.1 | 1.2 | 1.8 | 2 |
| | $r$ (max) | 0.4 | 0.5 | 0.6 | 0.8 | 1 | 1.3 | 1.5 | 2 | 2.5 |
| | $l$ | 2.5~16 | 3~20 | 4~25 | 5~30 | 6~40 | 8~50 | 8~60 | 10~80 | 12~80 |
| $n$ | | 0.4 | 0.5 | 0.6 | 0.8 | 1.2 | 1.2 | 1.6 | 2 | 2.5 |
| $b$ (min) | | 25 | | | | | 38 | | | |
| $l$ 系列 | | 2, 2.5, 3, 4, 5, 6, 8, 10, 12, 16, 20, 25, 30, 35, 40, 45, 50, 60, 70, 80 | | | | | | | | | |

附表 B-7　紧定螺钉　　　　　　　　　　（单位：mm）

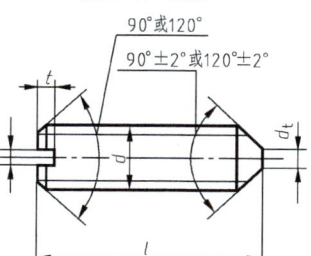
开槽锥端紧定螺钉
GB/T 71—1985

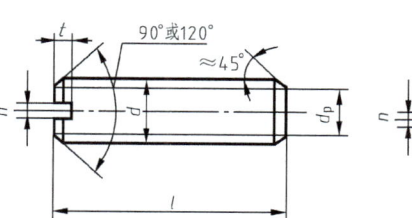
开槽平端紧定螺钉 GB/T 73—1985　　　开槽长圆柱端紧定螺钉 GB/T 75—1985

| 螺纹规格 $d$ | | M2 | M3 | M4 | M5 | M6 | M8 | M10 | M12 |
|---|---|---|---|---|---|---|---|---|---|
| 螺距 $P$ | | 0.4 | 0.5 | 0.7 | 0.8 | 1 | 1.25 | 1.5 | 1.75 |
| $d_t$ (max) | | 0.2 | 0.3 | 0.4 | 0.5 | 1.5 | 2 | 2.5 | 3 |
| $d_p$ (max) | | 1 | 2 | 2.5 | 3.5 | 4 | 5.5 | 7 | 8.5 |
| $n$ | | 0.25 | 0.4 | 0.6 | 0.8 | 1 | 1.2 | 1.6 | 2 |
| $t$ (max) | | 0.84 | 1.05 | 1.42 | 1.63 | 2 | 2.5 | 3 | 3.6 |
| $z$ (max) | | 1.25 | 1.75 | 2.25 | 2.75 | 3.25 | 4.3 | 5.3 | 6.3 |
| $l$ 范围 | GB/T 71 | 3~10 | 4~16 | 6~20 | 8~25 | 8~30 | 10~40 | 12~50 | (14)~60 |
| | GB/T 73 | 2~10 | 3~16 | 4~20 | 5~25 | 6~30 | 8~40 | 10~50 | 12~60 |
| | GB/T 75 | 3~10 | 5~16 | 6~20 | 8~25 | 8~30 | 10~40 | 12~50 | (14)~60 |
| $l$ 系列 | | 2, 2.5, 3, 4, 5, 6, 8, 10, 12, (14), 16, 20, 25, 30, 35, 40, 45, 50, (55), 60 | | | | | | | |

注：螺纹公差 6 级；力学性能等级 14H、22H；产品等级 A。

## 附录 C　普通平键

**附表 C-1　普通平键的尺寸与公差（GB/T 1096—2003）**　（单位：mm）

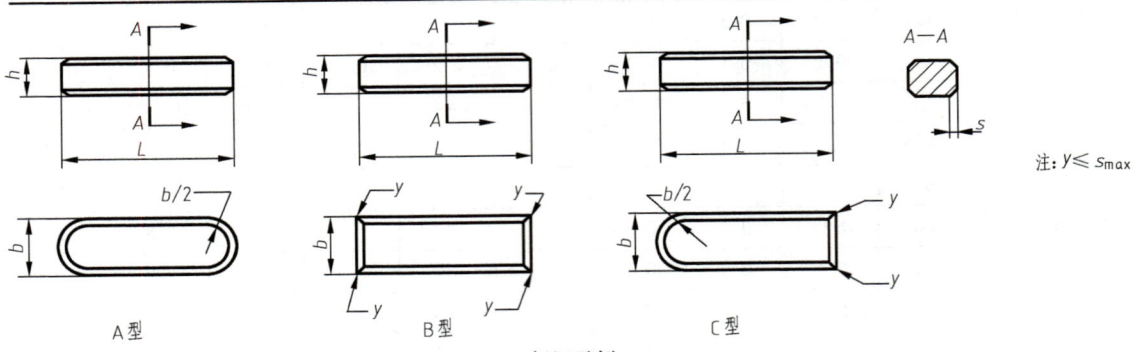

标记示例

圆头普通平键（A 型）、$b=18mm$、$h=11mm$、$L=100mm$，其标记为：GB/T 1096　键 $18\times11\times100$

平头普通平键（B 型）、$b=18mm$、$h=11mm$、$L=100mm$，其标记为：GB/T 1096　键 B$18\times11\times100$

单圆头普通平键（C 型）、$b=18mm$、$h=11mm$、$L=100mm$，其标记为：GB/T 1096　键 C$18\times11\times100$

| 宽度 $b$ | 公称尺寸 | 2 | 3 | 4 | 5 | 6 | 8 | 10 | 12 | 14 | 16 | 18 | 20 | 22 |
|---|---|---|---|---|---|---|---|---|---|---|---|---|---|---|
| | 极限偏差 (h8) | 0 −0.014 | | 0 −0.018 | | | 0 −0.022 | | | 0 −0.027 | | | 0 −0.033 | |
| 高度 $h$ | 公称尺寸 | 2 | 3 | 4 | 5 | 6 | 7 | 8 | 8 | 9 | 10 | 11 | 12 | 14 |
| | 极限偏差 矩形 (h11) | — | — | — | — | — | — | 0 −0.090 | | | | 0 −0.110 | | |
| | 极限偏差 方形 (h8) | 0 −0.014 | | 0 −0.018 | | | — | — | — | — | — | — | — | — |
| 倒角或圆角 $s$ | | 0.16～0.25 | | | 0.25～0.40 | | | 0.40～0.60 | | | | 0.60～0.80 | | |

| 长度 $L$ | | | | | | | | | | | | | | |
|---|---|---|---|---|---|---|---|---|---|---|---|---|---|---|
| 公称尺寸 | 极限偏差 (h14) | | | | | | | | | | | | | |
| 6 | 0 −0.36 | | — | — | — | — | — | — | — | — | — | — | — | — |
| 8 | | | | — | — | — | — | — | — | — | — | — | — | — |
| 10 | | | | | — | — | — | — | — | — | — | — | — | — |
| 12 | | | | | | — | — | — | — | — | — | — | — | — |
| 14 | 0 −0.43 | | | 标准 | | | | | | | | | — | — |
| 16 | | | | | | | | | | | | | | — |
| 18 | | | | | | | | | | | | | | |
| 20 | | | | | | | | | | | | | | |
| 22 | 0 −0.52 | — | | | | | 长度 | | | | | | | |
| 25 | | — | | | | | | | | | | | | |
| 28 | | | | | | | | | | | | | | |
| 32 | | | | | | | | | | | | | | |
| 36 | 0 −0.62 | | | | | | | 范围 | | | | | | |
| 40 | | | | — | — | | | | | | | | | |
| 45 | | | | | | | | | | | | | | |
| 50 | | — | — | — | — | | | | | | | | | |

附表 C-2 普通平键键槽的尺寸与公差（GB/T 1095—2003） （单位：mm）

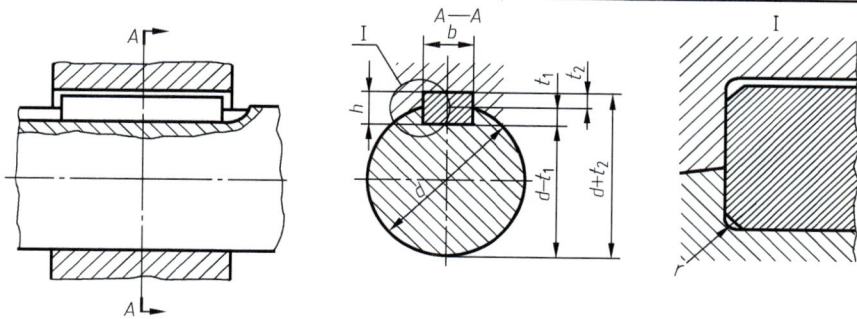

注：在工作图中，轴槽深用 $d-t_1$ 或 $t_1$ 标注，轮毂槽深度用 $d+t_2$ 标注。

| 轴[①] | 键 | 键槽 | | | | | | | | | | | |
|---|---|---|---|---|---|---|---|---|---|---|---|---|---|
| 公称直径 $d$ | 公称尺寸 $b \times h$ | 宽度 $b$ | | | | | | 深度 | | | | 半径 $r$ | |
| | | 基本尺寸 | 极限偏差 | | | | | 轴 $t_1$ | | 毂 $t_2$ | | | |
| | | | 正常联接 | | 紧密联接 | 松联接 | | 基本尺寸 | 极限偏差 | 基本尺寸 | 极限偏差 | min | max |
| | | | 轴 N9 | 毂 JS9 | 轴和毂 P9 | 轴 H9 | 毂 D10 | | | | | | |
| 自 6~8 | 2×2 | 2 | −0.004 −0.029 | ±0.0125 | −0.006 −0.031 | +0.025 0 | +0.060 +0.020 | 1.2 | +0.10 0 | 1 | +0.10 0 | 0.08 | 0.16 |
| >8~10 | 3×3 | 3 | | | | | | 1.8 | | 1.4 | | | |
| >10~12 | 4×4 | 4 | 0 −0.030 | ±0.015 | −0.012 −0.042 | +0.030 0 | +0.078 +0.030 | 2.5 | | 1.8 | | 0.16 | 0.25 |
| >12~17 | 5×5 | 5 | | | | | | 3.0 | | 2.3 | | | |
| >17~22 | 6×6 | 6 | | | | | | 3.5 | | 2.8 | | | |
| >22~30 | 8×7 | 8 | 0 −0.036 | ±0.018 | −0.015 −0.051 | +0.036 0 | +0.098 +0.040 | 4.0 | | 3.3 | | 0.25 | 0.40 |
| >30~38 | 10×8 | 10 | | | | | | 5.0 | | 3.3 | | | |
| >38~44 | 12×8 | 12 | 0 −0.043 | ±0.0215 | −0.018 −0.061 | +0.043 0 | +0.120 +0.050 | 5.0 | | 3.3 | | | |
| >44~50 | 14×9 | 14 | | | | | | 5.5 | | 3.8 | | | |
| >50~58 | 16×10 | 16 | | | | | | 6.0 | +0.20 0 | 4.3 | +0.20 0 | | |
| >58~65 | 18×11 | 18 | | | | | | 7.0 | | 4.4 | | | |
| >65~75 | 20×12 | 20 | 0 −0.052 | ±0.026 | −0.022 −0.074 | +0.052 0 | +0.149 +0.065 | 7.5 | | 4.9 | | 0.40 | 0.60 |
| >75~85 | 22×14 | 22 | | | | | | 9.0 | | 5.4 | | | |
| >85~95 | 25×14 | 25 | | | | | | 9.0 | | 5.4 | | | |
| >95~110 | 28×16 | 28 | | | | | | 10.0 | | 6.4 | | | |
| >110~130 | 32×18 | 32 | | | | | | 11.0 | | 7.4 | | | |
| >130~150 | 36×20 | 36 | 0 −0.062 | ±0.031 | −0.026 −0.088 | +0.062 0 | +0.180 +0.080 | 12.0 | +0.30 0 | 8.4 | +0.30 0 | 0.70 | 1.0 |
| >150~170 | 40×22 | 40 | | | | | | 13.0 | | 9.4 | | | |
| >170~200 | 45×25 | 45 | | | | | | 15.0 | | 10.4 | | | |

注：1. $d-t_1$ 和 $d+t_2$ 两组组合尺寸的极限偏差按相应的 $t_1$ 和 $t_2$ 的极限偏差选取，但 $d-t_1$ 极限偏差应取负号（−）。
2. 轴的直径不在本标准所列，仅供参考。

① 本列摘自 GB/T 1095—1979，GB/T 1095—2003 中已取消该列。本表列出供参考。

## 附录 D  销

附表 D-1　圆柱销　不淬硬钢和奥氏体不锈钢（GB/T 119.1—2000）、
圆柱销　淬硬钢和马氏体不锈钢（GB/T 119.2—2000）　（单位：mm）

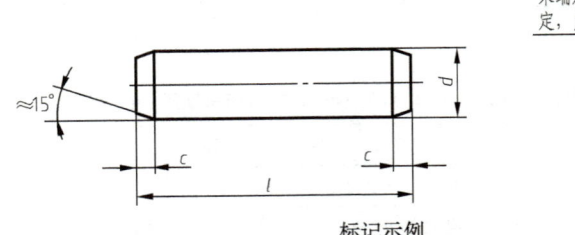

标记示例

公称直径 $d=8$mm，公差为 m6，公称长度 $l=30$mm，材料为钢，不经淬火、不经表面处理的圆柱销，其标记为：
销　GB/T 119.1　8 m6×30

公称直径 $d=8$mm，公差为 m6，公称长度 $l=30$mm，材料为钢，普通淬火（A 型），不经表面处理的圆柱销，其标记为：
销　GB/T 119.1　8×30

| 公称直径 $d$ | | 3 | 4 | 5 | 6 | 8 | 10 | 12 | 16 | 20 | 25 | 30 |
|---|---|---|---|---|---|---|---|---|---|---|---|---|
| $c\approx$ | | 0.50 | 0.63 | 0.80 | 1.2 | 1.6 | 2.0 | 2.5 | 3.0 | 3.5 | 4.0 | 5.0 |
| 公称长度 $l$ | GB/T 119.1 | 8~30 | 8~40 | 10~50 | 12~60 | 14~80 | 18~95 | 22~140 | 26~180 | 35~200 | 50~200 | 60~200 |
| | GB/T 119.2 | 8~30 | 10~40 | 12~50 | 14~60 | 18~80 | 22~100 | 26~100 | 40~100 | 50~100 | — | — |
| $l$ 系列 | | 8、10、12、14、16、18、20、22、24、26、28、30、32（2 进位）；35、40、45、50、55、60、65、70、75、80、85、90、95、100（5 进位）；120、140、160、180、200（20 进位） | | | | | | | | | | |

注：1. GB/T 119.1—2000 规定圆柱销的公称直径 $d=0.6$~50mm，公称长度 $l=2$~200mm，公差带有 m6 和 h8。
　　2. GB/T 119.2—2000 规定圆柱销的公称直径 $d=1$~20mm，公称长度 $l=3$~100mm，公差带仅有 m6。
　　3. 当圆柱销公差带为 h8 时，其表面粗糙度 $Ra\leq 1.6\mu m$。

附表 D-2　圆锥销（GB/T 117—2000）

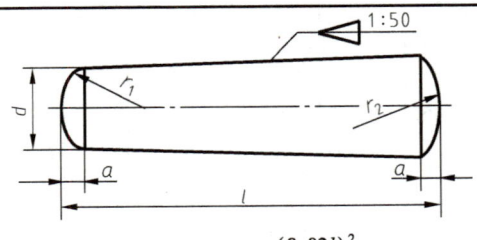

标记示例

公称直径 $d=10$mm，公称长度 $l=60$mm，材料为 35 钢，热处理硬度 28~38HRC，表面氧化处理的 A 型圆锥销，其标记为：
销　GB/T 117　10×60

$r_1\approx d \quad r_2\approx \dfrac{a}{2}+d+\dfrac{(0.02l)^2}{8a}$

| 公称直径 $d$ | 4 | 5 | 6 | 8 | 10 | 12 | 16 | 20 | 25 | 30 |
|---|---|---|---|---|---|---|---|---|---|---|
| $a\approx$ | 0.5 | 0.63 | 0.8 | 1 | 1.2 | 1.6 | 2 | 2.5 | 3 | 4 |
| 公称长度 $l$ | 14~55 | 18~60 | 22~90 | 22~120 | 26~160 | 32~180 | 40~200 | 45~200 | 50~200 | 55~200 |
| $l$ 系列 | 2、3、4、5、6、8、10、12、14、16、18、20、22、24、26、28、30、32、35、40、45、50、55、60、65、70、75、80、85、90、95、100、120、140、160、180、200 | | | | | | | | | |

注：1. 标准规定圆锥销的公称直径 $d=0.6$~50mm。
　　2. 有 A 型和 B 型。A 型为磨削，锥面表面粗糙度 $Ra=0.8\mu m$；B 型为切削或冷镦，锥面表面粗糙度 $Ra=3.2\mu m$。

## 附录 E  滚动轴承

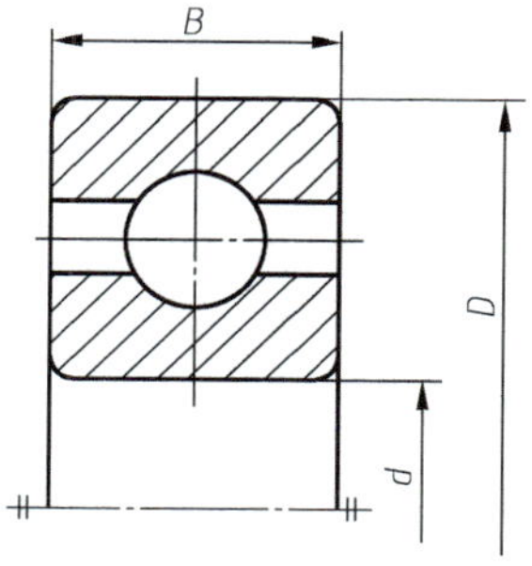

深沟球轴承

圆锥滚子轴承

推力球轴承

**标记示例**
滚动轴承　6012　GB/T 276—2013

**标记示例**
滚动轴承　30308　GB/T 297—1994

**标记示例**
滚动轴承　51312　GB/T 301—1995

| 轴承型号 | 尺寸/mm | | | 轴承型号 | 尺寸/mm | | | | | 轴承型号 | 尺寸/mm | | | |
|---|---|---|---|---|---|---|---|---|---|---|---|---|---|---|
| | $d$ | $D$ | $B$ | | $d$ | $D$ | $B$ | $C$ | $T$ | | $d$ | $D$ | $T$ | $d_1$ min |
| 尺寸系列（02） | | | | 尺寸系列（02） | | | | | | 尺寸系列（02） | | | | |
| 6202 | 15 | 35 | 11 | 30203 | 17 | 40 | 12 | 11 | 13.25 | 51202 | 15 | 32 | 12 | 17 |
| 6203 | 17 | 40 | 12 | 30204 | 20 | 47 | 14 | 12 | 15.25 | 51203 | 17 | 35 | 12 | 19 |
| 6204 | 20 | 47 | 14 | 30205 | 25 | 52 | 15 | 13 | 16.25 | 51204 | 20 | 40 | 14 | 22 |
| 6205 | 25 | 52 | 15 | 30206 | 30 | 62 | 16 | 14 | 17.25 | 51205 | 25 | 47 | 15 | 27 |
| 6206 | 30 | 62 | 16 | 30207 | 35 | 72 | 17 | 15 | 18.25 | 51206 | 30 | 52 | 16 | 32 |
| 6207 | 35 | 72 | 17 | 30208 | 40 | 80 | 18 | 16 | 19.75 | 51207 | 35 | 62 | 18 | 37 |
| 6208 | 40 | 80 | 18 | 30209 | 45 | 85 | 19 | 16 | 20.75 | 51208 | 40 | 68 | 19 | 42 |
| 6209 | 45 | 85 | 19 | 30210 | 50 | 90 | 20 | 17 | 21.75 | 51209 | 45 | 73 | 20 | 47 |
| 6210 | 50 | 90 | 20 | 30211 | 55 | 100 | 21 | 18 | 22.75 | 51210 | 50 | 78 | 22 | 52 |
| 6211 | 55 | 100 | 21 | 30212 | 60 | 110 | 22 | 19 | 23.75 | 51211 | 55 | 90 | 25 | 57 |
| 6212 | 60 | 110 | 22 | 30213 | 65 | 120 | 23 | 20 | 24.75 | 51212 | 60 | 95 | 26 | 62 |
| 尺寸系列（03） | | | | 尺寸系列（03） | | | | | | 尺寸系列（03） | | | | |
| 6302 | 15 | 42 | 13 | 30302 | 15 | 42 | 13 | 11 | 14.25 | 51304 | 20 | 47 | 18 | 22 |
| 6303 | 17 | 47 | 14 | 30303 | 17 | 47 | 14 | 12 | 15.25 | 51305 | 25 | 52 | 18 | 27 |
| 6304 | 20 | 52 | 15 | 30304 | 20 | 52 | 15 | 13 | 16.25 | 51306 | 30 | 60 | 21 | 32 |
| 6305 | 25 | 62 | 17 | 30305 | 25 | 62 | 17 | 15 | 18.25 | 51307 | 35 | 68 | 24 | 37 |
| 6306 | 30 | 72 | 19 | 30306 | 30 | 72 | 19 | 16 | 20.75 | 51308 | 40 | 78 | 26 | 42 |
| 6307 | 35 | 80 | 21 | 30307 | 35 | 80 | 21 | 18 | 22.75 | 51309 | 45 | 85 | 28 | 47 |
| 6308 | 40 | 90 | 23 | 30308 | 40 | 90 | 23 | 20 | 25.25 | 51310 | 50 | 95 | 31 | 52 |
| 6309 | 45 | 100 | 25 | 30309 | 45 | 100 | 25 | 22 | 27.25 | 51311 | 55 | 105 | 35 | 57 |
| 6310 | 50 | 110 | 27 | 30310 | 50 | 110 | 27 | 23 | 29.25 | 51312 | 60 | 110 | 35 | 62 |
| 6311 | 55 | 120 | 29 | 30311 | 55 | 120 | 29 | 25 | 31.5 | 51313 | 65 | 115 | 36 | 67 |
| 6312 | 60 | 130 | 31 | 30312 | 60 | 130 | 31 | 26 | 33.5 | 51314 | 70 | 125 | 40 | 72 |
| 6313 | 65 | 140 | 33 | 30313 | 65 | 140 | 33 | 28 | 36.0 | 51315 | 75 | 135 | 44 | 77 |

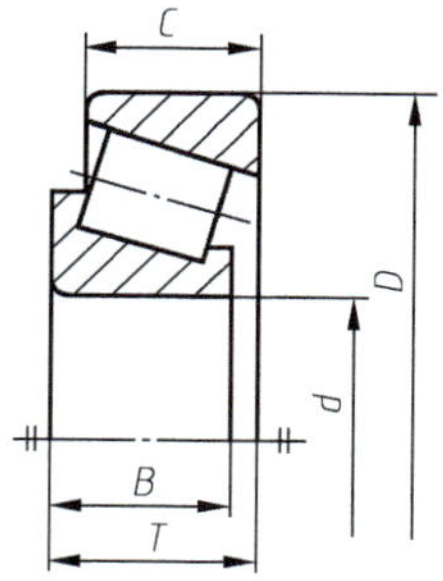

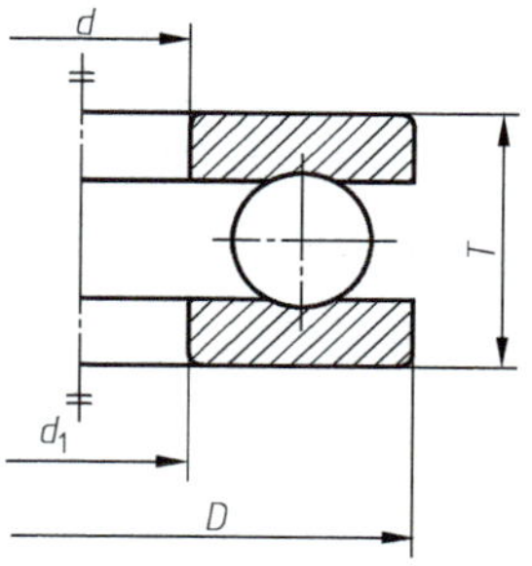

## 附录 F　极限与配合

**附表 F-1　标准公差数值（GB/T 1800.4—1999）**

| 基本尺寸 /mm | | 标准公差等级 | | | | | | | | | | | | | | | | |
|---|---|---|---|---|---|---|---|---|---|---|---|---|---|---|---|---|---|---|
| | | IT1 | IT2 | IT3 | IT4 | IT5 | IT6 | IT7 | IT8 | IT9 | IT10 | IT11 | IT12 | IT13 | IT14 | IT15 | IT16 | IT17 | IT18 |
| 大于 | 至 | μm | | | | | | | | | | | mm | | | | | | |
| — | 3 | 0.8 | 1.2 | 2 | 3 | 4 | 6 | 10 | 14 | 25 | 40 | 60 | 0.10 | 0.14 | 0.25 | 0.40 | 0.60 | 1 | 1.4 |
| 3 | 6 | 1 | 1.5 | 2.5 | 4 | 5 | 8 | 12 | 18 | 30 | 48 | 75 | 0.12 | 0.18 | 0.30 | 0.48 | 0.75 | 1.2 | 1.8 |
| 6 | 10 | 1 | 1.5 | 2.5 | 4 | 6 | 9 | 15 | 22 | 36 | 58 | 90 | 0.15 | 0.22 | 0.36 | 0.58 | 0.9 | 1.5 | 2.2 |
| 10 | 18 | 1.2 | 2 | 3 | 5 | 8 | 11 | 18 | 27 | 43 | 70 | 110 | 0.18 | 0.27 | 0.43 | 0.70 | 1.1 | 1.8 | 2.7 |
| 18 | 30 | 1.5 | 2.5 | 4 | 6 | 9 | 13 | 21 | 33 | 52 | 84 | 130 | 0.21 | 0.33 | 0.52 | 0.84 | 1.3 | 2.1 | 3.3 |
| 30 | 50 | 1.5 | 2.5 | 4 | 7 | 11 | 16 | 25 | 39 | 62 | 100 | 160 | 0.25 | 0.39 | 0.62 | 1 | 1.6 | 2.5 | 3.9 |
| 50 | 80 | 2 | 3 | 5 | 8 | 13 | 19 | 30 | 46 | 74 | 120 | 190 | 0.30 | 0.46 | 0.74 | 1.2 | 1.9 | 3 | 4.6 |
| 80 | 120 | 2.5 | 4 | 6 | 10 | 15 | 22 | 35 | 54 | 87 | 140 | 220 | 0.35 | 0.54 | 0.87 | 1.4 | 2.2 | 3.5 | 5.4 |
| 120 | 180 | 3.5 | 5 | 8 | 12 | 18 | 25 | 40 | 63 | 100 | 160 | 250 | 0.40 | 0.63 | 1 | 1.6 | 2.5 | 4 | 6.3 |
| 180 | 250 | 4.5 | 7 | 10 | 14 | 20 | 29 | 46 | 72 | 115 | 185 | 290 | 0.46 | 0.72 | 1.15 | 1.85 | 2.9 | 4.6 | 7.2 |
| 250 | 315 | 6 | 8 | 12 | 16 | 23 | 32 | 52 | 81 | 130 | 210 | 320 | 0.52 | 0.81 | 1.30 | 2.1 | 3.2 | 5.2 | 8.1 |
| 315 | 400 | 7 | 9 | 13 | 18 | 25 | 36 | 57 | 89 | 140 | 230 | 360 | 0.57 | 0.89 | 1.40 | 2.3 | 3.6 | 5.7 | 8.9 |
| 400 | 500 | 8 | 10 | 15 | 20 | 27 | 40 | 63 | 97 | 155 | 250 | 400 | 0.63 | 0.97 | 1.55 | 2.5 | 4 | 6.3 | 9.7 |
| 500 | 630 | 9 | 11 | 16 | 22 | 32 | 44 | 70 | 110 | 175 | 280 | 440 | 0.70 | 1.10 | 1.75 | 2.8 | 4.4 | 7 | 11 |
| 630 | 800 | 10 | 13 | 18 | 25 | 36 | 50 | 80 | 125 | 200 | 320 | 500 | 0.80 | 1.25 | 2 | 3.2 | 5 | 8 | 12.5 |
| 800 | 1000 | 11 | 15 | 21 | 28 | 40 | 56 | 90 | 140 | 230 | 360 | 560 | 0.90 | 1.40 | 2.30 | 3.6 | 5.6 | 9 | 14 |
| 1000 | 1250 | 13 | 18 | 24 | 33 | 47 | 66 | 105 | 165 | 260 | 420 | 660 | 1.05 | 1.65 | 2.60 | 4.2 | 6.6 | 10.5 | 16.5 |
| 1250 | 1600 | 15 | 21 | 29 | 39 | 55 | 78 | 125 | 195 | 310 | 500 | 780 | 1.25 | 1.95 | 3.10 | 5 | 7.8 | 12.5 | 19.5 |
| 1600 | 2000 | 18 | 25 | 35 | 46 | 65 | 92 | 150 | 230 | 370 | 600 | 920 | 1.5 | 2.30 | 3.70 | 6 | 9.2 | 15 | 23 |
| 2000 | 2500 | 22 | 30 | 41 | 55 | 78 | 110 | 175 | 280 | 440 | 700 | 1100 | 1.75 | 2.80 | 4.40 | 7 | 11 | 17.5 | 28 |
| 2500 | 3150 | 26 | 36 | 50 | 68 | 96 | 135 | 210 | 330 | 540 | 860 | 1350 | 2.1 | 3.30 | 5.4 | 8.6 | 13.5 | 21 | 33 |

附表 F-2　优先配合中轴的极限偏差 （GB/T 1800.4—1999）

| 基本尺寸 /mm | | 公差带 | | | | | | | | | | | |
|---|---|---|---|---|---|---|---|---|---|---|---|---|---|
| | | c | d | f | g | h | h | h | h | k | n | p | s | u |
| 大于 | 至 | 11 | 9 | 7 | 6 | 6 | 7 | 9 | 11 | 6 | 6 | 6 | 6 | 6 |
| — | 3 | -60<br>-120 | -20<br>-45 | -6<br>-16 | -2<br>-8 | 0<br>-6 | 0<br>-10 | 0<br>-25 | 0<br>-60 | +6<br>0 | +10<br>+4 | +12<br>+6 | +20<br>+14 | +24<br>+18 |
| 3 | 6 | -70<br>-145 | -30<br>-60 | -10<br>-22 | -4<br>-12 | 0<br>-8 | 0<br>-12 | 0<br>-30 | 0<br>-75 | +9<br>+1 | +16<br>+8 | +20<br>+12 | +27<br>+19 | +31<br>+23 |
| 6 | 10 | -80<br>-170 | -40<br>-76 | -13<br>-28 | -5<br>-14 | 0<br>-9 | 0<br>-15 | 0<br>-36 | 0<br>-90 | +10<br>+1 | +19<br>+10 | +24<br>+15 | +32<br>+23 | +37<br>+28 |
| 10 | 14 | -95<br>-205 | -50<br>-93 | -16<br>-34 | -6<br>-17 | 0<br>-11 | 0<br>-18 | 0<br>-43 | 0<br>-110 | +12<br>+1 | +23<br>+12 | +29<br>+18 | +39<br>+28 | +44<br>+33 |
| 14 | 18 | | | | | | | | | | | | | |
| 18 | 24 | -110<br>-240 | -65<br>-117 | -20<br>-41 | -7<br>-20 | 0<br>-13 | 0<br>-21 | 0<br>-52 | 0<br>-130 | +15<br>+2 | +28<br>+15 | +35<br>+22 | +48<br>+35 | +54<br>+41 |
| 24 | 30 | | | | | | | | | | | | | +61<br>+48 |
| 30 | 40 | -120<br>-280 | -80<br>-142 | -25<br>-50 | -9<br>-25 | 0<br>-16 | 0<br>-25 | 0<br>-62 | 0<br>-160 | +18<br>+2 | +33<br>+17 | +42<br>+26 | +59<br>+43 | +76<br>+60 |
| 40 | 50 | -130<br>-290 | | | | | | | | | | | | +86<br>+70 |
| 50 | 65 | -140<br>-330 | -100<br>-174 | -30<br>-60 | -10<br>-29 | 0<br>-19 | 0<br>-30 | 0<br>-74 | 0<br>-190 | +21<br>+2 | +39<br>+20 | +51<br>+32 | +72<br>+53 | +106<br>+87 |
| 65 | 80 | -150<br>-340 | | | | | | | | | | | +78<br>+59 | +121<br>+102 |
| 80 | 100 | -170<br>-390 | -120<br>-207 | -36<br>-71 | -12<br>-34 | 0<br>-22 | 0<br>-35 | 0<br>-87 | 0<br>-220 | +25<br>+3 | +45<br>+23 | +59<br>+37 | +93<br>+71 | +146<br>+124 |
| 100 | 120 | -180<br>-400 | | | | | | | | | | | +101<br>+79 | +166<br>+144 |
| 120 | 140 | -200<br>-450 | -145<br>-245 | -43<br>-83 | -14<br>-39 | 0<br>-25 | 0<br>-40 | 0<br>-100 | 0<br>-250 | +28<br>+3 | +52<br>+27 | +68<br>+43 | +117<br>+92 | +195<br>+170 |
| 140 | 160 | -210<br>-460 | | | | | | | | | | | +125<br>+100 | +215<br>+190 |
| 160 | 180 | -230<br>-480 | | | | | | | | | | | +133<br>+108 | +235<br>+210 |

（续）

| 基本尺寸/mm | | 公差带 | | | | | | | | | | | | |
|---|---|---|---|---|---|---|---|---|---|---|---|---|---|---|
| | | c | d | f | g | h | | | | k | n | p | s | u |
| 大于 | 至 | 11 | 9 | 7 | 6 | 6 | 7 | 9 | 11 | 6 | 6 | 6 | 6 | 6 |
| 180 | 200 | −240<br>−530 | −170<br>−285 | −50<br>−96 | −15<br>−29 | 0<br>−46 | 0<br>−72 | 0<br>−115 | 0<br>−290 | +33<br>+4 | +60<br>+31 | +79<br>+50 | +151<br>+122 | +265<br>+236 |
| 200 | 225 | −260<br>−550 | | | | | | | | | | | +159<br>+130 | +287<br>+258 |
| 225 | 250 | −280<br>−570 | | | | | | | | | | | +169<br>+140 | +313<br>+284 |
| 250 | 280 | −300<br>−620 | −190<br>−320 | −56<br>−108 | −17<br>−49 | 0<br>−32 | 0<br>−52 | 0<br>−130 | 0<br>−320 | +36<br>+4 | +66<br>+34 | +88<br>+56 | +190<br>+158 | +347<br>+315 |
| 280 | 315 | −330<br>−650 | | | | | | | | | | | +202<br>+170 | +382<br>+350 |
| 315 | 355 | −360<br>−720 | −210<br>−350 | −62<br>−119 | −18<br>−54 | 0<br>−36 | 0<br>−57 | 0<br>−140 | 0<br>−360 | +40<br>+4 | +73<br>+37 | +98<br>+62 | +226<br>+190 | +426<br>+390 |
| 355 | 400 | −400<br>−760 | | | | | | | | | | | +244<br>+208 | +471<br>+435 |
| 400 | 450 | −440<br>−840 | −230<br>−385 | −68<br>−131 | −20<br>−60 | 0<br>−40 | 0<br>−63 | 0<br>−155 | 0<br>−400 | +45<br>+5 | +80<br>+40 | +108<br>+68 | +272<br>+232 | +530<br>+490 |
| 450 | 500 | −480<br>−880 | | | | | | | | | | | +292<br>+252 | +580<br>+540 |

附表 F-3　优先配合中孔的极限偏差（GB/T 1800.4—1999）

| 基本尺寸/mm | | 公差带 | | | | | | | | | | | | |
|---|---|---|---|---|---|---|---|---|---|---|---|---|---|---|
| | | C | D | F | G | H | | | | K | N | P | S | U |
| 大于 | 至 | 11 | 9 | 8 | 7 | 7 | 8 | 9 | 11 | 7 | 7 | 7 | 7 | 7 |
| — | 3 | +120<br>+60 | +45<br>+20 | +20<br>+6 | +12<br>+2 | +10<br>0 | +14<br>0 | +25<br>0 | +60<br>0 | 0<br>−10 | −4<br>−14 | −6<br>−16 | −14<br>−24 | −18<br>−28 |
| 3 | 6 | +145<br>+70 | +60<br>+30 | +28<br>+10 | +16<br>+4 | +12<br>0 | +18<br>0 | +30<br>0 | +75<br>0 | +3<br>−9 | −4<br>−16 | −8<br>−20 | −15<br>−27 | −19<br>−31 |
| 6 | 10 | +170<br>+80 | +76<br>+40 | +35<br>+13 | +20<br>+5 | +15<br>0 | +22<br>0 | +36<br>0 | +90<br>0 | +5<br>−10 | −4<br>−19 | −9<br>−24 | −17<br>−32 | −22<br>−37 |
| 10 | 18 | +205<br>+95 | +93<br>+50 | +43<br>+16 | +24<br>+6 | +18<br>0 | +27<br>0 | +43<br>0 | +110<br>0 | +6<br>−12 | −5<br>−23 | −11<br>−29 | −21<br>−39 | −26<br>−44 |
| 18 | 24 | +240<br>+110 | +117<br>+65 | +53<br>+20 | +28<br>+7 | +21<br>0 | +33<br>0 | +52<br>0 | +130<br>0 | +6<br>−15 | −7<br>−28 | −14<br>−35 | −27<br>−48 | −33<br>−54 |
| 24 | 30 | | | | | | | | | | | | | −40<br>−61 |

附　录

（续）

| 基本尺寸/mm | | 公差带 | | | | | | | | | | | |
|---|---|---|---|---|---|---|---|---|---|---|---|---|---|
| | | C | D | F | G | H | | | | K | N | P | S | U |
| 大于 | 至 | 11 | 9 | 8 | 7 | 7 | 8 | 9 | 11 | 7 | 7 | 7 | 7 | 7 |
| 30 | 40 | +280<br>+120 | +142<br>+80 | +64<br>+25 | +34<br>+9 | +25<br>0 | +39<br>0 | +62<br>0 | +160<br>0 | +7<br>−18 | −8<br>−33 | −17<br>−42 | −34<br>−59 | −51<br>−76 |
| 40 | 50 | +290<br>+130 | | | | | | | | | | | | −61<br>−86 |
| 50 | 65 | +330<br>+140 | +174<br>+100 | +76<br>+30 | +40<br>+10 | +30<br>0 | +46<br>0 | +74<br>0 | +190<br>0 | +9<br>−21 | −9<br>−39 | −21<br>−51 | −42<br>−72 | −76<br>−106 |
| 65 | 80 | +340<br>+150 | | | | | | | | | | | −48<br>−78 | −91<br>−121 |
| 80 | 100 | +390<br>+170 | +207<br>+120 | +90<br>+36 | +47<br>+12 | +35<br>0 | +54<br>0 | +87<br>0 | +220<br>0 | +10<br>−25 | −10<br>−45 | −24<br>−59 | −58<br>−93 | −111<br>−146 |
| 100 | 120 | +400<br>+180 | | | | | | | | | | | −66<br>−101 | −131<br>−166 |
| 120 | 140 | +450<br>+200 | +245<br>+145 | +106<br>+43 | +54<br>+14 | +40<br>0 | +63<br>0 | +100<br>0 | +250<br>0 | +12<br>−28 | −12<br>−52 | −28<br>−68 | −77<br>−117 | −155<br>−195 |
| 140 | 160 | +460<br>+210 | | | | | | | | | | | −85<br>−125 | −175<br>−215 |
| 160 | 180 | +480<br>+230 | | | | | | | | | | | −93<br>−133 | −195<br>−235 |
| 180 | 200 | +530<br>+240 | +285<br>+170 | +122<br>+50 | +61<br>+15 | +46<br>0 | +72<br>0 | +115<br>0 | +290<br>0 | +13<br>−33 | −14<br>−60 | −33<br>−79 | −105<br>−151 | −219<br>−265 |
| 200 | 225 | +550<br>+260 | | | | | | | | | | | −113<br>−159 | −241<br>−287 |
| 225 | 250 | +570<br>+280 | | | | | | | | | | | −123<br>−169 | −267<br>−313 |
| 250 | 280 | +620<br>+300 | +320<br>+190 | +137<br>+56 | +69<br>+17 | +52<br>0 | +81<br>0 | +130<br>0 | +320<br>0 | +16<br>−36 | −14<br>−66 | −36<br>−88 | −138<br>−190 | −295<br>−347 |
| 280 | 315 | +650<br>+330 | | | | | | | | | | | −150<br>−202 | −330<br>−382 |
| 315 | 355 | +720<br>+360 | +350<br>+210 | +151<br>+62 | +75<br>+18 | +57<br>0 | +89<br>0 | +140<br>0 | +360<br>0 | +17<br>−40 | −16<br>−73 | −41<br>−98 | −169<br>−226 | −369<br>−426 |
| 355 | 400 | +760<br>+400 | | | | | | | | | | | −187<br>−244 | −414<br>−471 |
| 400 | 450 | +840<br>+440 | +385<br>+230 | +165<br>+68 | +83<br>+20 | +63<br>0 | +97<br>0 | +155<br>0 | +400<br>0 | +18<br>−45 | −17<br>−80 | −45<br>−108 | −209<br>−272 | −467<br>−530 |
| 450 | 500 | +880<br>+480 | | | | | | | | | | | −229<br>−292 | −517<br>−580 |

汽车机械制图

# 附录 G 常用材料及热处理

附表 G-1 黑色金属

| 名称 | 牌号 | 说明 | 应用举例 |
|---|---|---|---|
| 灰铸铁 GB/T 9439—2010 | HT100 | HT——"灰铁"代号 150——抗拉强度（MPa） | 属低强度铸铁。用于盖、把手、手轮等不重要零件 |
| | HT150 | | 属中等强度铸铁。用于一般铸件，如机床座、端盖、带轮、工作台等 |
| | HT200 | | 属高强度铸铁。用于较重要铸件，如气缸、齿轮、凸轮、机座、床身、飞轮、带轮、齿轮箱、阀壳、联轴器、衬筒、轴承座等 |
| 球墨铸铁 GB/T 1348—2009 | QT450-10 QT500-7 QT600-3 | QT——"球铁"代号 450——抗拉强度（MPa） 10——伸长率（%） | 具有较高的强度和塑性。广泛用于机械制造业中受磨损和受冲击的零件，如曲轴、气缸套、活塞环、摩擦片、中低压阀门、千斤顶座等 |
| 铸钢 GB/T 11352—2009 | ZG 200-400 | ZG——"铸钢"代号 200——屈服强度（MPa） 400——抗拉强度（MPa） | 用于各种形状的零件，如机座、变速箱壳等 |
| | ZG 270-500 | | 用于各种形状的零件，如飞轮、机架、水压机工作缸、横梁等 |
| | ZG 310-570 | | 用于各种形状的零件，如联轴器、气缸、齿轮及重负荷的机架等 |
| 碳素结构钢 GB/T 700—2006 | Q215A | Q——"屈"字代号 215——屈服强度（MPa） A——质量等级 | 塑性大、抗拉强度低、易焊接。用于炉撑、铆钉、垫圈、开口销等 |
| | Q235A | | 有较高的强度和硬度，延伸率也相当大，可以焊接，用途很广，是一般机械上的主要材料。用于低速轻载齿轮、键、拉杆、钩子、螺栓、套圈等 |
| | Q275 | | |
| 优质碳素结构钢 GB/T 699—1999 | 15、15F | 15——平均碳的质量分数（万分之几） F——沸腾钢 | 塑性、韧性、焊接性能和冷冲性能均极好，但强度低。用于螺钉、螺母、法兰盘、渗碳零件等 |
| | 35 | | 不经热处理可用于中等载荷的零件，如拉杆、轴、套筒、钩子等；经调质处理后适用于强度及韧性要求较高的零件，如传动轴等 |
| | 45 | | 用于强度要求较高的零件，如齿轮、机床主轴、花键轴等 |
| | 15Mn | 15——平均碳的质量分数（万分之几） Mn——含锰量较高 | 其性能与 15 钢相似，渗碳后淬透性、强度比 15 钢高 |
| | 45Mn | | 用于受磨损的零件，如转轴、心轴、齿轮、花键轴等 |

附表 G-2　有色金属及非金属材料

| 名称 | | 牌号 | 说明 | 应用举例 |
|---|---|---|---|---|
| 有色金属 | 普通黄铜 | H62 | H——"黄铜"的代号<br>96——基体元素铜的质量分数 | 用于热轧、热压零件，如套管、螺母等 |
| | | H68 | | 用于复杂的冷冲零件和拉伸零件，如弹壳、垫座等 |
| | | H96 | | 用于散热器和冷凝器管子等 |
| | 铸造青铜 | ZCuSn5Zn5Pb5 | Z——"铸造"代号<br>Cu——基体金属铜元素符号<br>Sn10——锡元素符号及平均质量分数（%） | 用于轴瓦、衬套、缸套、油塞、离合器、蜗轮等中等滑动速度下工作的耐磨、耐腐蚀零件 |
| | | ZCuSn10Zn2 | | 用于中等及较高负荷和小滑动速度下工作的重要管配件，以及阀、旋塞、泵体、齿轮、叶轮、蜗轮等 |
| | | ZCuAl9Fe4Ni4Mn2 | | 用于船舶螺旋桨、耐磨和400℃以下工作的零件，如轴承、齿轮、蜗轮、螺母、阀体、法兰等 |
| | | ZCuAl10Fe3 | | 用于强度高、耐磨、耐蚀的零件，如蜗轮、轴承、衬套、耐热管配件等 |
| | 铸造铝合金 | ZAlSi5Cu1Mg | Z——"铸造"代号<br>Al——基体元素铝元素符号<br>Si5——硅元素符号及平均质量分数（%） | 用于风冷发动机的气缸头、机闸、油泵体等225℃以下工作的零件 |
| | | ZAlCu4 | | 用于中等载荷、形状较简单的200℃以下工作的小零件 |
| 非金属 | 尼龙 | 尼龙6 | 6、66为顺序号，66比6的力学性能和线膨胀系数高 | 力学性能高、韧性好、耐磨、耐水、耐油，用于一般机械零件、传动件及减摩耐磨件，如齿轮、蜗轮、轴承、丝杠、螺母、凸轮、风扇叶轮、螺钉、垫圈等。其特点是运转时噪声小 |
| | | 尼龙66 | | |
| | 耐油橡胶板 | 3707 | 37、38——顺序号<br>07——扯断强度（kPa） | 用于在一定温度的机油、变压器油、汽油等介质中工作的零件，冲制各种形状的垫圈 |
| | | 3807 | | |
| | | 3709 | | |
| | | 3809 | | |
| | 软钢纸板 | | 规格：<br>920×650　650×490<br>650×400　400×300 | 用于密封连接处垫片 |
| | 工业用平面毛毡 | T112-32~44<br>T122-30~38<br>T132-32~36 | T112——细毛<br>T122——半粗毛<br>T132——粗毛<br>后两位数是密度（g/cm³）的百分数（如0.32~0.44g/cm³） | 用作密封、防振缓冲衬垫 |

表 G-3　常用的热处理方法及应用

| 名　称 | 有效硬化层深度和硬度标注举例 | 处理方法 | 应　用 |
|---|---|---|---|
| 退火 | 163~197HBW | 将钢件加热到临界温度以上，保温一段时间，然后缓慢地冷却下来（例如在炉中冷却） | 用来消除铸、锻、焊零件的内应力，降低硬度，改善加工性能，增加塑性和韧性，细化金属晶粒，使组织均匀。适用于含碳量（质量分数）在 0.83% 以下的铸、锻、焊零件 |
| 正火 | 170~217HBW | 将钢件加热到临界温度以上，保温一段时间，然后在空气中冷却下来，冷却速度比退火快 | 用来处理低碳和中碳结构钢件及渗碳零件，使其晶粒细化，增加强度与韧性，改善切削加工性能 |
| 淬火 | 42~47HRC | 将钢件加热到临界温度以上，保温一段时间，然后在水、盐水或油中急速冷却下来 | 用来提高钢的硬度、强度和耐磨性。但淬火后会引起内应力及脆性，因此淬火后的钢件必须回火 |
| 回火 |  | 将淬火后的钢件，加热到临界温度以下的某一温度，保温一段时间，然后在空气或油中冷却下来 | 用来消除淬火时产生的脆性和内应力，以提高钢件的韧性和强度 |
| 调质 | 200~230HBW | 淬火后进行高温回火（450~650℃） | 可以完全消除内应力，并获得较高的综合力学性能。一些重要零件淬火后都要经过调质处理 |
| 感应淬火 | DS=0.8~1.6mm<br>48~52HRC | 用火焰或高频电流将零件表面迅速加热至临界温度以上，急速冷却 | 使零件表层有较高的硬度和耐磨性，而内部保持一定的韧性，使零件既耐磨又能承受冲击，如重要的齿轮、曲轴、活塞销等 |
| 渗碳淬火 | DC=0.8~1.2mm<br>58~63HRC | 将低、中碳（$w_C<0.4\%$）钢件，在渗碳剂中加热到 900~950℃，停留一段时间，使零件表面增碳 0.4~0.6mm，然后淬火 | 增加零件表面硬度、耐磨性、抗拉强度及疲劳极限。适用于低碳、中碳结构钢的中小型零件及大型重负荷、受冲击、耐磨的零件 |
| 碳氮共渗淬火 | DC=0.5~0.8mm<br>58~63HRC | 使零件表面增加碳与氮，其扩散层深度较浅（0.2~0.5mm）。在 0.2~0.4mm 层具有 66~70HRC 的高硬度 | 增加结构钢、工具钢零件的表面硬度、耐磨性及疲劳极限，提高刀具切削性能和使用寿命。适用于要求硬度高、耐磨的中、小型及薄片的零件和刀具 |
| 渗氮 | DN=0.25~0.4mm<br>≥850HV | 使零件表面增氮，氮化层为 0.25~0.8mm。氮化层硬度极高（达 1200HV） | 增加零件的表面硬度、耐磨性、疲劳极限及耐蚀能力。适用于含铝、铬、钼、锰等合金钢，如要求耐磨的主轴、量规、样板、水泵轴、排气门等零件 |

（续）

| 名　称 | 有效硬化层深度和硬度标注举例 | 处 理 方 法 | 应　用 |
|---|---|---|---|
| 冰冷处理 | | 将淬火钢件继续冷却至室温以下的处理方法 | 进一步提高零件的硬度、耐磨性，使零件尺寸趋于稳定，如用于滚动轴承的钢球 |
| 发蓝发黑 | | 用加热办法使零件工作表面形成一层氧化铁组成的保护性薄膜 | 防腐蚀、美观，用于一般紧固件 |
| 时效 | | 自然时效：在空气中存放半年到一年以上<br>人工时效：加热到200℃左右，保温10~20h或更长时间 | 使铸件或淬火后的钢件慢慢消除其内应力，而达到稳定的形状和尺寸 |

# 参 考 文 献

[1] 全国技术产品文件标准化技术委员会. 技术产品文件标准汇编：技术制图卷［M］. 北京：中国标准出版社，2006.
[2] 全国技术产品文件标准化技术委员会. 技术产品文件标准汇编：机械制图卷［M］. 北京：中国标准出版社，2007.
[3] 王槐德. 机械制图新旧标准代换教程［M］. 北京：中国标准出版社，2004.
[4] 曹静. 汽车机械识图［M］. 北京：机械工业出版社，2010.
[5] 曹静，贾雨顺. 机械制图［M］. 北京：机械工业出版社，2011.
[6] 钱可强. 机械制图［M］. 5 版. 北京：中国劳动社会保障出版社，2007.
[7] 金大鹰. 机械制图［M］. 北京：机械工业出版社，2005.
[8] 刘贵森. 机械识图［M］. 2 版. 北京：中国劳动社会保障出版社，2007.
[9] 霍振生. 汽车机械识图［M］. 北京：高等教育出版社，2005.
[10] 李跃兵，钟震坤. 机械制图［M］. 长沙：中南大学出版社，2008.
[11] 杨裕根，诸世敏. 现代工程图学［M］. 2 版. 北京：北京邮电大学出版社，2005.
[12] 姚民雄，华红芳，等. 机械制图［M］. 北京：电子工业出版社，2008.
[13] 刘家平. 机械制图［M］. 西安：西安电子科技大学出版社，2006.
[14] 陈家瑞. 汽车构造［M］. 北京：人民交通出版社，2001.
[15] 解云. 汽车构造［M］. 2 版. 北京：中国劳动社会保障出版社，2004.
[16] 侯文君. 汽车机械制图［M］. 北京：北京邮电大学出版社，2008.
[17] 张永茂，王继荣，等. AutoCAD 2014 中文版机械绘图实例教程［M］. 北京：机械工业出版社，2014.
[18] 槐创锋，许玢. AutoCAD 2014 中文版实用教程［M］. 北京：人民邮电出版社，2014.